Traits d'union

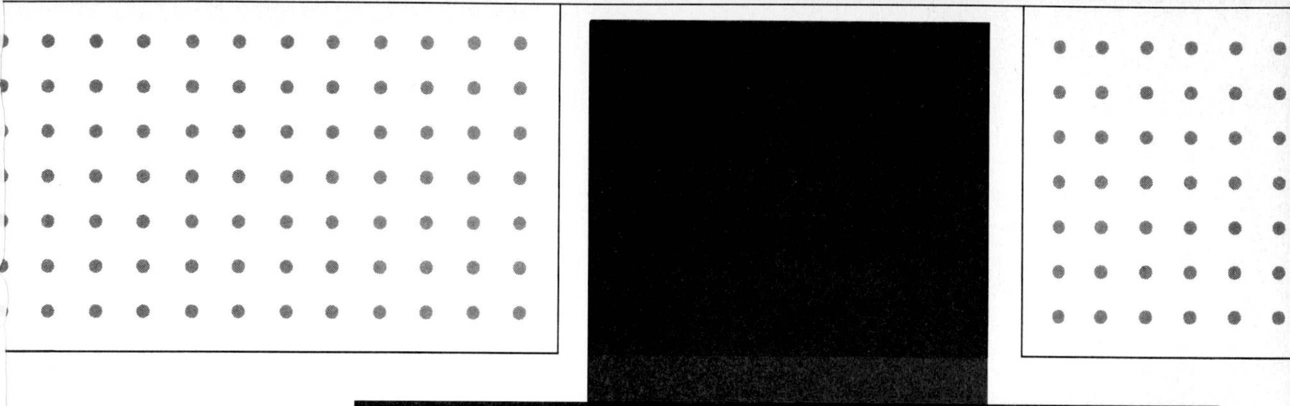

Traits d'union

Ralph Hester
Stanford University

Gail Wade

Gérard Jian
University of California, Berkeley

Houghton Mifflin Company Boston
Dallas • Geneva, Illinois • Palo Alto • Princeton, New Jersey

Cover image by *Slide Graphics of New England, Inc.*
(For remaining art and text credits, see the Permissions and Credits section at the end of the book.)

Printed in the U.S.A.
Library of Congress Catalog Card Number: 87-80877
Student Text: ISBN: 0-395-35901-5
Instructor's Annotated Edition: ISBN: 0-395-44862-X
BCDEFGHIJ-DOH-954321-898

Table des matières

Bulleted reading selections are recorded as part of the Laboratory Program.

Appendices

Introduction

Traits d'union is an all-in-French intermediate program designed for students who have already studied basic French. The student components include a student text, a workbook/lab manual, and a set of student audiocassettes. The Appendices include a *Glossary of French Grammatical Terms* (to assist students who are not familiar with some of the terms used in the explanations), a summary of French pronouns, an outline of the literary tenses, verb lists and charts, and a French-English *Lexique*.

The course aims to challenge students to improve their ability in speaking, listening, reading, and writing the French language as it is actually used in the French-speaking world today. By the end of the program, they should be able to go on to advanced-intermediate or advanced courses and feel confident in being able to get along independently in a French-speaking country.

Lesson Organization

The Student Text is divided into twelve lessons, each of which practices a particular function of language, such as questioning, generalizing, or describing. In the first part of each lesson (*Structures*), students will learn how to carry out the language function of the lesson through the use of grammar, structural features, and vocabulary. In the second part of each lesson (*Lectures*), they will explore two or three readings from authentic French sources that illustrate the function of the lesson.

Introductory material. Each lesson begins with introductory remarks briefly describing the function students are about to explore and highlighting situations in which this function is useful.

The first activity is a "trigger," in which students may view and discuss a French TV commercial or magazine advertisement, participate in a dialogue, or play a game. These triggers are designed to excite students' curiosity about the function of the lesson and to bring to their attention the language strategies they already have at their disposal to accomplish the communicative goal of the lesson.

Structures. The first half of the lesson explains and practices structures and vocabulary related to the function. Since the organization of the lessons is *functional* rather than *grammatical*, students study only *what* they need *when* they need it to express themselves in a particular, meaningful way. This sometimes involves spreading certain grammatical points over several lessons (the subjunctive, for example, is used to fulfill several different functions). Forms are taught fully and thorough cross-references are provided.

The following elements appear in the *Structures* section:

1. *Explanations* of each point help students learn how to perform the function of the lesson.
2. *Exercises* give meaningful practice using the structures in realistic situations. They are interspersed throughout the lesson.
3. *À vous de jouer* contains open-ended oral and written situational activities that challenge students to integrate into a coherent whole what they have just learned. It is the last and most important part of the *Structures* section.

Lectures. The second half of each lesson contains two or three reading selections chosen with several goals in mind: illustrating authentic use of the function taught in the lesson; exposing students to French culture and many different styles of French writing; offering authentic reading comprehension practice; providing good models for students' own writing; encouraging students to think about new ideas; and, of course, enjoyment.

All of the selections are integral, authentic texts—there are no excerpts. They span four centuries of French literature (with concentration on the twentieth century) and represent many different French-speaking cultures: French, Canadian, West African, and North African. In addition, they encompass many types of writing: literary prose (both dialogue and narration), journalistic writing, verse and prose poetry, and political essay.

The *Lectures* section begins with a general overview of the reading selections that explains briefly how they relate to the function of the lesson and to each other.

Each reading selection is presented in the following format:

1. The *Introduction* to each reading contains basic information about the author and other sociocultural background information essential to comprehension of the text.
2. *Avant de lire* contains activities designed to prepare students to appreciate the reading fully. These activities may prepare vocabulary, increase student awareness of cultural and historical factors important for comprehension of the text, anticipate the text's style or its literary value, and/or highlight important language structures found in the text. Immediately preceding each text are purpose-setting and reading strategy activities designed to help guide students' thinking as they read.
   The strategies presented and practiced in all these pre-reading activities are intended to be general strategies that students can use in their approach to many texts. By the end of the program, students will have mastered many of the techniques necessary to read authentic French texts and to feel comfortable approaching unknown material.
3. The readings (*lectures*) may be read together in class or may be prepared in class and read independently at home.
4. *À propos du texte* contains exercises that check comprehension, often giving students practice performing the communicative function at the same time. It also includes activities designed to enhance students' literary and stylistic appreciation; to stimulate students' cultural awareness; and finally, to help students express their reactions to the reading selection, make cross-cultural comparisons, or create pieces of their own, based on the style or the view of the author.

Each lesson ends with *Mise en perspective* an opportunity (by means of essays or creative writing assignments) to compare and contrast readings in the lesson or to react to ideas found in several texts.

Workbook/Lab Manual

Each Text lesson has a corresponding Workbook/Lab Manual lesson. The Lab Manual pages for each lesson directly follow the corresponding Workbook pages.

The *Workbook* pages contain mostly open-ended writing activities designed to give the student practice using pertinent structures to perform the function of the lesson in realistic written situations, such as letters, articles, messages, etc.

The *Lab Manual* pages contain space to do the exercises and dictations of the Laboratory Program (for more detailed information on the Laboratory Program, see "Recordings," below).

Several *Special Skills* activity sections are interspersed throughout the Workbook/Lab Manual. They are intended to help students acquire important skills, such as letter writing, dictionary use, and outline writing, that are essential to the mastery of written French.

For those who desire written exercises on discrete grammar points, there is, at the end of the Workbook/Lab Manual, a *Pratique* section devoted entirely to practicing specifics, such as verb formation and pronoun use. These exercises can be done at any point in the program. They may be assigned to the class as they reach a section that the instructor wishes to stress or they may simply be assigned for individual practice as needed.

: Audio Recordings (Cassettes or Reels)

The goal of the Laboratory Program is to improve listening comprehension skills. A preliminary lesson helps students begin to learn how to listen for maximum understanding. Then throughout the program, practice in listening to French that is not entirely familiar will help students learn both to listen for what they actually *can* understand and to listen for overall meaning and main ideas. In other words, they will learn to concentrate on what is already accessible in order to infer meaning from what is not.

Each of the twelve lessons begins with a recording of the trigger dialogue from the Text and a simple comprehension activity. This is followed by two short, original listening comprehension texts based on one or more of the reading selection themes, situations, or formats, and each containing numerous examples of the vocabulary and functional structures that have been studied in the lesson. For each comprehension text, students are given a listening goal before they begin and, after listening, they answer short comprehension questions. Next is a short original dictation activity to sharpen students' listening and writing skills as they complement each other in a comprehension context. The lesson ends with a recorded version of one of the reading selections from the Text.

The Audiocassettes are available in two parts for purchase by students who wish to expand their listening time beyond available lab hours.

: Instructor's Components

A description of other components available for instructors is given in the Instructor's Annotated Edition.

To the student

Since communicating involves using language functions (asking questions, describing, expressing feelings, etc.), *Traits d'union* helps you improve your French not by focusing on grammatical categories like verbs or the subjunctive, but rather by having you use those structural tools to do the things you need to do to communicate: generalize, tell stories, explain a sequence of events, compare, deny, give orders, speculate, etc. Of course, you will review grammar and vocabulary, but only when they are needed for performing a specific function.

You probably have various questions and expectations about this course. In the next few pages, we will try to respond to some of them.

Why is the program all in French?

Being immersed in an all-in-French text has multiple benefits. First, because classroom discussions about language problems concern questions related to the course of study, they are real occasions for actual communication—just as real as talking about the weather or the stock market. Thus you get authentic practice using French in a context that matters to you. Second, talking about language is a splendid opportunity to put French to work because most language-related vocabulary consists of cognates—words identical in French and English. You have the advantage of not needing to learn large amounts of new vocabulary before you can participate. Third, the French in the text prepares you for classroom practice. This is true not only for talking about how language functions but also for interacting about all the other topics suggested by the practice activities and the readings.

What is your ability in French?

Intermediate French courses typically have a variety of students, diverse both in training and in natural ability. It is reasonably certain, then, that your own personal competence in French is quite distinct from that of the student next to you.

Assessing one's ability depends, of course, on how it is measured. Most students are better at some aspects of language learning than others. You probably have your own idea of what your abilities are (*"We used to read a lot but we never spoke"; "I have a good accent, but I don't have any vocabulary"; "I got good grades in my last class, but I can't speak nearly as well as Jennifer"*). Self-assessment is inevitable but it often leads to erroneous conclusions because it tends to focus on one or two generalities, neither of which may be fundamentally relevant to your progress in learning French. So don't measure yourself against your impression of Jennifer's ability: her apparent fluency and good accent may be marred by inaccuracy. If you understand spoken French fairly well and manage to make yourself understood when speaking, you shouldn't be discouraged by feeling "inadequate in grammar." A fixation on grammar can, in fact, make you so self-conscious that you stop trying to communicate. Remember that making mistakes is natural and certainly preferable to silence! Trial and error still remains the most reliable path to perfection.

What do you already know?

At some time during the course, you may find yourself saying, *"I've studied most of this before."* If you get the impression that you are encountering material you have already studied—whether you remember it well or not—you will be right. Practicing or repeatedly using what you already know is in the very nature of language learning and of language use. But beyond what you have studied previously, of course, you will learn new uses for familiar structures as well as entirely new structures and strategies for communicating in French.

What are your goals?

In addition to having differing abilities and levels of achievement in language, it is likely that you and your classmates also have different goals (*"If I can just get this requirement out of the way!"; "I just want to be able to communicate when I'm in France next summer—I'm not interested in culture and that stuff"; "I'm studying international business and I need to know French"*). *Traits d'union* integrates listening, speaking, reading, and writing. Its scope will enable you to find the right combination of segments so that you can focus on your main interest.

Nevertheless, as an intermediate language learner you should become aware of how much foreign language proficiency is an overall ability that can only superficially be broken down into categories such as "reading" or "speaking." If you want to speak, you must concentrate on listening; reading well can help in developing good listening; being aware of good style when reading helps you become a better writer; writing involves processes similar to those in speaking and reading.

In addition, no one can use a foreign language fluently in a cultural void. Two people in conversation or a writer and his audience must have a common cultural understanding before their ideas or even their method of communicating can be truly understood by the other. Thus, unless you understand the cultural assumptions of the person on the other end of the message (from the meaning of body language to knowledge of historical facts), you cannot really read, write, or communicate orally in French.

What should you do in this course?

Think functionally. Every lesson in this course is about one of the *functions* of language. As you begin each new lesson, try to keep in mind the usefulness of that function in your daily life. Then, progressing through the lesson, be aware of how you integrate the many facets of language (listening, speaking, reading, writing, grammar, structure, vocabulary, style, etc.) as you practice that function orally and as you read. Therefore, rather than thinking *"How do I conjugate the verb **acquérir?**"* think *"How do I **tell** about the events that happened?", "How do I **ask questions** to get the information I need?", "How do I **state the generalization** basic to my subject?," "How do I **speculate** about what may or may not happen?" "How do I **compare** this thing with that?"*

Participate orally. In all discussions, be prepared to help get the conversation going (*"Eh bien, qui a une idée à ce sujet?"*), change its direction if it gets off track (*"Moi, je crois que ça n'a rien à voir. Si on essayait de définir l'attitude de Mme. . ."*), interject important aspects perhaps neglected (*"Vous oubliez ce qu'il dit après le passage du train. Regardez un peu, à la page. . ."*), and encourage participation by deferring to others (*"Je ne suis pas sûr. Qu'est-ce que tu en penses, toi?"*). None of these devices would probably be difficult for you in English, but in French they may present an interesting challenge and a technique to practice and master. Your instructor will give you advice on how to put to work the functions you are studying.

Read with a global approach. Remember that the reading selections were written for French readers, not for English-speaking readers. There is more to reading comprehension, then, than just "recognizing the words." Follow the hints given by your instructor and the pre-reading steps that prepare you for the setting, the cultural framework, and certain vocabulary and structural aspects of the style. Apply what you learn about how to infer meaning without knowing every word, including considering the cultural context that is indispensable to the inference process. Above all, remember not to concentrate on details until you know how to understand the overall meaning of a text. Don't miss the forest for the trees.

Keep a personal language diary. Learning is, ultimately, a personal experience; that is, you learn best what is personally meaningful to you. *Traits d'union* provides an array of material, some of which will strike you as particularly interesting for your own personal reasons. You should strive to *make personal* any area of learning French that you consider important.

You will, for example, deal with vocabulary that is quite beyond the level of elementary French. To help you learn those words and expressions that seem particularly useful to *you,* keep a "language diary" that is your own: *you* select the entries, *you* consult it when you want to study or use the items you have chosen to list. But that is not enough. If you decide to note down a word—or for that matter any language point you wish to retain—remember to write with it some notation regarding why it is personally significant. Long lists of words or language facts may be efficient in short-term memory for tests, but they are not likely to remain with you long enough for continuing future use.

Practice what you want to remember. Even the personal language diary is not by itself going to help you really "learn" French. To make the structures and vocabulary that you want to remember yours permanently, you must practice them in actual conversation, reading, and writing.

Take seriously the levels of usage. In studying *Traits d'union,* pay close attention to the indications of the *level* of usage. This program offers an exceptionally broad sampling of French, spoken and written, containing examples at nearly all levels: slang (*argot*), colloquial expressions (*familier*), informal, everyday speech (*langue parlée*), and formal language (*langue soignée, style élégant*) and polished literary style (*style littéraire*).

As a rule, the spoken language tends toward an informal level and the written language toward formal; yet this distinction is not always entirely valid. Beyond what the text points out, experience, attention, and usage will make you increasingly aware of the social and cultural environments in which formal or informal levels of speech are appropriate. Like many learners of French, you may like to use everyday, even slang terms that somehow seem more authentic than other terms you have learned in class. It is more prudent to learn these terms for passive recognition than for active use, because the wrong use of colloquial expressions (wrong place, wrong time) may well produce a negative impression in the native speaker and actually hinder you in your attempt to communicate.

Be aware of cultural differences. The contents of this program not only include but go far beyond the average range of French language usage at all levels required for appropriate communication. Every situation presents its particular characteristics. Classroom interaction, for instance, is necessarily quite different from table talk with a family at home in Lausanne, conversation with a barber or hairdresser in Montreal or negotiation with a ticket agent at a train station in Bordeaux. Being as culturally at ease as possible will facilitate your relaxed participation in exchanges with your instructor and other students. That is why the practice activities of *Traits d'union* incorporate subjects that are familiar to you, as well as those drawn from less familiar French-speaking culture. This combination of the familiar and the unfamiliar is intended to encourage your constant participation.

Making the transition from classroom discourse to on-the-spot speech will be part of your own particular experience. Glimpses of the cultural reality of society where French is spoken are afforded not only by going there but also by observing evidence in literature, magazines, movies, and television. *Traits d'union* offers intriguing clues through examples taken from all of these media.

For instance, look at the magazine advertisements used as illustrations. Even though you know that, as advertisements, they may not reflect the reality of everyday France, ask yourself what the use of certain themes and presentations reveals about the French reader. Ask yourself also if the approach is the same as that of advertisers in the U.S. Isn't the French advertiser aiming at an audience whose cultural assumptions and expectations are different from those with which you are most familiar? What are these differences? How do you picture the typical French magazine reader? Always be alert to the infinite number of cross-cultural comparisons you can make that will help you better understand French-speaking cultures.

Communication, interaction, and meaning

The ends and the means of language learning are almost indistinguishable, since you truly learn by doing. That is, you learn to communicate by communicating. Communication, as a practice strategy or as an ultimate goal, usually requires two or more participants, but may actually involve only you and the paper you are composing on or the text you are reading. Where interaction exists, the meaning evolves with the give-and-take characteristic of any exchange or interpretation of ideas. We call this "negotiating meaning."

Communication is thus a process in which the participants—speakers, readers, or writers—produce meaning as they go along, interacting, interpreting, and negotiating points of view. This holds true for all the language activities in which you are about to engage: understanding, speaking, reading, and writing. By constantly trying yourself out in French in its every aspect, you will *communicate* and thus advance toward a higher level of competence.

Acknowledgments

The inception of this work arose from our many discussions with Jerry Wagnild. Other instructors who helped to develop the first materials and who tried them out in their classes include Eilene Hoft March, Marie-Claude LeGall, Christian Marouby, Carol Reitan, Carol Simpson, Scott Bryson, Gracie Teperman, Martine Debaisieux, Philip Wander, and Michelle Hale. Our thanks go also to their students and ours in experimental sections of intermediate French at the University of California, Berkeley and at Stanford University.

In addition to the exceptionally competent work of the Houghton Mifflin staff, we have particularly benefitted from the emendations made to the manuscript from beginning to end by Claudie Hester and Raymond Eichmann. We are also grateful to Colette Harel of HAPI in Paris for assisting us with the video spots.

Finally, we express our appreciation to the following colleagues who offered their insight from the project proposal to the development of the program with its various components.

Jean-Pierre Berwald, University of Massachusetts, Amherst
Susan Dunn, Williams College, Massachusetts
Gilberte Furstenberg, Massachusetts Institute of Technology
Annie Geoghegan, Tufts University, Massachusetts
Evlyn Gould, University of Oregon
Jean-Pierre Heudier, Southwest Texas State University
Judy Kem, Union University, Tennessee
Marie-Claude LeGall
Céline T. Léon, Grove City College, Pennsylvania
Marie-Noëlle Little, Utica College, Syracuse University
Eilene Hoft March, Mount Holyoke College, Massachusetts
Christian Marouby, Mills College, California

David Orlando, University of California, Santa Cruz
David Pauling, Tufts University, Massachusetts
Monique Pourny, Anchorage Community College, Alaska
Susan Schunk, University of Akron
Jacqueline Simons, University of California, Santa Barbara
Nicole Smith, University of Nebraska, Lincoln
David Stillman, Harvard University Extension
Rosalie Vermette, Indiana University, Indianapolis

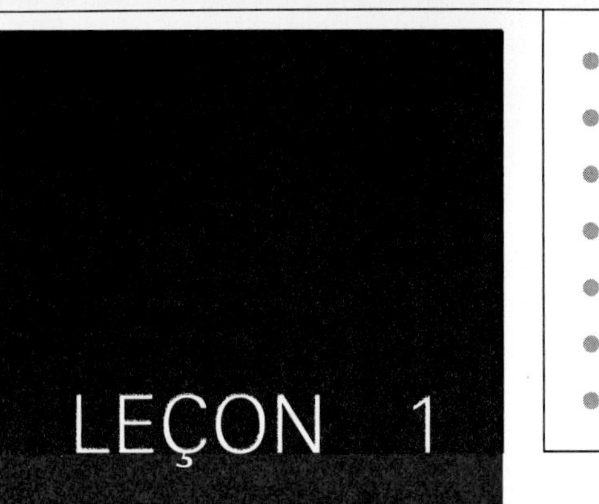

Interroger

Poser une question est un aspect fondamental de la communication. Rien de plus essentiel dans la société que demander un renseignement («*Où est la gare?*»), une opinion («*Que pensez-vous de ce projet?*»), une identification («*Vous êtes Madame Lauprête?*») ou simplement un détail pour stimuler la conversation («*Vous comptez rester longtemps?*»). Il faut savoir s'informer et il faut savoir provoquer une réaction avec une question. Un vrai dialogue est impossible sans échange de questions («*Mais pourquoi est-ce que tu fais ça?*» «*Est-ce que tu comprends bien que je ne suis pas d'accord?*»). Avec une personne que vous venez de rencontrer, vous voulez donner des signes de votre intérêt par des questions («*Alors, c'est votre première visite à Baton Rouge?*» «*Qu'est-ce que vous avez vu?*»). Finalement, il est souhaitable que l'interrogé interroge l'interrogateur: par exemple, si vous faites une demande d'emploi et qu'on vous interviewe, vous avez tout intérêt à demander des précisions pertinentes! («*Quel est le salaire?*»). Donnez des exemples des circonstances récentes où vous avez posé des questions utiles.

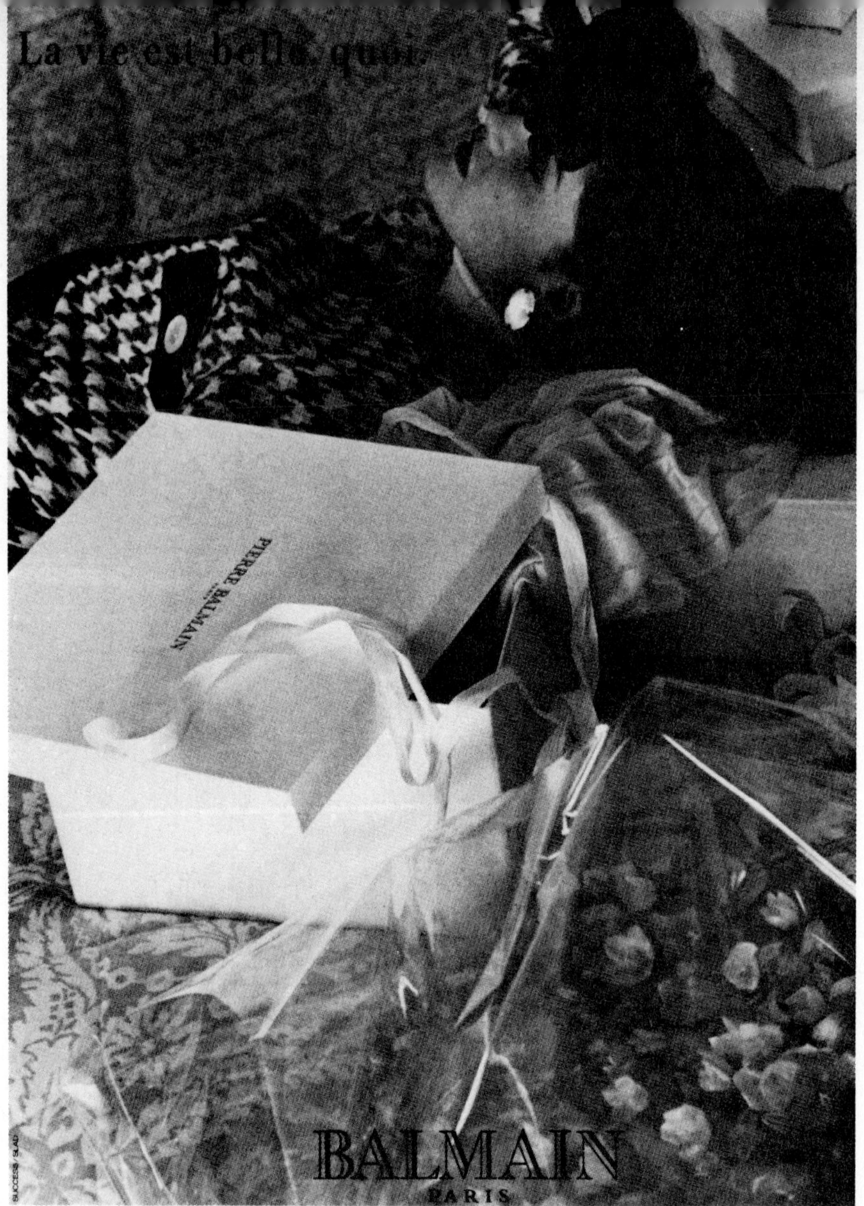

—Oh! C'est gentil! Mais qu'est-ce que c'est?
—Tu veux vraiment le savoir?... Alors devine.
—Est-ce que ça se porte?
—Non.
—Est-ce un objet d'art? Dans quelle pièce est-ce qu'on le met? De quelle couleur est-il? Est-ce qu'il sert à quelque chose?
—Ce n'est pas un objet d'art et ce n'est pas un objet utile non plus.
—Qu'est-ce que ça peut bien être?
—Pourquoi est-ce que tu ne l'ouvres pas?

Structures

Questions qui veulent comme réponse *oui* ou *non*

Il y a quatre manières essentielles pour interroger.

1. Phrase déclarative (sujet + verbe + suite de phrase) avec ton interrogatif
C'est le ton montant qui marque une question dans la conversation familière.

> Tu veux vraiment savoir?
> Vous vous amusez?
> Ah, c'est comme ça? (Colette)
> On veut que je me lève à six heures? (Colette)

2. **Est-ce que** + phrase déclarative
Cette forme est la plus fréquente dans la langue parlée.

> **Est-ce que** ça se porte?
> **Est-ce qu'**il sert à quelque chose?
> **Est-ce que** je peux m'asseoir ici?

3. Phrase déclarative + **n'est-ce pas?**
Cette forme—plus fréquente dans la langue parlée que dans la langue écrite—veut une confirmation; c'est-à-dire, on attend une réponse affirmative.

> —Vous m'avez compris, **n'est-ce pas?** —Oh, oui, je vous ai tout à fait compris.
> —Elles se sont réveillées, **n'est-ce pas?** —Oui, à sept heures.

4. Inversion (du sujet et du verbe)
Cette forme, qui indique un niveau de langage plus élevé, est employée plutôt dans la langue écrite, mais aussi dans la langue parlée. Il

faut presque toujours un pronom sujet dans une question construite avec l'inversion.

- Verbe–pronom sujet + suite de la phrase
  Quand le sujet est un pronom, on forme une question en renversant l'ordre du sujet et du verbe (avec un trait d'union).

  Est-ce un objet d'art?
  Parlez-vous français?
  Y avait-il beaucoup de monde dans l'autobus... ? (Queneau)

  Attention: Quand le verbe se termine par une voyelle, on met **-t-** avant les pronoms sujets **il**, **elle** et **on**.

  Marche-**t-**il beaucoup?
  Aimera-**t-**elle ce tableau?
  Mais: *Sait*-il le latin?

  Remarquez: Quand le sujet est **je**, on évite généralement l'inversion, sauf avec les verbes **avoir**, **être**, **pouvoir**, **devoir**, **savoir** et **dire** où l'inversion avec **je** est possible dans le style élégant et les expressions fixes.

  Est-ce que je danse avec toi ou avec lui?
  Est-ce que j'ai l'air ridicule?
  Est-ce que je peux quitter la classe?
  Mais: **Ai-je** raison?
  Ne **suis-je** pas aussi beau que Charles?
  Puis-je vous présenter mon ami Alexandre? (= Est-ce que je peux...)
  Dois-je venir à sept heures ou à huit heures?
  Comment **dirais-je**? (expression fixe)
  Que **sais-je**? (expression fixe)

- Nom(s) sujet + verbe–pronom sujet + suite de la phrase
  Quand le sujet est un nom, on forme une question avec inversion en répétant le sujet par le pronom correspondant.

  Charles sait-**il** jouer au poker?
  Paulette et Anne s'ennuient-**elles**?
  Ce reproche était-**il** fondé? (Queneau)

  Remarquez: Avec les pronoms indéfinis (**cela, tout le monde, chacun, quelqu'un,** etc.), l'inversion est aussi possible avec la répétition du sujet par le pronom **il**.

  Comment **cela** se traduisit-**il**? (Queneau)
  Tout le monde réfléchit-**il** à cette question?

- Aux temps composés, on forme l'inversion avec l'auxiliaire. C'est simplement la forme interrogative de l'auxiliaire.

  Avez-vous rencontré ce type devant la gare? (Queneau)
  N'**êtes-vous** pas tombé?
  Claire n'**a-t-elle** pas reçu votre lettre?

- Pour faire l'inversion quand il y a un pronom objet direct ou indirect, le pronom objet vient toujours avant le verbe conjugué et le pronom sujet vient après. C'est le cas même avec les verbes pronominaux.

  Martin **nous** croira-t-**il**?
  Solange **vous** a-t-**elle** téléphoné?
  Normand **se** couche-t-**il** de bonne heure?

A. Premier jour du semestre. Vous vous intéressez aux expériences de vos amis. Posez des questions en variant l'intonation, ou en ajoutant *...n'est-ce pas?* ou *Est-ce que... ?*

▷ Ça va bien.
Ça va bien? ou
Est-ce que ça va bien? ou
Ça va bien, n'est-ce pas?

1. Le premier jour du semestre est difficile.
2. Tu as les profs que tu voulais.
3. Tu n'as pas trouvé la salle B23.
4. Il y a des fiches à remplir.
5. Le prof de chimie te semble intéressant.
6. Nous avons déjà des devoirs.
7. Ça va bien.
8. Il faut faire la queue à la librairie.
9. Tu vas suivre un cours de danse.
10. On va bien s'amuser.

B. La qualité de la vie. On dit que la génération actuelle est très pessimiste en ce qui concerne la qualité de la vie. À partir des données suivantes, formulez des questions en employant l'inversion et posez-les à un(e) camarade.

▷ La technologie change la qualité de la vie.
La technologie change-t-elle la qualité de la vie?

1. La télévision influence notre perception du monde.
2. L'avion rend les distances moins importantes.
3. Le terrorisme produit de l'anxiété chez les voyageurs.
4. L'ordinateur a créé des possibilités illimitées.
5. En médecine la technologie prolonge la vie.
6. Les armes nucléaires menacent la sécurité du monde entier.
7. Les jeunes gens deviennent cyniques ou ambitieux.
8. Nous nous préoccupons trop de notre santé.
9. On se rend compte de la détérioration des ressources naturelles.
10. Nous vivrons plus longtemps que nos ancêtres.

Questions qui portent sur les personnes et sur les choses (événements, phénomènes, idées, etc.)

Les pronoms interrogatifs

	sujet	objet direct	objet d'une préposition
personnes	**qui?**	**qui?**	**...qui?**
	qui est-ce qui?	**qui est-ce que?**	**...qui est-ce que?**
choses	______	**que?**	**...quoi?**
	qu'est-ce qui?	**qu'est-ce que?**	**...quoi est-ce que?**

1. Il existe une forme longue et une forme courte pour les pronoms interrogatifs.

> **Que** veux-tu? (ou **Qu'est-ce que** tu veux?)
> **Qui** as-tu vu (ou **Qui est-ce que** tu as vu) dans le métro?
> **Avec qui** as-tu rendez-vous? (ou **Avec qui est-ce que** tu as rendez-vous?)

Il n'y a pas de forme courte qui correspond à **qu'est-ce qui**.

> **Qu'est-ce qui** intéresse les étudiants? l'amour? l'argent? les autos?
> **Qu'est-ce qui** est arrivé dans l'autobus? une bagarre? un passager a fait une remarque désagréable? quelqu'un vous a bousculé?

2. Quand la question porte sur un sujet (**qui, qui est-ce qui, qu'est-ce qui**) le verbe est au singulier excepté avec **être** + une personne.

> **Qui** est allé avec toi? Anne? Gérard et Paulette? tes sœurs?
> **Qu'est-ce qui** se passe dans la salle à côté? un autre prof fait son cours? les étudiants passent un examen?
> *Mais:* **Qui sont** ces jeunes gens? des Français? des étrangers?
> **Qui êtes**-vous?
> **Qui sommes**-nous?

3. Pour les personnes, on emploie **Qui est-ce qui** pour insister davantage sur le sujet.

> **Qui est-ce qui** a fait cette chose horrible? Frankenstein? le marquis de Sade? les Nazis?

4. Quand la question porte sur un objet direct, un objet indirect ou un objet de la préposition, on emploie une des structures suivantes.

- La forme longue (construite avec **est-ce que** + ordre déclaratif) = style parlé.

> **Qui est-ce que** tu as vu dans le train? un autre passager? des femmes qui se plaignaient?

Qu'est-ce qu'Einstein a découvert? les montagnes de l'Himalaya? la neutralité? la relativité?

Pour qui est-ce que Pierre travaille l'été? pour les Frères Jacob et Cie? pour le garagiste du coin?

De quoi est-ce que ces deux dames discutent dans le train? du manque de place? de la croissance des enfants? de la chaleur?

- La forme courte (sans **est-ce que**) avec l'inversion = langue plus soignée.

Qui a-t-il vu dans l'autobus? un type bizarre? une star de cinéma? un de ses copains?

Que dira-t-on? que vous êtes fou? que nous sommes perdus? que je suis insupportable?

Qu'avez-vous fait samedi? du ski? une promenade? des courses?

Avec qui étiez-vous samedi soir? avec votre petit ami? avec des copains?

Sur quoi Marcel Proust base-t-il son œuvre? sur des questionnaires? sur un livre anglais? sur l'importance du temps et de la mémoire?

Remarquez: En général, avec **que** ou **quoi** + inversion, le nom sujet est placé après le verbe. Mais quand le verbe commence par une voyelle, il faut utiliser la forme longue.

Que fait Solange?
Mais: Qu'est-ce que Solange **étudie**?

De quoi parle Maurice?
Mais: De quoi Maurice **a**-t-il envie?

C. Au téléphone. Vous attendez à côté d'une cabine téléphonique et vous entendez quelqu'un parler. D'après les réponses qu'il donne, imaginez les questions posées par son interlocuteur. Employez *qui, qui est-ce qui, qui est-ce que, qu'est-ce qui, que* ou *qu'est-ce que.*

▷ Je vais aller au cinéma ce soir.
Qu'est-ce que tu vas faire ce soir?

1. Je vais voir le nouveau film de Woody Allen.
2. C'est Marie-Paule qui m'a dit de le voir.
3. Oh, c'est un camion qui a fait ce bruit, je crois.
4. Oh, on fera une grande fête.
5. Les hors-d'œuvre vont prendre le plus de temps à préparer.
6. Tu pourrais nous apporter des fleurs.
7. On a invité des gens que tu ne connais pas.
8. Philippe ou Lionel te raccompagneront chez toi après, si tu veux.

D. Il vaut mieux savoir à l'avance. Un de vos copains a déjà suivi un cours que vous suivez maintenant. Vous avez une idée générale de comment sera le cours mais vous cherchez à confirmer vos idées et à avoir plus de précisions sur le cours. Posez-lui des questions pertinentes en commençant par une préposition + *qui* ou *quoi.*

▷ Vous pensez que le prof va parler de certains sujets actuels...
De quoi est-ce que le prof va parler?

1. Vous pensez que votre copain a écrit un mémoire sur un thème donné par le professeur...
2. Vous savez qu'il y a des tests à propos de sujets divers...
3. Vous avez l'impression que vous ferez quatre longs devoirs pour le prof... ou pour son assistant...
4. Vous pensez que votre copain a étudié avec un autre ami pendant le cours...
5. Vous avez l'impression qu'on a besoin de matériel très coûteux pour faire le premier devoir...
6. On dit que vous passez l'examen final oral devant un groupe de personnes...

E. Questionnaire pour un(e) ami(e). Composez des questions sur les goûts et les idées et interviewez un(e) camarade. Commencez chaque question par les mots donnés et employez un des choix entre parenthèses. Votre camarade répondra.

▷ Qu'est-ce que... (détester/aimer)
—Qu'est-ce que tu aimes chez les Français?
—J'aime leur spontanéité. ou
—Qu'est-ce que tu détestes faire le week-end?
—Je déteste rester à la maison.

1. Qui est-ce que tu... (admirer/mépriser)
2. Qu'est-ce que tu... (vouloir être/ne pas aimer chez les hommes)
3. Qu'est-ce qui... (t'inspirer/te déprimer)
4. Qui... (être tes héros dans la fiction/être tes héroïnes dans la vie réelle)
5. Pour qui... (avoir le plus de patience/avoir le moins de patience)
6. De quoi... (avoir envie/avoir peur)
7. À qui voudrais-tu... (ressembler/plaire)
8. En quoi... (avoir confiance/exceller)

Questions qui portent sur une définition, une explication ou une identification

1. Pour demander une définition, une explication ou une identification, on utilise **Qu'est-ce que c'est que** + nom ou pronom

—**Qu'est-ce que c'est qu**'un maître chanteur? —C'est une personne qui extorque de l'argent à quelqu'un par force, violence, menace ou ruse.

—**Qu'est-ce que c'est que** cette monstruosité? —Mais c'est une statue moderne: «Trois Gorilles et une Banane dans une Cabine Téléphonique».
—**Qu'est-ce que c'est que** ça? —C'est mon parapluie.

Remarquez: La tournure de la langue familière est la suivante.

—Un maître chanteur, **qu'est-ce que c'est?**
—La liberté, **qu'est-ce que c'est?**

2. Dans la langue soignée, on peut remplacer **Qu'est-ce que c'est que...** par **Qu'est-ce que....** C'est donc la forme la plus utilisée avec des notions abstraites.

—**Qu'est-ce que** la liberté? —C'est la possibilité de faire ce qu'on veut.
—**Qu'est-ce que** l'amour? —C'est une affection forte pour quelqu'un ou pour quelque chose.

3. Questions qui demandent une qualification ou une désignation
Quand la réponse dépend de plusieurs possibilités, on emploie l'adjectif interrogatif **quel** + **être** + nom. Notez que **quel** s'accorde avec le nom qu'il représente.

—**Quel est** votre signe du zodiaque? —C'est le verseau.
—**Quels sont** les cinquante états américains? —L'Alabama, l'Alaska, etc.
—**Quelle est** la date? —C'est le 7 décembre.
—**Quelles sont** vos qualités? —La bonté, l'honnêteté, la générosité et la modestie.

F. Identification ou définition? Posez des questions à propos des mots indiqués. Utilisez *Qu'est-ce que c'est que, Qu'est-ce que* ou *Quel + être.*

▷ La démocratie
Qu'est-ce que la démocratie?

1. les noms de vos compositeurs préférés
2. un orphelin
3. vos conseils pour un nouvel étudiant ici
4. un cyclothymique paranoïaque hypotendu
5. la psychanalyse
6. votre roman préféré
7. vos opinions sur la politique actuelle
8. un pince-fesse
9. la philosophie
10. la philosophie de Sartre
11. la douceur
12. une houppelande
13. cette boîte mystérieuse
14. le nom de la rue où vous habitez

G. Comprenez-vous? Vous avez obtenu un travail d'été en France. Votre patronne vous donne des ordres mais la culture et la langue françaises sont encore très nouvelles pour vous. Posez une question pour clarifier chaque ordre qu'elle vous donne. Employez *Qu'est-ce que c'est que* ou *Quel* + *être.*

▷ Vérifiez bien toutes les serrures avant de partir.
Qu'est-ce que c'est qu'une serrure?

▷ N'oubliez pas les portes les plus importantes.
Quelles sont les portes les plus importantes?

1. Expédiez ce paquet.
2. Attachez ces papiers avec l'agrafeuse.
3. Mettez les dossiers les plus récents dans ce classeur.
4. Soyez de retour immédiatement après les heures du déjeuner.
5. N'appelez pas les clients par leur prénom.
6. N'appuyez jamais sur ce bouton rouge.
7. Rédigez vos lettres sur l'ordinateur.
8. Si vous avez besoin d'un congé, demandez-le aussi à l'avance que possible.
9. Enlevez toutes les paperasses de votre bureau à la fin de la journée.
10. Gardez toujours en tête la devise de notre firme.

Questions qui portent sur un choix

1. Pour demander des précisions sur l'identité d'une personne ou d'une chose parmi plusieurs possibilités, on utilise l'adjectif interrogatif **quel** + nom (même si le nom est sujet, objet direct ou objet d'une préposition). **Quel** s'accorde toujours avec le nom qu'il modifie.

Quel candidat gagnera?
Quels animaux vous font peur?
À **quelle** heure l'autobus est-il passé?
Quelles voitures aimez-vous?

2. Le pronom interrogatif **lequel (laquelle, lesquels, lesquelles)** fait référence au choix d'une personne (des personnes) ou d'un objet (des objets) parmi des personnes ou des objets *déjà désignés.* Il peut être employé comme sujet, objet direct ou après une préposition et il s'accorde avec le nom qu'il désigne.

Nous écoutons trois candidats à la députation. Pour **lequel** voterez-vous? **Lesquels** est-ce que vous n'aimez pas?

Voilà cinq voitures. **Laquelle** est la plus chère? **Lesquelles** préférez-vous?

Les prépositions **à** et **de** forment des contractions avec **lequel, lesquels** et **lesquelles.** Il n'y a pas de contraction avec **laquelle**.

à + lequel	→	**auquel**
à + laquelle	→	**à laquelle**
à + lesquels	→	**auxquels**
à + lesquelles	→	**auxquelles**
de + lequel	→	**duquel**
de + laquelle	→	**de laquelle**
de + lesquels	→	**desquels**
de + lesquelles	→	**desquelles**

Voilà dix pays différents. **Auxquels** voulez-vous aller?
Vous devez répondre à trois questions sur cinq. **Auxquelles** répondrez-vous?
Je vois beaucoup de soldats là-bas! **Desquels** parlez-vous?
Vous avez besoin d'un de mes stylos? **Duquel** avez-vous besoin?

H. Est-ce vrai? Vous avez un travail comme employé(e) de sécurité dans un grand magasin. Vous devez assurer qu'on ne vole pas, et vous venez de trouver quelqu'un qui vous semble suspect. Confrontez cette personne sans l'accuser vraiment (parce que vous risqueriez d'être poursuivi(e) en justice si cette personne n'avait rien fait). Posez-lui des questions portant sur les explications qu'elle donne. Employez la forme appropriée de *quel* dans chaque question.

▷ Vous: Où avez-vous acheté ce disque?
Lui: Je l'ai acheté dans *un autre magasin.*
Vous: *Dans quel magasin l'avez-vous acheté?*

Lui: Un magasin dans *une autre ville.*

Vous: ———?

Lui: Oh... une ville que j'ai visitée pendant *les vacances.*

Vous: ———?

Lui: Les vacances d'été... De toute façon j'ai besoin de partir maintenant... je ne veux pas manquer *mon autobus...*

Vous: ———?

Lui: Euh.. le S. C'est presque *l'heure.*

Vous: ———?

Lui: Euh... je ne suis pas sûr...

Vous: Montrez-moi votre carte d'identité.

I. **Dans un café.** Vous êtes assis(e) dans un café avec une amie et vous observez les gens et les choses. Formulez des questions pour votre amie. Employez une forme appropriée de *lequel* dans chaque question.

▷ Regarde ces trois hommes-là!
Lequel est le plus beau? ou
Lequel voudrais-tu inviter à s'asseoir avec nous? ou
Duquel voudrais-tu faire la connaissance? ou
Avec lesquels ne voudrais-tu pas sortir?

1. Il y a tant de bonnes pâtisseries ici.
2. Ces trois bonshommes-là parlent tous en même temps.
3. Voilà l'homme qui vend des journaux.
4. Ce type-là flirte avec quatre jeunes filles.
5. As-tu vu l'homme qui m'a bousculé quand je te cherchais?

Questions de temps, lieu, manière, quantité et cause

Il y a cinq adverbes interrogatifs. **Quand** demande le moment, **où** demande le lieu, **comment** demande la manière ou la qualité, **combien (de)** demande la quantité et **pourquoi** demande la cause.

Quand fait-il ses devoirs? à six heures? demain?
Où est-ce que Paul va? en France? à Québec?
Comment a-t-elle organisé son travail? avec un calendrier?
Combien de pommes as-tu achetées? cinq? une douzaine?
Combien de beurre as-tu acheté? un demi-kilo? 250 grammes?
Pourquoi est-ce que tu ne l'ouvres pas? tu n'es pas assez fort?

Quand le sujet est un nom, on peut former la question de quatre façons:

1. Il est toujours correct d'employer un adverbe interrogatif + **est-ce que** + ordre déclaratif

Quand est-ce que Jacques lave son linge?
Où est-ce que Paul va demain?
Comment est-ce que Françoise a organisé son travail?
Pourquoi est-ce que Raymond vit à Paris?
Combien de tableaux par an **est-ce que** Van Gogh peignait?

2. Dans la langue parlée, on peut employer **est-ce que** avec une répétition du pronom qui correspond au nom sujet. Le sujet est au début de la phrase ou à la fin.[1]

Paul où est-ce qu'**il** va demain?
Où est-ce qu'**il** va demain, **Paul**?

---

1. Dans le style familier, on peut également garder l'ordre déclaratif et mettre l'adverbe interrogatif à la fin de la phrase. *Ces paquets viennent d'**où**? Les Hespel vous doivent **combien**?*

3. Il est toujours correct d'employer un adverbe interrogatif + nom sujet + inversion double (avec la répétition du sujet par le pronom correspondant).

Quand Jacques lave-t-il son linge?
Où Paul va-t-il demain?
Comment Françoise a-t-elle organisé son travail?
Pourquoi Raymond vit-il à Paris?
Combien de tableaux par an **Van Gogh peignait-il**?

4. La simple inversion du nom sujet et du verbe (sans répétition avec un pronom) est possible uniquement dans les situations suivantes:

- avec **combien de**

  Combien de tableaux par an **peignait Van Gogh**?

- avec **quand, où** et **comment** seulement quand le verbe n'a pas d'objet direct

  Où **va Paul** demain?
  Où **est allé Paul** hier?
  Comment **s'est terminé cet incident**?
  Mais: Quand **Jacques lave-t-il** son linge?
  Comment **Françoise a-t-elle organisé** son travail?

Remarquez: La simple inversion n'est jamais possible avec **pourquoi**. La répétition du nom sujet est obligatoire.

Pourquoi **Raymond vit-il** à Paris?

J. Quotient intellectuel. On vous donne un test d'aptitude intellectuelle avec des questions d'histoire, de littérature, d'actualité. Pour être certain(e) d'avoir bien compris chaque question, refaites-la en employant l'inversion, puis répondez si vous pouvez.

▷ Pourquoi est-ce que Marie-Antoinette a été guillotinée?
Pourquoi Marie-Antoinette a-t-elle été guillotinée?

1. Combien d'argent est-ce que le président gagne par an?
2. Où est-ce que la révolution industrielle a commencé?
3. Comment est-ce que le Québec a été colonisé?
4. Quand est-ce que la lune influence le comportement des gens?
5. Où est-ce que les gens chantent *la Marseillaise*?
6. Combien de fois est-ce que le Premier secrétaire soviétique a visité les États-Unis?
7. Pourquoi est-ce qu'Henri Matisse est célèbre?
8. Quand est-ce que la guerre au Viêt-nam a commencé?
9. Comment est-ce que les chercheurs ont retrouvé le Titanic au fond de l'Atlantique?
10. Pourquoi est-ce que la «Edsel» n'a pas eu de succès?

K. Comment va... ? Vous rencontrez une amie dans un wagon de train. Vous ne vous êtes pas vu(e)s depuis longtemps et vous avez toutes sortes de questions à propos de ce qu'elle vous dit. Inventez une question à partir de chaque phrase en commençant par le mot donné.

▷ Je suis sûre que tu te rappelles Jules et Sylvie. (comment)
Oui, comment vont-ils?

1. J'espère que tu te rappelles Paul. (comment)
2. Nous allons nous marier. (quand)
3. Nous allons faire un voyage de noces super. (où)
4. Ses parents nous ont trouvé un joli petit appartement. (où)
5. Mon travail prend énormément de temps en ce moment. (pourquoi)
6. Marie-Claire a eu des enfants. (combien de)
7. Suzanne va se remarier encore une fois. (combien de)
8. Élyse a trouvé un poste à l'Organisation des Nations unies. (comment)

Questions indirectes

1. En français comme en anglais, quand on rapporte les paroles de quelqu'un, on peut citer les paroles exactes, ou on peut les rapporter indirectement. Si Claire pose une question à Paul, elle peut dire:

> Est-ce que tu pars demain? (style direct) ou
> Je voudrais savoir si tu pars demain. (style indirect)

Si une troisième personne rapporte à Paul la question de Claire, elle peut dire:

> Claire demande quand tu pars. (style indirect)

Les questions indirectes sont particulièrement utilisées quand on préfère ne pas poser trop de questions directes, pour des raisons d'usage, de politesse ou de discrétion—dans une lettre, par exemple, où on demande des renseignements. Au style indirect, on désigne la personne (ou les personnes) qui pose la question. Il n'y a pas d'inversion et pas de point d'interrogation. La véritable question est alors introduite par certaines combinaisons de verbes (comme **demander**, **vouloir savoir**, etc.) et de conjonctions (comme **si**, **quand**, **ce que**, etc.) propres au style indirect. Il y a souvent une préférence pour le conditionnel dans les verbes principaux des questions indirectes.

Tours, le 4 août 1987

Monsieur,

Ayant lu votre annonce dans *L'Ouest-France* du 3 août, je vous écris pour **savoir quand** vous pourriez me recevoir. Étant donné que je dois partir en vacances, je **me demande s'**il vous serait possible de me donner rendez-vous dans la quinzaine à venir. **Pourriez-vous également me dire si** le poste proposé doit être pourvu dès le premier septembre? Je me permets de joindre à la présente mon curriculum vitæ.

Je vous prie d'agréer, Monsieur, l'expression de mes sentiments distingués.

RWP

Ross W. Potter

2. La conjonction **si** introduit une question qui veut comme réponse **oui** ou **non**.

style direct	*style indirect*
«Pourriez-vous me recevoir le 5 octobre?»	Je vous demande de bien vouloir me dire **si** vous pourriez me recevoir le 5 octobre.
«Ce monsieur vous a-t-il bousculé exprès?»	Je ne sais pas **si** ce monsieur vous a bousculé exprès.

3. Notez les changements suivants:

style direct		**style indirect**
que... ?, qu'est-ce que... ?	⟶	**ce que...**
qu'est-ce qui... ?	⟶	**ce qui...**
qui est-ce qui... ?	⟶	**qui...**

style direct	*style indirect*
«Qu'est-ce qui se passe?»	Tout le monde veut savoir **ce qui** se passe.
«Que fera le PDG[2]?»	Les employés se demandent **ce que** le PDG fera.
«Qu'est-ce que vous appréciez le plus chez vos amis?»	Je vous demande **ce que** vous appréciez le plus chez vos amis.

4. On peut omettre **quel** au style indirect.

style direct	*style indirect*
«Quelle heure est-il?»	Je **voudrais savoir l'heure.** = Je **voudrais savoir quelle heure** il est.
«Quel est le trait principal de votre caractère?»	On **demande le trait principal** de votre caractère. = On **demande quel est le trait principal** de votre caractère.

2. *PDG* = Président Directeur Général.

L. Formules dans une lettre. Transformez les questions indirectes en questions directes.

▷ Je voudrais vous demander où je devrais m'adresser.
Où est-ce que je devrais m'adresser?

1. Je me demande s'il vous serait possible de me donner rendez-vous.
2. Je vous écris pour savoir quand vous pourriez me recevoir.
3. Je voudrais savoir ce que je dois fournir comme document.
4. Puis-je vous demander combien de demandes sont acceptées?
5. Peut-on savoir la date limite pour envoyer ce formulaire?
6. Je voudrais vous demander si j'ai assez d'expérience pour ce genre de travail.
7. Pourriez-vous m'indiquer à qui je devrais écrire?
8. J'ignore qui a proposé mon nom pour ce poste.

M. Renseignements au téléphone. Vous téléphonez au consulat de France pour avoir des renseignements sur une année d'études en France. Posez des questions au style indirect pour obtenir ces renseignements.

▷ Où est-ce qu'on pourrait étudier en France?
Je voudrais vous demander où on pourrait étudier en France.

1. Quel niveau de cours y a-t-il pour les étrangers?
2. Combien de temps dure le stage?
3. Quels certificats doit-on fournir?
4. Est-ce qu'il faut un visa?
5. Est-ce que les unités de valeur sont transférables?
6. Est-ce qu'il y a des examens à la fin du stage?
7. Est-ce qu'on habite à l'école ou dans des familles?
8. Où mange-t-on?
9. Combien est-ce que ça coûte?

À VOUS DE JOUER

1. **Interview du professeur.** En groupes de deux ou trois personnes, formulez une liste de questions que vous aimeriez poser à votre professeur. Ensuite, un délégué de chaque groupe posera les questions au professeur. Employez quelques-unes des structures suivantes.

▷ où
Où êtes-vous né(e)?

Qui	Qu'est-ce que	Est-ce que	Quel(le)(s)
Où	Pourquoi	Combien de	Avec qui
De quoi	Quand	Qu'est-ce qui	

2. **Interview d'un(e) ami(e).** Posez des questions pour vous aider à connaître votre camarade—ses études, ses passe-temps (sports, musique, cinéma, etc.) et son avenir. Ensuite, présentez votre camarade à la classe.

3. **Invités.** *Rôles à jouer—trois personnes.* Vous avez des invités pour le week-end. C'est dimanche matin et vous voulez vérifier que tout va bien. Vous leur posez des questions pour savoir s'ils ont bien dormi, s'ils ont besoin de quelque chose, ce que vous pouvez leur préparer pour le petit déjeuner, ce qu'ils prennent dans leur café, ce qu'ils veulent faire aujourd'hui, etc.

4. **Petites annonces.** Vous avez lu une annonce sur la page des «Annonces classées» et vous voulez acheter l'article en question. Vous êtes maintenant avec la personne qui a mis l'annonce dans le journal, et vous lui posez des questions avant de décider si vous voulez vraiment acheter sa marchandise...

A VENDRE ameublement complet IKEA, 1 an, séparément ou entier. Cause départ. 931-2517.

A VENDRE dactylo électrique IBM $60. Support à bicycle Bic $60. Plafonnier moderne $60. Petit poêle en fonte $150. Appeler après 18h 628-2213.

A VENDRE, éléments muraux 18 pi., possibilité de subdivision, blanc antique avec panneaux en retrait. Mobilier de chambre provincial français, blanc antique, commode triple, 116 po. Frigo exclusif G.E., 17 pi cu., presque neuf. 2 tapis rouge 16x9 et 9x6. 489-1379.

A VENDRE: piano droit noir, en bon état, 647-4248

AB DICK offset 320 plate copieur, couteau, 334-9880

ACCORDEON Horner à boutons, clavier PCR 500 Yamaha, 581-3202.

ACHETE projecteur 16 mm, sonore, complet, imcomplet. 334-9880

ACHETERAIStrains électriques Lionel usagés, 321-0040, 492-0317

ACHETERAIS Legos, Tintins usagés, Nat. Geographic. 465-3164.

AI POUSSETTE double utilisée 2 mois, $100. Balançoire et articles bébé. 256-8717

CONGELATEUR Vicking 20 pi cu., $200, bibliothèque murale noire et argent, $250, 256-8910.

CURIO [illegible] de marbre, prix à discuter 669-8669

DACTYLO +cf40électronique Olympia neuve, $450 (valeur $730), 1 ligne mémoire auto-correcteur, 842-3899.

DACTYLO électrique Smith Corona $250. Etagere et chaise en rotin $200. 477-5507.

DEMENAGEONS :doit vendre sofa 3 places, 2 sofas 2 places, style contemporain, traités anti-taches, état neuf, $600, mobilier chambre style provincial-français, 6 morc. état neuf, $950. Autres aubaines. 672-0620

DEPART pour autre pays, tout doit être vendu, ustensiles cuisine, bibelots etc. après 14h 733-7668

DISQUES rares et affiches de concerts 1960-1970, listes disponible. (1-819)752-9823.

DISQUES 33 tours, à partir de $1. 259-3677 entre 10h et 21h

DIVAN-lit et fauteuil, rose antique, $650. 876-7266, 522-6418.

DIVAN-LIT rond et 2 chaises brun foncé, $250, 327-4815

LESSIVEUSE automatique, $450, dactylographe Olivetti électronique $700, Jerold 440 $60, 3 petites tables salon antiques $45, 2 lampes sur pied, blanches, table à cartes blanche, humidificateur Baycrest $70, ventilateur électrique $25, après 14h 733-7668

LINGE garçon de 5-10 ans, 1 habit de 1ere communion: 388-4818.

LIT base et matelas n'ayant presque pas servi, tapis 2v.1 4x1v.[illegible], 2 lampes, set de cuisine sièges en cuirette blanche, table à café, table d'appoint, cause déménagement, 323-1159.

LIT d'eau queen anti-vagues, 2 sets de draps, $300 ferme. 845-8191.

LIT king size presque neuf avec douillette et draps. 728-0673.

LIT pliant presque neuf $75, 337-2480.

LIT simple, blanc, en fer avec matelas, tout neuf, $200. 670-3604.

LIT D'EAU semi vague un an d'usure, tête bibliothèque 656-5055

LIT 54 po. en fer, antique, très propre, blanc et laiton, 375$. Entre 9h et 17h, 281-1232 poste 2255.

LUSTRE bronze 5 bougies, pendeloques, 17" diamètre. 253-9008.

5. **Au cinéma.** Quel film avez-vous envie de voir? Trouvez un(e) camarade de classe qui a déjà vu ce film, et demandez-lui ses impressions. Décidez après si vous désirez encore voir ce film.

6. **Le jeu de «Jeopardy».** La classe est divisée en deux équipes. Un(e) étudiant(e) d'une équipe doit formuler une question correcte à laquelle la réponse est celle qui est donnée. S'il(si elle) réussit, son équipe reçoit les points indiqués. Sinon, l'autre équipe reçoit les points.

   Un étudiant de la première équipe choisit *que?* (Catégorie «vie quotidienne») pour 10 points. Il dit: *Que buvez-vous le matin?* Comme c'est une question correcte dont la réponse effectivement peut être *un café noir,* son équipe reçoit les 10 points.

Points	**Structures à employer et la réponse à la question**		
	histoire	**vie quotidienne**	**science**
5	*Qui... ?* Napoléon	*Est-ce que... ?* Oui	*n'est-ce pas... ?* Non
10	*Où... ?* à Paris	*Que... ?* un café noir	*Qu'est-ce que... ?* une étoile
15	*inversion* oui	*Qu'est-ce que c'est que... ?* C'est une émotion ressentie quand on est très heureux	*Combien de... ?* neuf
20	*Quel(le)(s)... ?* le téléphone	*préposition + quoi... ?* de ma voiture	*Qu'est-ce qui... ?* le cœur
25	*Comment... ?* en avion	*Lequel... ?* le plus grand	*Pourquoi... ?* parce qu'il n'y a pas d'oxygène

Compositions écrites

1. **Formulaire.** Inventez un formulaire pour nommer un candidat à une distinction (par exemple, le prix Nobel, une bourse académique, un prix littéraire, un prix de mérite). Remplissez le formulaire si vous voulez.

   ▷ Pour nommer un candidat à une bourse Fullbright
   *Comment s'appelle le candidat?*____________________
   *Où le candidat est-il né?*____________________
   etc.

2. **Lettre de demande de renseignements.** Écrivez une lettre à l'ambassade de France à Washington, DC (ou à Ottawa, Ontario, Canada), au consul général de France[3] à l'attention des Services Culturels[4] ou directement à une université française[5] pour demander des renseignements au sujet d'une année d'études en France. Posez des questions sur ce que vous devrez fournir pour être admis(e) à l'université, ce que vous devrez faire avant d'arriver, ce que vous devrez emporter, comment est la vie d'un étudiant là-bas, etc. Employez comme modèle la forme de la lettre à la page 14.

---

3. Aux États-Unis, il y a un consulat de France à Boston, à Chicago, à Detroit, à Houston, à Los Angeles, à la Nouvelle-Orléans, à New York, à San Francisco et à Porto Rico. Au Canada, les consulats sont à Edmonton, à Halifax, à Moncton, à Montréal, à Québec, à Toronto, à Vancouver et à Winnipeg.
4. Un attaché culturel qui dépend des différents consulats, a généralement des renseignements sous forme de brochures, prospectus, dépliants, etc.
5. Parmi les nombreuses universités qui accueillent des étrangers: Caen, Dijon, Grenoble, Montpellier, Pau, Paris, etc.

Lectures

Voici trois textes qui interrogent. Chez Marcel Proust il s'agit de véritables *Questionnaires:* une première version remplie quand Proust était encore adolescent et une deuxième version refaite six ans plus tard où l'auteur semble faire son analyse au moyen d'une auto-interrogation. Dans les trois sélections de Raymond Queneau, il s'agit d'«Exercices de style» dont chaque «exercice» varie en fonction et en ton. Cependant les questions posées dans «Interrogatoire» et «Inattendu» représentent les mêmes faits que dans «Notations». Le dernier choix, «Dans le train» de Colette, met en scène deux braves dames qui s'interrogent.

Le passage de la fiction à la réalité est facile. Nous posons des questions sur les héros et comment les auteurs les ont créés. Nous nous posons des questions pour voir quels rapports nous avons avec les personnages de roman.

Pour entrer dans l'univers fictif de chaque auteur, le lecteur doit faire un effort pour situer le texte dans le temps et l'espace de son contexte culturel. (Une histoire qui se déroule en Pologne en 1758 ne pourrait pas se comprendre comme une histoire française de 1932.) Il faut essayer de repérer les indices[6] essentiels, reconnaître les mots clé sans se laisser obséder par la minutie d'un nouveau vocabulaire et deviner les grandes lignes sans se perdre dans les détails.

Comment saisir le mot ou le détail importants? Comment se former une idée juste des circonstances (sans doute très claires pour le lecteur francophone mais un peu obscures pour le lecteur moins familier avec la langue et la charpente[7] culturelle dont dépend l'histoire)?

Pour développer vos techniques, vous allez effectuer quelques exercices avant la lecture du texte. Ces stratégies sont destinées à vous faire anticiper et éviter des pierres d'achoppement[8] et, finalement, à vous faire bénéficier du plaisir de comprendre la pensée et l'expression de l'auteur.

---

6. *Indice* (m.) = un signe qui indique la direction probable.
7. *Charpente* (f.) = construction, cadre.
8. *Pierre* (f.) *d'achoppement* = obstacle.

Questionnaires
Marcel Proust

Marcel Proust (1871–1922), romancier et essayiste, est connu partout dans le monde littéraire. Son roman en sept volumes, *À la recherche du temps perdu,* où le temps, reconstruit par la mémoire, joue un rôle principal, est un des grands chefs-d'œuvre du début du vingtième siècle.

Le premier questionnaire que vous allez lire, qui vient d'un livre anglais, avait été rempli par Proust dans un jeu de société quand il avait treize ou quatorze ans. Ce questionnaire révèle sa précocité et sa sensibilité à l'art et aux êtres humains. Vers l'âge de vingt ans, Proust a formulé une nouvelle version du questionnaire en français.

Avant de lire les questionnaires

Préparation du vocabulaire

A. On peut souvent déduire le sens d'un nouveau mot si on reconnaît sa ressemblance avec un autre mot plus familier. Les mots de la liste A sont des noms. Trouvez un mot de la liste B qui semble faire partie de la même famille qu'un mot de la liste A, grâce à une ressemblance fondamentale. Tâchez de définir les deux mots.

liste A (noms)	liste B
destruction	**versification**
don	**générique**
douceur	**résoudre**
franchise	**lire**
genre	**partager**
ignorance	**doux/douce**
lecture	**franc/franche**
partie	**détruire**
résolution	**volontaire**
vers	**ignorer**
volontariat	**donner**

▷ *La destruction est l'acte de détruire.*

Préparation culturelle

B. Proust, même à l'âge de treize ans, avait une formation culturelle étonnante. Pour apprécier la richesse de son savoir et l'étendue de son univers culturel et intellectuel, il serait utile de se rappeler quelques noms importants. Regardez brièvement cette liste de noms.

Pline le Jeune (62–v. 114), écrivain romain, ses œuvres décrivent les mœurs antiques
George Sand (1804–1876), née Aurore Dupin, romancière française, féministe avant la lettre[9]
Augustin Thierry (1795–1856), historien français et narrateur brillant
Alfred de Musset (1810–1857), poète et dramaturge romantique français
Ernest Meissonier (1815–1891), peintre français de la vie familière et de scènes de batailles
Wolfgang Amadeus Mozart (1756–1791), compositeur autrichien
Charles Gounod (1818–1893), compositeur français d'opéras et de musique religieuse
Socrate (470–399 av. J.-C.), philosophe grec, père de la méthode inductive de l'enseignement
Périclès (v. 495–429 av. J.-C.), homme d'État athénien et orateur célèbre qui a créé la puissance navale, coloniale, artistique, et littéraire athénienne
Mahomet (v. 570–632), réformateur religieux arabe, fondateur de l'islamisme
Anatole France (1844–1924), écrivain français, élu à l'Académie française et lauréat du prix Nobel en 1921
Pierre Loti (1850–1923), romancier et officier de marine
Charles Baudelaire (1821–1867), poète et essayiste, inspirateur de la poésie moderne
Alfred de Vigny (1797–1863), poète lyrique et romancier
Hamlet, prince danois, personnage principal de la tragédie de Shakespeare du même nom
Bérénice, princesse juive, personnage principal de la tragédie de Racine du même nom
Ludwig van Beethoven (1770–1827), compositeur allemand
Richard Wagner (1813–1883), compositeur allemand
Robert Schumann (1810–1856), compositeur allemand
Léonard de Vinci (1452–1519), peintre, sculpteur et ingénieur italien
Rembrandt (1606–1669), peintre hollandais
Darlu, professeur de Proust au lycée
Boutroux, professeur de Proust au lycée
Cléopâtre (69–30 av. J.-C.), reine d'Égypte

1. Lesquels de ces personnages connaissez-vous? Que savez-vous de plus sur eux?
2. Lesquels sont des personnages dans une œuvre littéraire?
3. Lesquels ne sont pas français? Pourquoi sont-ils bien connus?

9. *Féministe avant la lettre* = féministe avant le féminisme.

4. Lesquels sont des musiciens? Connaissez-vous leur musique?
5. Lesquels sont des écrivains? Savez-vous les titres de quelques-unes de leurs œuvres?

Pour mieux lire

C. En abordant un article ou une œuvre littéraire, on peut souvent déduire son organisation, même son contenu, si on regarde les divisions et les titres de ces rubriques. Avant de lire en détail, parcourez[10] les questionnaires pour avoir une idée de quelles sortes de questions s'y trouvent. Sur quelles sortes de sujets ces questionnaires semblent-ils porter? sur le jugement? sur des idées abstraites? sur des préférences? sur des maladies? sur des formules mathématiques? sur des désirs?

D. Commencez un cahier que vous réservez au vocabulaire que vous jugez utile. En lisant les questionnaires de Proust, notez les nouveaux mots que vous voulez vous rappeler. Essayez de les employer dans vos compositions.

Questionnaire

Your favourite virtue.—Toutes celles qui ne sont pas particulières à une secte, les universelles.

Your favourite qualities in man.—L'intelligence, le sens moral.

Your favourite qualities in woman.—La douceur, le naturel, l'intelligence.

Your favourite occupation.—La lecture, la rêverie, les vers, l'histoire, le théâtre.

Your chief characteristic.—

Your idea of happiness.—Vivre près de tous ceux que j'aime avec les charmes de la nature, une quantité de livres et de partitions, et pas loin un théâtre français.

Your idea of misery.—Être séparé de maman.

Your favourite colour and flower.—Je les aime toutes, et pour les fleurs, je ne sais pas.

If not yourself, who would you be?—N'ayant[11] pas à me poser la question, je préfère ne pas la résoudre. J'aurais cependant bien aimé être Pline le Jeune.

Where would you like to live?—Au pays de l'idéal, ou plutôt de mon idéal.

Your favourite prose authors.—George Sand, Aug. Thierry.

Your favourite poets.—Musset.

---

10. *Parcourir* = lire vite d'une manière superficielle.
11. *Ayant* = participe présent du verbe *avoir*.

Your favourite painters and composers.—Meissonnier[12], Mozart, Gounod.

Your favourite heroes in real life.—Un milieu entre Socrate, Périclès, Mahomet, Musset, Pline le Jeune, Aug. Thierry.

Your favourite heroines in real life.—Une femme de génie ayant l'existence d'une femme ordinaire.

Your favourite heroes in fiction.—Les héros romanesques poétiques, ceux qui sont un idéal plutôt qu'un modèle.

Your favourite heroines in fiction.—Celles qui sont plus que des femmes sans sortir de leur sexe, tout ce qui est tendre, poétique, pur, beau dans tous les genres.

Your favourite food and drink.—

Your favourite names.—

Your pet aversion.—Les gens qui ne sentent pas ce qui est bien, qui ignorent les douceurs de l'affection.

What characters in history do you most dislike.—

What is your present state of mind.—

For what fault have you most toleration?—Pour la vie privée des génies.

Your favourite motto.—Une qui ne peut pas se résumer parce que sa plus simple expression est ce qu'[il y] a de beau, de bon, de grand dans la nature.

À propos du texte

A. Répondez aux questions suivantes.

1. Lesquelles de ces réponses sont typiques d'un garçon de 13 ou 14 ans? Lesquelles ne le sont pas?
2. À quelles questions le jeune Proust n'a-t-il pas répondu? Qu'est-ce que cela peut indiquer sur sa personnalité ou sur ses goûts?
3. Quelle est son attitude envers les femmes?
4. Quelles sont les valeurs qu'il considère importantes?

Marcel Proust par lui-même

(Dans ce deuxième texte, Proust refait les questions lui-même. Il a maintenant environ vingt ans.)

Le principal trait de mon caractère.—Le besoin d'être aimé et, pour préciser, le besoin d'être caressé et gâté bien plutôt que le besoin d'être admiré.

La qualité que je désire chez un homme.—Des charmes féminins.

12. Une faute d'orthographe de la part du jeune Proust = Meissonier.

La qualité que je préfère chez une femme.—Des vertus d'homme et la franchise dans la camaraderie.

Ce que j'apprécie le plus chez mes amis.—D'être tendres pour moi, si leur personne est assez exquise pour donner un grand prix à leur tendresse.

Mon principal défaut.—Ne pas savoir, ne pas pouvoir «vouloir».

Mon occupation préférée.—Aimer.

Mon rêve de bonheur.—J'ai peur qu'il ne soit pas assez élevé, je n'ose pas le dire, et j'ai peur de le détruire en le disant.

Quel serait mon plus grand malheur.—Ne pas avoir connu ma mère ni ma grand-mère.

Ce que je voudrais être.—Moi, comme les gens que j'admire me voudraient.

Le pays où je désirerais vivre.—Celui où certaines choses que je voudrais se réaliseraient comme par un enchantement ou *où les tendresses seraient toujours partagées.*

La couleur que je préfère.—La sienne—et après, toutes.

L'oiseau que je préfère.—L'hirondelle.

Mes auteurs favoris en prose.—Aujourd'hui Anatole France et Pierre Loti.

Mes poètes préférés.—Baudelaire et Alfred de Vigny.

Mes héros dans la fiction.—Hamlet.

Mes héroïnes favorites dans la fiction.—Bérénice.

Mes compositeurs préférés.—Beethoven, Wagner, Schumann.

Mes peintres favoris.—Léonard de Vinci, Rembrandt.

Mes héros dans la vie réelle.—M. Darlu, M. Boutroux.

Mes héroïnes dans l'histoire.—Cléopâtre.

Mes noms favoris.—Je n'en ai qu'un à la fois.

Ce que je déteste par-dessus tout.—Ce qu'il y a de mal en moi.

Caractères historiques que je méprise le plus.—Je ne suis pas assez instruit.

Le fait militaire que j'admire le plus.—Mon volontariat!

La réforme que j'estime le plus.—

Le don de la nature que je voudrais avoir.—La volonté, et des séductions.

Comment j'aimerais mourir.—Meilleur—et aimé.

État présent de mon esprit.—L'ennui d'avoir pensé à moi pour répondre à toutes ces questions.

Fautes qui m'inspirent le plus d'indulgence.—Celles que je comprends.

Ma devise.—J'aurais trop peur qu'elle ne me porte malheur.

À propos du texte

A. Répondez aux questions suivantes.

1. Quelles questions sont nouvelles dans ce deuxième questionnaire inventé par Proust? Lesquelles sont éliminées? changées? Proposez des explications pour ces changements.

2. Dans quel sens les goûts de Proust ont-ils évolué?
3. Quels aspects de sa personnalité et de son point de vue n'ont pas changé?

Réactions personnelles

B. Les questions dans les deux questionnaires, à la forme indirecte, sont rédigées dans un style elliptique.[13] Refaites les questions du deuxième questionnaire à la forme directe. Puis, donnez vos propres réponses à ces questions. Comparez les vôtres à celles de Proust.

▷ Le principal trait de mon caractère.
Quel est le principal trait de votre caractère? Le désir d'être un ami fidèle et constant, de faire mon possible pour le bien de ma famille et pour les autres.

C. Est-ce que vos goûts ont beaucoup changé depuis l'âge de treize ou quatorze ans? À quelles questions auriez-vous répondu différemment à cet âge-là?

Exercices de style
Raymond Queneau

Comment peut-on raconter 99 fois, de façon différente, le même événement? La réponse se trouve dans *Exercices de style* de Raymond Queneau où l'auteur démontre toutes les possibilités du langage, du style noble au style argotique. On lit tour à tour de simples notations elliptiques, un récit d'historien, une pièce de théâtre, une comédie, une tragédie, une conversation entre amis, un monologue, etc. Dans cette leçon vous lirez trois de ces passages écrits dans des styles et des niveaux de langue différents: «Notations», «Interrogatoire» et «Inattendu».

Avant de lire «Exercices de style»

Préparation du vocabulaire

A. Quand on lit, même dans sa langue maternelle, on se trouve quelquefois devant un mot qu'on ne comprend pas complètement. Quand cela vous arrive, que faites-vous? Cherchez-vous le mot dans un dictionnaire, ou bien essayez-vous de le comprendre par d'autres moyens: en regardant le contexte de la phrase? en remarquant une ressemblance à

13. *Elliptique* = qui élimine certains mots.

un autre mot plus familier? en remarquant s'il fonctionne comme nom, verbe, adjectif, etc.? Ou continuez-vous à lire en espérant que le mot n'est pas important?

Les mots suivants vous aideront à comprendre le texte que vous allez lire. Parlez-en avec d'autres étudiants de la classe et discutez des techniques que vous employez pour comprendre leur sens.

noms	*verbes*	*adjectifs*
un type	**bousculer**	**mou**
un pardessus		**inattendu**
une heure d'affluence		
une échancrure		
un interrogatoire		

Demandez à un(e) camarade...

1. quel mot est le contraire de *dur*.
2. quel mot signifie un homme.
3. ce qui indique les heures où les gens vont au travail ou rentrent à la maison.
4. quel mot décrit une surprise.
5. ce qui signifie une ouverture dans le col d'un vêtement.
6. quel mot est le synonyme de *manteau*.
7. quel mot est un terme pour une interrogation de caractère officiel.
8. lequel veut dire pousser brutalement ou en toutes directions.

Préparation des structures

B. Comme dans beaucoup de langues où une différence existe entre ce qu'on dit et ce qu'on écrit, le français possède des structures réservées presque uniquement à la langue écrite, à la littérature, ou à un cadre particulièrement sérieux (discours d'usage à une cérémonie, des remarques solennelles à une occasion officielle, une conférence, etc.).

Parmi ces structures d'un usage restreint se trouvent quatre temps: deux temps de l'indicatif (le passé simple et le passé antérieur) et deux temps du subjonctif (l'imparfait du subjonctif et le plus-que-parfait du subjonctif). Ces quatre temps ont tous un équivalent dans le français quotidien.[14] Il suffit alors de les *reconnaître* et de savoir quels sont leurs équivalents dans la langue parlée.

Pour lire «Interrogatoire» et «Inattendu» il faut reconnaître le passé simple. Il correspond au passé composé, qui est employé dans la langue de tous les jours.

14. *Quotidien* = de tous les jours.

LA FORMATION DU PASSÉ SIMPLE

1. Pour les verbes réguliers en **-er, -ir** ou **-re**, le radical est le même que le radical de l'infinitif **(port/er, fin/ir, rend/re).** Il y a deux sortes de terminaisons.

	verbes réguliers en *-er*		verbes réguliers en *-ir* et *-re*		
je	**-ai**		je	**-is**	
tu	**-as**		tu	**-is**	
il/elle/on	**-a**		il	**-it**	
nous	**-âmes**		nous	**-îmes**	
vous	**-âtes**		vous	**-îtes**	
ils/elles	**-èrent**		ils	**-irent**	

	porter		*finir*		*rendre*
je	**portai**	je	**finis**	je	**rendis**
tu	**portas**	tu	**finis**	tu	**rendis**
il/elle/on	**porta**	il	**finit**	il	**rendit**
nous	**portâmes**	nous	**finîmes**	nous	**rendîmes**
vous	**portâtes**	vous	**finîtes**	vous	**rendîtes**
ils/elles	**portèrent**	ils	**finirent**	ils	**rendirent**

2. Le radical du passé simple des verbes irréguliers est généralement dérivé du participe passé.

	prendre: pris		*partir: parti*
je	**pris**	je	**partis**
tu	**pris**	tu	**partis**
il/elle/on	**prit**	il	**partit**
nous	**prîmes**	nous	**partîmes**
vous	**prîtes**	vous	**partîtes**
ils/elles	**prirent**	ils	**partirent**

3. Pour certains verbes irréguliers, il y a une troisième terminaison.

je	**-us**	nous	**-ûmes**
tu	**-us**	vous	**-ûtes**
il/elle/on	**-ut**	ils/elles	**-urent**

	avoir: eu		*vouloir: voulu*		*croire: cru*
j'	**eus**	je	**voulus**	je	**crus**
tu	**eus**	tu	**voulus**	tu	**crus**
il/elle/on	**eut**	il	**voulut**	il	**crut**
nous	**eûmes**	nous	**voulûmes**	nous	**crûmes**
vous	**eûtes**	vous	**voulûtes**	vous	**crûtes**
ils/elles	**eurent**	ils	**voulurent**	ils	**crurent**

4. Quelques verbes ont un radical irrégulier au passé simple.

	être: été	*faire: fait*	*venir: venu*	*voir: vu*
je	**fus**	**fis**	**vins**	**vis**
tu	**fus**	**fis**	**vins**	**vis**
il/elle/on	**fut**	**fit**	**vint**	**vit**
nous	**fûmes**	**fîmes**	**vînmes**	**vîmes**
vous	**fûtes**	**fîtes**	**vîntes**	**vîtes**
ils/elles	**furent**	**firent**	**vinrent**	**virent**

Les verbes suivants sont au passé simple. Indiquez l'infinitif.

1. il passa
2. vous remarquâtes
3. il finit
4. il se traduisit
5. il interpella
6. il se termina
7. il alla
8. il eut
9. il consista
10. vous revîtes
11. Albert les rejoignit
12. Robert demanda
13. Albert se tourna
14. il dit
15. Albert répondit

Préparation de la scène

C. Un écrivain crée l'atmosphère par un certain décor, certains vêtements, certains objets, etc. Ce livre date de l'année 1947. Que portaient les hommes à cette époque-là qu'ils ne portent plus aujourd'hui?

Pour mieux lire

D. Vous allez aborder une série de textes qui sont construits selon le modèle «variations sur un même thème». Pour comprendre ce genre de textes, il faut bien saisir le thème duquel toutes les variations sont tirées. Dans *Exercices de style* on peut dire que le premier texte, «Notations», fonctionne comme thème. Lisez «Notations».

1. Quels sont les mots essentiels, à votre avis?
2. Racontez l'histoire en employant ces mots.
3. Trouvez des phrases qui ne sont pas vraiment des phrases mais des fragments de phrases. Refaites-les pour en faire des phrases complètes.
4. Quelle est la signification du titre de ce premier texte? Quand fait-on des notations? Qu'est-ce qu'on fait de ces notations après?
5. En lisant les deux autres textes, remarquez ce qui ressemble au premier texte et ce qui est différent.

E. Rappel. Écrivez dans votre cahier de vocabulaire les nouveaux mots que vous trouvez utiles.

Exercices de style

«Notations»

Dans l'S, à une heure d'affluence. Un type dans les vingt-six ans, chapeau mou avec cordon remplaçant le ruban, cou trop long comme si on lui avait tiré dessus. Les gens descendent. Le type en question s'irrite contre un voisin. Il lui reproche de le bousculer chaque fois qu'il passe quelqu'un. Ton pleurnichard qui se veut méchant. Comme il voit une place libre, se précipite dessus.

Deux heures plus tard, je le rencontre cour de Rome, devant la gare Saint-Lazare. Il est avec un camarade qui lui dit: «Tu devrais faire mettre un bouton supplémentaire à ton pardessus.» Il lui montre où (à l'échancrure) et pourquoi.

«Interrogatoire»

—À quelle heure ce jour-là passa l'autobus de la ligne S de midi 23, direction porte de Champerret?

—À midi 38.

—Y avait-il beaucoup de monde dans l'autobus de la ligne S sous-désigné?

—Des flopées.

—Qu'y remarquâtes-vous de particulier?

—Un particulier qui avait un très long cou et une tresse autour de son chapeau.

—Son comportement était-il aussi singulier que sa mise et son anatomie?

—Tout d'abord non; il était normal, mais il finit par s'avérer être celui d'un cyclothymique paranoïaque hypotendu dans un état hypergastrique.

—Comment cela se traduisit-il?

—Le particulier en question interpella son voisin sur un ton pleurnichard en lui demandant s'il ne faisait pas exprès de lui marcher sur les pieds chaque fois qu'il montait ou descendait des voyageurs.

—Ce reproche était-il fondé?

—Je l'ignore.

—Comment se termina cet incident?

—Par la fuite précipitée du jeune homme qui alla occuper une place libre.

—Cet incident eut-il un rebondissement?

—Moins de deux heures plus tard.

—En quoi consista ce rebondissement?

—En la réapparition de cet individu sur mon chemin.

—Où et comment le revîtes-vous?

—En passant en autobus devant la cour de Rome.

—Qu'y faisait-il?

—Il prenait une consultation d'élégance.

«Inattendu»

Les copains étaient assis autour d'une table de café lorsque Albert les rejoignit. Il y avait là René, Robert, Adolphe, Georges, Théodore.

—Alors, ça va? demanda cordialement Robert.

—Ça va, dit Albert.

Il appela le garçon.

—Pour moi, ce sera un picon,[15] dit-il.

Adolphe se tourna vers lui:

—Alors, Albert, quoi de neuf?

—Pas grand-chose.

—Il fait beau, dit Robert.

—Un peu froid, dit Adolphe.

—Tiens, j'ai vu quelque chose de drôle aujourd'hui, dit Albert.

—Il fait chaud tout de même, dit Robert.

—Quoi? demanda René.

—Dans l'autobus, en allant déjeuner, répondit Albert.

—Quel autobus?

—L'S.

—Qu'est-ce que tu as vu?

—J'en ai attendu trois au moins avant de pouvoir monter.

—À cette heure-là ça n'a rien d'étonnant, dit Adolphe.

—Alors, qu'est-ce que tu as vu? demanda René.

---

15. *Un picon* = le nom d'une boisson.

—On était serrés, dit Albert.

—Belle occasion pour le pince-fesse.[16]

—Peuh! dit Albert. Il ne s'agit pas de ça.

—Raconte alors.

—À côté de moi il y avait un drôle de type.

—Comment? demanda René.

—Grand, maigre, avec un drôle de cou.

—Comment? demanda René.

—Comme si on lui avait tiré dessus.

—Une élongation, dit Georges.

—Et son chapeau, j'y pense: un drôle de chapeau.

—Comment? demanda René.

—Pas de ruban, mais un galon tressé autour.

—Curieux, dit Robert.

—D'autre part, continua Albert, c'était un râleur ce type.

—Pourquoi ça? demanda René.

—Il s'est mis à engueuler son voisin.

—Pourquoi ça? demanda René.

—Il prétendait qu'il lui marchait sur les pieds.

—Exprès? demanda Robert.

—Exprès, dit Albert.

—Et après?

—Après? Il est allé s'asseoir, tout simplement.

—C'est tout? demanda René.

—Non. Le plus curieux c'est que je l'ai revu deux heures plus tard.

—Où ça? demanda René.

—Devant la gare Saint-Lazare.

—Qu'est-ce qu'il fichait[17] là?

—Je ne sais pas, dit Albert. Il se promenait de long en large avec un copain qui lui faisait remarquer que le bouton de son pardessus était placé un peu trop bas.

—C'est en effet le conseil que je lui donnais, dit Théodore.

À propos du texte

A. Résumez l'histoire essentielle de «Notations» en finissant les phrases suivantes.

1. L'histoire est à propos d'un incident qui se passe dans...
2. À part le narrateur, le personnage principal est...

---

16. *Le pince-fesse:* Quand on est dans un endroit où tout le monde est serré les uns contre les autres, certains individus profitent de la situation pour pincer les fesses d'une personne qui les intéresse. Comme il y a une foule, on ne peut pas savoir qui est coupable...

17. *Qu'est-ce qu'il fichait?* (argot) = Qu'est-ce qu'il faisait?

3. Physiquement, ce personnage est remarquable parce qu'il a...
4. Du point de vue des vêtements, le narrateur note son...
5. Dans l'autobus, l'homme s'irrite contre un voisin qui...
6. Plus tard, le narrateur revoit l'homme...
7. L'homme est avec un camarade qui lui fait une remarque sur...

Analyse et interprétation du texte «Interrogatoire»

B. Répondez aux questions suivantes.

1. Où cet interrogatoire a-t-il lieu? Indiquez des phrases qui renforcent votre impression.
2. Combien de personnes parlent ici? Qui pose les questions? Qui répond? Examinez les réponses de la personne qui a été le témoin de cet incident. Qu'est-ce que son vocabulaire et sa manière de s'exprimer indiquent sur sa fonction dans la scène? Trouvez des mots et des phrases qui justifient votre impression.
3. Quels nouveaux détails de l'incident avez-vous trouvés dans cette version?
4. Ce texte s'appelle «Interrogatoire». Quelle est la différence entre les mots *interrogation* et *interrogatoire?*

C. Refaites ces phrases en français de tous les jours, puis posez les questions à un(e) camarade de classe, qui répondra comme s'il (si elle) avait été là.

▷ À quelle heure passa l'autobus?
—À quelle heure est-ce que l'autobus est passé?
—À midi 38.

1. Que remarquâtes-vous de particulier?
2. Comment sa condition psychologique se traduisit-elle?
3. Comment se termina cet incident?
4. Cet incident eut-il un rebondissement?
5. En quoi consista ce rebondissement?
6. Où et comment le revîtes-vous?

Analyse et interprétation du texte «Inattendu»

D. Refaites ces questions pour en faire des phrases interrogatives plus élaborées.

▷ Quoi? (René demande.)
Qu'est-ce que tu as vu?

1. Quel autobus?
2. Comment? (René demande 3 fois.)

3. Pourquoi ça? (René demande 2 fois.)
4. Exprès?
5. Et après?
6. Où ça?

E. Dramatisez la scène.

F. Répondez.

1. Quels nouveaux détails avez-vous trouvés dans cette version?
2. Quel est l'aspect «inattendu» de ce texte?

Appréciation littéraire

G. Trouvez des questions équivalentes dans «Interrogatoire» et «Inattendu».

H. Quelles autres tournures équivalentes trouvez-vous dans les trois versions de cet incident? Remplissez le tableau suivant.

«Notations»	«Interrogatoire»	«Inattendu»
1. à une heure d'affluence	________	________
2. ________	________	un drôle de chapeau... pas de ruban, mais un galon tressé autour
3. ________	un particulier	________
4. ________	________	il s'est mis à engueuler son voisin
5. ________	la fuite précipitée du jeune homme qui alla occuper une place libre	________
6. deux heures plus tard je le rencontre	________	________
7. un camarade	(pas d'équivalent)	________

Réactions personnelles

I. Est-ce que cet incident était un événement extraordinaire? banal? assez intéressant? de peu d'intérêt?

J. Racontez par écrit ou oralement un événement semblable de trois points de vue et en trois styles aussi différents que possible. Employez d'abord la forme «Notations», ensuite deux autres.

Dans le train
Colette

Colette—nom de plume de Gabrielle-Sidonie Colette (1873–1954)—est connue surtout pour ses romans tels que *Chéri* ou *Gigi.* Mais Colette, aussi artiste de music-hall, journaliste et reporter, a trouvé dans la forme courte du journalisme (essai, article, descriptions) un genre où son style particulier excellait par la finesse de ses observations, son humour, son ironie.

Avant de lire «Dans le train»

Préparation du vocabulaire

A. Une compréhension exacte d'un mot n'est pas toujours nécessaire. Souvent il suffit de savoir simplement de quelle sorte de mot il s'agit. Par exemple, quand vous lisez en anglais, vous ne savez peut-être pas le sens exact de «starboard». Il suffit de savoir que c'est une position nautique. Le contexte vous aide souvent à déterminer à quel domaine un mot appartient. Tenez compte du contexte pour déterminer le sens général des mots en italique.

1. Je *flaire,* issue de grands sacs craquants, une odeur de vanille et de pâtisserie fraîche...
   Flairer veut dire...
2. Et ce mauvais hiver, avec toutes les maladies qu'il m'a apportées, m'a fait finir de perdre la tête. Enfin, les petites ont bien passé leur *rougeole*...
   La rougeole est une sorte de...
3. Ah! tu m'as rapporté des meringues au lieu de *sablés?*
   Les *sablés* sont quelque chose à...

Préparation des structures

B. Les pronoms servent à remplacer un nom mentionné précédemment ou quelquefois même mentionné après ou sous-entendu dans le contexte. Pour bien comprendre, il est donc essentiel de savoir qui ou ce que le pronom représente.

LES PRONOMS POSSESSIFS

Possession d'un seul objet		Possession de plusieurs objets	
masculin	**féminin**	**masculin**	**féminin**
le mien	la mienne	les miens	les miennes
le tien	la tienne	les tiens	les tiennes
le sien	la sienne	les siens	les siennes
le nôtre	la nôtre	les nôtres	les nôtres
le vôtre	la vôtre	les vôtres	les vôtres
le leur	la leur	les leurs	les leurs

LES PRONOMS DÉMONSTRATIFS

On utilise les pronoms démonstratifs devant un pronom relatif ou une préposition.

masculin	celui	ceux
féminin	celle	celles

Pour préciser entre deux objets déjà mentionnés, on peut ajouter **-ci** ou **-là** au pronom démonstratif.

Dans les phrases suivantes, le pronom possessif ou démonstratif est en italique. Indiquez ce que ce pronom représente.

1. —Et vos quatre garçons, madame?
   —Vous pouvez dire cinq; est-ce mon petit Maurice que vous oubliez?
   —Mon Dieu... excusez, je ne sais plus comment je vis. Croiriez-vous qu'il y a des instants où, quand j'ai *les miens* autour de moi, je me dis: «Je n'ai pas mon compte, mais quel est *celui* qui me manque?»
   a. *Les miens* veut dire *mes...*
   b. *Celui* veut dire...
2. —Mais les Hespel, ils ont un garçon comme *le vôtre,* un de onze ans. Il dit qu'il en a assez de vivre. Il dit qu'on ne voit que tristesse sur la terre. Il dit je ne sais combien de choses...
   —*Le nôtre* n'en cherche pas tant.
   a. *Le vôtre* veut dire...
   b. *Le nôtre* veut dire...

Pour mieux lire

C. Quelles sont des façons dont les enfants exercent leur volonté et leur pouvoir sur leurs parents? Aviez-vous des stratégies pour réussir à avoir ce que vous vouliez quand vous étiez petit(e)? Quelles étaient vos «techniques»? (menaces? être sage dans l'attente d'une récompense? marchandages? faire du bon ou du mauvais travail à l'école?)

D. Le lecteur efficace fait une distinction entre les mots essentiels (indispensables à la compréhension du texte) et les mots décoratifs (qui apportent des informations intéressantes mais non pas fondamentales).

1. En lisant le texte suivant, essayez de ne pas vous arrêter à chaque nouveau mot. Mettez dans votre livre une petite marque au crayon à l'endroit où se trouvent les mots inconnus, et continuez votre première lecture pour avoir une idée globale de l'histoire.
2. Lisez le texte une deuxième fois. Cette fois-ci vous aurez une idée claire des mots essentiels à votre compréhension du texte. Cherchez seulement ces mots dans votre dictionnaire si vous ne pouvez pas deviner leur sens.
3. Écrivez les nouveaux mots les plus utiles sur votre liste dans votre cahier de vocabulaire.

Dans le train

Elles viennent de se rencontrer, dans ce wagon qu'un voyageur inconnu et moi nous jonchons de journaux,—ce sont deux bonnes dames un peu essoufflées; je range mes paperasses déployées pour qu'elles casent vingt paquets; je flaire, issue de grands sacs craquants, une odeur de vanille et de pâtisserie fraîche; il y a des enfants à la maison, beaucoup d'enfants, — je ne puis d'ailleurs l'ignorer plus longtemps:

—Et vos quatre garçons, madame?

—Vous pouvez dire cinq; est-ce mon petit Maurice que vous oubliez?

—Mon Dieu... excusez, je ne sais plus comment je vis. Croiriez-vous qu'il y a des instants où, quand j'ai les miens autour de moi, je me dis: «Je n'ai pas mon compte, mais quel est celui qui me manque?» Et ce mauvais hiver, avec toutes les maladies qu'il m'a apportées, m'a fait finir de perdre la tête. Enfin, les petites ont bien passé leur rougeole, mais les deux garçons tiennent bien de la place à la maison. Charles a des névralgies de travailler, et Georges n'est pas trop bien.

—La croissance?

—Non, il a de la manie de suicide en ce moment.

—Lui aussi! Mon Dieu, que les enfants de maintenant sont difficiles à tenir! Et comme ça court, cette manie de suicide! Chez nous, nous n'en avons pas. Mais les Hespel, ils ont un garçon comme le vôtre, un de onze ans. Il dit qu'il en a assez de vivre. Il dit qu'on ne voit que tristesse sur la terre. Il dit je ne sais combien de choses...

—Le nôtre n'en cherche pas tant. Mais il a bien chaussé son idée. Son père lui commande: «Va à ton lycée, un garçon de douze ans doit travailler. —Ah! c'est comme ça? dit le petit, eh bien, je vais me tuer.» C'est un refrain. «On ne veut pas me donner du vin pur? Je me tue. On veut que je

Et ce mauvais hiver, avec toutes les maladies qu'il m'a apportées, m'a fait finir de perdre la tête.

me lève à six heures? Je me tue.» Il nous fait marcher, c'en est honteux. J'en suis arrivée à transpirer rien que de lui voir un couteau de table ou une corde à sauter dans les mains. Et que faire?...

—C'est bien délicat. Voilà une mode qui n'est pas de notre temps! Les Hespel sont aussi embarrassés que vous. Moi vous savez, je n'ai pas une patience d'ange. Il me semble qu'à la fin je lui crierais: «Eh, tue-toi, mauvais gamin!» Il ne le ferait sûrement pas, dites?

La bonne mère poule hésite, et ses yeux bleus saillants questionnent tour à tour la plaine pluvieuse, moi, les sacs de meringues, le voyageur inconnu...

—Oui, dit-elle enfin. Et puis, si après ça je retrouve mon petit au bout de la corde à sauter, ou bien le couteau à dessert... Seigneur! ne me parlez plus de ça, je voudrais déjà être à la maison pour savoir que tout va bien...

Le voyageur inconnu a laissé son journal et moi mon livre. Nous pensons certainement au petit maître chanteur qui attend sa mère à la prochaine station: «Ah! tu m'as rapporté des meringues au lieu de sablés? Je me tue.»

Enfants qui s'allèrent noyer[18] pour une réprimande, qui burent le poison parce qu'on les avait privés de dessert ou qu'ils devaient retourner à l'école —qu'elle est longue, la théorie des petits fantômes! Mais je les imagine désolées et inconsolables les ombres de ces enfants farouches, chez qui l'excès indiscipliné de la vie—orgueil froissé, jalousie, larmes près de briser des poitrines trop frêles—s'exprime par le geste irrémédiable...

Soyez sûrs cependant qu'avant ce geste, l'enfant désespéré et vindicatif a songé à tout. Il a escompté, avec la vive poésie et le goût dramatique de son âge, l'effet de sa disparition. Il a disposé le décor de ses funérailles, les fleurs, les pleurs, la douleur paternelle qui le venge—il a vu la chaise vide à table, les jouets orphelins—il a pensé à tout, sauf à ce qui est trop grand et trop simple pour un enfant—il a tout imaginé... sauf qu'il ne vivrait plus.

dans *Le Matin,* 26 février 1914

À propos du texte

A. Demandez à un(e) camarade

1. ce que l'auteur fait dans le train.
2. de quoi les deux dames discutent.
3. le problème de la mère de Georges.
4. ce que Georges fait.
5. l'attitude de l'auteur envers ce «maître chanteur».
6. s'il(si elle) pense que l'enfant a vraiment l'intention de se suicider.
7. quelle est l'ironie de la réflexion finale de l'auteur.

18. *S'allèrent noyer* = allèrent (sont allés) se noyer.

Appréciation culturelle

B. Quel semble être le rapport entre les deux dames qui se parlent dans le train? Qu'est-ce qui indique qu'elles se connaissent déjà assez bien? Chacune est-elle un peu au courant de la vie de l'autre? Ont-elles l'air d'avoir la même sorte de vie? Y a-t-il une complicité ou une commisération naturelles entre les deux dames? L'auteur distingue-t-elle entre leur attirail[19]? Justifiez votre réponse par des mots, des phrases ou d'autres éléments du langage ou du style.

Appréciation littéraire

C. Avez-vous remarqué la richesse d'expression de Colette?

1. Comment Colette indique-t-elle que...
   a. le voyageur inconnu et Colette lisent des journaux et les jettent partout.
   b. les deux bonnes dames ont beaucoup de paquets (et ont beaucoup acheté).
   c. la mère de Georges s'inquiète beaucoup et se trouve sans recours.
   d. les enfants qui menacent de se suicider sont en proie à des émotions extrêmement fortes.
2. De combien de manières différentes fait-elle référence à la mort ou au suicide?
3. Quels termes traduisent l'attitude de Colette envers ces enfants?
4. Contrastez le vocabulaire et le niveau de langue des deux dames avec ceux de Colette.

D. Pourquoi ces quatre personnages? Quelle est l'importance de chacun de ces personnages dans cette anecdote?

Réactions personnelles

E. Comment réagiriez-vous si vous étiez la mère de Georges? Quels conseils pourriez-vous lui donner? Est-ce qu'elle mérite les menaces de son enfant? Que ferez-vous si un jour votre enfant vous choque par son comportement, ses menaces, son choix d'amis, etc.?

F. Comprenez-vous les enfants d'aujourd'hui? Y a-t-il déjà un fossé des générations entre eux et vous? Qu'est-ce qui vous étonne à propos de leur comportement, leurs valeurs, leurs intérêts, etc.? Quelles questions vous posez-vous à propos d'eux?

---

19. *Attirail* (m.) = équipement, bagages, etc.

Mise en perspective

1. **Interview.** Vous devez faire l'interview de deux auteurs français pour le journal de votre université. Le thème de l'article sera les jeunes, et vous préparez des questions pour vos deux interviewés: Colette et Proust.
2. **Exercices de style.** Suivez l'approche de Queneau pour raconter dans deux autres formes l'histoire de «Dans le train». Employez des questions dans au moins un de vos exercices de style.

LEÇON 2

Généraliser

Quand on rencontre des gens pour la première fois on a tendance à parler des choses qu'on aime et qu'on connaît le mieux: sa ville, ses coutumes régionales (*«Alors, il paraît que la campagne est très belle chez vous.»*). On aime commenter, même si ce n'est que pour confirmer un fait ou un mythe bien connu (*«Nous avons le meilleur bœuf du pays.»*). On est vite prêt à affirmer la vérité sur la politique, l'économie, la religion, l'education et la morale (*«Les gens ne vont plus à l'église.»*). On veut bien afficher ouvertement les habitudes de sa vie personnelle actuelle (*«Je n'achète jamais de billet de loterie!»*) ou passée (*«Nous prenions toujours le saumon le plus frais.»*). Bref, rien de plus caractéristique de la communication que de vouloir généraliser.

Le langage nous offre une abondance de moyens de généraliser (*«tout le monde» «on» «toujours».«habituellement»*) et nous en profitons bien, souvent pour tomber dans le chauvinisme (*«Il n'y a que la Suisse où l'ordre public soit impeccable.»*) ou la xénophobie. Heureusement, l'esprit humain fait aussi prévaloir sa capacité extraordinaire de synthèse, qu'il s'agisse d'un fait positif en science (*«Il est donc possible de mettre en orbite une satellite autour de la planète Jupiter.»*) ou d'une conclusion négative sur notre nature (*«Tous les hommes sont des égoïstes.»*). Il est impossible de ne pas généraliser.

—Tu bois ça, toi?
—Quoi? du Perrier?... toujours!
—Moi, je préfère le Vittel.
—En Amérique tout le monde boit du Perrier.
—Ça m'est égal ce que font les Américains. C'est du snobisme.
—Et en France, alors? Tu crois que le chic parisien ne fait pas la mode? Si ça se porte à Paris, ça se porte en province—dans le monde entier... le crocodile Lacoste, par exemple. On le voit partout.
—Et les grands couturiers aussi, hein! Tu parles—il n'y a que la jeunesse dorée[1] qui peut se permettre de suivre la mode... ou les pauvres snobs...

1. *La jeunesse dorée* = "jet set".

Structures

: Adjectifs qui indiquent la généralité

1. Adjectifs généraux

général
ordinaire
normal
commun
répandu
usuel
habituel
régulier

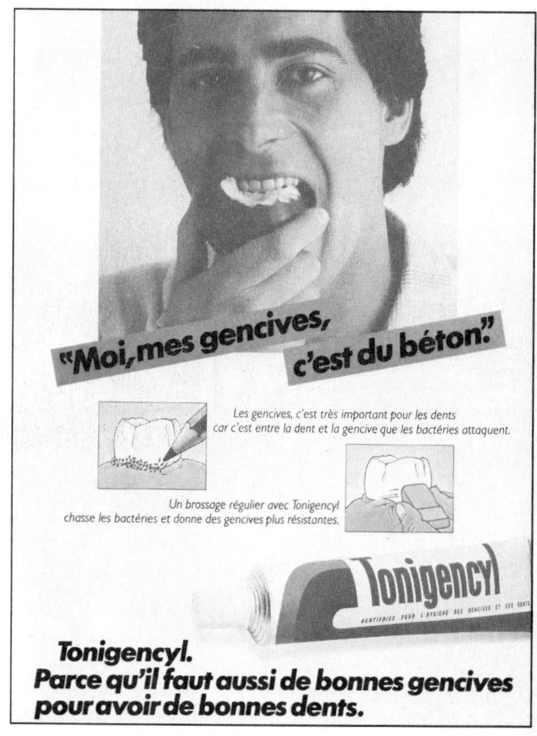

C'était un jour **ordinaire**. J'ai suivi ma routine: j'ai pris mon petit déjeuner **normal**, j'ai lu mon journal **habituel**. Tout était si **usuel** que je me suis ennuyé.

Un brossage **régulier** avec Tonigencyl chasse les bactéries et donne des gencives plus résistantes.

2. Adjectifs de temps

quotidien (= chaque jour)
hebdomadaire (= chaque semaine)
mensuel (= chaque mois)
annuel (= chaque année)

Le *New York Times* et *Le Monde* sont des journaux **quotidiens.**
Je lis quelques magazines **hebdomadaires:** *Newsweek, L'Express* et *Marie Claire.*
Si on reçoit un chèque **mensuel** de douze mille francs, son traitement (= salaire) **annuel** est de 144 000 francs.

3. Adjectifs de quantité

- **Tout** + article défini + nom indique la totalité.

Toute la famille sera chez moi samedi prochain.
L'amour-propre est le plus grand de **tous** les flatteurs. (La Rochefoucauld)
Casanova aimait **toutes** les femmes.

Remarquez: La formation du masculin pluriel de **tout** est irrégulière: **tous**.

> **Tous** les Français ont le goût de l'histoire.

Remarquez: On peut utiliser un adjectif possessif, un adjectif démonstratif ou un article indéfini au singulier au lieu de l'article défini. L'ordre est le même. Ces autres parties du discours, comme l'article défini, se mettent entre **tout** et le nom.

> Je passe tout **mon** temps à étudier.
> Tous **ces** types en pardessus gris m'ennuient.
> Son objection a entraîné toute **une** discussion.

- **Certains** + nom pluriel et **quelques** + nom pluriel indiquent des quantités limitées mais non spécifiques. Ils s'emploient sans article.

> **Certaines** recettes supposent que l'on a un four à micro-onde.
> Nous achetons **quelques** produits français.

A. Fêtes, rites, habitudes. Classez les choses suivantes en employant un des adjectifs proposés.

▷ déjeuner (mensuel/quotidien)
C'est une habitude quotidienne.

1. acheter un billet de loterie (général/répandu)
2. la messe de dimanche (hebdomadaire/annuel)
3. votre anniversaire (ordinaire/annuel)
4. prendre du café au lait (usuel/mensuel)
5. dîner en famille (habituel/normal)
6. lire le journal (quotidien/commun)
7. payer le loyer[2] (mensuel/hebdomadaire)
8. regarder le journal télévisé (régulier/hebdomadaire)

B. Faits divers. Répondez aux questions suivantes en employant la forme correcte de l'adjectif *certains, quelques* ou *tout*.

▷ —Est-ce que les animaux savent nager?
—*Certains animaux savent nager.* ou
—*Quelques animaux savent nager.*

▷ —Est-ce que les poissons savent nager?
—*Tous les poissons savent nager.*

1. Est-ce que les cigarettes sont mauvaises pour la santé?
2. Est-ce que les oignons font pleurer?
3. Est-ce que les Mercedes coûtent cher?
4. Est-ce que les centrales nucléaires ont eu des accidents?
5. Est-ce que les étudiants de cette classe auront de bonnes notes?

2. *Le loyer* = "rent".

Adverbes et expressions adverbiales qui indiquent la généralité

1. Adverbes et expressions adverbiales de temps

invariablement
toujours
tout le temps
tous les jours (toutes les semaines, etc.)
régulièrement
le matin (le soir, l'après-midi, le jour, la nuit, le week-end, etc.)
le dimanche (le mardi, etc.)
d'habitude
normalement
généralement (= en général)
la plupart du temps
fréquemment
souvent
beaucoup
quelquefois
de temps en temps
parfois
rarement

C'est **toujours** passionnant de montrer aux Américains une image de la France. (Chantal Rousseau)

Aux États-Unis les élections présidentielles ont lieu **tous les quatre ans**; en France **tous les sept ans.** (= une fois en quatre ans, une fois en sept ans)

Le dimanche on se repose, et **le lundi** on retourne au travail. (= chaque dimanche, chaque lundi)

Le matin j'ai de la peine à me réveiller, mais **la nuit** je n'ai aucune difficulté à m'endormir. (= chaque matin, chaque nuit)

2. Adverbes et expressions de quantité

- La plupart des expressions de quantité prennent la préposition **de** + nom (sans article). Les trois expressions suivantes expriment une généralité.

beaucoup de **trop de** **peu de**

Beaucoup d'ouvriers adhèrent au syndicat.
Les Américains dépensent **trop d'**argent.
Il y a **peu de** gens qui connaissent les œuvres de Pline aujourd'hui.

- Trois autres expressions de quantité
  a. **Bien des** + nom pluriel = *beaucoup de*

  Bien des gens sont naïfs.

  Remarquez: **Bien des** ne s'emploie pas avec l'adjectif possessif ou démonstratif.

  b. **La plupart de** + article + nom pluriel = *la majorité*

  La plupart des étudiants ont compris vos explications.
  La plupart de mes amis ne mangent pas trop de viande.

  Remarquez: L'expression **la plupart du temps** est une expression fixe.

  La plupart du temps je comprends tout parfaitement.

  c. **La plus grande partie de** + article + nom singulier = *la majorité*

  La plus grande partie de cette classe est américaine, n'est-ce pas?
  La plus grande partie du film «Wizard of Oz» est en couleurs.

  Remarquez: Avec **la plupart** et **la plus grande partie**, le verbe s'accorde avec le nom sujet.

  La plus grande partie de la classe n'**est** pas là.
  La plupart des étudiants ne **sont** pas là.

3. Adverbes et expressions de lieu

dans le monde entier	**n'importe où**
partout	**quelque part**

Le crocodile Lacoste, on le voit **partout**.
Allez **n'importe où**, vous verrez un McDonald's.

C. Êtes-vous du type A ou du type B? Les chercheurs affirment que l'humanité se divise en deux clans: les sujets de type A, tendus, angoissés, inquiets, toujours aux aguets; et les sujets de type B, plus sereins, plus détendus, qui savent prendre la vie du bon côté. Répondez aux questions suivantes pour vous aider à déterminer de quel type vous êtes. Faites une phrase complète en choisissant la réponse la plus vraie pour vous.[3]

▷ Êtes-vous ambitieux? (a) d'habitude (b) quelquefois (c) rarement
D'habitude je suis ambitieux (ambitieuse). ou
Je suis quelquefois ambitieux (ambitieuse). ou
Je suis rarement ambitieux (ambitieuse).

1. Faites-vous de l'exercice physique? (a) tous les cinq mois (b) le dimanche (c) régulièrement

3. D'après l'article «Êtes-vous de(sic) type A ou de(sic) type B?», paru dans la revue canadienne *Santé,* mars 1987, n°26 pp. 8–12.

2. Si un serveur dans un restaurant est trop lent, vous énervez-vous? (a) invariablement (b) la plupart du temps (c) tous les trois ans
3. Quand vous attendez l'ascenseur, pressez-vous le bouton plus d'une fois? (a) normalement (b) quelquefois (c) rarement
4. Si vous allez quelque part le week-end, emportez-vous votre travail aussi? (a) invariablement (b) fréquemment (c) parfois
5. Si vous jouez aux échecs[4] avec un petit garçon de six ans, essayez-vous à tout prix de gagner? (a) toujours (b) quelquefois (c) de temps en temps
6. Prenez-vous le temps de manger (sans travailler pendant votre repas)? (a) quelquefois (b) généralement (c) tous les jours
7. Riez-vous? (a) rarement (b) le week-end (c) souvent
8. Suivez-vous rigidement un horaire? (a) tout le temps (b) en général (c) non

Clé des réponses: Beaucoup de réponses (a) = Vous êtes clairement du type A. Détendez-vous! Beaucoup de réponses (c) = Vous êtes du type B et vous vivrez sans doute longtemps. Beaucoup de réponses (b) ou un mélange de réponses = Vous êtes entre les deux types.

D. En faisant la queue. Vous faites la queue à la poste et vous entendez deux personnes qui parlent français. Ne sachant pas que vous comprenez le français, elles font des remarques sur les Américains. Indiquez si les généralisations que vous entendez sont vraies ou fausses ou si vous êtes d'accord ou non. Employez des phrases complètes pour indiquer votre réaction. Est-ce que ce sont vos réactions intérieures ou les communiquez-vous à ces personnes?

▷ Les Américains ne font généralement pas d'exercice.
Quelques Américains ne font pas d'exercice, mais beaucoup d'autres en font régulièrement.

1. Les Américains ne lisent pas souvent.
2. Les enfants américains sont généralement gros.
3. Les adolescents américains commencent toujours à boire de l'alcool quand ils ont treize ou quatorze ans.
4. Les hommes américains sont invariablement gauches et sans charme.
5. Tous les Américains votent régulièrement.

E. Célébrités. Faites des généralisations sur les personnes et les choses suivantes. Employez ces expressions: *beaucoup de, trop de, peu de, bien des, la plupart de, la plus grande partie de, dans le monde entier, partout, n'importe où, quelque part.*

4. *Jouer aux échecs* = "play chess".

▷ Martina Navratilova
On reconnaît Martina Navratilova dans le monde entier. Elle gagne la plupart de ses matchs.

1. le Docteur Ruth Westheimer
2. le Coca Cola
3. Dan Rather
4. Bill Cosby
5. Disneyland/Disneyworld
6. la Bible
7. Imelda Marcos
8. le magazine *People*
9. Rambo
10. la princesse Diane

Pronoms indéfinis et expressions qui expriment la généralité

1. Expressions au singulier

personnes	**on** **l'on**[5] **chacun** **tout le monde** **celui qui** **celui que** **qui** (style proverbial)	= chaque personne, une personne ou des personnes en général
choses	**tout** **tout ce qui** **tout ce que**	= les choses en général

- Les pronoms objets (directs, indirects, réfléchis), les adjectifs possessifs, les pronoms possessifs, etc. correspondants sont au masculin singulier.

  Comme **on** fait **son** lit, on **se** couche. (proverbe)
  Chacun son goût. (formule familière)
  En général **tout le monde** aime **ses** parents.

5. *L'on* s'emploie souvent pour des raisons d'euphonie. «**On** ne mourrait pas si **l'on** connaissait le secret de la vie éternelle.» ou «Si **l'on** y pense, c'est étonnant!» *L'on* ne peut pas s'employer s'il y a un autre «*l*» trop près. «On **l**e dit» est correct, mais «***L**'on **l**e dit*» est IMPOSSIBLE.

- **On** est toujours sujet.

  On achète du congelé et **on** y ajoute de bonnes petites choses. (Primrose Bordier)
  On ne donne rien si librement que ses conseils. (La Rochefoucauld)

Attention: Dans la langue parlée, **on** peut signifier **nous,** ou même **tu** ou **vous.** L'adjectif et le participe passé s'accordent avec la personne représentée par **on.**

  Alors, ma petite, **on est sortie?** = Tu es sortie?
  On était serrés, dit Albert. (Queneau) = Nous étions serrés.

- Pour l'objet de la préposition, il existe un pronom disjoint spécial: **soi**.

  Si on parle toujours de **soi,** on a l'air égoïste.
  Chacun pour **soi**.
  Quand on est pressé, on peut le faire **soi-même**.

LES PRONOMS DISJOINTS

pronom sujet	pronom disjoint	pronom sujet	pronom disjoint
je	**moi**	nous	**nous**
tu	**toi**	vous	**vous**
il	**lui**	ils	**eux**
elle	**elle**	elles	**elles**
on	**soi**		

- **Qui** (style proverbial) = **celui qui**. Les deux expressions **qui** et **celui qui** indiquent une personne en général, c'est-à-dire *toute personne qui.* Comme sujet, ils prennent un verbe au singulier.

  Qui vivra, verra. (proverbe)
  Rira bien **qui** rira le dernier. (proverbe)
  Qui vit sans folie n'est pas si sage qu'il croit. (La Rochefoucauld)

- **Tout** et **tout ce qui** indiquent la totalité ou l'ensemble des choses. Comme sujet, ils prennent un verbe au singulier.

  Tout est prêt pour mon départ.
  Les couleurs? Je les aime **toutes**!
  Tout ce qui brille n'est pas d'or. (proverbe)

2. Pronoms et expressions au pluriel (dans le sens général)

les gens **tous ceux qui (toutes celles qui)** **tous ceux que (toutes celles que)** **ceux (celles) qui** **ceux (celles) que** **certains** **certaines personnes** **certaines gens**[6]	= les gens en général

Certains pensent que le parfum inspire la passion.
Les gens n'aiment pas toujours être interrogés.

- Comme les pronoms ci-dessus sont pluriels, les pronoms objets (directs, indirects, réfléchis), les adjectifs et les pronoms possessifs correspondants sont aussi pluriels.

Les gens détestent souvent la personne qui **leur** fait du bien.
Tous ceux qui ne regardent pas la télévision sont perdus lorsqu'on **les** interroge sur leur émission préférée.
Ceux qui n'aiment pas **leurs** voisins ne les invitent pas beaucoup chez **eux**.

LE NOUVEAU PARFUM DE CHANEL

F. La vie des riches. Est-elle vraiment si différente de la vôtre? Remplacez le sujet par le mot ou les mots proposés. Faites tous les autres changements nécessaires pour généraliser à propos de la vie des riches.

▷ Je voyage partout à vélo. (Quand on est riche, on...)
Quand on est riche on voyage partout en limousine.

1. Je fais mon lit. (Ceux qui sont riches...)
2. Je mange des œufs au petit déjeuner. (Les gens riches...)
3. Je travaille pour payer mon loyer. (Celui qui a de l'argent...)
4. J'ai des amis qui m'apprécient pour mon sens de l'humour. (Les gens riches...)
5. J'ai des difficultés qui viennent de mon manque d'argent. (Quand on est riche, on...)

6. Un adjectif qui précède le mot **gens** est au féminin.

G. La règle du jeu. Expliquez les règles du jeu «Monopoly»™. Employez les termes donnés et les verbes indiqués.

▷ il faut / accumuler / tout ce que / pouvoir
Il faut accumuler tout ce qu'on peut.

1. ceux qui / arriver / la case départ / recevoir
2. chacun / essayer / acheter / hôtels
3. les gens / acheter / terrains
4. tout le monde / pouvoir / bâtir / maisons
5. tous ceux qui / aller en prison / pouvoir / payer
6. on / payer / celui qui / avoir / terrain / si
7. il faut / compter / tout ce qui / appartenir à
8. celui qui / avoir / biens[7] / gagner

7. *Biens* = possessions.

: La forme pronominale

1. Une phrase avec **on** peut être remplacée par une phrase avec le verbe à la forme pronominale.

On parle français ici. = *Le français* **se parle** ici.
On ne dit pas cela! = *Cela* ne **se dit** pas!
Si on porte ça à Paris, on porte ça en province. = Si *ça* **se porte** à Paris, *ça* **se porte** en province.

2. La généralisation s'exprime souvent avec le verbe pronominal **se faire.** L'expression **se faire** est très employée en français. C'est l'équivalent de **on** + un autre verbe. Le sujet de la phrase peut être **cela** (ou **ça**), un infinitif ou un nom dérivé d'un verbe, par exemple, **distribution (distribuer).**

On distribue le courrier deux fois par jour. = La distribution du courrier **se fait** deux fois par jour.
On chante et **on** danse le jour de l'an. = Chanter et danser **se font** le jour de l'an.
On ne dort pas ici. = Dormir... **ça ne se fait pas** ici.[8]

oral

H. Variétés culinaires. Refaites les généralités suivantes à la forme pronominale.

▷ On boit du vin rouge avec de la viande rouge.
Le vin rouge se boit avec la viande rouge.

1. On écrit *huître* avec un circonflexe.
2. On prononce *hamburger* «am-bur-guère».
3. On achète les baguettes dans une boulangerie.
4. On prépare la vinaigrette avec de l'huile d'olive et du vinaigre.
5. En France on mange les frites avec de la moutarde.

oral

I. Est-ce que ça se fait? Faites une phrase équivalente en employant l'expression **se faire**. Commencez par les mots indiqués.

▷ On distribue les prix Nobel en fin d'année. La distribution...
La distribution des prix Nobel se fait en fin d'année.

▷ On descend la poubelle trois fois par semaine. Descendre...
Descendre la poubelle, ça se fait trois fois par semaine.

1. On ne fume pas de cigares dans les avions. Fumer des cigares...
2. Dans l'autobus on ne bouscule pas les autres passagers. Bousculer les autres passagers...
3. On ne peut pas nager ici sans maillot de bain. Nager...
4. On mange de plus en plus souvent des sandwiches en France. Manger...

8. **Ça** ou **cela** peuvent résumer et répéter l'infinitif dans la langue parlée.

5. On loue des voitures dans tous les aéroports. La location de voitures...
6. On déguste le vin chez tous les vignerons. La dégustation de vin...
7. On ferme le métro à une heure du matin. La fermeture du métro...
8. On part en vacances après le 14 juillet. Le départ en vacances...

: L' article défini pour indiquer la généralité

Un des emplois principaux de l'article défini **(le, la, l', les)** est la généralisation (l'autre est la désignation spécifique).

1. Pour faire une généralisation, l'article défini s'emploie obligatoirement dans les cas suivants.

- Avec le sujet de la proposition

  Tu crois que **le chic parisien** ne fait pas la mode?
  La femme française est... la première artiste de l'histoire. (Michel Serres)
  Les Français savent merveilleusement choisir les vins et les fromages. (Jane Chaplin)
  L'essence devient de plus en plus chère.

- Après un verbe qui généralise à propos d'une préférence **(aimer, détester, adorer, préférer)**

  J'aime **les fruits** et surtout **les pommes**.

2. Le contexte peut aider à déterminer s'il s'agit d'une généralisation ou d'une désignation spécifique. Il y a souvent une précision dans le contexte s'il est question d'une désignation spécifique.

J'ai des pommes et des oranges. **Les** pommes (que j'ai) sont délicieuses mais **les** oranges (que j'ai) sont acides.
Le champagne que j'ai servi était du Dom Pérignon.

Attention: Contrairement à l'emploi de l'article défini, on emploie l'article partitif **(du, de la, de l', des)** pour indiquer une notion partielle ou une quantité indéterminée.[9]

J'aimerais **du poisson**, s'il vous plaît.
Je mange souvent **de la glace italienne.**
Elle a **de la curiosité**, cette petite!

oral

J. Observations générales et particulières. Indiquez si les mots en italique sont des affirmations générales ou spécifiques. Expliquez pourquoi.

9. La négation du partitif est *pas de*: «Je ne mange **pas de** glace.»

▷ Je n'aime pas vraiment *les meringues.*
C'est une généralité: «Les meringues» vient après un verbe de préférence.

▷ *Les meringues* que cette bonne dame a achetées sont pour ses enfants.
«Les meringues» est spécifique: ce sont les meringues qu'elle a achetées.

1. *L'homme* est une créature complexe.
2. *L'homme* devant Madame Dupont a l'air consterné.
3. Regardez *le bâtiment* à côté de celui des Galeries Lafayette.
4. J'aime *les bâtiments* modernes.
5. *La vie* est si brève.
6. *La vie* de Frank n'a pas duré longtemps.
7. *Les amis* de mon père aiment jouer au tennis avec lui.
8. *Les amis* rendent la vie plus agréable.
9. *L'ordinateur* a transformé la vie moderne.
10. J'adore *la glace.*

K. Les vices et les vertus humains. Faites une observation générale à propos de chaque sujet donné.

▷ la curiosité
La curiosité peut être dangereuse. ou
Les gens qui ont de la curiosité font quelquefois de grandes découvertes.

1. les flatteurs
2. la faiblesse
3. l'égoïsme
4. la passion
5. l'honnêteté
6. le snobisme

L. Que faire en cas d'urgence? Répondez aux questions suivantes en employant un des noms proposés avec l'article défini ou partitif selon le cas.

▷ Que doit-on faire en cas d'incendie? (eau / hystérie / fenêtres)
On doit jeter de l'eau sur le feu. ou
On doit éviter l'hystérie à tout prix. ou
L'hystérie n'aide jamais personne. ou
On doit casser des fenêtres pour sortir du bâtiment si c'est nécessaire.

1. Que doit-on faire s'il y a un tremblement de terre? (électricité / protection / gaz)
2. Que doit-on faire si on est attaqué dans la rue par un inconnu? (bruit / résistance / argent)
3. Que peut-on faire si une femme enceinte s'évanouit[10] dans une salle surchauffée et pleine de gens? (eau / aspirine / air frais)
4. Comment doit-on réagir si on est dans un bateau qui chavire?[11] (natation / aide / patience)
5. Que doit-on faire si on est arrêté injustement? (insultes / menaces / politesse)

10. *S'évanouit* = perd conscience.
11. *Chavire* = se renverser.

: Le présent

1. On peut utiliser le présent pour indiquer une habitude.

   [Les Français] **sont** très galants, surtout avec les femmes des autres. Ils **ne s'occupent pas** trop des enfants, mais **sont** très fiers quand les leurs **se tiennent** bien à table. (Jane Chaplin)

2. Le présent sert aussi à exprimer des vérités générales.

   Si nous **résistons** à nos passions, c'**est** plus par leur faiblesse que par notre force. (La Rochefoucauld)

   On n'**est** jamais si heureux ni si malheureux qu'on **s'imagine.** (La Rochefoucauld)

LA FORMATION DU PRÉSENT

1. Verbes réguliers

   - La plupart des verbes français sont terminés par **-er**, mais il y a trois groupes principaux de verbes réguliers au temps présent. Pour conjuguer un verbe régulier, on élimine la terminaison de l'infinitif et on la remplace par la terminaison qui correspond au sujet. Voici quelques exemples.

personne	verbes en -er	verbes en -ir	verbes en -re
	aimer	**finir**	**répondre**
je	aim**e**	fin**is**	répond**s**
tu	aim**es**	fin**is**	répond**s**
il/elle/on	aim**e**	fin**it**	répond
nous	aim**ons**	fin**issons**	répond**ons**
vous	aim**ez**	fin**issez**	répond**ez**
ils/elles	aim**ent**	fin**issent**	répond**ent**

   - Un petit groupe d'une demi-douzaine de verbes en **-ir** (sans **-iss**) ont un quatrième système de conjugaison régulier (**partir, sortir, dormir, servir, mentir, sentir**):

	partir
je	par**s**
tu	par**s**
il/elle/on	par**t**
nous	part**ons**
vous	part**ez**
ils/elles	part**ent**

2. Verbes irréguliers
Tous les autres verbes sont irréguliers. La plupart des verbes les plus employés sont irréguliers **(faire, aller, vouloir, mettre, prendre,** etc.**)**. Leurs conjugaisons se trouvent à l'appendice D.

3. Verbes pronominaux
La forme des verbes pronominaux suit le même système. Si le verbe est régulier ou irrégulier, son équivalent pronominal le sera également. Naturellement, les verbes pronominaux ont toujours un **pronom objet** qui correspond au sujet.

Je réveille mon petit frère, mais je **me** réveille.

Voici quelques verbes pronominaux.

	se réveiller		**ne pas se détendre**
je	**me** réveill**e**	je	ne **me** détend**s** pas
tu	**te** réveill**es**	tu	ne **te** détend**s** pas
il/elle/on	**se** réveill**e**	il/elle/on	ne **se** détend pas
nous	**nous** réveill**ons**	nous	ne **nous** détend**ons** pas
vous	**vous** réveill**ez**	vous	ne **vous** détend**ez** pas
ils/elles	**se** réveill**ent**	ils/elles	ne **se** détend**ent** pas

se mettre en colère?
est-ce que je **me** met**s** en colère?
te met**s**-tu en colère?
se met-il(elle, on) en colère?
nous mett**ons**-nous en colère?
vous mett**ez**-vous en colère?
se mett**ent**-ils(elles) en colère?

M. Thérapie. Demandez à un(e) camarade si, quand il(elle) est irrité(e), il(elle) fait les choses suivantes.

1. crier
2. pleurer
3. rougir
4. dire des choses méchantes
5. faire des grimaces
6. jouer de la musique
7. prendre de l'aspirine
8. écrire des lettres
9. se taire
10. boire

N. Quelles sont vos traditions familiales? Demandez à un(e) camarade si on fait les choses suivantes dans sa famille. Employez la forme *vous* dans la question et *nous* dans la réponse.

▷ aller ensemble au cinéma le vendredi soir
—Allez-vous ensemble au cinéma le vendredi soir?
—Oui, nous allons ensemble au cinéma le vendredi soir. ou
—Non, nous n'allons pas ensemble au cinéma le vendredi soir.

1. prendre le petit déjeuner ensemble
2. choisir la dinde pour le Thanksgiving
3. s'embrasser quand on se voit
4. échanger des cadeaux de Noël
5. lire le journal du dimanche au lit
6. préparer un dîner spécial pour les anniversaires
7. écrire des poèmes pour fêter certaines occasions
8. regarder la télé ensemble le soir
9. faire du camping pendant les vacances
10. discuter de la politique

: L'imparfait

On peut utiliser l'imparfait pour indiquer une habitude au passé.

En 1500 on **n'avait pas** d'électricité, alors on **faisait** à la main beaucoup de choses qui se font à la machine aujourd'hui. Les femmes **faisaient** la cuisine, le ménage et les vêtements, et les hommes **chassaient** ou **cultivaient** les champs.

LA FORMATION DE L'IMPARFAIT

1. On forme le radical à partir de la forme **nous** du présent en éliminant la terminaison **-ons.**

nous acceptons	**accept-**
nous partons	**part-**
nous croyons	**croy-**

2. On ajoute au radical les terminaisons suivantes.

je	**-ais**
tu	**-ais**
il/elle/on	**-ait**
nous	**-ions**
vous	**-iez**
ils/elles	**-aient**

	accepter	partir	croire
je/j'	accept**ais**	part**ais**	croy**ais**
tu	accept**ais**	part**ais**	croy**ais**
il/elle/on	accept**ait**	part**ait**	croy**ait**
nous	accept**ions**	part**ions**	croy**ions**
vous	accept**iez**	part**iez**	croy**iez**
ils/elles	accept**aient**	part**aient**	croy**aient**

Remarquez: Le seul radical irrégulier est le radical du verbe **être: ét-**

	être
j'	**étais**
tu	**étais**
il/elle/on	**était**
nous	**étions**
vous	**étiez**
ils/elles	**étaient**

O. Et il y a cent ans? Les phrases suivantes sont vraies aujourd'hui. Étaient-elles vraies il y a cent ans? Pourquoi (pas)?

▷ —Aujourd'hui on fait attention à son cholestérol. Et il y a cent ans?
—*On ne faisait pas attention à son cholestérol il y a cent ans. (Parce qu'on ignorait l'existence du cholestérol!)*

1. On achète ses provisions au supermarché. Et il y a cent ans?
2. On lit à la lumière électrique. Et il y a cent ans?
3. Les gens voyagent en avion. Et il y a cent ans?
4. On transmet des messages par téléphone. Et il y a cent ans?
5. La plupart des gens lisent le journal. Et il y a cent ans?
6. On écoute de la musique dans sa maison. Et il y a cent ans?
7. Les enfants vont à l'école à partir de l'âge de cinq ans. Et il y a cent ans?
8. On se marie sans ou avec le consentement de ses parents quand on est majeur. Et il y a cent ans?
9. On admet des femmes à Princeton et à Yale. Et il y a cent ans?
10. Nous payons des impôts sur notre revenu chaque année. Et il y a cent ans?

P. Que faisais-tu? Demandez à un(e) camarade si, quand il(elle) était au lycée, il(elle) faisait les choses suivantes.

1. faire du sport
2. arriver toujours à l'heure

3. aimer les sciences
4. recevoir de bonnes notes
5. causer des difficultés
6. parler souvent au téléphone
7. s'entendre bien avec ses professeurs
8. participer au gouvernement du lycée
9. sortir tous les week-ends
10. étudier tous les soirs
11. prendre l'autobus pour aller à l'école
12. voir son(sa) meilleur(e) ami(e) chaque jour
13. conduire la voiture de ses parents
14. finir ses devoirs avant de se coucher

À VOUS DE JOUER

1. **La vie universitaire.** *Rôles à jouer—trois personnes.* Vous visitez des universités avec votre frère(sœur) cadet(te) pour l'aider à choisir son université pour l'année prochaine. Parlez à un(e) étudiant(e) à propos de la vie quotidienne à cette université. Demandez-lui: à quelle heure les cours commencent; si la plupart des étudiants habitent sur le campus (sinon, où?); où on déjeune; où on rencontre ses amis; ce que les étudiants font l'après-midi; si on peut avoir deux spécialités; où on fait de l'exercice; si les étudiants et les professeurs aiment les repas au restaurant universitaire; si on peut connaître facilement les professeurs; etc.

2. **Campagne électorale.** Vous discutez avec d'autres personnes qui travaillent pour votre candidat. Décidez ce que votre candidat devra faire, où il(elle) devra aller, à qui il(elle) devra plaire, etc. en tenant compte du caractère démographique de l'électorat. Les électeurs, par exemple, sont-ils vieux? jeunes? Y a-t-il plus de femmes ou d'hommes? Y a-t-il plus de gens mariés ou non mariés? Faites des généralisations à propos des électeurs.

3. **Gestes.** Remarquez-vous quels gestes les gens font? dans votre classe? sur votre campus? dans des situations précises? Montrez des exemples de certains gestes et expliquez ce qu'ils signifient et pourquoi les gens les font. À votre avis y a-t-il un rapport entre les gestes et la nationalité, l'âge, l'ethnicité ou autre chose?

4. **En Amérique on joue...** Expliquez à un(e) étranger(ère) comment jouer au baseball ou au football américain. Précisez le rôle des différentes positions.

5. **Préférences musicales.** *Rôles à jouer—deux personnes.* Vous êtes dans une voiture au début d'un long voyage. L'autre personne dans la voiture veut écouter la radio, mais votre camarade n'aime pas la même

sorte de musique que vous (le rock? le jazz? la musique classique? la musique country western? blues? soul?). Vous vous disputez à propos de vos goûts en musique. Précisez les raisons de vos préférences et dites pourquoi vous n'aimez pas ce que l'autre personne préfère.

Compositions écrites

1. **La vie quotidienne.** Décrivez la vie quotidienne d'une ville ou d'un village que vous connaissez. Faites beaucoup de généralisations à propos des activités des habitants, de leurs goûts, etc.

2. **Aimez-vous les chiens ou les chats?** Vous venez de lire un article dans le journal qui dit que les chiens sont supérieurs aux chats. Écrivez une lettre à l'éditeur pour exprimer votre désaccord complet ou votre approbation chaleureuse de son point de vue.

3. **On fait partie d'un groupe.** Les gens ont normalement tendance à s'identifier avec un ou plusieurs groupes ethniques, sociaux, socio-économiques, etc. De quel(s) groupe(s) faites-vous partie? Précisez les caractéristiques du groupe qui vous attire, et pourquoi vous vous identifiez avec ces personnes.

4. **Les bonnes manières.** Quel est votre code d'étiquette? Qu'est-ce qui se fait? Qu'est-ce qui ne se fait pas? Écrivez un petit guide pour quelqu'un qui n'est pas aussi cultivé que vous, en parlant de ce qu'il faut faire dans des situations spécifiques.

5. **Caricature.** On se moque quelquefois de certains groupes en généralisant sur les qualités et les actions typiques des membres de ce groupe et en exagérant ces généralisations. C'est une technique de la caricature. Si on fait en même temps une critique plutôt hostile ou amère, on entre dans le domaine de la satire. Faites la caricature d'un des groupes suivants: les libéraux, les conservateurs, les diplomates, les parents, les enfants.

Lectures

Trois siècles séparent notre premier auteur de ses compatriotes, nos contemporains. Ces derniers nous proposent des textes courts, pleins de généralisations... sur la France, le français, le Français et la Française. Le premier, célèbre philosophe moralisateur, généralise aussi, mais à propos du genre humain. Il faut bien se rappeler, cependant, que ses commentaires dérivent de l'observation de ses modèles: la France, le français, le Français, la Française. Les conclusions de La Rochefoucauld, plutôt négatives sur le caractère des hommes, s'expriment sous forme de «maxime», espèce de proverbe moral, compact et léger, dont le trait principal est l'ironie. C'est-à-dire que les «Maximes» de La Rochefoucauld illustrent parfaitement le génie de la langue française défini trois cents ans plus tard par Jean d'Ormesson et Michel Serres parmi les dix auteurs modernes. Les dix modernes généralisent-ils trop? plus que leur compatriote ancien? Vous laisserez-vous facilement persuader de la vérité de leurs constatations?

Maximes

François de La Rochefoucauld

François de La Rochefoucauld (1613–1680) est le maître incontesté de l'art de la maxime, forme littéraire très pratiquée au dix-septième siècle. Grâce à ses dons de psychologue et à sa maîtrise stylistique—ses phrases équilibrées, son choix du mot exact, son emploi ingénieux de contraires, de contrastes et de paradoxes, La Rochefoucauld réussit admirablement dans ce genre succinct.

Une maxime exprime une vérité profonde dans une formule brève et saisissante. Elle vaut autant par son économie de langage que par sa capacité à peindre la nature humaine. On y trouve donc une grande quantité de noms abstraits et de généralisations. Comme La Rochefoucauld cherche essentiellement à nous montrer nos faiblesses, son portrait de l'homme peut sembler assez pessimiste.

Avant de lire les «Maximes»

Préparation du vocabulaire

A. Voici quelques termes communs aux moralistes, surtout à La Rochefoucauld. Choisissez la définition qui vous semble appropriée.

1. **amour-propre:** Quand elle l'a traité d'idiot, elle l'a blessé dans son *amour-propre.* (1) désir de ne pas être sale (2) attitude de fierté et d'égoïsme
2. **galanterie:** La notion de sexe a éliminé la notion de *galanterie.* (1) liaison amoureuse (2) magasin où on achète des rubans
3. **fin:** *Fin* comme un renard, l'avocat a réussi à tromper tous ses collègues. (1) rusé, adroit (2) bien habillé

Préparation des structures

B. Le français a changé depuis le dix-septième siècle. Certains mots ont changé de sens et d'autres ont changé de place. Ainsi pour La Rochefoucauld *galanterie* signifie *liaison amoureuse, ni* équivaut à *ni… ni…, en* n'est pas placé dans la phrase comme aujourd'hui, et *se* est séparé du verbe pronominal par un autre verbe. Vous remarquerez aussi l'emploi de *en* pour représenter *de* + une personne (ou une chose) ou au lieu d'utiliser le pronom disjoint.

Changez les phrases suivantes en phrases contemporaines. (Les mots en italique sont ceux qui méritent votre attention.)

1. On ne *se* peut consoler d'être trompé par ses ennemis et trahi par ses amis, et l'on est souvent satisfait de l'être par soi-même.
2. Ce n'est pas assez d'avoir de grandes qualités; il *en* faut avoir l'économie.
3. On aime mieux dire du mal de soi-même que de n'*en* point parler.
4. Le soleil *ni* la mort ne *se* peuvent regarder fixement.

Préparation du style

C. Pour déterminer si une affirmation particulière appartient au domaine des maximes, il faut tenir compte de la définition d'une maxime: une espèce de proverbe moral, compact et léger, dont le trait principal est l'ironie. Parmi les quatre phrases suivantes, décidez laquelle n'est pas une maxime. Indiquez ce qui vous a aidé à faire votre choix (style? thème? autre chose?).

1. Ceux qui s'appliquent trop aux petites choses deviennent ordinairement incapables de grandes.
2. On ne donne rien si librement que ses conseils.
3. J'ai plus de souvenirs que si j'avais mille ans.
4. L'amour-propre est le plus grand de tous les flatteurs.

Pour mieux lire

D. Dans les maximes suivantes, proposez des mots appropriés pour finir les phrases.

1. Tout le monde se plaint de sa mémoire, et personne ne se plaint de...
2. Qui vit sans folie n'est pas si...
3. La faiblesse est la seule faute que...
4. On peut être plus fin qu'un autre, mais non pas plus fin que...

E. Quand on rencontre une phrase complexe il est plus facile de comprendre la phrase si on peut reconnaître les différentes propositions (sujet + verbe) qui composent la phrase. Analysez les phrases suivantes en indiquant quel est le sujet de chacun des verbes.

▷ Ceux qui s'appliquent trop aux petites choses deviennent ordinairement incapables de grandes.
s'appliquer: ceux qui
devenir: ceux qui s'appliquent trop aux petites choses

1. On peut trouver des femmes qui n'ont jamais eu de galanterie, mais il est rare d'en trouver qui n'en aient jamais eu qu'une.
   pouvoir:
   avoir (première fois):
   être:
   avoir (deuxième fois):
2. Qui vit sans folie n'est pas si sage qu'il croit.
   vivre:
   être:
   croire:

Quelques maximes

1. L'amour-propre est le plus grand de tous les flatteurs.
2. Ceux qui s'appliquent trop aux petites choses deviennent ordinairement incapables de grandes.
3. Le soleil ni la mort ne se peuvent regarder fixement.

4. On peut trouver des femmes qui n'ont jamais eu de galanterie, mais il est rare d'en trouver qui n'en aient jamais eu qu'une.
5. Tout le monde se plaint de sa mémoire, et personne ne se plaint de son jugement.
6. On ne donne rien si librement que ses conseils.
7. La faiblesse est la seule faute que l'on ne saurait corriger.
8. On aime mieux dire du mal de soi-même que de n'en point parler.
9. Qui vit sans folie n'est pas si sage qu'il croit.
10. On peut être plus fin qu'un autre, mais non pas plus fin que tous les autres.

La faiblesse est la seule faute que l'on ne saurait corriger.

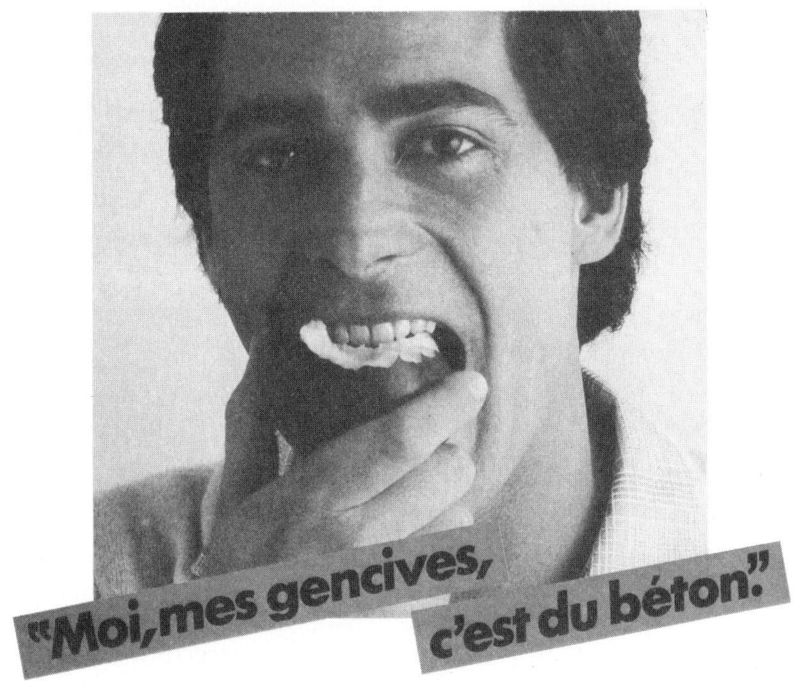

À propos du texte

A. Répondez aux questions suivantes.

1. Quels sont nos défauts principaux, selon les maximes citées?
2. Quelles qualités La Rochefoucauld apprécie-t-il? Choisissez parmi les suivantes ou ajoutez-en d'autres: égoïsme, force, vertu, lucidité, modération, vanité, générosité, honnêteté, passion...

B. Répondez.

1. Qui l'amour-propre flatte-t-il? Pourquoi est-il plus grand que les autres flatteurs?
2. Qu'est-ce qui peut nous rendre incapables de grandes choses? Donnez-en des exemples.
3. Refaites la maxime numéro 3 en employant *on*. Pourquoi est-il impossible de regarder fixement le soleil? et la mort?
4. Pourquoi ne trouve-t-on pas facilement de femmes qui aient eu une seule liaison amoureuse?
5. Quelle est la différence entre la mémoire et le jugement? Pourquoi n'hésite-t-on pas à se plaindre de sa mémoire? Pourquoi évite-t-on de se plaindre de son jugement?
6. Pourquoi est-il si facile de donner des conseils? Qu'est-ce que La Rochefoucauld critique dans cette maxime? Quelle est sa conception de la générosité?
7. Pourquoi ne saurait-on pas corriger sa faiblesse? (savoir = être capable de)
8. Êtes-vous d'accord qu'on aime mieux dire du mal de soi-même que de ne pas parler de soi? Dites la même chose d'une autre manière.
9. Que veut dire *Qui* dans la maxime? Est-ce que la folie est une qualité désirable selon La Rochefoucauld? Précisez la pensée de cette maxime.
10. Que signifie la dernière maxime?

Appréciation littéraire

C. Est-ce que certaines de ces maximes ont un équivalent en anglais? Lesquelles? Comparez leur articulation avec celles de La Rochefoucauld. Quelles versions préférez-vous?

D. Cherchez des maximes où on emploie...

1. un contraste (mots opposés, négations)
2. une comparaison (emploi du comparatif)
3. une personnification
4. la symétrie dans la structure des phrases (équilibre des éléments, valeur des mots, emploi des conjonctions)

Ces procédés nous aident-ils à retenir les maximes? Sans regarder le texte, essayez de redire quelques-unes de ces maximes. Quel aspect ou quel détail de la maxime vous ont aidé(e) à vous en souvenir?

Réactions personnelles

E. Écrivez une ou plusieurs maximes en utilisant des techniques de la généralisation et des traits de style de La Rochefoucauld. Incorporez dans vos maximes votre philosophie personnelle.

F. Composition. Choisissez une des maximes. Expliquez-la, discutez-la, commentez et formulez une conclusion.

Vive la France: 99 raisons de se réjouir d'être français

Les dix textes réunis ici font partie d'un article dont le but est de montrer aux lecteurs et aux lectrices) qu'ils peuvent encore se féliciter de vivre en France. Chauvinisme? Oui et non. Cet article, paru dans le magazine féminin *Marie Claire* au commencement des années 80, montre une certaine réaction d'un magazine populaire à grand tirage devant la crise économique mondiale du début de la décennie. C'est une réaction optimiste devant une crise politique française qui se manifestait en même temps: fatigués de presque un quart de siècle de gouvernements de droite, les Français mettent à l'épreuve un gouvernement de gauche. Mais les choses ne vont pas mieux et on se décourage. Comment alors se remonter le moral? Tâchez de vous mettre à la place des Français pour apprécier ces images et ces paroles destinées à vous faire retrouver—d'une manière légère et ironique—l'espoir et la confiance dans votre pays. En lisant ces textes, regardez bien les illustrations qui les accompagnent.

Avant de lire «Vive la France»

Préparation du vocabulaire

A. Lesquels de ces événements feront (ou ont fait) probablement partie de votre vie?

la naissance	**le service militaire**	**la retraite**
le baptême	**l'avortement**	**la mort**
la première communion	**le mariage**	**l'enterrement**

B. Les numéros forment la base de plusieurs sortes de mots.

1. Des mots dérivés de **numéro** ou **nombre** correspondent à la distinction entre ces deux termes: un **numéro** fait partie d'une série de chiffres, un **nombre** est une quantité.

   Imaginez le sens de l'adjectif *numéroté* et de l'adjectif *innombrable.*

2. Le suffixe **-aine** s'attache à un numéro pour former un nom féminin signifiant une quantité approximative. **Une quinzaine** veut dire environ quinze, **une vingtaine** veut dire environ vingt. (Pour mille, le mécanisme est différent: **des milliers.**)
   Que signifie *une centaine? des dizaines? des douzaines?*
3. Le suffixe **-enaire** signifie un certain nombre d'années. **Sexagénaire** veut dire de soixante ans; **un octogénaire** est un homme qui a quatre-vingts ans; **quinquagénaire** signifie de cinquante ans.
   Que veut dire *centenaire?* et *millénaire?*

Pour mieux lire

C. Parcourez cet article en remarquant bien qui sont les personnes interviewées (leur profession, leur carrière) aussi bien que les différents dessins et photos qui forment le collage. Les titres, les auteurs et les illustrations facilitent le travail de compréhension en vous permettant de saisir les idées générales telle qu'elles sont indiquées par la division en petites catégories.

1. Sur les interviews
   a. Est-ce que tous les personnages sont français?
   b. Pourquoi a-t-on choisi ces personnes?
   c. Avec lequel aimeriez-vous parler le plus?
2. Sur les 99 raisons
   À quel domaine appartiennent les 99 raisons? Choisissez les réponses qui vous semblent justes.

journalisme
littérature
militaire
médecine
architecture
tourisme
informatique
art
histoire
science
politique internationale
vie quotidienne

morale
cuisine
philosophie
hygiène
politique
religion
astrologie
zoologie
sport
botanique
industrie
théâtre

Vive la France: 99 raisons de se réjouir d'être français

La France est notre mère... C'est elle qui nous nourrit... (Vieil air populaire) Et même si la soupe est en ce moment un peu amère, ce n'est pas une raison pour pleurer dedans. Voilà pourquoi en ce début d'année, nous avons voulu dépasser la morosité ambiante et dresser l'inventaire de ce que nous aimons chez nous. Toute notre rédaction s'en est mêlée et il en est sorti ce bric-à-brac, forcément limité et n'ayant pas la prétention d'être exhaustif, mais qui nous a semblé mieux exprimer qu'une recherche systématique le bonheur de vivre en France. Nous avons aussi demandé à dix personnalités des lettres, des arts, de la mode, de l'histoire, de la philosophie... de compléter cet inventaire par leurs propres réflexions. Voici dans les pages qui suivent, quatre-vingt-dix-neuf raisons d'être bien dans notre pays. À vous d'en trouver une centième... ou plusieurs! Interviews P. Pompon Bailhache.

«Un Plaisir fait de mots»

Jean d'Ormesson. Membre de l'Académie française.[12] Son dernier livre: «Mon dernier rêve sera pour vous» (Lattès).

«Ce que j'aime dans la littérature française, c'est d'abord que les Français aiment la littérature. Les jurys littéraires sont traînés dans la boue, mais on attend leur verdict avec plus d'impatience et autant de passion qu'un discours du Premier ministre.

Ce que j'aime dans la littérature française, c'est que les monuments bourrés de visiteurs y coexistent avec des coins réservés à un tout petit nombre d'amateurs: «Les Mémoires d'Outre-Tombe»[13] et la «Vie d'Emma Patachon»,[14] «À la Recherche du temps perdu»[15] et «Mon Amie Nane»[14] de Toulet. Il y a de grands orchestres symphoniques et de toutes petites flûtes de bois.

Ce que j'aime dans la littérature française, c'est son poids et sa légèreté. Nous croulons sous les livres et, de temps en temps, surprise, surgissent encore quelques pages capables, miracle, de nous donner du plaisir. Un plaisir tout à fait de mots, un plaisir non des yeux ni du toucher, ni de l'odorat ni du goût, mais de cette merveille stupéfiante, toujours tournée vers le souvenir, toujours tournée vers l'avenir, la langue.

Ce que j'aime dans la littérature française, c'est sa capacité de se renouveler et sa continuité. Les romantiques sont le contraire des classiques, ils les combattent, ils les méprisent, mais ils les prolongent et ils finissent par travailler ensemble à la même entreprise qui est notre histoire à tous.

Ce que j'aime dans la littérature française, c'est Voltaire en train de s'imaginer que son nom survivra à cause de la Henriade.[16] Qui lit encore la Henriade? Mais quelques pages à peine de Candide[17] suffisent à donner le nom de Voltaire à un boulevard de Paris.[18]»

---

12. Institution nationale prestigieuse dont les 40 membres «immortels» sont élus pour veiller à la pureté et au bien-être de la langue française.
13. Œuvre importante du grand écrivain François-René de Chateaubriand.
14. Œuvre mineure d'un auteur peu connu.
15. Chef-d'œuvre unique du romancier Marcel Proust.
16. Poème épique.
17. Conte célèbre.
18. Artère importante de la Rive droite.

1. Le Petit Beurre que croquaient déjà nos arrière-grands-mères en commençant, bien sûr, par les coins.
2. L'accent du Midi et son parfum de soleil, d'ail et de bonne humeur.
3. Le coq gaulois, ce braillard de clocher qui, lorsqu'il devient sportif, casse un peu les oreilles avec son cocorico.
4. Le Métro, champion toutes catégories de la circulation en ville avec animation culturelle.
5. Mai-68, un pavé arraché, sous lequel on devait trouver la plage et l'interdiction d'interdire.
6. La cuisse de grenouille. Notre cuisine peut sublimer les moins appétissantes des créatures.
7. La vache normande, actrice réputée du terroir français, qui beurre fidèlement nos tartines du matin.
8. Le system D qui arrange tout, puisque impossible n'est pas français.
9. Le cricket, symbole de la société de consommation, premier briquet non rechargeable et à jeter.
10. Saint Laurent, fleuve d'élégance: sa source est à Paris et ses deltas dans le monde entier.
11. Le facteur. Parce que sa distribution à domicile est un modèle qu'on nous envie.
12. Le climat de la France, avec ses sourires, ses éclats, ses larmes et ses quatre saisons qui vraiment ne se ressemblent pas.
13. La concierge, de Mme Michu à Conchita. Même râleuse, on la préfère aux parlophones.
14. Le bifteck frites qui reste notre plat national, malgré les frites surgelées et la concurrence des Belges.
15. Le guide Michelin. Petit livre rouge des voyageurs et des gastronomes.
16. La petite gare chère à notre enfance qui souvent, regarde passer des trains qui ne s'arrêtent plus.
17. La rosette. Quand elle vient de Lyon, on ne vous conseille pas vraiment de la porter à la boutonnière.
18. La carte Michelin, petite merveille pour repérer l'église du XIIe et les routes enchantées.

19. Le croissant. Ordinaire ou au beurre, il est la joie des grasses matinées.

20. Le champagne. Provenance exclusive: France; destination: l'univers.

21. Parfum français, indémodable!

22. Le camembert. Tout l'art est de le choisir.

23. Edith Piaf, l'enfant des rues qui ne finira jamais de nous chanter l'amour-toujours.

24. Brigitte Bardot, moderne Marianne de nos mairies, la seule Française vivante qui ait fait fantasmer le monde entier.

25. Truffaut. Son double, Antoine Doisnel-Léaud, a si bien raconté les émois d'un petit Français.

26. La terrasse de café. Dès le premier soleil, on s'y bouscule pour prendre sur le trottoir un grand bol d'air pollué.

27. Bernard Pivot. Notre bouillon de culture de l'après-dîner du vendredi.

28. La pastille Vichy, suave comme la France frileuse des stations thermales où l'on expie les excès.

29. Le 14 Juillet où danses et flonflons nous rappellent nos premiers pas vers la democratie.

30. Le fil à couper le beurre. Une manière bien française de couper les calories.

31. L'huître. Grande consolatrice des mois en R.

32. La coiffe bretonne. Fabriquée par les doigts de fée, le «top» du folklore.

33. Charles Trenet. Notre fou chantant.

34. Le Club Méditerranée. Il a inventé les gentilles vacances organisées toute l'année et partout.

35. La 2CV. Elle nous fait rouler depuis 35 ans. On n'achève pas les 2CV.

36. Le bas de laine. Glissé entre les draps, c'est la réserve d'or de la France.

37. Les marronniers. Dans les villes, ils annoncent le printemps.

38. Le tiercé. Des petits trous qui peuvent vous faire perdre votre chemise dans un fauteuil.

39. Le cadre noir. Depuis Louis XIII, franchit au trot monarchies et républiques.

40. Les mers. Elles sont quatre à nous baigner et on le leur rend bien.

41. Les truffes. Chiens ou cochons les cherchent, mais ce n'est pas eux qui les mangeront.

42. Le concours Lépine. Le génie inventif y trouve sa récompense.

43. Notre-Dame de Lourdes. Qu'a-t-elle dit à Bernadette?

44. La gratuité scolaire. Tous en chœur, chantons sous le préau: «Merci M. Ferry».

45. Le beret de marin. Toucher son pompon rouge porte bonheur.

46. Le clocher du village. Il manque tant quand on est loin.

47. La cathédrale de Chartres, merveille du moyen âge.

48. Centre Pompidou, le plus souvent appelé Beaubourg.

49. Le TGV. La dernière grande victoire française de la bataille du rail.

50. Le beaujolais nouveau. Pour entrer dans l'hiver d'un bon pied.
51. La Marseillaise (Rouget de L'Isle). Exaltante même si le jour de gloire n'est pas au rendez-vous.
52. Les paysages une diversité qui ne dépasse jamais la mesure.
53. Le sous-sol du BHV. Un des temples du bricolage.
54. Tabarly. Le loup de mer breton qui connaît toutes les vagues de l'Atlantique.
55. Le Solex. Une petite merveille âgée de 33 ans et enfourchable à partir de 14.
56. Le foie gras. Tout le monde veut s'en gaver.
57. La Brasserie Lipp, à Saint-Germain-des-Prés, parce que devant sa choucroute les républiques se réconcilient.
58. Le percheron, champion du labourage.
59. Le bidet, une accessoire de toilette spécifique.
60. Raymond Devos, philosophe du non-sens: «L'homme existe, je l'ai rencontré.»
61. La pétanque qui réunit les copains à l'heure du pastis sous les platanes du Midi.

62. Sartre. La pensée habillée par ce goût si français des mots.
63. L'escargot. Fleuron de notre gastronomie.
64. La R5 une petite française sympathique.
65. La tour Eiffel. Trois millions de visiteurs par an.

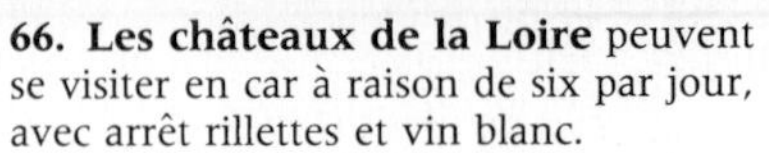

66. Les châteaux de la Loire peuvent se visiter en car à raison de six par jour, avec arrêt rillettes et vin blanc.
67. La place du Midi. Le village s'y retrouve le soir sous les platanes.
68. La route départementale. Son charme champêtre en a fait la piste préférée de Bison Futé.

69. L'Académie Française, car on se bat encore pour y entrer. Allez les Verts!...
70. La sécurité sociale: la plus généreuse du monde, au point de nous mener tous au bord de la ruine.
71. Gallimard qui a abrité sous sa couverture blanche et rouge toutes les gloires littéraires du siècle.

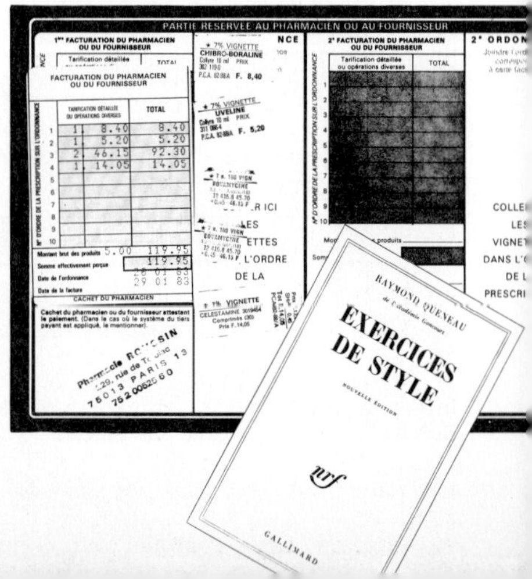

74. **La tomette provençale,** plus belle dans sa province que dans les fermettes aménagées.
75. **France culture,** un nom, un savoir impressionnants pour, hélas, 3% de la population.
76. **La pince à linge.** Attache bien française qui évoque les draps séchant au fond du jardin.
77. **La vinaigrette.** Simple, mais personne ne la fait comme nous.
78. **Les horaires de nos trains.** Ils sont champions du monde de l'arrivée à l'heure.
79. **L'opinel.** De toutes les tailles et pour tous les usages, il se met dans la poche.
80. **Le pavillon de banlieue.** «Ça m'suffit», «Mon rêve».

72. **Le Mont-Saint-Michel,** mille ans d'architecture, une mer qui parcourt dix-neuf km en trois heures.

73. **L'Impressionisme,** qui permet à la France de faire bonne impression dans tous les musées du monde.

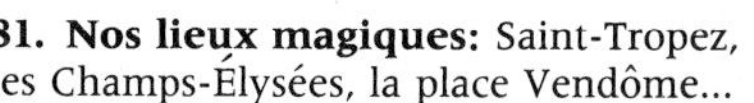

81. **Nos lieux magiques:** Saint-Tropez, les Champs-Élysées, la place Vendôme...
82. **L'armoire normande,** si grande qu'elle peut accueillir le trousseau, la dot, et avec un peu de chance, l'amant.
83. **Le café du commerce.** Bastion de la France profonde. On y gagne les guerres et les matches de foot. On y reconstruit le monde.
84. **Benson.** Société française championne du monde des tables à dessiner électroniques.
85. **Le lit conjugal,** pièce centrale de la comédie de boulevard, mais parfois aussi symbole de fidélité.
86. **Le crocodile Lacoste.** Reptile né sur les courts, et devenu symbole mondial de qualité.
87. **La carte de priorité.** Invention française. En remplace une qui se perd: la galanterie.
88. **M. Hulot,** l'adorable hurluberlu qui a secoué les poux du Français moyen.
89. **Mansart** ou l'architecture française à son apogée.
92. **Le tour de France** qui réussit à clouer les Français devant leur téléviseur quand il y a du soleil sur les plages.
93. **Les Gauloises bleues,** reines des brunes qui font naturellement tousser ceux qui préfèrent les blondes.
94. **Les toits de zinc** qui font le gris de Paris, couleur discrète que les tours indiscrètes nous rendent plus chère.
95. **Le melon.** Une cucurbitacée qui adoucit la vie.
96. **Le kir.** Invention d'un chanoine bourguignon pour que ses paroissiens voient la vie en rose.
97. **L'eau de Perrier.** Faire un succès, jusqu'aux U.S.A. avec de l'eau et des bulles, c'est fou, non?
98. **Les herbes de Provence.** Encore plus précieuses depuis l'invasion de barbecue.
99. **«Marie Claire».** Pourquoi pas?

90. **Le chic parisien.** Il est unique.

91. **La boulangerie.** Parfois encore une si bonne odeur de fournil.

«Bien dans ses pantoufles»[19]

Jane Chaplin. Cinquième de la tribu Chaplin, réalisatrice, productrice de courts métrages.

«Les Français ne craignent pas de se promener tout nus, mais les pieds dans leurs charentaises.[20] Ce n'est pas particulièrement sexy et glamour, mais ça peut être comique et (en pleine passion) attendrissant.

Ils font généralement très bien la cuisine, mais ils vous laissent la vaisselle à laver, en particulier les innombrables casseroles, cocottes et marmites indispensables à l'épanouissement de leur talent, disent-ils.

Ils sont très galants, surtout avec les femmes des autres. Ils ne s'occupent pas trop des enfants, mais sont très fiers quand les leurs se tiennent bien à table. Ils disent plus souvent: «Essuie-toi la bouche avant de boire» que: «Montre-moi ton carnet scolaire.»

Ils descendent la poubelle sans rechigner,[21] surtout quand elle est imposante (ce qui ne veut pas dire obligatoirement lourde) mais ils ne déplacent pas un meuble. Ils savent merveilleusement choisir les vins et les fromages.

Ils sont les rois de la paperasserie. Champions pour remplir les déclarations d'impôts et autres feuilles de Sécurité sociale... »

«La Cuisine rassurante»

Fanny Deschamps. Auteur de «Croque en Bouche» sur son neveu Alain Chapel, et la «Bougainvillée» (Albin Michel).

«Je suis d'une famille mi-bourguignonne mi-alsacienne[22], une famille où l'on cuisinait. On se levait quand c'était jour de fête à cinq heures du matin pour mettre les sauces en route sur le coin du feu. Et l'on prenait toujours un kilo de consolation aux enterrements et un kilo de joie[23] les jours de baptême ou de mariage.

On se moque des Français parce qu'ils s'arrêtent à Dijon pour acheter de la moutarde et du pain d'épices, à Arles pour acheter du saucisson et on leur dit: «Vous trouverez aussi bien au supermarché du coin.» Pourtant ils ont raison parce qu'au produit, ils ajoutent de l'imaginaire.

Il y a encore une cuisine de femme en France qui ne disparaîtra pas et qu'il faut encourager parce que, finalement, c'est la cuisine rassurante. Les bons plats qu'on aime depuis toujours, bien faits. Je me souviens très bien de l'interview d'une centenaire de Savoie. On lui avait proposé pour son repas d'anniversaire du caviar, etc. Elle a dit: «Je voudrais une omelette au lard avec des petites pommes de terre bien dorées et une petite salade du jardin.» Le journaliste n'a pas pu la faire sortir de là.

---

19. *Être bien dans ses pantoufles* = se sentir à l'aise dans les chaussures qu'on porte à la maison (chaussons, pantoufles).
20. *Charentaises* = chaussons en laine à dessin écossais.
21. *Rechigner* = se plaindre.
22. Père bourguignon-mère alsacienne ou mère bourguignonne-père alsacien.
23. = Nous trouvions beaucoup de consolation aux funérailles et beaucoup de joie...

C'est que le plat qui fait le plus de plaisir, est celui qu'on aime depuis toujours, mais très bien fait. Il ressuscite tant de choses. C'est l'histoire de la petite madeleine de Proust!»[24]

«Le Passage à l'universel»

Emmanuel Leroy-Ladurie. Historien. Professeur à l'école des Hautes Études, et au Collège de France. «Montaillou village occitan», «Le Territoire de l'historien», «Le Carnaval de Romans» (Gallimard).

«Les Droits de l'homme», c'est un texte magnifique écrit en 1789 dans le feu de la Révolution après la première réunion des États généraux.[25] Mais en un sens, plutôt d'origine anglaise ou américaine. Le génie français, s'il y en a un, c'est de reprendre cela et de lui donner une valeur universelle. Une particularité de la culture française, c'est je crois le passage à l'universel. On rembourse l'avortement, ce qui n'est pas une mauvaise idée en soi, mais on le remboursera à tout le monde, même à une personne très riche. On part d'une idée juste, mais il faut absolument que ce soit extrapolé à tous les cas, appliqué à tout le monde. C'est le côté assez typique d'un certain esprit de généralisation nationale.

Des institutions comme le SMIC[26] par exemple (je ne suis pas certain qu'on trouve les mêmes à l'étranger) tendent à définir un niveau de base de ressources. De même l'idée de fixer arbitrairement la retraite à un âge souvent précoce, alors que ça devrait varier suivant les gens, les professions et les intérêts professionnels. Il y a là une tendance effectivement égalitaire qu'on trouve sans doute dans toutes les sociétés modernes, mais qui a pris un développement particulier en France.»

«Le Chic et la langue»

Karl Lagerfeld. Créateur de parfum. Styliste pour Chloé. Consultant extérieur de Chanel Couture.

«En arrivant en France, j'ai d'abord habité un petit hôtel de Saint-Germain-des-Prés. Dans n'importe quel autre pays du monde, l'endroit m'aurait paru sordide. Mais pour moi, c'était le rêve, c'était Paris.

Le chic parisien est une chose indéfinissable, liée je pense à l'élégance de la langue, à la beauté du français qu'on a malheureusement de moins en moins le plaisir d'entendre. Car, qui parle maintenant un beau français?[27]

Dès que le chic a besoin d'être expliqué, il n'est plus le chic. Ce doit être une chose qui flotte toute seule dans l'air magique de Paris. Soulignée

24. Dans *À la recherche du temps perdu,* Marcel Proust retrouve des sensations et des sentiments oubliés depuis l'enfance quand il trempe dans son thé une madeleine comme celles qu'il avait l'habitude de manger pour son goûter quand il était petit.
25. Assemblée réunissant les représentants des trois groupes principaux de la société française en 1789: le clergé, la noblesse et le tiers état.
26. *Salaire Minimum Interprofessionnel de Croissance* = "National Minimum Wage".
27. On constate souvent l'influence croissante de la langue familière (et inélégante) même sur la langue écrite.

et appuyée, elle n'est déjà plus là, elle s'est envolée... D'ailleurs, Voltaire a dit: «Toute chose qui a besoin d'une explication ne la vaut pas.»

Je me demande alors s'il doit vraiment y avoir à Paris un musée de la mode.[28] La mode, c'est la vie, sa place est dans la rue, pas dans les musées. Une ville qui crée ne doit pas faire un monument à la mémoire de la création.»

«Un Mouchoir de batiste»

Michel Serres. Philosophe, auteur de «Le Parasite», «Genèse» (Grasset). Série des «Hermès» (Ed. de Minuit). Écrit en ce moment un livre sur Rome.

«Depuis le vieux Montaigne, la philosophie française est près de la réalité simple et quotidienne. Montaigne raconte comment il monte à cheval, comment il mange, comment il fait la cour aux femmes, comment il regarde l'horizon quand le soleil se lève, il raconte son corps, sa famille, les objets autour de lui, le familier, le quotidien, le concret.

Les philosophes français aiment raconter des histoires et plus je vieillis, plus je deviens français, plus je quitte les mots pompiers qui empêchent de penser, et plus j'ai envie de raconter des histoires qui sont des condensés d'idées. C'est là le génie de notre langue: elle est la plus belle du monde parce que la plus claire, la plus précise, la plus transparente, toujours aimable, pleine d'ironie et de volupté, et en même temps, très musicale, mais pas symphonique, très musique de chambre, très fine et secrète.

Je crois que la culture et la langue ont un rapport à la beauté du corps des hommes et des femmes. Je connais des lieux du monde que je ne cite pas puisque j'en dis du mal, complètement incultes, où la langue est saccagée, où les gens sont d'une laideur... compacte. Allez au contraire en Chine où la culture est millénaire: les femmes sont très belles. Les Italiennes et les Françaises sont les plus belles femmes du monde, parce qu'elles habitent des pays cultivés, qui ont une langue admirable, châtiée,[29] jamais vulgaire. La femme et la langue française sont mariées. Je n'ai jamais rencontré dans aucun autre pays une femme sachant mener la conversation à table comme les Françaises, et comme je l'espère elles le savent encore. La femme française est pour cela la première artiste de l'histoire. C'est ça l'art, l'art qui ne reste pas, l'art léger, le mouchoir de batiste qui vole. C'est ça la France. Légèreté!»

«La Peinture pure»

Marie-Laure Bernadac. Conservateur des Musées de France. Travaille au projet du futur musée Picasso.[30]

---

28. Il y a maintenant un musée de la mode dans une annexe du musée du Louvre.
29. *Langue châtiée* = langue concise et pure.
30. Le musée Picasso, depuis la parution de cet article, est devenu réalité: Il a été inauguré en 1985.

«La peinture française est celle de tous les siècles, aussi bien dans le portrait, le paysage, la nature morte que dans les thèmes mythologiques, la peinture historique, etc. Elle est à la fois classique et baroque, réaliste, naturaliste, romantique... Elle permet à la fois Ingres et Delacroix, Poussin et Rubens, Matisse et Picasso (je cite à dessein deux artistes étrangers pour montrer cette capacité qu'a la peinture française d'intégrer, d'assimiler les apports étrangers pour les faire siens).

Elle se nourrit souvent d'influences extérieures. Renaissance italienne, romantisme anglais... japonisme, qu'elle met à profit, «digère» pour en faire autre chose qui lui est propre. Elle est équilibre entre réalisme et idéalisme, passion et raison, «brumes nordiques et clarté méditerranéenne», etc. Il me semble qu'elle est «classique» au sens fort du terme.

Fruit d'un travail en profondeur, à long terme qui ne connaît ni poussées brusques en avant ni retombées, mais une lente maturation, elle n'a ni le «génie» italien (pas de Raphaël ni de Michel-Ange) ni la profondeur mystique des Hollandais (Rembrandt, Van Gogh) ni la grandeur virtuose de l'Espagne (Velasquez, Goya). Quelqu'un comme Cézanne me semble résumer à lui seul l'essence même de cette peinture française, baroque, puis classique: l'émotion maîtrisée, les formes solides, la synthèse de la couleur et de la forme, la volonté de construction, la création d'un nouvel espace pictural. Bref, la peinture pure.»

«La Patrie des femmes»

Sir Roland Penrose. Critique d'art, peintre, collectionneur, Anglais. A participé au mouvement surréaliste anglais. Auteur de «Picasso» (Flammarion).

«J'ai vécu beaucoup d'années en France et j'ai aimé beaucoup de femmes. Des Françaises et d'autres qui ne l'étaient pas, mais que la France avait réunies et avec qui je n'aurais jamais eu les mêmes relations ailleurs. La première que j'ai aimée était roumaine, mais la deuxième était bien française: une Gasconne remarquable. C'est elle qui m'a fait apprécier la France, puisque je l'ai épousée et que je suis allé vivre en Gascogne avec elle.

Ma Valentine était près de la nature, très indépendante, d'une beauté, d'une fraîcheur et d'une individualité extraordinaires. Quand elle se mettait en colère, sa colère était splendide. Elle était remarquablement cultivée et avait quelque chose que j'ai souvent retrouvé chez les femmes françaises: de la profondeur dans la conversation.

Enfin un jour, elle est allée aux Indes et elle a trouvé que la vie était illusion... À partir de ce moment, il est devenu difficile de vivre avec elle!

La relation des femmes françaises avec la nature, leur connaissance de ce qui pousse, a pour résultat une cuisine parfaite. Elles savent mélanger les parfums des herbes et elles le font avec passion. D'ailleurs, elles sont passionnées dans plusieurs sens du mot, aussi bien au point de vue érotique qu'au point de vue des idées qu'elles ont dans la tête.

J'avais été élevé dans un milieu très puritain, et j'ai trouvé en arrivant en France un sens de la liberté, une joie, une légèreté qui n'existaient pas chez moi.

Les femmes attrapent ici l'atmosphère de la France, même si elles ne sont pas françaises.»

«Une Petite Chose en plus»

Primrose Bordier. Styliste, créatrice d'un style de linge de maison[31] qui porte son nom chez Descamp.

«Mme Dupont[32] a envie chez elle de faire des expériences, mais elle aime bien qu'on lui tienne la main. Elle ne copie pas servilement, elle veut être différente des autres. Les Français aiment personnaliser. Prenons mon exemple: j'ai pris mes idées en Amérique et j'en ai fait quelque chose de typiquement français, au point que les Américains ne les reconnaissent plus. C'est un peu comme dans la cuisine. On achète du congelé et on y ajoute de bonnes petites choses. On trouve une recette de mousse au chocolat dans son livre de cuisine et on se dit: «Si je mettais un peu de gingembre, de la vanille, une petite chose en plus... »

C'est pareil pour le vêtement, et c'est ce qu'on appelle le chic. Oui, ce qu'on aime en France, c'est ce qui n'est pas dans la recette.»

«Un Morceau de tour Eiffel»

Chantal Rousseau. Déléguée en France des grands magasins américains Bloomingdale's.

«C'est toujours passionnant de montrer aux Américains une image de la France, qu'il s'agisse de la France prestigieuse, de la France profonde et tranquille ou de la France en mouvement.

Nous préparons dans cet esprit en Amérique une exposition qui est la première du genre. Tout le magasin Bloomingdale's de New York et d'autres dans cinq grandes villes seront français à tous les rayons, de haut en bas. Elle durera sept semaines, de septembre à novembre 1983 et se terminera sur un Noël français.

L'Amérique ne voit généralement la France qu'en vertu des formules toutes faites. Nous allons pouvoir lui montrer autre chose. Un projet parmi des centaines, et particulièrement étrange, concerne la tour Eiffel: celle-ci vient d'être allégée. Il en reste donc des morceaux qui peuvent être vendus. Numérotés, ils seront pour les Américains des petits bouts de Paris à domicile.»

dans *Marie Claire,* février 1983

---

31. *Linge de maison* = draps de lit, taies d'oreiller, serviettes.
32. *Mme Dupont* = la Française typique, "Jane Doe".

À propos du texte

A. Aperçu général. Quelles remarques, images, sentiments, idées sont articulés par plus d'une seule personne? Comment décririez-vous l'attitude générale de ces dix personnalités envers la France et les Français?

B. À propos des interviews. Choisissez une des personnalités citées dans cet article et répondez aux questions suivantes à propos de cette personne.

1. Quel est l'intérêt de cette personne pour le public français?
2. Ce personnage est-il français? Sinon, pourquoi pensez-vous qu'on l'a interviewé?
3. Son point de vue est-il admiratif? Est-il négatif? Précisez.
4. Illustre-t-il(elle) ses remarques avec des anecdotes ou avec des exemples? Racontez-les.
5. Emploie-t-il(elle) des métaphores? Précisez.
6. Que pensez-vous de cet individu?

C. À propos des 99 Raisons. Montrez quels éléments des 99 Raisons relèvent de

1. l'attention que les Français prêtent aux vêtements.
2. l'attention que les Français prêtent à l'art culinaire.
3. l'intellectualisme français.
4. le respect ou la nostalgie du passé.
5. les inventions/les gadgets français.

Réactions personnelles

D. Donnez des raisons de se réjouir d'être américain. Généralisez à propos d'un des sujets suivants.

1. la littérature américaine
2. les plats américains
3. les genres de vêtements américains
4. la langue anglaise comme on la parle aux États-Unis
5. les films américains
6. les femmes américaines/les hommes américains
7. la musique américaine
8. un autre sujet de votre choix

E. Faites un collage comme celui de l'article en y mettant des photos, des articles, des dessins d'objets américains et en écrivant de brefs commentaires sur chaque élément fourni.

F. Quelles personnes choisiriez-vous d'interviewer s'il fallait faire ce genre d'article à propos de l'Amérique? Est-ce que les mêmes sujets seraient importants? Sinon, quels autres sujets faudrait-il traiter?

Mise en perspective

1. **Observations sociales.** Dans les deux textes que vous avez lus, on fait certaines observations sur une société. Est-ce la même société? L'approche des deux textes est-elle la même? Précisez comment chacune de ces deux approches est appropriée à la société visée.
2. **Maximes.** Y a-t-il des maximes possibles qui se dégagent des interviews de «Vive la France»? Tâchez d'articuler sous forme de maximes quelques-unes des idées qui reviennent dans cet article.

LEÇON 3

Décrire

On distingue entre qualités premières (l'essence ou la substance) et qualités secondes (des aspects accessoires). Par exemple, *«C'est une boîte»* (= un récipient creux capable de renfermer un certain contenu) indique une qualité essentielle. Par contre, *«Elle est vieille, carrée et noire»* indique des qualités secondes. De même que chacun a sa manière de penser, chacun a sa manière de s'exprimer. Beaucoup de gens n'insistent que sur l'essentiel (*«C'est un homme que je connais bien. Je l'admire.»*), alors que d'autres aiment ajouter des détails (*«Ce petit homme, d'origine italienne, bien connu et tout à fait admirable, est d'une très grande intelligence vraiment impressionnante»*). Le premier style, sans doute trop sec, gagnerait à imiter un peu le deuxième. Ne pas décrire risque d'ennuyer... décrire trop risque aussi d'ennuyer.

Il faut donc chercher le compromis convenable, avoir à sa disposition autant de moyens de descriptions que possible, non pas forcément pour les accumuler en un seul discours mais pour choisir *le* ou *les* détails qui rendent l'essentiel différent, distinctif, intéressant, saisissant, frappant...

Chaussure gauche: Moi, j'aime pas cet endroit. Il est trop sale. T'es pas d'accord?

Chaussure droite: Ben... non. Je trouve ça plutôt sympa, la campagne. Les champs verts... les beaux arbres... les odeurs de la nature... Ça change des trottoirs.

Chaussure gauche: Quoi! mais ça sent mauvais ici! et puis c'est de la boue... y a[1] même pas de verdure. Qu'est-ce qu'on va être crasseuses[2] toutes les deux! D'ailleurs, je ne sais pas trop ce qu'on fait là.

Chaussure droite: On apprécie justement les beautés bucoliques. Calme-toi. Notre nana[3] elle va prendre sa belle photo et puis on va repartir.

Chaussure gauche: Pas par la même route j'espère! Moi qui suis si délicate! C'était pas très drôle de traverser ces champs pleins de cailloux[4]... j'aimerais mieux rester que de bouger.

Chaussure droite: Qu'est-ce que tu veux que je te dise? T'es pas contente d'être ici et tu ne veux pas partir... quelle vieille godasse[5] rouspéteuse![6]

---

1. *Y a* = il n'y a...
2. *Crasseux* (argot) = très sale.
3. *Nana* (f.)(argot) = femme.
4. *Cailloux* (m.) = pierres.
5. *Godasse* (f.)(argot) = chaussure.
6. *Rouspéteur* = qui aime protester.

Structures

: Décrire avec les adjectifs

Les adjectifs modifient les noms et les pronoms.

1. Accord de l'adjectif

- Un adjectif s'accorde en genre et en nombre avec le nom ou pronom qu'il modifie.

  a. Si un seul adjectif modifie deux noms du même genre, l'adjectif est au pluriel de ce genre.

  la femme et la langue français**es**

  b. Si un seul adjectif modifie un nom masculin et un nom féminin, l'adjectif est au masculin pluriel.

  une fille et un garçon méchant**s**

- La formation du féminin

  a. Le féminin se forme le plus souvent en ajoutant **-e** au masculin de l'adjectif.

masculin	*féminin*
clair	clair**e**
bleu	bleu**e**
fatigué	fatigué**e**

Remarquez: Quand le masculin se termine par une consonne, on ne prononce pas la consonne; mais au féminin la consonne est bien prononcée.

masculin	*féminin*
coquin	coquin**e**
mutin	mutin**e**
libertin	libertin**e**
exquis	exquis**e**
insoumis	insoumis**e**

The final nasal vowel of a masculine adjective will become an oral vowel in the shift to feminine (e.g., **italien—italienne, américain—américaine,** etc.).

Louison
ou l'heure exquise

Coquine, mutine, libertine, exquise, marquise, insoumise...

Louison, une héroïne au charme irrésistible

b. Quand le masculin se termine en **-e** (sans accent), le féminin est identique au masculin en orthographe et en prononciation.

masculin	*féminin*
irrésistib**le**	irrésistib**le**
immens**e**	immens**e**

c. Pour un grand nombre d'adjectifs le principe de la formation du féminin est simple: doubler la consonne finale avant le dernier **-e**.

Quand le masculin se termine en...	le féminin se termine en...	
-el, -il	**-elle, -ille**	t**el** t**elle** gent**il** gent**ille**
-en, -on	**-enne, -onne**	indi**en** indi**enne** mign**on** mign**onne**
-ot, -et	**-otte, -ette**	s**ot** s**otte** coqu**et** coqu**ette** *mais:* idi**ot** idi**ote**

Remarquez: Certains adjectifs en **-et** ont le féminin avec un accent grave sur la dernière voyelle et une seule consonne: secr**et**, secr**ète**, concr**et**, concr**ète**.

d. D'autres terminaisons féminines régulières sont les suivantes.

Quand le masculin se termine en	le féminin se termine en	
-er	**-ère**	ch**er** ch**ère** am**er** am**ère**
-eur	**-euse** ou **-eure**	moqu**eur** moqu**euse** maj**eur** maj**eure**
-teur	**-trice**	conserva**teur** conserva**trice** *Mais:* men**teur** men**teuse** flat**teur** flat**teuse**
-f	**-ve**	naï**f** naï**ve** neu**f** neu**ve**
-x	**-se** ou **-sse**	fameu**x** fameu**se** fau**x** fau**sse**
-c	**-che** ou **-que**	blan**c** blan**che** publi**c** publi**que**

e. Beaucoup d'adjectifs en **-s** forment leur féminin de façon normale, mais certains adjectifs prennent **-sse** au féminin.

masculin	*féminin*
gro**s**	gro**sse**
ba**s**	ba**sse**
exprè**s**	expre**sse**

f. Remarquez la formation irrégulière du féminin de **doux, favori, frais, grec, long** et **sec.**

masculin	*féminin*
doux	dou**ce**
favori	favori**te**
frais	fra**îche**
grec	gre**cque**
long	long**ue**
sec	s**èche**

- La formation du pluriel

a. On forme le plus souvent le pluriel en ajoutant **-s** au singulier (masculin ou féminin) de l'adjectif.

singulier	*pluriel*
rond	rond**s**
fou	fou**s**
osseuse	osseuse**s**
furieuse	furieuse**s**

b. Quand le masculin singulier se termine en **-s** ou **-x,** le masculin pluriel est identique au singulier.

masculin singulier	*masculin pluriel*
chinoi**s**	chinoi**s**
savoureu**x**	savoureu**x**

c. Les adjectifs qui se terminent en **-eu** et **-al** forment leur masculin pluriel avec **-x.** Il y a pourtant quelques exceptions.

singulier	*pluriel*		*singulier*	*pluriel*
hébreu	hébreu**x**	*Mais:*	bleu	bleu**s**
origin**al**	origin**aux**	*Mais:*	ban**al**	ban**als**
			fat**al**	fat**als**
			fin**al**	fin**als**

Remarquez: Le féminin pluriel de ces adjectifs est formé de façon normale.

Ce sont des actrices très **originales**.

d. Le masculin pluriel de **tout** est **tous**. Les autres formes sont régulières.

Tous ses dessins sont surréalistes.

- Quelques adjectifs irréguliers ont une forme spéciale pour le masculin singulier quand il est placé devant un nom qui commence par une voyelle ou un **h** muet.[7] Au pluriel, il y a une seule forme masculine.

masculin singulier	masculin singulier irrégulier	masculin pluriel	féminin singulier	féminin pluriel
beau	**bel**	**beaux**	**belle**	belles
fou	**fol**	**fous**	**folle**	folles
mou	**mol**	**mous**	**molle**	molles
nouveau	**nouvel**	**nouveaux**	**nouvelle**	nouvelles
vieux	**vieil**	**vieux**	**vieille**	vieilles

*Le **Vieil** Homme et la Mer* est le titre d'une œuvre d'Ernest Hemingway.
Un **bel** enfant jouait dans le jardin.
Mais: Charlotte a deux **beaux** enfants.

- Certains adjectifs sont *invariables,* c'est-à-dire qu'ils ne s'accordent pas avec le nom modifié.

a. Certains de ces adjectifs sont des mots étrangers ou des mots qui peuvent être employés aussi comme des noms: **marron, chic, snob, orange, standard, super, extra,** etc.

Tes belles chaussures **marron** paraissaient grises sous la poussière.
Cette chanson est **super**!

b. Les adjectifs composés (de deux éléments) sont aussi invariables. C'est le cas des couleurs: **bleu ciel, bleu marine, rouge foncé, jaune clair, bleu vert,** etc.

Ces fleurs **jaune clair** sont ravissantes.
Mais: Elle m'a donné de jolies fleurs **jaunes**.

Remarquez: Les noms de couleur sont masculins.

Stendhal écrivit *Le Rouge et le Noir* en 1830.
Le violet est ma couleur préférée.

7. *H muet* = *h* qui permet l'élision et la liaison.

c. Les adjectifs «réduits» (abrégés) de la langue familière parlée sont généralement invariables: **sensas** (sensationnel), **sympa** (sympathique), **fana** (fanatique), **pop** (populaire), etc.

Je trouve Claire et Hélène vraiment **sympa** toutes les deux.

A. Vous faites partie du comité qui doit choisir le conférencier qui fera le discours principal à la cérémonie de la remise des diplômes.[8] Proposez plusieurs noms et remplissez ce tableau pour pouvoir inviter la meilleure personne ou les meilleures personnes à faire ce discours. Mettez l'adjectif à la forme correcte dans la case appropriée, ou mettez *pas* + l'adjectif à la forme correcte.

D'après leurs caractéristiques, qui choisissez-vous?

	un homme	**une femme**	**des hommes**	**des femmes**	**un groupe ou couple mixte**
gentil					
grand					
intelligent					
original					
bon					
actif					
conservateur					
libéral					
banal					
vieux					
intéressant					
éloquent					
beau					
fou					
honteux					
provocateur					
doué					
mignon					

▷ vieux

Steven Jobs	**Gloria Steinem**	**les frères Smothers**	**les sœurs Pointer**	**le Président et sa femme**
pas vieux	*pas vieille*	*pas vieux*	*pas vieilles*	*vieux*

8. *La cérémonie de la remise des diplômes* = "commencement". Cette cérémonie est une coutume américaine qui ne se fait pas en France.

2. Place de l'adjectif

- Les adjectifs sont généralement placés après le nom qu'ils modifient.

  Dorothée porte une ombrelle **rouge.**
  Nous regardons son visage **sombre.**
  Ce jour **agréable** nous a beaucoup plu.
  Vous voulez prendre un essor **prodigieux**?

- Cependant, certains adjectifs courts et d'emploi très fréquent précèdent généralement le nom.

autre	**court**	**joli**	**nouveau**
beau	**gros**	**long**	**petit**
bon	**jeune**	**mauvais**	**vieux**

Remarquez: Quand l'adjectif précède le nom au pluriel, **des** devient **de**.

des programmes récents *Mais:* **de** nouveaux programmes

- Quelques adjectifs changent de sens selon leur place avant ou après le nom: **ancien, certain, dernier, même, pauvre, prochain, propre, sale, seul, simple, triste,** etc.

notre **ancienne** maison	=	la maison où nous habitions avant
notre maison **ancienne**	=	notre très vieille maison
un **certain** charme	=	un charme indéfinissable
un charme **certain**	=	un charme incontestable
une **chère** petite maison	=	une petite maison qu'on aime
une maison **chère**	=	une maison qui coûte beaucoup d'argent (≠ bon marché)
le **dernier** mois de l'année	=	décembre
le mois **dernier**	=	le mois avant ce mois
un **grand** homme	=	un homme illustre, éminent
un homme **grand**	=	un homme de haute taille
la **même** question	=	la question équivalente
la question **même**	=	l'essentiel de la question[9]
un **pauvre** enfant	=	un enfant pitoyable
un enfant **pauvre**	=	un enfant sans argent
le **prochain** mois	=	le mois suivant
le mois **prochain**	=	le mois après ce mois
mes **propres** enfants	=	les enfants dont je suis la mère (ou le père)
des enfants **propres**	=	des enfants bien lavés
un **sale** endroit	=	un très mauvais endroit
un endroit **sale**	=	un endroit qui n'est pas propre
une **seule** personne	=	seulement une personne
une personne **seule**	=	une personne qui n'est pas accompagnée
une **simple** question	=	seulement une question
une question **simple**	=	une question facile
une **triste** histoire	=	une histoire regrettable
une histoire **triste**	=	une histoire qui inspire la tristesse

- Un adjectif qui se place normalement après le nom prend une valeur plus subjective lorsqu'il est placé avant. C'est une technique stylistique de la langue écrite pour éviter le lieu commun, pour varier le style, ou pour créer un ton plus subjectif.

  ... les nouvelles des **interminables** guerres civiles de Chine. (Grenier)
  Cette maladie a atteint d'**effrayantes** proportions.

9. Indépendamment du style, des connotations, de l'intonation.

- Quand il y a plusieurs adjectifs, on les place à leur position normale avant ou après le nom. Si deux adjectifs suivent le nom, on met **et** entre les deux.

  une **jolie jeune** femme
  Cependant Dorothée, **forte et fière** comme le soleil, s'avance dans la rue déserte... une tache **éclatante et noire.** (Baudelaire)

B. Recommandations. Vous venez de vous installer dans une nouvelle ville. Voici des services, des artisans et des choses dont vous aurez besoin. Demandez à votre voisin(e) de vous faire des recommandations dans les catégories indiquées. Votre voisin(e) répondra. Utilisez à la forme et à la place correctes *un* ou *plusieurs* adjectifs de la liste suivante:

amusant	**excellent**	**propre**
bon	**gentil**	**raisonnable**
bon marché	**grand**	**simple**
compétent		

▷ un restaurant
Pouvez-vous recommander un restaurant simple? ou
Connaissez-vous un restaurant amusant? ou
Quels restaurants excellents pouvez-vous me recommander?

1. un coiffeur
2. un plombier
3. un garage
4. une piscine
5. un jardinier
6. un bar
7. une boulangerie
8. un journal
9. un dentiste
10. un médecin

3. Adjectifs qui dérivent de participes

- Le participe présent comme adjectif (adjectif verbal)
  Quand le participe présent décrit un nom ou un pronom, il est considéré comme un adjectif et s'accorde en genre et en nombre avec le nom ou le pronom qu'il modifie.

  C'était un journaliste de la vieille école, d'une rigueur **effrayante.** (Grenier)
  Elle porte une robe **collante**.

LA FORMATION DU PARTICIPE PRÉSENT

On forme le participe présent avec le présent de l'indicatif à la forme **nous,** en éliminant **-ons** et en ajoutant **-ant.**

triompher	nous triomph~~ons~~	triomph**ant**
compatir	nous compatiss~~ons~~	compatiss**ant**
amuser	nous amus~~ons~~	amus**ant**

- Le participe passé comme adjectif
  Quand le participe passé décrit un nom ou un pronom, il est considéré comme un adjectif et s'accorde en genre et en nombre avec le nom ou le pronom qu'il modifie.

  Il avait un plan tout **fait** pour les incendies... (Grenier)
  ... un corps **décharné**, une figure osseuse, une bouche plate, **encerclée** de deux rides profondes, un front **dégarni**... (Sembène)
  La petite ressemblait à sa mère **décédée.**

LA FORMATION DU PARTICIPE PASSÉ

1. Tous les verbes avec l'infinitif en **-er** ont le participe passé en **-é.**

trouver	trouv**é**
envoyer	envoy**é**
chanter	chant**é**
aller	all**é**

2. Tous les verbes *réguliers* avec l'infinitif en **-ir** (types **finir** et **partir**) ont le participe passé en **-i.**

finir	fin**i**
réussir	réuss**i**
partir	part**i**
sentir	sent**i**

3. Tous les verbes *réguliers* avec l'infinitif en **-re** ont le participe passé en **-u.**

attendre	attend**u**
rompre	romp**u**

4. Les verbes *irréguliers* ont souvent des participes passés irréguliers (Voir l'Appendice D).

être	**été**	dire	**dit**
avoir	**eu**	craindre	**craint**
venir	**venu**	ouvrir	**ouvert**
suivre	**suivi**	mourir	**mort**
mettre	**mis**	faire	**fait**
devoir	**dû**	boire	**bu**

C. Est-ce que ça existe? Posez à un(e) camarade une question qui commence par *Y a-t-il...* en employant l'adjectif correspondant au participe présent.

▷ des poissons qui volent
Y a-t-il des poissons volants?

1. des inventions qui choquent
2. des ours qui dansent
3. des fleurs qui pensent
4. des chaises qui roulent
5. des girafes qui chantent
6. des boissons qui calment
7. des plantes qui grimpent
8. des critiques qui amusent
9. une horloge qui parle

D. Votre entourage actuel. Donnez le participe passé de l'infinitif, puis employez-le pour décrire une personne ou une chose dans la salle où vous vous trouvez maintenant.

▷ fatiguer *fatigué*
Il y a des étudiants fatigués ici. ou
Marie est fatiguée, je crois.

1. écrire
2. ouvrir
3. fermer
4. douer
5. perdre
6. devoir
7. satisfaire
8. reposer

4. Adjectifs démonstratifs

- L'adjectif démonstratif indique («démontre») la proximité d'une personne, d'une chose, d'un événement, etc. dans l'espace ou dans le temps par rapport à la personne qui parle. Remarquez que le pluriel est le même pour le masculin et le féminin.

	singulier	**pluriel**
masculin	**ce**	**ces**
*masculin devant une voyelle ou **h** muet*	**cet**	**ces**
féminin	**cette**	**ces**

Je ne sais pas si vous avez exercé **ce** métier de calier. (Sembène)
Puis, pour la première fois, dans **cette** salle de rédaction, il prit la parole. (Grenier)
À **cet** âge, on ne pense pas à l'avenir.
Ces années heureuses ont vite disparu.

- Pour préciser entre deux références, on ajoute **-ci** (près) ou **-là** (loin), surtout dans la langue écrite.

  Il hésite. Doit-il passer par **cette** porte-**ci** ou **cette** porte-**là**?

  Dans la langue parlée, un simple démonstratif indique le plus près et **l'autre** le plus loin.

  Vous partez **cette** semaine ou **l'autre** (semaine)?

- Souvent, l'adjectif démonstratif indique seulement une connotation affective ou renforçatrice sans notion de proximité.

  On a vu un de **ces** spectacles à Las Vegas!

5. Adjectifs possessifs
Les adjectifs possessifs décrivent un nom en identifiant le possesseur. Ils s'accordent en genre et en nombre avec l'objet possédé.

possesseur	*possession* **masculin singulier**	**féminin singulier**	**masculin et féminin pluriel**
je	**mon**	**ma**	**mes**
tu	**ton**	**ta**	**tes**
il/elle/on	**son**	**sa**	**ses**
nous	**notre**	**notre**	**nos**
vous	**votre**	**votre**	**vos**
ils/elles	**leur**	**leur**	**leurs**

... le bouton de **son** pardessus était placé un peu trop bas. (Queneau)
Il fut de **ma** bordée... **mon** homme de main. (Sembène)
Ces spectateurs ne savent pas où sont **leurs** places.
Rendez-nous **nos** copies, monsieur, s'il vous plaît.

- Quand le nom ou l'adjectif qui suit l'adjectif possessif commence par une voyelle ou un **h** muet, on utilise le masculin de l'adjectif possessif.

ma chère amie Cécile	*Mais:* **mon** amie Cécile
ta jeune sœur	*Mais:* **ton** autre sœur
sa grande habileté	*Mais:* **son** habileté intellectuelle

Remarquez: Généralement, si chaque membre d'un groupe possède **une** chose, l'adjectif possessif et l'objet possédé sont au singulier.

Dans ma famille, nous menons **notre vie** tout à fait indépendamment les uns des autres.
Mais: Nous avons laissé **nos** livres chez Christine.

- On répète l'adjectif possessif devant chaque nom.

  Il a mis **son** manteau, **son** chapeau, **ses** chaussures et **ses** gants.

E. Dans un grand magasin. Vous faites des achats. Demandez le prix de chaque objet en ajoutant un adjectif qualificatif.

▷ une stéréo
Combien coûte cette stéréo japonaise?

1. une cravate
2. du parfum
3. des chaussures
4. un blouson
5. une ceinture
6. un vase
7. des lampes
8. une montre
9. des serviettes
10. un miroir

F. Caractéristiques. Pour chacune des personnes suivantes, choisissez une chose que vous associez à cette personne et qualifiez-la.

▷ Cléopâtre (nez/ yeux/ ?)
Son nez était très grand.

1. Maurice Chevalier (voix/ accent/ ?)
2. Pandore (curiosité/ boîte/ ?)
3. Vos parents (enfant/ amour/ ?)
4. Marcel Proust (questionnaires/ roman/ ?)
5. Vous (personnalité/ intelligence/ ?)
6. Les sept nains[10] (maisonnette/ amour/ ?)
7. Pythagore (théorème/ nationalité/ ?)
8. Claude Monet (tableaux/ peintures/ ?)
9. La Rochefoucauld (maximes/ pessimisme/ ?)
10. Coco Chanel (parfums/ créations de haute couture/ ?)

: Structures qui fonctionnent comme adjectif

1. Pour modifier un nom par un autre nom, on emploie **de** + nom sans article. Souvent cette structure précise la catégorie spécifique du nom modifié ou son ingrédient essentiel.

Il prenait une consultation **d'élégance.** (Queneau)
On trouve une recette... dans son livre **de cuisine**... (P. Bordier)
Puis il rentrait chez lui... une chambre **d'hôtel.** (Sembène)
La Tante Mathilde nous a servi une soupe **de légumes.**

2. Pour indiquer la possession

- **De** + nom indique la possession.

Connaissez-vous la fille **de Monsieur LeGrange**?
Donnez-moi l'adresse **d'un médecin.**
La voiture **des Duval**[11] est toujours en panne.

---

10. *Les sept nains* = les sept petits hommes de l'histoire de *Blanche Neige* des frères Grimm.
11. Le pluriel d'un nom propre s'écrit sans **-s.**

- **À** + nom ou pronom disjoint sert à préciser le possesseur ou à insister sur le possesseur.

  Pierre et Nicole vont passer leurs vacances chez *ses* parents **à elle.**
  Je vais porter *ma* ceinture **à moi,** pas la tienne.
  À qui est cette caisse? Oh, je crois qu'elle est **à M. Delon.**

3. Pour modifier les pronoms indéfinis **quelque chose, rien, quelqu'un** ou **personne,** on emploie **de** + adjectif

  J'ai vu **quelque chose de drôle** aujourd'hui, dit Albert. (Queneau)
  À cette heure-là ça **n'a rien d'étonnant,** dit Adolphe. (Queneau)
  Mon petit ami est **quelqu'un de magnifique.**
  Personne d'intéressant ne m'a téléphoné hier.

  Remarquez: On emploie **ne** devant le verbe avec **personne** et **rien.** (Voir Leçon 9, *Contredire.*)

  On **ne** fait rien de spécial.
  Personne d'intéressant **n'**est venu.

4. L'infinitif peut fonctionner comme adjectif. Dans ce cas, il se rattache au nom qu'il modifie par la préposition **à**.

  Nous avons des courses **à faire**. (= Des courses seront faites par nous.)
  C'est une idée **à considérer**. (= Cette idée sera considérée.)
  Je prévois un problème **à résoudre.** (=... un problème qui sera—ou qui doit être—résolu.)

- L'infinitif adjectif peut aussi se rattacher à un autre adjectif.

  Cette leçon est difficile **à comprendre**. (= Cette leçon sera—ou ne sera peut-être pas—comprise.)
  Ce projet est impossible **à concevoir**. (= Ce projet ne sera pas conçu.)

- Remarquez l'emploi particulier de l'infinitif qui décrit la fonction d'une *machine.*

machine à écrire	machine à laver
machine à coudre	machine à laver la vaisselle

5. La préposition **à** peut rattacher un nom qui fonctionne comme un adjectif à un autre nom. Le nom-adjectif, précédé quelquefois d'un article défini ou d'un chiffre, indique alors un aspect second et non pas un aspect fondamental.

  Son vélo **à 10 vitesses** est de fabrication française.
  Le comte de Noë a fait construire un château **à quatre tours.**
  Elles ont remarqué une maison **à la façade rouge.**
  Il portait une chemise **à pans.**[12]
  Mais: Elle portait une robe **de soie.** (la matière première)
  Nous mangerons un gâteau **de riz.** (ingrédient essentiel)

12. *Une chemise* (f.) *à pans* = une chemise très longue.

G. Précisions. Demandez à un(e) camarade...

1. quelles sortes de cours il(elle) suit ce semestre (trimestre).
2. quel genre de films il(elle) préfère.
3. quelles sortes de matchs il(elle) aime regarder.
4. quelles sortes de collections les gens peuvent créer.
5. quelles sortes de cartes il(elle) reçoit.

H. Qui êtes-vous? Identifiez-vous en finissant les phrases suivantes avec *de* + nom, *de* + adjectif ou simplement un adjectif.

▷ Je suis la sœur/le frère...
Je suis la sœur de George Smith. ou
Je suis le frère cadet de la famille.

1. Je suis la fille/le fils...
2. Je suis quelqu'un...
3. Je suis un(e) ami(e)...
4. Je suis le voisin/la voisine...
5. Je suis le/la camarade de classe...
6. Je suis une personne...

I. Au journal. Vous travaillez pour un journal. À la fin du premier jour vous décrivez le travail à vos amis. Formez une phrase complète en employant *à* + infinitif, *à* + nom, *de* + adjectif ou un simple adjectif.

▷ sensationnel / Ce travail est quelque chose...
Ce travail est quelque chose de sensationnel.

1. neuf étages / Les bureaux du journal se trouvent dans un immeuble...
2. remarquable / La salle de rédaction est vraiment un endroit...
3. regarder / Il y a tant de journalistes...
4. important / Le rédacteur en chef est quelqu'un...
5. le visage triste / Le réceptionniste est un homme...
6. corriger / Il me donne des dépêches d'agence (AP, UPI, Reuters)...
7. difficile / Corriger les dépêches est vraiment quelque chose...
8. blâmer / Si je fais une faute, il n'y a personne...
9. ultra-moderne / Je fais des rédactions sur un ordinateur...
10. faire / Si les ordinateurs sont en panne il n'y a rien...

J. Comment ça va? Votre ami(e) est malade et vous vous occupez de lui (d'elle). Posez-lui des questions en ajoutant *à* + infinitif, *de* + adjectif, ou un simple adjectif aux phrases suivantes.

1. Veux-tu quelque chose... ?
2. As-tu quelque chose... ?
3. N'as-tu rien... ?
4. Veux-tu des livres... ?

5. As-tu besoin d'une soupe... ?
6. Est-ce que je peux téléphoner à un médecin... ?
7. Ne veux-tu parler avec personne... ?
8. Est-ce que je peux mettre un disque... ?

: Décrire physiquement les personnes

Voici d'autres structures qui sont particulièrement utiles pour décrire les personnes.

1. Avoir + article défini + partie du corps + adjectif

Il **avait la bouche avancée**, comme un poisson.
J'**ai les yeux bruns.**
Vous **avez les cheveux longs** et **le teint clair.**
J'**eus le cœur serré.** (Sembène)

Remarquez: On peut également employer l'article *indéfini* avec une partie du corps et un adjectif. Dans ce cas, la partie du corps décrite semble marquer un trait moins frappant que quand elle est désignée par un article défini. Quand l'adjectif précède le nom, on emploie obligatoirement l'article *indéfini.*

Tu as **de** jolis cheveux.
J'ai **un** grand nez.
... **des** cils et **des** sourcils abondants... (Sembène)

2. À + article défini + partie du corps + adjectif

Connais-tu une jeune fille **aux cheveux roux**? (= qui a les cheveux roux)
J'aime les hommes **aux yeux verts**. (= qui ont les yeux verts)

K. Mon(ma) meilleur(e) ami(e). Décrivez votre meilleur(e) ami(e) en finissant les phrases suivantes et en employant la partie du corps indiquée.

▷ (yeux) C'est une jeune femme/un jeune homme...
C'est une jeune femme aux yeux bleus.

1. (figure) Il/elle a...
2. (teint) C'est une jeune femme/un jeune homme...
3. (bouche) Il/elle a...
4. (nez) Il/elle a...
5. (jambes) C'est une jeune femme/un jeune homme...
6. (pied) C'est une jeune femme/un jeune homme...
7. (cheveux) Il/elle a...
8. (chevelure) C'est une jeune femme/un jeune homme...
9. (sourire) Il/elle a...
10. (?) C'est une jeune femme/un jeune homme...

Pronoms relatifs: décrire avec une proposition subordonnée

Un pronom relatif *représente* un antécédent (nom, pronom, toute la proposition principale) et *unit* l'antécédent à une proposition subordonnée qui le décrit. Le plus souvent, le pronom relatif suit immédiatement l'antécédent.

> C'est *Gilles* **qui** fait la vaisselle chez nous. (**qui** représente *Gilles*)
> Le *film* **que** vous avez vu ne m'intéresse pas. (**que** représente le *film*)

1. **Qui** et **que**, les pronoms relatifs les plus importants, ont un antécédent précis mais une forme *invariable* (sans accord masculin ou féminin, singulier ou pluriel).

   - **Qui** peut représenter une personne ou une chose comme *sujet* de la proposition subordonnée. Pour une personne, **qui** peut servir aussi comme objet d'une préposition.

     > La maison **qui** vous intéresse n'est pas à vendre.
     > C'est lui **qui** veut sortir avec toi?
     > Mon livre de chimie, c'est celui **qui** me manque.
     > Mais je suis sûr que c'est Gérard **à qui** j'ai donné l'information.

     Remarquez: Le verbe après le pronom sujet **qui** s'accorde toujours avec l'antécédent.

     > C'est *moi* **qui** *suis* toujours la dernière.
     > Il marchait, penché sur *ses reins,* **qui** *semblaient* lui faire mal. (Sembène)

   - **Que** peut représenter une personne ou une chose comme *complément d'objet direct* de la proposition subordonnée.

     > Parlons un peu avec le monsieur **que** vous craignez tellement.
     > Le cœur a ses raisons **que** la raison ne connaît point. (Pascal)
     > Invite à ta soirée ceux **que** tu veux.
     > C'est moi **que** vous avez demandé?

     Remarquez: Après **que**, l'ordre du sujet et du verbe peut être inverti pour des raisons stylistiques ou rythmiques.

     > Ils ont senti l'arôme du café au lait **que** préparait soigneusement la serveuse.

2. Le pronom relatif **lequel (laquelle, lesquels, lesquelles)** varie en forme (masculin ou féminin, singulier ou pluriel) selon son antécédent.

   - **Lequel** se réfère généralement à une chose et s'emploie surtout après les prépositions.

     > L'accent **avec lequel** elle parle me fait penser à ma grand-mère.
     > L'idée **pour laquelle** il a combattu toute sa vie a fini par triompher.
     > L'incident **auquel**[13] il pensait était sans intérêt.
     > Jacques Leclerc était parmi ceux **auxquels** elle s'opposait.

13. Voir leçon 1, *Interroger,* page 11 pour les contractions de *à* et *de* avec les formes de *lequel.*

- **Où**, le plus souvent, remplace une préposition de lieu ou de temps (**dans, sur, à**) + **lequel.**

  À l'heure **où** (*à laquelle*) les chiens eux-mêmes gémissent de douleur sous le soleil... (Baudelaire)
  Dans la salle de rédaction **où** [*dans laquelle*] régnait depuis peu la lumière électrique, il s'asseyait à son bureau personnel. (Grenier)
  Le jour **où** (*auquel*) il est arrivé, j'étais malade.
  Parmi toutes les régions, madame Bélais aimait mieux celle **où** (*dans laquelle*) il y avait du soleil.

3. **Dont** remplace **de qui** et les formes de **duquel**.

   ... une houppelande verdâtre **dont** (*de laquelle*) les vastes poches contenaient en permanence ce qui était nécessaire... (Grenier)
   J'ai vu Jean-Pierre **dont** (*de qui*) le fils doit apporter les documents.
   Malheureusement ils ont perdu le dossier **dont** (*duquel*) vous avez besoin.
   Les assiettes **dont** (*desquelles*) vous vous êtes servi sont toutes sales.
   Il a choisi celles **dont** (*desquelles*) le mérite était incontestable.

- Il est obligatoire d'employer une forme du pronom **duquel** (pour les choses) ou **de qui** (pour les personnes) après les prépositions composées avec **de**, comme **à côté de, au bord de, au milieu de, près de,** etc.

  La police a encerclé la boutique **près de laquelle** on avait vu le cambrioleur.
  Jérôme m'a vite présenté le monsieur **à côté de qui** je m'étais assise.
  J'ai rêvé d'un champ **au milieu duquel** se trouvait une fontaine.

4. Si l'antécédent est une chose indéfinie (sans genre ou nombre), il faut employer **ce qui** (sujet), **ce que** (objet), **ce** + préposition + **quoi** ou **ce dont. Ce** est l'équivalent de **«la(les) chose(s)»**.

   J'ignore **ce qui** (*la chose qui*) est dans le sac.
   Elle sait très bien **ce que** (*les choses que*) nous préparons.
   Je ne vois pas **ce à quoi** (*la chose à laquelle*) vous pensez.
   Ce sur quoi (*les choses sur lesquelles*) vous fondez votre argument nous paraît absurde.
   Hélas! **ce avec quoi** (*les choses avec lesquelles*) je travaille est insuffisant.
   Je me demande **ce dont** (*la chose dont*) il a vraiment besoin.

- Si on se réfère à l'ensemble de l'idée exprimée par toute la proposition principale (qui n'a pas de genre ou de nombre), on emploie **ce qui**, etc., pour la résumer.

  Le train va être en retard, **ce qui** ne m'arrange pas du tout!
  Le contrôleur continue à annoncer le retard, **ce que** tout le monde a déjà compris.
  Il y a peut-être eu un accident, **ce dont** les passagers parlent sans arrêt.
  Il n'y aura personne à la gare, **ce à quoi** je n'avais pas pensé.

- L'adjectif **tout** devant un pronom relatif est toujours suivi directement de **ce**: **tout ce qui, tout ce que, tout ce dont, tout ce à quoi,** etc.

  Tout ce qui se conçoit bien s'énonce clairement.
  Tu peux avoir **tout ce que** tu veux.
  Tout ce dont vous avez envie, vous l'aurez au paradis.
  Tout ce à quoi vous pensez sera analysé par le psychiatre.

TABLEAU RÉCAPITULATIF DES PRONOMS RELATIFS

	sujet	**objet direct**	**objet de la préposition *de***	**objet d'une autre préposition**
personne	**qui**	**que**	**dont**	**... qui**
chose	**qui**	**que**	**dont**	**... lequel**[14]
indéfini	**ce qui**	**ce que**	**ce dont**	**ce ... quoi**

14. Préposition de temps ou de lieu + *lequel* → ***où***.

L. Chaïba. Voici un résumé de l'histoire de *Chaïba* d'Ousmane Sembène. Identifiez l'antécédent du pronom relatif dans chaque phrase.

1. Il était de la couleur que prend le sol au crépuscule.
2. Il marchait, penché sur ses reins qui semblaient lui faire mal.
3. C'était un docker que je respectais.
4. Marseille, le port où il travaillait, ne lui était pas hospitalière.
5. Il était fier—de cette fierté absurde qui pousse les hommes humiliés à vouloir se montrer capables.
6. Ce métier de calier est un métier dont on peut être fier.
7. Chaïba était un homme pour lequel j'avais de l'amitié.
8. C'était aussi quelqu'un avec qui j'aimais travailler.
9. J'admirais la manière dont il travaillait pour payer l'hôtel et pour aider sa famille.
10. Tout a changé le soir où on l'a arrêté.

M. Les élections. Finissez les questions suivantes à propos des élections prochaines (ou passées) et posez-les à un(e) camarade de classe.

▷ Quel est le candidat que... ?
—Quel est le candidat que tu préfères?
—Je préfère M. Sacrement.

1. Quel est le candidat pour lequel... ?
2. Quelle est la raison pour laquelle... ?

3. Quel est le parti qui... ?
4. Quelle est la controverse qui... ?
5. Quel est le moment où... ?
6. Quel est le pourcentage des votes que... ?
7. Quels sont les sénateurs élus dont... ?
8. Quel est le comité législatif dont... ?

N. Pourquoi accepteriez-vous une offre d'emploi? Combinez les deux phrases en employant *qui, que* ou *où.*

▷ Il y a des gens intéressants. J'aimerais les connaître.
Il y a des gens intéressants que j'aimerais connaître.

1. C'est un travail difficile. Il me semble intéressant.
2. Le patron a beaucoup d'idées. Je trouve ses idées remarquables.
3. C'est une société réputée. Elle offre des bénéfices exceptionnels.
4. On me propose un bon salaire. Ce salaire me permettra de vivre bien.
5. C'est dans une belle région. Je veux y habiter.
6. C'est une bonne maison. Les employés y semblent heureux.

O. Pour quelles raisons choisiriez-vous un médecin? Combinez les deux phrases en employant *dont,* une préposition + *lequel* (*laquelle, lesquels, lesquelles*) ou une préposition + *qui.*

▷ Il est associé avec un groupe de médecins. (Tous les membres *de ce groupe* sont des spécialistes.)
Il est associé avec un groupe de médecins dont tous les membres sont des spécialistes.

1. C'est un médecin compatissant. (Je suis très à l'aise *avec lui.*)
2. Il a un cabinet. (Il y a une bonne pharmacie *à côté du cabinet.*)
3. Il exerce dans une clinique. (La renommée *de cette clinique* est incontestable.)
4. La clinique est près de chez moi. (Il exerce *dans cette clinique.*)
5. Quand je vais le voir, le temps est court. (J'attends *pendant ce temps.*)
6. Il veut bien admettre qu'une question est difficile. (Il n'a pas de réponse immédiate *à cette question.*)
7. Il a une infirmière sympathique. (Je m'entends bien *avec cette infirmière.*)
8. Il a une salle d'attente confortable. (Les murs *de cette salle d'attente* sont couverts de tableaux intéressants.)

: Pour indiquer la manière

1. Les adverbes

Les adverbes modifient les verbes, les adjectifs ou d'autres adverbes. Ils sont invariables.

> —Alors, ça va? demanda **cordialement** Robert. (Queneau)
> Il est **incroyablement** beau.
> Le bouton de son pardessus était placé **un peu** trop bas. (Queneau)

- Formation des adverbes de manière

a. La plupart des adverbes de manière se forment en ajoutant **-ment** au féminin de l'adjectif.

masculin	*féminin*		*adverbe*
naturel	**naturelle**	⟶	**naturellement**
joyeux	**joyeuse**	⟶	**joyeusement**

b. Quand l'adjectif masculin est terminé par une voyelle, on forme l'adverbe avec l'adjectif masculin.

	joli	⟶	**joliment**
	vrai	⟶	**vraiment**
	absolu	⟶	**absolument**
Mais:	gai	⟶	**gaiement** ou **gaîment**

c. Quand le masculin se termine en **-ent** ou **-ant** on enlève la terminaison et on ajoute **-emment** ou **-amment** selon le cas.

constant	⟶	**constamment**
élégant	⟶	**élégamment**
décent	⟶	**décemment**

d. Certains adverbes se terminent en **-ément**.

conforme	⟶	conform**ément**
énorme	⟶	énorm**ément**
intense	⟶	intens**ément**
précise	⟶	précis**ément**

e. Ces adverbes sont irréguliers.

adjectif	*adverbe*
bon	**bien**
gentil	**gentiment**
mauvais	**mal**
bref	**brièvement**
meilleur	**mieux**
rapide	**vite** (ou **rapidement**)

f. Certains adjectifs fonctionnent aussi comme adverbes; par exemple: **bas, cher, dur, faux, fort, haut.**

Vous parlez trop **bas**.
Cette maison coûte très **cher.**
Nous travaillons **dur** ce soir.
Elle chante **faux**.

- La place de l'adverbe
On place généralement les adverbes après les verbes qu'ils modifient. Dans le cas d'un verbe composé, les adverbes courts (une ou deux syllabes) et d'emploi fréquent se placent entre l'auxiliaire et le participe passé. Les autres viennent le plus souvent après le participe passé.

Elle regarde **intensément** ce tableau.
Pardon, je n'ai pas **bien** compris.
Vous avez dansé **admirablement.**
Il aimait une certaine France et haïssait **foncièrement** les caïds[15] et les pieds-noirs.[16] (Sembène)

P. De quelle manière? Décrivez la manière dont se font les actions indiquées. Employez un adverbe placé correctement dans la phrase. Vous pouvez employer un adverbe dérivé d'un des adjectifs proposés.

▷ —Comment est-ce que le jaguar court? (Est-il lent ou rapide?)
—Il court vite (rapidement).

1. Comment est-ce que Rocky se bat? (Est-il courageux ou lâche?)
2. Comment est-ce que le Père Noël rit? (Est-il bruyant ou silencieux?)
3. Comment est-ce qu'une tortue marche? (Est-elle lente ou rapide?)
4. Comment vos parents vous traitaient-ils autrefois quand vous aviez fait quelque chose de mal? (Étaient-ils sévères ou gentils?)
5. Comment est-ce que Lancelot se conduisait? (Était-il noble ou cruel?)
6. Comment est-ce que les employés de la poste vous répondent quand vous leur posez des questions? (Sont-ils patients ou impatients?)

2. Autres structures qui indiquent la manière

- **Avec** / **Sans** } + nom abstrait (sans article)

Le conférencier a parlé **avec éloquence.**
Vous pouvez parler **sans embarras**, je ne répéterai cette conversation à personne.

15. *Caïds* (m.) = fonctionnaire-administrateur musulman.
16. *Pieds-noirs* (m.) = les Français d'Algérie.

- **D'une manière** / **D'une façon** } + adjectif (au féminin singulier)

  Il m'a parlé **d'une façon brutale.**
  Dites-leur les faits **d'une manière polie** mais **ferme.**

- **En** + participe présent[17] décrit la manière particulière de l'action verbale. Cette fonction répond à la question «De quelle manière... ?» ou «Comment... ?»

  En riant, on se disait qu'on était mariés. (Sembène)
  Il quitta la salle de rédaction **en claquant** la porte. (Grenier)
  —Comment apprend-on une langue? —**En la parlant**!

  Remarquez: Il y a trois participes présents irréguliers.

  être **étant**
  avoir **ayant**
  savoir **sachant**

- **Sans** + infinitif exprime le contraire de **en** + participe présent.

  On apprend le français *en parlant.*
  Mais: On ne peut pas l'apprendre **sans parler**.
  En riant, on se disait qu'on était mariés. (Sembène)
  Mais: On se disait **sans rire** qu'on était mariés.

Q. Dites comment. Répondez aux questions suivantes.

1. Qu'est-ce que John Hancock a fait avec élégance?
2. Qu'est-ce que Liberace faisait avec panache?
3. Qu'est-ce que vous savez faire avec distinction?
4. Qu'est-ce que vous faites toujours avec enthousiasme?
5. Que feriez-vous sans hésitation?
6. Qu'est-ce que Jeanne d'Arc a fait sans peur?

R. Variétés de style. Dites d'une manière différente. Employez les expressions *d'une manière* + adjectif, *d'une façon* + adjectif ou *avec* + nom.

▷ Cette femme a agi courageusement.
Cette femme a agi d'une manière courageuse. ou
Cette femme a agi d'une façon courageuse. ou
Cette femme a agi avec courage.

1. Il a parlé tristement.
2. Recevez vos amis joyeusement.
3. Elle s'est exprimée élégamment.
4. Ils se sont regardés hostilement.
5. Vous me répondez insolemment.

17. **En** + participe présent = le gérondif (la forme adverbiale du verbe). Voir page 90 pour l'usage du participe présent comme adjectif.

S. Ça marche comme ça! Répondez aux questions en employant *en* + participe présent. Utilisez un ou plusieurs des verbes proposés.

▷ Comment fait-on une omelette? (casser des œufs, les battre, les mettre dans une poêle, l'acheter dans le supermarché, et la mettre dans le four à micro-onde)
On fait une omelette en cassant des œufs, en les battant et en les mettant dans une poêle.

1. Comment est-ce que les gens deviennent amis? (se rencontrer, se parler, se faire des confidences, s'entraider, s'entendre bien, payer)
2. Comment apprend-on à nager? (entrer dans l'eau, faire des bulles, aller à la piscine, tomber dans une piscine, ne pas avoir peur)
3. Comment peut-on savoir l'heure? (regarder sa montre, consulter une horloge solaire, téléphoner à l'horloge parlante, demander à quelqu'un, écouter la radio)
4. Comment réussit-on? (travailler dur, avoir de la chance, être doué, obéir à son patron, mentir, prier, connaître des gens importants)
5. Comment est-ce qu'on communique avec un étranger? (parler la langue de l'étranger, utiliser des gestes, élever la voix, employer un interprète)

Décrire au présent

1. Pour décrire l'actualité (une scène, une chose, une personne), on peut employer le présent.

> Dorothée **s'avance** dans la rue. Elle **porte** une robe de soie collante. Ses cheveux **tirent** en arrière sa tête délicate et lui **donnent** un air triomphant et paresseux. De temps en temps la brise de la mer **soulève** par le coin sa jupe.

2. Pour insister sur le fait que l'action continue, on peut employer l'expression **être en train de** + infinitif

> Ne me dérange pas, je **suis en train d'étudier**! (= Ne me dérange pas, j'étudie.)

T. Que pensez-vous de cette image? Décrivez l'image à la page 88 en employant beaucoup de verbes au présent et l'expression *être en train de* + infinitif. Voici quelques verbes possibles:

admirer	**s'ennuyer**	**patienter**
attendre	**envier**	**se pencher au dehors**
conduire	**s'étonner**	**regarder**
écouter la radio	**se fatiguer**	**téléphoner**
s'endormir	**s'impatienter**	**voler**
s'énerver	**parler**	

: Décrire au passé: l'imparfait

1. Pour décrire les événements qui constituent un décor ou une scène au passé on emploie l'imparfait.

> Je **rentrais** avec lui et un autre docker... Arrivés à la hauteur de la poste Colbert, une section d'agents de police à bicyclette nous arrêta. (Sembène)

Remarquez: L'expression *être en train de* + infinitif s'emploie également à l'imparfait pour accentuer la durée continue de l'action décrite.

> Lise **était en train de parler** au téléphone quand on a sonné à la porte.

2. L'imparfait sert également à décrire une condition, une situation ou un état d'esprit au passé. Certains verbes se prêtent à ce genre de description et se rencontrent souvent dans des passages descriptifs au passé, par exemple: **aimer, avoir, croire, désirer, détester, être, penser, pouvoir, préférer, savoir, vouloir,** les expressions **il y a** et **il faut,** et les expressions idiomatiques avec **avoir.**

> Naturellement tu as les cheveux blonds: ta grand-mère **avait** les cheveux blonds, ton grand-père **était** blond aussi, **il** n'**y avait** que des blonds dans ta famille!
>
> Il **marchait**, penché sur ses reins, qui **semblaient** lui faire mal; et son buste, par une déformation de la colonne vertébrale, **fléchissait** vers le côté droit, rendant ainsi le bras droit plus long que l'autre. (Sembène)

3. L'habitude au passé est exprimée par l'imparfait.

> [Tous les soirs] Il **prenait** le tramway de Montrouge à la gare de l'Est, et **descendait** au carrefour Strasbourg Saint-Denis, d'où il **gagnait** à pied la rue du Croissant. En route, il **rêvait** à une martingale qu'il **essayait** de mettre au point. Souvent, pendant le trajet, il **sortait** de sa poche un crayon et un carnet surchargé de chiffres, et **reprenait** ses calculs, pendant la descente du boulevard Saint-Michel ou la remontée du boulevard de Sébastopol. (Grenier)

U. Description de personnages historiques. Décrivez les personnes suivantes en employant à l'imparfait les verbes donnés.

▷ John Kennedy / être / parler / avoir
John Kennedy était jeune et beau. Il parlait avec éloquence. Il avait des admirateurs et des critiques.

1. Le roi Arthur / se promener / aimer / vouloir
2. La Rochefoucauld / écrire / généraliser / critiquer
3. Les gladiateurs / se battre / tuer / mourir
4. Benjamin Franklin / être / essayer / travailler
5. Marcel Proust / être / aimer / écrire

V. Quand tu étais à l'école élémentaire... Demandez à un(e) camarade de se décrire quand il(elle) était à l'école élémentaire. Demandez:

1. s'il(si elle) était sage ou méchant(e).
2. s'il(si elle) avait les cheveux longs.
3. s'il(si elle) portait des lunettes.
4. s'il(si elle) préférait jouer avec les filles ou avec les garçons.
5. quelles sortes de livres il(elle) appréciait.
6. s'il(si elle) savait parler français.
7. s'il(si elle) suivait les conseils de ses parents.
8. si la maîtresse (ou le maître) donnait beaucoup de devoirs.

W. Où étiez-vous? En général, on se souvient distinctement des moments importants, des moments tragiques, des moments d'anxiété ou des moments d'une grande joie. Essayez de vous rappeler ce que vous faisiez (c'est-à-dire, ce que vous étiez en train de faire) quand les événements suivants se sont produits.

▷ Qu'est-ce que vous faisiez quand le professeur est entré dans votre classe le premier jour de classes?
Je parlais en anglais avec les autres étudiants.

1. Qu'est-ce que vous faisiez quand vous avez appris que votre université vous avait accepté(e)?
2. Qu'est-ce que vous faisiez quand la navette spatiale Challenger a explosé?
3. Qu'est-ce que vous faisiez quand le Président a proclamé sa victoire électorale?
4. Qu'est-ce que vous faisiez quand la meilleure équipe a gagné la coupe mondiale?[18] le Super Bowl?

À VOUS DE JOUER

1. **Autoportrait.** Quelqu'un que vous ne connaissez pas va vous chercher à l'aéroport. Dites-lui au téléphone comment il pourra vous reconnaître. Employez les éléments de toute la leçon dans votre description, par exemple: deux adjectifs, deux adverbes, *avoir* + partie du corps, *d'une manière* + adjectif, *quelqu'un de... , qui... , pour lequel/pour laquelle, dont,* etc.

2. **Devinez qui c'est.** Décrivez une personne dans votre classe. Faites attention à employer le féminin de l'adjectif s'il le faut. Vos camarades doivent deviner qui c'est.

18. *La coupe mondiale* = "World Series".

RENCONTRE CONTEMPORAINE

CLEO

PARTICULIERS HOMMES

RP. Beau JH 26 a. positif, tendre, trs bstr. ch. équipière 18/30 a.
Ecrire journal, réf. 257 9O.

69. H. 46 ans, style bcbg, libre, aimerait relation ou plus avec F. dominatrice.
Ecrire journal, réf. 257 9L.

RP. J. cadre romant. 33 a., sport. ch. jolie et tendre complice.

75. H. 37 a. ch. JF 18/35 a., tendre et docile, vie à 2 pos. Tél. (1) 42-28-88-82 le soir.

PARTICULIERS FEMMES

JF juive 30 a., belle, cult., renc. JH gd, cult. pr vie à deux.
Ecrire journal, réf. 257 9S.

75. F. quarant. juvénile et mûre bl. charme classe ch. gentleman 45/50 humaniste, sensible, épicurien, aim. arts, voyages pr parcours subtil, tendre.
Ecrire journal, réf. 257 10W.

75. F 43 a. cultivée ch. H. aimant arts pr visiter musées et expositions.
Ecrire journal, réf. 257 10M.

Ouest. F. 38 a. div. enseig. phys. agr., sensuelle, aim. voyages, souh. rel. dur. av. H. 27-35 a. naturel p. vie à deux, photo souh. retourn.
Ecrire journal, réf. 257 8D.

3. **Particuliers.** Regardez les annonces personnelles (Particuliers femmes ou Particuliers hommes). Interprétez les abréviations pour faire des phrases complètes. À laquelle voudriez-vous répondre? Décrivez la personne qui a mis cette annonce dans *Le Nouvel Observateur.*

4. **Marieur/Marieuse.** *Rôles à jouer—trois personnes.* Vous essayez d'arranger la rencontre entre deux personnes qui, à votre avis, feraient un couple idéal. Décrivez la fille au garçon. Puis décrivez le garçon à la fille. Les deux devront vous poser des questions.

5. **Critiques.** Critiquez un film que vous avez détesté ou un acteur ou une actrice que vous trouvez abominable. Faites des remarques très précises.

6. **Grand frère/grande sœur.** *Rôles à jouer—deux personnes.* Vous êtes bénévole (volontaire) dans une organisation qui fournit des compagnons aux enfants qui n'ont pas de père/mère. Décrivez à l'assistante sociale quelle sorte de personne vous êtes et dites quelles sortes d'enfants vous aimez, pour qu'elle puisse vous trouver un compagnon/une compagne qui s'entendra bien avec vous.

Compositions écrites

1. **Reportage.** Écrivez un article sur les dix personnes les plus élégantes ou les moins élégantes de l'année. Décrivez ces personnes.

2. **Une lettre de recommandation.** Vous écrivez la lettre de recommandation que vous voudriez que votre professeur de français écrive pour votre dossier. C'est une lettre de recommandation pour une «grad school», pour un travail, ou pour une bourse d'études à l'étranger. Vous désirez faire la description la plus favorable et la plus flatteuse du (de la) candidat(e), c'est-à-dire de vous-même.

3. **Lettre: en vacances.** Pensez à la dernière fois que vous êtes parti(e) en vacances. Écrivez une lettre que vous auriez pu envoyer à des amis ou à votre famille en décrivant l'endroit, votre chambre, les gens, les autres touristes, les activités, la nature, des aspects culturels, etc.

Lectures

Pour représenter le tragique de la condition humaine et émouvoir son lecteur, un auteur décrit souvent un personnage dans une situation et dans un cadre qui révèlent son destin cruel. Dans les trois textes suivants chaque écrivain présente le personnage principal et ses qualités morales et physiques dans un site déterminé.

Le héros dans «Au sud de Pékin» est au début passionné par sa vocation de jeune journaliste mais son zèle excessif déplaît à son patron. Relégué dans un coin, il est chargé d'un travail routinier jusqu'au jour où il cède à l'exaspération devant sa carrière manquée.

La résignation naturelle, le dévouement et la persévérance sont les qualités saillantes de «Chaïba», personnage quasi existentialiste[19] qui mérite bien la félicité monotone de sa vie simple. Hélas! son origine ethnique fera de lui une victime des circonstances.

Dans «La Belle Dorothée» de Baudelaire, la jeune femme, décrite de multiples façons, forme le décor autant que le décor la forme. Elle épouse parfaitement son milieu. L'injustice qui l'accable et dont elle est à peine consciente se révèle pleinement dans les dernières lignes de ce poème en prose.

Au sud de Pékin
Roger Grenier

Roger Grenier (1919–), auteur de romans et de nouvelles, partage avec son compatriote et compagnon célèbre, Albert Camus, un certain pessimisme caractéristique de la première moitié du vingtième siècle et, sur le plan stylistique, une limpidité d'expression presque classique. La concision de Grenier consiste à bien choisir les quelques détails de la vie présente et

19. *Existentialiste* (m.) (dérivé du mot *existentialisme*) = philosophie selon laquelle on doit se déterminer par le choix constant de ses actions.

passée de son protagoniste pour nous faire sentir sa tristesse et son ridicule. Comme dans d'autres nouvelles du recueil «La Salle de rédaction» (1977), dont «Au sud de Pékin» fait partie, le personnage principal est mal à l'aise par son existence, vide de sens et même désespérée, il est aussi risible dans son manque de lucidité. La première faute du journaliste n'est-elle pas grotesque? Son discours laconique n'est-il pas aussi comique que son vêtement démodé? Ces touches subtiles d'humour donnent à des éléments essentiellement tristes une légèreté remarquable.

Avant de lire «Au sud de Pékin»

Préparation du vocabulaire

A. Le contexte peut souvent aider à deviner le sens de certains mots qu'on ne reconnaît pas. Lisez les phrases suivantes, tirées de l'histoire que vous allez lire. Puis répondez aux questions sur leur signification.

1. Indispensable, *la chaîne d'arpenteur,* pour prendre des mesures, autour de la maison d'un crime.
   À quoi sert une *chaîne d'arpenteur?*
2. Depuis des années maintenant, le vieux reporter restait à la rédaction, bougonnant tout seul sous ses moustaches de phoque, à corriger des *dépêches d'agence.*
   Qu'est-ce qu'une *dépêche d'agence?*
3. Hier, vous avez écrit que Wou P'ei-fou a battu Tchang Tso-lin au sud de Pékin. Or tous nos *confrères* ont écrit, tous, même le *Times* de Londres—tous ont écrit que c'est Tchang Tso-lin qui a battu Wou P'ei-fou.
   Qu'est-ce c'est qu'un *confrère?*
4. *Tantôt* c'est l'un qui gagne, *tantôt* c'est l'autre.
   Que veut dire *tantôt*?

Préparation des structures

B. Vous avez déjà vu le passé simple dans quelques textes. Les phrases suivantes viennent de «Au sud de Pékin». Identifiez l'infinitif des verbes qui sont au passé simple.

1. Il expliqua.
2. La porte du fond s'ouvrit.
3. Vinard apparut.
4. Vinard traversa la salle.
5. Il arriva au fond, jusqu'au vieux journaliste, et se planta devant lui.
6. Le vieux journaliste le regarda et se leva.
7. Il se frotta les yeux.
8. Puis il prit la parole.
9. Il attrapa son melon et sa houppelande et il quitta la salle de rédaction.
10. On ne le revit plus jamais.

Pour mieux lire

C. Comme vous avez vu dans la lecture de «Dans le train», on ne doit pas forcément connaître tous les mots. Vous allez pratiquer ce même procédé en lisant «Au sud de Pékin».

1. Quand vous lisez le texte suivant, ne vous arrêtez pas à chaque nouveau mot. Mettez dans votre livre une petite marque au crayon à l'endroit où se trouvent les mots inconnus, et continuez votre première lecture pour avoir une idée globale de l'histoire.
2. Lisez le texte une deuxième fois en cherchant dans votre dictionnaire seulement les mots qui vous semblent essentiels si vous ne pouvez pas deviner leur sens.
3. Marquez les nouveaux mots les plus utiles dans votre cahier de vocabulaire.

Au sud de Pékin

Il y a bien longtemps, plus d'un demi-siècle, un vieux journaliste qui habitait près du parc Montsouris sortait tous les soirs de chez lui pour se rendre à son travail dans le Sentier. Il mettait son melon et une houppelande verdâtre dont les vastes poches contenaient en permanence ce qui était nécessaire, selon lui, pour s'en aller au bout du monde: deux mouchoirs, une brosse à dents et une chaîne d'arpenteur. Indispensable, la chaîne d'arpenteur, pour prendre des mesures, autour de la maison d'un crime. Mais le vieux journaliste savait en lui-même que ces précautions étaient vaines. Plus jamais on ne l'envoyait en reportage. Et sans doute, autant que possible, on éviterait de le faire, depuis ce jour mémorable où, alors qu'il enquêtait sur le mort de la voie ferrée Paris-Lille, les gendarmes l'avaient surpris, près de Saint-Quentin, en train de déverser un seau de sang sur le ballast. Il expliqua que c'était une expérience pour savoir combien de temps il avait fallu aux cailloux pour absorber le sang de la victime, et que le sang qu'il déversait, lui, il se l'était procuré aux abattoirs de Saint-Quentin. Mais ce zèle n'avait été apprécié ni des gendarmes, ni de la direction du journal. Depuis des années maintenant, le vieux reporter restait à la rédaction, bougonnant tout seul sous ses moustaches de phoque, à corriger des dépêches d'agence. Et en particulier, soir après soir, les nouvelles des interminables guerres civiles de Chine.

Il prenait le tramway de Montrouge à la gare de l'Est, et descendait au carrefour Strasbourg Saint-Denis, d'où il gagnait à pied la rue du Croissant. En route, il rêvait à une martingale[20] qu'il essayait de mettre au point. Souvent, pendant le trajet, il sortait de sa poche un crayon et un carnet surchargé de chiffres, et reprenait ses calculs, pendant la descente du boulevard Saint-Michel ou la remontée du boulevard de Sébastopol.

---

20. *Martingale* (f.) = calcul mathématique pour faire gagner à la roulette selon les lois de la probabilité.

Dans la salle de rédaction où régnait depuis peu la lumière électrique, il s'asseyait à son bureau personnel, réglait la lampe qui descendait du plafond, avec un système de poulie et de contrepoids, vérifiait le niveau de l'encre dans son encrier, essuyait sa plume, la changeait si nécessaire. Un grouillot commençait à lui apporter les dépêches du jour. Il les étudiait en les collant sous son nez, en les frottant presque sur ses grosses moustaches jaunes, car il était très myope. Les bruits de la rédaction ne l'atteignaient guère. Il avait peu d'amis au journal. On finissait par le considérer comme un objet, un meuble.

Au bout de longues minutes de lecture, de silence, d'immobilité, le vieux journaliste semblait s'ébrouer. Il prenait sa plume et du papier et commençait à écrire:

«Après sa victoire sur Tchang Tso-lin, le général Wou P'ei-fou poursuit son avance à l'est de Pékin... »

Une nuit, alors qu'il était encore plongé dans la lecture des dépêches et n'avait pas encore commencé à rédiger la chronique des derniers exploits accomplis par les Seigneurs de la guerre, la porte du fond s'ouvrit et Vinard, le gros rédacteur en chef adjoint, apparut. C'était un journaliste de la vieille école, d'une rigueur effrayante. Il avait un plan tout fait pour les incendies, un autre pour les catastrophes de chemin de fer, un autre pour les inondations... Les reporters devaient s'y plier, sans omettre la moindre des subdivisions prévues dans le plan. Sa passion de l'exactitude en faisait un tyran. Si vous aviez un doute sur l'âge de la concierge de la maison du crime, il vous renvoyait en pleine nuit vérifier si c'était quarante-sept ou cinquante-deux ans. Vinard traversa toute la salle, sa masse se frayant un chemin entre les bureaux, et chacun était heureux qu'il ne s'arrêtât[21] pas près du sien. Il arriva au fond, jusqu'au vieux journaliste, et se planta devant lui:

—Vous vous foutez du monde![22]

Le vieux journaliste le regarda, effaré.

—Oui, vous vous foutez du monde! Hier, vous avez écrit que Wou P'ei-fou a battu Tchang Tso-lin au sud de Pékin. Or[23] tous nos confrères ont écrit, tous, même le *Times* de Londres—vous ne discuterez pas la valeur des informations du *Times* de Londres—, tous ont écrit que c'est Tchang Tso-lin qui a battu Wou P'ei-fou. Et pas au sud, à l'ouest de Pékin!

Le vieux journaliste se leva. Il se frotta les yeux, fatigués par la lecture des dépêches, comme pour mieux s'apprêter à regarder son chef en face. Puis, pour la première fois, dans cette salle de rédaction, il prit la parole:

—Monsieur, cela fait dix ans que je m'occupe de la guerre de Chine. Et depuis dix ans, c'est toujours Tchang Tso-lin et Wou P'ei-fou. Tantôt, c'est l'un qui gagne, tantôt, c'est l'autre. Et c'est toujours au nord, au sud, à l'est ou à l'ouest de Pékin. Alors, vous m'emmerdez![24]

---

21. ... *qu'il ne s'arrêtât pas* (imparfait du subjonctif, voir Leçon 6, pages 230–231) = qu'il ne s'arrête pas.
22. *Vous vous foutez du monde* (argot vulgaire) = vous vous moquez de tout le monde.
23. *Or* s'emploie pour introduire un element nouveau ou différent, = alors.
24. *Vous m'emmerdez!* (argot vulgaire) = vous m'ennuyez!

Le vieux journaliste le regarda, effaré.

Il attrapa son melon et sa houppelande, la fameuse houppelande qui contenait dans ses poches de quoi partir au bout du monde et qui était devenu un objet comiquement célèbre pour tous les jeunes journalistes, et il quitta la salle de rédaction en claquant la porte.

On ne le revit plus jamais.

À propos du texte

A. Décrivez ce vieux journaliste. Quelle est sa routine au début de l'histoire?

B. Classez par ordre chronologique les événements suivants.
Le journaliste s'en va pour toujours.
Le rédacteur en chef dit des injures au vieux journaliste.
Le journaliste déverse du sang en enquêtant sur un mort.
On punit le journaliste.
Le journaliste passe des années à rédiger des dépêches sur la guerre en Chine.
Le journaliste se défend et se plaint de son travail ennuyeux.
Le journaliste écrit par erreur que Wou P'ei-fou a battu Tchang Tso-lin au sud de Pékin.

Appréciation littéraire

C. Pourquoi l'auteur ne donne-t-il pas le nom du personnage principal? Par quels termes le désigne-t-il? Comment le texte changerait-il si on employait un nom propre ou d'autres épithètes (par exemple: le pauvre journaliste, le bon vieux journaliste, le journaliste patient, le journaliste célèbre, le journaliste curieux, le vieillard pathétique, etc.)?

D. Pourquoi le titre «Au sud de Pékin»? Proposez d'autres titres pour cette nouvelle. Justifiez vos variantes.

Réactions personnelles

E. Quelles sont les deux grandes fautes commises par le vieux journaliste? Sont-elles très graves à votre avis? Quelle punition mérite-t-il?

F. Comment le vieux journaliste réagit-il à une situation insupportable pendant dix ans? Quelles options a-t-on quand on est digne d'un travail plus intéressant que celui qu'on a? Auriez-vous fait comme le vieux journaliste?

Le Monde

DERNIÈRE ÉDITION
BOURSE

QUARANTE-QUATRIÈME ANNÉE – Nº 13259 – **4,50 F** Fondateur : Hubert Beuve-Méry Directeur : André Fontaine MARDI 15 SEPTEMBRE 1987

Large succès des anti-indépendantistes au référendum

M. Chirac présentera lui-même aux Néo-Calédoniens un nouveau statut d'autonomie

S'intégrer dans la région

Le succès des partisans du « statu quo » en

M. Jacques Chirac devrait célébrer lui-même sur place, le mercredi 16 septembre, le succès remporté dimanche par les anti-indépendantistes en Nouvelle-Calédonie, où 58,99 % des électeurs ont participé au référendum en nouveau statut d'autonomie pour le Territoire et un nouveau redécoupage des régions. Toutefois, le rapport des forces entre les deux camps ne varie pas. Les Canaques, qui sont très nombreux à s'être abstenus, demeurent dans leur grande

Les scandales en Yougoslavie

Le vice-président de la Fédération contraint à la démission.

PAGE 3

La « transparence » en URSS

Premier colloque d'associations indépendantes.

PAGE 3

Jean-Paul II aux Etats-Unis

« Il n'y a ni Eglise blanche ni Eglise noire. »

PAGE 2

Chaïba

Ousmane Sembène

Ousmane Sembène, écrivain de langue française né au Sénégal en 1928, est l'auteur de nombreux romans et nouvelles dans lesquels il fait profondément ressentir au lecteur sa sympathie pour l'homme misérable et pour les petits détails de la vie de celui-ci. Ayant pratiqué plusieurs métiers, il devient docker. Auteur engagé,[25] il parle des pauvres gens, des noirs, des femmes et des ouvriers immigrés qui agissent tous dans la réalité de leur existence, se défendant comme ils peuvent, et qui nous font réfléchir aux inégalités de la condition humaine.

25. *Engagé* = qui prend position devant les problèmes sociaux, politiques.

Avant de lire «Chaïba»

Préparation du vocabulaire

A. Voici des mots qui comportent une notion affective. Lesquels ont une connotation de qualités souhaitables? Lesquels ont au contraire une nuance négative?

abattre	**empirer**	**meilleur**
ami	**fier**	**morose**
dégarni	**haïr**	**respect**
dignité	**humilié**	**rieur**
discret	**malicieux**	**ronger**

Ces mots font tous partie de «Chaïba». D'après ce vocabulaire pouvez-vous prévoir quelles seront quelques caractéristiques du personnage principal et quelles sortes d'événements se produiront dans l'histoire?

B. Les mots suivants seront utiles pour votre compréhension de l'histoire.

1. Une **ride**: un pli du front, du visage ou des mains, souvent une marque de l'âge.
   Avez-vous des *rides?*
   Y a-t-il des personnes très *ridées* dans votre famille?
2. L'**aube**: le moment où la nuit devient le jour.
   À quelle heure apparaît l'*aube* pendant la saison où nous sommes maintenant?
   Vous levez-vous à *l'aube* quand vous partez à la pêche?
   Qu'est-ce qui se fait traditionnellement à l'*aube?*
3. Le **crépuscule**: le moment où le jour finit et la nuit commence.
   De quelle couleur est le ciel au *crépuscule?*
   Quel est votre moment favori: le *crépuscule* ou l'aube?
4. Les termes suivants s'appliquent au travail des **dockers: La cale** est la partie du bateau où on met les marchandises. Un **débardeur** est une personne qui débarque les marchandises. Un **calier** ou **un homme de cale** est un débardeur qui travaille dans la cale.
   Habitez-vous dans un port? Où travaillent les *dockers*?
   À quel syndicat appartiennent les *débardeurs*?

Préparation des structures

C. Pratiquez votre compréhension du passé simple en refaisant les phrases suivantes qui vont paraître dans «Chaïba» en français de tous les jours.

1. Je le vis arriver.
2. J'eus le cœur serré.
3. Il m'expliqua qu'il était sur le port de Marseille, depuis bientôt vingt-cinq ans.

4. Il fut de ma bordée.
5. Il fut le meilleur coéquipier que j'eus jamais.
6. Une section d'agents de police nous arrêta.
7. Ils emmenèrent Chaïba.
8. On le garda pendant trois jours.
9. Il voulut s'évader.

Préparation du style

D. Pensez à une personne réelle ou fictive. Dans le paragraphe suivant, remplissez les tirets pour en faire une description détaillée. Essayez de montrer avec votre choix de mots votre réaction affective à cette personne.

Un corps ______, une figure ______, une bouche ______, un front ______, des yeux ______, des cils et des sourcils ______, il(elle) a le teint ______.

Lisez votre description à un(e) camarade. Demandez-lui si votre attitude envers cette personne est évidente dans votre description.

Pour mieux lire

E. Quand on lit une histoire, on a dès le début une certaine attitude vis-à-vis des événements et des personnages. Cette attitude est souvent influencée par notre perception de l'attitude de l'auteur.

1. Lisez le premier paragraphe de ce texte.
2. Pouvez-vous préciser l'attitude de l'auteur envers son personnage principal? Indiquez quels mots vous donnent cette impression.
3. Lisez le deuxième paragraphe.
4. L'attitude de l'auteur a-t-elle changé? Précisez comment.
5. Souvent pour suivre un argument ou le développement d'une histoire, on «prend des notes» mentalement pendant sa lecture. En lisant le reste de cette nouvelle, faites une liste des détails qui indiquent l'attitude de l'auteur envers Chaïba.

Chaïba

Un corps décharné, une figure osseuse, une bouche plate, encerclée de deux rides profondes, un front dégarni, étroit, des yeux gris-noirs, malicieux et rieurs à la fois, des cils et des sourcils abondants—il n'était pas de ce teint basané foncé que les racistes ont en commun attribué à tous les «Nords-Africains»—il était plutôt de cette teinte discrète de la terre africaine, de la couleur que prend le sol au crépuscule ou à l'aube. Il marchait, penché sur ses reins,[26] qui semblaient lui faire mal; et son buste, par une déformation de la colonne vertébrale, fléchissait vers le côté droit, rendant ainsi le bras droit plus long que l'autre. Il se ceignait les reins d'une ceinture de flanelle rouge, comme tous les anciens dockers de la vieille formation.

Il travaillait comme homme de cale, sur le port de Marseille. Le premier matin que je le vis arriver dans notre équipe en remplacement d'un camarade blessé la veille, j'eus le cœur serré... Ce demi-homme, me suis-je dit! Et Chaïba était fier... de cette fierté absurde qui pousse les hommes humiliés à vouloir sans cesse se mesurer à quelque chose de plus fort qu'eux.

Plus tard, il m'expliqua qu'il était sur le port de Marseille, depuis bientôt vingt-cinq ans. Vingt-cinq ans débardeur... et toujours dans la cale. Il fut de ma bordée...[27] mon homme de main. Le long des heures, des vacations,[28] des jours, des semaines et des mois, il fut le meilleur coéquipier que j'eus jamais. (Il avait plus d'expérience que moi.) D'un coup d'œil, il savait où placer la caisse: debout, à plat, de côté. Comme une seule personne, d'un même jet de pensées, s'agissait-il de manipuler, de rouler, de soulever, à deux on trouvait sans parole l'endroit élu, et d'un regard l'objet trouvait son lit... (Je ne sais si vous avez exercé ce métier de calier, mais vous comprenez, qu'il y a des personnes avec qui vous êtes en bon accord, qui ont les mêmes réflexes que vous.) Chaïba était de ceux-là... En riant, on se disait qu'on était mariés.

Il était de l'Aurès. Il parlait peu de son village. Il avait fait venir sa femme et ses enfants. Il aimait une certaine France et haïssait foncièrement les caïds et les pieds-noirs. J'ai jamais su pourquoi d'ailleurs. Il aimait son chimma;[29] en prisant[30] ses yeux pétillaient sous le voile des cils. Il parlait trop de cinéma. Et le dimanche, au complet, il y menait sa famille. Il allait toujours au même cinéma, à la rue des Dominicaines. Là, dans ce seul cinéma, on projetait des films Arabes... Puis il rentrait chez lui... une chambre d'hôtel.

Il trimait[31] avec moi. Un dur à la besogne.[32] Il doublait[33] pour payer l'hôtel, aider sa famille restée au pays. Ce matin-là, on avait effectué une double journée... un jour et une nuit, seize heures de vacations, et nous avions fini à six heures du matin. Je rentrais avec lui et un autre docker, européen celui-là. Arrivés à la hauteur de la poste Colbert, une section

---

26. *Reins* (m.) = la partie inférieure du dos.
27. *Bordée* (f.) = groupe de service.
28. *Vacations* (f.) = période de travail.
29. *Chimma* (m.) = tabac.
30. *Priser du tabac* = to take snuff.
31. *Trimer* = travailler dur.
32. *Besogne* (f.) = occupation, travail.
33. *Doublait* = travaillait deux fois plus; "double shift."

d'agents de police à bicyclette nous arrêta. Après vérification d'identité, ils emmenèrent Chaïba. On le garda pendant trois jours... Pourquoi? Par la suite, il ne se passait plus une semaine, sans qu'il ne fît[34] l'objet d'une interpellation. Comme un mal qui ronge, empire, gangrenant tout son corps. Chaïba devenait morose, plus silencieux. Au cinéma, il n'y allait plus avec sa famille.

L'autre jour, à Dakar, j'ai lu dans un journal que Chaïba avait été déporté, il faisait l'objet d'une poursuite, conduit dans un camp de concentration, il voulut s'évader, l'arme à la main, et fut abattu.

La guerre d'Algérie était à sa sixième année, moi j'ai jamais su quels étaient ses sentiments là-dessus. Il avait bien le droit de haïr les caïds et les pieds-noirs. Il n'était pas un extrémiste, ni même un révolutionnaire. Mais il était né en Algérie. Il avait le teint couleur de la terre africaine au crépuscule. Il aimait sa femme, ses enfants, allait une fois par semaine au cinéma voir des films arabes, aimait son chimma... Tout ceci ne faisait pas de lui un révolutionnaire.

Mais au fond, peut-être, se disait-il que la dignité et le respect de ses enfants ne pouvaient s'acquérir qu'au prix de certaine vie?

Chaïba était un ami. Je suis fier de penser que c'était un ami, avec son teint couleur de l'aube... une nouvelle aube africaine.

À propos du texte

A. Points essentiels

1. Quelle est l'attitude du narrateur envers Chaïba?
2. Qu'est-ce qui arrive à Chaïba?

B. Finissez les phrases suivantes.

1. Chaïba est physiquement...
2. Il a...
3. Comme débardeur il...
4. C'est un homme que...
5. Avec le narrateur Chaïba a des rapports...
6. Ses rapports avec sa famille...
7. La police arrête Chaïba parce qu'il...
8. Sa vie change après son arrestation parce que...
9. Le narrateur apprend plus tard que Chaïba...
10. La dernière réflexion du narrateur est que Chaïba était...

---

34. *Sans qu'il ne fît* = imparfait du subjonctif de *faire* = sans qu'il fasse.

Appréciation du style

C. Dans ce texte, au dernier paragraphe le narrateur dit qu'il est fier d'avoir été l'ami de Chaïba. Ce paragraphe résume ce qu'il nous a déjà montré dans le texte. Précisez de quelles manières le narrateur montre son admiration pour Chaïba.

Réactions personnelles

D. Comment se manifeste le racisme dans le cadre de «Chaïba»? Est-ce un racisme déterminé uniquement par les circonstances? Expliquez. Indiquez d'autres situations (dans d'autres pays, à d'autres époques) où des arrestations ou des rafles[35] ont été «justifiées» par des «raisons d'état».

E. Pensez-vous que Chaïba aurait mieux réussi ou aurait eu plus de chance s'il s'était trouvé ailleurs? Ou y a-t-il des traits de caractère chez lui qui indiquent qu'il aurait été victime du destin aussi bien que de l'injustice des hommes n'importe où? Expliquez votre réponse.

F. Comment auriez-vous réagi si vous aviez été à la place de Chaïba?

La Belle Dorothée
Charles Baudelaire

Charles Baudelaire (1821–1867) était poète, essayiste et critique d'art. Dans son recueil *Petits Poèmes en prose,* il exprime son goût de l'exotique, d'un endroit idéal et naturel caractérisé par des parfums étranges, par une lumière claire, par un immense ciel, qu'il oppose à la triste réalité du ciel gris de Paris, ville opprimante, déprimante, ville qui emprisonne son âme. Il a écrit «La Belle Dorothée» en juin 1863. Dans ce poème en prose, il se souvient peut-être d'un voyage qu'il a fait à l'île de la Réunion[36] dans sa jeunesse.

Avant de lire «La Belle Dorothée»

Préparation du vocabulaire

A. Avant de lire «Exercices de style», vous avez considéré les nombreuses techniques que vous pouvez employer pour comprendre le sens d'un mot. Voici des mots utiles pour la compréhension du texte. Les

35. *Rafle* (f.) = descente de police à l'improviste.
36. *Île de la Réunion* = île à l'est de l'Afrique dans l'océan Indien.

connaissez-vous déjà ou allez-vous déterminer leur signification en lisant? Parlez-en avec d'autres étudiants et discutez des techniques que vous employez pour savoir leur sens.

parties du corps	*autres noms*	*verbes*	*adjectifs*
le torse	**l'anéantissement**	**accabler**	**éblouissant**
les hanches	**une tache**	**s'affaisser**	**désert**
la gorge	**la soie**	**mouler**	**éclatant**
la taille	**les ténèbres**	**trancher**	**mince**
le dos	**le fard**	**soulever**	**large**
la peau	**l'orgueil**	**imprimer**	**creux**
la chevelure	**la démarche**	**mordre**	**sanglant**
	la marmite	**entasser**	**luisant**
			puissant
			indécis
			choyé
			mûr

Préparation de la scène

B. Si le texte se situe dans l'île de la Réunion, quels éléments de la liste suivante évoquent cet endroit?

le sable	**la plage**
le bal de l'Opéra	**un musée**
la brise de mer	**l'immense azur**
un ragoût de crabes au riz	**la lumière droite**
un éventail	

C. Indiquez le rapport entre les mots suivants et l'esclavage.

un(e) affranchi(e)	**marcher sans souliers**
un maître	**racheter**
libre	

Pour mieux lire

D. Vous avez déjà vu l'utilité d'identifier les différentes propositions d'une phrase quand on rencontre des phrases complexes. Dans «La Belle Dorothée», cette stratégie sera encore plus utile, puisque les phrases ne sont pas isolées comme dans les «Maximes». Au contraire, elles s'accumulent.

Voici quelques phrases complexes tirées du poème en prose que vous allez lire. Décomposez-les en autant de petites phrases simples que possible.

▷ Car Dorothée est si prodigieusement coquette que le plaisir d'être admirée l'emporte chez elle sur l'orgueil de l'affranchie, et, bien qu'elle soit libre, elle marche sans souliers.
Dorothée est (prodigieusement) coquette.
Le plaisir d'être admirée l'emporte chez elle sur l'orgueil de l'affranchie.
Elle est libre.
Elle marche sans souliers.

1. Pourquoi a-t-elle quitté sa petite case si coquettement arrangée, dont les fleurs et les nattes font à si peu de frais un parfait boudoir; où elle prend tant de plaisir à se peigner, à fumer, à se faire éventer de ses grands éventails de plumes ou à se regarder dans le miroir, pendant que la mer, qui bat la plage à cent pas de là, fait à ses rêveries indécises un puissant et monotone accompagnement, et que la marmite de fer, où cuit un ragoût de crabes au riz et au safran, lui envoie, du fond de la cour, ses parfums excitants?
2. Dorothée est admirée et choyée de tous, et elle serait parfaitement heureuse si elle n'était obligée d'entasser piastre sur piastre pour racheter sa petite sœur qui a bien onze ans, et qui est déjà mûre, et si belle!

La Belle Dorothée

Le soleil accable la ville de sa lumière droite et terrible; le sable est éblouissant et la mer miroite. Le monde stupéfié s'affaisse lâchement et fait la sieste, une sieste qui est une espèce de mort savoureuse où le dormeur, à demi éveillé, goûte les voluptés de son anéantissement.

Cependant Dorothée, forte et fière comme le soleil, s'avance dans la rue déserte, seule vivante à cette heure sous l'immense azur, et faisant sur la lumière une tache éclatante et noire.

Elle s'avance, balançant mollement son torse si mince sur ses hanches si larges. Sa robe de soie collante, d'un ton clair et rose, tranche vivement sur les ténèbres de sa peau et moule exactement sa taille longue, son dos creux et sa gorge pointue.

Son ombrelle rouge, tamisant[37] la lumière, projette sur son visage sombre le fard sanglant de ses reflets.

Le poids de son énorme chevelure presque bleue tire en arrière sa tête délicate et lui donne un air triomphant et paresseux. De lourdes pendeloques[38] gazouillent secrètement à ses mignonnes oreilles.

37. *Tamisant* = filtrant.
38. *Pendeloques* (f.) = boucles d'oreilles.

De temps en temps la brise de mer soulève par le coin sa jupe flottante et montre sa jambe luisante et superbe; et son pied, pareil aux pieds des déesses de marbre que l'Europe enferme dans ses musées, imprime fidèlement sa forme sur le sable fin. Car Dorothée est si prodigieusement coquette que le plaisir d'être admirée l'emporte chez elle sur l'orgueil de l'affranchie, et, bien qu'elle soit libre, elle marche sans souliers.

Elle s'avance ainsi, harmonieusement, heureuse de vivre et souriant d'un blanc sourire, comme si elle apercevait au loin dans l'espace un miroir reflétant sa démarche et sa beauté.

À l'heure où les chiens eux-mêmes gémissent de douleur sous le soleil qui les mord, quel puissant motif fait donc aller ainsi la paresseuse Dorothée, belle et froide comme le bronze?

Pourquoi a-t-elle quitté sa petite case si coquettement arrangée, dont les fleurs et les nattes font à si peu de frais un parfait boudoir; où elle prend tant de plaisir à se peigner, à fumer, à se faire éventer de ses grands éventails de plumes ou à se regarder dans le miroir, pendant que la mer, qui bat la plage à cent pas de là, fait à ses rêveries indécises un puissant et monotone accompagnement, et que la marmite de fer[39], où cuit un ragoût de crabes au riz et au safran, lui envoie, du fond de la cour, ses parfums excitants?

Peut-être a-t-elle un rendez-vous avec quelque jeune officier qui, sur des plages lointaines, a entendu parler par ses camarades de la célèbre Dorothée. Infailliblement, elle le priera, la simple créature, de lui décrire le bal de l'Opéra[40], et lui demandera si on peut y aller pieds nus, comme aux danses du dimanche, où les vieilles Cafrines elles-mêmes deviennent ivres et furieuses de joie; et puis encore si les belles dames de Paris sont toutes plus belles qu'elle.

Dorothée est admirée et choyée de tous, et elle serait parfaitement heureuse si elle n'était obligée d'entasser piastre[41] sur piastre pour racheter sa petite sœur qui a bien onze ans, et qui est déjà mûre, et si belle! Elle réussira sans doute, la bonne Dorothée: le maître de l'enfant est si avare, trop avare pour comprendre une autre beauté que celle des écus![42]

À propos du texte

A. Faites le résumé de ce poème en dix phrases simples.

B. Répondez.

1. À quel moment de la journée sommes-nous? Que font les gens? Que fait Dorothée?
2. Décrivez Dorothée physiquement.

---

39. *Marmite de fer* (f.) = pot en métal (pour faire la cuisine).
40. *Bal de l'Opéra* = bal annuel important au 19e siècle.
41. *Piastre* (f.) = monnaie.
42. *Écu* (m.) = ancienne pièce d'argent.

3. Comment est-elle habillée? Décrivez sa robe, son ombrelle.
4. Pourquoi marche-t-elle pieds nus?
5. Où habite Dorothée? Précisez ses activités préférées.
6. Quelles questions le poète pose-t-il à propos de Dorothée? Résumez-les.
7. Quelle réponse propose le poète à ses questions?
8. Pourquoi Dorothée garde-t-elle son argent? À votre avis, quel est le métier de Dorothée?
9. Quelle critique Baudelaire fait-il du maître de la sœur de Dorothée?
10. À quoi le poète compare-t-il Dorothée? L'admire-t-il? Quels sont les adjectifs les plus forts qu'il emploie pour la décrire?

Appréciation du style

C. Faites une liste de vingt adjectifs employés dans ce poème. Indiquez le nom que chaque adjectif modifie.

1. Quelles sortes d'adjectifs y a-t-il?
2. Quels paires (nom + adjectifs) vous semblent normaux? Lesquels vous surprennent ou attirent votre attention? Pourquoi?

D. Faites l'inventaire des adverbes dans le poème. Commentez l'emploi des adverbes. Est-il en harmonie avec l'emploi des adjectifs ou y a-t-il une différence?

Appréciation littéraire

E. Montrez comment le dernier paragraphe change le ton et le sens du texte.

F. Pourquoi est-ce un poème plutôt qu'une histoire? Relevez les aspects poétiques de ce texte selon vous. (Comparaisons? rythmes? répétitions? détails descriptifs? qualité descriptive du choix de vocabulaire? choix du thème? choix d'objets décrits? images? etc.)

Réactions personnelles

G. Suggérez une suite et une fin à ce texte pour en faire une véritable histoire.

H. Baudelaire s'intéressait beaucoup à l'art et était lui-même critique d'art. Trouvez-vous un rapport entre une école de peinture (romantisme? impressionnisme? cubisme? surréalisme?) et ce poème? Quels aspects de la description sont particulièrement visuels? À quelles peintures ou à quels peintres pensez-vous en lisant «La Belle Dorothée»?

Mise en perspective

1. **Portrait.** La description plutôt que l'action forme la base des trois textes de cette leçon. Dans chacun, le personnage principal est présenté dans son cadre pittoresque. Inventez une histoire semblable, dans laquelle vous développerez le caractère du protagoniste, en insistant sur l'aspect descriptif et en réduisant l'intrigue.
2. **Les effets du travail.** Quels peuvent être les effets d'un travail qui n'apporte aucune joie, qui est trop routinier et qui ressemble à une punition? Racontez l'histoire d'une personne (de votre connaissance ou de votre imagination) qui travaille dans de telles circonstances.
3. **La fonction des objets.** Dans les trois textes que vous venez de lire le personnage principal est décrit et situé par rapport à certains objets qui font comprendre son caractère. Prenez un ou deux objets associés à chaque personnage principal (le vieux journaliste, Chaïba, Dorothée) et précisez comment ces détails informent le lecteur.

Raconter

La fonction générale la plus satisfaisante du langage est sans doute la narration. On aime bien raconter une bonne histoire. On aime aussi écouter raconter une bonne histoire. Cette forme unique de communication va de la vieille tradition orale ou folklorique des cultures sans langue écrite jusqu'au scénario complexe d'un film. Ce qui nous concerne ici c'est à la fois la narration telle qu'elle se fait dans la conversation de tous les jours et la narration telle qu'elle se pratique dans la langue écrite moderne.

Comment exciter d'emblée l'intérêt du public dans une histoire? Commencer par le dénouement et revenir en arrière pour fournir les détails succulents? Quels détails choisir? Comment les intégrer dans l'action? Dans quelle mesure faire des digressions sur les données psychologiques, par exemple, ou la peinture des caractères? Quels effets le narrateur veut-il, en fin de compte, produire sur son interlocuteur ou son lecteur? surprise? consternation? sympathie? La réponse à ces questions réside dans de nombreuses fonctions et structures que vous allez réviser, après quoi vous verrez trois modèles littéraires d'ordre assez différent. Muni de cet ensemble d'outils de narration, à vous de créer votre style lorsque vous racontez...

Il s'agit de...

Raconter au présent
Raconter au futur
Raconter au passé
Le discours indirect
«Fiesta», Boris Vian
«La Légende de l'homme à la cervelle d'or», Alphonse Daudet
«Comment ils nous font la cour», Barbara Victor

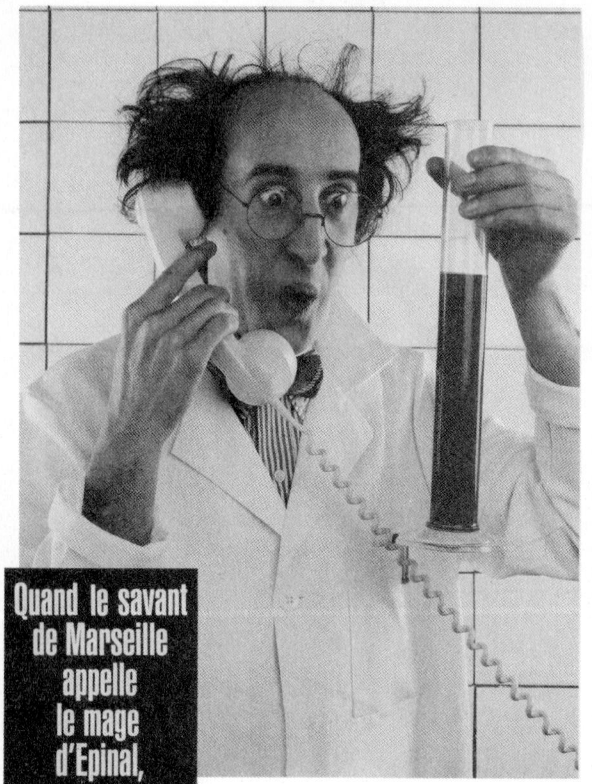

—Alors, j'ai pris de l'acide oxycalocarbohydronitronide pour le mélanger avec du sulfate de cuivre quand mon collègue, le professeur Tchowalçmnski, m'a demandé ce que je préparais. «Eh bien, Monsieur, lui dis-je, il s'agit de sulfate de cuivre!» Il me regarde bien en face et répète étonné: «de sulfate de cuivre!» J'affirme de nouveau: «de sulfate de cuivre! Nous allons produire un élixir qui transformera le monde!»

—Mais il s'agit d'acide aussi! Vous ne lui avez pas dit?

—Bien sûr que non! Vous m'avez précisé de n'en parler à personne.

—Vous avez bien fait! Et ensuite?

—Alors, après le départ de mon collègue incrédule qui n'en croyait pas ses oreilles, j'ai fait le mélange... et je constate le résultat extraordinaire...

—Qu'est-ce qui s'est passé?

—Le mélange est devenu... tout rouge! comme vous aviez dit.

—Ça alors, c'est le miracle!

—C'est le miracle!

Structures

: *Il s'agit de...*

On emploie souvent l'expression impersonnelle et idiomatique **il s'agit de...** pour indiquer le thème ou l'action essentielle d'une histoire ou d'une situation. Cette formule se rencontre souvent dans une phrase avec **dans:** «**Dans** ce poème, **il s'agit de...** » (= Dans ce poème, le sujet est...)

> **Dans** la nouvelle «Au sud de Pékin», **il s'agit d'**un vieux journaliste qui abandonne finalement un travail trop routinier.
> **Dans** l'opéra «Don Juan» de Mozart, **il s'agit d**'un homme débauché, qui paie très cher le prix de ses débauches.
> **Il s'agit de** savoir ce qu'on veut faire dans la vie.

Ici **il s'agit du** service et des systèmes Pitney Bowes.

Et vous croyiez qu'un compteur postal n'était que pour les grandes entreprises?

Même si vous ne postez que 5 lettres ou colis par jour, le système postal Pitney Bowes, en plus de vous faire gagner du temps, vous permettra d'économiser drôlement. De plus, posséder un compteur postal simplifiera votre travail et vous donnera du même coup ce petit côté professionnel habituellement associé aux grandes entreprises. Vous pouvez même imprimer votre adresse ou un message publicitaire sur vos enveloppes.

Maintenant, il ne vous manque plus que la balance postale électronique Pitney Bowes: pourquoi payer plus que la somme nécessaire? Ou pire encore, risquer de se faire retourner du courrier pour affranchissement insuffisant? Finies aussi les courses au bureau de poste, à l'aide de notre système exclusif Télé-recharge[MD]

Renseignez-vous. Téléphonez-nous sans frais.

Les petites entreprises, nous, on y voit. D'ailleurs nous en étions une, il n'y a pas si longtemps...avant de posséder un compteur postal. Composez le **1-800-263-4660** poste 516.

Le service et
les systèmes Pitney Bowes.
Rien ne nous arrête.

Attention: Le temps du verbe peut varier (**il s'agissait de, il s'agira de, il s'agirait de,** et au subjonctif, **...qu'il s'agisse de**), mais le sujet impersonnel **il** ne change jamais.

> Qu'**il s'agisse de** vous ou **de** vos amis dans cette histoire, cela n'a pas d'importance.

A. De quoi s'agit-il? Devinez le nom de l'histoire. En employant *il s'agit de* formulez une question avec le titre de l'histoire correspondant au résumé de l'intrigue.

▷ C'est la guerre de sécession; une jolie femme coquette et ambitieuse habite une plantation en Georgie. Elle a beaucoup de problèmes.
Dans «Autant en emporte le vent», de quoi s'agit-il? ou
De quoi est-ce qu'il s'agit dans «Autant en emporte le vent»?

1. Les Montague et les Capulet se haïssent, et le résultat de cet antagonisme sur leurs enfants est désastreux.
2. Une grande baleine[1] blanche est poursuivie sans cesse par un vieux capitaine entêté.
3. Une petite créature d'une autre planète est perdue sur la Terre et un petit garçon la trouve et la cache chez lui.
4. Trois soldats d'infanterie, avec leur compagnon D'Artagnan, sont au service du roi et défendent la reine contre le scandale et les complots.

B. Demandez à un(e) camarade de classe de quoi il s'agit ou de quoi il s'agissait...

▷ dans le meilleur film de cette année
—De quoi s'agit-il dans le meilleur film de cette année?
—Il s'agit d'un vol spectaculaire commis par une fausse princesse russe et son jeune amant.

1. dans son roman préféré.
2. dans «Dans le train» (p. 37).
3. dans «La Belle Dorothée» (p. 121).
4. dans le programme de télé qu'il(elle) préfère.
5. dans la dernière conversation qu'il(elle) a eue avec ses parents.

Raconter au présent

On raconte au présent pour rendre une narration plus vivante et plus immédiate, comme dans une anecdote ou une plaisanterie, par exemple.

1. *Baleine* (f.) = le plus grand des animaux marins.

Quand on parle d'un film, d'une pièce, de fiction ou même d'un incident arrivé dans la réalité, on emploie souvent le présent.

Dans «Alice au pays des merveilles», Alice **rencontre** toutes sortes de créatures étranges qui lui disent des choses bizarres.

Je viens de revoir le ballet «Casse-noisettes» de Tchaïkovski. Dans ce ballet, une petite fille **reçoit** un cadeau pour Noël, un casse-noisettes qui éventuellement **devient** un beau prince.

C. Employez le vocabulaire donné pour raconter au présent l'intrigue des histoires suivantes.

▷ Œdipe: (tuer, père, épouser, savoir, apprendre, se crever les yeux, s'en aller)

Œdipe tue son père, le roi de Thèbes, et il épouse la reine qui est aussi sa mère. Il ne sait pas que ce sont ses parents, mais il l'apprend, il se crève les yeux et il s'en va en exil.

1. La Petite Miss Muffet: (manger du lait caillé, une araignée, s'asseoir, faire peur à, s'enfuir)
2. Roméo et Juliette: (se disputer, s'aimer, se marier, se suicider)
3. «Exercices de style» de Queneau: (observer, s'irriter, se précipiter, revoir, indiquer)
4. Le Petit Chaperon rouge: (une petite fille, marcher, aller chez, rencontrer, parler, arriver, s'étonner, surprendre, manger)
5. Les Trois Ours: (Boucles d'or,[2] se promener, se perdre, entrer, s'asseoir, manger, se coucher, rentrer, voir, parler, échapper)
6. le meilleur film de l'année: (employez les verbes appropriés)

Raconter au futur

1. Le futur s'emploie pour indiquer une action, une condition ou une situation précises et définies dans l'avenir.

Demain les hommes communiqueront avec les poissons.

En 2025 **il y aura** en Californie autant de gens de langue espagnole que de langue anglaise.

Dans plusieurs années **nous aurons** tous des idées différentes.

2. *Boucles d'or* = "Goldilocks."

LA FORMATION DU FUTUR

Ajoutez les terminaisons du futur (**-ai, -as, -a, -ons, -ez, -ont**) au radical, qui est dérivé de l'infinitif.

1. Pour les verbes réguliers en **-er** et **-ir**, le radical est l'infinitif.

parler	⟶	je **parler**ai
souffrir	⟶	je **souffrir**ai
se dépêcher	⟶	je me **dépêcher**ai

2. Pour les verbes en **-re**, le radical est l'infinitif moins **-e**.

boire	⟶	je **boir**ai
connaître	⟶	je **connaîtr**ai

3. Les verbes en **-yer, -eter, -eler, -érer, -ener,** etc. (e.g., **payer, acheter, appeler, préférer, amener**) entraînent des changements orthographiques. (Voir l'appendice D.)
4. Il y a d'autres verbes qui ont un radical irrégulier.

verbe	radical	verbe	radical
aller	**ir-**	mourir	**mourr-**
avoir	**aur-**	pleuvoir	**pleuvr-**
courir	**courr-**	pouvoir	**pourr-**
devoir	**devr-**	recevoir	**recevr-**
envoyer	**enverr-**	savoir	**saur-**
être	**ser-**	venir	**viendr-**
faire	**fer-**	voir	**verr-**
falloir	**faudr-**	vouloir	**voudr-**

2. Le futur immédiat: **aller** + infinitif
Le futur immédiat s'emploie surtout quand il s'agit d'un avenir plus ou moins proche. Dans la langue parlée, il peut remplacer le futur dans presque tous les cas.

> Demain je **vais faire** les courses, mais aujourd'hui je suis trop fatigué.
> Qui **va m'accompagner** en vacances?
> Nous **allons** tous **faire** du ski en décembre.

D. Comment sera votre avenir? Ferez-vous les choses suivantes? Ajoutez des précisions.

▷ voyager au Japon
Oui, je voyagerai au Japon où j'irai à Tokyo et à Nagasaki.

1. recevoir votre diplôme
2. aller à l'école de médecine
3. vous marier
4. avoir des enfants
5. rouler en Ferrari décapotable
6. mettre de l'argent à la banque
7. inventer un nouveau produit
8. poser votre candidature à un poste politique
9. habiter à Paris
10. devenir célèbre

E. Agenda. Racontez exactement ce que vous allez faire ou n'allez pas faire demain (dix phrases).

▷ *Demain, je ne vais pas me lever à 5 h., mais à 8 h.*
À 9 h. je vais... etc.

: Raconter au passé

1. Pour une narration au passé, on emploie le passé composé pour les *événements* de l'histoire (**Qu'est-ce qui s'est passé?**) et l'imparfait pour ce qui ne fait pas avancer l'histoire (**Comment étaient les choses?**—descriptions du décor, de la situation, des circonstances, des habitudes, etc.).

> La vie de Mathilde n'**était** pas très heureuse. Chaque jour elle **faisait** les lits, **arrangeait** un peu l'appartement, **sortait** faire les courses. Elle **s'ennuyait** énormément. Un jour, elle **a reçu** une annonce dans le courrier qui **indiquait** que pour une petite somme d'argent elle **pouvait** devenir agent de voyages. Elle **a décidé** de changer de vie, elle **a quitté** sa famille, et elle **est partie** chercher fortune comme agent de voyages dans une ville lointaine.

LA FORMATION DU PASSÉ COMPOSÉ

Le passé composé est formé de deux éléments: un auxiliaire (**avoir** ou **être**) + le participe passé.[3] La vaste majorité des verbes prennent **avoir** comme auxiliaire et se conjuguent ainsi:

j'	**ai écouté**	nous	**avons écouté**
tu	**as écouté**	vous	**avez écouté**
il/elle/on	**a écouté**	ils/elles	**ont écouté**

1. L'auxiliaire fonctionne comme l'élément verbal fondamental. La négation, l'interrogation et la place des pronoms objets sont donc déterminées par rapport à l'auxiliaire. Après, on ajoute le participe passé:

je	**n'ai pas**	fini	Est-ce que j'**ai**	répondu?
tu	**n'as pas**	fini	**As**-tu	répondu?
il/elle/on	**n'a pas**	fini	**A**-t-il/elle/on	répondu?
nous	**n'avons pas**	fini	**Avons**-nous	répondu?
vous	**n'avez pas**	fini	**Avez**-vous	répondu?
ils/elles	**n'ont pas**	fini	**Ont**-ils/elles	répondu?

Elles l'**ont vu** hier.
Je les **ai mis** sur la table.
Nous ne le leur **avons** pas **dit**.
M'**avez**-vous **téléphoné**?

2. Quand il y a un complément d'objet *direct* qui *précède* le verbe, le participe passé fonctionne comme un adjectif et s'accorde en genre et en nombre avec l'objet.

Ma voiture? Pierre **l**'a pris**e.**
Quels **films** avez-vous vu**s**?
Ceux que j'ai vu**s** n'étaient pas tellement intéressants.
Les fleurs? Vous voulez **les fleurs que** Daniel a offert**es** à Sara.

Remarquez: Si une de ces conditions essentielles est absente (S'il n'y a pas d'objet direct ou si l'objet direct ne précède pas le verbe), le participe passé reste invariable.

François a vu Monique et il lui a **rendu** sa clé. (**lui**=objet *indirect*)
Ils ont **emporté** les paquets. (**les paquets** *ne précède pas* le verbe)

3. Une vingtaine de verbes prennent **être** comme auxiliaire. Les plus importants sont: **aller, apparaître, arriver, descendre, devenir, entrer, monter, mourir, naître, partir, passer, rester, retourner, sortir, tomber, venir.** Le participe passé s'accorde avec *le sujet.*

Je suis arrivé(**e**) à l'heure.
Tu n'es pas sorti(**e**) hier soir.
Il est parti à la Havane.
Nous ne sommes pas rentré(**e**)**s**.
Êtes-vous revenu(**e**)(**s**) souvent?
Elles sont mort**es**.

3. Voir Leçon 3, p. 91, pour la formation du participe passé.

LA FORMATION DU PASSÉ COMPOSÉ (suite)

4. Tous les verbes pronominaux (**s'en aller, se souvenir, se réveiller,** etc.) prennent **être** comme auxiliaire. Le participe passé, comme pour les verbes qui prennent **avoir**, s'accorde avec le complément d'objet *direct précédent.*

Les oiseaux **se** sont **baignés** dans la fontaine.
Nous **nous** sommes **réveillé(e)s** très tôt.
Elle **s'**est **lavée.** (=Elle a lavé tout son corps.)
Mais: Elle s'est **lavé** la figure. (L'objet direct, **figure,** ne précède pas le verbe. Dans cette phrase le pronom réfléchi **se** est complément d'objet *indirect.*)

2. Le futur dans un contexte passé

- **Le futur du passé (le futur dans un contexte passé) est exprimé par le conditionnel.**

Il a pensé à tout, sauf à ce qui est trop grand et trop simple pour un enfant—il a tout imaginé... sauf qu'il ne **vivrait** plus. (Colette)
J'ai dit à ma mère que je **rentrerais** avant minuit.

LA FORMATION DU CONDITIONNEL

Le conditionnel présent se forme régulièrement pour *tous* les verbes. Au *radical du futur* (voir page 130, ci-dessus) on ajoute les *terminaisons de l'imparfait.*

1. parler (le radical du futur est l'infinitif)

je	**parler*ais***	nous	**parler*ions***
tu	**parler*ais***	vous	**parler*iez***
il/elle/on	**parler*ait***	ils/elles	**parler*aient***

2. rendre (le radical du futur est l'infinitif moins **e**)

je ne **rendrais** pas
tu ne **rendrais** pas
il ne **rendrait** pas... etc.

3. vouloir (le radical du futur est irrégulier)

voudrait-elle?
voudriez-vous?
voudraient-ils?... etc.

- Le passé du futur immédiat (**aller** + infinitif) est toujours à l'imparfait.

    Jacqueline se demande si elle va parler avec Madame Pelin.
    Jacqueline s'est demandé si elle **allait parler** avec Madame Pelin.

    Marcel annonce que nous allons partager également les bénéfices.
    Marcel a annoncé que nous **allions partager** également les bénéfices.

3. Le passé dans un contexte «sérieux»
Dès qu'il s'agit de français écrit (littéraire, journalistique), le problème de l'expression du passé se pose. Le passé composé peut s'employer lorsqu'on parle d'*action*, mais le passé simple est également correct, sinon obligatoire dans un contexte sérieux. (Dans le cas de la correspondance personnelle le français contemporain tend à employer le passé composé pour parler d'action.) De même, dans les cérémonies et les présentations traditionelles où on fait un discours sérieux, le passé simple tend à s'employer, le passé composé étant correct aussi.

Ce qui ne change absolument pas, c'est l'imparfait. Pour l'aspect *descriptif*, dans un contexte familier ou dans un contexte cérémonieux, écrit ou oral, on emploie nécessairement l'imparfait pour décrire.

F. Comment étaient les choses? Les phrases suivantes constituent l'essentiel d'une histoire. Ajoutez plusieurs phrases à l'imparfait pour créer un décor, une description de la situation et des circonstances suivant votre imagination.

▷ Un garçon est né. Les médecins ont été choqués. Il a vécu.
Un garçon est né. Mais sa cervelle était en or et sa tête était très lourde. Les médecins ont été choqués. Ils pensaient que l'enfant était très malade, et qu'il allait mourir. Cependant, il a vécu.

1. Des parents ont eu un fils spécial. Ils l'ont élevé. Un jour ils lui ont expliqué sa particularité.
2. Un homme est tombé amoureux d'une femme. Il a essayé de la rendre heureuse. Un jour la femme est morte.
3. Un homme est entré dans une boutique. La boutiquière a entendu un cri. Elle a accouru, et elle a vu l'homme.

G. Créez une histoire. Lisez les trois phrases descriptives de chaque groupe. Pensez à trois événements qui semblent constituer le sujet logique de ces descriptions.

▷ Les spectateurs se bousculaient pour mieux voir. Il faisait chaud. La foule s'impatientait.
Tout à coup il est arrivé! L'avion du Président a atterri, et le Président est apparu en souriant et en faisant des signes amicaux.

1. Il faisait beau. Les étudiants étaient très impatients. Les mères et les pères pleuraient.

2. Christophe croyait que la Terre était ronde. Isabelle était riche. Elle était intriguée par sa théorie.
3. Madeleine était belle. David était amusant. Ils se disputaient constamment. Sam était parfait. Il aimait Madeleine.

H. Journal intime. Demandez à un(e) camarade de vous raconter...

1. ce qu'il(elle) a fait hier soir.
2. comment il(elle) a décidé de venir à cette université.
3. ce qui s'est passé dans le dernier épisode de son émission préférée à la télé.
4. comment ses parents se sont rencontrés.
5. ce qu'il(elle) a fait pour fêter son dernier anniversaire.

I. Une soirée au restaurant. Refaites les phrases suivantes en remplaçant les temps de la langue littéraire par un temps ou une construction équivalents de la langue courante.

1. J'entrai dans le restaurant.
2. Je notai que beaucoup de couples se regardaient dans le blanc des yeux à la lueur des bougies.
3. Mon ami se leva et m'accueillit d'un baisemain furtif et me complimenta sur ma toilette.
4. Je le remerciai en protestant.
5. Mon ami ne fit que sourire, et continua.
6. On me tendit un menu.
7. Mon ami voulut choisir pour moi, mais je refusai.
8. Il me raconta sa jeunesse.
9. Je me lançai dans une analyse géopolitique de la situation internationale.
10. Je pus voir que nous étions décidément très différents, et quand je me retrouvai enfin seule dans mon appartement, je me sentis plutôt soulagée.

Le discours indirect

Le discours indirect, comme son nom l'indique, exprime ce qu'on dit (discours indirect présent) ou ce qu'on a dit (discours indirect passé). On incorpore la citation dans la phrase. Si le verbe de communication (**dire, expliquer,** etc.) est au présent, c'est le discours indirect présent. Si le verbe de communication est au passé, c'est le discours indirect passé.

Discours direct présent	Nathalie **dit**: «**Je suis** fatiguée.»
Discours indirect présent	Nathalie **dit** qu'**elle est** fatiguée.
Discours direct passé	Nathalie **a dit**: «**Je suis** fatiguée.»
Discours indirect passé	Nathalie **a dit** qu'**elle était** fatiguée.

La transformation du discours direct en discours indirect entraîne certains changements importants.

1. Verbes au discours indirect
Au discours indirect, il faut introduire la citation par un verbe de communication comme **dire**. Pour éviter la répétition de **dire**, on peut employer aussi d'autres verbes comme:

ajouter	**interdire**
commander	**ordonner**
conseiller	**permettre**
constater	**préciser**
déclarer	**prier**
défendre	**promettre**
demander	**proposer**
dire	**recommander**
écrire	**répondre**
expliquer	**suggérer**
indiquer	**supplier**
insister	

Le 18 juin 1940 De Gaulle **a demandé** aux Français **de** ne pas se rendre. Il **a déclaré que** l'armistice était une trahison et **qu'**il ne représentait pas la volonté de la nation. Il **a ordonné** aux forces françaises d'Afrique, d'Asie et d'Amérique **de** continuer la lutte **en précisant qu'**elles disposaient de vastes ressources et du soutien des Alliés. Le général **a indiqué que** le vrai gouvernement français se trouverait désormais à Londres **en ajoutant qu'**il serait luimême le chef des forces françaises libres.

2. Les pronoms et les adjectifs possessifs au discours indirect
Les pronoms et les adjectifs possessifs s'adaptent à la transposition du discours direct en discours indirect selon la logique de la situation. La conjugaison du verbe change selon le pronom sujet.

	discours direct présent	*discours indirect présent*
	Tu dis: «**Je** sortirai avec **toi.**»	Tu dis que **tu** sortiras avec **moi.**
	Il dit: «Est-ce que c'est **ton** vélo ou **le mien**?»	Il demande si c'est **mon** vélo ou **le sien**.
	Elle nous dit: «**Je** vais **vous** écrire.»	Elle nous promet qu'**elle** va **nous** écrire.
	Ils me demandent: «Pouvez-**vous nous** aider?»	Ils me demandent si **je** peux **les** aider.
	Elles disent: «**Nous nous** sommes amusées.»	Elles expliquent qu'**elles se** sont amusées.
Mais:	Je te dis: «**J'**aime **ta** maison.»	Je déclare que **j'**aime **ta** maison.
	Nous disons: «**Nous** voulons partir.»	Nous disons que **nous** voulons partir.

3. Les temps des verbes au discours indirect

- Si le verbe de la citation directe est à l'impératif, on peut choisir entre deux structures pour exprimer l'ordre donné.

  a. On peut utiliser un verbe de communication approprié (voir page 136) + **de** + infinitif sans ou avec un objet direct.

Discours direct	Il me dit: «**Venez** à huit heures!»
Discours indirect présent	Il me *dit* **de venir** à huit heures.
Discours indirect passé	Il m'*a dit* **de venir** à huit heures.
Discours direct	Elle nous dit: «**Partez!**»
Discours indirect présent	Elle nous *commande* **de partir.**
Discours indirect passé	Elle nous *a commandé* **de partir.**

  b. On peut également utiliser un verbe de communication avec **que** + proposition au subjonctif

Discours direct	Il me *dit* «**Venez** vite!»
Discours indirect présent	Il *ordonne* **que je vienne** vite.
Discours indirect passé	Il *a ordonné* **que je vienne** vite.
Discours direct	Elle nous *dit:* «**Ne dites pas** de mal de mon frère!»
Discours indirect présent	Elle *défend* **que nous disions** du mal de son frère.
Discours indirect passé	Elle *a défendu* **que nous disions** du mal de son frère.

Remarquez: **Insister** est suivi de **pour que** devant une proposition au subjonctif.

Elle a **insisté pour qu'**il vienne.

- Au discours indirect *présent,* le temps des verbes dans la citation ne change pas.

Discours direct	**Discours indirect présent**
Elle dit: «Je **suis** fatiguée.»	Elle *dit* qu'elle **est** fatiguée.
Il explique: «Nous **avons passé** trois jours à Nice.»	Il *explique* qu'ils **ont passé** trois jours à Nice.

LE SUBJONCTIF: FORMATION RÉGULIÈRE

1. Le radical de la majorité des verbes est celui de la troisième personne du pluriel (**ils, elles**) du présent de l'indicatif.

infinitif	3e personne du pluriel du présent de l'indicatif	radical du subjonctif
donner	ils/elles donnent	**donn-**
vendre	ils/elles vendent	**vend-**
bâtir	ils/elles bâtissent	**bâtiss-**
paraître	ils/elles paraissent	**paraiss-**
partir	ils/elles partent	**part-**
lire	ils/elles lisent	**lis-**

2. Les terminaisons du subjonctif présent

je	**-e**	nous	**-ions**
tu	**-es**	vous	**-iez**
il/elle/on	**-e**	ils/elles	**-ent**

3. La conjugaison des verbes réguliers au présent du subjonctif

	donner		bâtir		vendre
que je	**donne**	que je	**bâtisse**	que je	**vende**
que tu	**donnes**	que tu	**bâtisses**	que tu	**vendes**
qu'il	**donne**	qu'il	**bâtisse**	qu'il	**vende**
que nous	**donnions**	que nous	**bâtissions**	que nous	**vendions**
que vous	**donniez**	que vous	**bâtissiez**	que vous	**vendiez**
qu'ils/qu'elles	**donnent**	qu'ils	**bâtissent**	qu'ils	**vendent**

LE SUBJONCTIF: FORMATION IRRÉGULIÈRE

1. Les verbes irréguliers avec deux radicaux à l'indicatif présent ont deux radicaux au subjonctif présent. Ces radicaux sont dérivés de la troisième et de la première personne du pluriel du présent de l'indicatif (**reçoivent, recevons; viennent, venons**). Les terminaisons sont toujours régulières.

prendre	(ils)	prenn~~ent~~	(nous)	pren~~ons~~
	que je	**prenne**	que nous	**prenions**
	que tu	**prennes**	que vous	**preniez**
	qu'il/qu'elle/qu'on	**prenne**		
	qu'ils/qu'elles	**prennent**		

LE SUBJONCTIF: FORMATION IRRÉGULIÈRE (suite)

2. Le subjonctif de *faire*, de *savoir* et de *pouvoir*
Les radicaux de **faire, savoir** et **pouvoir** sont des formes entièrement nouvelles, mais les terminaisons sont régulières.

infinitif	radical	conjugaison
faire	**fass-**	que je **fasse**
savoir	**sach-**	que je **sache**
pouvoir	**puiss-**	que je **puisse**

3. Le subjonctif d'*aller* et de *vouloir*
Au subjonctif, les verbes **aller** et **vouloir** ont un radical irrégulier **(aill-, veuill-)** et un autre radical qui dérive de la première personne du pluriel de l'indicatif présent (**all**ons, **voul**ons).

aller		aill-	(nous)	all~~ons~~
	que j'	**aille**	que nous	**allions**
	que tu	**ailles**	que vous	**alliez**
	qu'il/qu'elle/qu'on	**aille**		
	qu'ils/qu'elles	**aillent**		

vouloir		veuill-	(nous)	voul~~ons~~
	que je	**veuille**	que nous	**voulions**
	que tu	**veuilles**	que vous	**vouliez**
	qu'il/qu'elle/qu'on	**veuille**		
	qu'ils/qu'elles	**veuillent**		

4. Le subjonctif d'*être* et d'*avoir*
Il y a seulement deux verbes avec des radicaux **et** des terminaisons irréguliers.

	être		avoir
que je	**sois**	que j'	**aie**
que tu	**sois**	que tu	**aies**
qu'il/qu'elle/qu'on	**soit**	qu'il/qu'elle/qu'on	**ait**
que nous	**soyons**	que nous	**ayons**
que vous	**soyez**	que vous	**ayez**
qu'ils/qu'elles	**soient**	qu'ils/qu'elles	**aient**

- Au discours indirect *passé,* le temps des verbes dans la citation change ainsi:

discours direct		**discours indirect passé**
Le présent devient	→	l'imparfait.
Elle a dit: «Je **suis** fatiguée. »		Elle *a dit* qu'elle **était** fatiguée.
Le passé composé devient	→	le plus-que-parfait.
Catherine a dit: «J'**ai mangé,** j'**ai fait** mes devoirs et je **me suis couchée.**»		Catherine *a dit* qu'elle **avait mangé,** qu'elle **avait fait** ses devoirs et qu'elle **s'était couchée.**
Le futur devient	→	le conditionnel.
Il me disait toujours: «Je te **téléphonerai** bientôt.»		Il me *disait* toujours qu'il me **téléphonerait** bientôt.

Remarquez: L'imparfait, le conditionnel et le subjonctif ne changent pas au discours indirect passé.

Vous avez déclaré: «Mes parents **étaient** très stricts.»	Vous avez déclaré que vos parents **étaient** très stricts.
Elle a répondu: «Je **voudrais** vous accompagner.»	Elle a répondu qu'elle **voudrait** nous accompagner.
Tu as avoué: «Je regrette **que nous ne soyons pas** amis.»	Tu as avoué que tu regrettais **que nous ne soyons pas** amis.

- Chaque proposition au discours indirect est précédée de **que**, même devant une autre conjonction (**«... et que...», «... mais que...», «... mais que quand...»**).

discours direct	François dit: «J'irai en Europe l'année prochaine. J'apprendrai le français avant, mais quand j'irai en Allemagne, j'aimerais aussi apprendre l'allemand. Alors il faut que je m'y mette tout de suite, mais il y a si peu de temps!»
discours indirect	François dit **qu'**il ira en Europe l'année prochaine, **qu'**il apprendra le français avant, **mais que quand** il ira en Allemagne il aimerait aussi apprendre l'allemand. Il ajoute **qu'alors** il faut qu'il s'y mette tout de suite **mais qu'**il y a si peu de temps!

TABLEAU RÉCAPITULATIF DES CHANGEMENTS DE TEMPS AU DISCOURS INDIRECT

discours direct	discours indirect présent	discours indirect passé
impératif	**de** + infinitif; **que** + subjonctif	**de** + infinitif; **que** + subjonctif
présent	présent	imparfait
imparfait	imparfait	imparfait
passé composé	passé composé	plus-que-parfait
conditionnel	conditionnel	conditionnel
futur	futur	conditionnel
subjonctif	subjonctif	subjonctif

4. Les adverbes au discours indirect
Beaucoup d'adverbes de temps changent pour s'adapter à la situation.

maintenant	⟶	**à ce moment-là**
aujourd'hui	⟶	**ce jour-là**
hier	⟶	**la veille**
avant-hier	⟶	**l'avant-veille**
demain	⟶	**le lendemain**
après demain	⟶	**le surlendemain**

discours direct — Anne dit: «**Aujourd'hui** il est ici, mais **hier** il était absent et on ne sait pas s'il viendra **demain.**»

discours indirect passé — Anne a dit que **ce jour-là** il était ici, mais que **la veille** il était absent et qu'on ne savait pas s'il viendrait **le lendemain.**

J. La tante Mathilde. Votre tante Mathilde est dure d'oreille.[4] Vous l'aidez à faire ses courses en répétant ce que les gens lui disent de faire. Employez l'infinitif ou le subjonctif.

▷ La caissière à la banque: «Signez cette fiche, s'il vous plaît.»
La caissière t'indique de signer la fiche.
La caissière demande que tu signes la fiche.

1. Le boulanger: «Essayez mes brioches!»
2. L'épicier: «N'achetez pas ce café-là; prenez ce bon café arabica!»
3. La marchande de fruits: «Goûtez mes belles oranges.»
4. Le marchand de poisson: «Regardez cette truite toute fraîche.»
5. Le marchand de légumes: «Choisissez ces carottes de Bretagne!»

4. *Être dur(e) d'oreille* = ne pas entendre très bien.

6. Le boucher: «N'oubliez pas votre biftek.»
7. Le marchand de fromage: «Servez ce fromage avec un bon Bourgogne.»
8. Le marchand de vin: «Ouvrez cette bouteille une demi-heure avant le repas.»

K. À la gare d'Austerlitz. Voici l'esquisse d'une scène pour un film. Les phrases sont au discours indirect présent. Créez un dialogue pour les acteurs en mettant les phrases au discours direct.

▷ Le monsieur demande si ce guichet est ouvert.
Le monsieur: Est-ce que ce guichet est ouvert?

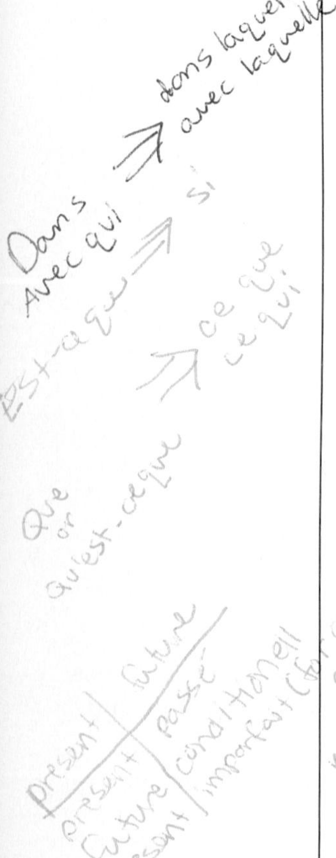

1. Le monsieur demande à l'employée de la SNCF de lui donner un billet deuxième classe pour Tours.
   Le monsieur:
2. Elle lui répond de regarder le tableau des départs pour savoir quel train.
   L'employée:
3. Il lui dit de lui donner un billet pour le train de 16 h 43.
   Le monsieur:
4. Elle lui indique de bien observer qu'il y a un supplément.
   L'employée:
5. Elle lui demande de lui donner 124,15 F.
   L'employée:
6. Il lui demande de lui préciser le quai de départ.
   Le monsieur:
7. Elle suggère qu'il consulte le tableau des départs.
   L'employée:

L. Un client difficile. Mettez au passé ce résumé d'une conversation.

Mathieu dit qu'il n'ira plus chez son coiffeur. Je lui demande s'il n'y retournera pas au moins une fois pour expliquer. Mais il répond que ce ne sera pas possible. Il annonce qu'il va trouver un nouveau coiffeur. Je lui demande comment il sera certain que le nouveau fera ce qu'il veut. Il m'assure qu'il lui imposera ses conditions dès sa première visite. Mathieu dit qu'il déclarera simplement au coiffeur qu'il espère qu'on ne mettra pas la télé pendant qu'on coiffe les clients.

M. Citations. Les phrases suivantes sont au discours direct passé. Dites-les au discours indirect passé.

▷ Le Petit Chaperon rouge a dit: «Grand-mère, tu as de grands yeux!»
Le Petit Chaperon rouge a dit à sa grand-mère qu'elle avait de grands yeux.

1. Horace Greely a dit: «Partez à l'ouest, jeune homme!»
2. Montaigne s'est demandé: «Que sais-je?»
3. Louis XIV a dit: «L'État, c'est moi.»
4. Porgy a dit: «Bess, tu es maintenant ma femme.»

5. Paul Revere a crié: «Les habits rouges arrivent!»
6. Ève a dit: «Adam, je suis désolée que le serpent m'ait parlé de cette pomme.»
7. Jules César a dit: «Je suis venu, j'ai vu, j'ai vaincu.»
8. John Kennedy a déclaré: «Ne demandez pas ce que votre pays peut faire pour vous, demandez plutôt ce que vous pouvez faire pour votre pays.»
9. Martin Luther King a proclamé: «J'ai un rêve!»
10. Marie-Antoinette a dit: «Donnez-leur de la brioche!»

N. Un cadeau. Voici un dialogue entre Laurent et Nathalie; mettez-le au discours indirect passé en utilisant les verbes et les pronoms qui conviennent.

▷ Laurent: Je t'ai acheté un cadeau.
Laurent a dit à Nathalie qu'il lui avait acheté un cadeau.

Nathalie: Oh! C'est gentil! Mais qu'est-ce que c'est?
Laurent: Tu veux vraiment le savoir?... Alors devine.
Nathalie: Est-ce que ça se porte?
Laurent: Non.
Nathalie: Est-ce un objet d'art? Dans quelle pièce est-ce qu'on le met? De quelle couleur est-il? Est-ce qu'il sert à quelque chose?
Laurent: Ce n'est pas un objet d'art et ce n'est pas un objet utile non plus.
Nathalie: Qu'est-ce que ça peut bien être?
Laurent: Pourquoi est-ce que tu ne l'ouvres pas?

À VOUS DE JOUER

1. Jeu de «la phrase secrète». La classe se divise en équipes de quatre ou cinq personnes. Le professeur donne à une équipe une phrase secrète que le groupe essaiera d'incorporer dans une histoire qu'ils raconteront ensemble.

Le premier membre de l'équipe commence à raconter une histoire. Après trente secondes, le deuxième membre de l'équipe prendra la parole et continuera l'histoire. Trente secondes plus tard, le troisième membre du groupe reprendra l'histoire, et ainsi de suite, jusqu'à ce que tous les membres du groupe aient parlé.

Les autres équipes doivent décider s'ils ont réussi à employer la phrase secrète et si oui, quelle était la phrase secrète.

Le professeur donne une autre phrase secrète à la prochaine équipe et le jeu recommence.

2. **Bande dessinée.** Imaginez le dialogue dans les bulles de cette bande dessinée. Puis racontez-le au discours indirect passé à un(e) camarade qui ne l'a pas vue.

3. **Biographie.** Faites l'interview d'un(e) camarade de classe pour savoir l'histoire de sa vie. Racontez son histoire en employant le discours direct et indirect.

4. **Connaissez-vous... ?** En indiquant un ou deux faits importants dans la vie ou la carrière de ces personnes, identifiez-les:

1. Wallis Simpson	7. Joan Sutherland
2. Louis Daguerre	8. Bert et Ernie
3. Samuel Clemens	9. Arthur Ashe
4. D.B. Cooper	10. Le docteur Moriarty
5. Alexis de Tocqueville	11. Thomas Eagleton
6. Alex Trebec	12. Julianne MacNamara

5. **Interview d'admissions.** *Rôles à jouer—deux personnes.* Un interviewer fait l'interview d'un(e) candidat(e) qui veut être accepté(e) à une école de commerce, de médecine, de droit, etc. L'interviewer demande au candidat(à la candidate) pourquoi il(elle) a choisi cette disci-

pline; quelle a été son expérience la plus mémorable à l'université; qui l'a influencé(e) le plus dans sa vie; comment il(elle) envisage sa vie professionnelle dans cinq ans; etc.

Compositions écrites

1. **Demander une bourse.** Vous écrivez un essai pour demander une bourse. On vous demande de raconter ce que vous avez le mieux réussi dans votre vie jusqu'ici.
2. **Lettre: Ça commence enfin.** Vous racontez dans une lettre à un(e) très cher(chère) ami(e) le premier jour de cours ou le jour de votre arrivée à l'université. Vous cherchez à faire rire votre correspondant(e) en même temps que vous voulez raconter vos premières impressions.
3. **Journal intime.** Qu'est-ce que vous avez écrit ou qu'est-ce que vous auriez pu écrire dans votre journal intime le lendemain d'un événement extrêmement important de votre vie?
4. **Observations.** Allez dans la rue, dans un centre commercial ou dans un restaurant, une cafétéria ou une boîte de nuit et regardez les gens. Imaginez leurs rapports. Puis, selon vos observations, rédigez à propos de ces gens une histoire qui se déroule dans l'endroit où vous êtes allé(e) les observer. Employez le passé composé, l'imparfait et le discours indirect passé.

Lectures

Tout texte *raconte.* Même la réflexion philosophique, la description d'un paysage ou les vers d'un poème ésotérique sont l'exposé linéaire d'une pensée. Il peut y avoir une «histoire», explicite ou implicite, dans une seule et simple phrase, par exemple, *Marc est arrivé.*

Cependant quand on *raconte* une histoire, on a généralement un début, un développement, une fin, des personnages intéressants, des symboles (faciles ou difficiles), quelques images frappantes, quelquefois de l'humour ou du suspens, peut-être un certain message ou une conclusion morale. Les trois textes réunis ici sous la rubrique «raconter» satisfont—bien qu'assez différemment—cet ensemble de critères traditionnels. Mais ce qui les relie essentiellement c'est leur thème: l'amour ou le rapport entre deux êtres.

Dans le cas de la première histoire, «Fiesta», il s'agit d'un projet de scénario de film: on *raconte* donc au présent l'aventure toute brève de quatre personnages. La deuxième, «La Légende de l'homme à la cervelle d'or», est une légende dont les faits se sont déroulés dans un passé lointain et imaginaire. La troisième, «Comment ils nous font la cour», est une histoire contemporaine qui compare une soirée à Paris avec une soirée à New York. Vous trouverez peut-être dans ces trois histoires encore un autre lien: l'attitude de chaque narrateur devant l'amour.

Fiesta
Boris Vian

Boris Vian (1920-1959), talent précoce et multiple de l'après-guerre, est surtout connu pour ses poèmes et ses romans. Passionné de jazz, il était aussi chanteur, journaliste et acteur de cinéma. Son œuvre, à tendance surréaliste, évoque souvent la violence des conflits de l'après-guerre. Il est mort à 39 ans, laissant parmi des inédits ce projet de scénario.

Avant de lire «Fiesta»

Préparation du vocabulaire

A. Les mots et expressions suivants aident à créer le décor de l'histoire que vous allez lire.

à la rescousse	**naufragé**
aviron	**pêcheur**
barque	**prendre en remorque**
brise-lames	**quai**
épave	**rame**
filet	**sauvetage**
jetée	**tirer**

D'après cette liste et le dessin, pouvez-vous déjà imaginer de quoi il s'agit? de quelle sorte d'endroit? de quelles sortes de personnages? de quel événement?

B. Les mots suivants peuvent également faciliter la compréhension de l'histoire. Lesquels connaissez-vous déjà?

atteindre	**un gamin**
à son comble	**un gosse**
dégrisé	**grisé**
éventrer	**sangloter**

1. Quels mots ont un rapport avec l'ivresse?
2. Le(s)quel(s) ont un rapport avec la violence?
3. Quel(s) mot(s) pourrait-on employer en parlant d'un sommet?
4. Quels mots dénotent les enfants?

Pour mieux lire

C. Le début d'un texte, d'un film ou d'une pièce de théâtre situe l'action dans un certain cadre. Nous nous faisons rapidement (et souvent provisoirement) une idée du monde de la fiction. Nous imaginons des événements, même la conclusion de l'histoire à peine commencée.

1. Lisez l'introduction et les deux premiers paragraphes de «Fiesta». (lignes 1 à 11)
2. Lequel des paragraphes suivants (a, b ou c) vous semble une suite appropriée? Expliquez votre choix et continuez l'histoire selon votre imagination.
   a. Subitement, Pedrito voit une bouteille dans l'eau. Il va la chercher et, en l'ouvrant, il voit un génie qui lui accorde trois souhaits.
   b. Subitement, l'attention de Pedrito est attirée par une tache noire, là-bas, sur l'eau, à la limite où le soleil aveuglant rejoint la mer violette. Très excité à l'idée que c'est une épave, il essaie de tirer de leur torpeur les hommes, mais ça ne les intéresse absolument pas.
   c. Subitement, Pedrito pousse un cri de joie. Il vient de trouver, scintillant dans la lumière tiède du jour, un rubis dans les coquillages. Ce cri ayant réveillé les trois fainéants, ils viennent voir ce qui a surpris le petit gosse, et avide de ce trésor eux-mêmes, ils le lui prennent.

D. Ce texte est une ébauche de scénario de film, c'est-à-dire, une première version incomplète qui contient tout de même l'essentiel. En le lisant, tâchez de comprendre pourquoi l'auteur a choisi d'inclure comme très importants certains détails qui pourraient paraître purement décoratifs.

Fiesta

Lieu et durée de l'action

L'action se déroule dans un petit port de pêcheurs en Amérique du Sud, non loin des faubourgs d'une grande ville moderne.

Action

Sur la jetée de pierre blanche du port, deux ou trois oisifs, des fainéants sympathiques toujours en quête d'une bouteille à vider, d'un peu de tabac et d'une place confortable pour dormir au soleil, sont étendus et rêvassent.

Quelques gamins jouent non loin de là. L'un d'eux, Pedrito, vient les taquiner et les tirer de leur sommeil. Sans se fâcher, les fainéants le découragent et le renvoient à ses jeux. L'enfant se met à chercher des coquillages sur les rochers du brise-lames.

Subitement, l'attention de Pedrito est attirée par une tache noire, là-bas, sur l'eau, à la limite où le soleil aveuglant rejoint la mer violette.

Très excité à l'idée que c'est une épave, il essaie de tirer de leur torpeur les hommes, mais ça ne les intéresse absolument pas.

Rejoignant en courant ses camarades, aux cris de «un naufragé, un naufragé!» les gosses se précipitent vers le faubourg pour alerter les pêcheurs.

Les pêcheurs dorment, les femmes réparent les filets et préparent les repas.

Mais, à la nouvelle apportée par les enfants, l'excitation s'empare de tous. Quelques hommes mettent à l'eau une barque et font force de rames pour atteindre l'épave.

Pendant ce temps, une espèce de fête s'organise autour de l'hypothétique sauvetage. Du plus aisé au plus pauvre, chacun s'efforce d'apporter une offrande pour le festin.

Les fainéants du début, flairant une bonne occasion de se régaler, ne sont pas loin...

Les pêcheurs ont atteint la barque. Il s'y trouve un naufragé. Il est grand, blond, il n'est pas d'ici. Il respire encore, bien que terrassé par le soleil et la soif.

Avec mille soins attentifs, on le ramène sur la plage, tandis que sa barque est prise en remorque par un autre bateau venu à la rescousse.

Alors, c'est la fête en plein air. Sur des grils, on fait rôtir de la viande et des galettes. Les femmes s'affairent autour de l'étranger; on le lave, on l'étend dans un hamac, on le fait boire, on l'habille.

Il se ranime enfin.

Sous l'effet du vin et de l'excitation de l'événement, la tension monte peu à peu. Une sorte de cortège se forme. Lorsque l'étranger réussit à se mettre debout et à faire quelques pas chancelants, c'est le délire. On le hisse à dos d'homme. Le soir est tombé et on le porte en triomphe à la lueur des torches. La musique est partout et le faubourg indigène s'anime comme pour un carnaval. Les Blancs passent dans leurs grosses voitures blanches, indifférents à l'agitation du peuple.

Sur le quai, bien tranquilles dans leur coin habituel, les trois vagabonds que nous avons vus au début du film ont assemblé des victuailles et des boissons et font bombance en chantant des chants burlesques.

Le cortège du naufragé est arrivé sur une placette et des musiciens jouent.

Une fille, Maria, est là avec son amant, le guitariste Manoel. Elle est belle, jeune, ardente et sensuelle. Elle danse au milieu des hommes, accompagnée par les rythmes étranges des instruments de percussion, bongos, tumbas et congas.

Elle danse une longue danse de provocation autour du naufragé que l'on a installé sur des caisses comme un roi au milieu de ses sujets.

Il est grisé par la fatigue, la joie du sauvetage et l'excès d'agitation. Sans paroles, en quelques gestes, en quelques regards, Maria lui fait comprendre qu'elle sera à lui s'il la désire.

Avec la complicité de Pedrito, profitant de l'agitation et de la confusion croissantes, elle réussit à distraire l'attention jalouse de Manoel.

La fête est à son comble. La frénésie s'est emparée de tous. Filles et garçons dansent et boivent, les plus âgés mangent et s'amusent, des capoeiristes luttent à la lueur des torches.

Maria a disparu. Guidé par Pedrito, le naufragé la rejoint sur le quai où tout a commencé.

Au milieu de l'écho lointain des danses, non loin des trois vagabonds qui, discrètement, rabattent leur chapeaux sur leurs yeux, le naufragé et Maria font l'amour.

Mais Manoel s'est aperçu du départ de Maria. Il saisit Pedrito, qu'il a vu parler à Maria, et, le brutalisant, l'oblige à l'accompagner là où sont Maria et le naufragé. Maria est étendue avec le naufragé. Manoel a surgi. La lutte est brève. D'un coup de couteau, Manoel éventre l'homme.

Il s'éloigne. Sans une larme, Maria s'est levée et s'éloigne à son tour.

Des torches s'approchent. Sanglotant, Pedrito se jette aux pieds de son héros. Dégrisé, le village regarde le cadavre.

Une à une, les lumières disparaissent. Sans se parler, en groupes, les hommes et les femmes séparés, les gens du village regagnent leurs cabanes.

Impuissants et indifférents, les trois vagabonds ont vu le meurtre.

Haussant les épaules et buvant une dernière gorgée, ils se lèvent mélancoliquement, empoignent par les pieds et les mains le corps du naufragé et le rejettent à l'eau.

La fête est finie.

À propos du texte

A. Quels sont les faits les plus importants de «Fiesta» ? Classez les trois événements principaux par ordre d'importance (1-2-3), selon vous.

Pedrito joue.
On sauve le naufragé.
On lave le naufragé.
Les femmes préparent un festin.
Les Blancs passent mais ne participent pas à la fiesta.
Maria danse.
Le naufragé part avec Maria faire l'amour.
Manoel tue le naufragé.
Les vagabonds regardent le naufragé assassiné.
On rejette le corps à l'eau.

B. Demandez à un(e) camarade de classe...

1. de décrire la scène du début.
2. de contraster la réaction de Pedrito devant le naufragé au début et à la fin devant sa mort.
3. d'où peut venir le naufragé.
4. pourquoi on célèbre le sauvetage.
5. ce qui attire Maria vers le naufragé.
6. pourquoi Pedrito amène Manoel au naufragé et à Maria.
7. si le naufragé mérite d'être tué ainsi et pourquoi (oui ou non).
8. de préciser quelle est la réaction générale à la mort du naufragé.

Appréciation littéraire

C. Discussion.

1. Expliquez la grande joie du village quand on sauve le naufragé. Pourquoi n'y a-t-il pas d'autre réaction dans le village quand Manoel le tue?
2. Pourquoi le naufragé n'a-t-il pas de nom? Qu'est-ce qu'il représente pour les habitants de ce village?
3. À votre avis, pourquoi Vian a-t-il situé le lieu d'action dans un village en Amérique du Sud au lieu d'un village dans le sud de la France ou dans un autre endroit?
4. Ce scénario s'ouvre et se ferme sur trois vagabonds anonymes. Quelle est la signification de ces personnages obscurs? Ont-ils une fonction particulière dans la structure du scénario?

Réactions personnelles

D. Êtes-vous choqué(e) par la fin de cette histoire? Expliquez votre réaction. Citez les détails qui vous ont choqué(e), intéressé(e), etc. L'intrigue se déroule-t-elle très différemment de ce que vous aviez imaginé après avoir lu trois paragraphes? Comment expliquer l'écart ou la coïncidence entre votre version et celle de l'auteur?

E. Précisez pourquoi vous trouvez que c'est une histoire morale, amorale[5] ou immorale.

F. À votre avis, ce scénario pourrait-il réussir comme film? Précisez pourquoi (oui ou non). Est-ce qu'il faudrait ajouter des dialogues ou entendrait-on seule la voix d'un narrateur? Quels acteurs imaginez-vous dans ces rôles?

La Légende de l'homme à la cervelle d'or

Alphonse Daudet

Alphonse Daudet (1840-1897), auteur réaliste né à Nîmes s'est inspiré de son Midi natal dans beaucoup de ses œuvres. «Les Lettres de mon moulin»,[6] recueil d'où l'histoire que vous allez lire est tirée, lui apporta la célébrité. Daudet y mêle l'humour et la fantaisie pour évoquer l'existence des gens et des animaux qui vivent autour de son moulin provençal. Dans «La Légende de l'homme à la cervelle d'or», le fantastique l'emporte sur la fantaisie.

Avant de lire «La Légende de l'homme à la cervelle d'or»

Préparation du vocabulaire

A. Le français possède plusieurs suffixes pour indiquer qu'un objet est petit. On peut ajouter **-et** (à un nom masculin), **-ine, -ette** ou **-lette** (à un nom féminin). Ainsi des **lunettes** signifient de «petites lunes».
Que veut dire chacun des mots suivants?

1. garçonnet
2. bottine
3. piécette
4. historiette
5. gouttelette

5. *Amoral(e)* = sans objectif moral.
6. *Moulin* (m.) = bâtiment où on pulvérise le grain des céréales pour faire de la farine, par exemple, pour faire du pain. Remarquez que la Hollande n'est pas le seul pays à avoir des moulins à vent.

B. Vous savez maintenant qu'il n'est pas toujours nécessaire de comprendre tous les mots pour lire un texte.

1. En lisant le texte suivant, ne vous arrêtez pas devant chaque mot que vous ne savez pas. Cochez[7] l'endroit où se trouve le mot, et continuez la première lecture pour avoir une idée globale de l'histoire.
2. Lisez le texte une deuxième fois. Comme vous aurez une idée des mots importants, cherchez seulement ces mots-là dans votre dictionnaire (si vous n'en avez pas deviné les sens, bien entendu!).
3. Écrivez les nouveaux mots les plus utiles dans votre cahier de vocabulaire.

Pour mieux lire

C. La formule narrative *«Il était une fois...»* signale en général une ambiance de vieille histoire du passé, une légende, un mythe, un conte de fée. On peut également avoir une idée du caractère général de l'histoire dans le titre, qui en indique souvent les éléments essentiels. «La Légende de l'homme à la cervelle d'or» contient un prologue, suivi de la légende, qui commence au quatrième paragraphe avec les mots *Il était une fois...* D'après le titre «La Légende de l'homme à la cervelle d'or», et le début de la légende (*Il était une fois...*) lesquels des adjectifs suivants s'appliquent probablement à cette histoire?

fantastique **féministe** **folklorique** **futuriste**
moraliste **politique** **réaliste**

Qu'est-ce qui vous amène à ce choix?

La Légende de l'homme à la cervelle d'or

À la dame qui demande des histoires gaies.

En lisant votre lettre, madame, j'ai eu comme un remords. Je m'en suis voulu de[8] la couleur un peu trop demi-deuil de mes historiettes, et je m'étais promis de vous offrir aujourd'hui quelque chose de joyeux, de follement joyeux.

Pourquoi serais-je triste, après tout? Je vis à mille lieues des brouillards parisiens, sur une colline lumineuse, dans le pays des tambourins et du vin muscat. Autour de chez moi tout n'est que soleil et musique; j'ai des orchestres de culs-blancs, des orphéons de mésanges; le matin, les courlis qui font: « Coureli! coureli! », à midi, les cigales; puis les pâtres qui jouent du fifre, et les belles filles brunes qu'on entend rire dans les vignes... En vérité, l'endroit est mal choisi pour broyer du noir; je devrais plutôt

7. *Cochez* = marquez (au crayon) d'un signe.
8. *S'en vouloir de* = être mécontent de soi-même.

expédier aux dames des poèmes couleur de rose et des pleins paniers de contes galants.

Eh bien, non! je suis encore trop près de Paris. Tous les jours, jusque dans mes pins, il m'envoie les éclaboussures de ses tristesses... À l'heure même où j'écris ces lignes, je viens d'apprendre la mort misérable du pauvre Charles Barbara; et mon moulin en est tout en deuil. Adieu les courlis et les cigales! Je n'ai plus le cœur à rien de gai... Voilà pourquoi, madame, au lieu du joli conte badin que je m'étais promis de vous faire, vous n'aurez encore aujourd'hui qu'une légende mélancolique.

Il était une fois un homme qui avait une cervelle d'or; oui, madame, une cervelle toute en or. Lorsqu'il vint au monde, les médecins pensaient que cet enfant ne vivrait pas, tant sa tête était lourde et son crâne démesuré. Il vécut cependant et grandit au soleil comme un beau plant d'olivier; seulement sa grosse tête l'entraînait toujours, et c'était pitié de le voir se cogner à tous les meubles en marchant... Il tombait souvent. Un jour, il roula du haut d'un perron et vint donner du front contre un degré de marbre, où son crâne sonna comme un lingot. On le crut mort, mais en le relevant, on ne lui trouva qu'une légère blessure, avec deux ou trois gouttelettes d'or caillées dans ses cheveux blonds. C'est ainsi que les parents apprirent que l'enfant avait une cervelle en or.

La chose fut tenue secrète; le pauvre petit lui-même ne se douta de[9] rien. De temps en temps, il demandait pourquoi on ne le laissait plus courir devant la porte avec les garçonnets de la rue.

«On vous volerait, mon beau trésor!» lui répondait sa mère...

Alors le petit avait grand-peur d'être volé; il retournait jouer tout seul, sans rien dire, et se trimbalait lourdement d'une salle à l'autre...

À dix-huit ans seulement, ses parents lui révélèrent le don monstrueux qu'il tenait du destin; et, comme ils l'avaient élevé et nourri jusque-là, ils lui demandèrent en retour un peu de son or. L'enfant n'hésita pas; sur l'heure même—comment? par quels moyens? la légende ne l'a pas dit—, il s'arracha du crâne un morceau d'or massif, un morceau gros comme une noix, qu'il jeta fièrement sur les genoux de sa mère... Puis tout ébloui des richesses qu'il portait dans la tête, fou de désirs, ivre de sa puissance, il quitta la maison paternelle et s'en alla par le monde en gaspillant son trésor.

Du train dont il menait sa vie, royalement, et semant l'or sans compter, on aurait dit que sa cervelle était inépuisable... Elle s'épuisait cependant, et à mesure on pouvait voir les yeux s'éteindre, la joue devenir plus creuse. Un jour enfin, au matin d'une débauche folle, le malheureux, resté seul parmi les débris du festin et les lustres qui pâlissaient, s'épouvanta de l'énorme brèche qu'il avait déjà faite à son lingot: il était temps de s'arrêter.

Dès lors, ce fut une existence nouvelle. L'homme à la cervelle d'or s'en alla vivre à l'écart, du travail de ses mains, soupçonneux et craintif comme

9. *Se douter de* = soupçonner.

un avare, fuyant les tentations, tâchant d'oublier lui-même ces fatales richesses auxquelles il ne voulait plus toucher... Par malheur, un ami l'avait suivi dans sa solitude, et cet ami connaissait son secret.

Une nuit, le pauvre homme fut réveillé en sursaut par une douleur à la tête, une effroyable douleur; il se dressa éperdu, et vit, dans un rayon de lune, l'ami qui fuyait en cachant quelque chose sous son manteau...

Encore un peu de cervelle qu'on lui emportait!

À quelque temps de là, l'homme à la cervelle d'or devint amoureux, et cette fois tout fut fini... Il aimait du meilleur de son âme une petite femme blonde, qui l'aimait bien aussi, mais qui préférait encore les pompons, les plumes blanches et les jolis glands mordorés battant le long des bottines.

Entre les mains de cette mignonne créature—moitié oiseau, moitié poupée—, les piécettes d'or fondaient que c'était un plaisir.[10] Elle avait tous les caprices; et lui ne savait jamais dire non; même, de peur de la peiner, il lui cacha jusqu'au bout le triste secret de sa fortune.

«Nous sommes donc bien riches?» disait-elle.

Le pauvre homme lui répondait: «Oh! oui... bien riches!»

Et il souriait avec amour au petit oiseau bleu qui lui mangeait le crâne innocemment. Quelquefois cependant la peur le prenait, il avait des envies d'être avare; mais alors la petite femme venait vers lui en sautillant, et lui disait: «Mon mari, qui êtes si riche! achetez-moi quelque chose de bien cher... »

Et il lui achetait quelque chose de bien cher.

Cela dura ainsi pendant deux ans; puis, un matin, la petite femme mourut, sans qu'on sût pourquoi, comme un oiseau... Le trésor touchait à sa fin; avec ce qui lui restait, le veuf fit faire à sa chère morte un bel enterrement. Cloches à toute volée, lourds carrosses tendus de noir, chevaux empanachés, larmes d'argent dans le velours, rien ne lui parut trop beau. Que lui importait son or maintenant...? Il en donna pour l'église, pour les porteurs, pour les revendeuses d'immortelles: il en donna partout.

Aussi,[11] en sortant du cimetière, il ne lui restait presque plus rien de cette cervelle merveilleuse, à peine quelques parcelles aux parois du crâne.

Alors on le vit s'en aller dans les rues, l'air égaré, les mains en avant, trébuchant comme un homme ivre. Le soir, à l'heure où les bazars s'illuminent, il s'arrêta devant une large vitrine dans laquelle tout un fouillis d'étoffes et de parures reluisait aux lumières, et resta longtemps à regarder deux bottines de satin bleu bordées de duvet de cygne. «Je sais quelqu'un à qui ces bottines feraient bien plaisir», se disait-il en souriant; et, ne se souvenant déjà plus que la petite femme était morte, il entra pour les acheter.

Du fond de son arrière-boutique, la marchande entendit un grand cri; elle accourut et recula de peur en voyant un homme debout, qui s'accotait

10. *Fondaient que c'était un plaisir* (style du Midi) = disparaissaient vite et facilement.
11. Dans ce contexte *aussi* = par conséquent.

au comptoir et la regardait douloureusement d'un air hébété. Il tenait d'une main les bottines bleues à bordure de cygne, et présentait l'autre main toute sanglante, avec des raclures d'or au bout des ongles.

Telle est, madame, la légende de l'homme à la cervelle d'or.

Malgré ses airs de conte fantastique, cette légende est vraie d'un bout à l'autre... Il y a par le monde de pauvres gens qui sont condamnés à vivre avec leur cerveau, et paient en bel or fin, avec leur moelle et leur substance, les moindres choses de la vie. C'est pour eux une douleur de chaque jour; et puis, quand ils sont las de souffrir...[12]

À propos du texte

A. Racontez «La Légende de l'homme à la cervelle d'or». Les mots suivants pourraient vous aider.

cervelle / parents / blessure / révéler / arracher / quitter gaspiller / épuiser / amoureux / cacher / acheter / mourir enterrement / boutique / sanglant

B. Répondez.

1. L'homme à la cervelle d'or est-il entièrement victime de sa monstruosité? Avez-vous pitié de lui? Justifiez votre réponse.
2. Considérez les autres personnages (les parents, l'ami, la femme, la marchande). Est-ce que l'homme peut compter sur eux? Pourquoi (pas)?
3. À votre avis, pourquoi les parents ne commencent-ils pas plus tôt à profiter de la «fortune» de leur fils?
4. Pourquoi l'homme se donne-t-il à la débauche?
5. Que pensez-vous de la dernière scène?

Appréciation de l'art de raconter

C. Considérez et discutez.

1. La présentation de cette légende commence par un prologue (petite introduction) et finit par un épilogue (petit commentaire ou conclusion). À quoi servent-ils?
2. Dans la littérature fantastique (légende, mythe, conte de fée, science fiction) la peinture des personnages est-elle approfondie? (analyses et portraits psychologiques, l'évolution des personnalités, comment le passé explique le présent, traits sympathiques et antipathiques, complexes, etc.) Préférez-vous un portrait moral[13] com-

12. *Quand ils sont las de souffrir...* = quand ils ne supportent plus leur existence...
13. *Moral* ≠ *physique*.

plet peint par le narrateur ou appréciez-vous davantage un personnage dont le caractère est indiqué surtout par ses actions et ses paroles? Pourquoi?

3. Connaissez-vous d'autres œuvres (littérature? cinéma? télé?) où la dégradation morale ou psychologique s'exprime par la physionomie troublée du personnage?

   Ce rapport entre morale et physique est-il nécessaire? Pourquoi (pas)?

D. Rédactions.

1. Entre le prologue et l'épilogue: une quinzaine de paragraphes pour raconter l'histoire avec un défilé de personnages (l'homme, ses parents, un ami, la femme, la marchande). Comment la suppression d'un paragraphe ou d'un personnage aurait-elle changé le dénouement?
2. Ajoutez un paragraphe et un personnage de votre invention, mais qui ne changeront pas substantiellement la fin originelle.
3. Ajoutez un paragraphe et un personnage qui résultent en une conclusion différente de celle de l'auteur.

Réactions personnelles

E. Comment réagiriez-vous ou auriez-vous réagi à dix-huit ans devant des parents pareils? ou comment réagiriez-vous devant un(e) ami(e) qui vous vole? devant votre époux ou votre épouse dont le bonheur consiste à dépenser frivolement de l'argent?

F. Est-ce une critique de la valeur excessive de l'argent dans la société ou une critique de l'égoïsme fondamental de l'être humain... ou une critique d'autre chose? De quoi?

G. Comment finiriez-vous la dernière phrase de cette histoire?

H. Inventez une «légende» en une douzaine de phrases qui commence par *«Il était une fois...»*. Il y aura quatre personnages et une conclusion morale. Chaque étudiant contribuera une phrase.

Comment ils nous font la cour

Barbara Victor *adapté par Anne-Élisabeth Moutet*

Invitée à dîner par un Français à Paris, puis par un Américain à New York, notre journaliste s'est faite l'arbitre d'un affrontement à distance entre deux sortes de courtisans.

Le Français lui baise la main et n'écoute pas un mot de ce qu'elle dit. L'Américain la prend terriblement au sérieux mais manque totalement de fantaisie. Au terme d'une étude comparative de deux spécimens d'hommes aussi différents que possibile, notre spécialiste américaine a rendu son verdict: léger avantage pour le French Lover.[14]

Avant de lire «Comment ils nous font la cour»

Préparation du vocabulaire

A. Voici quelques mots et expressions utiles pour votre compréhension de l'article. Lisez les explications, puis répondez aux questions.

1. *Manquer de* signifie *ne pas avoir de.* On *manque de* goût si on n'a pas de goût.
   a. À votre avis, quel personnage célèbre *manque de* charme?
   b. Quand *manquez-*vous *d'*énergie?
2. *Une allure, une mine* signifient *l'apparence, l'air* de quelqu'un. Si on a *mauvaise mine,* on a l'air d'être en mauvaise santé.
   a. Est-ce que le professeur a bonne *mine* aujourd'hui?
   b. Complimentez votre professeur sur son *allure.*
3. *Combler un fossé* veut dire minimiser une distance, souvent psychologique, entre deux personnes, deux groupes, etc. On dit souvent qu'on doit *combler le fossé* entre les générations.
   a. Que peut-on faire pour *combler le fossé* entre deux cultures?
   b. Que faites-vous pour *combler le fossé* des générations entre vous et vos parents?
4. *Appartenir à* signifie *être la possession de.* La Martinique appartient à la France.
   a. À qui *appartient* votre appartement, chambre ou maison?
   b. Quelles territoires *appartiennent aux* USA?
5. *À peine* signifie *ne... guère (presque pas).*
   Comme il entend mal, il comprend *à peine* ce qu'on lui dit. (...il *ne* comprend *guère* ce qu'on lui dit.)
   Dites la même chose...
   a. Je *n'*ai *guère* dormi.
   b. Vous *n'*avez *guère* le temps de finir ce travail.
   c. Il est si vieux qu'il *ne* travaille *guère.*

Préparation du style

B. Vous avez déjà vu un style elliptique, c'est-à-dire l'emploi de fragments de phrases, dans les questionnaires de Proust et dans «Exercices de style». En style journalistique on se sert souvent d'ellipses, pour signifier la phrase entière. Regardez ces phrases elliptiques (en italique) et refaites-les en phrases complètes.

> *janvier. Dernière soirée avant de retrouver New York pour quelques jours de vacances.* J'ai rendez-vous avec un Français dans une chapelle reconvertie

14. Introduction à l'article de Barbara Victor dans *Elle Plus,* février 1987.

en restaurant. *Curieux décor, curieuse ambiance, mélange subtil de sacré et d'intimité.*

Étaient-elles difficiles à comprendre? Pourquoi? Proposez quelques raisons pour lesquelles le style journalistique emploie ces formules elliptiques.

Pour mieux lire

C. Discussion.

1. Avez-vous des idées stéréotypées sur certains pays, cultures, femmes, hommes? Précisez.
2. À votre avis êtes-vous large d'esprit? Faites-vous confiance à votre jugement sur les autres ou reconnaissez-vous vos propres préjugés?
3. Dans votre propre milieu, quel comportement (manières, étiquette, mode, conversation, etc.) attendez-vous de la part de la personne avec laquelle vous sortez (dîner, au cinéma, à un concert, à une partie, etc.)?
4. Racontez une sortie réussie et une sortie ratée.

D. Comme vous avez vu dans votre préparation de «La Légende de l'homme à la cervelle d'or» (page 153), on peut souvent prédire le contenu d'un texte en considérant le titre et en lisant son début. Pour avoir une idée du contenu de cet article, lisez le titre et les deux paragraphes aux pages 157-158 qui ont servi d'introduction dans *Elle Plus.*

À votre avis, qui fera les choses suivantes dans l'article, le Français ou l'Américain?

1. parler de politique
2. raconter des anecdotes de sa jeunesse
3. héler un taxi pour la journaliste
4. apporter son attaché-case au dîner
5. parler de la «géographie féminine»
6. arriver en retard au restaurant
7. complimenter la journaliste sur son apparence
8. lui dire qu'elle a l'air d'avoir travaillé toute la nuit

Comment ils nous font la cour

janvier. Dernière soirée avant de retrouver New York pour quelques jours de vacances. J'ai rendez-vous avec un Français dans une chapelle reconvertie en restaurant. Curieux décor, curieuse ambiance, mélange subtil de sacré et d'intimité.

En suivant le maître d'hôtel qui me conduisait à ma table, je notai avec une pointe d'amusement qu'il n'y avait là que des couples se regardant

J'avais une petite mine, le cheveu triste, et l'œil maquillé à la va-vite.

dans le blanc des yeux à la lueur des bougies. Mon ami se leva et m'accueillit d'un baisemain furtif. Impossible de ne pas comparer avec l'Amérique où l'homme qui se risque à pareille galanterie est immédiatement pris pour un gigolo ou un francophile prétentieux. Avant même que je me sois assise, mon compagnon me complimentait sur mon allure. Je sais bien que la flatterie est innée chez tout Français digne de ce nom, mais tout de même! J'avais une petite mine, le cheveu triste, et l'œil maquillé à la va-vite. Je le remerciai avec effusion en expliquant que pas du tout, au contraire, ça faisait trois nuits que j'essayais de finir un papier difficile... Mon Français ne fit qu'en sourire, et continua de plus belle. J'étais ravissante, toute la journée il avait attendu cette soirée avec impatience et il trouvait mon dernier livre formidable. Je le soupçonnais fortement de n'avoir même pas ouvert le livre en question. Néanmoins, j'avais compris qu'il faisait des efforts héroïques pour combler le fossé qu'il sentait entre lui et une «career-woman» américaine.

On me tendit un menu, et avant que je puisse fouiller dans mon sac pour prendre mes lunettes, sa main s'était posée sur la mienne. L'autoriserais-je à choisir pour moi? Absolument pas, répondis-je, après tout il n'avait aucune idée de ce dont j'avais envie. À vrai dire, je n'en avais pas la moindre idée moi-même. J'avais même du mal à comprendre le français alambiqué dans lequel était rédigé le menu. Mais, encore une constante typiquement française, tout ce qui aboutit dans mon assiette s'avéra tout de même délicieux. Et j'avais néanmoins réussi à lui faire comprendre à qui il avait affaire.

Tout en sirotant mon champagne, je me lançai dans une analyse géopolitique de la situation internationale. Mon compagnon m'écoutait patiemment. Oui, finit-il par m'avouer, tout ce que je lui apprenais était fort instructif, mais ce qui l'intéressait, c'était plutôt la géographie féminine... Il se pencha vers moi avec des airs de conspirateur, et se mit à me raconter ses fredaines de jeunesse que j'écoutai, moi aussi, patiemment. Mon Dieu, qu'il était décidément typiquement français! Il m'expliqua que, quand il était petit, il adorait fouiller dans les sacs des femmes pour en examiner le contenu. Il apprit ainsi à faire des différences subtiles entre le peigne, le portefeuille, le carnet, le stylo qu'il trouvait en possession d'une femme, et les mêmes articles appartenant à un homme. En riant, je lui répondis qu'aux États-Unis, tout homme surpris à fouiller dans le sac d'une femme serait immédiatement soupçonné d'être soit un pickpocket naturellement, soit un voyeur ou encore un androgyne envieux. Il balaya mon explication d'un geste et déclara que les Américains n'avaient aucune idée de ce qu'étaient les femmes en réalité. Essayer de comprendre une femme en détaillant le contenu de son sac était quelque chose de bien plus intime que de lui faire l'amour, poursuivit-il. Pour lui, se glisser dans l'esprit, le cœur d'une femme était en quelque sorte un prélude indispensable à la découverte de son corps. Je me surpris la main crispée sur la fermeture de mon sac et me dis que, pour arriver à ses fins, somme toute classiques, il utilisait des voies détournées assez originales. En tout cas, personne ne m'avait encore fait ce coup-là! Et quand, après un dernier baisemain en règle, je me retrouvai enfin seule dans mon appartement, je ne pus m'empêcher de me sentir plutôt soulagée.

Le lendemain matin je m'envolai vers New York, débarquai huit heures plus tard, et le soir même me retrouvai dans un restaurant à la mode de l'East Side, bondé et bruyant. J'avais rendez-vous avec un Américain et la soirée démarrait plutôt mal. Il avait un quart d'heure de retard. Il apparut finalement en agitant son attaché-case et en pestant contre les embouteillages. À peine le temps de m'effleurer la joue et d'entamer son double Martini, le voilà déjà qui s'apitoie sur ma mine épouvantable: j'avais sûrement passé la nuit à terminer mon dernier article... Le dîner fut commandé sans tarder et la conversation orientée—par lui—sur les événements politiques des derniers mois. Tandis qu'il payait l'addition, je lui demandai brusquement: «Veux-tu voir ce qu'il y a dans mon sac?» Il me regarda comme si j'étais devenue complètement folle. «Non, dit-il, pourquoi veux-tu que le contenu de ton sac m'intéresse?» Je haussai les épaules et le suivis dans la rue. Je me sentais vaguement triste tandis qu'il me hélait un taxi, me déposait un autre baiser rapide sur la joue, et me conseillait gentiment de prendre du repos.

Sans affirmer que la révolution féministe en Amérique s'est arrêtée complètement, on peut tout de même constater qu'elle a considérablement ralenti. Malheureusement, les femmes ont oublié de signaler aux hommes le moment où il fallait changer de vitesse. Nous avons obtenu ce que nous avions décidé d'obtenir—l'égalité—mais en même temps nous avons engendré des monstres. Nous voilà encombrées d'hommes qui ont totalement assimilé la rhétorique du mouvement féministe et nous traitent en égales. Résultat, plus de tendresse, plus de sentiment, tout cela s'est trouvé gommé du répertoire de la séduction. La plupart des hommes américains ont été tellement traumatisés par notre révolution qu'ils ne nous donnent plus jamais l'impression de nous considérer comme de simples femmes. Je me pris à penser à mon ami français, et me rendis compte que les Français n'avaient pas souffert de la même façon de la révolution féministe. Certes les Françaises aussi se sont battues pour l'égalité, mais elles s'y sont prises avec plus de discrétion. Elles n'ont pas ouvertement défié les hommes, et surtout elles n'ont pas exigé que ceux-ci cessent de faire cas de leur sexualité. Ce que bien entendu les Américaines ont fait! Dans mon taxi, sur le chemin du retour, je réalisai que si mon compagnon américain avait le mérite de la franchise, il m'avait laissé sur ma soif de fantaisie. Mon ami français, lui, avait été parfaitement inattendu, mais je restais sceptique quant à sa sincérité. Décidément, impossible de gagner sur tous les tableaux! Au moins mon dîner avec le Français avait-il été une délicieuse parenthèse dans le passé—une balade nostalgique dans une époque révolue—et en tout cas, j'avais certainement fait un bien meilleur dîner!

dans *Elle Plus*, février 1987

À propos du texte

A. Vous avez un(e) ami(e) qui n'a pas encore lu cet article. Comme vous croyez qu'il(elle) le trouverait intéressant (ou amusant), vous le racontez brièvement à votre ami(e) pour le(la) persuader de le lire.

Appréciation du style indirect

B. Remarquez que les conversations entre la journaliste et ses deux amis sont relatées dans un mélange de discours indirect (implicite ou explicite) et de discours direct. Écrivez un dialogue au discours direct entre la femme américaine et un de ses deux amis pendant un de ces dîners. Vous pouvez enrichir la conversation par des répliques que vous inventerez.

Réactions personnelles

C. Croyez-vous que l'auteur a trop attribué à des facteurs culturels des différences peut-être purement personnelles entre ces deux hommes? Justifiez votre réponse.

D. Si vous êtes une femme, avec lequel des deux hommes dans l'article préféreriez-vous sortir? Si vous êtes un homme, est-ce que cette journaliste aimerait sortir avec vous? Pourquoi?

E. Êtes-vous sorti(e) avec deux femmes (hommes) qui viennent de deux pays différents ou de deux régions différentes? Racontez ces deux soirées en insistant sur les différences culturelles entre les deux. Avez-vous une préférence?

Mise en perspective

1. **L'Amour et le pessimisme.** Ces trois textes proposent une vision assez pessimiste de l'amour. Précisez le pessimisme dans chacun d'entre eux, en montrant aussi l'importance de l'amour dans chaque histoire.
2. **La Technique narrative.** Toutes ces histoires s'adressent à un type de lecteur différent. Quel est le rapport entre la technique narrative et le public auquel est destinée l'histoire? À votre avis, dans quelle histoire l'art de raconter est-il le mieux développé? Pourquoi?
3. **«Le Choc culturel».** Le «choc culturel» est un des thèmes de «Fiesta» et de «Comment ils nous font la cour». De quelles cultures s'agit-il? Pourquoi sont-elles en conflit? Précisez l'importance du choc culturel dans ces deux histoires.

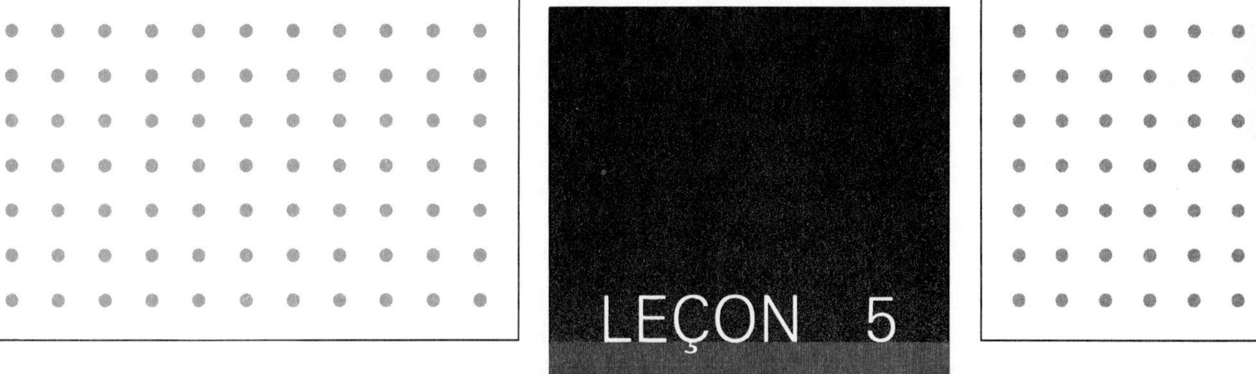

Indiquer la chronologie

Comme beaucoup de langues, le français possède un système verbal qui permet de préciser toutes sortes de rapports temporels, par exemple, l'antériorité (l'action qui précède) ou la postériorité (l'action qui suit). Mais le français exploite ce système d'une façon particulière en insistant sur la relation entre les temps. Le verbe français, ainsi que d'autres éléments (adverbes, adjectifs), peut accentuer certains aspects du temps dont on ne s'occupe guère en anglais, alors que le système verbal anglais comporte des connotations absentes en français. Pour vous rendre compte de combien la notion de temps est différente entre les deux langues, prenez un dictionnaire anglais et comparez sa définition du *temps* à celle-ci: «Milieu indéfini où paraissent se dérouler irréversiblement les existences dans leur changement, les événements et les phénomènes dans leur succession».[1]

1. *Dictionnaire alphabétique et analogique de la langue française*, Paul Robert, ed. (Paris: Société du Nouveau Littré, 1986), p. 1938.

LA DÉVEINE

—Je ne comprends pas. Comment le bonhomme en noir peut-il commencer par dire «non» avant de savoir ce que celui avec le nœud papillon aura dit?

—Eh bien, le premier bonhomme avait déjà anticipé par télépathie la pensée du deuxième justement avant qu'il formule une phrase ou prononce un mot!

—Ce n'est pas croyable!

—Il s'agit de PES (perception extra-sensorielle). Le premier possède des qualités exceptionnelles de PES et depuis qu'il est assis au bar reçoit imperceptiblement la transmission de pensée de l'autre. Après avoir reçu et compris le message, il répond comme si l'autre lui avait vraiment posé une question.

—D'accord, mais je n'y vois rien de très drôle.

—Mais si! La question que l'autre allait poser aurait porté sur le phénomène de l'intuition inexplicable, la preuve même de ce que le premier réfute en disant «non» au début.

Structures

Adjectifs qui indiquent la chronologie

Les adjectifs suivants indiquent la chronologie.

passé	présent	futur	proximité	simultanéité
ancien (= ex-)	**actuel**	**futur**	**immédiat**	**contemporain**
passé	**présent**	**prochain**	**proche**	**moderne**
dernier		**imminent**		**simultané**
précédent		**prévu**		
récent		**attendu**		

Mon **ancien** professeur de physique vient de recevoir le prix Nobel.
L'état **actuel** de l'économie est instable.
Les reporters devaient s'y plier, sans omettre la moindre des subdivisions **prévues** dans le plan. (Grenier)
L'heure de sa venue est **proche**.
Michel-Ange et Rabelais étaient **contemporains.**

A. Dates et événements. Identifiez les personnes et les événements indiqués en finissant les phrases avec un adjectif de la liste suivante:

ancien	**imminent**	**prévu**
dernier	**passé**	**prochain**
futur	**précédent**	**récent**

▷ Le 31 décembre...
Le 31 décembre est le dernier jour de l'année.

1. Jimmy Carter...
2. Maintenant, c'est 1988. L'année 1989...
3. Mon anniversaire...
4. Le début de ma première année à l'université...
5. Les Jeux olympiques...

B. Mémoire. Demandez à un(e) camarade de dire:

1. quels anciens présidents des États-Unis vivent encore aujourd'hui
2. le parti du futur président (probablement)
3. ce qu'il(elle) a fait la semaine passée
4. le nom du mois dernier
5. le nom du dernier mois de l'année
6. la date de samedi prochain
7. le nom de la prochaine saison
8. s'il pense avec plus de plaisir à ses vacances futures ou passées
9. le nom du premier ministre actuel de l'Angleterre
10. le nom d'un personnage historique contemporain de Napoléon

: Adverbes qui indiquent la chronologie

Les adverbes suivants indiquent la chronologie.

1. Adverbes qui indiquent une suite d'événements

Pour commencer	Pour continuer	Pour terminer
d'abord	**au bout d'un moment**	**enfin**
tout d'abord	**ensuite**	**finalement**
premièrement	**puis**	
au début	**plus tard**	
au commencement	**bientôt**	
	après	
	peu après	
	tout à l'heure	
	alors	
	par la suite	

... **puis**, un matin, la petite femme mourut, sans qu'on sût pourquoi... (Daudet)

Plus tard il m'expliqua qu'il était sur le port de Marseille depuis bientôt vingt-cinq ans. (Sembène)

Peu après, un bruit se fit entendre. (Michaux)

Ensuite, le froid le réveilla. (Michaux)

D'abord je me suis levé. **Ensuite** je me suis lavé et habillé et **puis** j'ai déjeuné. **Enfin** je me suis remis à étudier.

- Les adverbes de la liste «pour continuer» peuvent s'employer dans n'importe quel ordre.

D'abord je me suis levé, **et peu après**, je me suis lavé et habillé. **Ensuite** j'ai déjeuné. **Bientôt** je suis sorti. **Puis** je suis rentré...

- **Tout à l'heure** indique surtout un moment proche dans le futur.

  Je vais sortir **tout à l'heure**.

  Mais il peut aussi désigner un passé immédiat.

  Je suis sorti **tout à l'heure**.

2. D'autres adverbes qui indiquent un rapport avec la chronologie
Indiquer le temps est une des fonctions principales de l'adverbe en général. Par conséquent, le français possède un très grand nombre d'autres adverbes qui expriment toutes les nuances du temps: présent, passé ou futur (proche, distant, simultané).

anciennement	**parallèlement**
autrefois(= jadis)	**précédemment**
dernièrement	**récemment**
immédiatement(= aussitôt)	**simultanément**
momentanément	**ultérieurement**

J'ai lu cet article **dernièrement**.
Elle va le voir **momentanément**.

C. Renseignements. Selon le modèle, expliquez comment faire les choses suivantes. Vous pouvez varier l'ordre des adverbes de transition.

▷ aller chez vous
Si vous voulez venir chez moi, il faut d'abord sortir de ce bâtiment. Puis tournez à gauche et traversez la rue. Ensuite allez tout droit. Vous trouverez peu après la résidence des étudiants. Alors, entrez et montez au troisième étage. Finalement frappez à la porte de la chambre 315 et vous serez arrivé(e).

1. aller en ville
2. aller à la poste
3. dîner dans la cafétéria
4. trouver la bibliothèque

: Verbes qui indiquent la chronologie

Les verbes suivants indiquent un ordre chronologique.

avant	après
précéder	**suivre**
venir avant	**venir après**
	succéder à (situations historiques ou officielles)

L'hiver **précède** le printemps comme lundi **vient avant** mardi.
Une explosion démographique **a suivi** la guerre.
Le président Reagan **a succédé au** président Carter.

D. Avant ou après? Situez chronologiquement les deux éléments. Faites attention aux temps des verbes.

▷ la maladie et la guérison
La guérison suit la maladie. ou *La maladie précède la guérison.*

1. le 4e siècle av. J.-C. et le 3e siècle av. J.-C.
2. l'invention de la roue et l'invention de l'automobile
3. l'amour et le mariage
4. la Révolution américaine et la Révolution française
5. Louis XV et Louis XIV
6. le printemps et l'été
7. la fête en plein air et le sauvetage du naufragé («Fiesta»)
8. la mort de l'homme à la cervelle d'or et la mort de sa femme

Prépositions et conjonctions qui indiquent la chronologie

1. Avant et après

On emploie **avant** ou **après** pour indiquer le rapport des actions dans le temps. Le verbe principal de la phrase peut être à n'importe quel temps.

- Avec un nom ou pronom

Avant *le repas,* on se lave les mains.
Après *le repas,* on prendra un café.
De l'air pressé qu'il a, pensa-t-il, il arrivera sûrement **avant** *nous...* (Michaux)

Remarquez: Ne confondez pas **avant** et **après** (qui indiquent la situation *chronologique*) avec **devant** et **derrière** (qui indiquent la position *physique*).

Quand est-il arrivé? Il est arrivé **après** toi.
Mais: *Où* est Pierre? Il est **derrière** moi.

- Avec un infinitif

a. Avant de est suivi d'un infinitif ou d'un infinitif passé si le même sujet fait les deux actions de la phrase.

Avant de *manger,* je me lave les mains. (*Je* me lave les mains et *je* mange.)
Avant de *manger,* nous nous sommes lavé les mains. (*Nous* nous sommes lavé les mains et *nous* avons mangé.)
J'arriverai à New York **avant d'***avoir fini* mon roman. (J'arriverai à New York et je n'aurai pas fini mon roman.)

Remarquez: **Auparavant** est un adverbe qui s'emploie tout seul pour remplacer **avant de** + infinitif.

Assieds-toi, mais **auparavant** (= avant de t'asseoir), embrasse-moi.

b. Après est suivi d'un infinitif passé si le même sujet fait les deux actions de la phrase.

Après *avoir mangé* on boit du café. (*On* mange et *on* boit du café.)
Après *avoir mangé* je boirai du café. (*Je* mangerai et *je* boirai du café.)

L'INFINITIF PASSÉ

(infinitif de l'auxiliaire + participe passé)

être	⟶	**avoir été**
sortir	⟶	**être sorti(e)**
se promener	⟶	**s'être promené(e)**

L'infinitif passé indique une action qui se passe avant le verbe principal de la phrase.

Elle est contente (maintenant) de vous **parler** (maintenant).
Mais: Elle est contente (maintenant) de vous **avoir parlé** (hier).

1. Comme l'infinitif simple, l'infinitif passé s'emploie quand il n'y a pas de changement de sujet. Le sujet du verbe et de l'infinitif est le même.

Elle a honte de **s'être fâchée.**
État présent de mon esprit: L'ennui d'**avoir pensé** à moi pour répondre à toutes ces questions. (Proust)
On ne peut pas être et **avoir été**. (proverbe)
... si ce train pouvait **n'être pas passé**,[2] j'en serais fort heureux. (Michaux)
Le «déjà vu», c'est l'impression d'**avoir** déjà **vu** ou **senti** quelque chose.

2. L'infinitif passé peut prendre des pronoms personnels compléments d'objet direct et indirect. Ils précèdent l'auxiliaire.

Je ne savais pas que cette nouvelle te ferait mal. Je regrette de **t'en** *avoir parlé.*

3. Au négatif, les particules négatives (**ne pas, ne jamais,** etc.) précèdent les pronoms objets.

Je voudrais **ne jamais t'en** *avoir parlé.*

4. L'accord du participe passé suit exactement les mêmes principes que pour le passé composé (Voir Leçon 4, *Raconter,* page 132).

L'histoire de l'auto d'Éric? Je ne crois pas *vous en avoir parlé.* Je ne partirai pas avant de *vous l'avoir racontée.* Oscar a pris l'auto d'Éric et après *l'avoir conduite,* il la lui a rendue en mauvais état. Après *la lui avoir rendue,* il la lui a demandée de nouveau! Éric regrettait de *ne pas la lui avoir refusée* la première fois.

2. La négation de l'infinitif passé peut être (1) *ne pas* + infinitif passé ou (2) *ne* + auxiliaire + *pas* + participe passé.

- Avec une proposition subordonnée

  On emploie **avant que** ou **après que** + proposition subordonnée surtout quand deux sujets différents fonctionnent dans la même phrase.

  a. Avant que + proposition au subjonctif

  Avant que vous *soyez* là, je m'ennuyais.

  On me tendit un menu, et **avant que** je *puisse* fouiller dans mon sac pour prendre mes lunettes, sa main s'était posée sur la mienne. (Victor)

  Remarquez: Dans un style soigné on peut utiliser le **ne** *pléonastique* (qui n'a pas de valeur négative) avec **avant que**.

  Avant que vous **ne** soyez là, je m'ennuyais.

- **Après que** + proposition à l'indicatif

  Après que fonctionne comme les autres conjonctions de subordination (**parce que, si, comme, quand**, etc.).

  Après que *nos parents sont arrivés,* nous nous sommes mis à table.

2. Autres conjonctions de temps qui entraînent *l'indicatif*

quand	**aussitôt que**
lorsque	**après que**
dès que	

(as soon as

Lorsque l'étranger *réussit* à se mettre debout et à faire quelques pas chancelants, c'est le délire. (Vian)

Dès qu'il me *voit* il me dit bonjour.

Quand je *travaillais* comme débardeur, pendant l'été je m'endormais **aussitôt que** je me *couchais.*

- Le futur s'emploie après toutes ces conjonctions de temps s'il s'agit effectivement d'action future.

  Quand *je mourrai* de soif et de faim, ils se partageront ma dépouille.

  Lorsque *vous serez* à Paris, vous verrez sûrement le musée d'Orsay.

  Dès que *nous finirons,* nous pourrons partir.

  Denise partira en vacances **aussitôt que** *ses examens seront* terminés.

  Après que *les Gagnon arriveront* au camping, ils dresseront leur tente, ouvriront tous leurs sacs de couchage et s'endormiront.

- Pour préciser qu'une action future aura lieu avant une autre, on emploie souvent le futur antérieur[3] après ces conjonctions.

  ... **quand** *je serai mort* de soif et de faim ils se partageront ma dépouille... (Séfrioui)

  Dès que *nous aurons fini,* nous pourrons partir.

  Après que *les Gagnon seront arrivés* au camping, ils dresseront leur tente, ouvriront tous leurs sacs de couchage et s'endormiront.

---

3. Voir page 173.

- Pour relier deux phrases qui ont la même conjonction, on remplace la deuxième conjonction par **et que**.

deux phrases	*une phrase*
Quand nous verrons verdir les arbres au printemps, nous serons heureux. **Quand** les oiseaux chanteront, nous serons heureux.	**Quand** nous verrons verdir les arbres au printemps, **et que** les oiseaux chanteront, nous serons heureux.
Aussitôt que tu enverras l'argent, le travail pourra commencer. **Aussitôt que** les matériaux seront prêts, le travail pourra commencer.	**Aussitôt que** tu enverras l'argent, **et que** les matériaux seront prêts, le travail pourra commencer.

E. Faire du thé. Pour faire du thé, il faut procéder dans l'ordre suivant:

mettre de l'eau dans une bouilloire
faire bouillir l'eau
mesurer le thé
mettre le thé dans la théière
verser l'eau bouillante dans la théière
faire infuser pendant quelques minutes
servir le thé
servir du sucre
servir du citron ou du lait

Répondez aux questions suivantes en employant *avant de, avant que, après* ou *après que.*

1. Quand est-ce qu'on fait bouillir l'eau?
2. Quand est-ce qu'on fait infuser le thé?
3. Quand est-ce qu'on peut mettre le thé dans la théière?
4. Quand est-ce que le thé est prêt?
5. Quand boit-on le thé?

F. Remerciements. Vous remerciez un(e) ami(e) pour un week-end que vous avez passé chez lui(elle). Finissez les phrases suivantes en employant l'infinitif ou l'infinitif passé du verbe approprié.

▷ (Vous avez fait la connaissance de sa famille.) Je suis heureux (heureuse) de...
Je suis heureux (heureuse) d'avoir fait la connaissance de ta famille.

1. (Vous avez passé un week-end agréable chez lui/elle.) Je suis ravi(e) de...
2. (Vous êtes parti(e) si tôt.) Je regrette de...
3. (Vous l'invitez chez vous pour la semaine prochaine.) J'aimerais...
4. (Vous lui dites d'apporter son maillot de bain.) N'oublie pas de...
5. (Vous avez invité quelques autres amis.) Je suis content(e) de...

G. Un concert. Vous avez projeté d'aller à un concert avec un(e) ami(e). Votre ami(e) vous pose des questions. Répondez en employant les mots indiqués.

▷ Quand pourrais-tu me prendre? (lorsque)
Lorsque mon père sera rentré vers 6 h., je prendrai son auto pour aller te chercher.

1. Quand achèterons-nous nos billets? (aussitôt que)
2. Quand t'habilleras-tu pour le concert? (quand)
3. Quand aurons-nous nos places? (dès que)
4. Quand dînerons-nous? (avant de)
5. Quand saurons-nous qui sera au programme? (après que)
6. Quand partirons-nous? (lorsque)

H. Bons ou mauvais résultats? Quelquefois deux situations insignifiantes se combinent pour produire des résultats bénéfiques ou catastrophiques. Combinez les deux conditions indiquées et finissez la phrase pour en indiquer le résultat.

▷ Quand mes parents arriveront chez moi...
Quand ils verront comment je vis...
Quand mes parents arriveront chez moi et qu'ils verront comment je vis, ils voudront bien me donner un peu plus d'argent.

1. Lorsque je tondrai la pelouse...[4]
   Lorsque les géraniums seront en fleurs...
2. Quand on téléphone chez moi...
   Quand je ne suis pas à la maison...
3. Lorsqu'on marche sous une échelle...
   Lorsqu'un peintre laisse tomber sa boîte de peinture...
4. Après que nous aurons voté pour un nouveau président...
   Après qu'un candidat aura gagné la majorité des votes...
5. Quand on est musicien dans un défilé du 14 juillet...
   Quand il pleut...

Les temps composés

Les temps composés auxiliaire conjugué + participe passé permettent de préciser quelle action vient *avant* telle autre action: le passé par rapport au présent, le «pré-passé» par rapport au passé, le «pré-futur» par rapport au futur, le passé du conditionnel par rapport au présent du conditionnel. Pour employer un temps composé, on doit comprendre son rapport avec un autre temps. Cet autre temps sera souvent formellement indiqué, souvent omis mais compris implicitement.

4. *Tondre la pelouse* = couper l'herbe verte.

J'ai fini ma lettre. (avant le présent implicite)
Solange est arrivée en retard; Jeanne **avait fermé** la porte à clé. (avant le passé explicite)
Vous verrez bien le total quand vous **aurez compté** votre argent. (avant le futur explicite)
Je savais qu'elle **aurait** déjà **préparé** le dîner quand j'arriverais à la maison. (avant le futur explicite du point de vue passé)

L'accord du participe passé avec tous les temps composés suit les mêmes règles qu'avec le passé composé (voir page 132).

1. Le **passé composé** présent de l'auxiliaire + participe passé exprime une action (ou une succession d'actions) commencée et terminée dans le passé. (Pour sa formation, voir page 132.)

je suis	⟶	**j'ai été**
elle sort	⟶	**elle est sortie**
nous nous promenons	⟶	**nous nous sommes promenés**

Pedrito **a trouvé** le naufragé. La ville **a fêté** le sauvetage. Maria **a séduit** le naufragé. Manoel **a éventré** l'inconnu, qui **est mort**. Pedrito **a sangloté**. On **a rejeté** à l'eau le corps du naufragé. La fête **s'est terminée**.

2. Le **plus-que-parfait** imparfait de l'auxiliaire + participe passé indique une action qui s'est produite *avant* une autre action passée exprimée par l'imparfait, le passé simple ou le passé composé.[5]

je suis	⟶	**j'avais été**
elle sort	⟶	**elle était sortie**
nous nous promenons	⟶	**nous nous étions promenés**

La veille il **avait dit** à ses amis: «Demain je sors avec mon père et ma mère... » (Prévert)
La veille, lorsque j'**avais choisi** ce trou pour me protéger de la nuit, cette fenêtre donnait sur la mer... (Séfrioui)

3. Le **futur antérieur** futur de l'auxiliaire + participe passé précise le temps d'une première action future qui *précède* une deuxième action explicite ou implicite au futur.

je suis	⟶	**j'aurai été**
elle sort	⟶	**elle sera sortie**
nous nous promenons	⟶	**nous nous serons promenés**

J'**aurai** bientôt **fini.**
Quand l'année scolaire se terminera, nous **aurons fait** beaucoup de progrès.
Votre lettre arrivera quand ils **seront** déjà **partis.**
Quand je **serai mort** de soif et de faim, ils se partageront ma dépouille. (Séfrioui)

5. Le français littéraire possède un autre temps, *le passé antérieur,* pas très fréquemment employé, pour exprimer le même rapport entre deux actions du passé. Cependant, *le passé antérieur,* entraîné par les conjonctions *quand, lorsque, dès que, aussitôt que,* connote une succession relativement rapide entre les deux actions passées. (Voir l'appendice B, pour la formation.)

4. Le **conditionnel** et le **conditionnel passé** (conditionnel de l'auxiliaire + participe passé) expriment le futur observé d'un point de vue passé (voir page 133). Le **conditionnel passé**[6] indique non seulement une action future par rapport à un premier passé («pré-passé») mais aussi qui précède un deuxième passé:

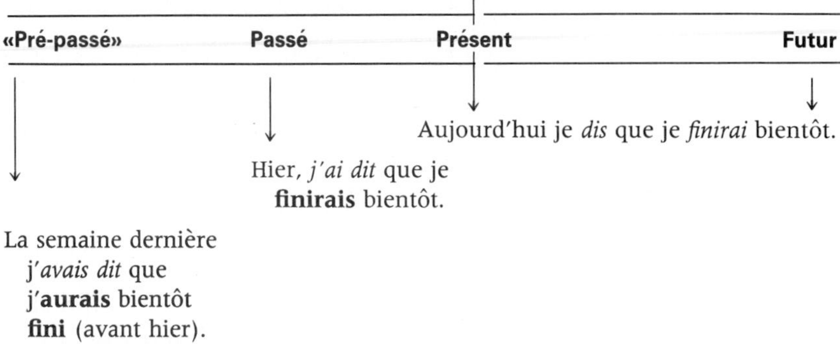

5. On emploie **le passé du subjonctif** (subjonctif de l'auxiliaire + participe passé) quand l'action de la proposition subordonnée vient *avant* l'action (ou la situation) de la proposition principale.

je suis	⟶	**que j'aie été**
elle sort	⟶	**qu'elle soit sortie**
nous nous promenons	⟶	**que nous nous soyons promenés**

proposition principale — *proposition subordonnée*

Je m'étonne qu'il **ait** mal **dormi** la nuit dernière.
(L'action se passe *avant* le moment de l'étonnement.)

Étiez-vous surpris que l'université vous **ait admis**?
(L'action se passe *avant* le moment de la surprise.)

Mais: J'ai fini mon travail avant qu'elle **vienne.**
(L'action se passe *après* le moment de finir; on emploie donc le présent du subjonctif, qui indique que l'action de la proposition subordonnée vient *après* l'action de la proposition principale.)

I. Résumés. Employez le passé composé pour indiquer une suite d'événements. Employez les verbes proposés (ou d'autres verbes de votre choix) en les mettant dans l'ordre chronologique qui convient.

1. Énumérez trois choses que vous avez faites ce matin. (se lever, s'habiller, se réveiller)
2. Qu'est-ce que Boucles d'or a fait chez les trois ours? (manger du potage, s'asseoir, s'endormir)

6. On emploie le *conditionnel passé* également pour indiquer une action supposée, le résultat imaginaire, dans le passé, de circonstances conjecturales: *Si on m'avait alerté, je serais sorti plus vite.* (Voir Leçon 11, *Exprimer l'hypothèse,* page 412)

3. Qu'est-ce que les pêcheurs ont fait dans «Fiesta»? (fêter le sauvetage, ramer jusqu'à la barque, ramener le naufragé)
4. Qu'est-ce que l'homme à la cervelle d'or a fait? (quitter la maison paternelle, s'en aller par le monde, gaspiller son trésor)
5. Comment peut-on résumer la vie de monsieur Dupont[7]? (naître, vivre, mourir)

J. Les anciens élèves de J.F.K.H.S. Vous êtes allé(e) à votre «réunion» de cinq ans après le lycée. Finissez les phrases suivantes au plus-que-parfait pour indiquer vos réactions.

1. J'y suis allé(e) parce que je...
2. Il a fallu vite réserver des places pour cette réunion puisque...
3. Comme je suis arrivé(e) en retard, tout le monde...
4. Je ne m'étonne pas que Jennifer ait eu un accident de ski; elle...
5. Quand j'ai revu mon prof de maths, je l'ai à peine reconnu, il...
6. Je savais déjà qui était marié parce que...
7. Je savais que Michael réussirait, au lycée il...
8. Le président de notre classe m'a étonné parce qu'il...

K. Avant la fin du siècle. À votre avis qu'est-ce qui se sera passé avant l'an 2000? Faites des phrases affirmatives ou négatives au futur antérieur en employant les mots proposés. Commencez les phrases: *À la fin du siècle...*

▷ nous/apprendre à vivre en paix
À la fin du siècle, nous n'aurons pas encore appris à vivre en paix.

▷ vous/acheter un magnétoscope[8]
À la fin du siècle, j'aurai acheté un magnétoscope.

1. les démocrates/perdre des élections
2. Bo Derek et John Derek/divorcer
3. nous/découvrir la vie sur d'autres planètes
4. les chercheurs/vaincre le SIDA[9]
5. les États-Unis et l'Union soviétique/faire la guerre
6. les fils de Martin Sheen/tourner plusieurs films
7. vous/bâtir une maison
8. une femme/devenir présidente

7. *Monsieur Dupont* = le Français typique anonyme ("John Doe").
8. *Magnétoscope* (m.) = appareil qui permet de regarder ou d'enregistrer un film sur vidéocassette.
9. *SIDA* = Syndrome d'immunodéfience acquise.

L. En êtes-vous content(e) ou triste? Votre mère vous écrit une lettre dans laquelle elle vous donne toutes les nouvelles de la famille et de la ville. Indiquez votre réaction à ce qu'elle vous écrit en employant le subjonctif ou le passé du subjonctif. Commencez votre réaction par: *Je suis content(e) que...* ou *Je suis triste que...*

▷ Nos voisins ont déménagé.
Je suis triste qu'ils aient déménagé. (Je les aimais bien.)

▷ Tes amis organiseront une soirée le soir où tu rentreras chez nous pour les vacances.
Je suis content(e) qu'ils organisent une soirée.

1. Notre chien a perdu l'appétit.
2. Je viendrai te voir le mois prochain.
3. Ta sœur a gagné le prix de mathématiques.
4. J'ai acheté un nouveau lit pour ta chambre.
5. Nous irons au Mexique pour les vacances de Noël.
6. J'ai besoin d'un plombier parce qu'il y a une fuite d'eau[10] dans la salle de bains.
7. Ton père t'envoie un chèque.
8. Je te téléphonerai dimanche.

Expressions de temps

1. Indiquer la durée par rapport à une action terminée

- **Pendant**

a. Pour indiquer *la durée de l'action,* on emploie **pendant** + une mesure de temps. On peut employer n'importe quel temps avec **pendant**.

Je vais visiter la Bretagne à Noël. J'y serai **pendant** *deux semaines.*
J'ai étudié au lycée de 1983 à 1986. J'ai étudié au lycée **pendant** *trois ans.*
Cela dura ainsi **pendant** *trois ans.* (Daudet)

Remarquez: Au passé, on emploie le passé composé ou le passé simple (et non pas l'imparfait) avec **pendant**, quand il s'agit d'un événement *terminé* au passé.

Hélas! le conférencier *a parlé* **pendant** trois heures.
L'éruption du Vésuve *dura* **pendant** huit jours.

Remarquez: On peut aussi supprimer le mot **pendant**.

J'ai étudié trois ans au lycée.

10. *Fuite d'eau* (f.) = l'eau qui échappe par un petit trou.

b. La question qui correspond à cette structure est **(Pendant) combien de temps... ?**

Pendant combien de temps avez-vous étudié au lycée?
Combien de temps êtes-vous restée au lycée?
(**Pendant**) **combien de temps** serez-vous en Bretagne?

- **Il y a**

a. Pour indiquer *l'intervalle entre une action terminée au passé et le temps présent,* on emploie un temps du passé avec **il y a** + la durée de l'intervalle

Je suis arrivé en Amérique en février. Nous sommes maintenant en décembre. Je suis arrivé en Amérique **il y a** *dix mois.*
Il y a *bien longtemps, plus d'un demi-siècle,* un vieux journaliste qui habitait près du parc Montsouris sortait tous les soirs de chez lui pour se rendre à son travail dans le Sentier. (Grenier)

b. La question qui correspond à cette structure est **Combien de temps y a-t-il que... ?**

—**Combien de temps y a-t-il que** vous avez découvert ce microbe?
—Je l'ai découvert *il y a* deux ans.

- Remarquez la différence entre **pendant** et **il y a** avec le passé composé. **Pendant** indique la durée *dans* le passé (sans rapport avec le présent); **il y a** indique la durée *entre* le passé et le présent.

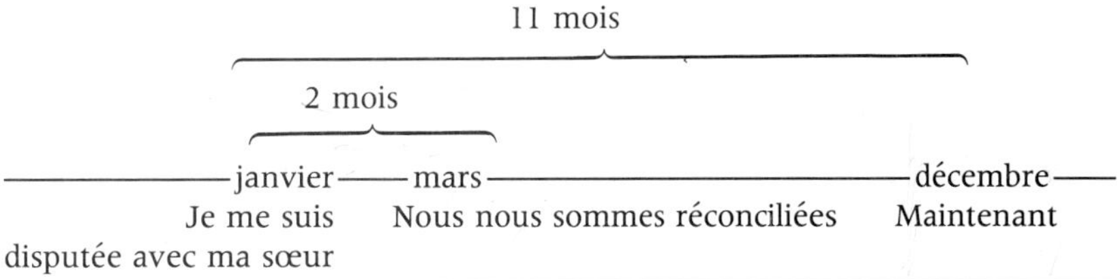

11 mois

2 mois

——janvier——mars——décembre——

Je me suis disputée avec ma sœur	Nous nous sommes réconciliées	Maintenant

Je me suis disputée avec ma sœur **il y a onze mois.**
Nous ne nous sommes pas parlé **pendant deux mois.**

M. Histoire. Finissez les phrases suivantes en employant *il y a* ou *pendant* avec la durée ou l'intervalle qui conviennent.

1. La guerre de Sécession s'est terminée...
2. La guerre de Sécession a duré...
3. Christophe Colomb a découvert l'Amérique...
4. Marco Polo a voyagé en Chine...
5. Franklin Roosevelt a été président...
6. Le premier avion de Wilbur et Orville Wright a volé...
7. Les derniers Jeux olympiques ont eu lieu...
8. Les premiers astronautes ont marché sur la lune...

2. Indiquer une situation commencée au passé qui continue

- **Depuis** indique *le début* d'une situation qui continue.

a. Pour indiquer qu'une situation a commencé à un certain moment au passé et continue dans le présent, on emploie **depuis** + date (heure, jour, événement, etc.). Le verbe est *au présent.*

> **Depuis** 1818, nos clients sont toujours rois (et ils le sont encore).
> **Depuis** [l'époque du] vieux Montaigne, la philosophie française *est* près de la réalité simple et quotidienne. (Serres)

b. Si on désigne le début de l'action par une proposition, **depuis que** introduit la proposition.

> Ma famille habite Washington **depuis que** mon père a trouvé un poste au département d'État.

c. Pour indiquer qu'une situation avait commencé à un moment du passé et continuait encore à un autre moment du passé, on emploie **depuis** ou **depuis que** avec un verbe principal *à l'imparfait.*

> Michel *craignait* les araignées **depuis** l'âge de deux ans.
> **Depuis qu'**il faisait du tennis, il *voulait* jouer à Wimbledon.
> Nous *savions* nager **depuis que** nous avions pris des leçons de natation.

d. S'il s'agit d'une phrase négative au passé, on emploie le passé composé ou le plus-que-parfait.

Je n'ai pas mangé **depuis** lundi.
Ils ne s'étaient pas vus **depuis** leur enfance.

e. La question qui correspond à ces structures est **Depuis quand...?**

Depuis quand vos parents habitent-ils Washington? (Ils habitent Washington depuis 1972.)
Depuis quand était-il malade lorsque le médecin est enfin arrivé?

- Toutes les expressions et structures suivantes indiquent *la durée d'une action qui continue.*

depuis + durée	**cela fait** + durée + **que...**
il y a + durée + **que...**	**ça fait** + durée + **que...** (style parlé)
voilà + durée + **que...**	

a. Pour indiquer la durée d'un événement qui a commencé au passé et qui continue maintenant, on emploie *le présent* avec ces expressions.

J'étudie à l'université de Chicago **depuis** deux ans.
Il y a deux ans **que** j'*étudie* à l'université de Chicago.
Voilà deux ans **que** j'*étudie* à l'université de Chicago.
Ça fait deux ans **que** j'*étudie* à l'université de Chicago.
Monsieur, **cela fait** dix ans **que** je *m'occupe* de la guerre de Chine. Et **depuis** dix ans, *c'est* toujours Tchang Tso-lin... (Grenier)

Remarquez: Le mot **heure** a deux sens possibles: (1) une mesure de temps, une durée et (2) un moment défini dans le temps.

Je travaille depuis deux heures. *(Est-ce une durée: 120 minutes? ou est-ce un moment précis du jour: 2 heures de l'après-midi ou du matin?)*

Pour préciser la durée, il faut employer une structure autre que **depuis**.

Il y a deux heures **que** je travaille.
Voilà deux heures **que** je travaille.
Cela fait deux heures **que** je travaille.

b. Pour indiquer la durée d'un événement qui avait commencé dans le passé et qui continuait encore à un autre moment du passé, on emploie l'imparfait avec les expressions **depuis, il y *avait*... que, cela (ça) *faisait*... que.**

Depuis une heure trois quarts un gros monsieur *parlait.* (Prévert) = **Il y avait** une heure trois quarts **qu'**un gros monsieur *parlait.*
Depuis des années maintenant, le vieux reporter *restait* à la rédaction... (Grenier) = **Cela faisait** des années maintenant **que** le vieux reporter *restait* à la rédaction.
Plus tard, il m'expliqua qu'il *était* sur le port de Marseille **depuis** bientôt vingt-cinq ans. (Sembène)

c. S'il s'agit d'une action négative, on peut employer le passé composé ou le plus-que-parfait.

Ça fait trois jours **que** *je n'ai pas dormi.*
Il n'avait pas revu ses parents **depuis** trois ans, mais ils sont enfin venus le voir.
Il y avait une semaine **qu'***il ne s'était pas lavé,* alors il sentait très mauvais.

d. Les questions qui correspondent à ces expressions sont

Depuis combien de temps... ?
Combien de temps y a-t-il (y avait-il) que... ?
Combien de temps ça fait (ça faisait) que... ? (style parlé)
Ça fait (ça faisait) combien de temps que... ? (style parlé)
Combien de temps cela fait-il (cela faisait-il) que... ?

Depuis combien de temps étudiez-vous à l'université de Chicago?
Combien de temps y a-t-il que vous étudiez le français?
Ça fait combien de temps que tu prépares ton voyage?

Remarquez: On ne pose généralement pas de question avec **voilà**.

e. Remarquez la différence entre **pendant** et **depuis**.

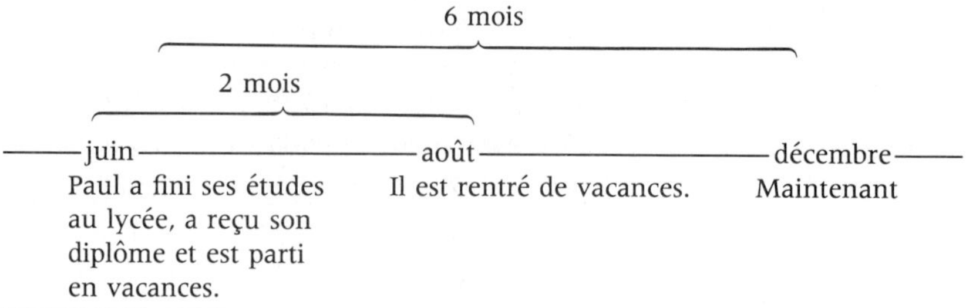

6 mois

2 mois

juin	août	décembre
Paul a fini ses études au lycée, a reçu son diplôme et est parti en vacances.	Il est rentré de vacances.	Maintenant

Paul a été en vacances **pendant** deux mois (de juin à août).
Paul a son diplôme **depuis** six mois. (C'est maintenant décembre et il a toujours son diplôme.)

N. La vie de Julie. Julie raconte l'histoire de sa vie. Déterminez les dates importantes de sa vie en finissant les phrases à la fin de son histoire.

«Il y a vingt ans que mon père est dans la marine. Il était dans la marine depuis un an quand je suis née à Honolulu. Cela faisait quatre ans que mon père était dans la marine quand nous avons déménagé. Nous sommes partis à San Diego. Nous y habitions depuis trois ans quand nous avons quitté San Diego pour aller à Boston. Il y avait six ans que nous étions à Boston quand mon père a trouvé un poste au département d'État. Depuis que mon père a trouvé ce poste, ma famille habite Washington. Cela faisait six ans que nous étions à Washington quand je suis venue à l'université de Boston, où j'étudie depuis septembre dernier.»

1. Le père de Julie est entré dans la marine en ______.
2. Julie est née en ______.
3. Sa famille est allée à San Diego en ______.
4. Ils sont allés à Boston en ______.
5. Ils sont allés à Washington en ______.
6. Julie a commencé ses études à l'université de Boston en ______.

O. Et vous? Racontez l'histoire de votre propre vie en répondant à ces questions avec un des termes entre parenthèses.

▷ Avez-vous une spécialité? (depuis/pendant)
Oui, je suis spécialiste en histoire depuis deux semestres. ou
J'ai été spécialiste en histoire pendant un an, mais maintenant je suis spécialiste en chimie.

1. Où habitez-vous? (depuis que/pendant)
2. Vous apprenez le français, n'est-ce pas? (il y a/voilà)
3. Qui est votre meilleur(e) ami(e)? (depuis/pendant)
4. Avez-vous un permis de conduire? (voilà/depuis que)
5. Savez-vous vous servir d'un ordinateur? (il y a/depuis)
6. Vous étudiez à cette université, n'est-ce pas? (ça fait/il y a)

P. M. Mxtpqlrz. Vous êtes en France et vous parlez à monsieur Mxtpqlrz, qui vient d'arriver en France et qui comprend mal le français. Pour être sûr(e) qu'il a vraiment compris vos questions, vous êtes obligé(e) de répéter de deux façons différentes.

▷ Cela fait combien de temps que vous êtes en France?
Depuis combien de temps êtes-vous en France?
Combien de temps y a-t-il que vous êtes en France?

1. Combien de temps y a-t-il que vous parlez français?
2. Cela fait combien de temps que vous cherchez un appartement?
3. Depuis combien de temps travaillez-vous pour la même firme?
4. Combien de temps y avait-il que vous travailliez pour cette firme quand vous êtes venu en France?
5. Depuis combien de temps n'étiez-vous pas venu en France?

3. Indiquer la fin d'une action ou d'une situation

- Pour indiquer le moment final d'une situation, on emploie **jusqu'à, jusqu'au, jusqu'en**, etc. + moment.

Je serai à Paris **jusqu'en** *juin,* au moment où je retournerai à Boston.
Vous avez parlé **jusqu'à** *minuit* hier soir.
Je resterai ici **jusqu'à** *la fin de l'année scolaire.*
Jusqu'*ici*[11] il a toujours été fidèle.

11. *Jusqu'ici* = jusqu'à maintenant.

- Si le moment est exprimé par une proposition, on emploie **jusqu'à ce que** + subjonctif.

  Mes parents seront à Washington **jusqu'à ce que** mon père *prenne* sa retraite.

  Remarquez: Dans une phrase ou une proposition négatives, on emploie plutôt **avant** ou **avant que**.

  L'entrepreneur a travaillé jusqu'à la fin mars.[12]
  Mais: Elle n'a pas voulu payer l'entrepreneur **avant** la fin des travaux.
  Elle n'a pas voulu payer l'entrepreneur **avant qu'**il ne finisse les travaux.

- La question qui y correspond est **Jusqu'à quand... ?** ou pour préciser, **Jusqu'à quelle heure** (**quel jour, quelle date,** etc.)**... ?**

  Jusqu'à quand comptez-vous rester à Paris? (**Jusqu'à** la fin de vos études? **Jusqu'en** juin?)
  Jusqu'à quelle date seras-tu en vacances?

Q. Vie politique. En respectant la réalité historique si possible, finissez les phrases suivantes avec *jusque, jusqu'à ce que, pendant* ou *avant que.*

▷ Abraham Lincoln a été président...
Abraham Lincoln a été président pendant cinq ans. ou
Abraham Lincoln a été président jusqu'à sa mort. ou
Abraham Lincoln a été président jusqu'à ce qu'il soit assassiné.

1. Le président Reagan a gardé son poste...
2. Nous aurons le même gouverneur...
3. Il y a eu quarante-huit états...
4. Il y aura cinquante états...
5. Les Allemands de l'Est maintiendront le mur de Berlin...
6. Les États-Unis ont fait la guerre au Viêt-nam...
7. Les femmes n'avaient pas le droit de voter...
8. Il n'y avait pas de femmes à la Cour Suprême...

4. Indiquer l'avenir avec une préposition

- **Dans** + **mesure de temps** indique qu'une action future se produira *à la fin* de l'intervalle spécifié.

  Je partirai **dans deux jours**. (= Je partirai deux jours après maintenant.)
  Qui sait où nous serons **dans cinq ans**? (= Qui sait où nous serons cinq ans après maintenant?)

---

12. Il n'y a pas de préposition entre *fin* et le nom du mois: *fin janvier, fin juin,* etc.

Attention: Ne confondez pas **dans** avec la préposition **en**, qui indique simplement la durée d'une action.

> Je peux aller à Lyon **en deux heures**. (= Le voyage prend deux heures.)
> On reçoit souvent son diplôme **en quatre ans**. (= Recevoir son diplôme prend quatre ans.)

- **D'ici + moment final** indique qu'une action future se produira *pendant* l'intervalle spécifié.

> **D'ici juin** vous apprendrez tous à mieux parler et à mieux écrire. (= vous apprendrez entre maintenant et juin.)
> Nous aurons rempli les formulaires d'impôts **d'ici la semaine prochaine.** (= Nous les remplirons entre maintenant et la semaine prochaine.)

- **D'aujourd'hui (de demain, de lundi, de mardi, de mercredi,** etc.) **en huit (en quinze)** indique que l'action se produira entre le moment précisé (aujourd'hui, demain, lundi, etc.) et une semaine (deux semaines) après.

> **D'aujourd'hui en huit** nous saurons qui sera le prochain gouverneur.
> **De lundi en quinze** madame Dulin passera vous voir.

R. Défis. Réagissez à chaque défi en disant *Je peux faire ça dans* + mesure de temps ou *Je peux faire ça en* + mesure de temps.

1. faire le tour de France
2. apprendre le japonais
3. réparer une voiture
4. changer un pneu crevé
5. faire du thé
6. écrire une composition de vingt pages en français
7. lire «La Belle Dorothée»
8. traverser le campus d'un bout à l'autre

S. Le programme du Centre national d'études spatiales. Finissez les questions suivantes à propos de l'avenir du programme d'exploration de l'espace. Posez vos questions à un(e) camarade.

1. D'ici 1995, est-ce que nous... ?
2. Dans quelques mois, est-ce qu'on... ?
3. Où pourra-t-on aller dans... ?
4. Changera-t-on les objectifs du programme d'ici... ?
5. Dans vingt ans, est-ce qu'il y aura... ?

: La simultanéité

1. Les expressions adverbiales suivantes indiquent la simultanéité. Elles peuvent s'employer seules ou suivies de **que** + nom ou pronom disjoint.

en même temps
à la même époque
au même moment

Françoise était en Europe **à la même époque que** Charles.
Françoise et Charles étaient en Europe **en même temps.**

2. Certaines prépositions indiquent une action qui se déroule pendant une autre action ou situation de durée plus longue.

lors de **au moment de** **à l'époque de** **au temps de**	= pendant la période de

Je visiterai le musée de l'Art Moderne **lors de** mon séjour à New York.
Au moment des débarquements des alliés en Normandie, les Allemands attendaient l'invasion en Picardie.
À l'époque des hippies, le problème de la drogue était grave.
Au temps des Romains, Vercingétorix fut le chef des Gaulois.

3. Les expressions **pendant que**, **tandis que** et **alors que** indiquent la simultanéité avec une autre action en progrès.

Alors que Marion coupe le rôti, Paul prépare la salade.
Tandis que tu seras à Londres, je ferai un voyage à Nantes.
Pendant que tu étais occupé à dormir, on nous a volé notre maison. (Michaux)

Remarquez: Dans un contexte passé, **pendant que** est suivi d'un verbe à l'imparfait parce qu'il s'agit d'une action en progrès.

Je regardais la télé **pendant qu'**elle travaillait à sa collection de timbres-poste.

4. L'expression **à la fois** indique que *la même personne* fait—ou ne fait pas—deux choses simultanément.

Il est difficile de lire et de marcher **à la fois.**

5. La construction **en** + participe présent indique qu'une action se fait en même temps qu'une autre action du même sujet.[13]

J'écoute la radio **en travaillant.**
Il apparut finalement **en agitant** son attaché-case et **en pestant** contre les embouteillages. (Victor)
Tout **en sirotant** mon champagne, je me lançai dans une analyse géopolitique de la situation internationale. (Victor)

T. Efficacité. Voici des actions qu'on fait chaque jour. Suggérez comment on peut gagner du temps en indiquant lesquelles on peut faire en même temps. Employez *à la fois, pendant que* ou *en même temps (que).*

▷ *On peut écouter la radio et faire de l'exercice à la fois.*

aller au travail
se brosser les dents
écouter la radio
écrire des lettres
faire de l'exercice
faire la queue
s'habiller
lire le journal
manger
parler à ses amis
se peigner les cheveux
prendre une douche
préparer un/des repas
se laver
se raser/se maquiller
travailler/étudier

U. «Il ne faut pas courir après deux lièvres à la fois» (proverbe). Remplacez la structure *pendant que* + verbe conjugué par une construction avec *en* + participe présent.

▷ Pendant qu'il faisait ses comptes, il parlait à son amie au téléphone.
En faisant ses comptes, il parlait à son amie au téléphone.

1. Pendant qu'il parlait à son amie, il calculait les dépenses de sa firme.
2. Pendant qu'il écrivait, il faisait des erreurs.
3. Pendant qu'il soumettait ses calculs à son patron, il faisait des plaisanteries.
4. Pendant que le patron contrôlait les dépenses, le patron a trouvé des erreurs.
5. Pendant que le patron l'accusait d'incompétence, le patron lui a dit adieu pour toujours.

À VOUS DE JOUER

1. La vie de Pierre-Auguste Renoir. Employez autant de techniques que possible de cette leçon pour raconter les événements de la vie de Renoir en une narration suivie. (Voir la page suivante.)

13. Voir p. 104.

1841: Naissance de Renoir à Limoges le 25 février.
1845: Déménage à Paris avec sa famille.
1854: Apprenti dans une fabrique de porcelaine. Commence à peindre des sujets religieux.
1862: Suit des cours à l'École des Beaux-Arts où l'on enseigne le style classique (manière de peinture qui ne lui convient[14] pas). Rencontre Alfred Sisley, Claude Monet, Paul Cézanne.
1864: Ils décident de peindre dans la forêt de Fontainebleau la réalité et non plus des tableaux de genre.[15]
1874: L'Impressionisme[16] est né avec l'Exposition des «Indépendants».
1873-1883: La période la plus impressioniste de Renoir.
1881-1882: Part aux pays poudreux de soleil (Provence, Italie, Algérie) où il découvre d'autres techniques et, en particulier, l'emploi du noir.
1890: Épouse Alice Charigot.
1892: Son importance dans l'histoire de l'art moderne est assurée par L'Exposition de 1892.
1894: Commence à souffrir de rhumatisme (il est obligé d'attacher les pinceaux[17] à ses doigts).
1907: S'installe à Cagnes dans le Midi.
1910: Ne peut plus marcher.
1915: Mort de Madame Renoir.
1919: Mort du grand peintre impressioniste le 3 décembre.

14. *Convenir* = être approprié.
15. *Tableaux de genre* (m. pl.) = tableaux d'intérieurs, natures mortes, animaux, etc.
16. *Impressionisme* (m.) = manière de peindre des artistes français de la fin du 19e siècle. Ils représentaient les impressions produites par la lumière; d'après un tableau de Claude Monet, «Impression: Soleil Levant», qui fit scandale à l'Exposition de 1874.
17. *Pinceau* (m.) = instrument avec lequel le peintre applique les couleurs.

2. **La voix du sang.** Racontez l'histoire de la bande dessinée en employant tous les moyens possibles pour indiquer la chronologie. Quelques mots utiles:

un biberon = bouteille qui contient le lait des bébés
faire chauffer = rendre chaud
hurler = crier très fort
faire des grimaces = se contorsionner le visage

LA VOIX DU SANG

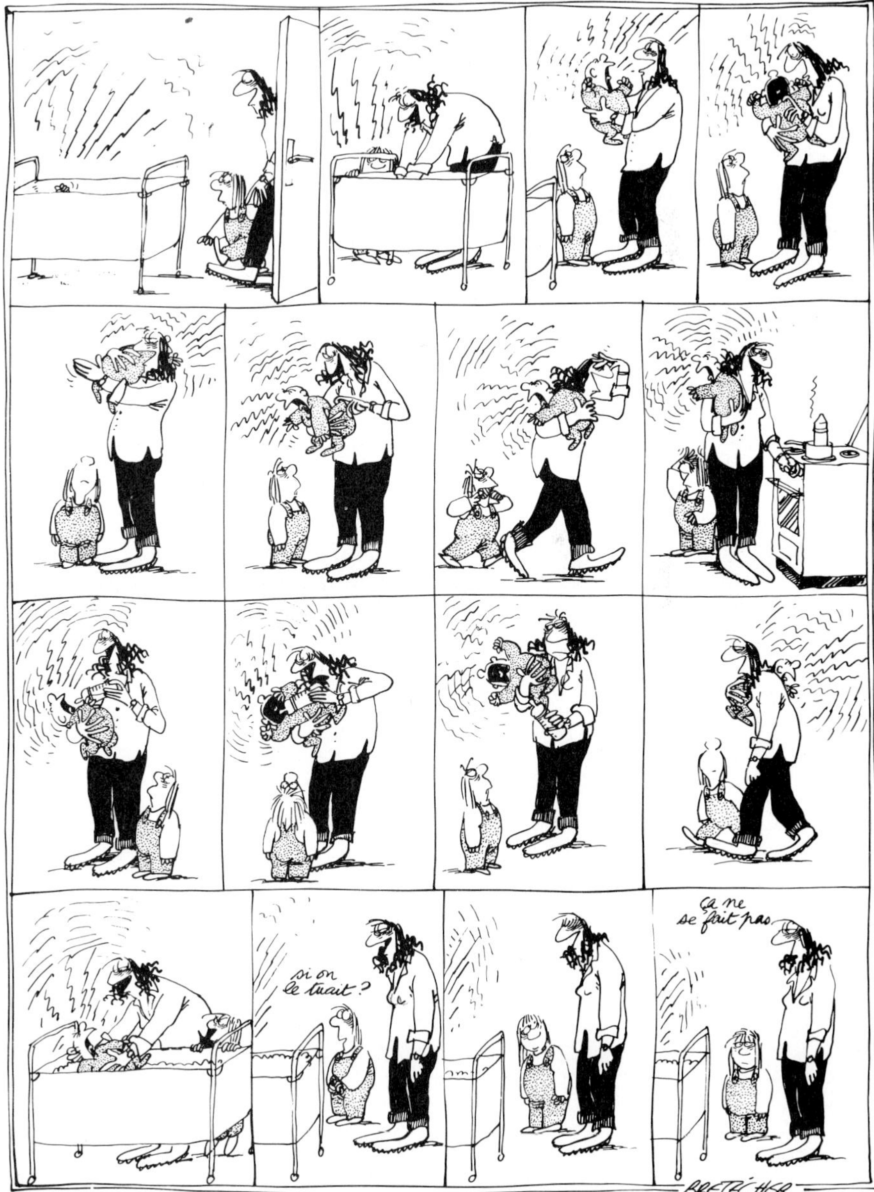

3. **Témoin.** *Rôles à jouer—trois personnes.* Vous vous promenez en ville quand vous voyez un accident de voitures. Vous remarquez que votre professeur de français conduit la voiture qui a causé l'accident. L'agent de police vous demande ce qui s'est passé.

4. **Je ne suis pas venu(e) parce que...** *Rôles à jouer—deux personnes ou monologue.* Expliquez à un(e) ami(e) pourquoi vous n'étiez pas au rendez-vous que vous vous étiez donné. Précisez les événements qui vous ont empêché(e) de venir.

Compositions écrites

1. **Hercule Poirot.** Ce détective célèbre vient de découvrir la solution d'un meurtre. Tous les suspects sont présents pour écouter ce qu'il a à dire. Il révèle la chronologie du crime.

2. **Mon ascendance.** Racontez l'origine de votre famille du côté paternel et maternel. (Qui est venu en Amérique? Quand? Pourquoi? Quels grands-parents se sont rencontrés d'abord? Qui est né le premier? Qu'est-ce que vos grands-parents ont fait avant de se marier? et après? etc.) Employez un arbre généalogique si vous voulez.

3. **Lettre.** Vous êtes en France. Vous écrivez à votre famille ou à un(e) ami(e) afin de fixer un bon moment pour vous téléphoner. Expliquez où vous serez, ce que vous ferez, etc. suivant les différentes heures de la journée pour qu'ils puissent décider quand vous appeler.

4. **«Mieux vaut tard que jamais» (proverbe).** Racontez l'histoire d'une personne qui est toujours en retard. Pourquoi est-elle toujours en retard? Que fait-elle quand elle doit prendre un bus, un train, un avion... ? Qu'est-ce qui se passe quand elle a un rendez-vous?

Lectures

La dignité virtuelle de l'espèce humaine cède parfois à la bêtise de la violence. Cependant, un auteur de «fables» moderne, Jacques Prévert, nous fait rire en représentant une situation absurde où le bon sens de son héros animal s'oppose à la prétention érudite d'une assemblée conformiste qui finit par hurler des violences verbales. Derrière la conclusion amusante d'un jeu de mots réside l'ostracisme irrationnel dont les gens sont capables.

La violence décrite dans «Un Homme paisible» peut paraître comique dans cette situation absurde où le protagoniste de Michaux, qui s'appelle Plume, s'endort pendant un accident horrible. S'agit-il d'un rêve?

Le berger mendiant de «La Grotte» de Séfrioui ne proteste pas comme chez Prévert. Il ne s'endort pas comme chez Michaux. Il subit la tentation de l'isolement, préférant pendant un moment la sécurité de la solitude. Après réflexion il décide de partir à la recherche d'un Être généreux. C'est alors qu'il rencontre la menace de la violence.

Le Dromadaire mécontent
Jacques Prévert

Jacques Prévert (1900–), poète et scénariste de film, prend comme point de départ des situations ordinaires et quotidiennes. Il critique l'intellectualisme prétentieux, les conventions et les institutions officielles, et il s'intéresse à la liberté, à l'amour, à l'affection, aux problèmes de la jeunesse. Ici, comme souvent dans sa poésie et ses chansons populaires, Prévert joue avec les mots et finit sur un jeu de mots qui révèle d'une façon humoristique la stupidité du conformisme. C'est donc une petite histoire morale où l'acteur principal est un dromadaire, cousin du chameau. «Morale et animal», ce sont les éléments essentiels de la «fable», dont la version moderne la plus pratiquée est sans doute le dessin animé.[18]

Avant de lire «Le Dromadaire mécontent»

Préparation du vocabulaire

A. Toutes les langues possèdent un catalogue d'insultes variées. En français, par exemple, «chameau», qui désigne d'abord un animal de charge des pays désertiques, devient dans certaines circonstances une injure. L'adjectif «sale», placé devant le nom, signifie «mauvais». Dans quelles circonstances pourrait-on dire...

1. «sale individu!»?
2. «chameau!»?
3. «sale menteur»?
4. «Quand nous débarassera-t-on de ce sale gouvernement?» (Maupassant)
5. «Pourquoi me suis-je mêlé à cette sale affaire?»

B. Quand la préposition **à** relie[19] deux noms, elle signifie souvent «pour». Le deuxième nom indique ainsi la fonction du premier. Une *brosse à dents*, par exemple, est une brosse «pour» les dents. Quel est donc le sens probable de ces objets?

1. une cuillère à café
2. un verre à dents
3. un pot à eau
4. une pince à linge
5. une boîte à ordures
6. une cuillère à soupe
7. une tasse à café
8. un moulin à poivre

Pour mieux lire

C. Dans cette histoire Prévert se moque de plusieurs phénomènes sociaux. En lisant, identifiez ce dont il se moque.

D. On peut souvent constater l'organisation d'un texte si on observe quels traits de vocabulaire ou de style se répètent. Parcourez «Le Dromadaire mécontent» en cherchant tous les mots et expressions qui indiquent la chronologie (par exemple, *la veille*).

1. Quels mots avez-vous trouvés?
2. Où exactement dans chaque paragraphe se situent la plupart de ces mots?

18. *Dessin animé* (m.) = cinéma d'animation.
19. *Relier* = unir, rattacher.

3. Que pouvez-vous déduire à propos de cette histoire, si vous analysez la position des mots indiquant le temps? À quelle sorte de style cette organisation vous fait-elle penser?

   un style d'essai philosophique
   un style publicitaire
   un style scientifique
   un style d'histoire d'enfant
   un style oratoire
   ou...

Le Dromadaire mécontent

Un jour, il y avait un jeune dromadaire qui n'était pas content du tout.

La veille, il avait dit à ses amis: «Demain, je sors avec mon père et ma mère, nous allons entendre une conférence, voilà comme je suis moi!»

Et les autres avaient dit: «Oh, oh, il va entendre une conférence, c'est merveilleux», et lui[20] n'avait pas dormi de la nuit tellement il était impatient et voilà qu'il n'était pas content parce que la conférence n'était pas du tout ce qu'il avait imaginé: il n'y avait pas de musique et il était déçu, il s'ennuyait beaucoup, il avait envie de pleurer.

Depuis une heure trois quarts un gros monsieur parlait. Devant le gros monsieur, il y avait un pot à eau et un verre à dents sans la brosse et de temps en temps, le monsieur versait de l'eau dans le verre, mais il ne se lavait jamais les dents et visiblement irrité il parlait d'autre chose, c'est-à-dire des dromadaires et des chameaux.

Le jeune dromadaire souffrait de la chaleur, et puis sa bosse le gênait beaucoup; elle frottait contre le dossier du fauteuil; il était très mal assis, il remuait.

Alors sa mère lui disait: «Tiens-toi tranquille, laisse parler le monsieur», et elle lui pinçait la bosse. Le jeune dromadaire avait de plus en plus envie de pleurer, de s'en aller...

Toutes les cinq minutes, le conférencier répétait: «Il ne faut surtout pas confondre les dromadaires avec les chameaux, j'attire, mesdames, messieurs et chers dromadaires, votre attention sur ce fait: le chameau a deux bosses mais le dromadaire n'en a qu'une!»

Tous les gens de la salle disaient: «Oh, oh, très intéressant», et les chameaux, les dromadaires, les hommes, les femmes et les enfants prenaient des notes sur leur petit calepin.

Et puis le conférencier recommençait: «Ce qui différencie les deux animaux, c'est que le dromadaire n'a qu'une bosse, tandis que, chose étrange et utile à savoir, le chameau en a deux... »

---

20. *Lui* = il; le pronom disjoint accentue le sujet.

À la fin, le jeune dromadaire en eut assez et se précipitant sur l'estrade, il mordit le conférencier:

«Chameau!» dit le conférencier furieux.

Et tout le monde dans la salle criait: «Chameau, sale chameau, sale chameau!»

Pourtant c'était un dromadaire, et il était très propre.

À propos du texte

A. De quoi s'agit-il dans cette histoire?

B. Complétez les phrases suivantes.

1. La veille de la conférence, le jeune dromadaire dit...
2. Le jour de la conférence il...
3. La conférence dure...
4. Le conférencier répète...
5. Pendant que le conférencier parle, le jeune dromadaire...
6. Les gens dans la salle écoutent en...
7. Quand le jeune dromadaire ne peut plus se retenir, il...
8. Alors le conférencier...
9. Les gens de la salle crient en même temps...
10. Le dromadaire ne comprend pas parce que...

Appréciation littéraire

C. En lisant un texte, on doit tenir compte de quel point de vue ou sous quelle perspective le thème est présenté. Le narrateur peut être observateur ou participant. Il peut observer à distance ce qui se passe ou bien il peut participer activement à l'action. Il arrive aussi que le narrateur adopte des points de vue différents selon le développement de son sujet.

1. Qu'est-ce qu'il y a de singulier dans la perspective de l'histoire du «Dromadaire mécontent»?
2. Y a-t-il d'autres points de vue que l'auteur aurait pu adopter? Lesquels?
3. À votre avis, le point de vue choisi, rend-il l'histoire plus fantaisiste ou plus réaliste? Auriez-vous choisi de présenter l'histoire selon la même optique? Précisez pourquoi.

D. De quoi ou de qui est-ce que Prévert se moque dans ce texte? Vous fait-il rire? sourire? Est-ce l'effet voulu par l'auteur? Expliquez comment il réussit (ou ne réussit pas) à produire sur vous cet effet.

E. Quels traits de cette histoire sont convenables à une fable? Y a-t-il une morale? Quelle est-elle? Pourquoi Prévert a-t-il choisi ce genre?

Réactions personnelles

F. Comment interprétez-vous les réactions du dromadaire?

G. Les enfants discernent parfois les situations plus clairement que les adultes. Mais leur optique est aussi souvent limitée.

1. Qu'est-ce que le jeune dromadaire comprend mieux que les adultes?
2. En quoi se trompe-t-il?
3. Vous trouvez-vous quelquefois dans des situations pareilles? Quand vous ne comprenez pas (ou quand vous comprenez mieux que les autres) ce que font ou ce que disent les gens autour de vous, que faites-vous?

H. Racontez une anecdote personnelle semblable à l'histoire du dromadaire: avez-vous été déçu(e) par une expérience très différente de ce que vous aviez imaginé auparavant? (concert, exposition, conférence, programme de télévision, boum, cours...) Qu'est-ce que vous avez fait?

Un Homme paisible
Henri Michaux

Henri Michaux (1899–1984) né en Belgique, peintre et écrivain, se rapproche du surréalisme[21] en créant ses dessins aussi bien que ses écrits où le vraisemblable[22] va avec l'invraisemblable: essais, poèmes en prose, journal de voyages et une fiction délicieuse, celle de Plume, personnage imperturbable, face à divers incidents incongrus. Plume représente-t-il une sorte d'auto-analyse[23] à travers le monde de l'imagination intérieure ou est-ce plutôt un clown dont le calme contraste avec ses expériences étranges? L'humour de ces situations est pourtant réel. Plume nous amuse justement parce qu'il dérive d'une réalité familière qui se transforme curieusement sous la plume créatrice de son auteur.

21. *Surréalisme* (m.) = mouvement intellectuel et esthétique des années 20 où l'inspiration de l'artiste vient du surréel, c'est-à-dire de la réalité de l'inconscient.
22. *Vraisemblable* = ce qui semble vrai, plausible.
23. *Auto-analyse* (f.) = analyse de l'inconscient pratiquée sur soi-même.

Avant de lire «Un Homme paisible»

Préparation du vocabulaire

A. En rencontrant un nouveau mot, on peut deviner son sens si on remarque sa parenté avec un autre mot qu'on connaît. Dans les phrases suivantes employez le mot entre parenthèses pour déterminer le sens du mot en italique de la même famille.

1. Plume est un homme *paisible.* (la paix)
   Paisible veut dire...
2. *Étendant* les mains *hors du* lit, Plume fut surpris de ne pas rencontrer le mur. (l'extension) (dehors)
   Étendre signifie...
   Hors de signifie...
3. Et il *se rendormit.* (s'endormir)
   Se rendormir veut dire...
4. Regarde, dit-elle, *fainéant.* (faire) (néant)
   Un *fainéant* est quelqu'un qui...
5. Avec le sang il arrive beaucoup de *désagréments.* (désagréable)
   Un *désagrément* est...
6. On l'a trouvée *partagée* en huit morceaux. (une partie)
   Partagé veut dire...
7. Comment est-ce que *vous ne vous en êtes pas aperçu?* (la perception)
   S'apercevoir veut dire...

Préparation des structures

LA PLACE DES PRONOMS PERSONNELS COMPLÉMENTS D'OBJET

1. Le pronom objet indirect précède le pronom objet direct, excepté quand les deux pronoms sont à la troisième personne.

2. L'ensemble des pronoms objets précède
- un verbe conjugué
- un infinitif
- un participe présent
- l'*auxiliaire* dans le cas des temps composés ou de l'infinitif passé.

3. La première particule de la négation, **ne**, précède les pronoms objets. La deuxième particule (**pas, jamais, guère, rien,** etc.) suit le verbe ou l'auxiliaire conjugués mais, dans le cas de l'infinitif, elle vient *entre* **ne** et les autres pronoms objets devant le verbe. La deuxième particule peut se placer après l'infinitif pour des raisons stylistiques. **Rien**, comme **personne**, peut être aussi le sujet, cas dans lequel il se met à la place normale du sujet. Quand **personne** est *objet,* il se met *après* le verbe ou le participe (présent ou passé).

	me	**le**						
	te	**la**	**lui**			verbe conjugué	**(pas,**	participe passé
(ne)	**nous**	**l'**	**leur**	**y**	**en**	auxiliaire	etc.)	infinitif
	vous	**les**				participe présent		infinitif passé
	se							

Vous **les leur** rendez.
Il **la lui** a expliquée.
Ils ne **l'en** ont pas informé.
On ne **les y** verra pas.
Avant de **vous l'**avoir donné, il est parti.
Ne **les** connaissant pas, il ne veut pas **leur** demander.
Il est préférable de ne pas **m'en** parler.

4. Quand un verbe prend **me, te, nous, vous** ou **se** comme objet *direct*, l'objet *indirect* est indiqué par la préposition **à** + le pronom *disjoint* équivalent placés *après* le verbe.

Jean va *me* présenter **à eux.**
Il *nous* a présentés **à elles** hier.
Elle *s'*est présentée **à moi.**

B. Remplacez les mots en italique par le pronom correct. N'oubliez pas que *Plume* est le nom du personnage principal.

1. «Tiens, pensa Plume, les fourmis ont probablement mangé *le mur.*»
2. Sa femme attrapa *Plume* et secoua *Plume.*
3. Le froid réveilla *Plume.*
4. Plume ne put pas faire un geste pour empêcher *sa femme d'être blessée.*
5. Sa femme se blessa au point qu'on trouva *sa femme* partagée en huit morceaux...
6. «Si ce train pouvait n'être pas passé, pensa Plume, je serais fort heureux *de cela.*»
7. Plume ne s'aperçut pas *de tout cela.*
8. —Je ne peux pas aider *le juge,* pensa Plume.

C. Refaites vos réponses à l'Exercice B en français de tous les jours (c'est-à-dire en changeant le passé simple en passé composé).

Pour mieux lire

D. Vous savez déjà que le début peut vous donner une idée immédiate du thème ou de la nature du texte.

1. Lisez le premier paragraphe de ce texte.
2. Qu'est-ce qui vous frappe particulièrement dans ce paragraphe?
3. En lisant la suite, remarquez les effets déroutants ou inattendus.

Un Homme paisible

Étendant les mains hors du lit, Plume fut étonné de ne pas rencontrer le mur. «Tiens, pensa-t-il, les fourmis l'auront mangé... » et il se rendormit.

Peu après, sa femme l'attrapa et le secoua: «Regarde, dit-elle, fainéant! Pendant que tu étais occupé à dormir, on nous a volé notre maison.» En effet, un ciel intact s'étendait de tous côtés. «Bah, la chose est faite» pensa-t-il.

Peu après, un bruit se fit entendre. C'était un train qui arrivait sur eux à toute allure. «De l'air pressé qu'il a, pensa-t-il, il arrivera sûrement avant nous» et il se rendormit.

Ensuite, le froid le réveilla. Il était tout trempé de sang. Quelques morceaux de sa femme gisaient[24] près de lui. «Avec le sang, pensa-t-il, surgissent toujours quantité de désagréments; si ce train pouvait n'être pas passé, j'en serais fort heureux. Mais puisqu'il est déjà passé... » et il se rendormit.

—Voyons, disait le juge, comment expliquez-vous que votre femme se soit blessée au point qu'on l'ait trouvée partagée en huit morceaux, sans que vous qui étiez à côté, ayez pu faire un geste pour l'en empêcher, sans même vous en être aperçu. Voilà le mystère. Toute l'affaire est là-dedans.

—Sur ce chemin, je ne peux pas l'aider, pensa Plume, et il se rendormit.

—L'exécution aura lieu demain. Accusé, avez-vous quelque chose à ajouter?

—Excusez-moi, dit-il, je n'ai pas suivi l'affaire. Et il se rendormit.

À propos du texte

A. Indiquez le rapport chronologique entre les événements suivants.

▷ *Plume est interrogé par le juge après que sa femme meurt.*

Plume est interrogé par le juge.
Les murs disparaissent.
La femme de Plume meurt.
La maison disparaît.
Le train s'approche.

B. Discutez les questions suivantes.

1. Où est Plume et qu'est-ce qu'il fait juste avant d'étendre les mains vers les murs?

24. *Gisaient* (imparfait de *gésir*) = étaient sur le sol.

2. Après quels événements Plume se rendort-il?
3. Quelle est la réaction de Plume aux événements juste avant de se rendormir?
4. Quelle sorte de personne est Plume? Décrivez son caractère.

Appréciation littéraire

C. Est-ce une narration réaliste? surréaliste? fantaisiste? folklorique? humoristique? tragique? ou... ? Expliquez.

D. Pourquoi Michaux nomme-t-il son personnage «Plume»? Pourquoi choisit-il le titre «Un Homme paisible»?

Réactions personnelles

E. Comment réagiriez-vous, si vous étiez à moitié endormi(e), dans le cas d'un danger imminent?

F. Cette histoire contient des aspects épouvantables et incroyables, mais, n'y a-t-il pas quelque chose de Plume en nous tous? Quels sont les aspects de Plume que vous reconnaissez en vous? Que pensez-vous de Plume? Le trouvez-vous plaisant? Expliquez.

G. Imaginez Plume dans une autre situation. Racontez ce qui arrivera. (oral ou écrit).

La Grotte
Ahmed Séfrioui

Ahmed Séfrioui (né à Fès au Maroc en 1915) a fait ses études à l'école musulmane, à l'école française et au Collège de Fès. Il est parmi le nombre important de Maghrébins[25] de culture arabe et d'éducation française, qui se servent du français comme langue littéraire. La critique en France l'a reconnu dès son premier roman, *La Boîte à merveilles.*

Le court récit suivant fait partie d'un receuil de 1964 intitulé *Le Chapelet d'ambre.* Comme chez Sembène (voir page 114), on sent à quel point cet auteur est proche des gens du peuple et de leur pays. Cependant, Séfrioui ne s'engage pas ici au nom d'une cause sociale mais plutôt d'une recherche spirituelle. Son personnage tourmenté se retire loin des hommes dans une grotte d'où il aperçoit un paysage idyllique. Mais quand il décide de la quitter il rencontre un obstacle terrible. Le narrateur pourra-t-il sortir du refuge de sa grotte?

25. *Maghrébins* (m. pl.) = Algériens, Marocains et Tunisiens.

Avant de lire «La Grotte»

Préparation du vocabulaire

A. Déterminez si chacun des mots suivants appartient au vocabulaire des animaux ou des hommes. S'il appartient à un animal, auquel?

noms	*noms*	*verbes*
une aile	**une gueule**	**aboyer**
l'amitié	**un humain**	**hurler**
des babines	**une jambe**	**paître**
un bras	**un mendiant**	
une chèvre	**une meute**	
un croc	**un museau**	
une griffe	**la pitié**	

B. Remarquez le vocabulaire suivant, particulièrement important dans ce texte de Séfrioui.

1. L'expression *donner sur* signifie *avoir accès ou vue sur.* (Mon balcon *donne sur* la rue principale, ce qui me fournit une très jolie vue.)
   —Sur quoi donne votre chambre?
   —Quel appartement serait plus cher, celui qui donne sur un garage ou celui qui donne sur la mer?
2. Le verbe *soulager* veut dire *calmer* ou *réduire une souffrance.* (Quand on attrape un coup de soleil, une crème hydratante peut *soulager* la peau.)
   —Comment faites-vous pour soulager la peine d'un(e) ami(e) qui souffre pour des raisons psychologiques (rupture avec un(e) ami(e), conflit avec ses parents, etc.)?
   —Comment soulage-t-on la douleur causée par une piqûre de moustique?
3. Le mot *cerné* est le participe passé du verbe régulier *cerner,* qui veut dire *entourer* ou *encercler.* (Nous ne pouvions pas échapper; on nous *cernait* de partout.)
   —Que devrait faire un soldat s'il était cerné de soldats ennemis?
   —Dans quelles circonstances a-t-on les yeux cernés?

Pour mieux lire

C. L'examen du début de chaque paragraphe peut faciliter l'approche de ce texte. Écrivez sur une feuille de papier les phrases qui commencent chaque paragraphe. Après les avoir écrites, avez-vous une idée générale du thème de cette histoire? En utilisant la première phrase de chaque paragraphe, écrivez une histoire suivant votre imagination.

D. Cette narration se fait dans trois temps. En lisant, remarquez ces trois temps et à quels aspects du récit correspond leur emploi — souvenirs et réflexions sur le passé? circonstances récentes et actuelles? actions et décisions présentes? buts[26] immédiats? lointains?

La Grotte

Je me réveille dans la grotte. Le soleil entre par une grande ouverture pratiquée dans la paroi. Par cette ouverture, je vois s'étendre une vallée plantée de minuscules oliviers. La veille, lorsque j'avais choisi ce trou pour me protéger de la nuit, cette fenêtre donnait sur la mer, une mer étrangement calme, étrangement silencieuse. Les étoiles s'y reflétaient par milliers. Ce matin, le soleil, prince des déshérités, éclabousse ma grotte de sa splendeur. Cela me donne envie de ne jamais plus quitter ces lieux. Je reste et me voici riche et délivré. Je niche entre ciel et terre. Je vois les humains ridiculement réduits à l'échelle de leurs oliviers, s'agiter au fond de la vallée. Je possède un morceau de ciel comme aucun être n'en a possédé avant moi. Adieu mon douar,[27] derrière tes haies de cactus, tes habitants me sont étrangers. Les habitants de mon douar voulaient me confier leurs chèvres pour les mener paître. Ils me les auraient reprises un jour ou l'autre. J'ai refusé. Pourquoi accepter le transitoire? Et puis que chacun garde ses propres chèvres.

J'ai marché longtemps avant de découvrir ce refuge. J'y suis bien. De temps à autre, je sortirai, j'irai au bord de la route et demanderai aux passants de partager leur pain avec moi. Certains refuseront. Ils craignent d'épuiser leurs provisions avant le terme du voyage. D'autres, pour atteindre le but au plus vite, soulageront leurs épaules d'un viatique[28] inutile. Je rentrerai dans ma caverne et me nourrirai de l'amitié des hommes. Car je crois en leur amitié lorsqu'ils offrent le pain au mendiant. Ceci me rattache à leur monde, ceci et un lien d'une nature mystérieuse, pour moi encore inexplicable. Il me semble que sur ce théâtre de l'éphémère, où se jouent des pièces dont l'action commence ailleurs et se termine sur d'autres plans de l'existence, je dois rencontrer quelqu'un. Ma naissance et ma mort perdraient toute signification si nous prenions des sentiers parallèles.

Je comprends maintenant que cette rencontre devient urgente, essentielle et réclame une quête passionnée. Aucune halte ne doit jalonner mon chemin. Je dois quitter la grotte, elle est trop hospitalière.

---

26. *But* (m.) = objectif.
27. *Douar* (m.) = village nord-africain.
28. *Viatique* (m.) = provisions de voyage.

Ma résolution prise, je m'engage dans la galerie qui conduit vers l'extérieur. J'aperçois la sortie et l'herbe sur ses bords. La couleur de l'herbe me désaltère. Quand j'émerge en pleine brise, face au ciel, je me trouve cerné au levant comme au couchant, au zénith comme au nadir, par des museaux luisants et des yeux d'or terne. Des babines roses laissent à découvert l'ivoire des crocs. Les gueules béent.[29] Toute cette meute se tient calme, concentrée, prête à me refouler dans mon trou ou bien à me déchirer en lambeaux. Je regarde tous les chiens un à un, du moins les plus proches de l'ouverture. Leurs regards ignorent toute pitié. Je me souviens que je suis un homme avec deux bras et deux jambes, le moyen d'étreindre et le moyen de courir. Avec mes ennemis, j'aurais besoin de griffes et de dents. Je me sens battu d'avance.

Ai-je donc marché des jours et des nuits pour finir charogne puante et servir de repas à des chiens? Ces animaux, je commence à le croire, appartiennent à la race des chasseurs et je suis tombé dans leur piège. Pour ne pas attirer à leur festin d'autres chiens du voisinage, ils n'aboient pas, ne hurlent pas, ne se jettent pas sur la victime avec des cris de triomphe. Ils attendent. Ils montent une garde vigilante à la sortie de la grotte et quand je serai mort de soif et de faim, ils se partageront ma dépouille, comme les humains la récolte d'un champ. D'autres avant moi ont dû subir ce sort. Ils avaient deux solutions: accepter cette fin ou se jeter dans la vallée.

Les humains là-bas continuent à circuler parmi les oliviers. Jamais ma voix de détresse ne pourrait les atteindre. Non, je ne crie pas, je n'agite pas en vain mes bras pour attirer leur attention. Je me mets face au ciel; la nuit, je suis le tracé des étoiles et le jour, le tourbillon d'ailes des myriades d'anges. J'oublie les hommes et leurs olives, la grotte et les chiens qui attendent ma mort pour s'en nourrir.

Quand viendra-t-il me rejoindre Celui que j'ai tant cherché?

À propos du texte

A. Parmi les choix indiqués, que fait le narrateur?

Il quitte son douar.
Il se réfugie dans une grotte.
Il s'occupe des chèvres des habitants de son douar.
Il pense qu'il sortira trouver des hommes.
Il trouve des amis qui soulagent ses épaules.
Il comprend qu'il doit rencontrer quelqu'un.
Il trouve des chiens affamés autour de la sortie de la grotte.
Il trouve qu'il est isolé des hommes et destiné à mourir.

29. *Béer* = avoir la bouche grand-ouverte.

B. Condensez ce récit en le réduisant à cinq événements ou aspects principaux. Indiquez quels temps verbaux y correspondent.

1. le passé
2. le présent
3. le futur

Appréciation littéraire

C. Comment interprétez-vous les phrases suivantes?

1. Ce matin, le soleil, prince des déshérités, éclabousse ma grotte de sa splendeur. (lignes 6-7)
2. ... je dois rencontrer quelqu'un. Ma naissance et ma mort perdraient toute signification si nous prenions des sentiers parallèles. (lignes 26-27)
3. Je dois quitter la grotte, elle est trop hospitalière. (ligne 30)
4. Avec mes ennemis, j'aurais besoin de griffes et de dents. Je me sens battu d'avance. (lignes 41-42)
5. Quand viendra-t-il me rejoindre Celui que j'ai tant cherché? (ligne 59)

D. Précisez les rapports entre le narrateur et...

1. les autres hommes: signalez des mots dans le premier paragraphe qui indiquent l'attitude du narrateur, puis dans le deuxième paragraphe.
2. la nature: signalez des mots dans le premier paragraphe qui indiquent l'attitude du narrateur; puis dans la suite du texte.

Réactions personnelles

E. À votre avis, est-ce une expérience religieuse? mystique? existentialiste? Pour quelle raison cet homme est-il seul? Pourquoi a-t-il quitté son douar?

F. Le narrateur, qui semble s'être aliéné du monde, est-il jeune? vieux? Expliquez. Pensez-vous que l'aliénation de la société est un problème général de la culture contemporaine? Dans quel pays ou quel milieu? Vous êtes-vous jamais senti(e) aliéné(e)?

G. Que pensez-vous de votre place dans la société? Exprimez votre attitude en basant votre approche sur celle de Séfrioui—pensez à un endroit qui vous semble représenter cette attitude, situez-vous dans ce lieu, exprimez vos pensées, vos sentiments, vos choix pour en sortir (si ce n'est pas une situation favorable) et votre décision finale d'y rester ou d'en sortir.

Mise en perspective

1. **L'individu et la société.** L'individu par rapport à la société est un thème commun aux trois textes de cette leçon: faites-en la synthèse en apportant votre conclusion.

2. **L'écart de la réalité.** Prévert et Michaux s'écartent de la réalité dans leurs textes. Précisez le moment où le lecteur se rend compte que ce n'est pas le monde «réel». L'effet de l'écart de la réalité, est-il le même dans les deux textes? Expliquez.

3. **Le malaise.** Lesquels de ces trois textes vous laissent avec un sentiment de malaise? Est-ce que le malaise éprouvé vient de la même source? Précisez et expliquez.

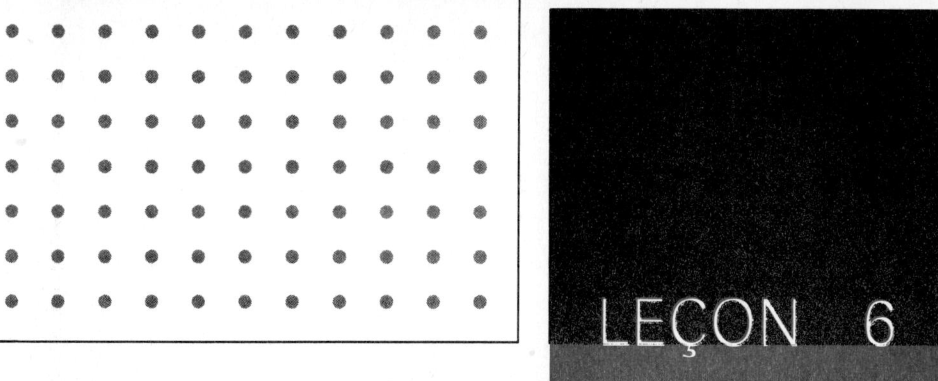

Exprimer ses sentiments

Dans les leçons précédentes il a été surtout question d'*objectivité:* comment s'informer, représenter ce qu'on observe, relater ce qui se passe et le fixer dans le temps. Dans ce chapitre au contraire il s'agit de *subjectivité.*

Une fois d'accord sur certaines données[1] de la réalité, on n'aurait plus rien à dire si on n'exprimait pas son propre point de vue, si on ne parlait pas de sa propre expérience, de ses réactions personnelles. Non seulement on a envie de dire ce qu'on pense, mais on veut aussi voir comment réagissent les autres. Et puisque la communication est réciproque, les autres cherchent aussi à produire sur nous l'effet de leurs opinions et de leur vision à eux. Il faut savoir réagir et faire réagir.

En outre, exprimer ses sentiments a un double sens: «sentiment» veut dire d'abord «sensation», c'est-à-dire, une action ou une réaction physique ou psychologique qui se produit en vous; «sentiment» signifie également «opinion» ou le jugement qu'on forme sur une personne ou une chose. Ici, la subjectivité—aussi essentielle à la communication que l'objectivité—consiste donc à dire ses impressions et ses opinions.

1. *Donnée* (f.) = fait, point non contesté.

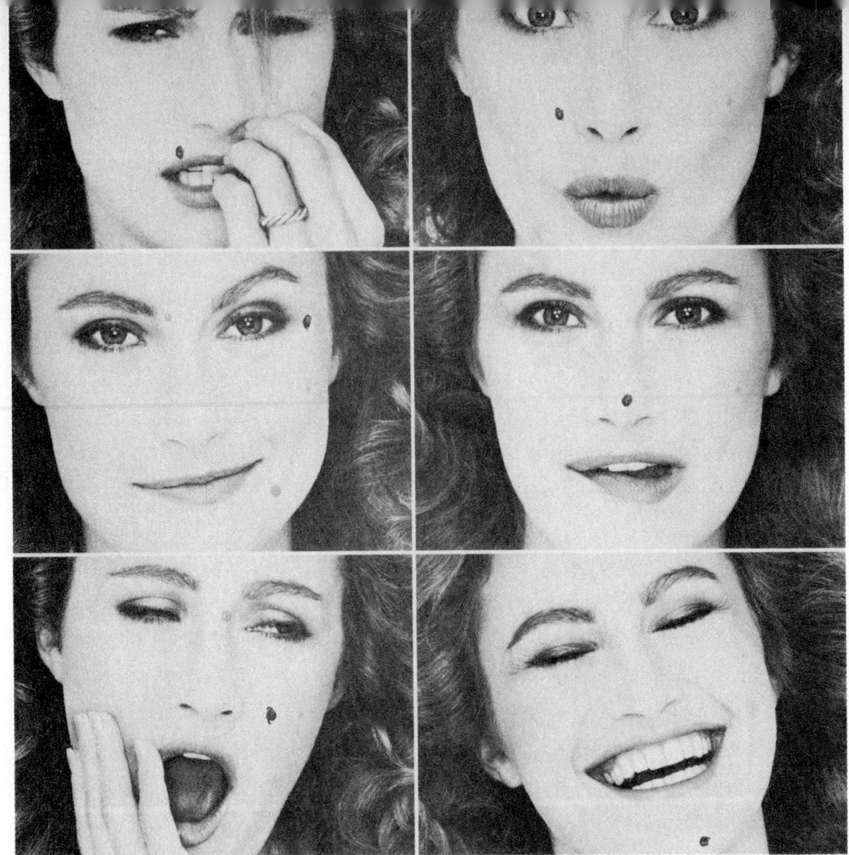

DYNASTIANE, la crème qui efface la journée.

Fous rires, colères, grimaces, soucis... votre journée est bien remplie. Celle de votre visage l'est aussi : ça fronce, ça plisse, ça tire, ça vit. Aussi, le soir, pour que votre peau récupère, ACADÉMIE a créé DYNASTIANE.

Une crème douce et pénétrante qui nourrit, assouplit et raffermit votre peau.

Riche en Elastine – protéine qui assure son élasticité au tissu conjonctif – et en huile de jojoba, merveilleux agent hydratant, Dynastiane facilite le repos de l'épiderme après chaque plissement, chaque expression.

Dynastiane, une ligne complète de soins de beauté nourrissants et hydratants, de haute technicité. Chez les parfumeurs-conseil agréés.

Scientifique de Beauté

376, rue Saint-Honoré – Paris 1er

À une exposition d'art au Centre Georges Pompidou

—Vraiment, je n'aime pas ce tableau-là. Ça m'agace qu'il y ait toutes ces taches jaunâtres... j'ai horreur de voir cette couleur.

—Excusez-moi, Madame, j'ai l'honneur de me présenter: je suis l'artiste. Franchement, cela m'étonne que mon travail vous déplaise tellement.

—Oh, Monsieur! Quelle surprise! Je suis désolée d'en avoir dit du mal mais, vous comprenez, ce n'est pas très drôle de regarder une œuvre si difficile à comprendre... je suis rouge de honte.

—Je vous en prie, Madame... de toute façon vous êtes bien plus belle que ma toile. Mes doigts gourds[2] ne sauraient représenter un objet aussi attrayant que vous... nous pourrions peut-être aller prendre un petit quelque chose ensemble? Là, je vous exposerais mon interprétation ultra-post-moderniste des théories esthétiques actuelles...

—Oui... oui... oui... je veux dire *non*!... (Quelle barbe, cet artiste!)

—SOURIEZ! C'EST LA CAMÉRA INVISIBLE!

---

2. *Gourd* = endormi, inerte.

Structures

:Demander à quelqu'un d'exprimer ses sentiments

1. Pour demander à quelqu'un d'exprimer ses sentiments sur un sujet, on emploie souvent **penser de** + nom ou pronom

   Que **pensez**-vous **de** mon idée?
   Qu'est-ce que tu **penses de** ce nouveau pantalon?
   En France, qu'est-ce qu'on **pense des** Américains?
   Que **penses**-tu **d'**Hélène Duclos et **de** sa sœur?

   Remarquez: On peut remplacer **de** + *chose* par **en**. On remplace **de** + *personne* par **de** + pronom disjoint.

   Marie a une idée intéressante. Pierre, qu'**en** penses-tu?
   Vous connaissez les sœurs Duclos? Que pensez-vous **d'elles?**

2. La réponse peut être exprimée par une des constructions suivantes.
   - **Trouver (croire)** + adjectif

     —Qu'est-ce que les Français pensent des Américains?
     —On les **trouve** un peu **matérialistes** mais très **ouverts.**

   - **Penser que (trouver que, croire que**, etc.**)** + proposition

     —Que pensez-vous de mon idée? (Qu'en pensez-vous?)
     —Je **pense qu'**elle a du mérite, mais **qu'**elle sera difficile à réaliser.

   Remarquez: Dans la langue parlée on peut d'abord répéter la question en employant **en** et puis y répondre, toujours avec **en**.

   —Qu'est-ce que j'**en** pense? J'**en** pense qu'elle a du mérite...

A. **La culture américaine.** Les Français aiment bien parler de l'Amérique avec des Américains. Quelles idées auriez-vous à leur communiquer? Demandez à un(e) camarade de classe son avis sur ces différents aspects de la vie américaine.

▷ la politique étrangère des États-Unis
—Qu'est-ce que tu penses de la politique étrangère des États-Unis?
—Je la trouve difficile à comprendre. ou
—Je pense qu'elle est difficile à comprendre.

1. la télé américaine
2. la mode américaine
3. les grosses voitures américaines
4. l'importance du sport professionnel aux États-Unis
5. le droit de porter des armes
6. la musique américaine
7. la cuisine américaine
8. les écoles américaines

Exprimer des sentiments avec des noms, des adjectifs et des adverbes

Le lexique français exprimant les nuances de sentiments est très complet.

1. Voici un petit inventaire de noms fréquents (avec leurs équivalents adjectifs et adverbiaux) qui expriment un sentiment.

nom	adjectif ou expression adjective	adverbe ou expression adverbiale
l'agitation	agité	d'une façon agitée
l'ahurissement	ahuri	avec ahurissement
l'amour	amoureux (de)	amoureusement
l'angoisse	angoissé	avec angoisse
l'antipathie	antipathique	d'une façon antipathique avec antipathie
l'anxiété	anxieux	anxieusement
la blessure	blessé	d'une façon blessée
le calme	calme	calmement
le choc	choqué	d'une façon choquée
la colère	——	avec colère
la consternation	consterné	avec consternation
le contentement	content	d'une façon contente
la crainte	craintif	craintivement
le désespoir	désespéré	désespérément

nom	adjectif ou expression adjective	adverbe ou expression adverbiale
la désolation	désolé	d'une façon désolée
l'embarras	embarrassé	d'une façon embarrassée
l'émotion	ému	d'une façon émue, avec émotion
l'enthousiasme	enthousiaste, enthousiasmé	avec enthousiasme
l'envie	envieux	envieusement
l'épouvante	épouvantable	épouvantablement
l'espoir	plein d'espoir	avec espoir
l'étonnement	étonné	d'une façon étonnée
l'exaspération	exaspéré	avec exaspération
l'excitation	excité	d'une façon excitée
——	fâché, fâcheux	d'une manière fâchée, fâcheusement
la fierté	fier	fièrement
la fureur	furieux	furieusement
la gêne	gêné	d'une façon gênée
la haine	haineux	haineusement
la honte	honteux	honteusement
l'horreur	horrifié	avec horreur
l'impatience	impatient	impatiemment
l'état inconsolable	inconsolable	inconsolablement
l'indifférence	indifférent	indifféremment
la jalousie	jaloux	jalousement
la joie	joyeux	joyeusement
le mécontentement	mécontent	d'une façon mécontente
la morosité	morose	d'une façon morose
l'orgueil	orgueilleux	orgueilleusement
la peur	peureux	peureusement
la pitié	plein de pitié	avec pitié
la satisfaction	satisfait	avec satisfaction
——	sidéré (fam.)	d'une façon sidérée
la stupéfaction	stupéfait	avec stupéfaction
la sympathie	sympathique	d'une façon sympathique, avec sympathie
la tendresse	tendre	tendrement, avec tendresse
la tension	tendu	avec tension
la terreur	terrifié	avec terreur
——	touché	——
la tranquillité	tranquille	tranquillement
la tristesse	triste	tristement

Sartre était **fâché** que De Gaulle l'ait appelé «mon maître».
Sous l'effet du vin et de **l'excitation** de l'événement, la **tension** monte peu à peu. (Vian)
Les Blancs passent dans leurs grosses voitures blanches, **indifférents** à **l'agitation** du peuple. (Vian)
Chaïba devenait **morose**, puis silencieux. (Sembène)
Mais je les imagine **désolées** et **inconsolables** les ombres de ces enfants farouches, chez qui l'excès indiscipliné de la vie—**orgueil** froissé, **jalousie**, larmes près de briser des poitrines trop frêles—s'exprime par le geste irrémédiable... (Colette)

- Les adjectifs dérivés de verbes ont souvent deux formes: celle qui correspond au participe passé, qui décrit *l'état ou le sentiment* du nom qualifié, et celle qui correspond au participe présent, qui décrit *l'action ou le sentiment causé* par le nom qualifié.

Son attitude est **exaspérante**. J'en suis **exaspéré**.
Le discours du président était très **émouvant**. Nous étions tous **émus**.

- L'équivalent adverbial a deux structures différentes.
  a. **D'une façon/d'une manière** + adjectif

Il parlait **d'une manière fâchée.**
Hubert s'est excusé **d'une façon gênée.**

  b. **Avec** + nom sans article [3]

Elle a répondu **avec esprit** qu'elle était sûre de gagner.

2. Structures avec des noms et des adjectifs de sentiment
Pour insister sur l'intensité de l'émotion, on peut utiliser les formules suivantes.

- Nom (de sentiment) + **de** + infinitif

La **satisfaction de savoir** qu'on l'avait choisi compensait bien ses peines.
J'ai la **joie de vous annoncer** le mariage de ma sœur.
Car Dorothée est si prodigieusement coquette que le **plaisir d'être** admirée l'emporte sur l'orgueil de l'affranchie... (Baudelaire)

- Adjectif (de sentiment) + **de** + infinitif
  Les adjectifs exprimant un sentiment peuvent être suivis par un infinitif qui indique l'origine du sentiment. Cette construction, comme tout adjectif ou expression adjective, s'attache à un nom ou pronom.

Géraldine, **impatiente de rencontrer** le Directeur, lui a écrit trois fois.
Celui-ci, **surpris de recevoir** ces lettres, se méfiait de tant de zèle.
La réponse du Directeur a informé la jeune fille **soucieuse de commencer** bientôt son travail, qu'il la verrait en temps voulu.

3. Voir Leçon 3, *Décrire*, page 103.

Remarquez: Le sens de certains adjectifs de sentiment permet aussi leur emploi dans une construction impersonnelle avec le verbe **être**.

> **Il était affreux de constater** les ravages de la famine.
> **Il sera émouvant d'assister** à cette cérémonie.

Remarquez: Dans la langue familière, **ce** remplace **il** dans ces constructions impersonnelles.

> **C**'est amusant de regarder les singes au zoo.
> **C**'est toujours passionnant de montrer aux Américains une image de la France. (C. Rousseau).

Attention: La construction adjectif + **à** + infinitif [4] n'indique pas l'origine ou la raison du sentiment. Dans cette structure, l'infinitif, fonctionnant comme une sorte d'adjectif, ne peut pas être suivi d'un objet.

> C'est une chose horrible.
> C'est une chose **horrible à voir**. C'est **horrible à voir**.
> *Mais:* Il était **content de lire.**
> Il était **content de lire un roman.**

- Adjectif (de sentiment) + **de** + nom (ou pronom)
  Les adjectifs de sentiment, comme les adjectifs en général, peuvent avoir aussi un nom ou un pronom compléments. La préposition **de** sert de lien entre l'adjectif et le nom ou pronom.

> Martine, très **fière de ses notes**, a montré son bulletin scolaire à son père.
> Son père, très **content d'elle**, l'a embrassée.
> Le Syndic était **heureux d'une réussite** plus rare que les autres. (Yourcenar)

- Adjectif + **de** + nom (de sentiment)

> **Rouge de colère,** le patron l'a mis à la porte.
> Nous étions **ivres de joie** le jour où nous avons gagné la loterie.
> ... **fou de désirs**, ivre de sa puissance, il quitta la maison paternelle... (Daudet)

Remarquez: Le participe présent ou passé peut dans ce cas se comporter parfaitement comme un adjectif: Participe + **de** + nom (de sentiment)

> Il entra sans bruit, **frémissant de plaisir**... (Maupassant)
> Mais elle est partie **tremblante de rage.**
> **Morts de fatigue**, ils n'ont pas pu finir.

4. Voir Leçon 3, *Décrire,* page 95.

3. Verbes employés avec des noms et des adjectifs de sentiment

- On emploie les verbes **éprouver** ou **ressentir** avec les *noms* exprimant un sentiment ou même avec le nom **sentiment.** Avec le mot **sentiment** on peut aussi employer le verbe **avoir**.

  J'**éprouve** de la *tendresse.* Je **ressens** aussi une grande *joie.*
  J'**éprouve** *un sentiment* de tendresse.
  J'**ai** *un sentiment* de joie.

  a. Si le nom est qualifié par un adjectif ou une construction adjective, on emploie l'article indéfini devant le nom.

  Madame Haubel **éprouve** *une horreur incomparable* en voyant une araignée.

  b. Si le nom n'est pas qualifié par un adjectif ou une expression adjective, on emploie le partitif.

  Jacques **ressent** *de l'amour* pour Jill.
  Jill **éprouve** *de la pitié* pour Jacques.

- Le verbe **sentir** a trois usages.

  a. Il s'emploie surtout quand le sentiment est indiqué par une proposition.

  Je **sens** *qu'ils nous aiment bien.*
  Madame Bovary **sentait** *que Charles ne la comprenait pas.*
  On **sent** bien *que les officiers possèdent une considération plus haute.*

  b. **Sentir** peut aussi fonctionner comme **ressentir** ou **éprouver,** suivi simplement du nom du sentiment. Cet usage est moins fréquent et donc plus élégant que le précédent.

  À la fin de l'histoire, on **sent** *de la tristesse.*
  M. Sacrement **sentait** pour les gens décorés *une haine de socialiste.*

  c. On emploie **sentir** aussi quand on désigne une sensation physique: tactile ou olfactive.

  Je **sens** *une odeur* bizarre.
  Elle **a senti** *l'arôme* du café.
  Il **sentait** *la chaleur* du sable.
  Nous **sentions** *le grain* du bois.

- **Se sentir** est suivi d'un adjectif ou d'une construction adjective qui modifie le sujet.

  Je **me sentais** *vaguement triste* tandis qu'il me hélait un taxi... (Victor)
  Je **me sens** *battu* d'avance. (Séfrioui)
  La petite vieille ratatinée **se sentit** *toute réjouie* en voyant ce joli enfant... (Baudelaire)

  On emploie **se sentir** aussi avec les adverbes **bien** et **mal**.

  David **se sentait** *bien.*
  Goliath **se sentait** *mal.*

B. La vieillesse. Indiquez vos sentiments à propos des divers aspects de la vieillesse. Formez une seule phrase en choisissant le début de phrase que vous préférez.

▷ vieillir: il est difficile/ il est amusant
Il est difficile de vieillir.

1. parler aux vieilles personnes: il est intéressant/ je suis touché(e)
2. prendre la retraite: il est regrettable/ je serais heureux(heureuse)
3. avoir des petits-enfants: je serais furieux(furieuse)/ je serais ravi(e)
4. me borner[5] aux activités habituelles de mon âge: je ne serais pas satisfait(e)/ il ne sera pas facile
5. être vieux(vieille) et sage: je serai fier(fière)/ je suis impatient(e)
6. vivre dans un asile: il est agréable/ il est désagréable

C. Mariage. Finissez les phrases pour exprimer les sentiments de la famille et des invités à un mariage.

▷ La mère de la mariée éprouve de l'émotion. Elle est tremblante...
Elle est tremblante d'émotion.

1. Le marié et la mariée éprouvent du bonheur. Ils sont ivres...
2. La mariée est joyeuse. Elle est frémissante...
3. Le marié a peur. Il est paralysé...
4. L'ancienne amie du marié est jalouse. Elle est verte...
5. La belle-mère éprouve de l'inquiétude. Elle est folle...

D. Charabia. Vous assistez à une conférence où, malheureusement, vous ne comprenez pas le conférencier. Quelles sont vos réactions? Commencez par: *Je sens que... , Je me sens... , J'éprouve...* ou *Je ressens...*

▷ mal à l'aise
Je me sens mal à l'aise.

▷ la conférence est trop technique pour moi
Je sens que la conférence est trop technique pour moi.

1. inquiet(ète) de ne pas comprendre
2. les autres comprennent mieux que moi
3. le conférencier est fatigué
4. de l'impatience
5. gêné(e)
6. ce monsieur se plaît à employer des termes ésotériques
7. une certaine exaspération
8. trop fier (fière) pour demander qu'on m'explique
9. une grande irritation contre le conférencier
10. de la fatigue, finalement

5. *Se borner à* = se limiter à.

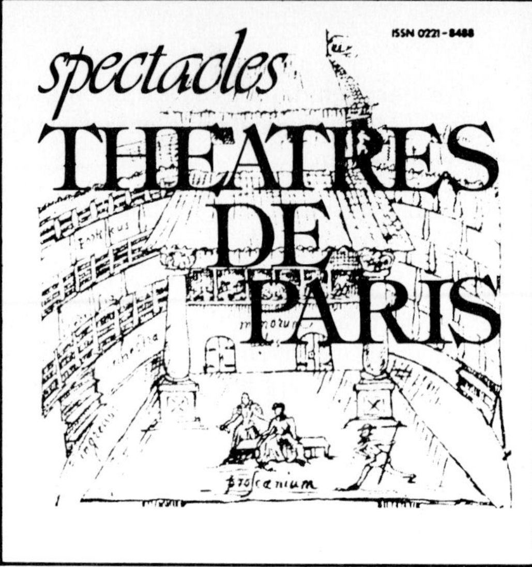

E. Soirée au théâtre. Vous rentrez du théâtre avec des amis et vous discutez de vos réactions à propos de la pièce que vous venez de voir. Exprimez chacune des diverses réactions avec deux phrases équivalentes en utilisant les verbes entre parenthèses. Faites tous les changements nécessaires.

▷ J'éprouve de la joie. (ressentir/se sentir)
Je ressens de la joie.
Je me sens joyeux.

1. Vous ressentez de la tristesse. (se sentir/ éprouver)
2. Alice se sent enthousiasmée. (ressentir/ éprouver)
3. Nous éprouvons du dégoût. (ressentir/ se sentir)
4. Tu éprouves de l'indifférence. (se sentir/ ressentir)
5. Jean-Claude et Caroline se sentent satisfaits. (éprouver/ ressentir)

F. Interview d'un(e) candidat(e). Imaginez que vous êtes directeur d'une école de la police. Demandez à un(e) candidat(e) qui voudrait devenir agent de police...

▷ comment il(elle) se sent à l'idée de porter un uniforme.
—Comment vous sentez-vous à l'idée de porter un uniforme?
—Je me sens fier(fière) de porter un uniforme.

1. s'il(si elle) sent qu'il(elle) est prêt(e) pour ce travail.
2. ce qu'il(elle) éprouve quand il(elle) marche seul(e) la nuit.
3. comment il(elle) se sent quand quelqu'un l'insulte.
4. ce qu'il(elle) éprouve quand il(elle) pense aux dangers à courir.
5. comment il(elle) se sent à l'idée de porter une arme sur lui(elle).
6. ce qu'il(elle) ressent quand il(elle) pense à son avenir.

Verbes et expressions verbales de sentiment

1. Expressions idiomatiques avec **avoir**

- **Avoir peur (de)** indique l'appréhension. On peut l'utiliser seul ou suivi d'un infinitif, d'un nom ou d'un pronom.

  C'est un endroit vraiment dangereux ici. J'**ai** un peu **peur**.
  Alors le petit **avait grand-peur d'**être volé. (Daudet)
  Qui **a peur du** méchant loup?
  Nous **avons peur des** centrales nucléaires.
  Moi, je **n'ai pas peur de** toi!

- **Avoir honte (de)** indique le remords, l'humiliation ou un sentiment d'infériorité. On peut l'utiliser seul ou suivi d'un infinitif, d'un nom ou d'un pronom.

  J'**aurais honte d'**avouer ce que j'ai fait de mon chewing-gum.
  Vous **n'avez pas honte de** votre incompétence en français?
  J'**ai honte de** toi, mon enfant.

- **Avoir horreur de** exprime la répugnance. On peut l'utiliser suivi d'un infinitif, d'un nom ou d'un pronom.

  J'**ai horreur d'**être seule.
  J'**ai horreur des** serpents.
  Elle **a horreur de** cela.

- **Avoir envie de** indique le désir. On ne peut pas l'utiliser seul. Il peut pourtant être employé suivi d'un infinitif, de **un(e)** + nom singulier (pour une quantité déterminée) ou d'un nom sans article (pour une quantité indéterminée).

  Il n'y avait pas de musique et il était déçu, il s'ennuyait beaucoup, il **avait envie de** pleurer. (Prévert)
  Il se disait: «Voici des officiers de la Légion d'honneur!» Et il **avait envie de** les saluer. (Maupassant)
  Tu veux une Cadillac? Moi, j'**ai envie d'**une Porsche.
  Nous **avons envie de** vacances à Bora-Bora.

- L'expression **faire peur/honte/horreur à** quelqu'un veut dire inspirer de la peur/de la honte/de l'horreur à quelqu'un.

  La vitesse **me fait peur**.
  «... nous **faisons horreur aux** petits enfants que nous voulons aimer!» (Baudelaire)
  Est-ce que ça ne **te fait** pas **honte**!?

Remarquez: L'expression **donner envie à** quelqu'un **de** faire quelque chose veut dire inspirer à quelqu'un l'envie de faire quelque chose.

Cela **me donne envie de** ne jamais plus quitter ces lieux. (Séfrioui)

G. Renseignez-vous sur les attitudes des autres. Demandez à quelqu'un...

1. de quoi il(elle) avait peur à l'âge de cinq ans.
2. ce qu'il(elle) aurait honte de faire en public.
3. ce qu'il(elle) a peur de faire à minuit.
4. de quoi il(elle) a envie maintenant.
5. ce qu'il(elle) a envie de faire quand il fait beau.
6. ce qu'il(elle) aurait horreur de manger.
7. ce qui lui fait peur.
8. ce qui lui fait horreur.
9. ce qui lui donne envie de rire.
10. ce qui lui ferait honte.

H. Quelles sont vos attitudes? Exprimez-les en utilisant les mots donnés comme dans le modèle. Faites des phrases logiques affirmatives ou négatives. Commencez chaque phrase par une des expressions suivantes: *avoir peur de, avoir honte de, avoir horreur de* ou *avoir envie de.*

▷ mes erreurs de jugement
J'ai honte de mes erreurs de jugement. ou
Je n'ai pas honte de mes erreurs de jugement.

▷ devenir plus mince
J'ai envie de devenir plus mince.

1. vivre avec le stress de la vie moderne
2. la circulation dans les grandes villes
3. un mauvais mariage
4. regarder la réalité en face
5. dire des bêtises
6. mourir
7. avoir une attitude positive
8. la générosité des autres
9. être déprimé(e)
10. me coiffer comme une vedette de rock

2. Verbes ou expressions d'émotion + infinitif[6]

Elle **se plaignait de** *ne pas avoir* assez de temps à elle.
La mère **hésite à** *critiquer* les dessins de sa fille.
... quand il était petit, il **adorait** *fouiller* dans les sacs des femmes pour en examiner le contenu. (Victor)

---

6. Voir l'appendice C, pour la liste des verbes les plus fréquents (non seulement les verbes de sentiment) qui prennent un infinitif (1) sans préposition, (2) avec *de,* (3) avec *à.*

- Verbes de sentiment qui prennent un infinitif sans l'intermédiaire d'une préposition

adorer	**détester**	**sentir**
aimer[7]	**espérer**	**souhaiter**
désirer	**préférer**	**vouloir**

Nous **détestons** *écouter* ses histoires.
Je **préfère** *ne pas considérer* ces options.

Remarquez: Tous ces verbes peuvent être suivis aussi par un complément d'objet direct au lieu d'un infinitif.

J'**aime** bien *mes camarades.*
Annick **souhaite** *une bonne année* à Georges.

- Verbes de sentiment qui prennent **de** + infinitif

se contenter de	**se féliciter de**	**se reprocher de**
craindre de	**se flatter de**	**rire de**
désespérer de	**s'indigner de**	**rougir de**
s'ennuyer de	**s'inquiéter de**	**se soucier de**
enrager de	**se plaindre de**	**souffrir de**
s'épouvanter de	**regretter de**	**se vanter de**
s'étonner de	**se réjouir de**	**s'en vouloir de**
se fâcher de		

Ils **craignent d'***épuiser* leurs provisions avant le terme du voyage. (Sefrioui)
Il **souffrait** d'une façon continue **de** *n'avoir point* le droit de montrer sur sa redingote un petit ruban de couleur. (Maupassant)
Ceux qui se rappelaient le bruyant Cornélius d'autrefois **s'étonnaient de** le *voir* si taciturne. (Yourcenar)

Remarquez: On peut aussi employer **de** + nom ou pronom après tous ces verbes sauf **craindre** et **regretter**, qui prennent un objet direct sans préposition.

Le professeur **se réjouit de** *son succès.*
Tout le monde **se plaint de** *sa mémoire,* et personne ne **se plaint de** *son jugement.* (La Rochefoucauld)
Je **m'en suis voulu de** *la couleur* un peu trop demi-deuil de mes historiettes... (Daudet)
Le jeune dromadaire **souffrait de** *la chaleur...* (Prévert)
Le vin, dont il avait pris le goût en Italie, achevait, avec le tabac, de gâter *le peu de sûreté de touche* **dont** il **se vantait** encore. (Yourcenar)

Mais: Nous **craignons** *les gens violents.*
Je **regrette** *mon impétuosité.*

7. *Aimer à* + infinitif reste assez fréquent dans la langue littéraire: *Il n'aimait pas* ***à*** *peindre les animaux, ceux-ci ressemblant trop aux hommes.* (Yourcenar)

• Verbes de sentiment qui prennent **à** + infinitif

s'amuser à	**se plaire à**
s'exciter à	**prendre plaisir à**
s'habituer à	**renoncer à**
hésiter à	**se résigner à**
s'intéresser à	**tenir à...** [8]

Je **me suis résigné à** *rester* ici pendant les vacances.
Ils **se plaisent à** *se promener* dans la nature.
Vous intéressez-vous **à** *voyager* en Asie?
... elle **prend tant de plaisir à** *se peigner*, **à** *fumer*, **à** *se faire éventer* ou **à** *se regarder* dans le miroir... (Baudelaire)
Les parents de Georges **tiennent** absolument **à** nous *inviter* chez eux.

Remarquez: On peut aussi employer **à** + nom ou pronom après tous ces verbes sauf **hésiter** et **s'amuser**, qui ne prennent pas de complément d'objet.[9]

La famille **s'habitue** peu à peu **à** *sa nouvelle maison*.
M. Rosselin, le député, semblait maintenant **s'intéresser** beaucoup **à** *son succès*. (Maupassant)

I. Les attitudes devant la mode. Demandez à quelqu'un...

1. ce qu'il(elle) tient à porter quand il neige.
2. ce qu'il(elle) préfère porter quand il pleut.
3. ce qu'il(elle) déteste porter.
4. ce qu'il(elle) espère recevoir comme cadeau d'anniversaire.
5. ce qu'il(elle) aime porter sur la tête.
6. s'il(si elle) adore se déguiser à Halloween.
7. s'il(si elle) hésite à s'habiller en maillot.
8. ce qu'il(elle) se réjouit d'avoir comme vêtement.

J. Garde d'enfants. Vous êtes baby-sitter et les parents viennent de sortir. Expliquez les sentiments de tout le monde. Faites deux phrases avec les expressions entre parenthèses. Ajoutez **à** ou **de** quand c'est nécessaire.

▷ établir un bon rapport avec les enfants (J'aimerais/Je me contente)
J'aimerais établir un bon rapport avec les enfants.
Je me contente d'établir un bon rapport avec les enfants.

1. partir (Les parents hésitaient/Les parents craignaient)
2. rester à la maison (Les enfants regrettent/Les enfants souffrent)
3. amuser les gosses (J'espère/Je tiens)

8. *Tenir à* + infinitif = *insister pour* + infinitif.
9. *Tenir à* + nom = aimer, être attaché à: *Jules* ***tient à*** *son café au lait le matin. Jules* ***tient à*** *sa cousine Berthe. (Il* ***tient à*** *elle.).*

4. jouer ensemble (Nous prenons plaisir/Nous nous plaisons)
5. prendre un bain (Les enfants hésitent/Les enfants refusent)
6. se coucher (Les enfants ne veulent pas/Les enfants se résignent)
7. rester ferme (Je tiens/Je me félicite)
8. rentrer chez eux (Les parents se réjouissent/Les parents sont contents)

3. Verbes ou expressions de sentiment + **que** + subjonctif
Après les verbes ou expressions qui expriment des sentiments, on emploie le subjonctif quand le sujet de la proposition subordonnée est différent du sujet de la proposition principale.

Je suis surpris que *tu* **fasses** ça si vite.
Mais: Je suis surpris d'avoir fait ça si vite.

Nous regrettons que *vous* **ayez** mal **compris.**
Mais: Nous regrettons d'avoir mal compris.

Mon rêve de bonheur: *J'*ai peur qu'*il* **ne soit pas** assez élevé, je n'ose pas le dire, et j'ai peur de le détruire en le disant. (Proust)

être (heureux, choqué, etc.) **que...**
Il est (regrettable, dommage, triste, etc.) **que...**
Cela (ça) m'énerve que...
Cela (ça) m'agace que...
Cela (ça) m'étonne que...
Cela (ça) me plaît (deplaît) que...

adorer que...	**se féliciter que...**
aimer que...	**s'inquiéter que...**
avoir peur que...	**se plaindre que...**
craindre que...	**préférer que...**
désirer que...	**regretter que...**
détester que...	**se réjouir que...**
s'étonner que...	**souhaiter que...**
se fâcher que...	**tenir à ce que...** [10]

Il est regrettable que l'équipe *ait perdu* le match.
Tout le monde **se félicite que** la guerre *soit* finie.
Vinard traversa toute la salle, sa masse se frayant un chemin entre les bureaux, et chacun **était heureux qu**'il *ne s'arrêtât pas*[11] près du sien. (Grenier)

---

10. *Tenir à ce que* = insister pour que: *Je* ***tiens à ce qu****'elle le sache.*
11. Imparfait du subjonctif, temps littéraire, voir page 230.

K. Vous êtes dans une galerie d'art. Répondez aux questions posées par la vendeuse en employant le subjonctif.

▷ En effet, je vends des tableaux impressionnistes originaux. Vous êtes surpris(e)?
Oui, je suis surpris(e) que vous vendiez des tableaux impressionnistes originaux.
ou
Non, je ne suis pas surpris(e) que vous vendiez des tableaux impressionnistes originaux.

1. Il n'y a pas de portraits ici. Êtes-vous déçu(e)?
2. Ce nu est très recherché. Êtes vous choqué(e)?
3. Je peux vous proposer un paysage de Cézanne. Êtes-vous content(e)?
4. Ce tableau coûte cher. Vous craignez?
5. Personne ne connaît cet artiste. Cela vous étonne?
6. Nous n'exposons pas d'œuvres de Cornélius Berg. Regrettez-vous?
7. Cet artiste ne peint plus parce que ses doigts sont trop gourds. Vous êtes désolé(e)?
8. Ce tableau est présenté sur un simple chevalet.[12] Cela vous déplaît?
9. On ne vend pas de pinceaux ici! Vous êtes fâché(e)?
10. Nous nous bornons à des tableaux de grande valeur. Vous êtes étonné(e)?

L. Le match est fini. Vous avez gagné. Votre ami Alain a perdu. Que pense tout le monde? Combinez les deux propositions en employant le subjonctif (présent ou passé), l'infinitif (présent ou passé) ou l'indicatif selon le cas.

▷ Je me réjouis / j'ai gagné
Je me réjouis d'avoir gagné.

▷ Alain regrette / les conditions ont été défavorables pour lui
Alain regrette que les conditions aient été défavorables pour lui.

1. Je me félicite / j'ai remporté la victoire
2. Alain regrette / j'ai gagné
3. Alain est choqué / il a perdu
4. Alain pense / il va gagner la prochaine fois
5. Mon prof de tennis sera ravi / je fais des progrès
6. Alain et moi, nous nous plaignons / le match a été dur
7. Nous avons remarqué / l'arbitre était juste
8. Alain tient / je serai là demain pour un autre match
9. C'est dommage / on n'a pas fait de vidéo de notre match
10. Je m'intéresse / ce que tout le monde pense du match

12. *Chevalet* (m.) = support où le peintre pose son tableau.

M. Le cirque. Combinez les deux propositions en employant le subjonctif, l'indicatif ou l'infinitif, selon le cas, pour décrire les sentiments des gens à propos du cirque.

▷ Je m'étonne / cette femme a une barbe de 50 cms
Je m'étonne que cette femme ait une barbe de 50 cms.

▷ Les éléphants sont apparemment contents / ils défilent en se tenant par la queue
Les éléphants sont apparemment contents de défiler en se tenant par la queue.

1. On se réjouit / le cirque est arrivé
2. Il est amusant / on regarde les éléphants
3. Les enfants sont ravis / ils voient des clowns
4. Tout le monde sait / le cirque est formidable
5. J'espère / le funambule[13] ne tombera pas
6. J'ai peur / les lions mangeront le dompteur[14]
7. Nous adorons / nous mangeons de la barbe à papa[15]
8. Les acrobates aiment / ils sautent
9. On s'inquiète / ce monsieur avalera son épée
10. On regrette / le cirque ne vient qu'une fois par an

N. La fin de l'année scolaire. C'est le jour où tout le monde reçoit son bulletin scolaire, c'est-à-dire ses notes pour les différentes matières du programme. Finissez les questions suivantes et posez-les à un(e) ami(e).

▷ Pourquoi est-ce que tu es content(e) que... ?
Pourquoi est-ce que tu es content(e) que nous sachions déjà nos notes?

▷ Est-ce que tu es fier(fière) de... ?
Est-ce que tu es fier(fière) de recevoir de si bonnes notes?

1. Pourquoi est-ce que tu es si satisfait(e) que... ?
2. Pourquoi est-ce que tu es déçu(e) de... ?
3. Pourquoi est-ce que tu es surpris(e) que... ?
4. Est-ce que tu es stupéfait(e) de... ?
5. Pourquoi est-ce que tu es si fâché(e) que... ?
6. Est-ce que tu as honte de... ?

O. Échanges. Finissez les phrases suivantes. Votre camarade réagira en employant une des structures de la leçon.

▷ Vous: Je suis... *Je suis d'origine russe.*
Camarade: Je suis surpris(e) que... *Je suis surpris que tu sois d'origine russe. Je croyais que tes grands-parents venaient d'Angleterre.*

1. Vous: Je connais...
   Camarade: Je suis content(e) que...

13. *Funambule* (m.) = acrobate qui marche sur une corde.
14. *Dompteur* (m.) = personne qui subjugue et entraîne les animaux.
15. *Barbe à papa* (f.) = aliment fait de sucre et qui ressemble à une énorme boule de coton.

2. Vous: J'ai déjà...
   Camarade: Je m'étonne que...
3. Vous: Je ne sais pas...
   Camarade: Je regrette que...
4. Vous: Personne ne m'a jamais...
   Camarade: Je suis choqué(e) que...
5. Vous: Je fais souvent...
   Camarade: Je suis étonné(e) que...
6. Vous: On me dit toujours...
   Camarade: Je suis déçu(e) que...
7. Vous: J'ai peur de...
   Camarade: C'est dommage que...
8. Vous: Je suis expert(e) en...
   Camarade: Je suis impressionné(e) que...
9. Vous: J'ai honte de...
   Camarade: Je suis triste que...
10. Vous: Je n'aime pas vraiment...
    Camarade: Je ne m'étonne pas que...

Exprimer un sentiment d'indifférence, d'ennui ou de dérision

1. Verbes et expressions verbales

être égal (à quelqu'un)
laisser (quelqu'un) **indifférent/froid**
se moquer de
se ficher de (familier)

Mon oncle voudrait aller dans les Alpes cette année. Ma cousine veut aller sur la Côte d'Azur. Quant à ma tante, **ça lui est égal**. Elle déteste faire du ski, et aller à la plage, **ça la laisse indifférente.**

—Mademoiselle Plouvier pense qu'il va pleuvoir.
—Je **me moque de** ce qu'elle pense! J'ai l'intention de jouer au golf quand même.

—Il fait beau à Paris, n'est-ce pas?
—Je **m'en fiche.** Je pars pour Nice.

Remarquez: **Se moquer de** et **se ficher de** ont plusieurs connotations dont la moquerie et l'indifférence.

Il **se moque de** (**se fiche de**) moi. = Il me trouve risible. (ridiculiser, parodier)
Il **se moque de** (**se fiche de**) moi. = Il est indifférent à ce que je dis, à ce que je pense. (Il ne me prend pas au sérieux...)

2. On peut finalement exprimer un sentiment d'indifférence avec des expressions interrogatives familières. Celles-ci, par exemple, contiennent aussi une connotation d'exaspération.

Qu'est-ce que ça peut bien me faire?
Que voulez-vous que je fasse?

L'appartement à côté a été cambriolé... **Qu'est-ce que ça peut bien me faire?** Je vais déménager demain.
On a augmenté les impôts? **Que voulez-vous que je fasse?** Je suis à la retraite et je ne paie plus d'impôts.

P. Que dit Plume? Juste avant de se rendormir, Plume[16] exprime ses réactions aux événements suivants.

▷ Un train se précipite sur vous.
Ça m'est égal. ou
Je m'en fiche.

1. Votre femme est morte.
2. Vous souffrez d'une maladie inguérissable.
3. Tout le monde vous trouve monstrueux.
4. Votre vie n'est qu'un rêve.
5. Vous êtes condamné à mort: vous serez fusillé demain à l'aube.

À VOUS DE JOUER

1. Sondage. Inventez des questions que vous poserez à cinq amis américains pour déterminer leurs opinions à propos de leur pays. Vous pouvez parler du système de gouvernement des États-Unis ou du Canada, des partis politiques, des relations avec l'Union soviétique, des scandales politiques, de la liberté individuelle des Anglo-Saxons, de leurs sentiments d'être américain(e) ou canadien(canadienne), etc. Prenez des notes en écoutant leurs réponses. Selon les réponses, résumez l'opinion générale pour en faire un rapport. Correspond-elle à la vôtre?

2. Le problème de la cohabitation. *Rôles à jouer—trois personnes.* Deux camarades de chambre ne s'entendent pas bien. Ils(elles) vont chez le directeur(la directrice) des résidences de l'université pour se plaindre. Ils(elles) emploient des expressions de sentiment comme *Je déteste que... , Je suis fâché(e) que... , Je n'aime pas que... , Cela m'énerve que...* etc. Le directeur(la directrice) ne pourra pas leur donner d'autres chambres. Il(elle) doit écouter leurs explications et essayer de les réconcilier. Pour mieux s'informer il(elle) leur pose des questions (par

16. *Plume* = personnage principal d'*Un Homme paisible* d'Henri Michaux, page 196.

exemple: *Quels sont vos sentiments en entendant ce reproche? Comment réagissez-vous quand il(elle) dit... ?* etc.). Quelques plaintes possibles: *il(elle) écoute mes conversations au téléphone, emprunte mes vêtements sans me demander, met le désordre, ne nettoie ni ne range jamais la chambre, invite ses amis à n'importe quelle heure, fait marcher sa stéréo quand j'essaie de dormir ou d'étudier,* etc.

3. **Surprise!** Les personnes suivantes viennent toutes d'apprendre la même nouvelle: «On va ouvrir une discothèque 43, rue du Nord.» Exprimez les réactions de chacun.

   —Madame Gagnon: une veuve qui habite 45, rue du Nord.
   —Monsieur LeGros: entrepreneur qui cherche depuis des années la permission d'ouvrir sa disco.
   —Élisabeth: une jeune fille de seize ans qui à présent s'ennuie beaucoup le soir.
   —Madame Poufflou: propriétaire de l'autre discothèque dans la ville.
   —Monsieur et Madame Boulanger: parents de deux adolescents qui ne réussissent pas à l'école.

4. **Réactions.** *Reportage.* Exprimez vos réactions aux récentes élections dans un discours très bref qu'on pourrait passer à la télé. Imaginez qu'une chaîne de télé qui invite de temps en temps des citoyens à exprimer leur point de vue vous propose deux ou trois minutes.

5. **Ça m'agace!** *Monologue.* Les comiques parlent souvent des petites irritations de tous les jours dont tout le monde souffre. Y a-t-il quelque chose qui vous énerve particulièrement? (un certain type d'individu, une formule qui s'emploie trop souvent dans la conversation, une habitude ou une convention sans raison d'être, ou de petits abus comme les appels téléphoniques publicitaires, etc.) Précisez en exprimant vos sentiments à propos de cette irritation et en décrivant tous les aspects désagréables pour vous. Parlez de ce qui vous agace d'une façon amusante.

Compositions écrites

1. **Lettre ouverte.** Écrivez à un journal et indiquez dans une lettre ouverte pourquoi vous êtes content(e) ou mécontent(e) d'un article récent. Employez des expressions qui conviennent pour préciser vos sentiments.

2. **Condoléances et consolation.** Écrivez une lettre à un(e) ami(e) pour le(la) consoler (voiture accidentée, maison incendiée, argent ou objet volés, chat ou chien disparus, divorce, décès, etc.) Exprimez vos sentiments et ceux que votre ami(e) doit éprouver. Parlez de la personne ou de la chose qu'il(elle) a perdue en exprimant vos propres émotions vis-à-vis de cette personne ou de cette chose.

3. **Lettre d'excuses.** Vous avez offensé un(e) ami(e) qui ne veut plus vous parler. Avouez ce que vous avez fait en précisant vos sentiments à ce propos, offrez des excuses ou des explications et essayez de persuader votre ami(e) de vous pardonner.

4. **Lettre de félicitations.** Écrivez une lettre à un membre de votre famille pour le féliciter d'une bonne nouvelle—il(elle) va se marier ou avoir un bébé, il(elle) a reçu une bourse importante, il(elle) vient de recevoir son diplôme, il(elle) est engagé(e) par une firme prestigieuse... , etc. Dites ce qui s'est passé (ou ce qui se passe ou ce qui se passera) en exprimant vos sentiments à propos de cet événement.

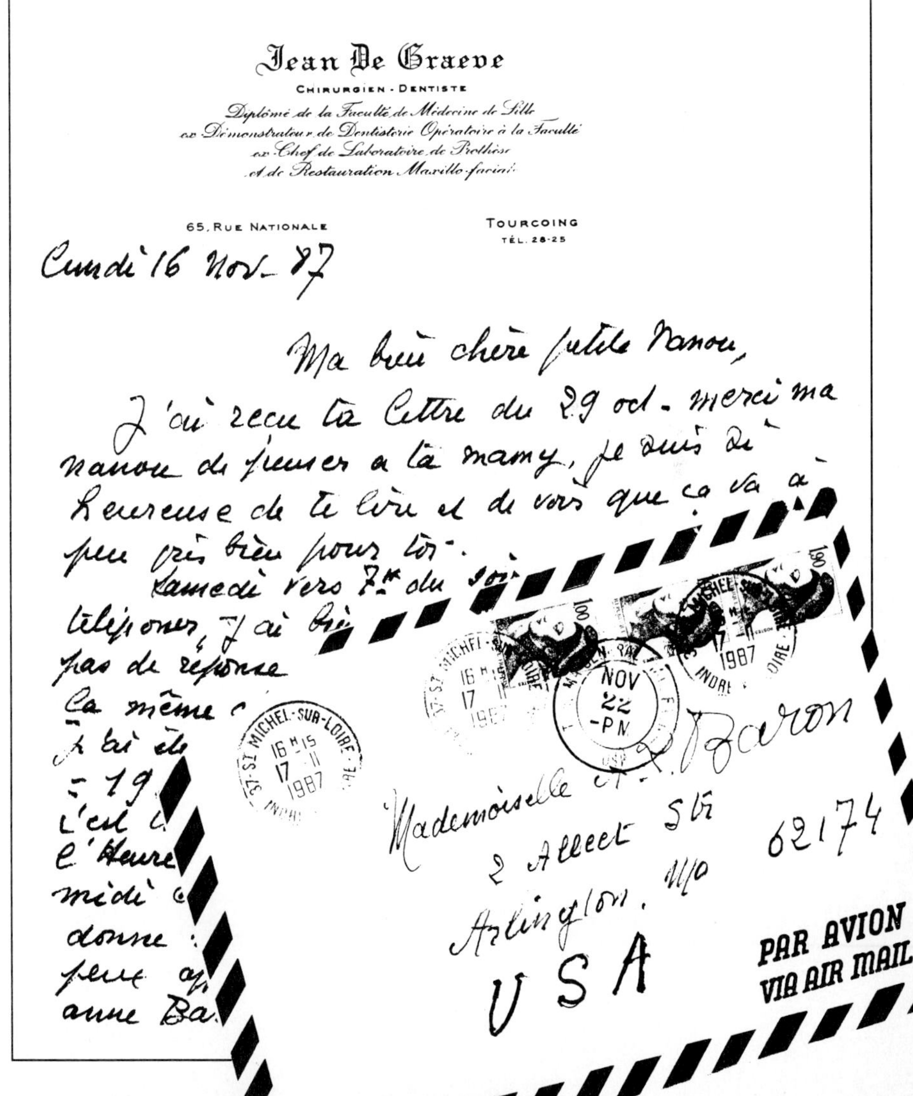

Jean De Graeve
CHIRURGIEN - DENTISTE
Diplômé de la Faculté de Médecine de Lille
ex Démonstrateur de Dentisterie Opératoire à la Faculté
ex Chef de Laboratoire de Prothèse
et de Restauration Maxillo-faciale

65, RUE NATIONALE
TOURCOING
TÉL. 28-25

Lundi 16 Nov. 87

Ma bien chère petite Nanou,

J'ai reçu ta lettre du 29 oct. merci ma nanou de penser à ta mamy, je suis si heureuse de te lire et de voir que ça va à peu près bien pour toi.

Samedi vers 7h du soir téléphoné, j'ai bien pas de réponse

Lectures

Le thème qui réunit les trois textes présentés ici est celui de l'illusion. Il ne s'agit pas d'une vision trompeuse de magicien mais des illusions que chacun se fait. La plus grande illusion de toutes est celle qu'on se fait à propos de soi-même: comment on s'imagine et comment on imagine que les autres nous voient. On se croit plaisant, on croit donc plaire aux autres, on s'imagine sincère et généreux et donc que cette sincérité et cette générosité séduisent les autres. Quelqu'un s'imagine qu'il est doué et que les autres admirent son talent. On s'estime digne de reconnaissance et de marques d'honneur.

Mais quelle déception lorsqu'on se rend compte que l'opinion des autres a peu à voir avec l'idée qu'on a de soi-même! Et combien nous sommes désemparés d'apercevoir que la vision que nous avons de nous-mêmes est fausse et ne correspond pas à la réalité perçue par les autres. C'est bien le cas de la «vieille» de Baudelaire. Le sentiment du peintre Cornélius Berg, décrit par Marguerite Yourcenar, provient aussi de la vieillesse et du désenchantement qui l'accompagne, mais la désillusion de Berg devient cynisme. Monsieur Sacrement, héros de Maupassant dans «Décoré!», est moins complexe: il ne se rend pas compte de la vanité de ses sentiments, alors il devient ridicule.

Ces êtres suscitent autour d'eux des attitudes différentes et provoquent chez le lecteur des réactions très diverses aussi. Finalement pour bien les comprendre, il faut essayer de définir le sentiment du narrateur envers chacun de ces trois personnages.

Le Désespoir de la vieille

Charles Baudelaire

Toujours sous le signe de la grande ville, Charles Baudelaire, poète (voir ci-dessus pages 119-123) a composé ses *Petits Poèmes en prose* (1861), qui ont paru encore dans une édition posthume intitulée *Le Spleen de Paris* (1869).

Le poète exprime ses sentiments devant ce nouveau genre, le poème en prose, dont il est l'initiateur. Il pense que ses confrères poètes—modernes, urbains—ont dû tous, comme lui, espérer réaliser une «prose poétique» qui correspond mieux que la poésie en vers aux impulsions de l'âme, à la «conscience» créatrice, que nous appellerions aujourd'hui l'inconscient.

«Quel est celui de nous, demande-t-il, qui n'a pas, dans ses jours d'ambition, rêvé le miracle d'une prose poétique, musicale sans rythme et sans rime, assez souple et assez heurtée[17] pour s'adapter aux mouvements lyriques de l'âme, aux ondulations de la rêverie, aux soubresauts[18] de la conscience? ... C'est surtout de la fréquentation des villes énormes que naît cet idéal obsédant.»[19]

Avant de lire «Le Désespoir de la vieille»

Préparation du vocabulaire

A. Montrez que vous comprenez les mots de la première colonne en trouvant leurs équivalents dans la deuxième colonne.

se débattre	toute ridée
épouvanté	petit sourire
faire fête à quelqu'un	expressions du visage
faire horreur	cris d'animaux
glapissements	terrifié
mines	lutter pour se libérer
ratatinée	inspirer de la répugnance
risette	traiter une personne avec beaucoup d'affection

Préparation des structures

B. Rappel. Dans la langue écrite, le passé simple est l'équivalent du passé composé. Remplissez le tableau suivant.

passé simple	*infinitif*	*passé composé*
Je parlai lentement.	parler	J'ai parlé lentement.
Je rendis mon livre.	______	______________
Je reçus une lettre.	______	______________
Elle s'approcha de lui.	______	______________
Elle se sentit réjouie.	______	______________
Elle se retira.	______	______________

17. *Heurté(e)* = composé de contrastes.
18. *Soubresaut* (m.) = mouvement brusque.
19. Charles Baudelaire, *Le Spleen de Paris,* dans *Œuvres complètes,* éd. de la Pléiade (Paris, 1954), pp. 281-282.

Préparation du style

C. Dans les «Maximes» et «La Belle Dorothée» vous avez transformé une phrase complexe en plusieurs petites phrases simples. Essayez ici d'intégrer, dans une phrase plus complexe mais qui reste élégante, les idées simples.

▷ Elle s'approche de lui.
Elle veut lui faire des risettes et des mines agréables.
Elle s'approche de lui, voulant lui faire des risettes et des mines agréables.

1. L'enfant est épouvanté.
   Il se débat sous les caresses de la bonne femme.
   Il remplit la maison de ses glapissements.
2. La petite vieille se sent toute réjouie.
   Elle voit ce joli enfant.
   Chacun fait fête à ce bel enfant.
   Tout le monde veut plaire à cet enfant.
3. C'est un joli petit être.
   Il est comme la vieille.
   Il est sans dents et sans cheveux.

Pour mieux lire

D. Réflexion individuelle ou discussion. Est-il possible de vouloir contenter quelqu'un mais, par malchance ou par mégarde, de le mécontenter? Est-ce que cela vous est arrivé de vouloir plaire à un ami, à une amie, à un parent mais, au contraire, de lui déplaire? Ou bien a-t-on déjà cherché à vous plaire et fini par vous déplaire?

E. Quand on lit un texte court comme un poème, une lettre, un petit essai, il est très utile de le parcourir assez vite pour avoir une idée générale de ce dont il s'agit.

1. Lisez rapidement le petit poème en prose et déterminez en une phrase ou deux quel en est le thème principal.
2. Lisez le poème une deuxième fois en essayant de caractériser la vieille par rapport à l'enfant et par rapport au poète.

Le Désespoir de la vieille

La petite vieille ratatinée se sentit toute réjouie en voyant ce joli enfant à qui chacun faisait fête, à qui tout le monde voulait plaire; ce joli être, si fragile comme elle, la petite vieille, et, comme elle aussi, sans dents et sans cheveux.

Et elle s'approcha de lui, voulant lui faire des risettes et des mines agréables.

Mais l'enfant épouvanté se débattait sous les caresses de la bonne femme décrépite, et remplissait la maison de ses glapissements.

Alors la bonne vieille[20] se retira dans sa solitude éternelle, et elle pleurait dans un coin, se disant:—«Ah! pour nous, malheureuses vieilles femelles, l'âge est passé de plaire, même aux innocents; et nous faisons horreur aux petits enfants que nous voulons aimer!»

À propos du texte

A. Complétez les phrases suivantes.

1. La vieille se réjouit de...
2. Elle veut...
3. L'enfant a peur...
4. La vieille ressent... parce que...

B. Caractérisez la vieille. Quelle ressemblance y a-t-il entre elle et l'enfant? Est-ce une ressemblance perçue par la vieille ou par le poète? Pourquoi l'enfant a-t-il peur?

C. Qu'est-ce qui constitue le désespoir de la vieille?

Appréciation littéraire

D. Relevez dans ce texte tous les mots et toutes les expressions qui expriment un sentiment. Classez-les en adjectifs, verbes, noms, etc. Employez-en cinq ou six dans un paragraphe dans lequel vous parlerez d'une situation comme celle-ci: Un petit chien s'approche de vous. Vous essayez de le caresser. Il vous mord. Racontez une expérience personnelle analogue si vous voulez.

E. Montrez comment le dernier paragraphe transforme l'histoire d'une simple anecdote en un commentaire plus général sur l'humanité.

F. En quoi est-ce que la fin de «La Belle Dorothée» (voir page 121) ressemble à celle du «Désespoir de la vieille»? Que pouvez-vous en conclure sur la vision du monde de Baudelaire?

---

20. *Bonne vieille* (f.) = vieille femme simple, naïve.

Réactions personnelles

G. Éprouvez-vous de la sympathie pour la vieille? de la pitié? autre chose? Pourquoi?

H. Ne pourrait-on pas consoler la vieille? Qu'est-ce que vous feriez ou diriez si vous étiez présent(e)?

I. Quels sont les problèmes des personnes âgées aujourd'hui (du point de vue social, etc.)?

Décoré!
Guy de Maupassant

Auteur de contes et de romans, Guy de Maupassant (1850–1893) sait choisir les détails les plus significatifs pour révéler peu à peu une réalité qui est le plus souvent le contraire de celle à laquelle tel ou tel personnage semble croire. C'est aussi le contraire de la première impression du lecteur. L'ironie de Maupassant repose sur une vision assez pessimiste du monde où les malins réussissent et les naïfs échouent.

Avant de lire «Décoré!»

Préparation du vocabulaire

A. Si on trouve une parenté entre certains mots, on peut mieux deviner le sens d'un mot. Imaginez la définition des mots en italique en notant les mots plus familiers entre parenthèses qui font partie de la même famille.

1. Des gens *naissent* avec un instinct prédominant, une vocation ou simplement un désir *éveillé*... (naissance) (se réveiller)
2. Ils vécurent à Paris comme vivent des bourgeois riches, allant dans leur monde, sans *se mêler au* monde... (un mélange)
3. Et il revenait à pas lents, désolé quand la foule pressée des passants pouvait gêner ses *recherches*... (chercher)
4. Il connaissait les quartiers où on en trouvait le plus. Ils *abondaient* au Palais-Royal. (l'abondance)
5. Leur *port* de tête est différent. (porter)
6. Alors, en rentrant chez lui, excité par la rencontre de tant de croix, comme l'est un pauvre *affamé* après avoir passé devant les grandes boutiques de nourriture... (la faim)
7. Mais il *ressortait* après dîner... (sortir)
8. Il aurait voulu les posséder tous, et dans une cérémonie publique, dans une immense salle pleine de monde, pleine de peuple *émerveillé*, marcher en tête d'un cortège, la poitrine étincelante, *zébrée* de brochettes alignées l'une sur l'autre... (merveilleux) (un zèbre)

9. ... luisant comme un *astre* au milieu de chuchotements admiratifs... (astronomie)
10. Moi, tu comprends que je n'ose guère *aborder* cette question... (d'abord)
11. Chaque habitant aurait droit à dix volumes par mois en *location*, moyennant un sou d'abonnement. (louer)
12. Il allait de ville en ville, étudiant les catalogues, fouillant en des greniers bondés de bouquins *poudreux*, en proie à la *haine* des *bibliothécaires*. (la poudre) (haïr) (la bibliothèque)

Préparation du cadre culturel

Un peu d'histoire

Malgré les principes démocratiques de la Révolution française de 1789, une assez forte proportion de la bourgeoisie en France a bien gardé—pendant tout le 19ᵉ siècle et encore maintenant—un sens très développé de la hiérarchie, voire un véritable sentiment des classes sociales. Contrairement aux États-Unis, où il est interdit à un citoyen américain d'avoir un titre de noblesse, on tolère en France les familles qui portent, légalement, le nom de leurs origines aristocratiques lointaines. Mais cette noblesse de nom n'accorde aucun droit réel.

Les titres des institutions républicaines ont, peu à peu, créé une nouvelle hiérarchie sociale. Un «député» (l'équivalent du «représentant» de la Chambre des représentants aux États-Unis) a beaucoup de prestige auprès de ses concitoyens; un «ministre» du gouvernement (l'équivalent en Amérique d'un «secrétaire» de cabinet), par son pouvoir politique, suscite beaucoup de considération. Les prix et les honneurs décernés par le gouvernement marquent un nouveau sens du mérite dans une société bourgeoise.

Napoléon, par exemple, a fondé la *Légion d'honneur*, à l'origine pour récompenser le mérite de ses soldats, puis les services de certains citoyens civils éminents. La Légion d'honneur comporte d'ailleurs sa propre hiérarchie (chevalier, officier, commandeur, grand officier, grand-croix) comme aussi d'autres médailles attribuées par le gouvernement telles que *l'Ordre du Mérite* ou *les Palmes Académiques*. Il y a aussi les honneurs militaires: la croix de guerre, les décorations militaires, etc.

L'éducation, depuis Napoléon, est aussi *nationale*. Seul le ministère de l'Éducation nationale sanctionne les diplômes qui ont partout en France la même valeur. Pendant longtemps, le diplôme—basé sur les résultats d'un examen très difficile et donné à la fin de l'instruction secondaire—a été très prestigieux. Avoir obtenu son baccalauréat, être bachelier était une marque de réussite importante. Aujourd'hui, dans une France plus démocratisée que jamais, être bachelier, chevalier de la Légion d'honneur ou même député ne suscite sans doute pas autant d'admiration qu'au 19ᵉ siècle, à l'époque de Maupassant et de son monsieur Sacrement.

B. Discussion.

1. Pour quelles raisons pourrait-on être décoré—service exceptionnel rendu à la patrie, à la municipalité, à une organisation privée, à une société anonyme; un exploit militaire important?
2. Lesquels de ces objets pourraient servir de décorations—rubans; croix; boutons; étoiles; chaînes; médailles?
3. Honore-t-on aux États-Unis des gens de mérite exceptionnel en les décorant d'un de ces objets ou leur donne-t-on plutôt un objet qui ne se porte pas—plaque en bronze; petite statue; certificat?

Préparation des structures

L'IMPARFAIT DU SUBJONCTIF

1. Le radical de l'imparfait du subjonctif est celui de la deuxième personne du singulier **(tu)** du passé simple sans le **-s**.

infinitif	2e personne du singulier du passé simple		radical de l'imparfait du subjonctif
donner	(tu) donnas	⟶	**donna-**
finir	(tu) finis	⟶	**fini-**
rendre	(tu) rendis	⟶	**rendi-**
être	(tu) fus	⟶	**fu-**
avoir	(tu) eus	⟶	**eu-**

2. Les terminaisons de l'imparfait du subjonctif de tous les verbes sont les suivantes.

je	**-sse**	nous	**-ssions**
tu	**-sses**	vous	**-ssiez**
il/elle/on	**-ˆt**	ils/elles	**-ssent**

3. Voici la conjugaison des verbes **être** et **avoir** à l'imparfait du subjonctif.

	être		avoir
que je	**fusse**	que j'	**eusse**
que tu	**fusses**	que tu	**eusses**
qu'il/qu'elle/qu'on	**fût**	qu'il/qu'elle/qu'on	**eût**
que nous	**fussions**	que nous	**eussions**
que vous	**fussiez**	que vous	**eussiez**
qu'ils/qu'elles	**fussent**	qu'ils/qu'elles	**eussent**

C. L'imparfait du subjonctif est un des quatre temps littéraires (voir Leçon 1, *Interroger*, page 26). Son usage dans la langue moderne est très limité, même dans un contexte littéraire. On l'emploie dans un style littéraire si le verbe de la proposition principale est à un temps du passé (dans la langue parlée, on emploie dans ce cas le présent du subjonctif).

style moderne, style parlé	*style littéraire*
Je voulais qu'il *vienne*.	Je voulais qu'il **vînt**.
Elle a crié pour qu'on l'*entende* mieux.	Elle cria pour qu'on l'**entendît** mieux.
Ils auraient aimé que je *chante*.	Ils auraient aimé que je **chantasse**.

Dans ce texte, vous verrez des imparfaits du subjonctif à la troisième personne. La troisième personne du singulier se termine toujours en **-ˆt**. Puisque les verbes à l'indicatif ne se terminent jamais en **-ˆt** (à l'exception des verbes conjugués comme **connaître** et **plaire**), c'est un signe de l'imparfait du subjonctif.

Identifiez l'infinitif des verbes en italique et redites les phrases suivantes en français parlé. Faites attention à changer aussi les autres temps littéraires en style parlé.

1. Il voulait qu'on *établît* dans les quartiers pauvres des espèces de théâtres gratuits pour les petits enfants.
2. Puis il traita la question des bibliothèques, voulant que l'État *fît* promener par les rues des petites voitures pleines de livres.
3. Il était décoré sans qu'on *sût* quels motifs lui avaient valu cette distinction.

Pour mieux lire

D. En abordant une histoire littéraire, il est utile de se poser quelques questions inspirées par une lecture du début. Lisez les trois premiers paragraphes de «Décoré!».

1. Pourquoi n'y a-t-il qu'une seule phrase dans le premier paragraphe?
2. L'auteur adopte-t-il au départ une attitude de désespoir, de colère, de détachement objectif? Expliquez.
3. Y a-t-il un rapport entre le deuxième et le troisième paragraphes? Précisez.
4. Quelle est votre réaction devant le passage rapide entre études et mariage? Pourquoi l'auteur ne fournit-il pas davantage de détails sur la jeune femme, sa rencontre avec Sacrement et leurs fiançailles?

E. Lisez jusqu'à la ligne 43. Remarquez bien comment l'auteur prépare le portrait moral de son personnage.

1. Quels détails Maupassant utilise-t-il pour montrer que Sacrement est vraiment obsédé?
2. Que pensez-vous de Monsieur Sacrement et de sa poursuite des gens décorés du côté droit du boulevard?

Décoré!

Des gens naissent avec un instinct prédominant, une vocation ou simplement un désir éveillé, dès qu'ils commencent à parler, à penser.

M. Sacrement n'avait, depuis son enfance, qu'une idée en tête, être décoré. Tout jeune, il portait des croix de la Légion d'honneur en zinc comme d'autres enfants portent un képi et il donnait fièrement la main à sa mère, dans la rue, en bombant sa petite poitrine ornée du ruban rouge et de l'étoile de métal.

Après de pauvres études il échoua au baccalauréat, et, ne sachant que faire, il épousa une jolie fille, car il avait de la fortune.

Ils vécurent à Paris comme vivent des bourgeois riches, allant dans leur monde, sans se mêler au monde, fiers de la connaissance d'un député qui pouvait devenir ministre, et amis de deux chefs de division.[21]

Mais la pensée entrée aux premiers jours de sa vie dans la tête de M. Sacrement, ne le quittait plus et il souffrait d'une façon continue de n'avoir point le droit de montrer sur sa redingote un petit ruban de couleur.[22]

Les gens décorés qu'il rencontrait sur le boulevard lui portaient un coup au cœur. Il les regardait de coin avec une jalousie exaspérée. Parfois, par les longs après-midi de désœuvrement il se mettait à les compter. Il se disait: «Voyons, combien j'en trouverai de la Madeleine à la rue Drouot.»[23]

Et il allait lentement, inspectant les vêtements, l'œil exercé à distinguer de loin le petit point rouge. Quand il arrivait au bout de sa promenade, il s'étonnait toujours des chiffres: «Huit officiers, et dix-sept chevaliers. Tant que ça! C'est stupide de prodiguer les croix d'une pareille façon. Voyons si j'en trouverai autant au retour.»

Et il revenait à pas lents, désolé quand la foule pressée des passants pouvait gêner ses recherches, lui faire oublier quelqu'un.

Il connaissait les quartiers où on en trouvait le plus. Ils abondaient au Palais-Royal. L'avenue de l'Opéra ne valait pas rue de la Paix; le côté droit du boulevard était mieux fréquenté que le gauche.

---

21. *Chef de division* (m.) = responsable d'un service gouvernemental.
22. La personne décorée peut porter sur le revers de sa veste un petit ruban, *la rosette,* par exemple, des *Officiers de la Légion d'honneur.*
23. *La Madeleine, le Palais-Royal, avenue de l'Opéra, rue de la Paix, rue Drouot:* monuments et rues célèbres de la rive droite à Paris. *De la Madeleine à la rue Drouot* = entre l'église de la Madeleine et la rue Drouot.

Il allait considérer les magasins de décorations au Palais-Royal. Il examinait tous ces emblêmes de formes diverses, de couleurs variées.

Ils semblaient aussi préférer certains cafés, certains théâtres. Chaque fois que M. Sacrement apercevait un groupe de vieux messieurs à cheveux blancs arrêtés au milieu du trottoir, et gênant la circulation, il se disait: «Voici des officiers de la Légion d'honneur!» Et il avait envie de les saluer.

Les officiers (il l'avait souvent remarqué) ont une autre allure que les simples chevaliers. Leur port de tête est différent. On sent bien qu'ils possèdent officiellement une considération plus haute, une importance plus étendue.

Parfois aussi une rage saisissait M. Sacrement, une fureur contre tous les gens décorés; et il sentait pour eux une haine de socialiste.

Alors, en rentrant chez lui, excité par la rencontre de tant de croix, comme l'est un pauvre affamé après avoir passé devant les grandes boutiques de nourriture, il déclarait d'une voix forte: «Quand donc, enfin, nous débarrassera-t-on de ce sale gouvernement?»

Sa femme surprise, lui demandait: «Qu'est-ce que tu as[24] aujourd'hui?»

Et il répondait: «J'ai que je suis indigné par les injustices que je vois commettre partout. Ah! que les Communards[25] avaient raison!»

Mais il ressortait après dîner, et il allait considérer les magasins de décorations. Il examinait tous ces emblêmes de formes diverses, de couleurs variées. Il aurait voulu les posséder tous, et dans une cérémonie publique, dans une immense salle pleine de monde, pleine de peuple émerveillé, marcher en tête d'un cortège, la poitrine étincelante, zébrée de brochettes alignées l'une sur l'autre, suivant la forme de ses côtes, et passer gravement, le claque sous le bras, luisant comme un astre au milieu de chuchotements admiratifs, dans une rumeur de respect.

Il n'avait, hélas! aucun titre pour aucune décoration.

Il se dit: «La Légion d'honneur est vraiment par trop difficile pour un homme qui ne remplit aucune fonction publique. Si j'essayais de me faire nommer officier d'Académie?»

Mais il ne savait comment s'y prendre. Il en parla à sa femme qui demeura stupéfaite.

— «Officier d'Académie? Qu'est-ce que tu as fait pour cela?» Il s'emporta: «Mais comprends donc ce que je veux te dire! Je cherche justement ce qu'il faut faire. Tu es stupide par moments.»

Elle sourit: «Parfaitement, tu as raison. Mais je ne sais pas, moi!»

Il avait une idée: «Si tu en parlais au député Rosselin, il pourrait me donner un excellent conseil? Moi, tu comprends que je n'ose guère aborder cette question directement avec lui. C'est assez délicat, assez difficile; venant de toi, la chose devient toute naturelle.»

Mme Sacrement fit ce qu'il demandait. M. Rosselin promit d'en parler au ministre. Alors Sacrement le harcela. Le député finit par lui répondre qu'il fallait faire une demande et énumérer ses titres.

Ses titres? Voilà. Il n'était même pas bachelier.

Il se mit cependant à la besogne et commença une brochure traitant: «Du droit du peuple à l'instruction.» Il ne la put achever par pénurie d'idées.

Il chercha des sujets plus faciles et en aborda plusieurs successivement. Ce fut d'abord: «L'instruction des enfants par les yeux.» Il voulait qu'on établît dans les quartiers pauvres des espèces de théâtres gratuits pour les petits enfants. Les parents les y conduiraient dès leur plus jeune âge, et on leur donnerait là par le moyen d'une lanterne magique,[26] des notions de toutes les connaissances humaines. Ce seraient de véritables cours. Le regard instruirait le cerveau, et les images resteraient gravées dans la mémoire, rendant, pour ainsi dire visible, la science.

---

24. *Qu'est-ce que tu as?* = Pourquoi as-tu l'air préoccupé (ou fâché)?
25. *Communard* (m.) = Partisan socialisant de la Commune, gouvernement révolutionnaire à Paris en 1870.
26. *Lanterne magique* (f.) = appareil primitif de projection d'images.

Quoi de plus simple que d'enseigner ainsi l'histoire universelle, la géographie, l'histoire naturelle, la botanique, la zoologie, l'anatomie, etc., etc.?

Il fit imprimer ce mémoire et en envoya un exemplaire à chaque député, dix à chaque ministre, cinquante au président de la République, dix également à chacun des journaux parisiens, cinq aux journaux de province.

Puis il traita la question des bibliothèques des rues, voulant que l'État fît promener par les rues des petites voitures pleines de livres, pareilles aux voitures des marchandes d'oranges. Chaque habitant aurait droit à dix volumes par mois en location, moyennant un sou d'abonnement.

«Le peuple, disait M. Sacrement, ne se dérange que pour ses plaisirs. Puisqu'il ne va pas à l'instruction, il faut que l'instruction vienne à lui, etc.»

Aucun bruit ne se fit autour de ces essais. Il adressa cependant sa demande. On lui répondit qu'on prenait note, qu'on instruisait.[27] Il se crut sûr du succès; il attendit. Rien ne vint.

Alors il se décida à faire des démarches personnelles. Il sollicita une audience du ministre de l'instruction publique, et il fut reçu par un attaché de cabinet tout jeune et déjà grave, important même, et qui jouait, comme d'un piano, d'une série de petits boutons blancs pour appeler les huissiers et les garçons de l'antichambre ainsi que les employés subalternes. Il affirma au solliciteur que son affaire était en bonne voie et lui conseilla de continuer ses remarquables travaux.

Et M. Sacrement se remit à œuvre.

M. Rosselin, le député, semblait maintenant s'intéresser beaucoup à son succès, et il lui donnait même une foule de conseils pratiques, excellents. Il était décoré d'ailleurs, sans qu'on sût quels motifs lui avaient valu cette distinction.

Il indiqua à Sacrement des études nouvelles à entreprendre, il le présenta à des Sociétés savantes qui s'occupaient de points de science particulièrement obscurs, dans l'intention de parvenir à des honneurs. Il le patronna[28] même au ministère.

Or, un jour, comme il venait déjeuner chez son ami (il mangeait souvent dans la maison depuis plusieurs mois) il lui dit tout bas en lui serrant la main: «Je viens d'obtenir pour vous une grande faveur. Le Comité des travaux historiques vous charge d'une mission. Il s'agit de recherches à faire dans diverses bibliothèques de France.»

Sacrement, défaillant, n'en put manger ni boire. Il partit huit jours plus tard.

Il allait de ville en ville, étudiant les catalogues, fouillant en des greniers bondés de bouquins poudreux, en proie à la haine des bibliothécaires.

---

27. *On instruisait* = on considérait son dossier, sa demande.
28. *Il le patronna* = Il lui donna sa recommandation, sa protection.

Or, un soir, comme il se trouvait à Rouen, il voulut aller embrasser sa femme qu'il n'avait point vue depuis une semaine; et il prit le train de neuf heures qui devait le mettre à minuit chez lui.

Il avait sa clef. Il entra sans bruit, frémissant de plaisir, tout heureux de lui faire cette surprise. Elle s'était enfermée, quel ennui! Alors il cria à travers la porte: «Jeanne, c'est moi!»

Elle dut avoir grand'peur, car il l'entendit sauter du lit et parler seule comme dans un rêve. Puis elle courut à son cabinet de toilette, l'ouvrit et le referma, traversa plusieurs fois sa chambre dans une course rapide, nu-pieds, secouant les meubles dont les verreries sonnaient. Puis, enfin, elle demanda: «C'est bien toi, Alexandre?»

Il répondit: «Mais oui, c'est moi, ouvre donc!»

La porte céda, et sa femme se jeta sur son cœur en balbutiant: «Oh! quelle terreur! quelle surprise! quelle joie!»

Alors, il commença à se dévêtir, méthodiquement, comme il faisait tout. Et il reprit sur une chaise, son pardessus qu'il avait l'habitude d'accrocher dans le vestibule. Mais, soudain, il demeura stupéfait. La boutonnière portait un ruban rouge!

Il balbutia: «Ce... ce... ce paletot est décoré!»

Alors sa femme, d'un bond, se jeta sur lui, et lui saisissant dans les mains le vêtement: «Non... tu te trompes... donne-moi ça.»

Mais il le tenait toujours par une manche, ne le lâchant pas, répétant dans une sorte d'affolement: «Hein?... Pourquoi? Explique-moi?... À qui ce pardessus?... Ce n'est pas le mien, puisqu'il porte la Légion d'honneur?»

Elle s'efforçait de le lui arracher, éperdue, bégayant: «Écoute... écoute... donne-moi ça... Je ne peux pas te dire... c'est un secret... écoute.»

Mais il se fâchait, devenait pâle: «Je veux savoir comment ce paletot est ici! Ce n'est pas le mien.»

Alors, elle lui cria dans la figure: «Si, tais-toi, jure-moi... écoute... eh bien, tu es décoré!»

Il eut une telle secousse d'émotion qu'il lâcha le pardessus et alla tomber dans un fauteuil.

— «Je suis... tu dis... je suis... décoré.»

— «Oui... c'est un secret, un grand secret... »

Elle avait enfermé dans une armoire le vêtement glorieux, et revenait vers son mari, tremblante et pâle. Elle reprit: «Oui, c'est un pardessus neuf que je t'ai fait faire. Mais j'avais juré de ne te rien dire. Cela ne sera pas officiel avant un mois ou six semaines. Il faut que ta mission soit terminée. Tu ne devais le savoir qu'à ton retour. C'est M. Rosselin qui a obtenu ça pour toi... »

Sacrement, défaillant, bégayait: «Rosselin... décoré. Il m'a fait décorer.... moi... lui... Ah! ... »

Et il fut obligé de boire un verre d'eau.

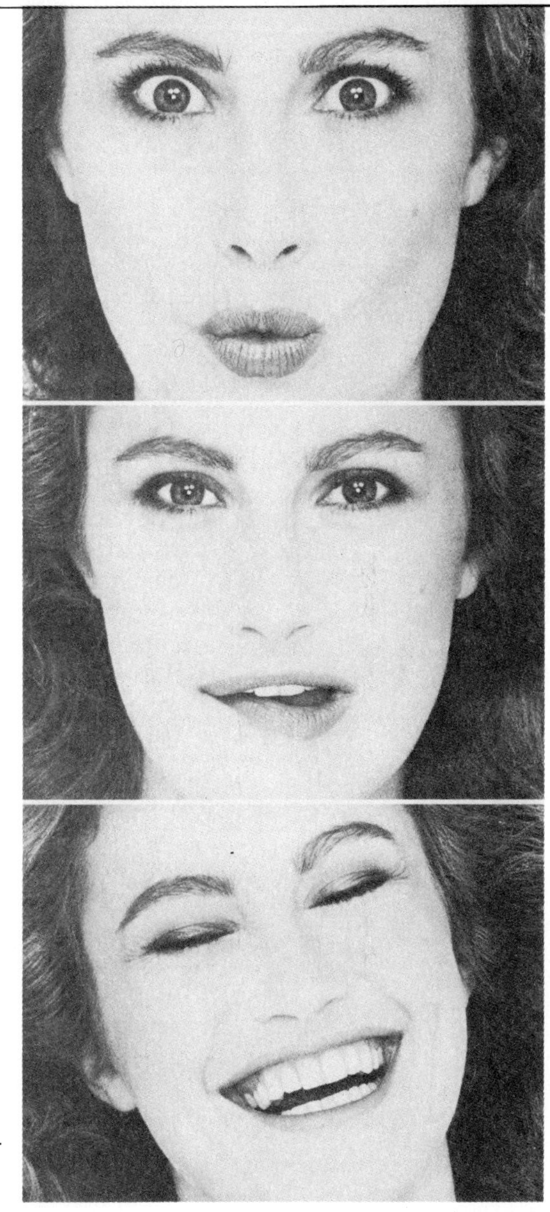

Oh! quelle terreur! quelle surprise! quelle joie!

Un petit papier blanc gisait par terre, tombé de la poche du pardessus. Sacrement le ramassa, c'était une carte de visite. Il lut: «Rosselin—député.»

—«Tu vois bien», dit la femme.

Et il se mit à pleurer de joie.

Huit jours plus tard l'*Officiel* annonçait que M. Sacrement était nommé chevalier de la Légion d'honneur, pour services exceptionnels.

À propos du texte

A. Quelle sorte de personne est M. Sacrement? Comment l'imaginez-vous physiquement et mentalement? (grand? petit? méthodique? imaginatif? etc.) A-t-il une profession? Qu'est-ce que les décorations représentent pour lui? une supériorité sociale? des privilèges spéciaux? une satisfaction esthétique? Qu'est-ce qu'il y a dans le texte qui vous indique cela?

B. Répondez.

1. Quelle est l'idée fixe de M. Sacrement? Pourquoi souffre-t-il?
2. Quels sentiments contradictoires M. Sacrement éprouve-t-il vis-à-vis des gens décorés?
3. Pourquoi Mme Sacrement doit-elle parler à M. Rosselin?
4. Quels sont les projets abordés par M. Sacrement dans le but de devenir officier d'Académie? Quel est le résultat des essais de M. Sacrement?
5. Que fait M. Rosselin pour aider M. Sacrement? Pourquoi M. Rosselin a-t-il été décoré? Pourquoi s'intéresse-t-il à M. Sacrement (d'après M. Sacrement)? Et d'après vous?
6. Quelle sorte de voyage M. Rosselin arrange-t-il pour M. Sacrement? Quelle est la réaction de M. Sacrement à la nouvelle de ce voyage?
7. M. Sacrement décide tout à coup de rentrer chez lui pour voir sa femme. Qu'est-ce qui se passe quand il essaie d'entrer chez elle?
8. Selon M. Sacrement, pourquoi sa femme dit-elle: «Oh quelle terreur! quelle surprise! quelle joie!»? Et à votre avis?
9. Comment Mme Sacrement explique-t-elle le ruban rouge que son mari trouve sur le pardessus? Comment expliquez-vous ce ruban rouge?
10. M. Sacrement est nommé chevalier de la Légion d'honneur «pour services exceptionnels». Quels sont ces services, selon lui? Selon M. Rosselin? Selon vous?

Appréciation littéraire

C. Distinguez entre le point de vue du narrateur et celui du personnage principal. Que savons-nous que M. Sacrement ne sait pas? Comment ces aspects sont-ils présentés? Qu'est-ce que son ignorance de ces faits nous indique sur lui?

D. Si vous avez lu «Le Dromadaire mécontent» (voir page 191), commentez dans ce texte et dans celui que vous venez de lire les différentes manières dont un écrivain peut présenter un personnage qui comprend d'une façon différente des autres ce qui se passe autour de lui. Est-ce une critique du personnage ou des autres?

E. Les objets suivants servent ou à montrer un aspect du caractère d'un personnage ou à rendre plus claire l'intrigue. Précisez l'importance de...
—les greniers bondés de bouquins poudreux (lignes 122-123).
—le petit ruban rouge (ligne 141).
—le pardessus «neuf» décoré (ligne 160).
—la carte de visite (ligne 169).

Réactions personnelles

F. M. Sacrement a-t-il raison de vouloir être décoré? Mérite-t-il de l'être? Comment son comportement changera-t-il quand il sera décoré?

G. Que pensez-vous de M. Sacrement? et de sa femme? de M. Rosselin? Précisez pourquoi.

H. **Narration.** Connaissez-vous quelqu'un qui a une obsession? Cette obsession conduit-elle quelquefois cette personne à se comporter de manière ridicule? Précisez dans une narration réelle ou fictive.

La Tristesse de Cornélius Berg
Marguerite Yourcenar

Le 22 janvier 1981, l'Académie française, vieille institution d'état fondée au 17e siècle pour veiller sur le bien-être de la langue et de la littérature françaises, accueille pour la première fois parmi ses quarante membres dits «immortels»... *une* immortelle. C'est Marguerite Yourcenar, dramaturge, romancière, conteuse, poète, historienne, écrivain à la fois moderne et classique, femme de grande culture qui va connaître, dès son discours de réception à l'Académie française, une célébrité tardive à l'âge de soixante-dix-sept ans.

Parmi ses œuvres, un recueil intitulé *Nouvelles Orientales* (1938) dont le dernier récit, «La Tristesse de Cornélius Berg», nous présente un peintre d'Amsterdam. Cornélius Berg a-t-il jamais été un peintre égal à sa réputation? Vieux, plein de sentiments et de souvenirs, faisant plus de rêves que de tableaux, il possède un regard pénétrant qui projette sur sa sagesse présente l'expérience de son passé chargé. Sa vision coïncide avec la précision du style qui la crée: une nouvelle toute courte, faite de phrases

L'Académie française accueille une immortelle, Marguerite Yourcenar.

simples alternant avec des phrases denses; une série de touches saisissantes, d'impressions succinctes nous révèlent le pouvoir analytique de l'artiste capable (ou incapable?) d'assumer ou de reproduire la réalité du monde, composé de beauté et de laideur, de violence, de désordre, d'injustice, de saleté, de dégradation.

Avant de lire «La Tristesse de Cornélius Berg»

Préparation du vocabulaire

A. Les mots suivants seront utiles pour la compréhension du texte. Les connaissez-vous?

Noms	*Verbes*	*Adjectifs*
calice	**borner**	**jaunâtre**
chevalet	**boursoufler**	**violacé**
floraison	**enfler**	
plate-bande	**se hâter**	
pinceau	**ternir**	
rixe		
sève		
songe		
tige		
toile		

1. Quels mots signifient *gonfler?*
2. Quel mot veut dire *limiter?*
3. Quels mots indiquent des couleurs?
4. Lesquels indiquent des objets utilisés par des artistes?
5. Quels mots ont un rapport avec les plantes?
6. Quel mot est un synonyme de *se dépêcher?*
7. Quel mot veut dire *une dispute?*
8. Quel mot est un synonyme de *rêve?*
9. Quel mot veut dire *perdre le brillant?*

B. *Être* est le verbe le plus fréquent de la langue française. Les verbes suivants permettent d'éviter son emploi et de varier ainsi le style: *s'avérer, se révéler, devenir, se montrer.* Refaites les phrases suivantes en remplaçant le verbe *être* par un autre verbe.

1. Ces pays *étaient* moins précis dans sa mémoire qu'ils ne l'avaient été dans ses projets d'avenir.
2. Le bruyant Cornélius d'autrefois *était* taciturne.
3. Ses doigts *étaient* gourds et déformés.
4. Ce vieillard *était* habile à distinguer les formes et les couleurs.

Préparation des structures

C. Mettez à l'épreuve votre compréhension du français littéraire. Refaites ces phrases en français nonlittéraire, soit au passé composé, soit à l'imparfait, soit au présent du subjonctif.

1. Il fallait reproduire ce fruit avant qu'il ne *perdît* sa fraîcheur.
2. Le seul qui le *saluât* encore était le vieux Syndic de Haarlem.
3. Il *travailla* durant tout un printemps.
4. Cornélius Berg ne *répondit* pas.

D. Pour éviter de répéter toujours le même nom on se sert de pronoms. Dans les phrases suivantes, remplacez les mots en italique par le pronom approprié.

1. Cornélius Berg, dès sa rentrée dans Amsterdam, s'était établi à l'auberge. Il changeait souvent *d'auberge*.
2. Il passait de longues heures au fond des tavernes, où d'anciens élèves de Rembrandt payaient à boire *à Cornélius*, espérant qu'il raconterait *à ces anciens élèves* ses voyages.
3. Ceux qui se rappelaient le bruyant Cornélius d'autrefois s'étonnaient de retrouver *Cornélius* si taciturne; l'ivresse seule rendait *à Cornélius* sa langue.
4. Cornélius se détournait pour ne pas voir le public, qui, disait-il, dégoûtait *Cornélius*.
5. Cornélius avait toute sa vie trop scruté les visages humains; il se détournait maintenant *des visages humains* avec une indifférence irritée.
6. À mesure que se perdait le peu de talent que Cornélius avait jamais possédé, du génie semblait venir *à Cornélius*.
7. Cornélius n'avait pas renoué avec ce qui restait *à Cornélius* de famille. Certains de ses parents n'avaient pas reconnu *Cornélius*; d'autres feignaient d'ignorer *Cornélius*. Le seul qui saluât encore *Cornélius* était le vieux Syndic de Haarlem.

Pour mieux lire

E. En lisant cette nouvelle, rédigez une liste des particularités de Cornélius Berg qui semblent indiquer qu'il a été—ou est encore—un grand artiste. Rédigez une autre liste de détails qui indiquent au contraire qu'il n'a plus—ou qu'il n'a jamais eu—de talent. Quelle sera votre conclusion?

La Tristesse de Cornélius Berg

Cornélius Berg, dès sa rentrée dans Amsterdam, s'était établi à l'auberge. Il en changeait souvent, déménageant quand il fallait payer, peignant encore, parfois, de petits portraits, des tableaux de genre sur commande, et, par-ci par-là, un morceau de nu pour un amateur, ou quêtant le long des rues l'aubaine d'une enseigne. Par malheur, sa main tremblait; il devait ajuster à ses lunettes des verres de plus en plus forts; le vin, dont il avait pris le goût en Italie, achevait, avec le tabac, de gâter le peu de sûreté de touche dont il se vantait encore. Il se dépitait, refusait de livrer l'ouvrage, compromettait tout par des surcharges et des grattages, finissait par ne plus travailler.

Il passait de longues heures au fond des tavernes enfumées comme une conscience d'ivrogne, où d'anciens élèves de Rembrandt, ses condisciples d'autrefois, lui payaient à boire, espérant qu'il leur raconterait ses voyages. Mais les pays poudreux de soleil où Cornélius avait traîné ses pinceaux et ses vessies de couleurs[29] s'avéraient moins précis dans sa mémoire qu'ils ne l'avaient été dans ses projets d'avenir; et il ne trouvait plus, comme dans son jeune temps, d'épaisses plaisanteries qui faisaient glousser de rire les servantes. Ceux qui se rappelaient le bruyant Cornélius d'autrefois s'étonnaient de le retrouver si taciturne; l'ivresse seule lui rendait sa langue; il tenait alors des discours incompréhensibles. Il s'asseyait, la figure tournée vers la muraille, son chapeau sur les yeux, pour ne pas voir le public, qui, disait-il, le dégoûtait. Cornélius, vieux peintre de portraits, longtemps établi dans une soupente de Rome, avait toute sa vie trop scruté les visages humains; il s'en détournait maintenant avec une indifférence irritée; il allait jusqu'à dire qu'il n'aimait pas à peindre les animaux, ceux-ci ressemblant trop aux hommes.

À mesure que se perdait le peu de talent qu'il avait jamais possédé, du génie semblait lui venir. Il s'établissait devant son chevalet, dans sa mansarde en désordre, posait à côté de lui un beau fruit rare qui coûtait cher, et qu'il fallait se hâter de reproduire sur la toile avant que sa peau brillante ne perdît de sa fraîcheur, ou bien un simple chaudron, des épluchures. Une lumière jaunâtre emplissait la chambre; la pluie lavait humblement les vitres; l'humidité était partout. L'élément humide enflait sous forme de sève la sphère grumeleuse de l'orange, boursouflait les boiseries qui criaient un peu, ternissait le cuivre du pot. Mais il reposait bientôt ses pinceaux; ses doigts gourds, si prompts jadis à peindre sur commande des Vénus couchées et des Jésus à barbe blonde bénissant des enfants nus et des femmes drapées, renonçaient à reproduire sur la toile cette double coulée humide et lumineuse imprégnant les choses, embuant[30] le ciel. Ses mains déformées avaient, en touchant les objets qu'il ne peignait plus, toutes les sollicitudes de la tendresse. Dans la triste rue d'Amsterdam, il rêvait à des campagnes tremblantes de rosée, plus belles que les bords de l'Anio crépusculaires, mais désertes, trop sacrées pour l'homme. Ce vieillard, que la misère semblait gonfler, paraissait atteint d'une hydropisie du cœur. Cornélius Berg, bâclant çà et là quelques piteux ouvrages, égalait Rembrandt par ses songes.

Il n'avait pas renoué avec ce qui lui restait de famille. Certains de ses parents ne l'avaient pas reconnu; d'autres feignaient de l'ignorer. Le seul qui le saluât encore était le vieux Syndic[31] de Haarlem.

---

29. *Vessie de couleurs* (f.) = petit sac contenant la peinture.
30. *Embuer* = rendre humide par une vapeur de petites gouttelettes d'eau.
31. *Syndic* (m.) = l'équivalent d'un membre du conseil municipal.

Il travailla durant tout un printemps dans cette petite ville claire et propre, où on l'employait à peindre de fausses boiseries sur le mur de l'église. Le soir, sa tâche finie, il ne refusait pas d'entrer chez ce vieil homme doucement abêti par les routines d'une existence sans hasards, qui vivait seul, livré aux soins douillets d'une servante, et ne connaissait rien aux choses de l'art. Il poussait la mince barrière de bois peint; dans le jardinet, près du canal, l'amateur de tulipes l'attendait parmi les fleurs. Cornélius ne se passionnait guère pour ces oignons inestimables, mais il était habile à distinguer les moindres détails des formes, les moindres nuances des teintes, et il savait que le vieux Syndic ne l'invitait que pour avoir son opinion sur une variété nouvelle. Personne n'aurait pu désigner par des mots l'infinie diversité des blancs, des bleus, des roses et des mauves. Grêles, rigides, les calices patriciens sortaient du sol gras et noir: une odeur mouillée, qui montait de la terre, flottait seule sur ces floraisons sans parfum. Le vieux Syndic prenait un pot sur ses genoux, et, tenant la tige entre deux doigts, comme par la taille, faisait, sans mot dire, admirer la délicate merveille. Ils échangeaient peu de paroles: Cornélius Berg donnait son avis d'un hochement de tête.

Ce jour-là, le Syndic était heureux d'une réussite plus rare que les autres: la fleur, blanche et violacée, avait presque les striures d'un iris. Il la considérait, la tournait en tous sens, et, la déposant à ses pieds:

—Dieu, dit-il, est un grand peintre.

Cornélius Berg ne répondit pas. Le paisible vieil homme reprit:

—Dieu est le peintre de l'univers.

Cornélius Berg regardait alternativement la fleur et le canal. Ce terne miroir plombé ne reflétait que des plates-bandes, des murs de brique et la lessive des ménagères, mais le vieux vagabond fatigué y contemplait vaguement toute sa vie. Il revoyait certains traits de physionomie aperçus au cours de ses longs voyages, l'Orient sordide, le Sud débraillé, des expressions d'avarice, de sottise ou de férocité notées sous tant de beaux ciels, les gîtes[32] misérables, les honteuses maladies, les rixes à coups de couteau sur le seuil des tavernes, le visage sec des prêteurs sur gages et le beau corps gras de son modèle, Frédérique Gerritsdochter, étendu sur la table d'anatomie à l'école de médecine de Fribourg. Alors, ôtant ses lunettes:

—Dieu est le peintre de l'univers.

Et, avec amertume, à voix basse:

—Quel malheur, monsieur le Syndic, que Dieu ne se soit pas borné à la peinture des paysages.

32. *Gîte* (m.) (du verbe *gésir*, voir page 196) = refuge, logement, maison.

À propos du texte

A. Quel est l'état d'esprit de Cornélius Berg? Pourquoi?

B. 1. Comment la vieillesse affecte-t-elle Cornélius Berg? physiquement? professionnellement? moralement?
2. Était-ce un bon peintre avant? Qu'est-ce qu'il peignait?
3. Qu'est-ce qu'il essaie de peindre maintenant? Réussit-il?
4. Qu'est-ce que le vieux Syndic adore? Qu'est-ce qu'il dit à Cornélius?
5. À quoi pense Cornélius avant de répondre au vieux Syndic? Quels sentiments a-t-il en y pensant?
6. Qu'est-ce que Cornélius répond enfin au Syndic? Pourquoi?

Appréciation littéraire

C. Le point de vue de Cornélius Berg est-il le même que celui de l'auteur? Vous rappelle-t-il la philosophie des «Maximes» de La Rochefoucauld? Expliquez votre réponse.

D. Montrez, en choisissant des mots, des phrases, ou des paragraphes entiers, comment la description du souvenir d'un objet, d'un lieu, d'une personne peut révéler les sentiments d'un personnage fictif ou du narrateur.

E. Pendant des pages l'auteur décrit à l'imparfait et il n'y a pas d'action. Puis à la fin, elle condense en un seul paragraphe un inventaire de noms qui résume toute une vie chargée de souvenirs émouvants et d'actions. Que pensez-vous de cette technique? Y a-t-il un rapport entre le temps verbal qui domine le récit—l'imparfait—et le caractère du personnage principal?

Réactions personnelles

F. Quelle est l'indication la plus significative d'un talent artistique?

G. Quelle est votre réaction à la remarque de Cornélius Berg à la fin de l'histoire: «Quel malheur que Dieu ne se soit pas borné à la peinture des paysages.»?

Mise en perspective

1. La vieillesse. La vieillesse est traitée dans «Le Désespoir de la vieille» et dans «La Tristesse de Cornélius Berg». Baudelaire et Yourcenar disent-ils la même chose? Suscitent-ils les mêmes sentiments à propos de la vieillesse? Les personnages souffrent-ils de la même façon? Précisez à l'aide d'exemples tirés des deux textes.

2. **La déception.**[33] Quelles réactions peut-on avoir devant la déception? De quelles façons les personnages des trois textes de cette leçon sont-ils déçus? Que font-ils? Quelle approche est la plus saine, à votre avis? Est-ce qu'une de ces approches aboutit aux résultats désirés?

3. **L'attitude du narrateur.** Percevez-vous facilement l'attitude du narrateur envers son personnage principal? Contrastez cette attitude dans deux des trois textes de cette leçon. Les sentiments du narrateur sont-ils favorables ou défavorables? Est-il d'accord avec le point de vue de son personnage principal? Expliquez.

4. **L'illusion.** Dans ces trois textes, les personnages manquent parfois ou continuellement de lucidité. Expliquez le rôle que joue l'illusion pour la vieille, M. Sacrement et Cornélius Berg.

---

33. *Déception* (f.) = désillusion.

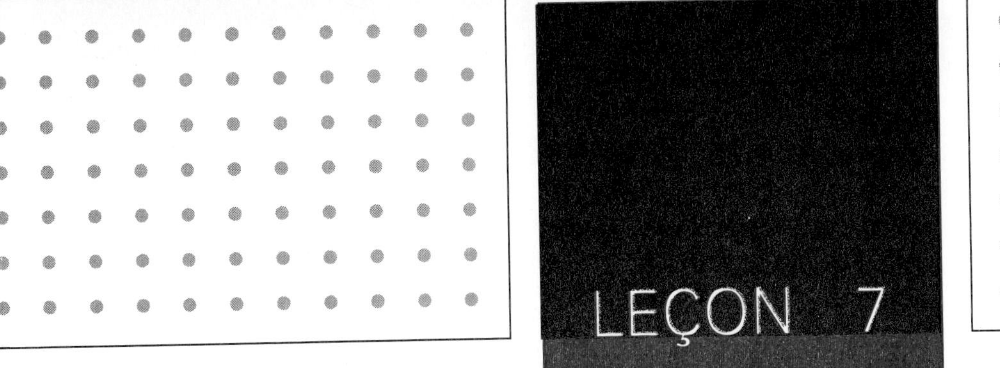

Comparer

Tout est relatif. On définit ses observations par rapport à une autre réalité, on explique ses sensations en les rapprochant d'autres sensations. Essayez de décrire le goût du chocolat ou l'odeur du jasmin sans dire *«c'est comme... »* ou *«c'est pareil à... »*! Voici, par exemple, comment l'amateur d'un bon vin désigne les qualités d'un grand Bourgogne:

> *«... on a tout dit de la personnalité du Clos-Vougeot:*[1] *senteur de caramel chaud, de violette, de menthe sauvage spiritueux, étoffé,*[2] *goût de réglisse*[3] *et de truffe, tonique... »*[4]

La conversation—aussi bien que l'écriture—établit constamment des correspondances (*«Elle ressemble à sa sœur»* ou *«Sa maison est semblable à la tienne»*). La langue et la littérature seraient monotones sans les comparaisons qui nous permettent de mieux comprendre.

---

1. *Clos-Vougeot* = grand vin de Bourgogne.
2. *Étoffé* = rembourré comme un fauteuil confortable.
3. *Réglisse* (f.) = liquorice.
4. Philippe Coudrec, *Guide de la Bonne Cave,* (Ed. de la Table Ronde, 1970), p. 33.

—On ne sait pas trop pourquoi ils ont mis une plante dans une dent! ... et une dent transparente par-dessus le marché![5]

—Tu n'y comprends rien! Les dents sont comme les plantes... Regarde un peu! ... c'est même écrit là!

—Tu n'as pas l'air d'avoir des feuilles vertes dans tes dents, toi! Tes dents ressemblent bien aux miennes.

—Bien sûr que non... mais j'ai les dents plus propres que toi parce que je me sers d'un dentifrice à la chlorophylle.

—Qu'est-ce que c'est que ça?

—C'est un dentifrice bien meilleur que le tien.

—Parce qu'il y a des feuilles dedans? Ça ressemble à une salade, alors? Je ne comprends pas.

—On dirait que tu ne veux pas comprendre. Le vert, c'est pareil à la nature, à la pureté, à la santé. Une dent, c'est clair comme du cristal, naturel comme une feuille.

—J'aime mieux avoir les dents blanches... sans feuilles.

---

5. *Par-dessus le marché* (familier) = en plus.

Structures

Comparer à l'aide de conjonctions et d'adjectifs

1. Pour exprimer une similitude, on peut employer la conjonction **comme** avant un nom, un pronom, une préposition ou une proposition. On emploie **comme si** pour introduire une proposition comparative.

   - **Comme** + nom ou pronom

     Cet enfant est sage **comme** *une image.*
     Omega marque toujours les temps forts... d'une vie réussie **comme** *la vôtre.*
     ... son crâne sonna **comme** *un lingot.* (Daudet)
     ... ce joli être, si fragile **comme** *elle,* la petite vieille... (Baudelaire)

   - **Comme** avant une préposition

     La musique est partout et le faubourg indigène s'anime **comme** *pour* un carnaval. (Vian)
     ... il l'entendit sauter du lit et parler seule **comme** *dans* un rêve. (Maupassant)
     ... j'ai trouvé la chambre illuminée **comme** *au* soleil couchant. (Proust)

   - **Comme** + proposition

     Faites **comme** *vous voulez.*
     Il vécurent à Paris **comme** *vivent des bourgeois riches.* (Maupassant)

   - **Comme si**

     a. Pour un contexte présent: **comme si** + proposition à l'imparfait

     Vous parlez **comme si** vous *aviez* mal à la gorge.
     Elle s'avance ainsi,... souriant d'un blanc sourire, **comme si** *elle apercevait* au loin dans l'espace un miroir... (Baudelaire)

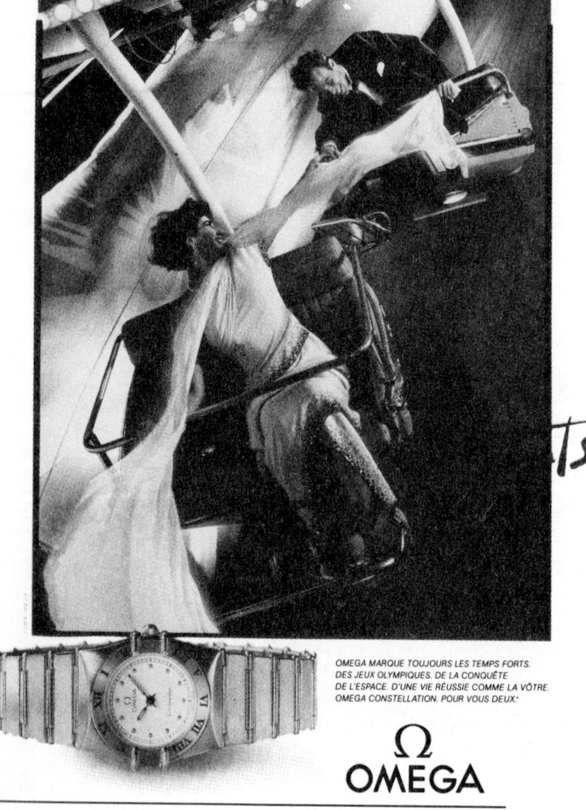

Omega marque toujours les temps forts... d'une vie réussie comme la vôtre.

b. Pour un contexte passé: **comme si** + proposition au plus-que-parfait

> Le vagabond a mangé **comme s'***il n'avait pas mangé* depuis des semaines.
>
> ... cou trop long **comme si** *on* lui *avait tiré* dessus. (Queneau)
>
> Il me regarda **comme si** *j'étais devenue* complètement folle. (Victor)

2. L'adjectif **tel** exprime aussi la similitude et équivaut à **comme ça. Tel que** équivaut à la conjonction **comme. Tel** et **tel que** s'accordent avec le nom ou pronom qualifiés.

- **Un tel (une telle, de tels, de telles)** + nom

  Cet usage est plus courant dans le style élégant et est souvent remplacé par **comme ça** dans la langue parlée. Il y a quelquefois une implication d'admiration ou de mépris, selon le contexte.

  > Connaissez-vous **un tel** endroit? (= un endroit comme ça?)
  >
  > Tout le monde devrait voir **de telles** choses! (= des choses comme ça!)
  >
  > Une **telle** situation est intolérable. (= une situation comme ça...)

- **Tel que** peut être suivi d'un nom, d'un pronom, d'une préposition ou d'une proposition. Son emploi est donc parfaitement analogue à **comme**.

  > Il doit jouer une chanson populaire **telle que** *«Les Feuilles mortes»* de Prévert.
  >
  > Je voudrais écrire des poèmes **tels que** *ceux* de Baudelaire.
  >
  > Le monde **tel qu'***en 1900* n'existe plus aujourd'hui.
  >
  > Je voudrais écrire des poèmes **tels que** *Baudelaire les écrivait.*
  >
  > Elle voudrait épouser un homme charmant, cultivé et sensible, **tel que** *son père lui paraissait.*

3. Les adjectifs suivants expriment une similitude générale ou partielle.

égal (à)
identique (à)
pareil (à)
semblable (à)
le même + nom (+ **que**...)

Vous avez **les mêmes** chaussures **que** moi. Nos chaussures sont **semblables**; elles sont **pareilles**. En fait, les vôtres sont **identiques aux** miennes!
Ils ont fait **la même** expérience **qu**'au Canada.
... et son pied, **pareil aux** pieds des déesses de marbre... (Baudelaire)

...et son pied, pareil aux pieds des déesses de marbré...

4. L'adjectif **différent** marque une opposition avec une chose ou une personne. Il est presque toujours suivi de la préposition **de** et a le sens contraire de **comme.**

> Ma sœur est très **différente de** moi.
> Mme Dupont... ne copie pas servilement, elle veut être **différente des** autres. (Bordier)
> Mes deux frères sont très **différents** l'un **de** l'autre.

A. Les gens ressemblent-ils quelquefois à des animaux? Faites des comparaisons en utilisant le mot *comme* et le nom d'un des animaux suivants:

un âne	**un kangourou**
un canard	**un lion**
un cochon	**un ours**
un éléphant	**un poisson**
une gazelle	**un singe**
une hyène	

▷ Cet athlète saute loin.
Cet athlète saute comme une gazelle.

1. Ce boxeur bondit très haut.
2. Cette personne marche d'une manière bizarre.
3. Ce monsieur rit en se moquant.
4. Il est si fâché qu'il crie très fort.
5. J'ai dormi longtemps.
6. Cet enfant nage si bien!
7. Cette jeune fille fait des grimaces comiques.
8. Il ne comprend rien; il est bête.

B. Qu'est-ce qui ne va pas? Votre copain se comporte d'une manière étrange. Faites des remarques à partir des données suivantes en employant *comme si.*

▷ Il parle d'une manière incompréhensible.
Il parle comme s'il avait du coton dans la bouche!

1. Il boit beaucoup d'eau.
2. Il titube.[6]
3. Il marche vite.
4. Il regarde fixement la porte.
5. Il refuse de vous parler.

C. Les temps ont changé. Vous rentrez chez vous pendant les vacances et vous allez voir vos grands-parents. Vous leur parlez de votre vie quotidienne à l'université et ils semblent scandalisés ou impressionnés.

6. *Tituber* = marcher maladroitement et en tombant quelquefois.

Imaginez leurs réactions. Employez *un tel/une telle* ou *de tels/de telles* et commencez chaque phrase par les mots proposés.

▷ Je suis allé(e) à une conférence du Docteur Ruth Westheimer.
Oh! je n'irais jamais...
Oh! Je n'irais jamais à une telle conférence!

1. J'ai des professeurs qui ont la Légion d'honneur.
   J'aimerais connaître...
2. J'ai rencontré un homme nu sur la place centrale du campus.
   Je n'irais plus...
3. Mon camarade de classe joue dans l'orchestre symphonique.
   J'aurais aimé avoir...
4. Dans mon cours de physique on nous a expliqué comment faire une bombe nucléaire.
   Je n'ai jamais suivi...
5. J'ai étudié des civilisations où une femme pouvait avoir plusieurs maris.
   Tiens! Je n'ai jamais étudié...

D. Révision de vocabulaire. Choisissez un élément de la liste B qui correspond à un élément de la liste A. Exprimez leur rapport en employant *identique, égal, pareil, semblable* ou *même.*

▷ *Un vélo est pareil à une bicyclette.* ou
Un vélo est la même chose qu'une bicyclette. ou
Un vélo est identique à une bicyclette.

A	B
un calepin	**une gueule**
une chaussure	**une boîte à ordures**
un livre	**un soulier**
un museau	**un carnet**
un pardessus	**une bicyclette**
une poubelle	**un manteau**
une revue	**un bouquin**
une risette	**un sourire**
un vélo	**un magazine**

E. Tout est relatif. Voici deux éléments. Formez deux phrases, la première pour indiquer comment ils sont semblables, la seconde pour indiquer comment ils sont différents.

▷ un tigre et un chien
Un tigre est comme un chien parce qu'il marche à quatre pattes.
Un tigre est différent d'un chien parce qu'il est rayé de bandes jaunes et noires.

1. un crayon et un stylo
2. les oreilles d'un lapin et les oreilles d'un cheval
3. la classe de français et toutes les autres classes

4. une cerise et les autres cerises du même arbre
5. un frère qui est né le 20 janvier 1970 et l'autre frère, né le 20 janvier 1970 aussi
6. vous et vos amis
7. le président et le vice-président
8. un chameau et un dromadaire

Le comparatif

Le comparatif permet de comparer deux ou plusieurs éléments (personnes, choses, idées, actions, etc.). On forme le comparatif de *supériorité* avec **plus**, d'*égalité* avec **aussi** (pour adjectifs et adverbes) ou **autant** (pour noms et verbes), et d'*infériorité* avec **moins**. Naturellement, la comparaison est souvent implicite. La place de l'adjectif ou de l'adverbe comparatif est la même que celle de l'adjectif ou de l'adverbe simple.[7]

Avec un peu **moins de** maquillage (**que** tu ne[8] portes d'habitude) tu aurais l'air **plus** naturel.
L'anorak de Cardin est **aussi** beau (**que** l'anorak de Lapidus)!
Les deux sont travailleurs, mais Pierre travaille toujours **plus** (**que** son frère)!

1. Comparaison des adjectifs et des adverbes pour indiquer la qualité

plus / **aussi** / **moins** } + adjectif/adverbe (+ **que**...)

Il est **moins intelligent qu**'il n'a l'air de penser.
Les Hespel sont **aussi embarrassés que** vous. (Colette)
Ce jour-là le Syndic était heureux d'une réussite **plus rare que** les autres... (Yourcenar)
Il chercha des sujets **plus faciles** et en aborda plusieurs successivement. (Maupassant)
... elles sont passionnées... **aussi bien** au point de vue érotique **qu'**au point de vue des idées qu'elles ont dans la tête. (Penrose)

Remarquez: Au négatif et à l'interrogatif, **si** est souvent employé à la place de **aussi.**

Il n'est pas **si** intelligent **qu**'il n'a l'air de penser.
Es-tu vraiment **si** stupide **que** ça?
On ne donne rien **si** librement **que** ses conseils. (La Rochefoucauld)

---

7. Voir pages 88 et 103.
8. Dans une comparaison de supériorité ou d'infériorité, un *ne* pléonastique (sans valeur de négation) précède le verbe dans la proposition subordonnée: *Mais les pays poudreux de soleil... s'avéraient **moins précis** dans sa mémoire **qu'**ils **ne** l'avaient été dans ses projets d'avenir...* (Yourcenar)

- Il y a quelques comparatifs irréguliers. Le comparatif de supériorité de l'adjectif **bon** est **meilleur.**

Comment j'aimerais mourir: —**Meilleur**—et aimé. (Proust)
Jacques achète de **bonnes** pâtisseries mais Pierre en achète de **meilleures**.
Mais: Jacques achète de **moins (aussi) bonnes** pâtisseries **que** Pierre.

Le comparatif de supériorité de l'adverbe bien est **mieux.**

On aime **mieux** dire du mal de soi-même **que** de n'en point parler. (La Rochefoucauld)
... le côté droit du boulevard était **mieux** fréquenté **que** le gauche. (Maupassant)
Mais: Le côté gauche du boulevard était **moins (aussi) bien** fréquenté **que** le droit.

2. Comparaison des noms pour exprimer la quantité

plus de (davantage de) **autant de** **moins de**	} + nom (+ **que**...)

Il avait **plus d'**expérience **que** moi. (Sembène)
Les jurys littéraires sont traînés dans la boue, mais on attend leur verdict avec **plus d'**impatience et **autant de** passion **qu'**un discours du Premier ministre. (d'Ormesson)
Voyons si j'en trouverais **autant**[9] au retour. (Maupassant)
Mettez **davantage de** sel sur les tomates et elles seront meilleures.

Remarquez: La comparaison des quantités se fait de la façon suivante.

chiffre + nom +	{ **de plus** **de moins**	{ (+ **que**...)

Michèle pèse *vingt kilos* **de moins que** son père.
... je suis sa tante; mais sa mère avait... *vingt-cinq ans* **de plus que** moi. (Montesquieu)

3. Comparaison des verbes pour indiquer la durée, la fréquence ou l'intensité

verbe +	{ **plus** **autant** **moins**	{ (+ **que**...)

Le chef de syndicat travaillait **plus que** les ouvriers.
Marie étudie **autant que** toi.
La flûtiste joue **moins que** le violoniste.

---

9. *J'**en** trouverais **autant*** = Je trouverais autant de cette(ces) chose(s).

Remarquez: On peut employer **davantage** au lieu de **plus** dans une phrase où la comparaison est implicite (sans **que**...).

J'aurais pu entrer à Harvard si j'avais étudié **davantage**.

F. Votre famille. Comparez les membres de votre famille. (Employez *plus que, moins que, meilleur que, mieux que* ou *aussi que.*)

▷ ma mère chante/mon père chante (bien)
Ma mère chante mieux que mon père. ou
Ma mère chante moins bien que mon père.

▷ ma cousine/mon cousin (intelligent)
Ma cousine est plus intelligente que mon cousin. ou
Ma cousine est aussi intelligente que mon cousin.

1. je marche/ma grand-mère marche (lentement)
2. ma tante/mon oncle (dynamique)
3. la maison de mes parents/la maison de mes grands-parents (moderne)
4. je nage/mon frère nage (bien)
5. ma chambre/la chambre de mes parents (petit)
6. ma mère/ mon grand-père (libéral)
7. la voiture de mon père/la voiture de ma mère (bon)
8. ma sœur conduit/je conduis (vite)

G. Deux époques, deux générations différentes. Quelle est la différence entre votre vie quotidienne et celle de vos grands-parents aujourd'hui? Employez *plus de... que, moins de... que* ou *autant de... que.*

▷ Vous prenez quelques médicaments. Et vos grands-parents?
Je prends moins de médicaments que mes grands-parents. ou
Mes grands-parents prennent plus de médicaments que moi.

1. Vous avez toutes vos dents. Et votre grand-mère?
2. Vous avez beaucoup d'énergie. Et vos grands-parents?
3. Vous faites souvent de l'exercice. Et votre grand-père?
4. Vous avez quelques souvenirs. Et vos grands-parents?
5. Vous avez de la patience. Et votre grand-mère?
6. Vous avez un peu de sagesse. Et vos grands-parents?

H. Les illusions perdues et maintenues. Le vieux peintre Cornélius Berg pense à sa vie et à son talent. Reliez les deux phrases avec *plus que, meilleur que, mieux que, moins que* ou *autant que.*

▷ J'aurais voulu être un très bon peintre. Je suis un peintre médiocre.
J'aurais voulu être un meilleur peintre que je ne suis.

1. Je voulais peindre des portraits superbes. J'ai peint des portraits médiocres.

2. J'espérais être célèbre. En fait, je ne suis pas célèbre.
3. Il serait souhaitable que je sache bien peindre des natures mortes. Je ne peins pas bien les natures mortes.
4. Les autres disciples de Rembrandt ont réussi. Je ne croyais pas qu'ils réussiraient si bien.
5. Je ne réussis pas bien mes tableaux. Je conçois très bien mes tableaux.
6. Les tulipes ont beaucoup de couleurs. Je ne sais pas comment représenter toutes ces couleurs.

I. Les maths dans la vie quotidienne. Comparez les personnes ou les choses suivantes, selon le modèle.

▷ Hulk Hogan pèse 150 kilos. Cyndi Lauper pèse 50 kilos.
Hulk Hogan pèse 100 kilos de plus que Cyndi Lauper.
Cyndi Lauper pèse 100 kilos de moins que Hulk Hogan.

1. Un jean «Gloria Vanderbilt» coûte à peu près $45. Un jean «Lévi-Strauss» coûte environ $25.
2. Mon grand-père a 80 ans. Mon père a 45 ans.
3. Wilt Chamberlain mesure 2 mètres. Une girafe mesure 5 mètres.
4. Le docteur Ronsard gagne $130.000 par an. Je ne gagne que $6.500.
5. Ma tante a dépensé $95. Mon oncle a dépensé $1,75.
6. Cette bicyclette Peugeot pèse 10 kilos. Une Renault R-11[10] pèse 900 kilos.

J. Le choix d'une université. Votre frère(sœur) discute avec vos parents de son choix d'université. Vos parents préfèrent une école professionnelle près de chez eux, mais votre frère(sœur) voudrait aller à une grande université assez loin. Aidez-le(la) à convaincre vos parents en employant l'adverbe *davantage.*

▷ —L'école professionnelle t'offrira beaucoup de cours très sérieux.
—L'université lui offrira davantage de cours très sérieux.

1. À l'école professionnelle, tu travaillerais dur.
2. À l'école professionnelle, tu aurais beaucoup d'amis intéressants.
3. L'école professionnelle a tant de bons professeurs!
4. Tu ferais beaucoup d'expériences pratiques à l'école professionnelle.
5. À l'école professionnelle, tu t'amuserais.

10. *Renault R-11* (f.) = Modèle Renault distribué en Amérique du Nord sous le nom de «Encore».

Verbes qui indiquent la ressemblance ou l'apparence

1. **Ressembler à** + nom

Je **ressemble à** ma mère et elle **me ressemble.** Et mon père? Je ne **lui ressemble** pas.
... il allait jusqu'à dire qu'il n'aimait pas à peindre les animaux, ceux-ci **ressemblant** trop **aux** hommes. (Yourcenar)

2. Les verbes **sembler** et **paraître** ne s'emploient d'habitude qu'avec un adjectif ou un infinitif.

Elle **paraît** sympathique.
Ils **semblaient** aussi préférer certains cafés, certains théâtres. (Maupassant)
Ce vieillard, que la misère **semblait** gonfler, **paraissait** atteint d'une hydropisie du cœur. (Yourcenar)

3. L'expression **avoir l'air** s'emploie avec un nom, un adjectif, ou un infintif.

- **Avoir l'air d'un(e)** + nom

La Renault 14 **avait l'air d'une** poire.

- **Avoir l'air** + adjectif

Elles **ont l'air** heureux.
De **l'air** pressé qu'il **a**, pensa-t-il, il arrivera sûrement avant nous. (Michaux)

Remarquez: L'adjectif s'accorde normalement avec le mot **air** (m.), pas avec le sujet de la phrase. Mais l'usage actuel accepte également l'accord avec le sujet.

Elles ont l'air **heureuses.**

- **Avoir l'air de** + infinitif

Ils **ont l'air de** s'amuser.
Elle **a l'air de** vouloir partir.

K. Les camarades de classe. Décrivez les étudiants de votre classe en finissant les phrases suivantes et en commençant par le nom d'un(e) de vos camarades de classe.

1. ______ a l'air d'un(e)...
2. ______ ressemble à...
3. ______ semble...
4. ______ a l'air de...
5. ______ paraît...
6. ______ n'a pas l'air...
7. ______ semble avoir...
8. ______ a l'air de...

Expressions verbales qui permettent une comparaison

1. On emploie **on dirait** + nom ou **on dirait** + **que** + proposition pour faire une comparaison dans un contexte présent. Dans un contexte passé, on emploie **on aurait dit.**

   Elle est brillante, **on dirait** une nouvelle Margaret Mead.
   Du train dont il menait sa vie... **on aurait dit** que sa cervelle était inépuisable. (Daudet)

2. **Rappeler** + nom (à quelqu'un)

   Je lui **rappelle** sa mère.
   ... la douce lune me les **rappelait** plutôt qu'elle ne me les montrait... (Proust)

   Remarquez: **Rappeler** emploie un pronom objet *indirect* pour indiquer la personne qui voit la ressemblance.

   Il **leur** rappelle leur fils.

3. **Cela (ça) me fait penser à** + nom ou pronom (= cela me rappelle...)

   Cela me fait penser à mes vacances en Floride.
   Ça m'a fait penser au premier jour de la rentrée.
   Ça me fait penser à Darryl Hannah.

4. **Avoir l'impression de** + infinitif

   Il **a l'impression de** connaître cette fille.
   J'**ai l'impression d'**avoir déjà vu ce film.

5. **Avoir l'impression que** + proposition à l'indicatif

   J'**ai l'impression que** vous l'avez déjà vu aussi.

6. **Il semble que** + proposition au subjonctif

   Il semble que nous *soyons* considérés comme des révolutionnaires.
   Semble-t-il que ce *soit* vrai?
   Non, **il ne semble pas que** l'inflation *s'accroisse*.

   Attention: La formule **il semble *à quelqu'un* que...** est suivie de *l'indicatif* dans une phrase affirmative déclarative. La personne peut être indiquée aussi par un pronom objet indirect (**me**, **te**, **lui**, etc.)

   Il semble aux économistes que l'inflation *s'accroît.*
   Il me semble que sur ce théâtre de l'éphémère... je dois rencontrer quelqu'un. (Séfrioui)

   Mais: Lorsque cette expression est à l'interrogatif ou au négatif, le verbe de la proposition subordonnée est au *subjonctif.*

   Vous semble-t-il que ce *soit* vrai?
   Il ne me semble pas qu'ils *aient* tout dit.

L. Vous assistez à un cocktail mondain. Pour stimuler la conversation vous faites des remarques sur les gens et les choses que vous observez. Ajoutez *on dirait (que)* ou *on aurait dit (que)* aux phrases suivantes pour exprimer une comparaison.

▷ Quelle coiffure!
Quelle coiffure! On dirait un nid d'oiseau! (une brosse à dents, un buisson, un champ de blé, la tour Eiffel…)

▷ Quels talons!
Quels talons! On dirait qu'elle marche sur des œufs.

1. Ce scotch était trop léger.
2. Cet homme-là est entouré de femmes.
3. Ce vieux monsieur ne semble pas écouter ce qu'on lui raconte.
4. Ce jeune homme est naïf.
5. Comme cette femme est mince!
6. Au début de la soirée notre hôtesse était pâle.
7. Ce type-là mange un peu de tout.
8. Quel décor!
9. Les hors-d'œuvre étaient délicieux.
10. Ces gens-là rient beaucoup.

M. Art, artistes et mythologie. Donnez votre réaction en employant la formule *Ça me fait penser à…* ou *Ça me rappelle…*

▷ Une star de cinéma grossit beaucoup et puis elle redevient mince et très belle. Aujourd'hui elle mène une campagne pour trouver des fonds pour combattre le SIDA.
Ça me fait penser à Elizabeth Taylor.

1. Un policier de Détroit se rend dans une ville de la Californie du sud pour essayer de trouver l'assassin de son ami. Avec son imagination, sa spontanéité et l'aide de deux policiers peu habitués à ses manières originales, il découvre un grand traffic de drogue.
2. La république d'Ecnarf a offert à la démocratie populaire de Sinustaté une statue colossale comme symbole de leur idéal commun. Elle porte une couronne et elle tient une torche.
3. Jacques passe tout son temps devant son miroir. Il adore se regarder et ne pense qu'à s'admirer.
4. Un metteur en scène s'arrange pour apparaître comme figurant pendant dix secondes dans chacun de ses films.
5. Après un accident d'avion Pierre Suchard s'est trouvé sur une île déserte. Il se débrouille assez bien pendant des années avec l'aide d'un serviteur indigène nommé Dimanche.

N. Réactions diverses à un tremblement de terre. Exprimez les différentes réactions en commençant vos phrases par *J'ai l'impression de... , J'ai l'impression que... , Il me semble que...* ou *Il semble que...* Faites attention aux verbes.

▷ Je rêve.
J'ai l'impression de rêver. ou
Il semble que je rêve.

▷ Les lustres[11] ont une vie indépendante.
Il me semble que les lustres ont une vie indépendante. ou
Il semble que les lustres aient une vie indépendante. ou
J'ai l'impression que les lustres ont une vie indépendante.

1. Tout ne va pas bien.
2. Les bâtiments sont instables.
3. Je flotte.
4. Je suis totalement impuissant(e).
5. Un géant s'approche à pas lourds.
6. Cela ne finira jamais.

Expressions idiomatiques qui permettent une comparaison

1. De plus en plus/de moins en moins indiquent une augmentation ou une diminution par degrés.

René nous écrit **de moins en moins** souvent.
Il devait ajuster à ses lunettes des verres **de plus en plus** forts. (Yourcenar)
Le jeune dromadaire avait **de plus en plus** envie de pleurer. (Prévert)

2. Constructions parallèles

plus + proposition, **plus** + proposition
moins + proposition, **moins** + proposition
plus + proposition, **moins** + proposition
moins + proposition, **plus** + proposition

Plus je le connais, **plus** je l'admire.
Moins elle a d'argent, **plus** elle achète à crédit.
... **plus** je vieillis, **plus** je deviens français, **plus** je quitte les mots pompiers qui empêchent de penser, et **plus** j'ai envie de raconter des histoires qui sont des condensés d'idées. (Serres)

11. *Lustre* (m.) = instrument de lumières suspendu au plafond.

3. Proverbes qui indiquent une comparaison

Tel père, tel fils. (Telle mère, telle fille.) = Le fils est comme le père. (La fille est comme la mère.)
Plus ça change, plus c'est la même chose. = Rien ne change vraiment.

4. Formes fixes

Du pareil au même. = sans différence
Ça revient au même. = C'est la même chose.

O. Est-ce le grand amour? Employez une expression idiomatique pour résumer les situations suivantes.

▷ Chaque fois que je vois cette personne je l'aime davantage.
Plus je vois cette personne, plus je l'aime.

1. Mon cœur palpite d'une manière accélérée.
2. Je désire être avec d'autres personnes d'une manière décroissante.
3. J'aime davantage et mon appétit diminue.
4. Quand je ne vois pas assez souvent cette personne, mon inquiétude augmente.
5. Ma mère était comme ça (quand elle est tombée amoureuse de mon père).

À VOUS DE JOUER

1. Où aimeriez-vous habiter? Parlez avec un(e) camarade à propos de votre ville d'origine. Comparez-la avec la ville où se trouve votre université du point de vue caractère, grandeur, restaurants, ressemblance à Paris, etc. Terminez votre entretien en disant où vous aimeriez mieux habiter.

2. Voici ma famille. Apportez une photo de plusieurs membres de votre famille ou d'une famille que vous connaissez ou dessinez-les au tableau noir. Parlez des ressemblances familiales et des différences entre les membres de la famille.

3. Photo instantanée. En général, aimez-vous vous voir en photo? Qu'est-ce que vous dites quand vous voyez des photos de vous-même? Employez les mots indiqués:

autant de
il me semble que
... me fait penser à
meilleur
moins
plus
ressembler

4. **Rencontre inattendue.** *Rôles à jouer—deux personnes.* Vous rencontrez par hasard une personne que vous n'avez pas vue depuis des années. Qu'est-ce que vous vous dites? (Quelles sont vos réactions? En quoi n'a-t-elle pas changé? Est-ce que vous êtes toujours différent(e)s l'un(e) de l'autre? semblables?)

5. **Marketing au téléphone.** *Rôles à jouer—deux personnes.* Quelqu'un vous téléphone pour vous demander de comparer deux produits.

6. **Concours d'élégance.** Regardez les dessins et faites des comparaisons entre les voitures. Employez ces mots et expressions: *ressembler à... , moins... que... , comme... , plus de... que... , ça me fait penser à... , aussi... que... , le même que... , autant de... que... , avoir l'air de... , rappeler... , pareil, différent,* etc.

   ▷ plus...
   La voiture de M. Andretti est plus aérodynamique que celle de M. Getty.

Compositions écrites

1. **Lettre personnelle.** Après votre rencontre inattendue avec une ancienne connaissance (Exercice 4, p. 263), écrivez une lettre à un(e) ami(e) commun(e) pour raconter vos réactions (comment a-t-elle changé, etc.). Parlez aussi des choses que vous avez préféré ne pas dire directement à cette personne au moment de votre rencontre.

2. **Lettre: une scène de ma jeunesse.** Vous êtes retourné(e) à un endroit que vous n'avez pas vu depuis votre jeunesse. Quelles différences y avez-vous remarquées? Quelles ressemblances? Parlez-en dans une lettre que vous écrivez à votre mère (frère, cousin, ami, etc.).

3. **Déjà vu.** Racontez une expérience de «déjà vu». Quels aspects de cette expérience ressemblent à une réalité antérieure? Quels aspects sont différents?

4. **Cyrano.** Vous avez un ami qui est amoureux. Comme il n'écrit pas très bien, il vous demande de lui écrire une lettre d'amour qu'il pourrait envoyer à sa bien-aimée. Employez beaucoup de comparaisons dans la lettre.

Lectures

La lumière baigne les trois textes réunis ici. Dans le premier, une lettre d'un roman satirique du Siècle des lumières[12], l'éclat de la vanité frappe un visiteur étrange invité à une soirée mondaine où il se moque de quatre belles dames. Deux autres belles dames, lumineuses comme l'Aurore[13] et le Soleil, impressionnent l'observateur amoureux dans un sonnet de la Renaissance. Le narrateur du troisième texte médite au clair de lune qui lui rappelle les joies et les douleurs de son existence.

Lettre LII des Lettres persanes

Montesquieu

Plus d'un demi-siècle avant les révolutions américaine et française, Charles de Secondat, baron de Montesquieu (1689-1755) fait déjà pressentir les bouleversements de 1776 et 1789 par sa critique astucieuse de la monarchie absolue et de la société aristocratique frivole de la France à cette époque. Lui-même aristocrate et magistrat, il fait paraître sous l'anonymat *Les Lettres persanes* (1721).

Dans ce roman épistolaire, deux habitants de la Perse (pays du Moyen-Orient qui s'appelle aujourd'hui l'Iran), Usbek et Rica, visitent l'Europe et en particulier la France. Ils échangent des lettres et écrivent d'autres à leurs compatriotes sur les mœurs de leurs hôtes français. Leurs commentaires, souvent pleins d'exagération comique, présentent une image exacte de la société française et révèlent sous une forme légère les excès du régime, les sottises de la société parisienne, et des idées importantes sur la tolérance, la liberté, l'esclavage, etc.

---

12. *Siècle* (m.) *des lumières* = le 18e siècle, célèbre pour ses philosophes (Montesquieu, Voltaire, Diderot, Rousseau, etc.).
13. *L'Aurore* (f.) = le moment juste avant le lever du soleil.

Philosophe et historien, Montesquieu développe ses idées principales dans son chef-d'œuvre *L'Esprit des lois* (1748), étude politique sur les différentes formes de société et de gouvernement et livre de chevet[14] de Thomas Jefferson.

Avant de lire «Lettre LII»

Préparation du vocabulaire

A. Les mots et les expressions suivants seront utiles pour votre compréhension du texte.

1. *Se divertir* = s'amuser
   Demandez à un(e) camarade s'il(si elle) *se divertit...*
   a) quand il(elle) est à une soirée.
   b) quand il(elle) est malade.
   c) quand il(elle) lit le journal.

2. *Faire la jolie* (la jeune, etc.) = se comporter comme si on était jolie (jeune, etc.)
   Répondez.
   a) Quand est-ce que vous *faites le brave?*
   b) Qui *faisait le clown* dans votre école primaire?
   c) Dans quelles circonstances *ferait-on l'innocent?*
   d) Comment est-ce que Mme Sacrement a agi à la fin de l'histoire «Décoré»?

3. *Plaindre* quelqu'un = avoir pitié de quelqu'un
   Demandez à un(e) camarade...
   a) pourquoi il(elle) *plaint* les gens très pauvres.
   b) s'il(si elle) *plaint* Cornélius Berg; M. Sacrement; le dromadaire mécontent.

4. *À peu près* = plus ou moins; approximativement
   Répondez en employant *à peu près.*
   a) Combien d'argent avez-vous sur vous?
   b) Quel âge a le président des États-Unis?
   c) Combien de personnes habitent dans votre ville?

5. *Se dérober à* quelque chose ou quelqu'un = éviter quelque chose ou quelqu'un
   Demandez à un(e) camarade s'il(si elle) *se dérobe...*
   a) quand il est temps de faire son service militaire.
   b) quand on lui demande de faire la vaisselle.
   c) quand on lui pose une question embarrassante.

14. *Livre* (m.) *de chevet* = livre préféré.

Préparation des structures

B. Vérifiez votre compréhension du passé simple. Transposez les phrases en français parlé en mettant le passé simple au passé composé.

1. Je me divertis dans une soirée.
2. Un instinct me fit approcher d'une jeune dame.
3. Elle me dit des choses intéressantes.
4. Je lui dis qu'elle avait raison.
5. Je me trouvai auprès de sa tante.
6. J'allai à une troisième dame.
7. Je descendis.
8. Une dame me dit: «Nous naquîmes la même année.»

Pour mieux lire

C. Discussion ou réflexion individuelle. Quand vous voulez faire une critique à quelqu'un, comment le faites-vous? Est-ce qu'il est préférable de...

- lui dire franchement «ses vérités»?[15]
  (par exemple, «*Vous êtes intolérant.*» ou «*Vous êtes ridicule.*»)
- atténuer votre critique par une apparence d'incertitude?
  (par exemple, *«Vous me semblez bien intolérant.»* ou *«Vous avez l'air de penser que vous êtes assez jeune.»)*
- faire découvrir votre critique par la personne que vous critiquez?
  (par exemple, *«Est-ce que votre remarque n'est pas assez différente de l'opinion générale?»* ou *«Est-ce que la couleur du ruban dans vos cheveux a une valeur symbolique?»)*
- faire semblant d'adopter une certaine posture morale pour faire ressortir la vérité?
  (par exemple, *«On m'a dit que cette personne que vous connaissez bien est très intolérante. Comment pouvez-vous la tolérer?»)*
- faire semblant de ne pas accepter la critique que vous faites?
  (par exemple, *«Il paraît que cette personne est très intolérante, mais je dois me tromper. Vous vous entendez bien avec elle, n'est-ce pas?»)*

Ne vaut-il pas mieux démontrer une certaine objectivité, un détachement, par la modération de votre langage? Plutôt que de dire *«C'est le tableau le plus laid de toute la collection!»*, ne vaut-il pas mieux dire *«Ce tableau a moins d'éclat que les autres.»* ou *«Il me paraît parmi les moins inspirés.»?*

Vous allez lire une lettre dans laquelle Rica fait une critique. Déterminez quelle est sa stratégie.

15. *Ses vérités* (f.) = ses fautes.

D. Quand on lit, dès le début d'un texte on a certaines notions sur ce qu'on lit et sur ce qui se passera.

1. Lisez la première phrase de cette lettre. Quel sera le ton de la lettre? Quels mots vous donnent cette impression?
2. Lisez la deuxième phrase. Quels thèmes seront en jeu dans ce texte d'après cette phrase?
3. Lisez le reste du texte en notant si vos premières impressions sont justes.

Lettre LII des lettres persanes (Rica à Usbek, À ***)

J'étais l'autre jour dans une société où je me divertis assez bien. Il y avait là des femmes de tous les âges: une de quatre-vingts ans, une de soixante, une de quarante, qui avait une nièce de vingt à vingt-deux. Un certain instinct me fit approcher de cette dernière, et elle me dit à l'oreille: «Que dites-vous de ma tante, qui, à son âge, veut avoir des amants et fait encore la jolie?—Elle a tort, lui dis-je: c'est un dessein qui ne convient qu'à vous.» Un moment après, je me trouvai auprès de sa tante, qui me dit: «Que dites-vous de cette femme, qui a pour le moins soixante ans, qui a passé aujourd'hui plus d'une heure à sa toilette?[16]—C'est du temps perdu, lui dis-je, et il faut avoir vos charmes pour devoir y songer.» J'allai à cette malheureuse femme de soixante ans et la plaignais dans mon âme, lorsqu'elle me dit à l'oreille: «Y a-t-il rien de si ridicule? Voyez cette femme qui a quatre-vingts ans, et qui met des rubans couleur de feu; elle veut faire la jeune, et elle y réussit: car cela approche de l'enfance.—Ah! bon Dieu, dis-

Un certain instinct me fit approcher de cette dernière.

16. *Sa toilette* (f.) = l'acte de se maquiller, se coiffer, se faire belle.

je en moi-même, ne sentirons-nous jamais que le ridicule des autres?—C'est peut-être un bonheur, disais-je ensuite, que nous trouvions de la consolation dans les faiblesses d'autrui.» Cependant j'étais en train de me divertir, et je dis: «Nous avons assez monté; descendons à présent, et commençons par la vieille qui est au sommet.—Madame, vous vous ressemblez si fort, cette dame à qui je viens de parler et vous, qu'il me semble que vous soyez[17] deux sœurs, et je vous crois à peu près du même âge. —Vraiment, Monsieur, me dit-elle, lorsque l'une mourra, l'autre devra avoir grand-peur: je ne crois pas qu'il y ait d'elle à moi deux jours de différence.» Quand je tins cette femme décrépite, j'allai à celle de soixante ans. «Il faut, Madame, que vous décidiez un pari que j'ai fait: j'ai gagé que cette dame et vous—lui montrant la femme de quarante ans—étiez de même âge.—Ma foi, dit-elle, je ne crois pas qu'il y ait six mois de différence.—Bon, m'y voilà; continuons.» Je descendis encore, et j'allai à la femme de quarante ans. «Madame, faites-moi la grâce de me dire si c'est pour rire que vous appelez cette demoiselle, qui est à l'autre table, votre nièce? Vous êtes aussi jeune qu'elle; elle a même quelque chose dans le visage de passé, que vous n'avez certainement pas, et ces couleurs vives qui paraissent sur votre teint...—Attendez, me dit-elle: je suis sa tante; mais sa mère avait pour le moins vingt-cinq ans de plus que moi: nous n'étions pas de même lit;[18] j'ai ouï dire[19] à feu ma sœur[20] que sa fille et moi naquîmes la même année.—Je le disais bien, Madame, et je n'avais pas tort d'être étonné.»

Mon cher Usbek, les femmes qui se sentent finir d'avance par la perte de leurs agréments voudraient reculer vers la jeunesse. Eh! comment ne chercheraient-elles pas à tromper les autres? Elles font tous leurs efforts pour se tromper elles-mêmes et se dérober à la plus affligeante de toutes les idées.

De Paris, le 3 de la lune de Chalval, 1713.

À propos du texte

A. Identifiez le thème principal de ce texte. Quel en est le ton—espiègle? grave? accusateur? moralisateur? enragé? satirique? rieur?

B. Finissez les phrases suivantes.

1. La femme de vingt ans dit à Rica que sa tante veut paraître...
2. Selon la dame de quarante ans, celle de soixante ans s'habille comme si...

---

17. *Vous soyez* = Vous êtes; (dans la langue littéraire, *il me semble que* peut entraîner le subjonctif).
18. *Nous n'étions pas de même lit* = nous n'avions pas la même mère (ou père).
19. *J'ai ouï dire* = J'ai entendu dire (*ouïr* = entendre).
20. *Feu ma sœur* = ma sœur récemment morte

3. Selon la dame de soixante ans, la vieille dame de quatre-vingts ans a l'air d'une...
4. D'après la plus vieille dame, elle-même ressemble à...
5. D'après la dame de soixante ans, elle-même est aussi...
6. D'après la dame de quarante ans, elle-même n'est pas plus âgée que...
7. Rica a l'impression que les femmes...
8. La date à la fin de la lettre semble...
9. «La plus affligeante de toutes les idées» est que...

C. Quelle est la réaction de Rica à ses conversations avec les quatre dames? Comprend-il pourquoi elles sont ainsi? Comment explique-t-il les illusions qu'elles se font?

D. Si vous étiez à la place d'Usbek, le destinataire, seriez-vous d'accord avec la conclusion de la lettre? Est-ce que l'approche critique de Rica a réussi?

Réactions personnelles

E. Que font les gens d'aujourd'hui pour rester jeunes (ou pour sembler plus jeunes?) Est-ce une manie? Peut-on comparer les quatre femmes de cette lecture aux gens d'aujourd'hui? Donnez beaucoup d'exemples.

F. Si vous vouliez faire une critique générale de la société occidentale contemporaine (américaine, canadienne, anglaise), quelle anecdote raconteriez-vous? Quel exemple précis donneriez-vous du problème fondamental? (une conversation? un fait divers? une réunion mondaine ou professionnelle?) Écrivez une lettre à la manière de Montesquieu et employez quelques comparaisons.

Sonnet
Pierre de Ronsard

Pierre de Ronsard (1524-1588), sans doute le poète français le plus connu de la Renaissance en France, a vécu comme poète de cour à une époque particulièrement troublée (guerres de religion, guerres civiles, guerres étrangères). Cependant, il a contribué abondamment à l'enrichissement et à l'évolution de la langue française par son érudition humaniste, son raffinement des traditions littéraires et son expression exquise de l'amour.

Le sonnet que vous allez lire fait partie des *Sonnets pour Hélène,* une dame d'honneur de la reine Catherine de Médicis, et beaucoup plus jeune que Ronsard. Ici, le poète commence en présentant la scène gracieuse des deux cousines qu'il vient saluer. À la fin du sonnet il nous révèle ses sentiments mais nous laisse deviner ceux de la jeune femme.

Avant de lire le «Sonnet»

Préparation du vocabulaire

A. Les mots suivants vous aideront à comprendre ce poème. Peut-être les connaissez-vous déjà.

noms	*adjectifs*	*verbes*
un éclair	**blême**	**abaissé** (participe passé de **abaisser**)
la rive	**digne**	**croissant** (participe présent de **croître**)
un sourcil		**dédaignant** (participe présent de **dédaigner**)
un teint		**s'entretenir**
		ramassé (participe passé de **ramasser**)

Préparation du style

B. Le langage poétique laisse à l'écrivain (et au lecteur) une certaine liberté absente dans la langue parlée. Le poète a la possibilité de changer l'ordre des mots pour créer la musicalité, les rythmes et les rimes voulus, ou pour mettre en valeur un mot, une idée ou un sentiment. Dans les exemples suivants, reconstruisez l'ordre des mots pour qu'il corresponde à l'ordre normal de la prose.

1. L'Angevine[21] sur moi jeta son œil.
2. D'un seul petit regard tu ne m'estimas[22] digne.
3. Je crains que mon salut n'ait ton œil offensé.

En lisant le poème, essayez de déterminer pourquoi le poète a choisi cet ordre.

Pour mieux lire

C. Le poème ci-dessous est un *sonnet*, genre très pratiqué par presque tous les grands poètes de la Renaissance (par exemple, Pétrarque, Shakespeare). Comme le sonnet n'a que quatorze vers, la pensée est nécessairement compacte. Remarquez bien la division en quatre parties (= strophes)—deux quatrains[23] suivis de deux tercets.[24] Les deux premières strophes constituent généralement un exposé de la situation, une sorte de mise-en-scène. Et dans un sonnet comme dans une pièce de théâtre ou un récit, il y a quelquefois une «histoire». Est-ce bien le cas ici? Que se passe-t-il? Du point de vue *composition* ou *organisation*, comment pourrait-on qualifier les deux dernières strophes?

---

21. *Angevine* (f.) = une femme de la province d'Anjou; dans le «Sonnet», la cousine d'Hélène.
22. *Tu ne m'estimas* = tu ne m'estimas pas.
23. *Quatrain* (m.) = strophe à quatre vers.
24. *Tercet* (m.) = strophe à trois vers.

D. Parcourir le texte.

1. Lisez rapidement ce poème pour avoir une impression du thème principal.
2. Quel est ce thème?
3. Relisez attentivement en essayant de définir l'attitude du poète envers la femme.

Sonnet

Te regardant assise auprès de ta cousine,
Belle comme une Aurore, et toi comme un Soleil,
Je pensai voir deux fleurs d'un même teint pareil,
Croissantes en beauté sur la rive voisine,

La chaste, sainte, belle et unique Angevine,
Vite comme un éclair, sur moi jeta son œil:
Toi comme paresseuse, et pleine de sommeil,
D'un seul petit regard tu ne m'estimas digne.

Tu t'entretenais seule au visage abaissé,
Pensive toute à toi, n'aimant rien que toi-même,
Dédaignant un chacun[25] d'un sourcil ramassé,

Comme une qui ne veut[26] qu'on la cherche ou qu'on l'aime
J'eus peur de ton silence, et m'en allai tout blême,
Craignant que mon salut n'eût ton œil offensé.[27]

À propos du texte

A. Résumez le poème en finissant ces phrases.

1. Le poète regarde...
2. Il compare les deux femmes à...
3. Il pense voir...
4. La cousine jette...
5. Le poète compare l'action de la cousine à...
6. La dame aimée ne...
7. Il compare la dame à...
8. La dame s'entretient d'une manière...
9. Elle se comporte comme si...
10. Le poète a peur de...
11. Il part parce que...

25. *Un chacun* = tout le monde.
26. *Une qui ne veut* = quelqu'un (féminin) qui ne veut pas.
27. *Eût offensé* (plus-que-parfait du subjonctif; voir l'appendice B) = ait offensé.

B. À votre avis, quel est le rôle joué par la femme dans ce sonnet? Est-ce un rôle actif ou passif? conscient ou inconscient? Précisez. Et le rôle du poète? Quels vers révèlent l'attitude de la femme? Quelle est cette attitude et comment est-ce que le poète la décrit?

Appréciation littéraire

C. Quelles sont les comparaisons dans ce poème? Qu'est-ce que vous en pensez?

D. Distinguez les différentes parties de ce poème du point de vue du petit drame qu'il représente. Faites attention à qui agit et de quelle manière et remarquez aussi quels changements de perspective sont en jeu.

Réactions personnelles

E. Quand vous êtes amoureux, quel est votre comportement vis-à-vis de celui ou de celle que vous aimez? Osez-vous lui parler? Êtes-vous soucieux(soucieuse) de tout ce que vous faites en sa présence? Essayez-vous d'interpréter ses moindres gestes comme signes d'amour?

F. Écrivez un poème pour exprimer vos réactions à la personne que vous aimez. Employez la forme du sonnet si vous voulez.

Comme à la lumière de la lune

Marcel Proust

Sorte de poème en prose, ce texte de Marcel Proust (voir page 20) est tiré d'une œuvre de jeunesse, *Les Plaisirs et les jours* (1894), un recueil de récits (nouvelles) et de textes en prose lyrique. On voit déjà à quel point l'esthétique proustienne repose fondamentalement sur la comparaison, esthétique que le grand romancier réalisera pleinement dans son chef-d'œuvre, *À la recherche du temps perdu.*

Avant de lire «Comme à la lumière de la lune»

Préparation du vocabulaire

A. Trouvez dans la colonne B la définition appropriée du mot de la colonne A.

A	B
apaisé	le contraire d'un souvenir; le fait d'oublier
attendrir	devenu épais
le bourdonnement	disperser
épaissi	bruit comme font les insectes
guéri	rendu tranquille
lointain	distant
un oubli	délivré d'un mal
rayonner	rendre plus tendre, plus gentil
répandre	irradier; briller

Pour mieux lire

B. Décomposez cette phrase complexe en petites phrases simples. Notez que, à chaque verbe correspond une phrase simple.

> Par la fenêtre je voyais la maison, les champs, le ciel et la mer, ou plutôt il me semblait les «revoir» en rêve; la douce lune me les rappelait plutôt qu'elle ne me les montrait, répandant sur leur silhouette une splendeur pâle qui ne dissipait pas l'obscurité, épaissie comme un oubli sur leur forme.

▷ dissiper: *La splendeur pâle ne dissipait pas l'obscurité.*

voir
sembler
revoir
rappeler
montrer
répandre
(être) épaissie

C. En lisant ce texte remarquez quelles idées du premier paragraphe sont répétées dans le deuxième et de quelles manières elles sont transformées.

Et j'ai passé des heures à regarder dans la cour le souvenir muet, vague, enchanté et pâli des choses (see line 8).

Comme à la lumière de la lune

La nuit était venue, je suis allé à ma chambre, anxieux de rester maintenant dans l'obscurité sans plus voir le ciel, les champs et la mer rayonner sous le soleil. Mais quand j'ai ouvert la porte, j'ai trouvé la chambre illuminée comme au soleil couchant. Par la fenêtre je voyais la maison, les champs, le ciel et la mer, ou plutôt il me semblait les «revoir» en rêve; la douce lune me les rappelait plutôt qu'elle ne me les montrait, répandant sur leur silhouette une splendeur pâle qui ne dissipait pas l'obscurité, épaissie comme un oubli sur leur forme. Et j'ai passé des heures à regarder dans la cour le souvenir muet, vague, enchanté et pâli des choses qui, pendant le jour, m'avaient fait plaisir ou m'avaient fait mal, avec leurs cris, leurs voix ou leur bourdonnement.

L'amour s'est éteint, j'ai peur au seuil de l'oubli; mais apaisés, un peu pâles, tout près de moi et pourtant lointains et déjà vagues, voici, comme à la lumière de la lune, tous mes bonheurs passés et tous mes chagrins guéris qui me regardent et qui se taisent. Leur silence m'attendrit cependant que leur éloignement et leur pâleur indécise m'enivrent de tristesse et de poésie. Et je ne puis cesser de regarder ce clair de lune intérieur.

À propos du texte

A. Parmi les thèmes suivants, lesquels trouve-t-on dans ce texte?

le souvenir
la photographie infrarouge
l'amour
l'astronomie
le silence

B. Lequel des deux paragraphes décrit une scène du monde extérieur? Lequel décrit un état intérieur?

C. Quel est l'état d'esprit de l'auteur?

Appréciation littéraire

D. Indiquez ce qui correspond dans le deuxième paragraphe aux idées suivantes du premier paragraphe.

1. «la nuit était venue»
2. la chambre
3. le soleil
4. les silhouettes
5. la lune
6. les voix, les cris, le bourdonnement qui se sont arrêtés

Réactions personnelles

E. Ce «poème» exprime un certain sentiment nostalgique devant le vide que laisse l'amour. Précisez ce sentiment. Quelles sont d'autres réactions possibles devant la perte de l'amour?

F. Décrivez—en un paragraphe—une scène de la nature: par exemple, une forêt en automne (feuilles mortes, ciel gris, bois humide, froid) ou la mer tempétueuse (houle, vent, pluie). Comparez cette scène à un sentiment intérieur que vous décrivez dans un deuxième paragraphe.

Mise en perspective

1. **La perte.** De quelles sortes de pertes s'agit-il dans ces textes? Contrastez les réactions diverses devant ces pertes.

2. **L'amour.** Comparez le sentiment de l'amour chez Ronsard et chez Proust. L'effet de l'amour est-il le même? Pourquoi l'auteur n'est-il pas heureux? Quel est le rôle de la personne aimée dans ces deux textes? Quel est le rôle de l'écrivain?

3. **Le regard.** Expliquez l'importance du regard dans chacun de ces textes. Est-il le même dans les trois textes? Dans quels cas la vue fonctionne-t-elle comme métaphore?

Exagérer et insister

Il faut bien reconnaître que les Français sont capables d'exagérer! Citons comme preuve l'aveu de Montaigne:[1]

« ... étant échauffé ou par la résistance d'un autre ou par la propre chaleur de la narration, je grossis et enfle mon sujet par voix, mouvements, vigueurs et force de paroles et encore par extension et amplification... La parole vive et bruyante, comme est la mienne ordinaire, s'emporte volontiers à l'hyperbole...»[2]

En anglais, on a recours à l'italique ou aux lettres majuscules pour montrer sous forme écrite la force de l'expression, alors qu'en français on n'a pas besoin d'accent fortement articulé puisque la forme écrite correspond parfaitement à la forme parlée (*«C'est lui qui les a perdues. Jean les a perdues, lui. Ce sont les clés qu'il a perdues.»*). C'est donc en changeant les mots ou la syntaxe (l'ordre des mots) qu'on peut exprimer l'insistance.

1. Michel de Montaigne (1533–1592), humaniste, moraliste et inventeur du genre de l'essai; célèbre pour ses *Essais* (1580).
2. *Essais*, Livre III, Chapitre 11 («Des Boiteux»).

—Oh! Quelle merveilleuse idée de nous recevoir dans cette splendide maison! Mais c'est épatant, je vous assure... C'est ravissant chez vous! Et c'est vous qui avez préparé ce fabuleux buffet?... Mais vous êtes un véritable Lucullus! Que c'est joli!... C'est d'un goût exquis!...

—Vous êtes trop gentil. Je n'ai fait qu'un tout petit snack. Est-ce que je peux vous offrir un de ces petits amuse-gueules?[3]

—Merci. Mmm! C'est absolument délicieux. À propos, qui est-ce qui vous a appris à faire ces drinks extraordinaires? Ils sont fantastiques!

---

3. *Amuse-gueule* (m.) = chips ou petits sandwichs qu'on prend avec l'apéritif.

Structures

: Insister avec la voix

Normalement en français, on met le seul accent d'une phrase sur la dernière syllabe prononcée avant une pause. Contrairement à cette règle générale, on peut insister sur un mot important (surtout un adjectif ou un adverbe) en appuyant sur la première syllabe si le mot commence par une consonne et la deuxième syllabe si le mot commence par une voyelle.

C'est **SSSU**per!
Il est **FFFOR**midable!
Je ne l'aurais **JJJA**mais cru!
In**CCCROY**able!
Il est **COM**plètement fou!
C'est **TRÈ**s important!

A. On déguste du vin. Exagérez les réactions suivantes en utilisant l'accentuation qu'il faut.

▷ Celui-là est horriblement mauvais.
*Celui-là est ho**RRRI**blement mauvais.* ou
*Celui-là est horriblement **MMMAU**vais.*

1. Ce vin est trop jeune. Il est imbuvable.
2. J'aime énormément son bouquet.
3. C'est un cabernet sauvignon superbe.
4. Il vient d'une très bonne maison.
5. Il est parfait.
6. Il faut absolument le goûter.

: Adverbes qui expriment l'exagération ou l'insistance

1. Parmi les nombreux adverbes qui servent à intensifier, on emploie souvent:

absolument	**merveilleusement**
bien	**parfaitement**
complètement	**profondément**
considérablement	**seulement** (= **ne... que**)
drôlement (familier)	**si**
éminemment (soigné)	**tant**
énormément	**tellement**
entièrement	**terriblement**
extraordinairement	**totalement**
extrêmement	**tout**
fort (style littéraire)	**tout à fait**
horriblement	**très** (peut être répété plusieurs fois)
incontestablement	**trop**
incroyablement	**vachement** (argot des jeunes)
infiniment	**vraiment**

> ... elle serait **parfaitement** heureuse si elle n'était obligée d'entasser piastre sur piastre pour racheter sa petite sœur... qui est déjà mûre, et **si** belle! (Baudelaire)
> ... ses doigts gourds **si** prompts jadis à peindre sur commande des Vénus couchées... (Yourcenar)
> Un plaisir **tout à fait** de mots... (d'Ormesson)
> Elle nous a **drôlement** bien reçus.

Remarquez: Il faut reconnaître l'adverbe **vachement**, mais il est très recommandé de ne pas l'employer sauf avec des jeunes qui l'emploient.

2. Les mots modifiés par **si** et **tellement** peuvent être suivis par **que** + proposition pour indiquer les conséquences.

> Il dit des choses **si** ridicules **que** personne ne l'écoute.
> L'université est **tellement** grande **qu**'on s'y perd quelquefois.
> Car Dorothée est **si** prodigieusement coquette **que** le plaisir d'être admirée l'emporte chez elle sur l'orgueil de l'affranchie... (Baudelaire)

3. **Seulement** et son équivalent **ne... que** donnent un sens absolu au mot modifié. **Ne... que** n'est pas une véritable négation, mais une restriction.

Il **ne** pensait **qu'**à partir. (Il pensait **seulement** à partir.)
M. Sacrement **n'**avait, depuis son enfance, **qu'**une idée en tête, être décoré. (Maupassant)
Tu **ne** nais maintenant **qu'**en cage... (Apollinaire)

Remarquez: La construction **ne faire que** + infinitif insiste sur l'infinitif.

Je **ne fais que** *prendre* de l'aspirine.
Il est gâteux.[4] Il **ne fait que** *répéter* la même chose.
Ses parents **ne font que** le *critiquer.*
Il **ne fait que** *parler.*

4. **Tout** fonctionne aussi bien comme adverbe que comme adjectif. Comme adverbe **tout** est synonyme de **très** et modifie un adjectif ou un autre adverbe. En tant qu'adverbe, **tout** est normalement invariable.

... il lui dit **tout** bas en lui serrant la main... (Maupassant)
Puis **tout** ébloui des richesses qu'il portait dans la tête... il quitta la maison paternelle... (Daudet)
Ils sont devenus **tout** rouges.
Elle me semble **tout** ordinaire.
Elles sont **tout** heureuses.

Attention: **Tout** (adverbe) a la singularité de s'accorder avec un adjectif *féminin* qui commence par une consonne ou un **h** aspiré.

La petite vieille ratatinée se sentit **toute** réjouie... (Baudelaire)
Elles étaient **toutes** tremblantes de joie.

5. **Bien** peut fonctionner comme synonyme de **très, beaucoup** ou **vraiment**.

Nous avons **bien** apprécié sa participation.
J'ai **bien** compris qu'il ne veut pas le faire.
Sur le quai, **bien** tranquilles dans leur coin habituel, les trois vagabonds ont assemblé des victuailles... (Vian)
C'est **bien** délicat. (Colette)
«Nous sommes donc **bien** riches?» disait-elle. (Daudet)

Pour modifier un adjectif ou un adverbe comparatif, on emploie **bien** plutôt que **beaucoup**.

Il fait **bien** plus beau qu'hier.
Vous travaillez **bien** plus vite que moi.
... en tout cas, j'avais certainement fait un **bien** meilleur dîner! (Victor)

---

4. *Gâteux* = sénile.

B. Une soirée mondaine. Intensifiez convenablement les remarques suivantes faites pendant une réception élégante.

▷ Vous me faites un grand plaisir.
Vous me faites un très très grand plaisir.

▷ Ces gens sont gentils.
Ces gens sont extraordinairement gentils.

1. C'est un bon ami.
2. Nous avons mangé dans un restaurant sympathique.
3. Je trouve vos amis cultivés.
4. Tu m'as blessé.
5. J'ai horreur de lui.

C. Mes compliments. Faites des compliments à des camarades de classe en précisant les conséquences éventuelles. L'étudiant à qui s'adresse le compliment doit réagir comme un Français, en minimisant le compliment. *(Tu es trop gentil. Tu trouves? C'est tout à fait naturel. Je ne fais que...)*

▷ Tu es si intelligent(e)!
—Sylvie, tu es si intelligente que tu me donnes des complexes.
—Tu te trompes! Je n'ai fait que te révéler ton propre génie.

1. Tu es si chic![5]
2. On admire tellement ton accent!
3. Ta chemise est si belle!
4. Tu parles tellement bien!
5. Tu écris si élégamment!
6. Tu as des idées tellement intéressantes!

D. Une «boum». Vous avez du monde[6] chez vous un samedi soir. Vers dix heures et demie un agent de police frappe à la porte et vous dit qu'un de vos voisins se plaint du bruit que vous faites. Répondez-lui très poliment en employant *ne... que.*

▷ On vous accuse de faire «un vacarme infernal»! Est-ce vrai que vous faites beaucoup de bruit?
Mais nous ne faisons que parler.

1. Votre voisin pense que vous buvez trop.
2. Il dit que vous avez des instruments de musique électriquement amplifiés.
3. Il croit qu'il y a une cinquantaine de personnes chez vous.
4. Il a peur que vous ne fassiez du bruit toute la nuit.
5. Il croit que vous le faites exprès pour l'empêcher de dormir.

---

5. *Chic* peut avoir deux connotations ici: *Tu es **habillé** très **à la mode*** ou *Tu es si **gentil**.*
6. *Du monde* = beaucoup de gens.

Adjectifs qui indiquent un superlatif

1. Les adjectifs et les expressions suivants ont une valeur d'accentuation assez forte.

favorable (positif)	*péjoratif (négatif)*
adorable	**abominable**
délicieux	**absurde**
divin	**affreux**
excellent	**atroce**
exceptionnel	**catastrophique**
exquis	**criminel**
fabuleux	**détestable**
fantastique	**diabolique**
génial	**effroyable**
infini (positif ou négatif selon le contexte)	**épouvantable**
magnifique	**étonnant** (positif ou négatif selon le contexte)
merveilleux	**extravagant**
ravissant	**grotesque**
remarquable	**horrible**
sensationnel	**incroyable** (positif ou négatif selon le contexte)
superbe	**insensé**
	invraisemblable
	ridicule
	terrible

Vins d'Alsace : de fabuleux mariages insoupçonnés

Nous avons dîné hier soir dans un restaurant **magnifique.** Le cadre était **merveilleux**. Des roses **ravissantes** dans des vases **adorables** décoraient chaque table. Le service était **excellent.** Tout le monde a savouré une cuisine **délicieuse**: une entrée **divine**, des fruits de mer **fantastiques**, un plat de résistance **sensationnel**, des fromages **superbes**, des desserts **exceptionnels**, des vins **exquis**, servis dans des verres de cristal **remarquables**. C'était **fabuleux.** À la fin de la soirée, un garçon nous a apporté l'addition. C'était **diabolique**! «Mille francs!» a crié Anne-Marie. «Que c'est **étonnant**, **incroyable**, **épouvantable**!» Raymond a pris un air choqué et a déclaré que c'était **criminel**. Cette addition **terrible** nous semblait un coup **atroce, catastrophique** même.

2. Pour renforcer tous ces adjectifs d'exagération, on n'emploie généralement pas **très** pour insister. Si on veut insister encore, on utilise un autre adverbe.

C'est **tout à fait** excellent.
C'est **absolument** incroyable.
C'est **vraiment** atroce.

3. **Sans égal** et **sans pareil** fonctionnent comme adjectifs superlatifs. Ils sont invariables.

Ce sont deux actrices **sans pareil.**
Il cultive des fleurs **sans égal.**

4. Les adjectifs suivants sont familiers, c'est-à-dire possibles dans un certain contexte informel mais pas élégants et plus appropriés au langage parlé.

chouette	C'est un garçon **chouette**.	(= gentil; sympathique)
épatant	Nous avons vu un spectacle **épatant.**	(= merveilleux)
extra[7]	C'est ta moto? Dis donc! Elle est **extra!**	(= extraordinaire)
formidable	C'est un prof **formidable.**	(= merveilleux)
fou	C'est **fou** ce qui se passe en ce moment.	(= extraordinaire)
	Ce médecin gagne un argent **fou.**	(= énorme)
génial	C'est une maison **géniale.**	(= exceptionnel)
moche	Il a acheté un vieux chapeau **moche.**	(= laid; mauvais)
super[7]	C'est une fille **super.**	(= sympathique)

Remarquez: **Super** et **extra** peuvent fonctionner comme préfixes.

super-mignon **extra-fin**
super-grand **extra-fort**
super-chouette
super-sympa

5. L'argot, qui change selon le milieu et l'époque, nourrit constamment la langue parlée de mots et d'expressions. Les mots d'argot, comme les mots corrects, ont souvent des connotations différentes selon le contexte.

Il est **dingue.** (= mentalement dérangé)
C'est **dingue**. (= extraordinaire)
C'est une bagnole **terrible.** (= extraordinaire)
On nous a servi un repas **dégueulasse**. (= dégoûtant)

7. Les adjectifs *extra* et *super* sont invariables. (Voir page 86)

E. Guide. Vous avez un travail d'été comme guide pour une agence de voyages. Vous accompagnez un groupe de touristes et vous commentez la visite du musée du Louvre. Complétez les phrases suivantes avec un ou plusieurs adjectifs pour insister sur un fait intéressant de chaque œuvre d'art. Variez les adjectifs.

▷ Voici un tableau...
Voici un tableau extraordinaire de Rembrandt

1. Cette sculpture égyptienne est considérée...
   Remarquez sa forme...
2. Voici la Joconde[8] de Léonard de Vinci. Quel portrait...
   La composition de ce portrait est...
3. Cette victoire, probablement du 2e siècle avant Jésus-Christ,...
   J'ai toujours trouvé cette statue...
4. Regardez cette nature morte...
   Remarquez ces couleurs....
5. La Vénus de Milo est...
   La grâce du corps...

8. *La Joconde* = Monna Lisa.

Expressions numériques et quantitatives

1. Les expressions suivantes emploient **de** sans article pour exprimer l'idée d'une très grande quantité.

beaucoup de	**une(des) flopée(s) de** (familier)
énormément de	**une foule de**
plein de (familier)	**un(des) tas de** (familier)
tant de	**des centaines**[9] **de**
tellement de	**des douzaines**[9] **de**
	des masses de (familier)
	des milliers de
	des millions de
	des tonnes de (familier)

Des millions d'êtres humains meurent de faim chaque année.
Chantal a **énormément de** mal à se lever quand elle est malade.
... elle prend **tant de** plaisir à se peigner... (Baudelaire)
Il a pris **plein de** vitamines.
M. Rosselin... donnait même **une foule de** conseils pratiques, excellents. (Maupassant)

Remarquez: Les mots modifiés par **tant de** et **tellement de** peuvent être suivis de **que** + proposition pour indiquer les conséquences.

Elle a **tant de** travail **qu'**elle ne peut plus dormir.
J'ai mangé **tellement de** gâteaux **que** j'en suis malade.

2. Expressions fixes qui exagèrent une quantité ou une durée

mille fois	(= une grande quantité)
trente-six	(familier = un grand nombre indéterminé)
maintes fois	(= souvent) (style littéraire)
cent-sept ans	(= très longtemps)

Merci **mille fois**.
Je te l'ai déjà dit **trente-six** fois.
Il a essayé **maintes fois** de tuer le dragon.
Je ne vais pas t'attendre **cent-sept ans!**

9. Les expressions *des douzaines de, des centaines de,* etc. sont des nombres approximatifs qu'on forme en ajoutant *-aine* au nombre: *vingt* → *une vingtaine* (approximativement 20).

F. Êtes-vous fier(fière) de votre université? Répondez en exagérant les qualités de votre université.

▷ Est-ce que l'équipe de football gagne tous les matchs?
Oh, oui! L'équipe de football gagne énormément de matchs!

1. Y a-t-il des professeurs intéressants?
2. Offre-t-on beaucoup de cours?
3. Le campus a-t-il des aspects plaisants?
4. Est-ce qu'on dispose de collections différentes à la bibliothèque?
5. Y a-t-il des étudiants intelligents dans cette université?
6. Y a-t-il des résidences confortables?
7. Quand on est diplômé de cette université, est-ce qu'on a beaucoup de possibilités d'emploi?
8. Est-ce que les professeurs et les étudiants reçoivent des prix d'honneur?

G. Plaintes! Votre ami Bernard se plaint tout le temps. Mais aujourd'hui vous pouvez le surpasser. À chacune de ses remarques, exprimez votre propre plainte en ajoutant *que* avec une proposition subordonnée.

▷ J'ai tant de travail!
Moi, j'ai tant de travail que je ne dormirai pas avant samedi!

1. J'ai tellement de lettres à écrire!
2. Je dois prendre tant de médicaments pour mes allergies!
3. Mes voisins font tellement de bruit!
4. Mes profs m'ont donné tant de devoirs!
5. Tant de gens me demandent des services!

Exclamations

Les exclamations suivantes renforcent ou exagèrent une réaction.

1. Quel (+ adjectif) + nom!

Quel bel homme!
Elle s'était enfermée, **quel** ennui! (Maupassant)
Oh **quelle** terreur! **quelle** surprise! **quelle** joie! (Maupassant)
Et **quelles** femmes ont été Victimes de ta cruauté! (Apollinaire)

2. Comme + proposition!

Comme il est beau!
Comme elle reluit! (Colette)
Et **comme** ça court, cette manie de suicide! (Colette)
Ah, **comme** il est ingénieux de s'être amélioré l'oreille à ce point! (Ponge)

3. Que + proposition!
Cette structure est aussi correcte, mais moins courante dans la langue parlée.

Qu'il est beau!
Mon Dieu, **qu'**il était décidément typiquement français! (Victor)
Que les enfants de maintenant sont difficiles à tenir! (Colette)
Qu'elle est longue, la théorie des petits fantômes! (Colette)

4. Combien + proposition!
Cette structure peut aussi suivre une autre proposition.

Je ne sais pas comment vous dire **combien** je compatis avec vos ennuis!
Combien la main droite est d'une exécution plus belle que la gauche! (Colette)

5. Qu'est-ce que + proposition!
Cette structure est strictement employée dans la langue parlée.

Qu'est-ce qu'il est beau, alors!

H. Quelle voiture! Un(e) de vos ami(e)s vient d'acheter une voiture d'occasion.[10] Le moteur est en meilleur état que la carrosserie. Vous voulez le(la) rassurer sur la qualité de son achat. Employez *Que, Comme* ou *Qu'est-ce que.*

▷ Elle démarre[11] bien.
Comme elle démarre bien!

1. Le moteur est puissant.
2. La ligne est aérodynamique.
3. Elle roule vite.
4. Elle tient bien la route.
5. Le changement de vitesses est facile et souple.
6. Les freins[12] marchent bien.
7. Les sièges[13] sont confortables.
8. Sa consommation d'essence est raisonnable.

Le superlatif

Le superlatif permet d'indiquer les différences d'un élément par rapport à un groupe d'éléments (personnes, choses, idées, actions, etc.). On forme le superlatif de *supériorité* avec **le plus** et *d'infériorité* avec **le moins**.

L'amour-propre est **le plus grand de** tous les flatteurs. (La Rochefoucauld)
Elles parlent **le plus sévèrement de** tous les professeurs.

10. *D'occasion* = de seconde main.
11. *Démarrer* = se mettre en marche.
12. *Freins* (m.) = mécanisme qui permet de ralentir ou arrêter un véhicule.
13. *Sièges* (m.) = places où les passagers sont assis dans une voiture.

1. Le superlatif des adjectifs

le (la, les) plus / **le (la, les) moins**	+ adjectif	(+ **de** + nom/pronom) / (+ **que/qui** + proposition)

Je suis **la moins âgée de** toute ma famille.
Il fut **le meilleur** coéquipier **que** j'eus jamais. (Sembène)
Elles font tous leurs efforts pour... se dérober à **la plus affligeante de** toutes les idées. (Montesquieu)
C'est là le génie de notre langue: elle est **la plus belle du** monde parce que **la plus claire, la plus précise, la plus transparente,** toujours aimable... (Serres)
C'est **le plus grand** animal **qui** habite dans la forêt!

- L'adjectif reste à sa place normale même à la forme superlative.
  - **a.** Quand l'adjectif vient normalement avant le nom, sa place ne change pas au superlatif.

    Quel est **le plus petit** pays du monde?
    Les Italiennes et les Françaises sont **les plus belles femmes** du monde... (Serres)

  - **b.** Quand l'adjectif vient normalement après le nom, l'adjectif superlatif suit le nom aussi. L'article est répété dans ce cas.

    J'aime manger dans **les** restaurants **les plus élégants.**
    Le Basque est-il **la** langue **la plus difficile** du monde?

  - **c.** S'il y a deux adjectifs au superlatif il faut répéter l'article devant chaque adjectif.

    C'est **le** plus beau et **le** plus grand garçon de la classe.

- L'adjectif possessif ou démonstratif peut remplacer le premier article d'un superlatif.

  Quel serait **mon** plus grand malheur: Ne pas avoir connu ma mère... (Proust)
  Ces discours les plus véhéments jamais prononcés ont inquiété le pays entier.

- Le superlatif de **bon** est **le meilleur.**

  C'est **le meilleur** des mondes possibles. (Voltaire)
  Choisissez **les meilleures** pommes.

- Le superlatif de **mauvais** est **le plus mauvais**, ou **le pire.**[14]

  De toutes les suggestions, celle de Patrick est **la plus mauvaise (la pire).**
  ... pour s'y verser incessamment l'outrage **des pires** grossièretés. (Ponge)

---

14. La forme alternative, *le pire* est moins usitée que *le plus mauvais.*

2. Le superlatif des adverbes

le plus / **le moins** } + adverbe

De tous les livres de cuisine, celui de Julia Child explique **le plus clairement** ce qu'il faut faire.
Ce professeur note **le plus strictement** de toute l'université.

Remarquez: On forme le superlatif d'un adverbe avec **le** dans tous les cas excepté quand l'adverbe superlatif modifie un adjectif. Dans ce cas l'article s'accorde avec le nom modifié.

Elles chantent **le** plus agréablement du monde.
Mais: C'est la maison **la** plus joliment située du quartier.

- Le superlatif de **bien** est **le mieux.**

Dans les premières décennies de ce siècle, Henry Ford a **le mieux** réussi la fabrication en série de l'automobile.

- Le superlatif de **mal** est **le plus mal** ou **le pis** (assez rare).

Anne chante **le plus mal** (**le pis**) de tous mes amis.

3. Le superlatif quantitatif

- Avec un nom

le plus de / **le moins de** } + nom

Quel milliardaire a **le plus d'**argent du monde?
J'ai **le moins de** soucis de ma famille.
C'est que le plat qui fait **le plus de** plaisir est celui qu'on aime depuis toujours, mais très bien fait. (Deschamps)

Remarquez: **Le plus (moins) de** est une expression invariable et ne s'accorde pas avec le genre du nom.

C'est Jean-Pierre qui a **le plus d'**ambition.

Remarquez: Le **s** final de **plus** peut se prononcer ou peut ne pas se prononcer. On tend à le prononcer lorsque **plus** est le dernier mot de la phrase.

J'ai pensé que le Koweït avait **le plus** [ply] de pétrole mais c'est l'Arabie Saoudite qui en a **le plus** [plys].

- Avec un verbe

verbe + { **le plus** / **le moins**

Michel travaille **le plus** de toute la classe.
Ce que j'apprécie **le plus** chez mes amis: D'être tendres pour moi... (Proust)
Le fait militaire que j'admire **le plus**: Mon volontariat. (Proust)

Remarquez: Dans cet emploi, le **s** final de **plus** se prononce.

4. Une phrase au superlatif est souvent suivie d'une proposition au subjonctif quand il s'agit d'une déclaration absolue mais sujette au doute.

superlatif + { **qui** / **que** / **où** } + proposition au subjonctif

C'est **le meilleur** gâteau **que** *j'aie jamais mangé!*
Monique Lalande est l'avocate **la plus intelligente que** *je connaisse.*
Lille est la ville **la plus froide où** *nous soyons allés.*

Attention: On emploie l'indicatif quand il s'agit d'un fait incontesté.

Le pays **le plus peuplé qu'***il y a* sur la terre est la Chine.
La meilleure note que *j'ai jamais eue* était en géométrie.

I. Nommez cinq états des États-Unis. Écrivez-les au tableau. Demandez à un(e) camarade...

▷ l'état le plus riche des cinq.
Le Texas est l'état le plus riche de ces états. ou
Le Texas a le plus d'argent.

1. le plus grand état des cinq.
2. le plus intéressant de ces états.
3. l'état le moins conservateur des cinq.
4. le meilleur état pour passer les vacances.
5. l'état le plus historique.
6. le plus petit état.

J. Le meilleur des mondes possibles. Expliquez pourquoi vous faites certaines choses, en exagérant les mérites de ce que vous désignez. Employez le superlatif.

▷ être à cette université
Je suis à cette université parce que c'est la meilleure université du monde.

1. dîner dans votre restaurant favori
2. admirer une certaine personne
3. étudier votre spécialité
4. écouter (votre groupe de musiciens préféré)
5. aimer vos parents
6. lire votre journal préféré

K. Têtu(e).[15] Vous êtes très opiniâtre aujourd'hui. Exagérez ou insistez pour renforcer votre opinion en répondant aux questions avec un superlatif et une proposition subordonnée selon le modèle.

▷ Comment est la cuisine dans les résidences universitaires?
C'est la plus mauvaise cuisine que j'aie jamais mangée.

1. Comment est l'université d'Oxford?
2. Comment sont les New York Yankees?
3. Que pensez-vous des livres de Jackie Collins?
4. Que pensez-vous des films d'Alfred Hitchcock?
5. Comment sont vos parents?
6. Comment est le «World Trade Center»?
7. Que pensez-vous de Bruce Springsteen?
8. Que pensez-vous de l'ordinateur Macintosh?
9. Comment était Cléopâtre?
10. Comment est la bande dessinée «Doonesbury»?

Exagérer avec des négations ou des affirmations absolues

1. Si on emploie les négations suivantes pour exagérer ou insister, la proposition qui les suit est le plus souvent au subjonctif.

ne + verbe + { **jamais** / **personne** / **rien** } + { **qui** / **que** / **où** } + proposition au subjonctif

Je **n'**ai **jamais** vu de voiture **qui** *aille* si vite!
Nous **ne** connaissons **personne qui** *sache* si bien danser.
Il **n'**y a **rien que** *je veuille* davantage.

2. On emploie souvent le subjonctif dans une proposition relative après les adjectifs **seul, unique** et quelquefois certains autres adjectifs avec une signification absolue ou exclusive (**premier, dernier**, etc.)

{ **le seul** / **l'unique** / **le premier** / **le dernier** } + nom + { **qui** / **que** / **où** } + proposition au subjonctif

C'est **le seul** groupe de rock **que** *je puisse* tolérer!
C'est **le dernier** restaurant **où** *il veuille* aller.
Picasso est formidable! C'est **le premier** artiste moderne **qui** me *plaise*.

15. *Têtu* = obstiné.

Remarquez: Les constructions avec **seulement** et **ne... que** permettent d'éviter le subjonctif en exprimant un sens absolu. Elles sont traitées à la page 281.

L. King Kong. Finissez les phrases suivantes.

1. King Kong est l'unique singe au monde qui...
2. Les aventuriers qui l'ont sorti de sa jungle sont les seules personnes qui...
3. La victime enlevée et transportée en haut d'un gratte-ciel par King Kong est la seule femme que...
4. Les hommes n'ont jamais rencontré d'autre gorille que...
5. Il n'y a personne qui...
6. C'est la première fois dans l'histoire que...
7. Je ne vois rien dans l'histoire des animaux qui...
8. Les auteurs de science fiction ne font que...

Expressions idiomatiques

Beaucoup d'expressions idiomatiques (des clichés) renforcent ou exagèrent ce qu'on affirme en faisant une comparaison. Toutes les expressions suivantes s'appliquent à une personne.

adjectifs

bête comme ses pieds = très stupide
fort(e) comme un Turc = très fort
malade comme un chien = très malade
riche comme Crésus = très riche

verbes

boire comme un trou = boire beaucoup
courir comme un lapin = courir vite
manger comme un oiseau = manger très peu
manger comme un cochon = manger très salement (pas nécessairement beaucoup)
manger comme quatre = manger énormément
travailler comme une bête = travailler beaucoup
rire comme un veau = rire d'une manière stupide
partir comme un voleur = partir sans se faire remarquer

M. Clichés. Complétez avec une expression idiomatique appropriée.

1. Quand mon oncle Jules vient chez nous, il boit une bière après l'autre. Il parle de plus en plus fort et il part toujours complètement ivre. Ma mère dit que l'oncle Jules...
2. J'étais au restaurant hier soir avec ma tante. La serveuse était très distraite. Elle a oublié de nous apporter du pain. Puis elle a donné du porc à ma tante, à la place du poisson. Ma tante a dit que la fille...
3. Le jour d'action de grâce,[16] tous les membres de ma famille apportent quelque chose de délicieux à notre dîner. Il y a tant de bonnes choses à manger que je...
4. Je n'arriverai jamais à déplacer ce réfrigérateur. Il faut demander à Robert de m'aider. Il est...
5. Nous étions à une soirée chez Catherine. On a décidé de demander à Paul de chanter mais on ne l'a pas trouvé. Il...

Insister par la répétition et la syntaxe

La répétition et la syntaxe sont des moyens d'insister surtout dans la langue parlée. On n'appuie pas avec l'intensité de la voix pour accentuer tel ou tel mot; on le répète ou on le change de place. Dans certains cas, on peut faire les deux en même temps. On peut insister sur le sujet ou le complément d'objet direct ou indirect.

1. Répéter un nom ou un pronom avec un pronom disjoint[17]
Un des emplois des pronoms disjoints est de répéter ou d'accentuer le sujet ou les compléments d'objet direct ou indirect. Cette répétition est suffisante pour insister sur l'élément important. On ne prononce pas plus fort un pronom disjoint.

non accentué	*accentué*
Il ne viennent pas.	**Eux**[18] ne viennent pas. **Ils** ne viennent pas, **eux** (mais les autres viennent).
On ne les a pas vues.	On ne **les** a pas vues, **elles.** **Elles,** on ne **les** a pas vues. (Où étaient-elles donc?)
Il vous offre ce cadeau.	Il **vous** offre ce cadeau **à vous** (non pas à moi ou à elle).

16. *Le jour d'action de grâce* = terme canadien, «Thanksgiving». Il n'y a pas de mot équivalent en France puisque cette fête n'y existe pas.
17. Pour la liste des pronoms disjoints, voir page 50.
18. *Lui* et *Eux* peuvent remplacer complètement les pronoms sujets *il* et *ils: Elle avait tous les caprices; et* ***lui*** *ne savait jamais dire non...* (Daudet).

Il est vraiment formidable, le nouveau Terumo de Maman!

2. Répéter le sujet, l'objet direct ou l'objet indirect
Pour préciser l'importance du pronom personnel sujet ou complément d'objet, on peut employer un procédé de redondance: on dit le *nom* — au début ou à la fin de la phrase—qui correspond au pronom.

non accentué	*accentué*
Le nouveau Terumo de Maman est vraiment formidable.	**Il** est vraiment formidable, **le nouveau Terumo de Maman!**
Que **ceux qui nous aiment** sont cruels!	Qu'**ils** sont cruels **ceux qui nous aiment**! (Apollinaire)
Je t'ai rendu **ta clé**.	Je te **l'**ai rendue, **ta clé.** **Ta clé,** je te **l'**ai rendue.
Françoise **lui** a parlé.	Françoise **lui** a parlé, **à Jean-Luc.**

3. Changer la syntaxe avec **C'est... qui** et **C'est... que**
Pour insister sur un certain élément d'une phrase, on peut utiliser un pronom disjoint ou un nom dans l'expression **C'est... qui/que**.

Patrick veut me voir.	**C'est Patrick qui** veut me voir.
Patrick veut **me** voir.	**C'est moi que** Patrick veut voir.
Patrick veut **me** parler.	**C'est à moi que** Patrick veut parler.

Remarquez: Le verbe de la proposition relative après **qui** s'accorde en personne et en nombre avec le sujet indiqué par le pronom disjoint.

C'est **moi** qui **vais** à Paris.
Ce sont **eux** qui **viennent** ici.

N. Préparatifs. Vous allez préparer un pique-nique avec des amis. Tout le monde décide qui va faire quoi. Répondez en employant un pronom disjoint.

▷ Qu'est-ce que tu vas faire? (préparer des œufs durs)
Moi, je vais préparer des œufs durs. ou
Je vais préparer des œufs durs, moi.

1. Et moi? (faire une bonne salade)
2. Et Suzanne et vous, que pouvez-vous faire? (une tarte aux pommes)
3. Maurice ne sait pas faire la cuisine. Qu'est-ce qu'il sait faire? (choisir un bon fromage)
4. Et les frères Duval? (faire d'excellents sandwichs)
5. Que feront Pierre et Lise? (acheter le vin)
6. Et Ève et Lucille? (apporter du pâté et des baguettes)

O. L'auto disparue. Exagérez l'importance du sujet ou des compléments d'objet direct ou indirect en répétant un élément ou en changeant la syntaxe de la phrase (avec *c'est... qui* ou *c'est... que*).

▷ Je dois téléphoner à Jean-Luc.
Moi, je dois téléphoner à Jean-Luc.
C'est à Jean-Luc que je dois téléphoner.

▷ Jean-Luc saura trouver mon auto.
C'est Jean-Luc qui saura trouver mon auto.
Jean-Luc, lui, saura trouver mon auto.

1. Allô! Je voudrais parler à Jean-Luc.
2. Allô, Jean-Luc! Tu m'as pris mon auto?
3. Comment! Françoise te l'a prêtée?
4. Je ne l'ai pas autorisée à prêter mon auto!
5. Tu vas ramener la voiture tout de suite chez moi, ou est-ce que Françoise va la ramener?

À VOUS DE JOUER

1. **«Voilà le plus... du campus, ... de la ville, ... du monde!»** Montrez un objet à la classe. Vous voulez impressionner vos camarades, alors vous exagérez les mérites, les qualités, l'importance, l'intérêt et la valeur de votre objet.

2. **J'ai une histoire horrible à vous raconter.** Racontez une histoire tout à fait banale en employant les techniques d'exagération pour la rendre (plus) intéressante. (Par exemple: *J'ai perdu mon stylo. Comme il était chouette, mon stylo! Vraiment super! C'est cet horrible bonhomme à l'entrée de la bibliothèque qui a dû me le voler! Mais mon stylo, il est irremplaçable!)*

3. **Reportage.** *Rôles à jouer—un reporter, plusieurs spectateurs.* Vous êtes journaliste de télévision ou de radio. Vous faites le reportage d'un événement spécial (vernissage d'une exposition, soirée de gala à l'opéra, festival de musique, grand événement sportif, etc.). Décrivez l'endroit, l'événement, les gens. Demandez à plusieurs personnes (jouées par les membres de la classe) leur réaction.

4. **J'ai encore une autre voiture...** *Rôles à jouer—trois personnes.* Une scène entre un monsieur qui vend des voitures d'occasion et un couple qui hésite entre une voiture neuve et une voiture moins chère mais moins sûre.

Compositions écrites

1. **Louanges.** Écrivez un discours pour honorer un homme ou une femme politique ou une personne qui vient d'être décorée, qui a reçu un prix, qui est promue à un poste important. Imaginez qu'il s'agit d'un(e) de vos camarades de classe dans dix ans.

2. **Lettre au gérant.**[19] Vous avez été traité d'une façon abominable par un garçon (une serveuse) ou un vendeur (une vendeuse). Écrivez une lettre à son patron en vous plaignant de ce traitement.

3. **Lettre au sénateur.** Quelle injustice ne pouvez-vous pas supporter? Exprimez votre attitude dans une lettre à votre sénateur ou à un autre membre approprié du gouvernement. Exagérez votre demande pour obtenir au moins ce que vous voulez vraiment.

4. **Publicité.** À partir d'une photo de votre choix (dans ce livre ou choisie ailleurs), écrivez le texte qui pourrait l'accompagner pour persuader le public d'acheter un produit.

19. *Gérant* (m.) = "manager".

Lectures

Les textes groupés ici sont de trois écrivains qui jalonnent la littérature française du vingtième siècle: Colette pendant la première moitié du siècle, Guillaume Apollinaire qui est mort juste à la fin de la première guerre mondiale et Francis Ponge, né à la fin du siècle dernier et qui écrit encore aujourd'hui. Reprenant un vieux jeu littéraire qui consiste à positivement—ou négativement—exagérer une chose banale (par exemple une assemblée de photographes), ces textes d'autre part utilisent tous le procédé de personnification: la Joconde devient une dame vivante qui reçoit; les animaux se comportent comme des hommes; un objet inanimé agit comme un être intelligent pour séduire diaboliquement le monde. Rendre extraordinaire ce qui est ordinaire est une des définitions de la poésie; l'art du créateur est de savoir choisir sur quels détails insister.

La Joconde
Colette

La Joconde, sans doute le tableau le plus célèbre du musée du Louvre, a été peinte par Léonard de Vinci en 1504. On croit que c'est le portrait de la femme de Francesco di Giocondo. Le tableau a souvent attiré l'attention du monde entier non pas seulement par sa qualité d'œuvre d'art de premier ordre mais par des incidents d'ordre «faits divers» (fausses copies, vol et disparition du Louvre et enfin récupéré, déplacement difficile pour expositions). Ici, il s'agit du retour au Louvre le 31 décembre 1913, du tableau volé en 1911 et retrouvé à Florence deux ans plus tard. Colette (voir page 34), arrivant le voir avec d'autres journalistes, trouve la scène aussi intéressante que l'objet d'art. La Joconde devient une starlette moderne prise en photo par des paparazzi.[20]

Avant de lire «La Joconde»

Préparation du vocabulaire

A. Lequel des mots suivants n'appartient pas au groupe? Expliquez pourquoi.

1. poitrine, sein, couteau, main
2. bouche, pied, sourcil, lèvre, œil
3. reluire, éclair, brillant, seuil

B. Vous connaissez de nombreuses techniques pour trouver le sens d'un mot. Dans les phrases suivantes, choisissez la définition des mots en italique parmi les possibilités indiquées. Discutez les raisons de votre sélection.

1. Les photographes arrivent armés, leurs appareils photographiques *en bandoulière.*
   a. dans un paquet entouré de ficelle
   b. suspendus autour de l'épaule comme une carabine
   c. qui ne fonctionnent pas
2. La Joconde est là sur *fond* de plantes vertes.
   a. le derrière d'une personne
   b. un décor
   c. meuble fait pour s'asseoir dans un jardin
3. Entre deux *éclairs de magnésium* on regarde la Joconde.
   a. fausses pâtisseries
   b. colonnes
   c. flashes
4. Les journalistes *s'accoudent* devant le tableau.
   a. s'assoient sur des bancs entourant le tableau
   b. se mettent à genoux comme dans une église
   c. s'appuient du coude
5. Un homme dit à son camarade: «Saviez-vous qu'elle avait la lèvre *inférieure* aussi grasse?»
   a. déformée
   b. de mauvaise qualité
   c. du bas
6. Les journalistes *l'épluchent,* la découvrent, l'inventent.
   a. prennent des photos
   b. examinent avec soin, critiquent
   c. touchent

20. *Paparazzi* (m. pl.) (italianisme) = reporters-photographes.

Pour mieux lire

C. Vous avez vu en préparant «Dans le train» (Leçon 1) combien il est essentiel de savoir ce à quoi un pronom se réfère. Lisez le texte suivant une première fois en notant tous les pronoms. Indiquez quel mot chaque pronom représente.

1. *Elle* (ligne 1)	5. l' (ligne 18)
2. lui (ligne 11)	6. celle (ligne 24)
3. lui (ligne 15)	7. la, l' (ligne 26)
4. la (ligne 15)	8. celle (ligne 27)

D. Dans ce texte, cherchez les éléments qui décrivent le tableau et les éléments qui décrivent ce qui entoure le tableau.

La Joconde

À peine arrivée, *Elle* reçoit, sans cordialité d'ailleurs. Au seuil, on lit d'un œil soupçonneux nos références; il est juste de dire que la plupart des «intimes» qui pénètrent sont armés, objectif en bandoulière et magnésium jusqu'aux dents.

Elle est là, sur fond de plantes vertes. Le coin de la bouche et l'angle externe des yeux remontent ensemble, pour lui composer ce sourire intérieur, doux et suspect.

Entre deux éclairs de magnésium, les «intimes» s'accoudent devant elle, lui rendent sourire pour sourire, et la détaillent—pour la première fois.

—Comme elle reluit! Est-ce qu'ils l'ont revernie?[21]

—Et qu'est-ce qu'elle a sur la poitrine, là, entre les seins? On dirait un coup de couteau... Vous saviez, vous, qu'elle avait la lèvre inférieure aussi grasse?

21. *(Re)vernir* = recouvrir d'une couche transparente protectrice.

—Oui, mais regardez, cher ami, combien la main droite, celle qui est le moins en évidence, est d'une exécution plus belle que la gauche!... etc.

Ils l'épluchent, la découvrent, l'inventent. Ils veulent l'aimer mieux que pour sa beauté, et parent[22] de faiblesses imaginaires celle à qui rien ne manque, et qui, pourtant, n'a pas de sourcils.

dans *Le Matin*, 1er janvier 1914

À propos du texte

A. Questions générales

1. Qui sont les «intimes»?
2. Parmi les reporters et photographes devant le tableau exposé de nouveau au Louvre, Colette nous rapporte ses impressions. Qu'est-ce que Colette remarque à propos de la Joconde? Qu'est-ce qu'elle remarque à propos des reporters et des photographes? À votre avis, de quoi nous parle-t-elle, de l'observée ou des observateurs?
3. Décrivez la scène vous-même. Quelle est l'atmosphère?

Appréciation littéraire

B. Quelle est la valeur des aspects suivants du texte?

1. Le mot «intimes»: Pourquoi ce mot au lieu d'un autre comme «journalistes», «reporters», etc.?
2. La dernière phrase: Quelle est l'ironie exprimée par Colette?
3. La personnification: Pourquoi Colette parle-t-elle de la Joconde comme si c'était une vraie personne plutôt qu'un portrait? Montrez des passages dans le texte où l'auteur traite la Joconde non pas comme une œuvre d'art mais comme une personnalité.

Réactions personnelles

C. Vous allez à une exposition voir un objet d'art (ou un monument ou un bâtiment) célèbre dont vous avez entendu parler ou que vous avez déjà vu en réproduction (peut-être dans ce livre, par exemple la Victoire de Samothrace ou la Vénus de Milo, tous à la page 286). Qu'est-ce que vous en dites à vos amis? Finissez les phrases suivantes.

Qu'il(elle)... !
Saviez-vous qu'il(elle) était si... ?
Comme il(elle)... !
Regardez combien... !
On dirait... !
etc.

---

22. *Parer* = décorer, habiller.

D. Dans «La Joconde», Colette fait le reportage d'un événement en prenant comme approche la réaction des spectateurs et du public qui y assistent. Faites le reportage d'un autre événement (pièce de théâtre, concert, film, événement sportif, etc.) en insistant sur la réaction des spectateurs.

Le Bestiaire

Guillaume Apollinaire

Guillaume Apollinaire (1880-1918), poète, critique d'art et auteur de récits, est un des initiateurs des mouvements d'avant-garde au début du siècle: cubisme, dadaïsme, surréalisme. Il fréquente «la bohême» parisienne et se lie avec les artistes et poètes dans l'intense vie intellectuelle et artistique pour laquelle la capitale française est célèbre. Picasso, Braque, Breton et beaucoup d'autres étaient ses amis. On considère *Alcools* et *Calligrammes* ses recueils de poésies les plus importants. Connu pour ses farces extravagantes, il est soupçonné d'avoir volé la Joconde au Louvre, est même arrêté puis libéré et déclaré innocent quelques jours plus tard! La même année il publie *Le Bestiaire,* un recueil de poèmes à strophe très courte, (illustré par Raoul Dufy) qui montrent bien la finesse et l'audace de ses images.

Avant de lire «Le Bestiaire»

Préparation du vocabulaire

A. Les mots et les expressions suivants seront tous utiles pour votre compréhension des poèmes. Les connaissez-vous tous?
s'acharner sur
couler
faire la roue
un paon
une puce

Pour mieux lire

B. Pour chacun des animaux suivants quelles sont les caractéristiques les plus saillantes qui vous viennent à l'esprit?
1. le serpent
2. le lion
3. la puce
4. le paon

C. Déterminez combien de phrases composent chaque poème. Pour chaque phrase identifiez le sujet et le verbe ou les verbes.

Le Serpent

Tu t'acharnes sur la beauté.
Et quelles femmes ont été
Victimes de ta cruauté!
Ève, Eurydice, Cléopâtre;
J'en connais encor trois ou quatre.

Le Lion

O lion, malheureuse image
Des rois chus[23] lamentablement
Tu ne nais maintenant qu'en cage
À Hambourg, chez les Allemands.

23. *Chu* (participe passé de *choir*) = tombé.

La Puce

Puces, amis, amantes même,
Qu'ils sont cruels ceux qui nous aiment!
Tout notre sang coule pour eux.
Les bien-aimés sont malheureux.

Le Paon

En faisant la roue, cet oiseau,
Dont le pennage[24] traîne à terre,
Apparaît encore plus beau,
Mais se découvre le derrière.

24. *Pennage* = plumage.

À propos des textes

A. À propos du serpent

1. Le poète parle-t-il de serpents en général ou d'un serpent en particulier?
2. Quel est le fait essentiel concernant le serpent dans ce poème?

B. À propos du lion

1. Qu'est-ce que le lion représente traditionnellement?
2. Quelle est la différence entre le lion de ce poème et le lion traditionnel?

C. À propos de la puce

1. Pourquoi les puces nous aiment-elles?
2. Quel est le jeu de mots dans la phrase «Tout notre sang coule pour eux»?
3. Pourquoi les bien-aimés sont-ils malheureux?

D. À propos du paon

1. Comment le paon devient-il plus beau?
2. Pourquoi est-ce que la scène évoquée dans le poème est risible?

Appréciation littéraire

E. En quoi est-ce que ces petits poèmes rappellent le genre de la fable, où l'animal personnifié se comporte comme l'homme? Quel est la signification de ces commentaires sur l'homme?

Si vous avez lu «Le Dromadaire mécontent» (voir page 191), comparez celui-ci aux animaux du *Bestiaire.*

Réactions personnelles

F. Écrivez un petit poème à propos d'un animal tout en commentant la nature humaine. Voici quelques-uns des autres animaux qui paraissent dans *Le Bestiaire:* la tortue, le cheval, le chat, le lapin, le dromadaire, la souris, l'éléphant, la chenille, la mouche, le dauphin, le poulpe, la colombe, le hibou, le bœuf...

G. Quel est votre animal préféré? Notez une ou deux de ses caractéristiques les plus saillantes. Puis rédigez une courte description de cet animal en insistant sur la(les) caractéristique(s) que vous avez notée(s).

La Radio

Francis Ponge

Francis Ponge (1899-) fait paraître ses *Douze petits écrits* en 1926 suivis une quinzaine d'années plus tard du *Parti pris des choses.* Ce n'est pas un écrivain prolifique. Il préfère élaborer lentement sa propre poétique. En 1948 il publie *Proêmes,* recueil dont le titre révèle à quel point il cherche à abolir la frontière entre prose et poème. Ponge se découvre en découvrant des objets, des choses qu'il rend «poétiques» par des analogies, des allégories, des jeux de mots et des images qui tiennent du rêve et de la réalité. Ponge vise à[25] perfectionner une forme originale en renouvelant la valeur des mots susceptibles d'évoquer chaque objet, par exemple, un verre d'eau ou la radio.

Avant de lire «La Radio»

Préparation du vocabulaire

A. Choisissez la meilleure fin de phrase.

1. Un terme qui dénote un grand bâtiment est (a) gratte-ciel (b) déclic (c) flot.
2. Deux termes qui dénotent la matière qu'on utilise pour fertiliser la terre sont (a) le purin et le sel (b) le purin et le fumier (c) le fumier et l'acide sulfurique.
3. Un synonyme de *surgir* est (a) jaillir (b) rallumer (c) s'améliorer.
4. Une protrusion (a) vernit (b) saille (c) s'améliore.
5. Les ordures sont composées de (a) pierres précieuses (b) restes, résidu, débris, saletés (c) fragments de vieilles chaussures
6. *Bourdonner* indique le son fait par (a) les gratte-ciel (b) les paons (c) les insectes.

Préparation historique

B. Notez que ce texte date de 1946.

1. Quelle était l'importance de la radio à cette époque-là?
2. Comment était la radio physiquement?
3. Quelles différences y a-t-il entre la radio de 1946 et la radio d'aujourd'hui?

25. *Viser à* = essayer de.

Pour mieux lire

C. Lire rapidement, même superficiellement—surtout s'il s'agit d'un texte court—peut vous indiquer comment lire le texte plus sérieusement la deuxième fois.

1. Parcourez le texte une première fois pour déterminer laquelle des approches suivantes sera celle de l'auteur pour parler de la radio.
   une anecdote dans laquelle une radio figure comme accessoire?
   une discussion du rôle que la radio a joué dans l'histoire?
   une description physique avec des commentaires sociaux?
   un inventaire de diverses raisons pour lesquelles on achète une radio?
   une fantaisie de comment serait la vie sans radio?
2. Relisez le texte en cherchant à voir quel est le but de l'auteur et comment l'auteur emploie l'exagération pour réaliser son but.

La Radio

Cette boîte vernie ne montre rien qui saille, qu'un bouton à tourner jusqu'au proche déclic, pour qu'au-dedans bientôt faiblement se rallument plusieurs petits gratte-ciel d'aluminium, tandis que de brutales vociférations jaillissent qui se disputent notre attention.

Un petit appareil d'une «sélectivité» merveilleuse! Ah, comme il est ingénieux de s'être amélioré l'oreille à ce point! Pourquoi? Pour s'y verser incessamment l'outrage des pires grossièretés.

Tout le flot de purin de la mélodie mondiale.

Eh bien, voilà qui est parfait, après tout! Le fumier, il faut le sortir et le répandre au soleil: une telle inondation parfois fertilise...

Pourtant, d'un pas pressé, revenons à la boîte, pour en finir.

Fort en honneur dans chaque maison depuis quelques années—au beau milieu du salon, toutes fenêtres ouvertes—la bourdonnante, la radieuse seconde petite boîte à ordures!

À propos du texte

A. Qu'est-ce que Ponge critique dans ce poème?

B. Finissez les phrases suivantes avec le plus juste des choix proposés.

1. Physiquement la radio... (a) est très intéressante à contempler (b) n'attire pas tellement votre attention (c) est imposante comme un gratte-ciel.
2. L'auteur trouve que, après le déclic... (a) un flot de mélodies soulage l'esprit (b) les disputes à la radio sont instructives (c) les sons présentent une cacophonie désagréable.
3. Ce qui sort de la radio... (a) afflige l'oreille d'un tas d'ordures (b) fait généralement partie d'une émission sur la météorologie, la nature et l'agriculture (c) est parfait.
4. L'auteur compare la radio à... (a) une fenêtre ouverte (b) une poubelle (c) un salon

Appréciation littéraire

C. L'emploi poétique du langage peut exploiter en même temps plusieurs connotations d'un mot, d'une expression, d'une image. Précisez les multiples idées évoquées par les termes suivants dans «La Radio».

1. plusieurs petits gratte-ciel d'aluminium
2. «sélectivité»
3. le flot de purin de la mélodie mondiale
4. le fumier, il faut le sortir et le répandre au soleil: une telle inondation parfois fertilise...
5. d'un pas pressé, revenons à la boîte, pour en finir
6. radieuse
7. boîte à ordures

Réactions personnelles

D. Choisissez un objet qui vous semble représenter un aspect de votre société que vous n'aimez pas, que vous méprisez, qui vous cause de l'angoisse ou du dégoût. Donnez la description physique de cet objet pour en arriver à une critique d'un aspect analogue de votre société (par exemple: la télé, l'ordinateur, le four à micro-ondes, la voiture, la carte de crédit, le magnétoscope,[26] etc.)

---

26. *Magnétoscope* (m.) = VCR.

Mise en perspective

1. **Critique sociale?** Dans chacun de ces textes assez courts, l'auteur se concentre sur un objet ou sur un animal isolés afin de faire un commentaire social plus général. Analysez la technique employée. Quels sont les objets de l'attaque critique? Est-ce que le commentaire est nécessairement une critique négative? Définissez le ton du texte.
2. **L'humour.** Distinguez l'emploi de l'humour dans ces textes de Colette, d'Apollinaire et de Ponge. Suscite-t-il le rire? le sourire? un demi-sourire? Précisez ce qui provoque ces effets.
3. **Banalités.** Dans chacun de ces trois textes l'auteur exagère ce qui est banal; définissez les procédés divers employés par les trois auteurs. Quels procédés vous semblent les plus réussis?

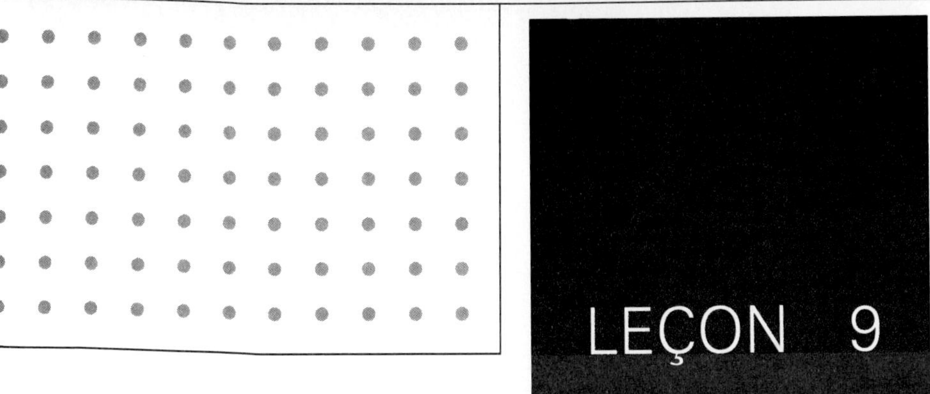

Contredire

Si un Français ne se vante pas toujours de son esprit de contradiction, il sait que c'est une des caractéristiques de la mentalité française. Cet esprit de contradiction—c'est-à-dire, ce refus d'accepter facilement telle ou telle proposition—n'est, selon certains, qu'un aspect du cartésianisme. René Descartes, philosophe français du 17e siècle, a en effet enseigné dans son *Discours de la Méthode* à tout mettre en question, à tout analyser, avant d'arriver à une synthèse ou à une conclusion.

Mais il y a des façons bien diverses de raisonner. En passant d'une culture à une autre, il faut savoir quand et comment dire oui ou non, quand et comment affirmer, s'affirmer ou contredire. Le jeu de la négation ou de l'affirmation ne se joue pas de la même manière en France qu'en Amérique ou en Angleterre et se joue même très différemment dans les divers pays francophones.

Non, Oui et **Si**
Négations
Indiquer l'opposition ou la concession
Exprimer l'incertitude ou le doute
Nier la vérité, un fait ou une proposition
«Latins et Anglo-Saxons», Irène Rodgers
«La Mère», Ousmane Sembène
«Aventure de la mémoire», Voltaire

HARRY 329F
PRALINE 299F
MINELLI signe L'HARMONIE
CHAUSSURES - MAROQUINERIE - PARFUMS
36 bis bd Haussmann 75009 Paris Galerie Rond Point - Rond-Point des Champs-Élysées 75008 Paris
HCM

—Regarde un peu ce couple... ils jouent aux cartes tout en prenant un pot...[1]

—Comment? Ils prennent un pot? Ils ne boivent même pas!

—Mais si, idiot! C'est bien un verre et une tasse devant eux! Tu vois ce qui se passe: le type qui tient la carte derrière lui... en souriant! le salaud!

—Au contraire. Il n'a pas de carte! C'est elle qui lui tend une carte! Et puis il n'y a ni tasse ni verre. Il y a trois pommes!

—Mais pas du tout! Tu te trompes complètement... je parle de la fille et du mec[2] à côté du mur... pas de la fresque sur le mur!

---

1. *Prendre un pot* = prendre une boisson, boire.
2. *Mec* (m.) = type, homme.

Structures

Non, Oui et Si

1. La réponse négative est **non**.

—As-tu froid? —**Non**, j'ai chaud.

2. La réponse affirmative est **oui.**

—Tu as vraiment chaud? —**Oui**, j'ai chaud.

3. La réponse affirmative à une question négative ou à une déclaration négative est **si**.

—Non. Je ne crois pas que tu aies chaud. —Mais **si**, j'ai chaud! Je te l'ai déjà dit!
—N'as-tu pas chaud? —**Si**, j'ai chaud.

4. **Non, oui** et **si** sont souvent renforcés par **mais.**

—Je crois qu'il va pleuvoir. —**Mais non!** Ce n'est qu'un petit nuage qui passe.

—Ah! La jeunesse! Qu'elle est difficile à comprendre! —**Mais oui!** Nous la comprenons si mal!

A. Stéréotypes. Vous rencontrez un Français qui a des conceptions stéréotypées sur les États-Unis et les Américains. Répondez à ses remarques en commençant par **non, oui** ou **si**. Si vous voulez renforcer votre réponse, ajoutez **mais**.

▷ On ne va pas à l'école primaire avant l'âge de sept ans, n'est-ce pas?
Mais si! On commence l'école primaire à cinq ans (ou à six ans dans certaines écoles).

1. Est-ce que toutes les maisons en Californie et en Floride ont une piscine?
2. Il paraît que les familles américaines ont presque toutes la télé.

3. Les Américains ne savent pas grand-chose en politique, n'est-ce pas?
4. Est-ce qu'il n'y a pas d'Américains qui parlent d'autres langues que l'anglais?
5. Est-ce que tous les Américains mangent souvent de la tarte aux pommes?
6. Mais quand même![3] on mange de la viande à chaque repas, j'en suis sûr.

: Négations

1. Le principe de la négation

- La négation en français se compose de deux parties: **ne** et un autre élément négatif. La négation la plus commune et la plus générale est **ne... pas**. D'autres négations (voir page 318) ont des connotations plus précises—**personne, rien, jamais, plus, pas encore, nulle part, guère, pas du tout, point, aucun(e), ni... ni...** , etc.
- Pour les verbes simples, la négation se forme généralement avec **ne** + (pronoms) + verbe + **pas** (**jamais, plus,** etc.).[4]

 Ne me dis **pas** cela!
 Les Américains **ne** sont **pas** formalistes comme les Latins. (Rodgers)
 Vous **ne** discuterez **pas** la valeur des informations du *Times* de Londres... (Grenier)

- Pour les verbes composés, la négation se forme généralement avec **ne** + (pronoms) + auxiliaire + **pas** (**jamais, plus,** etc.) + participe passé.

 Je **ne** suis **pas** allé en Belgique.
 L'homme **n'**avait **pas** réussi à voler avant le vingtième siècle.
 Je **ne** lui ai **pas** téléphoné.

- Circonstances où on peut supprimer un des éléments négatifs
 a. Dans la langue parlée, on supprime quelquefois le **ne**.

 Je sais pas.
 C'est pas nécessaire!
 J'ai jamais su pourquoi d'ailleurs. (Sembène)

 b. Dans une phrase elliptique où il n'y a pas de verbe, le **ne** est éliminé.

 ... **rien** d'étonnant à cela... (Rodgers)
 Jamais de théorie, ils avancent à tâtons. (Rodgers)
 Pas de problème!
 Plus de pain.

---

3. *Quand même* = "nevertheless." Ici, exclamation marquant la surprise ou l'opposition (= tout de même!).
4. Voir page 169 pour l'ordre des mots avec l'infinitif et l'infinitif passé. Voir aussi pages 194-195 pour l'ordre des mots avec des pronoms objets.

c. Dans la langue élégante, il est permis d'omettre le **pas** d'une négation simple des verbes **cesser, oser, pouvoir** et **savoir**.

Il **n'osa** nous le dire.
Et je **ne puis** cesser de regarder ce clair de lune intérieur. (Proust)
Il se calma, **ne pouvant** reprendre sitôt son penchant. (Sembène)
Mais il **ne savait** comment s'y prendre. (Maupassant)

2. L'article indéfini (**un, une, des**) et l'article partitif (**du, de la, de l', des**) deviennent **de** (**d'**) devant un objet direct dans une phrase négative. L'article défini ne change pas.

affirmatif	La paix a **un** prix.
négatif	La paix n'a pas **de** prix.
affirmatif	Mets **de la** moutarde sur les œufs.
négatif	Ne mets pas **de** moutarde sur les œufs.
affirmatif	Nous avons vu **des** écuries.[5]
négatif	Nous n'avons pas vu **d'**écuries.
Mais:	
affirmatif	J'aime **les** épinards à la crème.
négatif	Je n'aime pas **les** épinards à la crème.

5. *Écurie* (f.) = endroit où on garde des chevaux.

La paix n'a pas de prix.

a. L'article indéfini peut désigner une notion de quantité *(j'ai un stylo; je n'en ai pas deux)* ou une notion d'identité *(j'ai un stylo... plutôt qu'un crayon)*. Quand il s'agit d'identité, l'article indéfini ne change pas après une négation.

> Je ne porte **pas un** costume noir (je porte un costume gris).
> Vous ne demandez **pas une** enquête sur votre vie privée... (vous demandez un crédit).

b. Pas un (= **pas un seul**) peut s'employer pour accentuer un nom.

> **Pas un** mouvement, **pas un** geste ne hacha son maintien. (Sembène)
> Il n'y a **pas une seule** objection.

c. Les verbes ou expressions verbales comme **être, devenir, sembler, paraître, avoir l'air d'un(e)** sont *intransitifs* et donc ne prennent pas d'objet direct. Au négatif, l'article indéfini ou partitif qui les suit ne change pas.

Ça ne me paraît pas **un** problème.
... car il n'était pas **un** Dieu, mais un despote ayant sur ses sujets le droit de vie ou de mort. (Sembène)
Si on melange du plomb avec du cuivre, ça ne devient pas de **l'**or.

B. Bon appétit. Vous avez trouvé un travail dans la cuisine d'un restaurant français. Le chef, de mauvaise humeur, répond négativement à chacune de vos questions.

▷ Est-ce que nous allons faire une sauce maintenant?
Non, nous n'allons pas faire de sauce maintenant. Plus tard, peut-être.

1. Est-ce que c'est du vinaigre?
2. Est-ce que vous allez faire des crêpes?
3. Est-ce que les casseroles sont à côté des marmites?
4. Est-ce qu'on va faire de la soupe dans cette poêle?[6]
5. Est-ce que cette crème deviendra de la glace?
6. Est-ce que vous m'avez écrit des suggestions?
7. Est-ce qu'il y a de la mayonnaise dans cette salade?
8. Est-ce que les clients aiment le gâteau au chocolat?
9. Est-ce que vous allez préparer du bœuf bourguignon?
10. Est-ce que j'ai l'air d'un futur chef?

6. *Poêle* (f.) = ustensile de cuisine plat avec une longue poignée.

3. Autres négations
Dans d'autres négations, **pas** est remplacé par un autre mot qui précise la qualité de la négation.

- **Ne... personne** ≠ *quelqu'un, tout le monde*
Personne peut servir de sujet de la phrase, d'objet direct ou indirect ou d'objet de préposition. Quand il s'emploie comme sujet, le verbe est toujours au singulier et précédé par **ne**.

  Tout le monde se plaint de sa mémoire et **personne ne** se plaint de son jugement. (La Rochefoucauld)
  Les satires **ne** corrigent **personne.** (Voltaire)
  Je **ne** veux parler à **personne.**

  Attention: Aux temps composés, **personne** (objet direct) suit le participe passé.

  L'inspecteur **n'**a trouvé **personne** dans le bâtiment.

- **Ne... rien** ≠ *quelque chose, tout*
Rien peut servir de sujet de la phrase, d'objet direct ou indirect ou d'objet de préposition. Quand il s'emploie comme sujet, le verbe est toujours au singulier et précédé par **ne**.

  Rien n'était plus nécessaire que les cinq sens. (Voltaire)
  Ce vieil homme... **ne** connaissait **rien** aux choses de l'art. (Yourcenar)
  Il **ne** pense à **rien**, mais il **n'**a peur de **rien** non plus.

  a. Aux temps composés, **rien** (objet direct) précède le participe passé.

  Il **n'**a **rien** vu, il **ne** s'est **rien** acheté.

  b. Comme objet d'infinitif, **rien** précède normalement l'infinitif.

  Je pense **ne rien** faire aujourd'hui. Je me sens paresseux.
  Il préfère **ne rien** dire.

- **Ne... jamais** ≠ *toujours, souvent, parfois, quelquefois, de temps en temps*

  Marcel **ne** ment **jamais.**
  On peut trouver des femmes qui **n'**ont **jamais** eu de galanterie, mais il est rare d'en trouver qui **n'**en aient **jamais** eu qu'une. (La Rochefoucauld)

  Remarquez: Dans un style soigné ou accentué on peut mettre **jamais** au début de la phrase.

  Jamais ma voix de détresse **ne** pourrait les atteindre. (Séfrioui)

  Remarquez: **Jamais** peut avoir un sens positif quand il n'y a pas de **ne** devant le verbe. Dans ce cas, **jamais** = *à n'importe quel moment, un jour* (sans qualité particulière).

  À mesure que se perdait le peu de talent qu'il avait **jamais** possédé, du génie semblait lui venir. (Yourcenar)
  Avez-vous **jamais** pensé aux implications de cette théorie?

- **Ne... plus** ≠ *encore*

  Mon petit frère croit encore au Père Noël, mais moi, je **n'y** crois **plus**.
  Les domestiques, **ne** se souvenaient **plus** du marché qu'ils avaient fait avec leurs maîtres. (Voltaire)
  Elle ordonna au genre humain de **ne plus** croire aux cinq sens et à la mémoire. (Voltaire)
  Seigneur! **ne** me parlez **plus** de ça... (Colette)

- **Ne... pas encore** ≠ *déjà*

  Nous avons bien commencé, mais nous **n'**avons **pas encore** terminé notre travail.
  Pardon, je **ne** suis **pas encore** prête.
  Ils **n'**étaient **pas encore** guéris. (Voltaire)

- **Ne... nulle part** ≠ *partout, quelque part*

  On peut chercher partout, mais on **ne** le trouvera **nulle part.**

Attention: Aux temps composés, **nulle part** suit le participe passé.

  Je **ne** l'ai vu **nulle part**.

Remarquez: Dans un style soigné ou accentué on peut mettre **nulle part** au début de la phrase.

  Nulle part on **ne** l'a vu.

- **Ne... guère** (style soigné) veut dire *pratiquement pas, presque pas* ou *à peine.*

  Ils se connaissent, mais ils **ne** sont **guère** amis!
  Nous **n'**avons **guère** eu le temps de nous connaître mieux.
  Les bruits de la rédaction **ne** l'atteignaient **guère.** (Grenier)

- **Ne... pas du tout** (style ordinaire) veut dire *certainement pas.*

  Je **ne** cherche **pas du tout** à vous contrarier!
  Un jour, il y avait un jeune dromadaire qui **n'**était **pas** content **du tout**. (Prévert)

- **Ne... point** (style élégant) veut dire *certainement pas, pas du tout.*

  ... sans le sens il **n'**y a **point** de mémoire, et... sans la mémoire il **n'**y a **point** d'esprit. (Voltaire)
  ... il voulut embrasser sa femme qu'il **n'**avait **point** vue depuis une semaine... (Maupassant)

- **Ne... aucun(e)** ≠ *quelques, beaucoup de* et *tous/toutes les*

  a. L'adjectif **aucun(e)** signifie *pas un(e)* et s'emploie donc toujours au singulier. Il s'accorde en genre avec le nom qu'il modifie.

  Aucun bruit **ne** se fit autour de ces essais. (Maupassant)
  Il... déclara que les Américains **n'**avaient **aucune** idée de ce qu'étaient les femmes en réalité. (Victor)

b. Le pronom **aucun** peut servir de sujet de la phrase, d'objet direct ou d'objet de préposition. Il a toujours besoin d'un groupe référent, explicite ou implicite. Pour indiquer le groupe, on peut le mentionner précédemment comme antécédent ou dans l'expression **aucun(e) de** + nom du groupe.

Mais *leurs filles* y passèrent et **aucune n'**osait se soustraire à ses obligations. (Sembène)
Je **ne** vois **aucune** *des difficultés dont tu parles.*

Remarquez: Le pronom **aucun** s'emploie au singulier et s'accorde avec le genre du groupe qu'il représente. Quand **aucun** sert de sujet de la phrase, le verbe est au singulier.

Aucun de mes amis ne mange de viande.
J'ai des raisons, mais je ne veux en[7] expliquer **aucune**.

- **Ne... ni... ni...** ≠ *et, et... et, soit... soit, ou... ou*

Ni... ni... est la négation de deux (ou de plusieurs) éléments semblables (sujets, objets directs, objets indirects, objets de préposition, adjectifs, adverbes, verbes, propositions subordonnées, etc.).

Son frère **n'**est **ni** *beau* **ni** *grand.*
Elle **ne** l'a fait **ni** *vite* **ni** *lentement.*
Mais ce zèle **n'**avait été apprécié **ni** *des gendarmes* **ni** *de la direction du journal.* (Grenier)

Remarquez: S'il apporte une idée ajoutée après réflexion, **ni** peut suivre une négation avec **pas**.

Je ne veux pas de glace... **ni** de gâteau, **ni** de fruits.

a. On peut utiliser **ni... ni...** pour la négation de deux sujets d'une phrase. Le verbe est au pluriel. Il ne faut pas oublier le **ne** devant le verbe.

Ni elle **ni** moi **n'***osions* lui téléphoner.
Ni l'un **ni** l'autre **ne** *savent* pourquoi ils ont réussi.
Ni toi **ni** Pierre **ne** *croyez* plus au Père Noël?
Ni toi **ni** moi **ne** *pourrons* y aller.

b. Pour la négation de deux objets directs, l'article indéfini et l'article partitif sont éliminés, mais l'article défini reste.

Étant végétariens nous **ne** mangeons **ni** *viande* **ni** *poisson.* ≠ Nous mangeons et de la viande et du poisson.
Elle **n'**a **ni** *mère* **ni** *père,* la pauvre. ≠ Elle a une mère et un père.
Mais: Je **n'**aime **ni** *les* escargots **ni** *le* foie.

---

7. *En* représente le groupe référent *(de mes raisons).*

c. On fait la négation de deux mots précédés d'une préposition, en mettant **ni** avant la préposition. La préposition est répétée.

L'éducation **ne** finit **ni** *avec* le premier diplôme **ni** *avec* le premier travail.
On **n'**avait été au marché **ni** *pour* vendre **ni** *pour* acheter.
Un plaisir tout à fait de mots, un plaisir non des yeux **ni** *du* toucher, **ni** *de* l'odorat **ni** *du* goût, mais de cette merveille stupéfiante... (d'Ormesson)

d. Pour la négation de deux propositions subordonnées, **ni** précède la conjonction subordonnée. La conjonction subordonnée est répétée.

Il **ne** l'a fait **ni** *parce qu'*il le voulait **ni** *parce qu'*il le devait.
Je **ne** sais **ni** *si* elle voudra **ni** *si* elle pourra.

e. On fait la négation de deux verbes simples de la façon suivante: **ne** précède chaque verbe et **ni** fonctionne comme conjonction entre les deux verbes.

Jacqueline **ne** comprend **ni ne** veut comprendre.
Tu **ne** danses **ni ne** nages assez bien.

f. Aux temps composés de deux verbes qui ont le même auxiliaire, **ne** précède l'auxiliaire et **ni** se place avant chaque participe passé: **ne** + auxiliaire + **ni** + participe passé + **ni** + participe passé.

Ils **n'**ont **ni** souri **ni** applaudi.
Tu **n'**as **ni** compris **ni** essayé de comprendre.

- On peut avoir plusieurs éléments négatifs dans la même phrase.

Je **n'**ai **plus** le cœur à **rien** de gai... (Daudet)
Personne ne savait **plus** comment il fallait s'y prendre. (Voltaire)
Je **n'**ai **jamais** rencontré dans **aucun** autre pays une femme sachant mener la conversation à table comme les Françaises... (Serres)
On **ne** le revit **plus jamais.** (Grenier)

C. Quelle question! Demandez à quelqu'un les choses suivantes. Cette personne va répondre avec les négations qui conviennent.

▷ s'il(si elle) fouille[8] quelquefois dans votre sac ou votre portefeuille
—Fouilles-tu quelquefois dans mon sac?
—Non! Je ne fouille jamais dans ton sac!

1. s'il(si elle) nage quelquefois dans la fontaine
2. si le cheval est encore le mode de transport le plus commun
3. si nous avons déjà réussi à guérir le cancer
4. s'il(si elle) veut se disputer avec vous
5. où sa voiture irait sans essence
6. s'il y a quelque chose de prétentieux dans votre comportement

8. *Fouiller* = explorer, chercher, retourner avec les mains ou avec un instrument.

7. s'il(si elle) a souvent acheté le journal *Le Canard enchaîné*
8. ce qu'il(elle) aurait mangé ce matin s'il(si elle) s'était réveillé(e) tard
9. qui va l'épouser ce soir
10. qui il(elle) insulte d'habitude

D. Ce n'est pas ma faute! Votre voiture qui n'était pas du tout stationnée en zone interdite a été emportée à la fourrière[9] par la police. Vous êtes furieux(furieuse) et vous allez vous plaindre au commissariat de police. Employez les constructions suivantes pour parler à l'agent de police.

▷ ne... guère
On ne peut guère comprendre pourquoi ma voiture a été emportée.

1. ne... plus
2. aucun(e)... ne
3. ne... ni... ni
4. personne... ne
5. ne... rien
6. ne... pas encore
7. ne... nulle part
8. ne... jamais

E. Démarcheurs s'abstenir. On frappe à la porte. Vous ouvrez. Voici deux jeunes membres de la Société Mondiale pour l'Union des Galaxies. Ils cherchent à vous persuader de l'importance de leur cause. Découragez-les en répondant à leurs questions avec *aucun(e)*.

▷ Laquelle des calamités mondiales vous cause des cauchemars?
Aucune calamité mondiale ne me cause de cauchemars.

1. Quels vices vous attirent le plus?
2. Pour quelle catastrophe vous préparez-vous à présent?
3. Contre quelles injustices ou oppressions luttez-vous activement?
4. À quelle organisation voulez-vous appartenir?

F. Eh bien, non! Employez une forme de *ne... ni... ni...* dans votre réponse.

▷ Paul Newman est-il marié avec Barbara Walters ou avec Brooke Shields?
Paul Newman n'est marié ni avec Barbara Walters ni avec Brooke Shields.

1. Prenez-vous l'avion ou le bateau pour aller de Versailles à Paris?
2. Walter Mondale et Ted Kennedy sont-ils devenus présidents?
3. Sert-on des escargots et du caviar au restaurant universitaire?
4. Peut-on chanter et danser dans une bibliothèque?
5. Est-ce qu'on devient moine pour l'argent ou pour le pouvoir?

9. *Fourrière* (f.) = l'endroit où la police retient des voitures (ou des animaux) saisis pour infraction aux règlements.

6. Vos parents ont-ils souffert et pleuré le jour de leur mariage?
7. Est-ce qu'il pleut parce que c'est la pleine lune ou parce qu'on a dansé une danse spéciale?
8. Un joueur de basketball doit-il être petit et faible?

G. «Désolé(e). Je ne peux pas.» C'est dimanche. On vous demande toutes sortes de services, vous recevez toutes sortes d'invitations. Mais comme vous n'allez pas très bien, vous voulez simplement vous reposer. Refusez ces propositions en employant *deux négations* dans chaque réponse.

▷ Viens chez moi et on jouera au tennis.
Oh, je n'ai aucune envie d'aller nulle part. Je suis malade.

1. Veux-tu m'accompagner au cinéma?
2. Viens chez nous; on fera un dîner super.
3. Dis, j'ai quelqu'un à qui je veux te présenter; tu vas l'adorer!
4. Tiens, j'aimerais bien que tu m'aides à choisir un nouveau couvre-lit cet après-midi, d'accord?
5. Tu veux aller boire quelque chose?

Indiquer l'opposition ou la concession

Dans une discussion (échange de points de vue, négotiations, argumentation), on reconnaît souvent deux faits contraires. Il est possible de constater simplement la contradiction parallèle en *opposant* un élément à un autre. On peut aussi admettre qu'un des éléments prédomine. Quand on concède l'avantage d'un point sur l'autre (par le résultat réel ou par la supériorité théorique), ce qu'on dit fonctionne selon un esprit de *concession.*

1. L'opposition
Quelques structures consistent en deux oppositions parallèles parfaitement équilibrées. D'autres indiquent un contraste mais permettent au contexte de préciser ou de ne pas préciser si un des éléments prédomine. D'autres indiquent l'exception aux éléments prédominants.

- Deux oppositions parallèles

dans un sens... dans l'autre (dans un autre sens)...
d'un côté... de l'autre (d'un autre côté)...
d'une part... d'autre part...

D'un côté cela m'intéresse, **d'un autre côté**, ça m'ennuie.
Dans un sens je suis content, **dans un autre** je ne le suis pas.

- Pour contraster deux situations ou deux idées, on peut employer un des adverbes suivants. Seul le contexte révèle si un élément a l'avantage sur l'autre.

au contraire	**mais**	**pourtant**
cependant	**néanmoins**	**quand même**
d'autre part	**par ailleurs**	**tout de même**
en revanche	**par contre**	**toutefois**

D'autre part, continua Albert, c'était un râleur ce type. (Queneau)
Je comprends assez bien le football; **par contre** je ne comprends rien au rugby.
On aurait dit que sa cervelle était inépuisable. Elle s'épuisait **cependant**... (Daudet)
Ils font généralement très bien la cuisine, **mais** ils vous laissent la vaisselle à laver. (J. Chaplin)
Ils... parent de faiblesses imaginaires celle à qui rien ne manque et qui, **pourtant**, n'a pas de sourcils. (Colette)
Il n'avait même pas lu mon livre. **Néanmoins** il essayait d'en dire du bien.
Je sais bien que la flatterie est innée chez tout Français digne de ce nom, **mais tout de même**! (Victor)

- Avec les conjonctions de subordination suivantes, on contraste deux éléments en opposant une proposition à une autre. Elles prennent l'indicatif. Comme avec les adverbes de contraste, le contexte peut indiquer si une proposition est plus importante qu'une autre.

alors que	**tandis que**	**quand**

Vous êtes heureux **tandis que** votre frère est malheureux.
Les Italiens sont toujours prêts à négocier, **alors que** les Nordiques n'acceptent qu'une marge de manœuvre très faible. (Rodgers)
Il disait toujours oui **quand** il voulait vraiment dire non.

- Adverbes et conjonctions qui indiquent l'exception

à part (que) (familier)	**excepté (que)**	**sauf (que)**

À part toi, tout le monde est d'accord pour faire du camping ce week-end.
Nous avons gagné tous nos matchs de football, **excepté** le dernier.
... il a pensé à tout **sauf** à ce qui est trop grand et trop simple pour un enfant... (Colette)

Remarquez: **Sauf que, excepté que** et **à part que** sont suivis d'une proposition à l'indicatif ou au conditionnel.

Notre séjour a été très agréable, **excepté qu**'il a plu la moitié du temps.
... il a tout imaginé... **sauf qu**'il ne vivrait plus. (Colette)

2. Concession
Certaines structures indiquent l'élément qui n'a pas l'avantage.

- Conjonctions qui entraînent le subjonctif de concession

bien que
quoique

... **bien qu'elle soit** libre, elle marche sans souliers. (Baudelaire)
Elles sont bonnes, **quoiqu'elles fassent** sentir quelquefois leur colère aux méchants. (Voltaire)
Ce dogme fut reçu universellement, et même la Sorbonne l'embrassa dès qu'elle fut née, **quoique ce fût** une vérité. (Voltaire)

Remarquez: Avec l'ellipse du verbe et du sujet, **bien que** peut être suivi d'un adjectif ou d'un mot employé comme adjectif.

Il respire encore, **bien que** terrassé par le soleil et la soif. (Vian)

Remarquez: L'expression idiomatique **avoir beau** + infinitif donne un sens analogue à **bien que** ou **quoique**.

Vous **avez beau** me jurer que c'est vrai, je ne vous crois pas. (C'est-à-dire: *Bien que* vous me juriez que c'est vrai, je ne vous crois pas.)
Les Viroslav **ont eu beau** faire leur demande, le gouvernement soviétique ne leur a pas permis de partir. (C'est-à-dire: *Quoique* les Viroslav aient fait leur demande, le gouvernement soviétique ne leur a pas permis de partir.)

- La conjonction **malgré le fait que,** qui prend l'indicatif, est surtout de la langue parlée.

Malgré le fait que ses notes ne *sont* pas très bonnes, Laurence va faire une demande d'admission à l'école de médecine.
Malgré le fait que Voltaire et Victor Hugo *étaient* des exilés, leur influence sur les événements était incalculable.

- Structures prépositionnelles

a. Malgré + nom ou pronom

Malgré ses airs de conte fantastique, cette légende est vraie d'un bout à l'autre... (Daudet)
Je l'aime **malgré** tout.
Malgré ce que vous pensez, je suis innocent.

b. Au lieu de + nom ou infinitif

Au lieu de terminer rapidement une négociation, les Français cherchent la petite bête. (Rodgers)
«Ah! tu m'as rapporté des meringues **au lieu de** sablés? Je me tue.» (Colette)

H. Malgré tout. Employez une des expressions d'opposition pour indiquer la contradiction. Variez les expressions.

▷ Scrooge était avare et méchant...
et pourtant il a fini par devenir généreux.

1. Einstein avait de mauvaises notes quand il était jeune...
2. Coco Chanel a eu une enfance très pauvre...
3. Thomas Edison ne dormait guère...
4. Jeanne d'Arc était une simple paysanne...
5. Napoléon était petit...
6. Beethoven est devenu sourd...
7. Ronald Reagan était un acteur de cinéma...
8. Marguerite Yourcenar est une femme écrivain...

I. Un cas de laryngite. Vous avez acheté un canari qui ne chante pas. Vous l'emmenez chez le vétérinaire et vous essayez de savoir pourquoi il ne chante pas. Imaginez les questions du vétérinaire et expliquez-lui le problème en employant une des expressions qui annoncent une concession pour finir les phrases.

▷ Vous l'avez mis dans une cage assez grande?
Oui, mais bien que je l'aie mis dans une jolie cage assez grande il refuse de chanter. ou
Oui, mais malgré cela, il refuse de chanter. ou
Oui, mais au lieu de chanter, il est devenu plus malade.

1. Vous lui donnez à manger et à boire chaque jour?
2. A-t-il assez d'espace dans sa cage?
3. Peut-être que vous faites trop de bruit?
4. J'espère que vous ne le mettez pas à côté d'une fenêtre ouverte?
5. Vous ne l'avez pas laissé tomber?
6. Y a-t-il assez de lumière dans la pièce où est sa cage?

J. Antipathie. Pensez à quelqu'un avec qui vous ne vous entendez pas.[10] Faites une phrase équivalente avec l'expression *avoir beau* et terminez la phrase.

▷ Bien que je lui dise seulement des choses gentilles, il(elle)...
J'ai beau lui dire seulement des choses gentilles, il(elle) me répond toujours avec insolence.

1. Bien que nous soyons quelquefois d'accord, il(elle)...

10. *S'entendre avec* = avoir de bons rapports avec, sympathiser.

2. Bien que je fasse des efforts extraordinaires, je...
3. Quoique je l'écoute toujours, il(elle)...
4. Quoiqu'il(elle) me sourie chaque fois qu'il(elle) me voit, je...
5. Bien que je connaisse ses réactions, je...

K. **Révision de vocabulaire.** Dans les groupes suivants, presque tous les éléments entrent dans la même catégorie. Précisez le rapport entre les éléments en ajoutant *sauf (que), excepté (que)* ou *à part (que)* pour indiquer ce qui n'appartient pas à la catégorie.

▷ un dromadaire, une puce, une brosse à dents, un paon
Ce sont tous des animaux sauf la brosse à dents.

▷ il dit «Maman», il pleure, il boit du lait, il écrit des lettres
Un bébé fait toutes ces choses excepté qu'il n'écrit pas de lettres.

1. un ragoût de crabes, un pot à eau, du riz au safran, une omelette au lard
2. violacé, ébloui, azur, jaunâtre
3. on sourit, on se réjouit, on se plaint, on rit
4. on se serre la main, on s'embrasse, on se gifle, on se dit bonjour
5. l'aube, l'aurore, le crépuscule, le lever du soleil

Exprimer l'incertitude ou le doute

Quand on veut réfuter une idée, on exprime souvent le doute par une structure négative ou avec le verbe **douter**. Ces structures entraînent le subjonctif selon les conditions habituelles, c'est-à-dire quand il y a un changement de sujet en passant d'une proposition à l'autre.

ne pas penser que	**il ne semble pas** (à quelqu'un) **que**
ne pas croire que	**il n'est pas probable que**
ne pas être sûr que	**il est improbable/peu probable que**
ne pas être certain que	**il n'est pas possible que**
ce n'est pas que	**douter que**

«... ma foi, dit elle, **je ne crois pas qu'***il y ait* six mois de différence.» (Montesquieu)
Ce n'est pas que tu *sois* bête. Cet exercice était vraiment difficile.
Il n'est pas probable que le prix Nobel *soit* décerné à un astrologue.
Les Français **doutent que** les pays voisins *aient* une qualité de vie meilleure que la leur.

L. Les affaires. Un journaliste français du *Nouvel Observateur* vous pose des questions sur le comportement des industriels américains. Commencez votre réponse par un des deux termes entre parenthèses. Attention à l'emploi approprié de l'indicatif ou du subjonctif.

▷ Est-ce que les employés de bureau sont particulièrement cérémonieux? (Je trouve/Je ne dis pas)
Je trouve qu'ils ne sont pas particulièrement cérémonieux. ou
Je ne dis pas qu'ils soient particulièrement cérémonieux, mais on observe quand même certaines conventions.

1. En Amérique les diplômes ont-ils beaucoup d'importance? (Personne ne pense... / Il est certain...)
2. La hiérarchie sociale a-t-elle un rôle important dans les affaires? (Il semble que... / Je doute...)
3. Les Américains sont-ils prêts à appeler les gens par leur prénom? (Il est probable... / Je ne trouve pas...)
4. Accomplit-on facilement le travail qu'on doit faire après trois ou quatre martini drys[11] au déjeuner? (Je ne crois pas que... / Je suis sûr(e)...)
5. Les banques américaines font-elles facilement des prêts à n'importe qui? (Il n'est pas probable... / Il ne me semble pas...)

M. Comment ça? Employez une construction avec le subjonctif pour contredire les idées suivantes. Variez les constructions.

▷ Il va faire beau demain.
Je ne crois pas qu'il fasse beau demain!

1. La Joconde veut avoir une moustache.
2. Les glaces avec une sauce au chocolat chaud font maigrir.
3. Toutes les femmes ont horreur de Robert Redford.
4. Le mariage est très facile.
5. Vous êtes né(e) dans un chou; votre sœur est née dans une rose.
6. Darth Vader est le héros de «E.T.».
7. Dans une partie d'échecs chaque joueur a deux rois.
8. Un ours dort pendant tout l'été.
9. Les dinosaures ont réalisé une civilisation avancée.
10. Il n'y a pas de chevaux en Chine.

N. Doit-on tester pour les drogues? Demandez à un(e) camarade...

1. ce qu'il(elle) pense des tests pour les drogues.
2. s'il(si elle) doute que les tests aient des résultats très valables.
3. s'il(si elle) croit que dans certaines professions on doit être testé pour l'emploi des drogues.

---

11. *Martini dry* (m.) = "martini." *Martini* (m.) = "sweet vermouth."

4. ce qu'il(elle) pense du droit du gouvernement de tester les individus pour les drogues.
5. s'il lui semble que le gouvernement joue un rôle trop important dans la vie privée des gens.

Nier la vérité, un fait ou une proposition

1. Adjectifs qui indiquent l'inexactitude d'une *chose* ou d'une *idée*

incorrect ≠ *correct*	**mauvais** ≠ *bon*[12]
inexact ≠ *exact*	**faux** ≠ *vrai, juste*

Votre réponse est **incorrecte**.
Vous avez dit que Louis XV était le fils de Louis XIV. C'est **inexact**: c'était son arrière-petit-fils.
J'ai composé le **mauvais** numéro de téléphone.
Dites si chaque phrase est vraie ou **fausse**.

2. Expressions de jugement (d'une *personne*)

avoir tort / **se tromper** } ≠ *avoir raison*

Si tu dis que 2 + 2 = 5, **tu te trompes**, tu n'as pas raison.
«Que dites-vous de ma tante, qui, à son âge, veut avoir des amants et fait encore la jolie? —Elle **a tort**, lui dis-je.» (Montesquieu)

- On peut employer **avoir tort** (et **avoir raison**) + **de** + infinitif.

Je le disais bien Madame, et **je n'avais pas tort d'**être étonné. (Montesquieu)
Vous **avez tort de** me faire des reproches.

- **Se tromper** indique qu'on fait une erreur. **Se tromper de** + nom (sans article) = *faire un mauvais choix.*

Vous vous trompez: il y a vingt exercices à faire, pas six. (= Vous avez tort...)
Je me suis trompé de salle. (= Je suis allé dans la mauvaise salle.)
Vous vous trompez de jour. (= Vous avez choisi le mauvais jour, la mauvaise date.)

3. Mentir ≠ *dire la vérité*

Tu mens! C'est toi qui as pris l'auto de Philippe!

12. Ici, *mauvais* = incorrect; *bon* = correct.

4. Une *personne* peut **être d'accord** ou **ne pas être d'accord** avec une autre personne ou avec une idée, une action, d'une autre personne.

> **Je ne suis pas d'accord avec** vos idées sur l'économie internationale.
> **Je ne suis pas d'accord** que c'est le moment d'agir.

O. Vous rencontrez quelqu'un pour la première fois. Cette personne (que vous trouvez désagréable) cherche à vous impressionner par sa perspicacité. Pour décourager cette personne, réagissez à ses remarques en indiquant la fausseté de ses impressions avec un des adjectifs suivants: *incorrect, inexact, mauvais, faux.* (Même si ses remarques sont exactes, n'oubliez pas que vous désirez décourager cette personne.)

▷ À en juger par ton assurance, je dirais que tu es fille(fils) unique.
C'est une impression incorrecte. ou
C'est inexact.

▷ Je suis sûr(e) que tu es né(e) en 1970.
C'est faux.

1. Je suis sûr(e) que tes parents sont médecins.
2. D'après ton accent je pense que tu viens de New York.
3. Tu es sûrement Capricorne.
4. Tu es étudiant(e) de philosophie, n'est-ce pas?
5. J'ai l'impression que tu aimes le jazz.
6. Tu me sembles très sensible.

P. Citations célèbres. Voici une liste de faits ou d'opinions exprimés par des personnages bien connus. Indiquez si vous n'êtes pas d'accord avec leurs remarques en employant les expressions *avoir tort, ne pas avoir raison, se tromper, mentir, ne pas dire la vérité,* ou *ne pas être d'accord.* Si vous êtes d'accord, employez une expression appropriée.

▷ Sigmund Freud a observé: «Les jeunes garçons sont sexuellement attirés par leur mère.»
Il se trompait. La théorie est démodée. ou
Je ne suis pas d'accord. ou
Il avait parfaitement raison. C'était un vrai génie.

1. Les Grecs disaient: «La terre est plate.»
2. Louis XIV a dit: «L'État c'est moi.»
3. Martin Luther King a chanté: «Nous triompherons un jour.»
4. Richard Nixon a dit: «Je ne suis pas un escroc.»[13]
5. Albert Einstein a trouvé: «$e = mc^2$».
6. Napoléon a dit: «*Impossible* n'est pas français.»
7. Neil Armstrong a dit: «Un petit pas pour l'homme et un pas de géant pour l'humanité.»
8. René Descartes[14] a écrit: «Je pense, donc je suis.»

---

13. *Escroc* (m.) = personne capable de fraude.
14. Voir page 311.

À VOUS DE JOUER

1. **Mensonges.** Inventez une affirmation impossible. Chacun dira son mensonge et les autres doivent le contredire en employant les diverses structures de la leçon.

   ▷ Alfred Hitchcock tournera bientôt un nouveau film.
   Ah non! Il ne tournera jamais plus! ou
   Mais non, tu te trompes, il est déjà mort.

2. **Impertinence.** Proposez qu'on fasse quelque chose de ridicule ou d'impossible. Chacun dira sa proposition et les autres réagiront en employant les diverses structures de la leçon.

   ▷ Je propose que nous essayions tous d'entrer dans une seule cabine téléphonique.
   Je ne pense pas que ce soit une très bonne idée.

3. **Histoire déformée.** Une personne raconte un conte de fées en ajoutant des éléments faux. La classe doit contredire les mensonges en employant les techniques de la leçon. Quelques exemples: l'histoire de *Cendrillon, La Belle et la Bête, Les Trois Petits Cochons...*

4. **«J'ai vu... »** *Rôles à jouer—trois personnes.* Deux témoins du même incident (accident de voiture, vol, assassinat, etc.) essaient en même temps de rapporter à une troisième personne leurs points de vue contradictoires. Employez autant de techniques verbales que possible.

5. **Une dispute.** Vous êtes à Paris avec des amis dans un taxi. Le chauffeur vous demande un prix exorbitant. Vous vous disputez.

   ▷ *—Vous vous trompez! Il ne me semble pas que ce parcours fasse dix kilomètres!*
   —Malgré ce que vous pensez, vous avez tort.

Compositions écrites

1. **Moi, je pense...** Réfutez une critique (de cinéma, de livre, de théâtre, de musique, de restaurant, etc.) avec laquelle vous n'êtes pas d'accord.

2. **Mérites.** La célébrité est-elle toujours méritée? Parlez d'une personne célèbre dont vous ne voyez pas les mérites. Réfutez les louanges que les gens font à propos de cette personne. (Ou: défendez un individu qui est attaqué par la presse ou peu aimé par le public. Par exemple, John McEnroe, Joan Crawford, Benedict Arnold, etc.)

3. **Calomnies.** Vous lisez dans le journal un article dans lequel il s'agit de vous! Et c'est tout à fait faux! Rédigez une lettre à l'éditeur dans laquelle vous niez le contenu de l'article, vous corrigez les erreurs, vous le menacez de le poursuivre en justice (ou peut-être simplement de ne plus lire son journal...)

Lectures

À part l'échange de réactions positives ou négatives dans le commerce humain, que peuvent avoir en commun l'article d'une revue d'affaires, une fable africaine et un conte satirique du 18e siècle? La réponse va révéler un lien dérivé d'une distinction culturelle évidente entre des pays. Il s'agit d'oppositions (réelles ou apparentes) et d'opportunité.[15]

Dans le premier texte, «Latins et Anglo-Saxons», une culture s'oppose à une autre, souvent parce qu'on a une idée différente de l'importance du détail ou du moment propice pour négocier. Dans le deuxième texte, «La Mère», un régime despotique continue jusqu'au moment crucial où surgit une opposante qui a un sens exceptionnel de la dignité et de la persuasion. Dans le dernier texte, «Aventure de la mémoire» de Voltaire, l'auteur accuse non pas un tyran humain mais la tyrannie du dogmatisme ou de la tenacité des idées traditionnelles.

Latins et Anglo-Saxons

Irene Rodgers

L'Expansion, sans doute la revue la plus lue par le monde des affaires en France—une sorte de «Fortune» magazine français—propose à ses lecteurs non seulement des articles portant sur l'industrie, le commerce, la bourse et les finances, mais aussi des articles d'ordre sociologique, psychologique, artistique et littéraire. L'industrie en France vise surtout l'exportation. Un homme ou une femme d'affaires a donc souvent les yeux fixés sur le grand marché anglo-saxon (= anglo-américain) et c'est à eux que s'adresse ce texte précisant la nature culturelle d'un certain comportement apparemment caractéristique de l'Américain ou de l'Anglais. Le danger de ce genre de conseil, bien entendu, réside dans la stéréotypie lorsqu'un étranger observe une autre culture. Mais les analyses de l'auteur, Irene Rodgers, sont peut-être après tout assez justes.

15. *Opportunité* (f.) = moment propice.

Avant de lire «Latins et Anglo-Saxons»

Préparation du vocabulaire

A. Petit lexique de la langue des affaires.

un cadre: employé chargé de la direction, de l'administration d'une entreprise ou qui dirige ou contrôle le travail d'autres employés

un job: une situation, un poste; travail ou ensemble des travaux

marchander: négocier en cherchant à faire baisser le prix

un PDG: Président-Directeur-Général = patron

un prêt (→ prêter), un emprunt (→ emprunter): Vous demandez de l'argent à une banque pour acheter une voiture. Vous demandez *un emprunt*. Vous demandez que la banque vous *prête* de l'argent. Vous *empruntez* de l'argent à la banque. Elle vous accorde *un prêt*. Dans le monde des finances, *prêt* est le terme généralement employé.

une relation: rapport avec une personne bien placée avec laquelle on a un bon rapport et qui est susceptible de vous aider à réussir dans le monde des affaires ou du gouvernement.

Les personnes suivantes travaillent pour la même banque, la Banque de Trouville. Finissez leurs phrases.

1. Monsieur Trocard: «Mon père a fondé cette banque il y a cinquante ans. Je dirige tout, je suis responsable de tout. Je suis le... »
2. Monsieur Laplage: «Je dirige les relations publiques de la Banque de Trouville. Je suis... »
3. L'actrice qui paraît sur la publicité de la banque: «Vous avez besoin d'argent? Venez chez nous demander un... »
4. Le chef du personnel: «Nous cherchons un employé de bureau. Il faudra mettre une annonce dans le journal pour avoir des candidats pour ce... »

B. Cherchez les termes suivants dans votre dictionnaire. Puis répondez aux questions en employant un des termes entre parenthèses.

noms	*adjectifs/adverbes*	*verbes*
connivence	**efficace**	**gérer**
convenance	**flou**	**se déculpabiliser**
gestion	**à tâtons**	**s'insurger**
matériel ferroviaire		**marchander**
		tirer une leçon

1. Qu'est-ce qu'on vend à l'acheteur de la SNCF? *(connivences / matériel ferroviaire / convenances)*
2. Quand vous allez acheter une voiture d'occasion, comment faites-vous? *(marchander / s'insurger / tirer une leçon)*

3. Comment avance-t-on quand il n'y a pas de lumière? *(d'une manière efficace / à tâtons / d'une manière floue)*
4. Qu'est-ce que le peuple américain a fait pour protester contre le gouvernement anglais en 1776? *(s'insurger / tirer une leçon / se déculpabiliser)*
5. Pour apprendre à gérer une firme, où fait-on ses études? dans une école de... *(connivences / gestion / convenances / matériel ferroviaire)*

Préparation culturelle

C. Imaginez de quels pays on parle dans cet article. Nommez quatre pays anglo-saxons et quatre pays latins.

Préparation du style

D. Ellipses. Le style journalistique et le style de la langue des affaires font souvent omission d'un ou plusieurs éléments de la phrase (sujet, verbe, etc.), parce que cela paraît plus «vrai», plus «authentique» ou même plus pratique et ressemble davantage au discours de la langue parlée. Complétez les phrases suivantes (tirées du texte) en ajoutant l'élément supprimé, ou en élaborant la formule raccourcie.

▷ Et, *faute de savoir* décoder leur comportement, on s'expose à de grandes déceptions.
Et, parce qu'on ne sait pas décoder leur comportement,...

1. *Autre comportement à décoder:* un sens très différent de la hiérarchie.
2. En France, l'attitude est différente selon qu'on est reçu par le président ou un collaborateur. *Pas outre-Atlantique.*
3. Le statut d'un directeur ne l'empêche pas de traiter d'égal à égal avec un subordonné. *Ni de porter lui-même sa valise à l'hôtel.*
4. *Rien d'étonnant* à cela.
5. *Quelle différence de comportement dans les rapports* avec l'argent.
6. *Mieux vaut le savoir.*

Pour mieux lire

E. Lisez la première phrase de chaque paragraphe pour avoir une idée de l'organisation de cet article. D'après ce premier aperçu, quels seront les sujets les plus importants traités dans cet article?

F. En lisant ce texte, rédigez une liste écrite ou mentale de chacune des différences culturelles mentionnées.

Latins et Anglo-Saxons: Règle d'or avec les étrangers—connaître leurs modèles culturels et savoir s'y adapter

«Les Américains sont très ouverts en affaires, ils ont une approche directe, ils vous appellent par votre prénom... Cela ne veut pas dire qu'ils vont signer!» Jean-Henri Lemoussu, directeur général de Stedef, une société exportatrice de matériel ferroviaire, tire ainsi la leçon de sa longue pratique des États-Unis. «C'est vrai, les Anglo-Saxons, les Américains par exemple, ne sont pas formalistes comme les Latins, et notamment les Français. Nous avons ainsi l'impression qu'ils créent tout de suite une relation privilégiée. Or il n'en est rien. Et, faute de savoir décoder leur comportement, on s'expose à de grandes déceptions.»

C'est que les Anglo-Saxons font la différence entre la *relation* et le *job.* Il est rare, dans les affaires, qu'ils acceptent d'ignorer cette frontière, beaucoup moins nette en pays latin. Ce qui relève du job n'implique pas de sentiment particulier. «Si les Américains nous semblent hyperefficaces, poursuit M. Lemoussu, c'est qu'ils ne font pas, comme nous, intervenir le passionnel.»

Autre comportement à décoder: un sens très différent de la hiérarchie et des convenances. «En France—nous dit Raphaël L. Rossello, PDG de Tubix, une entreprise fabriquant du matériel médical—, selon que vous êtes reçu par le président ou par un collaborateur, l'attitude des interlocuteurs sera très différente. Pas outre-Atlantique. Pour les Américains, le pouvoir n'est pas une raison de se distancier de l'homme ordinaire, et le statut d'un cadre supérieur ne l'empêche pas de traiter d'égal à égal avec un subordonné.» Ni de porter lui-même sa valise à l'hôtel, ajouterons-nous, parfois à la grande honte de son hôte latin.

YAN NASCIMBENE

De même, l'origine sociale compte peu lorsqu'il s'agit de choisir un collaborateur. Au pays des «self-made men», rien d'étonnant à cela: un Américain préfère être jugé d'après le poids de son carnet de rendez-vous! Dans une société latine, au contraire, statut et pouvoir sont au moins autant existentiels (ce que l'on est, d'où l'on vient...) que fondés sur les réalisations concrètes. Ils provoquent aux États-Unis une admiration ouverte, plutôt de la méfiance chez les Latins.

Quelle différence de comportement, aussi, dans la relation à l'argent! Les Latins, imprégnés de culture catholique, échappent difficilement à un sentiment de culpabilité, que le protestantisme épargne aux Anglo-Saxons. D'où une transparence exempte de complexes, introuvable chez nous. On savait cela, mais les conséquences vont très loin. «Les Anglo-Saxons, explique M. Rossello, ont un avantage incroyable: chez eux, il n'existe pas de relations coupables a priori. Et pour vous déculpabiliser complètement, on vérifie tout. J'ai reçu une offre de prêt d'une banque canadienne: le questionnaire occupe quatre pages. Celui d'une banque française tient en un paragraphe. Mon interlocuteur français est, de surcroît,[16] gêné de me poser des questions indiscrètes, alors qu'au Canada cela se fait avec un naturel total.»

Faut-il marchander, et comment? Encore une source d'incompréhension! Jean-Charles Eckert, directeur international de Matra Data System, remarque que les Italiens sont toujours prêts à négocier, alors que les Nordiques, une fois un prix annoncé, n'acceptent qu'une marge de manœuvre très faible. Quant aux Français, ils aiment par-dessus tout le débat d'idées. Au lieu de terminer rapidement une négociation, ils cherchent la petite bête,[17] non pas pour rabaisser leur partenaire, mais pour le plaisir de découvrir, en véritables cartésiens, une faiblesse dans son argumentation.

Aux États-Unis, au contraire, on joue tout de suite cartes sur table. La négociation n'est pas considérée comme l'occasion d'une rencontre agréable: on essaie de résoudre les différends rapidement au risque de paraître inconsistant, voire de gêner le partenaire.

Et les Anglais? «J'adore négocier avec eux, dit un Français. Ils m'amusent énormément. Ils sont toujours totalement flous, mais ont une intuition énorme. Jamais de théorie, ils avancent à tâtons.»

Qui dira combien d'accords ont échoué faute d'une bonne compréhension de ces détails essentiels? Pour réussir dans les activités internationales, conclut Raphaël Rossello, la meilleure attitude, c'est encore la complicité. «Dans l'Ontario, un bon client qui dit payer à 45 jours paie effectivement à 45 jours. En France, les 45 jours peuvent devenir 60, ou 120... » À quoi bon s'insurger? Mieux vaut le savoir et en tenir compte. «L'homme d'affaires américain averti comprend parfaitement ce que cela signifie

---

16. *De surcroît* = en plus.
17. *Chercher la petite bête* = être excessivement attentif aux détails.

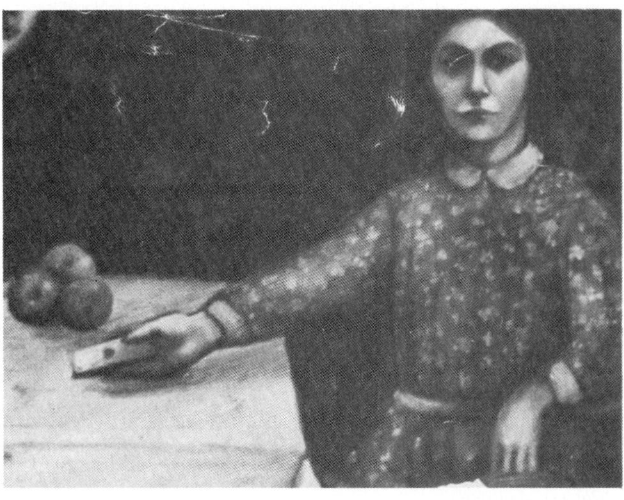

Aux États-Unis, au contraire, on joue tout de suite cartes sur table.

quand un Mexicain lui dit «Je t'appelle demain» ou «Je te paie à la fin du mois». Le lendemain, c'est lui qui téléphonera et c'est lui, à la fin du mois, qui passera chercher son chèque.»

En faisant de même, vous rencontrerez bien des situations agaçantes, voire contraires à vos habitudes et à vos propres normes. Mais pour un manageur[18] international, c'est le résultat qui compte. Et l'on n'y parvient qu'au prix d'une certaine connivence, d'une aptitude à accepter les systèmes culturels et les mentalités d'autrui.

dans *L'Expansion*, 24 janvier/6 février 1986
Irene Rodgers est directeur associé chez ICM, Intercultural Management Associates, Paris.

À propos du texte

A. Précisez l'idée essentielle de cet article. Êtes-vous d'accord?

B. Vrai ou faux? Si une phrase est vraie selon le texte, dites que c'est vrai ou que vous êtes d'accord avec une preuve tirée du texte. Sinon, dites que ce n'est pas vrai ou que vous n'êtes pas d'accord et corrigez la phrase.

▷ Les Américains ne vous appellent jamais par votre prénom.
Je ne suis pas d'accord, ils vous appellent souvent par votre prénom.

1. Les Français font toujours une distinction entre le job et les sentiments.
2. En Amérique on parle de la même manière à son PDG qu'à un collègue.
3. Pour les Américains, l'origine sociale est aussi importante que le succès matériel.
4. Poser à quelqu'un des questions sur l'état de ses finances est considéré comme indiscret en France.
5. Les Français prennent leur temps à négocier parce qu'ils veulent toujours gagner autant d'argent que possible.
6. On devrait essayer de changer les habitudes de ses partenaires étrangers dans les affaires internationales.

18. *Manageur* (m.) = anglicisme souvent employé dans le monde des affaires et dont le sens est peu différent de «manager» en anglais. On pourrait aussi bien dire *cadre, directeur* ou *chef de section.*

C. Quelles seraient les caractéristiques des industriels français qui négocieraient avec vous en tant qu'homme ou femme d'affaires américain(e)? Comment adapteriez-vous votre comportement pour ne pas les gêner?

Réactions personnelles

D. Êtes-vous d'accord avec les généralités faites ici sur les Anglo-Saxons et sur les Américains en particulier? Précisez.

E. Vous travaillez pour une société américaine implantée en France. Vous êtes chargé(e) d'engager un Français ou une Française. Quels aspects de votre comportement ou de votre attitude, selon vous, pourraient leur sembler difficiles à comprendre ou à accepter? Dites pourquoi.

votre manière de vous habiller
vos rapports avec vos supérieurs
votre attitude envers l'argent
votre attitude envers eux
votre notion du temps
vos heures de travail
vos rapports avec votre secrétaire
votre confiance
la manière dont vous négociez les affaires

La Mère
Ousmane Sembène

Les mythes, les légendes et l'histoire coïncident pour donner de nombreux exemples de monarques, de rois, d'empereurs, de dictateurs et de chefs divers qui deviennent symboles de l'injustice dans leur abus insensé du pouvoir (les empereurs romains, Caligula ou Néron; Attila, roi des Huns; etc.).

Ousmane Sembène, prenant parti pour les victimes d'une injustice générale, suscite la pitié et la résignation dans «Chaïba» (voir page 116). Ici, dans «La Mère», au contraire, l'auteur campe un personnage qui enfin tient tête à l'oppresseur, un despote épouvantable dont les caprices débauchés ravagent le royaume. Pour contredire le tyran, le personnage courageux qui se lève, c'est une femme, une mère—souvent vénérée dans la culture africaine («Mère, sois bénie!» dira Léopold Senghor,[19] compatriote sénégalais de Sembène).

19. «L'Enfance» de Senghor (1906–) poète, ancien président du Sénégal, inventeur du terme *négritude* et membre de l'Académie française.

Preparation du vocabulaire

A. Savoir les expressions suivantes sera utile pour la compréhension du texte.

1. **en vouloir à quelqu'un** = avoir quelque chose contre quelqu'un. (*Je ne t'en veux pas.* = Je n'ai rien contre toi.)
   —*En voulez-vous* à vos parents?
   —À qui *en veut-on* si on reçoit de mauvaises notes?
   —À qui *en voulez-vous?* (à votre camarade de chambre? à votre garagiste? à votre coiffeur?) Pourquoi?
2. Le **for intérieur** = les pensées intimes. (*En son for intérieur il savait que ce n'était pas juste.* = En lui-même il savait que ce n'était pas juste.)
   —À votre avis, Hitler croyait-il en son *for intérieur* qu'il faisait du bien?
   —En votre *for intérieur* êtes-vous pour ou contre la peine de mort?
3. **S'en prendre à** = s'attaquer à, accuser. (*Cet homme s'en prend à toute l'humanité alors que c'est sa faute à lui.* = Cet homme accuse toute l'humanité alors que c'est sa faute à lui.
   Demandez à un(e) camarade à qui *on s'en prend...*
   —quand le téléphone ne marche pas
   —quand les impôts sont trop élevés
   —quand on échoue à un examen

Préparation des structures

B. Indiquez ce que les pronoms en italique représentent.

1. De ta naissance à ce jour, tu n'as combattu que la femme, parce qu'*elle* est faible. La joie que tu *en* tires est plus ignoble que l'acte.
2. Je ne t'en veux pas, parce que tu as une mère, par *elle,* je respecte toute personne.
3. La mère enfante dans l'amour, met bas[20] dans la douleur, et chérit dans le plus profond de ses sentiments ce déchirement d'*elle-même.* Par *elle* je te pardonne...
4. C'est d'*elle,* la femme, que découle[21] toute grandeur, *celle* du maître, du brave, du lâche, du griot,[22] du musicien...
5. Tous ces gens qui t'entourent ont une mère, et dans leur détresse comme dans leur joie, *elle* ne voit que son enfant.

---

20. *Mettre bas* = donner naissance à, en parlant des animaux.
21. *Découler* = venir. Remarquez l'inversion du sujet et du verbe.
22. *Griot* (m.) = En Afrique noire, sorte de troubadour (poète, musicien, oracle) qui apprend et récite l'histoire de son peuple.

Pour mieux lire

C. Un narrateur peut commencer son récit par des renseignements importants sur le lieu et les personnages. Mais lisez le début de ce texte en cherchant à trouver le moment où l'action de l'histoire commence vraiment.

1. Quel est exactement le moment où l'action véritable commence? Qu'est-ce qui signale ce commencement?
2. Quels sont les détails essentiels donnés tout au début de ce texte, avant le commencement de l'action?

D. On peut lire et comprendre ce texte sans avoir appris d'avance le sens de tous les mots.

1. Lisez ce texte une première fois sans chercher de mots dans le dictionnaire. Cochez les mots inconnus en essayant de comprendre leur sens par le contexte.
2. Relisez une deuxième fois en cherchant seulement les mots essentiels que vous n'aurez pas compris par le contexte.
3. Marquez les mots que vous trouverez utiles dans votre cahier de vocabulaire.

La Mère

Je t'ai parlé des rois et de leur façon de vivre, certes pas tous, mais quelques-uns. Ils se succédaient de père en fils, c'est-à-dire de mâle en mâle et par ordre de progéniture. Le présomptif recevait une éducation spéciale: les griots lui vantaient les faits et gestes de ses aïeux; et une fois couronné, absolu ne relevant de personne, il devenait un tyran... (parfois). Autour de lui, les uns soutenaient des crachoirs en argent ciselé, travaillés avec art, d'autres des pipes de parade,[23] sculptés en forme de têtes (ces bouffardes pouvaient avoir deux mètres de long). On agitait l'air autour de lui avec des éventails faits de plumes d'autruches et de paons, de couleurs rares. Ceux-ci chantaient ses louanges, ceux-là dansaient pour le divertir: tous se mouvaient à l'envi,[24] à l'envie[25] de le voir brûler vif, car il n'était pas un Dieu, mais un despote ayant sur ses sujets le droit de vie ou de mort. Il n'était pas rare de le voir condamner à mort quelqu'un qu'il ne trouvait pas assez enthousiaste dans ses fonctions.

Le sort frappe ceux qui le conjurent! Quand c'est le peuple qui opte pour une loi, on peut dire qu'elle est juste. Or, voilà que le roi publia qu'«aucun homme n'épouserait une fille sans qu'il soit le premier à passer

---

23. *De parade* = d'ornementation.
24. *À l'envi* = en rivalité les uns avec les autres.
25. *À l'envie* = avec le désir.

la première nuit avec elle». Une loi scélérate, bien sûr! Mais on ne contredit pas un monarque.

Il commit de telles bassesses que les ministres s'en plaignirent aux oracles, et vainement. Mais leurs filles y passèrent et aucune n'osait se soustraire à «SES» obligations. Le peuple s'était résigné. Tout allait bien pour le roi. Voilà qu'un jour, un homme dont personne ne connaissait les origines vint à épouser la fille du roi. «Va-t-il agir de la même façon?» se demandait le peuple. Le soir même il abrogea cette maudite loi.

Pendant quelque temps, tout alla bien. Il se calma, ne pouvant[26] reprendre sitôt son penchant. De ce fait, une vive colère naquit en son for intérieur... «Les vieillards ont opposé une digue à mon plaisir.» se dit-il.

Des jours durant, on avait battu les provinces soumises à son autorité, annonçant qu'il désirait voir ses sujets: malades comme infirmes devaient être présents, sous peine de confiscation des biens. Voilà pourquoi tout le peuple était là. Il ordonna de tuer tout homme ayant atteint la cinquantaine. Aux paroles ordonnatrices, l'acte fut accompli. La terre fut tachée de sang. Le soleil sécha le sang, le vent souffla dessus, le léchant, et les pieds nus effacèrent les dernières traces: mais les jours passant n'apportèrent pas l'oubli dans les cœurs... Nul[27] n'osait braver ce dément.[28] Il reprit ses vices avec plus d'abondance: non seulement les filles à marier, mais toutes ayant atteint l'âge... Quelques mères parvinrent à soustraire leur rejeton au sadisme de ce maniaque...[29]

(Gloire à toi, femme, immense océan de tendresse, bénie sois-tu dans ton effusion de douceur.)

Le roi, ivre, non rassasié par sa débauche, parcourait les provinces à la recherche de nouvelles recrues. Celles de son chef-lieu[30] n'offraient rien à sa vue. À l'orée d'un village, il s'arrêta, demanda à boire. Sa surprise fut si grande qu'elle étancha sa soif pour un moment. Sur ses ordres, la fille qui venait de lui donner à boire fut enlevée. Elle était belle. À ses cris, sa mère sortit, venant lui porter secours. (Que pouvait faire une femme devant des valets de deux mètres de haut?) Pourtant elle se révéla indomptable par le maintien de ces bras vigoureux.

D'une gifle il la roula sur le sol. Promptement elle se releva et s'agrippa. Sa lutte fut vaine...

Le lendemain, la mère se trouva à la place où le roi venait se reposer, entouré de sa suite. Elle n'attendit pas longtemps. À la vue de la mère, vieille et laide, le roi dit:

—Vieille, si tu as une fille, sache que je ne reçois pas dans la journée.

Elle fixa ses yeux dans ceux de l'homme. Son visage était calme et passif. Pas un mouvement, pas un geste ne hacha son maintien.

—Sire, dit-elle, à te voir, on dirait que tu n'as pas de mère... De ta naissance à ce jour, tu n'as combattu que la femme, parce qu'elle est faible. La

26. *Ne pouvant* = ne pouvant pas (voir page 315).
27. *Nul* = aucun.
28. *Dément* (m.) = personne d'une mentalité instable.
29. *Maniaque* (m.) = personne obsédée.
30. *Son chef-lieu* = sa capitale.

joie que tu en tires est plus ignoble que l'acte. Je ne t'en veux pas d'avoir agi ainsi: parce que tu es homme, et parce que la femme est toujours femme, et que la nature le veut ainsi. Je ne t'en veux pas, parce que tu as une mère, par elle, je respecte toute personne: fils de roi, fils d'esclave, la mère enfante dans l'amour, met bas dans la douleur, et chérit dans le plus profond de ses sentiments ce déchirement d'elle-même. Par elle je te pardonne... Respecte la femme, pas pour ses cheveux blancs, pour ta mère d'abord, puis pour la femme elle-même. C'est d'elle, la femme, que découle toute grandeur, celle du maître, du brave, du lâche, du griot, du musicien... Dans un cœur de mère, l'enfant est roi... Tous ces gens qui t'entourent ont une mère, et dans leur détresse comme dans leur joie, elle ne voit que son enfant.

—Tuez-la, hurla le roi.

L'assistance n'obéit pas. Les paroles avaient touché. Le roi, beuglant, hurlant de colère, infectait son amer fiel[31] dans un langage vulgaire. La mère sans orgueil ni fierté, reprit:

—Vous fûtes témoins quand il se servit de vos sœurs, sur ses ordres vos pères furent assassinés. Et maintenant il s'en prend à vos mères et vos sœurs... À vous voir, tous, on dirait que vous ne possédez plus de dignité...

De plus en plus furieux, le roi se leva brusquement, d'un revers de main, il envoya la vieille sur le sol. Mais ce geste ne fut pas renouvelé. Le roi se sentit saisi par les poignets, soulevé. Pour la première fois, les sujets armés de courage se révoltèrent et leur roi fut destitué...

Gloire à ceux et à celles qui ont eu le courage de braver les calomnies. Soyez louées, femmes, sources intarissables, vous qui êtes plus fortes que la mort... Gloire à vous, coolies de la vieille Chine, tagala-coye du plateau du Niger! Gloire à vous, femmes de marins dans l'éternel deuil! Gloire à toi, petite, petite enfant, mais jouant déjà à la mère...

L'immensité des océans n'est rien à côté de l'immensité de la tendresse d'une mère...

À propos du texte

A. Faites le résumé de cette histoire. Vous pourriez très justement employer les mots suivants: *roi, tyran, loi, épouser, tuer, coucher, fille, mère, secours, gifle, «Je ne t'en veux pas», l'assistance, colère, se révolter.*

B. Demandez à un(e) camarade...

1. quels détails indiquent l'étendue[32] de ce royaume.
2. pourquoi on obéit au roi au début de l'histoire.
3. pourquoi le roi ne demande pas ses «droits» à l'occasion du mariage de sa fille.

---

31. *Infectait son amer fiel* = empoisonnait en laissant éclater ses sentiments acrimonieux.
32. *Étendue* (f.) = dimension en superficie.

4. qui le roi accuse de ne pas avoir réclamé ses droits.
5. de décrire comment les atrocités du roi deviennent de plus en plus graves.
6. quelle est la première impression que la mère fait sur le roi; quelle est la première impression que la mère fait sur nous.
7. ce que la mère dit au roi: pourquoi elle ne lui en veut pas; pourquoi elle pardonne au roi; en quoi consiste la grandeur de la mère; pourquoi il faut respecter la mère.
8. ce que la mère dit aux autres sujets.

Appréciation littéraire

C. La peinture des caractères.

1. Combien de personnages importants y a-t-il dans ce récit?
2. Comparez les techniques utilisées pour représenter ces personnages. Parvenons-nous à les connaître d'après ce qu'ils *disent,* d'après ce qu'ils *font* ou d'après leur *description* faite par l'auteur?
3. Pouvons-nous connaître le roi aussi bien que la mère? Combien de fois les paroles du roi sont-elles citées en style direct? Pourquoi?
4. Et le narrateur? Comment et pourquoi choisit-il de faire sentir sa présence?

D. Commentez le choix de vocabulaire dans ce texte. Consultez le dictionnaire pour identifier les différentes connotations qui rendent l'emploi d'un mot plus chargé et plus juste que l'emploi d'un autre.

1. «Les vieillards ont opposé une *digue* à mon plaisir.» se dit-il. Commentez l'emploi du mot *digue.* Quel autre mot Sembène aurait-il pu employer?
2. «... la mère enfante dans l'amour, met bas dans la douleur, et chérit dans le plus profond de ses sentiments ce *déchirement d'elle-même.* » Quel est *ce déchirement d'elle-même?* Commentez l'emploi du mot *déchirement.*
3. «Le roi, *beuglant,* hurlant de colère, infectait son amer fiel dans un langage vulgaire.» Quelles sont les connotations du mot *beuglant*?
4. «Soyez louées, femmes, *sources* intarissables, vous qui êtes plus fortes que la mort...» Commentez l'emploi du mot *source.*

Réactions personnelles

E. Est-ce un texte moral, selon vous? Contre quoi nous met-il en garde?

F. Cette mère a su protester efficacement contre l'injustice. Quels sont d'autres moyens dont on peut se servir pour protester contre l'injustice? Lesquels auraient pu réussir dans le royaume de cette histoire? Quels moyens de protestation réussissent dans votre société?

Aventure de la mémoire
Voltaire

Voltaire, nom de plume de François-Marie Arouet (1694–1778), était une des étoiles les plus brillantes du «Siècle des lumières». Philosophe et moraliste, historien, poète, auteur d'essais, de contes, de pièces de théâtre, d'articles encyclopédiques, correspondant prolifique, Voltaire a laissé une œuvre volumineuse. Le plus souvent, cet écrivain infatigable a engagé sa pensée et son style, sa verve, son humour mordant (ironie, satire) contre l'injustice, le dogme, les régimes oppressifs, les prétentions ridicules des hommes. Sa posture de combattant lui a valu l'exil en Angleterre où il a découvert les grands écrivains anglais et s'est intéressé aux mouvements philosophiques et scientifiques d'Outre-Manche.

Il tourne en ridicule la xénophobie, l'anglophobie même des Français, et s'inspire des érudits anglais en se plongeant dans les débats intellectuels de l'époque: la nature des connaissances, l'empirisme, le rôle des cinq sens, la mémoire, la réalité ou non-réalité de l'âme. Ces sujets n'ont encore presque rien perdu de leur actualité puisqu'ils se trouvent toujours au centre de l'argumentation scientifique et philosophique d'aujourd'hui: la psychologie, la linguistique et la neurologie cherchent toujours à définir la mémoire, la formation du langage, l'importance des sens et le réseau cérébral de l'information.

Dans l'«Aventure de la mémoire», Voltaire se moque des théories prises au sérieux par des gens dogmatiques ou intolérants en soumettant leurs positions à toute une batterie de techniques: ironie, parodie, satire, fabrication de noms propres absurdes, évocation de la mythologie gréco-latine comme s'il s'agissait d'une preuve historique et empirique.

Avant de lire «Aventure de la mémoire»

Préparation du vocabulaire

A. Les phrases suivantes contiennent certains mots que vous ne connaissez peut-être pas. Choisissez la définition qui convient à l'aide des mots entre parenthèses qui sont de la même famille.

1. Elle ordonna au genre humain de croire *désormais* aux idées innées...[33] (dès)
   Désormais veut dire (a) fermement (b) à partir du moment présent (c) le plus tard possible
2. Le scélérat osa avancer que les hommes et les femmes n'auraient jamais pu travailler en *tapisserie* s'ils n'avaient pas eu des *aiguilles* et des doigts pour les *enfiler*. (tapis) (aigu) (fil)

33. *Inné* = Qui existe déjà dans l'être humain quand il naît.

Une **tapisserie** est (a) une usine industrielle (b) une ville (c) un tissu décoratif
Une **aiguille** est (a) un ordinateur (b) un petit instrument pour coudre (c) un marteau
Enfiler signifie (a) passer un fil dans le trou d'une aiguille (b) rappeler le fils ingrat (c) apprendre aux filles la finance

3. Elles aimaient tendrement leur mère, à laquelle ces neuf filles sont *redevables* de tout ce qu'elles savent. (vous devez, nous devons...)
   Redevable signifie (a) pédant (b) qui doit de l'argent (c) qui a de l'obligation, de la gratitude
4. Elles imaginèrent un moyen d'*éclairer* les hommes en les *punissant.* (clair) (punition)
   Éclairer signifie (a) illuminer (b) faire manger (c) mettre dans des écuries lumineuses
   Punir signifie (a) faire des jeux de mots (b) réprimander, infliger une sanction (c) purifier
5. Les hommes avaient blasphémé la mémoire; les muses leur ôtèrent ce *don* des dieux... (donner)
   Un **don** est (a) un titre espagnol (b) une prison (c) ce qui est donné gratuitement, un talent

B. Redites les phrases suivantes en remplaçant les mots en italique par les mots analogues de la liste. Faites tous les autres changements nécessaires dans la phrase.

adjectifs	*noms*	*verbes*
chimérique	**cerveau**	**s'appesantir**
hébété	**crin**	**ôter**
informe	**écurie**	**proscrire**
	espèce	**supplier**

1. On trouvait très beau *«le poil long du cou»* du cheval.
2. Quand une dame entrait, les hommes *«enlevaient»* leur chapeau.
3. Un monstre *«imaginaire»* a terrorisé le petit garçon.
4. De nos jours, on *«interdit»* les exécutions publiques.
5. Il était *«rendu stupide»* par les drogues.
6. *«Le site de ma fonction cérébrale»* ne marche plus, je suis tellement fatiguée.
7. Quand on s'endort, les paupières *«deviennent très lourdes.»*
8. Le *«genre»* humain se distingue de tous les autres.

C. Complétez les phrases en choisissant une des professions proposées.

1. Si vous avez une vocation religieuse, vous pourriez un jour devenir...
   a. cabaretière
   b. archevêque
   c. voleur

2. Quelqu'un qui s'occupe des chevaux est...
   a. palefrenier
   b. géomètre
   c. coiffeur
3. Si vous étudiez la nature de l'homme et de l'univers et les problèmes de l'existence, vous êtes...
   a. domestique
   b. valet
   c. philosophe
4. Si vous employez souvent le terme πr^2, vous êtes peut-être...
   a. présidente
   b. voleur
   c. géomètre
5. Si vous êtes mariée avec le président, vous êtes...
   a. présidente
   b. archevêque
   c. cabaretière

Préparation des structures

D. Pour contrôler votre compréhension passive de l'imparfait du subjonctif (voir p. 230), dites (1) quel est l'infinitif du verbe en italique et (2) pourquoi on emploie le subjonctif dans cette situation.

1. Ce dogme fut reçu universellement, quoique ce *fût* une vérité.
2. Les idées sont innées chez vous avant qu'aucun de vos sens *pût* agir.
3. Un cheval se trouva présent au jugement que prononcèrent ces messieurs, quoiqu'il ne *fût* pas de la même espèce, et qu'il y *eût* entre lui et eux plusieurs différences.
4. Les muses leur ôtèrent ce don des dieux, afin qu'ils *apprissent* une bonne fois ce qu'on est sans son secours.

Préparation historique

E. Dans l'«Aventure de la mémoire» Voltaire, adepte passionné de l'œuvre des Anglais Newton[34] et Locke,[35] soutient leur empirisme[36] contre les idées reçues de la science et de la philosophie cartésiennes. Pour Descartes (17e siècle), les connaissances dérivent essentiellement des idées innées. Au contraire, certains philosophes français du

34. Sir Isaac Newton(1642–1727), mathématicien, savant et philosophe anglais qui découvrit les lois de l'attraction universelle et inventa le calcul différentiel.
35. John Locke (1632–1704), philosophe anglais, auteur de *L'Essai sur l'entendement humain* dans lequel il rejette les idées innées et proclame que toutes nos connaissances sont fondées sur l'expérience, en particulier sur les sens (expérience extérieure) et la réflexion (expérience intérieure).
36. *Empirisme* (m.) = doctrine philosophique qui fonde toutes nos connaissances uniquement sur l'expérience, en particulier sur les sens.

18e siècle secondent les théories anglaises: tout ce qu'on sait vient de l'expérience réelle en passant par les sens. Grâce à la mémoire, les expériences des sens sont reliées. Cela donne une forme cohérente à l'intelligence.

Par une contradiction—que Voltaire ridiculise—la faculté de théologie de l'Université de Paris, la Sorbonne, épouse la position classique de Descartes dont l'œuvre entière a été condamnée par l'Église! L'ordre des jésuites (les loyolistes) s'accorde avec leurs ennemis mortels les jansénistes, avec l'appui des juges théologiques, pour disputer la primauté des sens.

Face à cette alliance étrange de théologiens et de penseurs traditionnels, Voltaire, bien entendu, se range du côté des philosophes modernes du «Siècle des lumières» (voir l'introduction, plus haut) pour qui le dogme et l'absolutisme ecclésiastiques refusent la vraie science. Défendant la cause des sens et de la mémoire, Voltaire nous raconte une fable allégorique où les neuf Muses, filles de Mnémosyne, déesse grecque de la Mémoire, décident de venger leur mère en contrariant les adhérents aux idées innées.

Préparation culturelle

F. Pour rendre sa critique plus amusante—et aussi plus efficace et moins dangereuse pour lui—Voltaire déguise les noms des objets de son attaque par des noms ridicules, juste assez déformés pour être encore reconnaissables. Pour mieux apprécier la satire, il faut comprendre ce que représentent ces noms. Parcourez rapidement le texte afin de repérer le nom déguisé de...

1. **La Sorbonne:** Aujourd'hui le site des Universités de Paris III et IV, la Sorbonne était, avant la Révolution de 1789, le lieu des débats de la faculté de théologie. La Sorbonne se mêlait donc des disputes religieuses et censurait les ouvrages non conformes au dogme ecclésiastique.
2. **Les jansénistes:** Les disciples de Corneille Jansénius (1589–1638), théologien hollandais dont l'influence se manifesta en France à l'abbaye de Port-Royal des Champs, détruite par Louis XIV en 1710. Les jansénistes interprétaient l'œuvre de Saint Augustin, grand théologien catholique, de telle manière que sa doctrine ressemblait fort à celle du protestant Jean Calvin. Cette pensée fut fort combattue par les jésuites.
3. **Les loyolistes** (= les jésuites)**:** Saint Ignace de Loyola fonda en 1539 la Compagnie de Jésus, ordre religieux missionnaire voué à l'enseignement, et qui finit par avoir une influence énorme sur l'église romaine et les monarchies catholiques. Voltaire s'attaqua inlassablement à leurs activités.

4. Les membres du Parlement, le tribunal (en grec = **dicasterion**): Avant la Révolution de 1789, le Parlement de Paris était un organisme de justice royal. Mais il s'occupait de politique et de religion autant que de justice.

Pour mieux lire

G. Vous avez déjà considéré comment le début d'un texte peut donner une notion de la suite: quelles sortes de discours, d'événements, de personnages, d'idées, etc. Lisez les *deux premiers* paragraphes de cette histoire.

1. De quoi est-ce que vous vous souvenez en particulier après cette lecture rapide? Quelles sont les caractéristiques du récit jusqu'ici?
2. Parmi les extraits suivants, déterminez, en vous servant de vos observations, lequel ne fait pas partie du texte de Voltaire et précisez les raisons de votre choix.
   - Les femmes, qui n'ont eu que très rarement l'instinct d'embrasser leurs maris, rejetèrent leurs caresses dégoûtantes avec aigreur.
   - La Nonsobre condamna cette proposition, non parce qu'elle était ridicule, mais parce qu'elle était nouvelle: cependant, lorsque ensuite un Anglais se fut mis à prouver, et même longuement, qu'il n'y avait point d'idées innées, que rien n'était plus nécessaire que les cinq sens, que la mémoire servait beaucoup à retenir les choses reçues par les cinq sens, elle condamna ses propres sentiments, parce qu'ils étaient devenus ceux d'un Anglais.
   - On n'a pas le droit de faire ça n'importe comment. Mais à quoi bon préciser davantage. Temps et lieu choisis avec soin, le reste va de soi. Tous les accessoires sont permis. On peut aussi s'en passer. Ah oui, la durée, attention à la durée. Ne pas excéder sept minutes, nous l'avons dit. S'en tenir à cinq minutes, si possible.
   - Ceux qui avaient le plus de génie pour se procurer le nécessaire (et c'étaient les gens du peuple) trouvèrent un peu à vivre: les autres manquèrent de tout.
3. En lisant la suite de ce conte, notez de quoi Voltaire se moque et de quelle manière.

Aventure de la mémoire

Le genre humain pensant, c'est-à-dire la cent millième partie du genre humain tout au plus, avait cru longtemps, ou du moins avait souvent répété que nous n'avions d'idées que par nos sens, et que la mémoire est le seul instrument par lequel nous puissions joindre deux idées et deux mots ensemble.

C'est pourquoi Jupiter,[38] représentant la nature, fut amoureux de Mnémosyne, déesse de la mémoire, dès le premier moment qu'il la vit; et de ce mariage naquirent les neuf muses, qui furent les inventrices de tous les arts.

Ce dogme, sur lequel sont fondées toutes nos connaissances, fut reçu universellement, et même la Nonsobre l'embrassa dès qu'elle fut née, quoique ce fût une vérité.

Quelque temps après vint un argumenteur, moitié géomètre, moitié chimérique, lequel argumenta contre les cinq sens et contre la mémoire; et il dit au petit nombre du genre humain pensant: «Vous vous êtes trompés jusqu'à présent, car vos sens sont inutiles, car les idées sont innées chez vous avant qu'aucun de vos sens pût agir, car vous aviez toutes les notions nécessaires lorsque vous vîntes au monde; vous saviez tout sans avoir jamais rien senti; toutes vos idées, nées avec vous, étaient présentes à votre intelligence, nommée *âme,* sans le secours de la mémoire. Cette mémoire n'est bonne à rien.»

La Nonsobre condamna cette proposition, non parce qu'elle était ridicule, mais parce qu'elle était nouvelle: cependant, lorsque ensuite un Anglais[39] se fut mis à prouver, et même longuement, qu'il n'y avait point d'idées innées, que rien n'était plus nécessaire que les cinq sens, que la mémoire servait beaucoup à retenir les choses reçues par les cinq sens, elle condamna ses propres sentiments, parce qu'ils étaient devenus ceux d'un Anglais. En conséquence elle ordonna au genre humain de croire désormais aux idées innées, et de ne plus croire aux cinq sens et à la mémoire. Le genre humain, au lieu d'obéir, se moqua de la Nonsobre, laquelle se mit en telle colère qu'elle voulut faire brûler un philosophe. Car ce philosophe avait dit qu'il est impossible d'avoir une idée complète d'un fromage à moins d'en avoir vu et d'en avoir mangé; et même le scélérat osa avancer que les hommes et les femmes n'auraient jamais pu travailler en tapisserie s'ils n'avaient pas eu des aiguilles et des doigts pour les enfiler.

Les liolisteois se joignirent à la Nonsobre pour la première fois de leur vie, et les séjanistes, ennemis mortels des liolisteois, se réunirent pour un moment à eux. Ils appelèrent à leurs secours les anciens dicastériques, qui étaient de grands philosophes; et tous ensemble, avant de mourir, proscrivirent la mémoire et les cinq sens, et l'auteur qui avait dit du bien de ces six choses.

Un cheval se trouva présent au jugement que prononcèrent ces messieurs, quoiqu'il ne fût pas de la même espèce, et qu'il y eût entre lui et eux plusieurs différences, comme celle de la taille, de la voix, de l'égalité, des crins et des oreilles; ce cheval, dis-je, qui avait du sens aussi

38. *Jupiter* (Zeus, en grec) = dans la mythologie latine, dieu suprême de tous les dieux, dieu du ciel, de la lumière, de la foudre et du tonnerre.
39. John Locke (voir note 35).

bien que des sens, en parla un jour à Pégase[40] dans mon écurie; et Pégase alla raconter aux muses cette histoire avec sa vivacité ordinaire.

Les muses, qui depuis cent ans avaient singulièrement favorisé le pays longtemps barbare où cette scène se passait,[41] furent extrêmement scandalisées; elles aimaient tendrement Mémoire ou Mnémosyne leur mère, à laquelle ces neuf filles sont redevables de tout ce qu'elles savent. L'ingratitude des hommes les irrita. Elles ne firent point de satires contre les anciens dicastériques, les liolisteois, les séjanistes et la Nonsobre, parce que les satires ne corrigent personne, irritent les sots, et les rendent encore plus méchants. Elles imaginèrent un moyen de les éclairer en les punissant. Les hommes avaient blasphémé la mémoire; les muses leur ôtèrent ce don des dieux, afin qu'ils apprissent une bonne fois ce qu'on est sans son secours.

Il arriva donc qu'au milieu d'une belle nuit tous les cerveaux s'appesantirent, de façon que le lendemain matin tout le monde se réveilla sans avoir le moindre souvenir du passé. Quelques dicastériques, couchés avec leurs femmes, voulurent s'approcher d'elles par un reste d'instinct indépendant de la mémoire. Les femmes, qui n'ont eu que très rarement l'instinct d'embrasser leurs maris, rejetèrent leurs caresses dégoûtantes avec aigreur. Les maris se fâchèrent, les femmes crièrent, et la plupart des ménages en vinrent aux coups.

Messieurs, trouvant un bonnet carré,[42] s'en servirent pour certains besoins que ni la mémoire ni le bon sens ne soulagent. Mesdames employèrent les pots de leur toilette[43] aux mêmes usages. Les domestiques, ne se souvenant plus du marché qu'ils avaient fait avec leurs maîtres, entrèrent dans leurs chambres sans savoir où ils étaient; mais comme l'homme est né curieux, ils ouvrirent tous les tiroirs; et comme l'homme aime naturellement l'éclat de l'argent et de l'or, sans avoir pour cela besoin de mémoire, ils prirent tout ce qu'ils en trouvèrent sous la main. Les maîtres voulurent crier «au voleur»; mais l'idée de «voleur» étant sortie de leur cerveau, le mot ne put arriver sur leur langue. Chacun ayant oublié son idiome articulait des sons informes. C'était bien pis[44] qu'à Babel,[45] où chacun inventait sur-le-champ une langue nouvelle. Le sentiment inné dans le sens des jeunes valets pour les jolies femmes agit si puissamment que ces insolents se jetèrent étourdiment sur les premières femmes ou filles qu'ils trouvèrent, soit cabaretières, soit présidentes; et celles-ci, ne se souvenant plus des leçons de pudeur, les laissèrent faire en toute liberté.

---

40. *Pégase* = le cheval ailé de la mythologie grecque. Né du sang de Méduse quand Persée lui trancha la tête et considéré comme le symbole de l'inspiration poétique.
41. La France. La littérature française se distinguait par une longue suite de chefs-d'œuvre au 17e et au 18e siècles.
42. *Bonnet carré* (m.) = symbole de professeur à la Sorbonne.
43. Avant l'eau courante, on se lavait (= *on faisait sa toilette*) avec de l'eau dans de grands récipients *(pots)*.
44. *Pis* = pire (voir Leçon 8, *Exagérer et insister*, page 290).
45. *Babel:* D'après la Bible, Dieu a rendu la communication impossible en créant des langues différentes lorsque les fils de Noë ont voulu atteindre le ciel avec la construction d'une immense tour à Babel.

Les maris se fâchèrent les femmes crièrent, et la plupart des ménages en vinrent aux coups.

Il fallut dîner; personne ne savait plus comment il fallait s'y prendre. Personne n'avait été au marché ni pour vendre ni pour acheter. Les domestiques avaient pris les habits des maîtres, et les maîtres ceux des domestiques. Tout le monde se regardait avec des yeux hébétés. Ceux qui avaient le plus de génie pour se procurer le nécessaire (et c'étaient les gens du peuple) trouvèrent un peu à vivre: les autres manquèrent de[46] tout. Le premier président, l'archevêque, allaient tout nus, et leurs palefreniers étaient les uns en robes rouges, les autres en dalmatiques:[47] tout était confondu, tout allait périr de misère et de faim, faute de s'entendre.

Au bout de quelques jours les muses eurent pitié de cette pauvre race: elles sont bonnes, quoiqu'elles fassent sentir quelquefois leur colère aux méchants; elles supplièrent donc leur mère de rendre à ces blasphémateurs la mémoire qu'elle leur avait ôtée. Mnémosyne descendit au séjour des contraires, dans lequel on l'avait insultée avec tant de témérité, et leur parla en ces mots:

«Imbéciles, je vous pardonne; mais ressouvenez-vous que sans les sens il n'y a point de mémoire, et que sans la mémoire il n'y a point d'esprit.»

À propos du texte

A. Expliquez la dispute dont il est question dans ce conte. Qui contredit qui?

B. Finissez les phrases suivantes.

1. Jupiter et Mnémosyne sont les parents de...
2. Il y a une dispute à propos de... entre... et...
3. Pégase apprend les détails de la dispute et les raconte à...
4. Les muses décident de punir les hommes en...
5. Quand les gens se réveillent, ils ne... plus...
6. Les hommes ne...
7. Les femmes ne...

46. *Manquèrent de* = n'avaient pas en quantité suffisante.
47. *Dalmatique* (f.) = vêtement orné des empereurs, des rois, des évêques.

8. Les muses réagissent au désordre en...
9. Mnémosyne dit aux hommes...
10. L'effet de cette aventure est que...

Appréciation littéraire

C. Expliquez comment Voltaire se moque des gens, des institutions et des phénomènes suivants.

1. la Sorbonne
2. l'argumentation
3. les philosophes
4. le mariage
5. la hiérarchie sociale
6. le désir et la pudeur
7. les jansénistes
8. la xénophobie

D. Si l'esprit de Voltaire est caractéristique de son époque, peut-on aussi dire que son esprit (de contradiction) est typiquement français? Justifiez votre réponse en alléguant des exemples littéraires.

Réactions personnelles

E. Y a-t-il encore aujourd'hui des disputes philosophiques qui excitent les gens? Choisissez-en une (par exemple: l'hérédité ou l'environnement; l'évolution ou la création, etc.). Satirisez la dispute en poussant à l'extrême les deux côtés, et, si vous voulez, en donnant aux dieux un rôle à jouer dans votre histoire.

F. Quel parti prenez-vous dans la dispute principale de ce conte?

Mise en perspective

1. **Infractions.** Comment peut-on se tirer d'affaire[48] quand on transgresse, volontairement ou involontairement, une règle d'étiquette, le code culturel ou une loi nationale? Basez vos commentaires sur les textes que vous venez de lire.

2. **Rapports.** Dans les trois textes de cette leçon, il s'agit de rapports entre des gens qui ne sont pas d'accord ou qui ont des différences fondamentales. À quel point doit-on être méticuleux dans ses rapports avec les autres? Quand faut-il dire et quand ne faut-il pas dire que l'autre a tort?

3. **Protestations.** Expliquez quel procédé est le plus efficace: disputer immédiatement un point contestable ou attendre pour écrire—à tête reposée et après reflexion—une lettre (ou un mémorandum, un article) pour démontrer son point de vue.

4. **Stratégies.** Contrastez l'approche de la mère (de Sembène) et celle des muses (de Voltaire) pour rectifier les injustices.

48. *Se tirer d'affaire* = trouver le moyen de sortir d'une situation difficile.

LEÇON 10

Ordonner et interdire

Nous rêvons parfois de liberté absolue: tous nos désirs seraient réalisés instantanément. Combien cet état paradisiaque est loin de la réalité! Pour la moindre satisfaction quotidienne, on est obligé de réclamer, quelquefois bruyamment, les conditions nécessaires à son bien-être ordinaire (*«Passe-moi le pain, s'il te plaît!»*). Et quand il s'agit d'une chose importante, il faut insister. Tous les moyens sont bons, même le chantage. (*«Envoie-moi d'urgence $200! Sinon... »*). Évidemment, ces demandes intéressées peuvent s'exprimer avec délicatesse (*«Voudriez-vous bien, cher monsieur, avoir l'amabilité de répondre au plus vite à ma lettre?»*).

Si seulement cela pouvait suffire d'ordonner et de commander opportunément. Mais encore faut-il aussi se défendre contre les gens qui abusent de vos droits, envahissent votre territoire ou risquent de vous mettre dans une situation compromettante (*«Ne prends surtout pas mon pull gris bleu!»; «N'entre pas! je suis occupé!»; «Ne lui raconte pas où j'étais hier soir!»*).

L'homme est un animal social qui a besoin des uns et doit parfois se protéger contre les autres. Ordonner et interdire sont deux nécessités inhérentes à cette condition humaine.

—Alors, tu nous feras un civet[1] de lapin!

—Bien entendu. Et toi, tu apporteras un bouquet de fleurs fraîches pour la table!

—Cela va sans dire, voyons. Pour demain, prépare un gigot[2] à l'ail.[3]

—D'accord. Au fait, tu n'oublieras pas de téléphoner à l'agence pour qu'on nous organise un week-end à Venise!

—Pas de problème! Faisons les valises! En attendant, fais des petits gâteaux au beurre, s'il te plaît!

—Je ne demande pas mieux. Tu m'offres encore du bon champagne?

—Voilà... Et j'aimerais que tu serves un soufflé aux champignons comme entrée!

—Tout ce que tu voudras! Mais j'aurai besoin de provisions. Je dois dire qu'il me faut une nouvelle voiture pour aller faire mes courses!

—C'est chose faite! Maintenant, mets-toi à l'œuvre. Tu peux commencer la tarte aux cerises. Et je t'en prie, enlève ces menottes![4]

---

1. *Civet* (m.) = plat de viande et de légumes coupés en morceaux et cuits dans une sauce.
2. *Gigot* (m.) = cuisse de mouton.
3. *Ail* (m.) = plante bulbeuse, comme l'oignon, à l'odeur très forte.
4. *Menottes* (f.pl.) = liens métalliques qu'on met aux poignets des prisonniers.

Structures

L'impératif

1. L'impératif est le mode verbal de commandement (ordonner, défendre, interdire, exhorter, prier). Il existe seulement à trois formes (**tu, nous, vous**) dérivées du présent de l'indicatif.

> **Finis** tes courses tout de suite.
> **Éliminons** d'emblée l'autobus. (Serreau)
> **Ne négligez pas** votre passe-temps favori. (Waldner)
> **Allez** au contraire en Chine où la culture est millénaire... (Serres)

LA FORMATION DE L'IMPÉRATIF

On construit l'impératif en éliminant le pronom sujet de la forme **tu, nous** ou **vous** de l'indicatif.

présent	impératif
tu dis	**Dis** à ta grand-mère ce que tu veux!
nous revenons	Pourtant... **revenons** à la boîte, pour en finir. (Ponge)
vous voyez	**Voyez** cette femme qui a quatre-vingts ans, et qui met des rubans couleur de feu... (Montesquieu)

1. Trois verbes sont irréguliers à l'impératif.

avoir:	**aie!**	**ayons!**	**ayez!**
être:	**sois!**	**soyons!**	**soyez!**
savoir:	**sache!**	**sachons!**	**sachez!**

> Vieille, si tu as une fille, **sache** que je ne reçois pas dans la journée. (Sembène)
> **Soyez** sûrs cependant qu'avant ce geste, l'enfant désespéré et vindicatif a songé à tout. (Colette)

2. À la forme **tu**, on supprime le **-s** final des verbes en **-er** et des verbes du type **ouvrir** (**offrir, couvrir, souffrir,** etc.), mais on garde le **-s** de tous les autres verbes.

	aller	tu vas	**Va** le voir si tu veux.
	regarder	tu regardes	**Regarde**, dit-elle, fainéant! (Michaux)
	offrir	tu offres	**Offre**-lui tes excuses.
Mais:	**finir**	tu finis	**Fini*s*** tes devoirs!
	descendre	tu descends	**Descend*s*** à la cave.
	dormir	tu dors	**Dor*s*** bien!

3. Pour former l'impératif négatif, on ajoute **ne** devant le verbe et **pas** (**jamais, rien**, etc.) après (voir page 195).

Perdez!	**Ne** perdez **pas** le contrôle de vos réactions. (Waldner)
Lisons!	**Ne** lisons **plus!**
Mens!	**Ne** mens **jamais!**
Laissez!	**Ne** laissez **rien** au hasard. (Waldner)

2. L'impératif avec pronoms

- À l'impératif affirmatif (contrairement à l'indicatif), les pronoms objets (y compris les pronoms réfléchis) *suivent* le verbe. Le pronom est attaché au verbe par un trait d'union.

  Notons-**le!**
  Allez-**y** sur la pointe des pieds... (Waldner)
  Asseyez-**vous!**
  Repoussez-**les**, vous sombreriez dans le pathétique. (Serreau)

  Attention: On garde le **-s** final des verbes en **-er** (et des verbes du type **offrir**) à la forme **tu** quand l'impératif est suivi d'un pronom qui commence par une voyelle.

Va!	*Mais:* Va**s**-y!
Mange!	*Mais:* Mange**s**-en!
Offre!	*Mais:* Offre**s**-en à ton frère!

  Remarquez: **Me** et **te**, en dernière position, deviennent **moi** et **toi**.

  Madame, faites-**moi** la grâce de me dire si c'est pour rire que vous appelez cette demoiselle... votre nièce? (Montesquieu)
  Mon mari, qui êtes si riche! Achetez-**moi** quelque chose de bien cher... (Daudet)
  «Eh, tue-**toi**, mauvais gamin!» (Colette)
  Si, tais-**toi,** jure-**moi**... écoute... eh bien, tu es décoré! (Maupassant)

- À l'impératif négatif, l'ordre des pronoms objets ne diffère pas de l'indicatif: **ne** + pronom + verbe + **pas** (**jamais**, **rien**, etc.)

Ne nous regardez **pas**!
Ne me promets **rien**!
N'en parlons **plus**!
Seigneur! **Ne me** parlez **plus** de ça. (Colette)
Ne vous exposez à **aucun** risque, même minime... (Waldner)

- Avec deux pronoms objets à l'impératif affirmatif, l'ordre des mots est verbe + objet direct + objet indirect + **y** + **en**. Tous les éléments, verbes et pronoms objets, sont reliés par des traits d'union.

Demandez-**le-moi!**
Allez-**vous-en!**

- Avec deux pronoms objets au négatif, l'ordre des pronoms est le même que pour une phrase à l'indicatif.[5]

Ne me le demandez **pas!**
Ne m'en parle **pas!**
Ne t'en fais **pas!** (= Ne te préoccupe pas de cela!)
Ne nous y fions **pas!** (Serreau) (= Ne faisons pas confiance à cela!)

A. Une installation amicale. Votre ami(e) vous aide à déménager et à emménager. En employant l'impératif familier (**tu**), dites-lui de...

1. mettre votre valise dans votre chambre
2. arranger un peu les chaises
3. ranger les livres sur l'étagère
4. transporter délicatement votre stéréo
5. déballer[6] les verres
6. ne pas ouvrir les fenêtres
7. ne pas marcher sur les cartons marqués «fragiles»
8. ne pas oublier votre perroquet
9. aller chercher vos plantes
10. fixer votre miroir sur la porte
11. faire attention à votre vase antique
12. vous apporter un carton vide
13. vous aider à pousser le canapé
14. vous donner son avis pour placer les tableaux
15. ne pas s'arrêter de travailler
16. ne pas trop se dépêcher
17. ne pas s'en aller sans boire quelque chose
18. se reposer s'il(si elle) est fatigué(e)

---

5. Voir le tableau avec l'ordre des pronoms objets, Leçon 5 *Indiquer la chronologie,* page 194.
6. *Déballer* = ouvrir une caisse et enlever le contenu.

B. Un! deux! trois! Vous allez enseigner un cours de culture physique. Que direz-vous aux gens inscrits au cours? Choisissez parmi les ordres suivants:

respirer profondément
se détendre
se pencher en avant
se relever
plier les genoux dix fois
lever les bras dix fois
courir sur place
se tâter le pouls[7]
se mettre par terre
lever les jambes vingt-cinq fois
faire dix abdominaux
se reposer

▷ *Respirez profondément!*

C. Qu'est-ce qu'on fait ce soir? Vous et vos amis aimeriez bien passer une soirée agréable. Chaque personne a une idée et propose aux autres de...

▷ vous mettre d'accord
Mettons-nous d'accord.

▷ acheter le journal
Achetons le journal.

1. regarder sur le journal les programmes de cinéma
2. aller voir un film français
3. sortir au restaurant
4. faire une boum
5. aller dans une discothèque
6. jouer aux cartes
7. préparer un dîner gastronomique
8. ne pas oublier vos cartes d'étudiant
9. ne pas aller au bowling
10. ne pas vous disputer

Autres moyens de donner des ordres

1. Dans la langue écrite, l'infinitif est souvent employé avec un sens impératif pour énoncer une règle ou une information générale et impersonnelle qui s'adresse à tout le monde.

> **Voir** la page 175. = Regardez la page 175.
> **S'adresser** à la concierge. = Adressez-vous à la concierge.
> Pour obtenir la liste des points de vente ou tout autre renseignement, **écrire** ou **téléphoner** à CLOTHILDE. = ...écrivez ou téléphonez à CLOTHILDE.
> **Ne pas excéder** sept minutes. (Serreau) = N'excédez pas sept minutes.

7. *Se tâter le pouls* = compter le nombre de pulsations cardio-vasculaires par minute.

2. Le futur est quelquefois employé comme impératif.

> **Vous ferez** ce travail pour lundi.
> **On se méfiera** également des rues désertes. (Serreau)
> ... **vous ne discuterez pas** la valeur des informations du *Times* de Londres... (Grenier)

3. On exprime un ordre ou un souhait à la troisième personne du singulier ou du pluriel en employant le subjonctif.

- **Que** + proposition au subjonctif s'emploie également dans la langue parlée et littéraire.

> **Qu'***elles viennent* me voir!
> **Que** *personne ne bouge!*
> **Qu'***ils soient* tous soldats. (Diderot)
> Et puis **que** *chacun garde* ses propres chèvres. (Séfrioui)

Il n'y a qu'un degré de différence dans le passage du souhait (vœu ou désir) à l'ordre. Les deux entraînent le subjonctif. Cependant, quand l'action voulue dépend plus d'un vœu que d'un ordre, le **que** est omis dans les circonstances suivantes.

a. Dans une expression fixe

> **Vive** la France!
> **Vivent** les Américains!

b. Avec le verbe **pouvoir** + sujet + infinitif

> ... **puisse** *la révolution... instruire* ceux qui gouvernent les hommes sur le légitime usage de leur autorité! (Diderot)
> **Puissent** *ces braves Américains... prévenir* l'accroissement énorme et l'inégale répartition de la richesse... (Diderot)

4. Il y a plusieurs formules fixes pour les ordres et les interdictions qui s'adressent à tout le monde.

> **... interdit**
> **défense de...**
> **il est interdit de... (Il est formellement interdit de...)**
> **prière de...**
> **on est prié de...**

> Stationnement **interdit.**
> **Défense de** fumer.
> **Il est formellement interdit de** marcher sur la pelouse.
> **Prière de** faire suivre.[8]
> **On est prié de** garder le silence.

8. *Prière de faire suivre* = Envoyez à la nouvelle adresse, s'il vous plaît; "Please forward."

5. Exprimer la nécessité et l'obligation

- Les expressions de nécessité peuvent être simplement suivies d'un infinitif si l'ordre est général.

  a. Il faut + infinitif

  Il fallut *dîner;* personne ne savait plus comment **il fallait** *s'y prendre.* (Voltaire)
  «**Il ne faut** surtout **pas** *confondre* les dromadaires et les chameaux... » (Prévert)
  Il faudra *soigner* les détails. (Waldner)

  Remarquez: **Il faut** peut prendre un nom ou un pronom.

  Faut-il *du sel?*
  Oui, **il** *en* **faut**.

  b. Il est nécessaire (indispensable, essentiel, préférable, souhaitable, etc.) + **de** + infinitif

  Il est nécessaire de *déposer* la déclaration au commissariat de police.
  Il est indispensable d'*avoir* un visa pour aller en Pologne.
  Il serait préférable d'y *aller* aujourd'hui.
  Il était plus **souhaitable de** *signer* le contrat que de risquer un délai.

  c. Les expressions **il faut** et **il est nécessaire (indispensable, essentiel, préférable, souhaitable,** etc.) peuvent prendre un pronom objet indirect si l'ordre est donné à quelqu'un de spécifique.

  Il **vous** sera indispensable de parler directement au maire.
  Il **lui** faudra remplir ce formulaire.

- Les expressions de nécessité ou de volonté peuvent également être suivies d'une proposition au subjonctif si l'ordre est donné à quelqu'un de spécifique.

  Il fallait que *tu* le *voies* immédiatement.
  Il faut Madame **que** *vous décidiez* un pari que j'ai fait... (Montesquieu)
  Il faut que *ta mission soit* terminée. (Maupassant)
  Puisqu'il ne va pas à l'instruction, **il faut que** *l'instruction vienne* à lui, etc. (Maupassant)

- L'expression **avoir besoin de** exprime la nécessité.

  avoir besoin de + { infinitif / nom }

  Dès que le chic **a besoin d'***être expliqué,* il n'est plus le chic. (Lagerfeld)
  Avec mes ennemis j'**aurais besoin de** *griffes* et **de** *dents.* (Séfrioui)
  Toute chose qui **a besoin d'***une explication* ne la vaut pas. (Voltaire)

  Remarquez: Pour exprimer la nécessité d'une chose *spécifique,* on emploie l'article défini après **avoir besoin de**. Pour exprimer la nécessité d'une chose *non spécifique,* on emploie l'article indéfini.

Mais pour exprimer la nécessité d'une chose dont la *quantité* est *indéterminée*, on n'emploie pas d'article.

J'ai besoin **de la** voiture dans le garage. (une voiture spécifique)
J'ai besoin **d'une** voiture. (n'importe quelle voiture, mais *une* voiture suffit)
Mais: J'ai besoin **de** pain. (la quantité de pain n'est pas spécifiée)

Remarquez: On peut aussi parler simplement du **besoin de** sans employer le verbe **avoir**.

Le principal trait de mon caractère: **Le besoin d'***être* aimé et, pour préciser, **le besoin d'***être* caressé et gâté bien plutôt que **le besoin d'***être* admiré. (Proust)
Le besoin d'*eau* nous forçait à pousser encore plus loin dans le désert.

- L'expression **avoir à** + infinitif veut dire **être obligé de** + infinitif.

Nous avons à *faire* ce travail.
Nous sommes obligés de *faire* ce travail. } = Il faut que nous fassions ce travail.

- **Devoir** + infinitif peut exprimer l'obligation.

Tu **dois** *partir* à midi.
Vous **devez** *vous dépêcher.*
Je **dois** *quitter* la grotte, elle est trop hospitalière. (Séfrioui)

D. Soupe du jour. Voici le mode d'emploi que vous trouvez dans le paquet de soupe que vous venez d'acheter. Pour chaque action, indiquez ce qu'il faut que vous fassiez. Employez aussi les adverbes de transition (*d'abord, et puis,* etc.).

▷ Verser le contenu dans un litre d'eau froide.
D'abord, il faut que je verse le contenu de ce paquet dans un litre d'eau froide.

1. Tourner doucement.
2. Faire bouillir.
3. Laisser cuire à feu doux pendant 10 minutes.
4. Verser dans des assiettes creuses.
5. Garnir de persil.
6. Servir chaud.

E. Pour le bonheur du couple. Vous êtes le patron(la patronne) d'une petite entreprise qui s'occupe du nettoyage et de la cuisine pour les couples qui travaillent. Vous donnez des ordres à vos employés en utilisant le futur.

▷ Il faut qu'ils nettoient la maison.
Vous nettoierez la maison.

1. Il faut qu'ils n'écoutent pas la radio en travaillant.
2. Il faut qu'ils répondent au téléphone et qu'ils prennent les messages.

3. Il faut qu'ils fassent les lits.
4. Il faut qu'ils cirent[9] les meubles.
5. Il faut qu'ils lavent les fenêtres.
6. Il faut qu'ils promènent le chien.
7. Il faut qu'ils mettent le couvert.[10]
8. Il faut qu'ils préparent le dîner.
9. Il faut qu'ils fassent la vaisselle.
10. Il faut qu'ils passent l'aspirateur.[11]

F. Pour le bien-être du monde. Formulez deux souhaits pour chaque phrase en employant *que* + proposition au subjonctif et *Puisse(nt)* + sujet + infinitif.

▷ Tout le monde aura un logement convenable.
Que tout le monde ait un logement convenable!
Puisse tout le monde avoir un logement convenable!

1. Toutes les nations vivront en paix.
2. Les gens de toute race s'entendront bien.
3. Les enfants de partout auront assez à manger.
4. L'homme trouvera un remède à toutes les maladies.
5. La pollution de la nature cessera.

G. C'est défendu! Voici des interdictions générales. Dites en employant une structure au subjonctif ce que vous ne pouvez pas faire, et indiquez à quel endroit on trouverait cette interdiction.

▷ Défense d'entrer.
Il ne faut pas que j'entre. On trouverait cette interdiction peut-être sur la porte d'une centrale nucléaire.

1. Défense de fumer.
2. Prière de ne rien jeter par la fenêtre.
3. Il est formellement interdit de donner à manger aux animaux.
4. Défense d'afficher.
5. Ne pas se pencher au dehors.
6. Prière de ne pas toucher aux œuvres d'art.
7. Entrée interdite.
8. Défense de se baigner.
9. Défense de stationner.
10. Prière de ne pas descendre avant l'arrêt.

9. *Cirer* = faire briller en frottant avec de la cire.
10. *Mettre le couvert* = mettre les assiettes, les verres, les couteaux et les fourchettes sur la table.
11. *Passer l'aspirateur* = enlever la poussière des tapis et du parquet à l'aide d'un aspirateur.

H. Vos instructions à un traiteur.[12] Vous préparez une grande soirée. Employez le verbe *devoir* pour donner vos instructions au traiteur.

▷ Je voudrais que vous prépariez une grande variété de hors-d'œuvre.
Vous devez préparer une grande variété de hors-d'œuvre.

1. Mettez le couvert avant cinq heures.
2. Il faut que nous nous mettions d'accord sur les desserts.
3. N'oubliez pas le champagne.
4. Il ne sera pas nécessaire que les invités montrent leur invitation.
5. Il faudra servir la soupe bien froide.
6. Il faut que j'accueille moi-même chacun de mes invités.

Atténuer la force de l'ordre

1. Un ordre s'accompagne souvent d'une formule de politesse: **s'il te plaît (s'il vous plaît), si cela ne vous ennuie (dérange) pas** ou une autre tournure.

Passe-moi le pain, **s'il te plaît!**
Téléphonez-lui pour moi, **si cela ne vous dérange pas.**
S'il vous plaît, dites-moi à quel étage habite Madame Lanay.

2. Veuillez + infinitif est une construction polie et plus soignée.

Veuillez vous *taire.* = Taisez-vous.
Veuillez *sortir* par la porte de derrière. = Sortez par la porte de derrière.
Veuillez *agréer* l'expression de mes sentiments distingués.[13]

3. Diverses constructions permettent d'atténuer la force d'un véritable ordre.

- L'emploi du conditionnel (voir Leçon 4, *Raconter,* page 133) dans une proposition simple, surtout à l'interrogatif, est plus délicat que l'impératif.

  Auriez-vous l'heure?
  Voudriez-vous me suivre?

- Le verbe **pouvoir** + infinitif, à l'interrogatif, est aussi une manière très polie de communiquer un désir ou une demande de service.

  Peux-tu *venir* jeudi?
  Pourriez-vous me *dire* le sens de ce mot?
  Pouvons-nous *rester* ici?

12. *Traiteur* (m.) = fournisseur et serveur des plats et des boissons.
13. Formule de clôture dans une lettre d'affaires, cette expression veut dire *«Acceptez, s'il vous plaît, l'expression de mes sentiments distingués»;* "Yours truly."

- Encore d'autres tournures donnent implicitement et très poliment un ordre tout en évitant l'impératif.

  Tu serais gentil de me prêter un stylo.
  Vous seriez bien **gentille d'**appeler un taxi.
  Ça me ferait plaisir si tu venais demain.
  Je me permets de vous demander de bien vouloir m'accorder un rendez-vous... (Formule d'extrême courtoisie dans une lettre d'affaires)

4. **Prier** et **supplier** expriment une supplication. Ces verbes peuvent prendre **de** + infinitif.

   Je te **prie de** *garder* le silence.
   Je vous **supplie de** vous *occuper* de ce pauvre petit garçon.

5. Suggestion et recommandation
   - Les expressions **il vaut mieux** et **mieux vaut** et les verbes **suggérer, recommander** et **conseiller** expriment une suggestion ou une recommandation.

   a. Avec un infinitif sans préposition

il vaut mieux **mieux vaut**	+ infinitif

   Il vaut mieux le *laisser* tranquille.
   Mieux vaut *se taire* que trop parler. (proverbe)
   ...**mieux vaut** encore *essayer* entre la gomme, l'aiguille enfilée et la question sur les Boers. (Serreau)

   b. Avec **de** + infinitif

suggérer de **recommander de** **conseiller de**	+ infinitif

   Nous **suggérons** à nos clients **d'***arriver* un quart d'heure à l'avance.
   Je vous **recommande d'***aller* chez Louis pour un repas extraordinaire.
   Je vous **conseille de** *chercher* un autre appartement.

   c. Avec **que** + proposition subordonnée au subjonctif

suggérer que **recommander que** **il vaut mieux que**	+ subjonctif

   Je **suggère que** *vous recommenciez.*
   Il vaut mieux que *tu* le *laisses* tranquille.

- **Devoir** au conditionnel + infinitif exprime une recommandation ou un conseil.

  Monsieur, vous **devriez** *goûter* la spécialité de la maison.
  «Tu **devrais** *faire* mettre un bouton supplémentaire à ton pardessus.» (Queneau)

- L'emploi de **si** + verbe à l'imparfait indique une suggestion.

  Si j'essayais de me faire nommer officier d'Académie? (Maupassant)
  Si on y allait?

I. Prends bien soin de mon chien! Vous devez partir en voyage et votre ami(e) a accepté de s'occuper de votre chien pendant une semaine. Donnez-lui vos instructions en finissant les phrases suivantes.

▷ Il n'aime pas l'eau, alors il faudrait que tu...
Il faudrait que tu lui donnes du lait.

1. Il a peur du tonnerre. S'il y a un orage je suggère que tu...
2. Il est allergique au parfum, alors il est préférable que tu...
3. Il a tendance à être méchant avec le facteur. Je recommande vraiment que tu...
4. S'il mange trop il grossira. Je voudrais que ses repas...
5. Il sort normalement trois fois par jour, mais je n'aurais pas d'objection à ce que tu...
6. Il s'entend assez bien avec les chats, mais il vaut mieux qu'il...
7. S'il tombe malade, voici le numéro de téléphone de notre vétérinaire. Dans ce cas tu devrais...
8. Il dort normalement sous mon lit mais je serais tout à fait d'accord qu'il...

J. Que diriez-vous? Dans les situations suivantes, réagissez en commençant par une des possibilités données (à votre choix).

1. Quelqu'un que vous connaissez depuis peu mais que vous aimez bien vous demande s'il peut prendre votre voiture. Comment lui refusez-vous? (Je te défends... / Ne préférerais-tu pas... / Je crois qu'il vaudrait mieux...)
2. Vous êtes exaspéré(e) parce que votre camarade de chambre n'arrête pas de jouer sa stéréo. (Je te prie de... / Je te défends de...)
3. Votre voisin se charge de prendre votre courrier et de le poser sur le paillasson devant votre porte, service dont vous n'avez pas besoin. Vous en avez assez. (Monsieur Victor, j'en ai assez de... / Monsieur, je vous demande de...)
4. Vous allez dans un magasin acheter un nouveau pantalon. (Je voudrais... / Montrez-moi... / N'auriez-vous pas... ?)
5. Vous êtes au restaurant. (Garçon, je voudrais... / Donne-moi... / Auriez-vous...)

6. Vous ne voulez pas que votre père écoute son disque classique préféré pendant le dîner. (Papa, pourrais-tu... / Tu serais gentil de... / Je t'interdis de...)
7. Vous travaillez dans une boutique. Un client insiste pour que vous l'aidiez à trouver ce qu'il cherche. (Monsieur, vous devriez... / Il ne faut pas... / Allez-vous-en!)
8. Vous voulez que votre meilleur(e) ami(e) vous téléphone demain. (Pourrais-tu... / J'insiste pour que tu... / Veuillez avoir l'amabilité de...)
9. Vous demandez à un agent de police des indications pour aller quelque part. (Monsieur l'agent, s'il vous plaît... / Monsieur l'agent, j'exige que... / Monsieur l'agent, pourriez-vous...)
10. Vous vous êtes disputé(e) avec votre petit(e) ami(e) et vous ne voulez plus qu'il(elle) vous parle. (Je te défends de... / Je te prie de... / Veuillez...)

: Renforcer un ordre ou une interdiction

Certains verbes servent à exagérer la force d'un ordre.

1. Verbe + **que** + proposition subordonnée au subjonctif s'emploie pour donner un ordre à quelqu'un de spécifique.

- **Vouloir que** et **désirer que** expriment la volonté. **Vouloir** est plus fort que **désirer**.

  Je veux que *vous parliez* franchement. (très fort)
  Je désire que *vous veniez* tout de suite. (fort)

- Le conditionnel de ces deux verbes, comme d'habitude (voir page 364), atténue l'intensité de la volonté tout en entraînant le subjonctif dans une proposition subordonnée.

  Je voudrais que *vous parliez* franchement. (fort, mais poli)
  Je désirerais que *vous veniez* tout de suite. (fort, mais excessivement poli, affecté)

Remarquez: **Aimer (bien)** au conditionnel exprime également un désir.

J'aimerais que *nous nous rencontrions* régulièrement. (peu fort, poli, même gentil)
J'aimerais bien que *nous nous rencontrions* régulièrement. (pas fort du tout, gentil)

- D'autres verbes dénotent très vigoureusement un ordre. Selon leur intensité, en allant du plus fort au moins fort, ce sont:

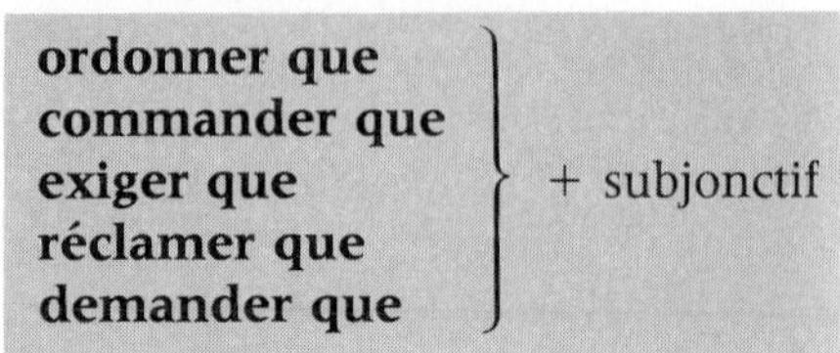

ordonner que
commander que
exiger que } + subjonctif
réclamer que
demander que

J'ordonne que *tu fasses* la vaisselle ce soir! (très fort, ton absolu, «impérial»)
Je commande qu'*on monte* sur les barricades! (très fort, digne d'un monarque ou d'un chef militaire)
J'exige que *vous* me *disiez* la vérité! (très fort, mais pas nécessairement monarchique ou militaire)
Je réclame que *le professeur* me *rende* mon devoir! (fort)
Je demande que *vous* m'*accompagniez.* (fort, mais poli)

Deux verbes synonymes marquent un ordre négatif.

interdire[14] **que**
défendre que } + subjonctif

J'interdis que *vous entriez!*
Je défends que *vous partiez!*

- Plusieurs verbes donnent l'ordre implicitement tout en exprimant un sentiment de désir, de volonté ou d'urgence assez fort. En allant du plus fort au moins fort, ce sont:

insister pour que
s'attendre à ce que } + subjonctif
tenir à ce que

J'insiste pour que *tu sois* à l'heure. (très fort)
Je m'attends à ce que *vous finissiez* avant 8 heures. (fort)
Je tiens à ce que *vous* me l'*expliquiez.* (fort, mais très poli)

Remarquez: **Insister sur** + nom évite le subjonctif et une proposition complexe.

J'insiste sur *la promptitude.*

14. **Interdire** se conjugue comme **dire**, sauf à la forme *«vous»* du présent de l'indicatif: *vous interdisez,* mais *vous dites.*

2. Verbe + **de** + infinitif s'emploie pour donner un ordre à quelqu'un de spécifique.

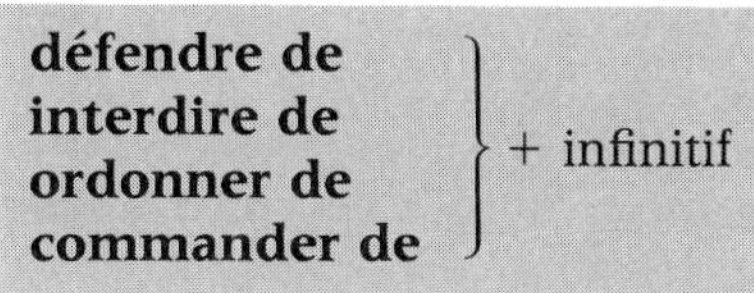

défendre de
interdire de
ordonner de
commander de } + infinitif

Je te **défends de** *quitter* la maison.
Je vous **ordonne de** *revenir* avant cinq heures.
Je te **commande de** *conduire* moins vite quand je suis passager.
Je vous **interdis d'***entrer* avec des chaussures aussi sales.

Remarquez: La construction avec le subjonctif est en réalité plus forte: **Je défends que vous entriez** est un peu plus vigoureux que **Je vous défends d'entrer**.

3. Verbe + nom s'emploie pour un ordre général.

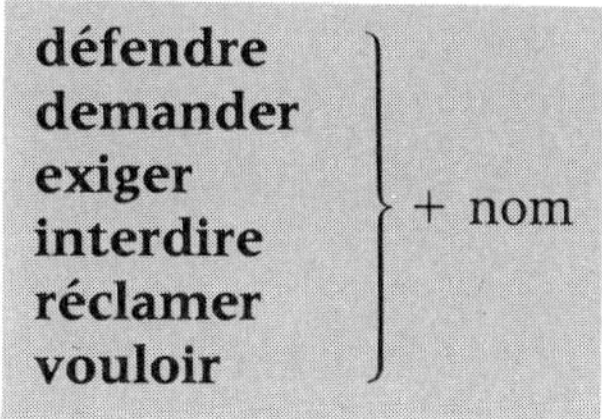

défendre
demander
exiger
interdire
réclamer
vouloir } + nom

Je **défends** *le chewing-gum* dans ma classe. = Le chewing-gum est interdit...
J'**interdis** *les absences.* = Les absences sont interdites.
J'**exige** *la perfection.* = La perfection est de rigueur.
Je **ne veux pas** d'*erreurs.* = Ne faites absolument pas d'erreurs.

Remarquez: On peut aussi employer cette structure (sauf avec **exiger** et **vouloir**) pour donner un ordre à quelqu'un de *spécifique.*

Je **te** défends toute sortie.
Je **vous** demande votre attention absolue.

K. Le roi parle. Que dit-il? Finissez les phrases suivantes.

▷ J'ordonne que...
J'ordonne que vous m'obéissiez!

1. Je commande à tous mes sujets de...
2. J'interdis que...
3. Je tiens à ce que...
4. Je veux absolument que...
5. J'insiste pour que...
6. J'exige que...
7. Je défends à tout le monde de...
8. Je demande un(e)...

: Indiquer la permission, l'autorisation, la tolérance

1. **Permettre**

   - **Permettre** + **de** + infinitif (**permettre** à quelqu'un **de** faire quelque chose)

     Je te **permets de** *te servir* de ma stéréo.

   - **Permettre** + **que** + proposition au subjonctif (**permettre que** quelqu'un fasse quelque chose)

     Je **permets que** *tu te serves* de ma stéréo.

   - **Permettre** + nom ou pronom

     Je **permets** *une* certaine *familiarité* dans mes cours.

2. Le verbe **laisser**, synonyme de **permettre**, prend l'infinitif sans préposition (**laisser** quelqu'un faire quelque chose). Il n'est jamais suivi ni de **que** ni d'un nom ou pronom.

   Je vous **laisserai** *partir* dans un instant.

3. **Autoriser** se construit avec **à** + infinitif (**autoriser** quelqu'un **à** faire quelque chose), avec **que** + proposition au subjonctif ou avec un nom ou pronom.

   Je vous **autorise à** *stationner* votre moto devant ma maison.
   J'**autorise que** *vous stationniez* votre moto devant ma maison.
   J'**autorise** *le stationnement* de votre moto devant ma maison.

4. **Accepter** et son contraire **refuser** s'emploient avec **de** + infinitif, avec **que** + proposition au subjonctif ou avec un nom ou pronom.

   Je **refuse de** *livrer* mon ouvrage incomplet.
   Je **n'accepte pas que** *vous* me *traitiez* comme cela.
   J'**accepte** *cette conclusion.*

5. **Ne pas avoir d'objection à** peut s'employer avec un infinitif, avec **ce que** + proposition au subjonctif ou avec un nom ou pronom.

   Nous **n'avons pas d'objection à** *commencer* demain.
   Nous **n'avons pas d'objection à ce que** *vous commenciez* demain.
   Je **n'ai aucune objection à** *cela.*

6. **Être d'accord** est suivi directement de **pour** + infinitif, de **que** + proposition au subjonctif ou de **pour** + nom ou pronom.

   Je suis d'accord pour *nous réunir* demain.
   Es-tu d'accord que *je vienne* te chercher à l'aéroport?
   Je suis d'accord pour *la réunion* de demain.

7. Le verbe **pouvoir** est suivi directement de l'infinitif sans préposition. Le sujet de **pouvoir** est celui qui reçoit la permission.

Tu **peux** *prendre* un petit gâteau au chocolat si tu veux.
—Vous **pouvez** *dire* cinq; est-ce mon petit Maurice que vous oubliez? (Colette)

L. En colonie de vacances. Vous avez un travail d'été dans une colonie de vacances. Vous êtes responsable d'un groupe d'enfants. Expliquez-leur les règles en utilisant l'expression qui convient.

▷ N'allez pas vous baigner dans le lac sans moi. (Je ne vous permets pas de... / Vous pouvez...)
Je ne vous permets pas d'aller vous baigner dans le lac sans moi.

1. Ne parlez pas après qu'on aura éteint les lumières. (Je vous autorise à... / Je ne vous laisserai pas...)
2. Vous mangerez ce que vous voulez. (Vous pouvez... / Je ne vous laisserai pas...)
3. Téléphonez à vos parents une fois par semaine si vous voulez. (Je vous interdis de... / Je vous permets...)
4. Comme vêtements portez ce que vous voulez. (Nous acceptons que... / Nous acceptons de...)
5. Allez en ville une fois par semaine, si vous voulez. (Vous pouvez... / Nous sommes d'accord de...)
6. Écoutez la radio si vous voulez. (Je n'ai pas d'objection à ce que... / J'accepte de...)

À VOUS DE JOUER

1. Abonnement par téléphone. Rôles à jouer—deux personnes. Quelqu'un essaie de vous vendre des magazines au téléphone. Vous ne voulez pas en acheter mais cette personne insiste. Employez ce que vous avez appris dans cette leçon pour continuer la conversation suivante.

—Allô.
—Bonjour Monsieur/Madame, je voudrais savoir si vous êtes abonné(e) à *Jeune France*?
—Non, Monsieur (Madame), mais je refuse de m'occuper de ce genre de chose par téléphone!
—Ne raccrochez pas! Écoutez s'il vous plaît. Je peux vous offrir un tarif d'abonnement exceptionnel... etc.

2. Claqueret Minceur

CLAQUERET MINCEUR[15] (DIÉTÉTIQUE)

Hachez très finement l'échalote[16] et l'ail. Incorporez-les au fromage blanc[17] en fouettant énergiquement avec persil, cerfeuil,[18] ciboulette,[19] sel, poivre. Versez en pluie la crème de tapioca. Ajoutez le vinaigre. Fouettez encore. Garnissez[20] un saladier rond d'une étamine.[21] Tassez[22] bien. Maintenez au frais une demi-journée. Pour présenter, renversez sur une assiette puis dégagez délicatement l'étamine. Apport énergétique pour ce pot: 365 kilocalories. Pour 1/6 du pot, 60 kilocalories soit 250 kilojoules.[23] Pour 1/8 du pot, 45 kilocalories soit 190 kilojoules.

Préparation: 10 mn, 12 h à l'avance, pas de cuisson.

1 pot de 500 g de fromage blanc à 0% de matières grasses
30 g de crème de tapioca
30 g d'échalote
6 g d'ail
1 cuill. à soupe de ciboulette ciselée
1 cuill. à soupe de persil haché
1 cuill. à soupe de cerfeuil haché
1 cuill. à soupe de vinaigre
1 cuill. à café de sel fin
1/2 cuill. à café de poivre moulu

LE CONSEIL DE LA DIÉTÉTICIENNE: La crème de tapioca donne de la tenue au fromage blanc, elle lui apporte quelques calories supplémentaires mais ne le rend pas plus gras. Ce claqueret convient aux régimes sans graisse les plus stricts.

15. *Minceur* = plat de peu de calories.
16. *Échalote* (f.) = variété d'ail; "shallot."
17. *Fromage* (m.)*blanc* = fromage mou et onctueux (on ne fabrique pas l'équivalent en Amérique).
18. *Cerfeuil* (m.) = plante aromatique qui sert de condiment; "chervil."
19. *Ciboulette* (f.) = plante dont les feuilles longues et fines (comme des feuilles d'oignon vert) ont une saveur douce; "chives."
20. *Garnir* = couvrir l'intérieur.
21. *Étamine* (f.) = tissu servant à filtrer.
22. *Tasser* = réduire de volume par pression.
23. *Kilojoule* (m.) = quantité de chaleur; une calorie = 4,18 joules.

Vous avez cette recette; votre mère ne l'a pas. En employant les structures de la leçon expliquez-lui au téléphone tout ce qu'elle doit faire pour préparer un Claqueret Minceur.

Tu dois commencer par hacher l'échalote et l'ail. Puis il faut que tu les incorpores au fromage blanc...

CLAQUERET MINCEUR

Assiettes (Faïence de Longchamp et Porcelaine de Limoges).

3. **Excuses**. Vous êtes invité(e) à une soirée. Vous ne voulez pas vraiment accepter. Quelles sont vos excuses pour ne pas y aller? Employez des mots et des structures de la leçon.

4. **Réservations**. Vous êtes à Nice. Vous téléphonez à un restaurant. Dites au maître d'hôtel que vous voulez réserver une table pour 2 (3, 4, etc.) personnes pour le dîner. Demandez-lui s'il y a des spécialités de la maison qu'il faut commander à l'avance et si on peut régler (l'addition) avec la carte American Express ou la carte bleue. Dites aussi que vous aimeriez savoir où stationner près du restaurant. Demandez-lui jusqu'à quelle heure il pourra garder votre table.

5. **Budget**. Vous faites votre budget pour l'année prochaine. Voici un tableau; remplissez-le en indiquant l'argent que vous aurez à votre disposition et l'argent qu'il vous faudra. Expliquez votre budget à un(e) camarade qui devra vous donner des conseils.

▷ —*Tiens, j'aurai besoin de mille dollars par mois, tandis que je n'en aurai que huit cents.*
—*Tu pourras trouver un travail ou bien dépenser moins d'argent pour tes vêtements.*
etc.

Frais mensuels:		**Argent disponible (sources):**	
loyer	_______	travail	_______
nourriture	_______	parents	_______
téléphone, gaz, éléctricité	_______	bourses	_______
vêtements	_______	autres sources d'argent	_______
transports (voiture, essence, bus, etc.)	_______		
livres	_______		
sorties	_______		
divers	_______		
TOTAL de frais	_______	TOTAL d'argent disponible	_______

Compositions écrites

1. **De bonnes résolutions**. Faites une liste de vos résolutions pour la nouvelle année.

2. **Étudiants étrangers**. Vous êtes volontaire dans une organisation d'accueil pour lycéens étrangers qui viennent étudier une année en Amérique. Une de vos responsabilités est de les renseigner sur les aspects pratiques de la vie américaine. Vous préparez une brochure à cet usage, en indiquant ce qu'il faut ou ne faut pas faire. Faites vos remarques en donnant des indications sur la vie sociale des jeunes Américains.

3. **Invitation**. Écrivez une lettre dans laquelle vous inviterez un(e) ami(e) à passer le week-end chez vous. Expliquez pourquoi vous l'invitez, ce que vous feriez ensemble s'il(si elle) acceptait votre invitation. Ajoutez des formules qui insistent—d'une manière polie mais enthousiaste—pour que cette personne accepte votre invitation.

4. **Route à suivre**. Écrivez une lettre en donnant des directives à un(e) invité(e) qui doit venir chez vous. Il faut expliquer tout ce qu'il(elle) doit faire pour arriver sain et sauf et de la manière la plus simple et la plus rapide.

5. **Mode d'emploi**. Écrivez le mode d'emploi d'un produit réel ou imaginaire.

Lectures

Le mouvement et la tonalité des lectures présentées ici illustrent bien les nuances qui connotent ou qui distinguent les tournures impératives: suggérer gentiment, peut-être avec humour; conseiller fermement mais familièrement; ou passer de l'exhortation à la provocation et à l'injonction.[24]

Par ces étapes, nous passons parallèlement du léger au sérieux, du bonheur et du malheur du destin privé à la grandeur du destin commun. Nous commençons par la prophétie astrologique et nous finissons sur une prophétie presque incantatoire d'un philosophe emporté par la vision d'une grande révolution dans l'histoire du monde.

Entre les encouragements et avertissements d'un horoscope et la harangue émouvante à une jeune république rebelle, notre deuxième texte adopte par moments le ton impersonnel d'un mode d'emploi d'appareil ménager[25] pour donner des conseils à propos d'une profonde expérience personnelle. Ce texte, placé entre les recommandations du magazine populaire et les incitations de l'œuvre historique, nous permettra de voir comment on peut donner des ordres et des interdictions à soi-même aussi bien qu'aux autres.

Horoscope
Francesco Waldner

Il semble que l'intersection défavorable de la trajectoire des corps célestes ne soit que rarement de longue durée. Si quelques menaces sombres s'insèrent de temps à autre au milieu des espoirs de fortune ou d'amour (argent, carrière, distractions, amitiés, famille, etc.), elles disparaîtront rapidement... à condition d'agir opportunément.

24. *Injonction* (f.) = action d'enjoindre, ordonner absolument.
25. *Mode* (m.) *d'emploi d'appareil ménager* = notice d'instructions expliquant le fonctionnement d'une machine ou d'un instrument utilisés pour la cuisine ou l'entretien de la maison.

Certes il n'y a pas lieu de se décourager car cela n'est pas difficile! Ces prédictions—généralement favorables—sont accompagnées du soutien constant de l'astrologue: «Épargnez!» «Libérez-vous!» «Visez loin!» «Faites donc!» Et si ces instigations ne suffisent pas pour vous faire tenir,[26] on vous rassure en promettant l'intervention propice d'un partenaire horoscopique: le Sagittaire ou le Verseau qui complémentera parfaitement votre destinée; ou bien, au contraire, qui sera adverse à votre bonheur. Et enfin l'astrologue vous avertit bien: «Ne vous exposez pas!» «Ne négligez pas...!»

Avant de lire «Horoscope»

Préparation du vocabulaire

A. Finissez les phrases suivantes en employant un des mots ou des expressions proposés.

1. Pour ne pas réveiller quelqu'un, on marche...
   a) à toute vitesse
   b) sur la pointe des pieds
   c) à fonds perdus
2. Quand on cherche un emploi, on devrait se présenter pour une interview...
   a) sous son meilleur jour
   b) figé
   c) à moyen terme
3. Pour remporter la victoire dans une guerre, un pays doit...
   a) jeter un coup d'œil
   b) récolter la moisson
   c) vaincre son ennemi
4. Si les jours passent vite quand on est en vacances, on dit qu'ils...
   a) soignent
   b) s'écoulent
   c) visent
5. On dit qu'un travail qui est obligatoire, ennuyeux et pénible est...
   a) un parcours
   b) des pourparlers
   c) une corvée
6. Avant de mettre des fleurs dans un vase, il est nécessaire de les...
   a) freiner
   b) cueillir
   c) franchir
7. Pour résoudre des difficultés, on peut...
   a) avoir le bec enfariné
   b) se déchaîner
   c) se surmener

26. *Tenir* = se maintenir, persévérer.

8. Pour aider un ami dans son travail, on peut le...
   a) décrocher
   b) seconder
   c) traîner

B. Dans chacune des phrases suivantes il y a deux idées opposées. Identifiez les mots (ou les groupes de mots) qui les expriment et déduisez leur sens d'après le contexte.

1. Après de nombreux malentendus et autant d'ententes les deux pays ont signé un traité.
2. Les gens qui épargnent tout leur argent sont-ils plus contents que ceux qui dépensent tout?
3. Ces deux frères si différents se sont entendus pendant un certain temps mais quand ils sont tous les deux tombés amoureux de Jocelyne ils en sont venus aux mains.
4. Les droits réclamés par le peuple ont été accordés au pays par le parlement.
5. Heureusement, ce seront les choses importantes qui seront faciles à réussir et les petits détails qui vous donneront du fil à retordre.

Préparation du style

C. Vous avez déjà vu l'emploi fréquent de phrases elliptiques dans le style journalistique. L'ellipse convient particulièrement bien aux formules «télégraphiques» de la futurologie populaire. Lisez brièvement ce qui apparaît sous chacun des signes suivants en cherchant les phrases elliptiques. Puis refaites-les en phrases complètes.

▷ Bélier (page 378)
Santé: Un peu de rigueur, s'il vous plaît.
Cela veut dire: Il vous faut un peu de rigueur en ce qui concerne la santé. ou
Cela veut dire: Mettez un peu de rigueur dans l'attention que vous prêtez à votre santé.

1. Gémeaux (page 378)
2. Scorpion (page 380)
3. Poissons (page 382)

Pour mieux lire

D. Comme vous savez déjà, avant de lire un texte, on peut souvent avoir une idée de son organisation, même de son contenu, en regardant brièvement ses différentes parties.

1. Quels sont les douze signes du zodiaque?
2. Quels sont les renseignements donnés à propos de chaque signe?
3. À votre avis, pourquoi les planètes sont-elles indiquées?
4. Quels sont les catégories qui paraissent sous chaque signe? D'après ces catégories, quelles sortes de choses l'auteur nous dira-t-il?

E. Quel est votre signe? Cherchez-le dans l'article. Quels sont les signes de vos camarades de classe? En lisant l'horoscope d'un ou de quelques-uns d'entre eux, pensez aux conseils que vous leur donneriez pour leur vie personnelle.

Horoscope

Semaine du 24 au 30 janvier

BÉLIER (21 mars - 20 avril)
Mars

CŒUR. S'ajoutant à d'autres influx bénéfiques, Mercure vous sera favorable. Cela signifiera une succession d'instants exquis, inoubliables, accompagnés de force[27] projets et rêves d'avenir. Le Lion et la Vierge vous réclameront à grands cris.

SANTÉ. Un peu de rigueur, s'il vous plaît.

VIE SOCIALE. Vos compétences s'imposeront sans aucune discussion. Recevoir des félicitations sans avoir levé le petit doigt, quel plaisir! En cas de pourparlers, vous saurez les conduire à bon port et récolter une honnête moisson.

MON CONSEIL. Vous êtes persuasifs? C'est le moment d'en profiter!

TAUREAU (21 avril - 21 mai)
Vénus

CŒUR. Vous effectuerez un parcours complexe, où les occasions d'être rassurés ne manqueront pas. Bien sûr, vos amis vous seront très attachés, mais ils auront assez à faire avec leurs problèmes. Le Cancer et la Vierge vaincront votre méfiance.

SANTÉ. Ne vous exposez à aucun risque, même minime, surtout en cette saison.

VIE SOCIALE. Vous n'atteindrez peut-être pas du premier coup le sommet du mât de cocagne.[28] Ne lâchez pas prise, vous décrocherez bientôt le contrat dont vous rêvez. Bonnes inspirations, surtout mardi et mercredi.

MON CONSEIL. Ouvrez les yeux!

GÉMEAUX (22 mai - 21 juin)
Mercure

CŒUR. Vénus, Mercure, le Soleil et Jupiter vous assureront des heures de bonheur incomparable. Une entente réussie console de bien des choses! Cependant vous n'aurez aucune envie de prendre une décision. Légère tension en famille, apaisée par le Lion et par la Balance.

---

27. *Force* = beaucoup de.
28. *Mât* (m.) *de cocagne* = longue pièce de bois plantée en terre au sommet duquel sont suspendus des objets en signe de célébration.

SANTÉ. Deux ennemis en cette saison: les rhumes et les rhumatismes.
VIE SOCIALE. Bonne concentration dans votre travail, sages orientations et progrès certains: ça tombe à pic,[29] car vos responsabilités sont en nette augmentation.
MON CONSEIL. Qui paye ses dettes s'enrichit. Faites donc fortune!

CANCER (22 juin - 22 juil.)
Lune
CŒUR. Si vous ne restez pas figés sur vos positions en attendant que l'alouette de vos rêves tombe toute rôtie dans votre bec enfariné, la semaine ne s'écoulera pas sans vous apporter de vives satisfactions. Soyez circonspects avec les nouveaux venus: tout ce qui brille n'est pas d'or. La Vierge vous gâtera.
SANTÉ. N'exigez pas trop de vous-mêmes.
VIE SOCIALE. Libérez-vous de tout ce qui traîne encore, afin de vous consacrer entièrement aux nouveaux projets qui feront bientôt surface. Vous aurez de l'énergie à revendre.
MON CONSEIL. Épargnez vos sarcasmes à votre entourage.

LION (23 juil. - 23 août)
Soleil
CŒUR. Quelques turbulences dans votre courant affectif entraîneront désaccords et malentendus, de courte durée toutefois. Ne perdez pas le contrôle de vos réactions. En famille, coupez court aux discussions. La Balance et le Sagittaire seront apaisants.
SANTÉ. Le stress au poteau![30]
VIE SOCIALE. Dans le domaine professionnel aussi, il y aura du bon et du mauvais: heureusement, ce seront les choses importantes qui seront réussies, et les petits détails qui vous donneront du fil à retordre. Faites appel à votre imagination!
MON CONSEIL. Ne négligez pas votre passe-temps favori.

VIERGE (24 août - 23 sept.)
Mercure
CŒUR. Au diable les considérations négatives et les atermoiements,[31] la situation est bien meilleure que vous ne le croyez. Les problèmes familiaux se régleront mieux si vous faites preuve de flexibilité. Le Capricorne et le Cancer vous rendront de grands services.
SANTÉ. Ne laissez rien au hasard.
VIE SOCIALE. Vous dépenserez des trésors de patience, mais ce ne sera pas à fonds perdu. Ces changements que vous regardiez d'un sale œil, vous en découvrirez brusquement le bienfondé et le bon côté!
MON CONSEIL. Soyez simples dans l'expression de vos idées.

---

29. *Ça tombe à pic* = ça arrive au bon moment.
30. *Au poteau!* = à mort!
31. *Atermoiement* (m.) = retards.

Vous serez en grande forme.

BALANCE (24 sept. - 23 oct.)
Vénus

CŒUR. Grande importance de votre vie privée, plus que jamais digne de toute votre attention. Ceux qui étaient encore libres cesseront bientôt de l'être: ce sera un grand pas à franchir. Si vous voyez vos amis, parlez de ce qui les intéresse. En famille, une solution rapide sera en vue. Le Sagittaire sera votre chaud partisan.

SANTÉ. Vous serez en grande forme.

VIE SOCIALE. Allez-y sur la pointe des pieds mais, avec les bonnes grâces de Jupiter, d'Uranus et de Saturne, la réussite vous attendra au tournant. Vous constaterez que la ténacité a du bon.

MON CONSEIL. Courage et confiance!

SCORPION (24 oct. - 22 nov.)
Mars et Pluton

CŒUR. Affectivité quelque peu tourmenté. Votre imagination se déchaînera et ne brossera que des tableaux assez sombres. Il faudra toutes les ressources de votre humour pour que votre vitalité reprenne le dessus. Le Cancer s'entendra toujours avec vous.

SANTÉ. Petit malaise sans gravité.

VIE SOCIALE. Patience et longueur de temps feront merveille sur le plan du travail. Il faudra soigner les détails. Ne perdez pas confiance, vos projets auront de fortes chances d'arriver à bon port. Vos occupations quotidiennes ne vous ennuieront pas.
MON CONSEIL. Allons, un peu de nerf!

SAGITTAIRE (23 nov. - 21 déc.)
Jupiter
CŒUR. Vous éprouverez un fort besoin d'être rassurés: soyez tranquilles, vos liens affectifs seront à toute épreuve. Vos amis vous sauteront au cou,[32] mais ne vous laissez pas embrigader. Bon climat familial. Le Verseau et le Cancer travailleront à votre bonheur.
SANTÉ. N'exagérez en aucun domaine.
VIE SOCIALE. Vous saurez vous affirmer et les résultats seront palpables. Concoctez-vous un programme net et précis. Après un petit flottement, surtout mardi et mercredi, tout se passera comme dans un rêve, et à toute vitesse.
MON CONSEIL. Canalisez vos impulsions, elles peuvent être utiles.

CAPRICORNE (22 déc. - 20 janv.)
Saturne
CŒUR. Sortez de votre tête-à-tête avec vous-mêmes, jetez un coup d'œil sur votre partenaire car il sera grand temps de lui accorder quelques gentillesses. Votre famille acceptera ce que vous voudrez bien lui offrir. Le Lion et la Vierge vous mangeront dans la main.
SANTÉ. Vous n'aurez vraiment pas à vous plaindre.
VIE SOCIALE. Avec votre impact habituel, vous emporterez le morceau. Vos innovations variées s'avèreront indispensables. Si vos collaborateurs ne sont pas du même avis que vous, tant pis pour eux.
MON CONSEIL. Soyez souples (intellectuellement surtout).

VERSEAU (21 janv. - 18 fév.)
Uranus et Saturne
CŒUR. Vous aurez beaucoup de charme et vos succès seront proportionnés à vos efforts pour vous présenter sous votre meilleur jour. En famille, freinez votre impatience et soyez compréhensifs, mais vous n'obtiendrez pas de miracles. La Balance et la Vierge vous seconderont utilement.
SANTÉ. Ne vous surmenez pas, cette période de l'année est en général pénible pour vous.
VIE SOCIALE. Votre travail risquera d'être un peu agité. Avec application, vous viendrez à bout de toutes les corvées. Vous êtes dans une phase professionnelle ascendante.
MON CONSEIL. Visez juste, et visez loin.

---

32. *Sauter au cou* = embrasser avec effusion.

POISSONS (19 fév. - 20 mars)
Neptune et Jupiter

CŒUR. Vous serez un peu désorientés. Peut-être parce que votre partenaire ne pourra pas vous consacrer assez de temps (à moins que l'hypothèse inverse, moins fréquente, ne se produise). Pas de panique: en quelques jours la situation se rétablira à votre avantage. Le Cancer et le Lion ne seront pas les derniers.

SANTÉ. Accordez-vous quelque repos.

VIE SOCIALE. Adaptation difficile à un changement délicat, mais utile pour votre avenir à moyen terme. Défendez vos acquis, sans toutefois en venir aux mains avec votre entourage.

MON CONSEIL. Cueillez les fruits savoureux de l'expérience.

dans *Elle,* 27 janvier 1986

À propos du texte

A. Mettez le nom de vos camarades de classe à la place qui convient dans ce tableau. Puis répondez aux questions suivantes.

Bélier	**Taureau**	**Gémeaux**	**Cancer**
________	________	________	________
________	________	________	________
Lion	**Vierge**	**Balance**	**Scorpion**
________	________	________	________
________	________	________	________
Sagittaire	**Capricorne**	**Verseau**	**Poissons**
________	________	________	________
________	________	________	________

En imaginant que cet horoscope est valable pour cette semaine, répondez aux questions suivantes.

1. Quelles personnes s'entendront bien cette semaine?
2. Qui se disputera?
3. Qui devrait prendre beaucoup de vitamines?
4. Qui sera en excellente santé?
5. Quelles personnes auront besoin de ténacité dans leurs efforts professionnels?
6. Qui goûtera les bénéfices de sa patience?

B. D'après cet horoscope, quels conseils faudrait-il donner aux personnes suivantes?

1. Janine, née le 25 mai, travaille dans une grande maison de publicité. Elle veut devenir chef de section, et ne sait pas si c'est le bon moment d'aborder ce sujet avec sa patronne.
2. Marcel, né le 2 octobre, est amoureux de Lise. Il voudrait lui demander de l'épouser mais il craint la réaction du père de Lise, qui ne semble pas avoir confiance en ses capacités intellectuelles.
3. Sylvie et Patricia, sœurs jumelles, nées le 30 janvier, ont vingt-deux ans. Elles pensent quitter le foyer familial et s'établir dans un appartement à Paris. Elles veulent également ouvrir une petite boutique, mais ne savent ni si leurs parents leur permettront de les quitter ni si elles pourront obtenir l'argent nécessaire pour créer une affaire.
4. Nicolas, né le 22 décembre, se dispute avec sa petite amie depuis des semaines. Il ne la comprend pas et ne sait ni comment se réconcilier avec elle ni si c'est la chose à faire.
5. Anne-Sophie, née le 27 avril, pense se faire opérer pour un lifting. Cela coûtera cher mais elle trouve une allure jeune essentielle à la réussite professionnelle et mondaine.
6. Marc, né le 4 août, veut apprendre à faire du deltaplane.[33] Le week-end, il a besoin de se divertir car en semaine il trouve son travail de comptable[34] trop routinier. Sa famille craint ce nouveau passe-temps et essaie de le persuader de choisir un sport moins dangereux comme le tennis.
7. Roger, né le 24 juin, pense prendre sa retraite. Il ne sait pas si c'est le meilleur moment de le faire.
8. Viviane, née le 3 février, croit qu'elle mérite une augmentation de salaire mais elle n'est pas sûre si elle ferait mieux d'attendre ou d'en parler dès cette semaine à son patron.

Appréciation du style

C. Cherchez dans l'horoscope des formules fixes, des proverbes, et des expressions pittoresques ou métaphoriques.

1. Indiquez le sens de chaque expression telle qu'elle est employée ici par l'astrologue.

   ▷ Recevoir des félicitations *sans avoir levé le petit doigt,* quel plaisir!
   «Sans avoir levé le petit doigt» veut dire «sans avoir rien fait».

   ▷ Cueillez les fruits savoureux de l'expérience.
   Cette expression indique qu'on doit bénéficier de son expérience.

2. À votre avis, pourquoi y a-t-il tant d'expressions toutes faites ici?

---

33. *Deltaplane* (m.) = vol libre; "hang gliding."
34. *Comptable* (m. et f.) = personne qui tient les comptes; "CPA"

Réactions personnelles

D. Finissez les questions suivantes à propos de votre vie et posez-les à un(e) camarade. Il(elle) consultera votre horoscope et vous donnera des conseils, d'après ce qu'il(elle) aura lu, et puis, s'il(si elle) n'est pas d'accord avec l'astrologue, il(elle) donnera ses propres conseils.

1. Dans les affaires du cœur est-ce qu'il faut que je... ?
2. Est-ce que c'est le bon moment de... ?
3. Est-ce que je devrais... ?
4. Qu'est-ce que tu recommandes que je fasse si... ?

E. Croyez-vous à l'astrologie? Le journal de votre université pense publier un horoscope hebdomadaire et sollicite les idées des lecteurs. Écrivez une lettre en indiquant si vous croyez à l'astrologie, si vous lisez régulièrement votre horoscope et pourquoi (pas). Expliquez pourquoi à votre avis les gens lisent ou ne lisent pas leur horoscope et pourquoi vous voulez ou ne voulez pas qu'il y ait un horoscope dans ce journal.

Faire ça
Geneviève Serreau

Geneviève Serreau est une romancière contemporaine qui a débuté comme actrice à Lyon, interprétant des rôles dans des pièces d'auteurs français et étrangers comme Tchekhov, Ibsen et Brecht[35] (duquel elle fait les premières traductions en français). Dans les années 50, elle travaille au Théâtre de Babylone à Paris où on joue une pièce insolite d'un auteur obscur, *En attendant Godot.*[36] Puis elle travaille dans une maison d'édition,[37] contribue à une revue littéraire, fait paraître des essais sur le théâtre, écrit des romans et des recueils de nouvelles dont *Ricercare* d'où est tiré «Faire ça».

Dans ces nouvelles de Serreau, on trouve des thèmes variés mais modestes de la vie quotidienne (par exemple, les positions qu'on prend pour dormir ou le rite obsédant de manger) qui, au premier abord, paraissent humoristiques. Cependant, l'humour repose le plus souvent sur un élément potentiellement tragique. L'art de Serreau réussit à nous faire sentir cette tragédie sans «sombrer dans le pathétique»,[38] conseil que l'auteur

35. Grands auteurs dramatiques (russe, norvégien, allemand respectivement)
36. Chef-d'œuvre de Samuel Beckett, romancier et dramaturge d'origine irlandaise mais dont une grande partie de l'œuvre est composée en français. Prix Nobel de littérature, 1969.
37. *Édition* (f.) = publication.
38. *Sombrer dans le pathétique* = tomber dans l'émotion douloureuse de la pitié, de la tristesse, etc.

nous donne parmi de nombreuses prescriptions souvent présentées sous forme d'impératif impersonnel («On se méfiera... », «Éviter... », «Ne pas excéder sept minutes... ») comme s'il s'agissait d'une recette de cuisine ou d'un décret ministériel. C'est sa façon de représenter la souffrance sans sentimentalité. Et interposées entre ces conseils—fébrilement et provisoirement entretenus puis rejetés—des observations et des analyses font de ce phénomène quelconque un poème... et son art rend beau et touchant un trait humain tout à fait banal.

Avant de lire «Faire ça»

Préparation du vocabulaire

A. Reconnaître les expressions suivantes sera utile pour la compréhension de «Faire ça».

1. **À l'improviste** = sans être annoncé ou préparé.
   —Allez-vous souvent voir vos amis *à l'improviste?*
   —Que dites-vous si quelqu'un arrive *à l'improviste* chez vous?
   —Que faites-vous quand quelqu'un vous demande *à l'improviste* de lui prêter de l'argent?
2. **Se débarrasser de** = se libérer de quelque chose ou de quelqu'un qu'on ne désire pas.
   —Comment *se débarrasse-t-on d'*une voiture?
   —*Se débarrasse-t-on* facilement *de* ses vieux livres?
   —Voulez-vous *vous débarrasser de* vos vêtements démodés? Pourquoi (pas)?
3. **Les heures de pointe** = les heures d'affluence.
   —Quelles sont *les heures de pointe* dans votre ville?
   —Voyagez-vous chaque jour pendant *les heures de pointe?*
   —Comment fait-on pour éviter d'avoir à se déplacer aux *heures de pointe?*
4. **Un clin d'œil** = mouvement rapide de la paupière pour fermer et rouvrir l'œil.
   —Que peut impliquer *un clin d'œil?*
   —Quand est-ce qu'on vous a fait *un clin d'œil?*
   —Quand et à qui faites-vous *un clin d'œil?*
5. **Se fier à** = avoir confiance en.
   Se méfier de ≠ se fier à.
   Quelle est votre attitude envers les personnes suivantes quand vous devez voyager? (*Vous fiez-vous à eux ou vous méfiez-vous d'*eux?)
   —un pilote d'avion qui a vingt ans d'expérience
   —votre copine Lucille qui n'a jamais eu d'accident
   —votre copain Charles dont on a retiré le permis de conduire
   —un chauffeur de taxi sans compteur

6. **Hocher la tête** = remuer la tête de haut en bas pour exprimer l'accord, ou de gauche à droite pour exprimer le désaccord.
   —Est-ce que vous *hochez la tête* quelquefois? En quelles occasions?
   —Quand est-ce que c'est impoli de *hocher* la tête?
7. **S'en tenir à** = se limiter à.
   —Faut-il *s'en tenir* toujours *à* sa première décision? Pourquoi (pas)?
   —Connaissez-vous des gens qui *s'en tiennent* à imiter les idées des autres? Expliquez.
8. **Pleurer sur** quelqu'un ou quelque chose = déplorer; pleurer à cause de quelqu'un ou quelque chose.
   —En regardant un film, vous est-il arrivé de *pleurer sur* le sort du héros ou de l'héroïne? Citez un cas précis.
   —Qui est-ce qui *pleure* le plus *sur* la condition humaine? les économistes? les politiciens? les poètes?
9. **N'importe comment** veut dire sans faire attention à la manière. **N'importe quand** veut dire que le moment n'est pas important.
   —Pourquoi certaines personnes s'habillent-elles *n'importe comment?*
   —Est-ce que vous avez le droit de remettre vos devoirs à vos professeurs *n'importe quand?* Expliquez.

B. Le préfixe **dé-** peut signifier le contraire du mot auquel il s'attache. Donc *défaire* signifie le contraire de *faire:* on *fait* son lit le matin, on le *défait* le soir. En considérant le sens de ce préfixe et des mots auxquels il se rattache, trouvez la définition des mots donnés parmi les définitions proposées.

1. **décamper:** (a) faire du camping (b) partir précipitamment (c) ouvrir une bouteille de vin avant d'en boire
2. **déclencher:** (a) desserrer (b) conjuguer un verbe (c) verrouiller
3. **déconnecter:** (a) démolir un pont (b) refuser de voir quelqu'un (c) séparer; détacher (une corde de la prise électrique)
4. **dénouer:** (a) tuer un oiseau (b) défaire ou ouvrir un nœud (c) refuser d'employer la forme "nous"
5. **déparer:** (a) partir (b) préparer une pomme (c) enlever l'ornementation

C. Ces mots sont importants dans «Faire ça». Les connaissez-vous?

noms		*verbes*	*adjectifs*
un bassin	**une mitraille**	**anéantir**	**caparaçonné**
un canif	**un(e) nain(e)**	**dépecer**	**impudique**
un car	**un os**	**sombrer**	**malsain**
une cohue	**une outre**	**trouer**	**marin**
une fourmi	**une tare**		**salé**
un freinage	**une vanne**		
une larme	**la vergogne**		

1. Quels mots ont un rapport avec les animaux et les personnes?
2. Quels mots ont un rapport avec la violence?
3. Quels termes ont un rapport avec les émotions?
4. Quels mots ne sont pas flatteurs?
5. Quels mots ont un rapport avec les transports?
6. Quels mots ont un rapport avec l'eau ou la mer?

Préparation de la scène

Quelques observations sur le décor et l'ambiance de la nouvelle

D. La scène de cette nouvelle, manifestement urbaine et moderne, s'impose par des détails révélateurs et finement choisis. La narratrice, habitante d'une grande ville surpeuplée, est sensible aux tensions de la vie urbaine moderne. Elle communique admirablement une impression de densité humaine et d'obligations personnelles et professionnelles qui envahissent tout l'espace vital, même celui de sa propre «maison». (N'imaginez pas une gentille maisonnette ou un joli pavillon avec pelouse, jardin, arbres, fleurs et garage à deux autos: ici, cela pourrait être n'importe quel logement, probablement un appartement.)

Remarquez tout au début les questions et services demandés à la narratrice chez elle. Remarquez plus tard à midi comment on surgit de tous les côtés: «amis, obligés, ennemis et clients». La tension est écrasante, le poids de la ville et de la vie moderne pèse lourdement: même un moment de solitude est faux parce que les objets semblent crier avec les voix des absents.

Vous verrez surtout des endroits *exagérément peuplés.* Remarquez les signes de la topographie urbaine. Il y a des lieux publics ouverts—«rues, places, carrefours, avenues, marchés de plein air». Il y a des lieux publics clos *spécialisés*—«musée, bibliothèque, église, grand magasin». Et il y a des lieux publics clos *«non sur-déterminés»*, c'est-à-dire, les transports en commun—les cars (grands autobus transportant des dizaines de personnes entre villes différentes, ici sans doute de vieux cars mal peints pour des ouvriers), les autobus (qui, à Paris, ont les sièges placés face à face, de sorte qu'un passager assis est forcément vis-à-vis du passager devant lui) et, bien sûr, le métro («lieu viscéral à l'odeur grise,» où un passager peut se réfugier contre «une porte non ouvrante»).

Enfin, prenez note aussi de toutes les autres marques de la grande cité: la foule désordonnée («la cohue»), la circulation intense du matin et du soir («heures de pointe»), les gens agités, affairés, avec leur éternel sourire commercial («les dents luisantes»), les pauvres, les prostituées («putains»), les rues pleines de monde où le malheureux piéton est obligé de faire «des calculs de trajectoire, des freinages brusques, des zigzags perturbateurs.»

Préparation du style

E. Vous avez déjà fait ce genre d'exercice (page 226) avec des éléments plus faciles. Faites des phrases complexes à partir des phrases simples données.

▷ Inutile de décrire ce lieu viscéral à l'odeur grise, peuplé de survivants.
La fatalité entraîne ces survivants.
L'âme des survivants, déconnectée, erre[39] librement sur le gazon des chimères privées.
Inutile de décrire ce lieu viscéral à l'odeur grise, peuplé de survivants que la fatalité entraîne et dont l'âme, déconnectée, erre librement sur le gazon des chimères privées.

1. À tout moment quelque humain peut surgir.
   Il dit vous connaître.
   Il n'hésitera pas à vous percer la peau avec son petit canif à questions.
2. On a vu certains amateurs[40] de l'aube.
   Ils sont incapables de mettre un terme à[41] cette expérience.
   Ils sont incapables de la limiter à sa juste durée.
   La durée ne doit pas dépasser sept minutes en tout état de cause.[42]
3. Je pleure sur le mulot[43] écrasé, sur le bouton perdu de mon manteau, sur l'Arabe, sur la naine, sur la caresse ancienne d'une main, sur le vieux.
   Les fourmis dépeçaient le ventre du mulot.
   La tête tordue de l'Arabe sortait par la vitre du car.
   La naine prend[44] chaque matin son lait à la crémerie.
   Le vieux a les yeux roses.

Pour mieux lire

F. Comme vous avez déjà vu, (avec «Horoscope»), avant de lire un texte on peut souvent avoir une idée de son organisation et de son contenu en regardant brièvement ses différentes parties. Quand il n'y a pas de titres on n'a qu'à considérer les paragraphes comme signes d'organisation. Lisez la première phrase de chaque paragraphe de ce texte et répondez ensuite aux questions suivantes.

1. Lesquelles de ces phrases se ressemblent? Précisez.
2. Quelles seront les divisions principales de ce texte?
3. Quelle question vous vient à l'esprit en lisant ces phrases?

---

39. *Errer* = aller sans objectif précis, vagabonder.
40. *Amateur* (m.) = personne qui aime.
41. *Mettre un terme à* = mettre fin à, terminer.
42. *En tout état de cause* = dans tous les cas.
43. *Mulot* (m.) = rat des champs.
44. *Prendre* = acheter.

Faire ça

On n'a pas le droit de faire ça partout.

Chez soi ce n'est pas recommandé. Toujours quelqu'un surgit à l'improviste qui a besoin d'une gomme, d'une aiguille enfilée ou d'un renseignement sur la guerre des Boers. Même si la maison pour une heure est déserte, comment se débarrasser de tous ces objets imprégnés jusqu'à l'os de discours contradictoires et qui déclenchent leur vacarme sitôt que les vivants ont décampé?

Restent les lieux publics clos, tels que musée, bibliothèque, église, grand magasin. Fréquentés hélas par un public momentanément ou chroniquement spécialisé. Motivé. Tête garnie à l'intérieur. Comme aucune des activités commandées par les lieux ne vous requiert mais seulement celle, particulière et vague, odieusement futile, de faire ça, forcément on dépare, et déparant on est vu, et vu évalué, et évalué paralysé, anéanti. Certes, on peut tenter de feindre, s'installer devant un tableau, le fixer d'un œil ému et faire ça en se donnant l'air culturel. Bref, introduire une fausse connection entre cause et effet. Mais un court-circuit est toujours à craindre qui détraque l'harmonie du lieu et fait de vous le point de mire[45] de curiosités malsaines. À ce compte-là, mieux vaut encore essayer entre la gomme, l'aiguille enfilée et la question sur les Boers.

D'autres lieux publics clos, non sur-déterminés, d'un accès facile et doués d'étonnantes vertus se proposent naturellement à qui veut faire ça: ce sont les transports en commun, si défectueux d'autre part, si décriés—à juste titre si on les envisage sous l'angle spécifique, étroit, du transport. Éliminons d'emblée l'autobus avec ses vis-à-vis obligatoires en figures de quadrille non dansant, pour ne retenir que le métro. Dans la cohue des heures de pointe, bien entendu. Debout, bien entendu, et si possible le front appuyé contre une porte non ouvrante. Inutile de décrire ce lieu viscéral à l'odeur grise, peuplé de survivants que la fatalité entraîne et dont l'âme, déconnectée, erre librement sur le gazon des chimères privées. Un des meilleurs endroits pour faire ça.

Quant aux lieux publics ouverts, tels que rues, places, carrefours, avenues, marchés de plein air, leur diversité est si grande que seul un ordinateur serait susceptible d'en classer les mérites avec rigueur. Éviter en tout cas son propre quartier, affligé des mêmes tares que celles de l'at-home. À tout moment quelque humain peut surgir qui dit vous connaître et n'hésitera pas à vous percer la peau avec son petit canif à questions. On se méfiera également des rues désertes, et surtout des désertes à caractère misérable. Elles multiplient les clins d'œil et s'offrent à l'amateur, telles des putains pauvres, sans la moindre vergogne. Repoussez-les, vous sombreriez dans le pathétique. En outre, à peine un passant vous surprend-il qu'il devient aussitôt un complice, en raison de la nature du lieu, et le voilà qui prétend faire ça avec vous. Horreur! c'en est fait de votre plaisir, et

45. *Point* (m.) *de mire* = objet du regard.

comment se débarrasser de l'intrus? Ne choisissez pas non plus une rue exagérément peuplée, qui entraverait votre marche, nécessiterait des calculs de trajectoire, des freinages brusques, des zigzags perturbateurs.

On n'a pas le droit de faire ça n'importe quand.

Seulement aux extrémités de la journée. Et encore. L'aube ne serait pas mal, semble-t-il, par son aspect chancelant, pâle, informel. Ne nous y fions pas. On a vu certains amateurs de l'aube incapables de mettre un terme à l'expérience, de la limiter à sa juste durée—qui ne doit pas dépasser sept minutes en tout état de cause. Mais la plupart du temps, c'est le contraire qui se produit: au sortir de la nuit les bassins à douleur risquent fort d'être vides ou les vannes trop solidement verrouillées.

Ainsi c'est l'extrémité ouest du jour qui a notre préférence, le coucher du soleil. Encore faut-il qu'il ne soit ni écarlate ni glorieux, pour les mêmes raisons (danger de sombrer dans le pathétique) qui font proscrire les rues désertes et misérables. Une fois de plus notons-le, ce qui convient trop ne convient pas.

Midi, comme chacun sait, est le temps des sécheresses verticales et il est inutile de songer à faire ça à la mitan du jour tandis que de toutes parts vous assaillent amis, obligés, ennemis et clients en tous genres, caparaçonnés de projets, les dents luisantes d'avenir. À midi, il faut hocher la tête dans le sens horizontal et vertical en proportions égales, émettre (des doutes, des chèques, des opinions), projeter une mitraille de mots, laisser la mitraille inverse vous trouer les oreilles, lever la main droite, jurer, commenter, se parjurer, couvrir de notes des calepins, s'étonner, s'indigner, s'exclamer, s'expliquer, bref donner et recevoir des coups allégrement sous le soleil.

On n'a pas le droit de faire ça n'importe comment. Mais à quoi bon préciser davantage. Temps et lieu choisis avec soin, le reste va de soi. Tous les accessoires sont permis. On peut aussi s'en passer. Ah oui, la durée, attention à la durée. Ne pas excéder sept minutes, nous l'avons dit. S'en tenir à cinq minutes, si possible.

Alors voilà que le soir vient, rassurons-nous, cahin-caha finit toujours par venir, et c'est le moment et par des rues et places non familières et médiocrement peuplées, ou mieux le front contre la porte non ouvrante d'un métro bondé, je m'offre cinq minutes à pleurer, cinq petites outres gonflées de larmes salées. Enfin dénouée la crampe que j'ai à l'âme et qui m'oblige à édicter sans fin des lois, ordonnances, règlements, interdits, furtivement, solitaire, impudique, je fais ça. Pleurer voilà. Sur le mulot écrasé dont les fourmis dépeçaient le ventre, sur le bouton perdu de mon manteau, sur l'Arabe dont la tête tordue sortait par la vitre du car, sur la naine qui chaque matin prend son lait à la crémerie, sur la caresse ancienne d'une main, sur le vieux aux yeux roses. Indignement, sans bruit, j'ouvre les vannes, cinq minutes. Indignement, cinq minutes, je vide les bassins du jour, rendue fugitivement à l'élément marin d'où tous nous sommes issus.

À propos du texte

A. Montrez que vous avez compris le texte en choisissant la réponse qui convient.

1. Lieu pour faire ça, d'après l'auteur.
   a) le gazon
   b) son propre quartier
   c) un métro bondé
2. Le meilleur moment pour le faire.
   a) à l'aube
   b) à midi
   c) au coucher du soleil
3. Le temps que cela doit prendre.
   a) plus de 7 minutes
   b) 5 minutes
   c) 2 minutes au plus
4. Ce que «ça» veut dire.
   a) obéir aux règlements
   b) prendre du lait à la crémerie
   c) pleurer

B. Quelle est l'idée essentielle de ce texte? Selon l'auteur, pourquoi est-ce une chose difficile à faire? Etes-vous d'accord? Expliquez pourquoi ou pourquoi pas.

C. Faites le résumé d'autres idées importantes dans chacune des parties suivantes du texte.

1. On n'a pas le droit de faire ça partout... des zigzags perturbateurs. (lignes 1 à 45)
2. On n'a pas le droit de faire ça n'importe quand... bref donner et recevoir des coups allégrement sous le soleil. (lignes 46 à 68)
3. On n'a pas le droit de faire ça n'importe comment... l'élément marin d'où tous nous sommes issus. (ligne 69 à la fin du texte)

Appréciation du style

D. «Faire ça» comporte une heureuse alliance de style presque «populaire» (ellipses, formules, allusions et objets familiers) et de style «poétique» qu'on peut attribuer, au moins en partie, à une sorte de *préciosité,* le contraire même du discours parlé ordinaire. La préciosité, un extrême raffinement du langage, consiste surtout en euphémismes ou en une manière indirecte ou implicite de désigner les choses ou les personnes. Cette figure de rhétorique s'appelle *métaphore.* Il s'agit, la plupart du temps, d'une substitution du concret à la place de l'abstrait.

Dans les citations suivantes, prises du texte de Serreau, identifiez les éléments métaphoriques et refaites ces phrases dans un langage plus simple.

1. ces objets imprégnés jusqu'à l'os (ligne 5)
2. tête garnie à l'intérieur (ligne 10)
3. ce lieu viscéral à l'odeur grise (ligne 27)
4. l'âme erre sur le gazon des chimères privées (ligne 29)
5. vous percer la peau avec son petit canif à questions (ligne 36)
6. les bassins à douleur risquent fort d'être vides (ligne 52)
7. une mitraille de mots (ligne 64)
8. enfin dénouée la crampe que j'ai à l'âme (ligne 78)

Réactions personnelles

E. Décrivez la vie de la narratrice comme vous l'imaginez. Qui est elle? A-t-elle une famille? A-t-elle un métier? Quelle sorte d'endroits fréquente-t-elle? Pourquoi a-t-elle besoin de pleurer? Citez des preuves tirés du texte. Éprouvez-vous de la sympathie pour elle? Avez-vous eu ces mêmes sentiments? ces mêmes besoins?

F. En Amérique pourrait-on pleurer dans les endroits suivants? Quelle en serait la difficulté?

dans un musée
dans l'autobus
dans le métro
dans un parc public
chez soi
à la bibliothèque
dans une église
dans un grand magasin
dans la rue
sur une place de la ville
dans un marché en plein air

Si vous deviez pleurer, quels sont trois endroits que vous choisiriez?

G. Faites votre propre essai «Faire ça» en parlant d'autre chose que de pleurer. Choisissez une autre action, un autre geste que vous trouvez nécessaire mais pas toujours facile à faire (par exemple, rire, chanter, danser, crier, bouger, se gratter, dormir, manger, boire...).

Aux insurgents d'Amérique

Denis Diderot

Denis Diderot (1713–1784), un des «grands» du «Siècle des lumières» (voir page 265), partageait avec ses concitoyens philosophes les mêmes préoccupations et le même champ d'action, notamment la croyance au progrès possible dans tous les domaines: science, économie, politique, société, droits de l'homme. Non pas d'origine aristocratique comme Montesquieu et Voltaire, il sympathisait surtout avec Jean-Jacques Rousseau[46] qu'il retrouvait aux cafés «intellectuels» à la mode. Les grandes idées ne s'élaborent pas nécessairement devant un livre ou une table de bibliothèque. Elles se nourrissent aussi de contacts humains, d'interaction entre esprits différents et intelligences supérieures dont Paris, ses cafés et salons ont été le lieu privilégié.

Diderot, capable de disserter de la façon la plus convainquante sur le pour et le contre d'une théorie scientifique, philosophique ou esthétique, excellait aussi à représenter le côté concret ou terre à terre de la vie des gens de condition humble qui peuplent son œuvre romanesque et dramatique. Il est sans doute le plus connu pour *l'Encyclopédie,* œuvre monumentale où on rassemblait et ordonnait toutes les connaissances humaines en 28 volumes. Diderot, en tant que directeur principal du projet, s'est avéré un organisateur, collaborateur et auteur lui-même d'articles extraordinaires.

Diderot est aussi auteur d'innombrables essais—philosophiques, esthétiques, politiques. Un an et demi après le commencement de la guerre de l'Indépendance des treize colonies anglaises, l'alliance franco-américaine de 1778 est signée. Peu après, au milieu d'un essai sur deux empéreurs romains,[47] Diderot apostrophe[48] les révoltés d'outre-Atlantique! Il voyait dans la révolution américaine un espoir qui pourrait servir de modèle à la France pour établir la démocratie. Cependant, le lecteur averti se demandera, à propos de certaines admonitions de notre auteur, étonnamment enthousiaste, exactement à qui et à quoi il pense.

Avant de lire «Aux insurgents d'Amérique»

Préparation du vocabulaire

A. Lequel des mots suivants n'appartient pas au groupe? Discutez avec deux camarades.

1. glaive	poignard	fusil	bourreau
2. charrue	champs	sur-le-champ	sillon
3. accroissement	développement	répartition	augmentation
4. mœurs	coutumes	habitudes de vie	mollesse
5. reculer	avancer	égorger	aller en arrière
6. incendier	brûler	pourvoir	mettre le feu à
7. affranchir	au delà de	émanciper	rendre libre
8. engloutir	submerger	faire disparaître	verser

46. Jean-Jacques Rousseau (1712-1778), écrivain et philosophe de langue française, né à Genève; un des inspirateurs de la Révolution française, il connaît sa première gloire avec son *Discours sur l'origine et le fondement de l'inégalité parmi les hommes,* suivi d'autres essais fameux comme, par exemple, *Du Contrat social.*

47. *Essai sur les règnes de Claude et de Néron* (1778).

48. *Apostropher* = adresser directement d'une manière soudaine.

Préparation du style

B. Un des signes d'une prose soignée est la façon dont l'écrivain évite la redondance. Parmi les techniques stylistiques à sa disposition se trouvent les pronoms: pronoms personnels, pronoms démonstratifs, etc. Faites très attention à quel nom précis se réfère un pronom. Indiquez le nom que le pronom en italique remplace.

1. Puissent-ils reculer... le décret prononcé contre toutes les choses de ce monde; décret qui *les* a condamnées à avoir leur naissance, leur temps de vigueur, leur décrépitude et leur fin!
2. Puisse la terre engloutir *celle* de leurs provinces assez puissante un jour et assez insensée pour chercher les moyens de subjuguer les autres! Puisse dans chacune d'*elles* ou ne jamais naître ou mourir sur-le-champ... le citoyen assez puissant un jour, et assez ennemi de son propre bonheur, pour former le projet de s'*en* rendre le maître!
3. Qu'ils songent que... le temps fatal pour les gouvernements est *celui* de la prospérité, et non *celui* de l'adversité.
4. L'adversité occupe les grands talents, la prospérité *les* rend inutiles...
5. Si le grand homme est longtemps à la tête des affaires, il *y* devient despote. S'il *y* est peu de temps, l'administration se relâche et languit sous une suite d'administrateurs communs.

C. Une lecture même partielle ou superficielle du texte de Diderot révèle son enthousiasme pour la révolution américaine, qu'il exprime par toute une série d'exhortations. Sa pensée n'est pas difficile. Vous pouvez la comprendre fort aisément parce que le vocabulaire français et anglais se ressemblent dans le domaine politique (par exemple, gouvernement, diplomatie, droit constitutionnel), militaire et économique, qui sont justement le sujet du texte de Diderot.

Ce discours, adressé aux insurgés d'Amérique, est aussi un exemple parfait du style rhétorique de tradition classique: la structure de la phrase est complexe parce qu'elle consiste en plusieurs propositions. Pour vous habituer à ces longues phrases complexes aux tournures parallèles bien équilibrées, analysez le style selon le modèle suivant; vous trouverez que même le style n'est pas difficile.

1. Notez le ton qui domine le texte entier. Tout dépend d'un souhait qui devient une exhortation (*Puisse... ! Puissent... ! Que... !*).
2. Analysez le texte paragraphe par paragraphe. Il y a souvent, d'ailleurs, des phrases-paragraphe.
3. Étudiez chaque phrase. Lisez-la pour identifier les limites de chaque proposition et des compléments particulièrement longs.
4. Analysez chaque proposition pour en déterminer le sens général.
5. Relisez l'ensemble de la phrase entière.

Pour comprendre la structure de la phrase de Diderot, suivez les démarches proposées ci-dessous comme un exemple d'analyse.

1. Phrase fondamentale	Puisse la révolution instruire!
2. Proposition relative précisant l'*objet direct*	Puisse la révolution instruire *ceux qui gouvernent les hommes*!
3. Élement prépositif	Puisse la révolution instruire ceux qui gouvernent les hommes *sur le légitime usage de leur autorité*!
4. Élément adverbial	*Après des siècles d'une oppression générale,* puisse la révolution instruire ceux qui gouvernent les hommes sur le légitime usage de leur autorité!
5. Proposition relative précisant *le lieu* d'action	Après des siècles d'une oppression générale, puisse la révolution *qui vient de s'opérer au-delà des mers* instruire ceux qui gouvernent les hommes sur le légitime usage de leur autorité!
6. Complément adverbial précisant *comment* cette révolution peut instruire	Après des siècles d'une oppression générale, puisse la révolution qui vient de s'opérer au delà des mers, *en offrant à tous les habitants de l'Europe un asile contre le fanatisme et la tyrannie,* instruire ceux qui gouvernent les hommes sur le légitime usage de leur autorité!

Et voilà la première phrase du texte!

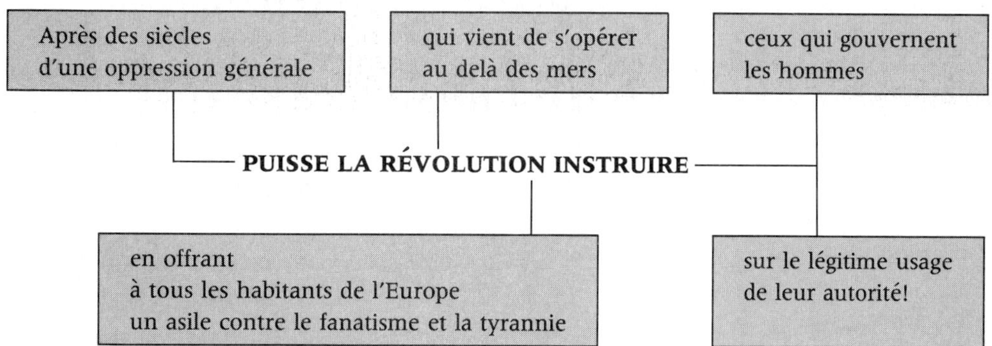

Vous venez de voir comment on peut élaborer une phrase simple pour exprimer une pensée complexe. Pour déchiffrer une phrase complexe, faites l'inverse de cette élaboration: simplifiez la phrase en écartant les propositions qui servent à élaborer la pensée principale: vous arriverez ainsi à la pensée centrale. Dans cet exercice, identifiez l'idée essentielle de chacune des phrases suivantes en barrant les propositions relatives, les longs compléments, etc. Puis résumez cette idée en finissant les phrases en italique par les mots qui conviennent.

1. Puissent ces braves Américains qui ont mieux aimé voir leurs femmes outragées, leurs enfants égorgés, leurs habitations détruites, leurs champs ravagés, leurs villes incendiées, verser leur sang et mourir, que de perdre la plus petite portion de leur liberté, prévenir l'accroissement énorme et l'inégale répartition de la richesse, le luxe, la mollesse, la corruption des mœurs, et pourvoir au maintien de leur liberté et à la durée de leur gouvernement! *Les Américains doivent... (a) voir l'outrage de leurs femmes, l'égorgement de leurs enfants, la destruction de leurs habitations et de leurs champs. (b) verser leur sang et mourir. (c) perdre leur liberté. (d) prévenir l'accroissement énorme et l'inégale répartition de la richesse, etc. et pourvoir au maintien de leur liberté et de leur gouvernement.*
2. Que les Américains songent que, si dans les circonstances qui permettent la délibération, le conseil des vieillards est le bon, dans les instants de crise, la jeunesse est communément mieux avisée que la vieillesse.
   Les Américains doivent considérer le fait que... (a) les circonstances permettent la délibération. (b) la jeunesse est mieux informée que la vieillesse dans les instants de crise. (c) des vieillards sont dans les instants de crise.
3. Puisse dans chaque province ou ne jamais naître ou mourir sur-le-champ sous le glaive du bourreau, ou par le poignard d'un Brutus, le citoyen assez puissant un jour, et assez ennemi de son propre bonheur, pour former le projet de s'en rendre le maître!
   Ce citoyen doit... (a) ou ne jamais naître ou mourir tout de suite. (b) former le projet de se rendre le maître de sa province. (c) devenir ennemi de son propre bonheur.

D. Les sujets suivants feront partie de la lettre aux insurgents d'Amérique. Finissez les phrases suivantes avec votre propre point de vue.

▷ Dans les circonstances qui permettent la délibération, le conseil des vieillards est...
Dans les circonstances qui permettent la délibération, le conseil des vieillards est superflu. ou
Dans les circonstances qui permettent la délibération, le conseil des vieillards est bon.

▷ Dans les circonstances de crise, la jeunesse est généralement...
Dans les circonstances de crise, la jeunesse est généralement impétueuse. ou
Dans les circonstances de crise, la jeunesse est généralement mieux avisée que la vieillesse.

1. Le bien général se produit uniquement par...
2. Ce n'est ni par l'or, ni par la multitude des bras qu'un État se soutient, mais par...

3. L'adversité occupe les grands talents; la prospérité les rend...
4. Mille hommes, qui ne craignent pas pour leur vie, sont...

Aux insurgents d'Amérique

Après des siècles d'une oppression générale, puisse la révolution qui vient de s'opérer au-delà des mers, en offrant à tous les habitants de l'Europe un asile contre le fanatisme et la tyrannie, instruire ceux qui gouvernent les hommes sur le légitime usage de leur autorité! Puissent ces braves Américains qui ont mieux aimé voir leurs femmes outragées, leurs enfants égorgés, leurs habitations détruites, leurs champs ravagés, leurs villes incendiées, verser leur sang et mourir, que de perdre la plus petite portion de leur liberté, prévenir l'accroissement énorme et l'inégale répartition de la richesse, le luxe, la mollesse, la corruption des mœurs, et pourvoir au maintien de leur liberté et à la durée de leur gouvernement! Puissent-ils reculer,[49] au moins pour quelques siècles, le décret prononcé contre toutes les choses de ce monde; décret qui les a condamnées à avoir leur naissance, leur temps de vigueur, leur décrépitude et leur fin!

Puisse la terre engloutir celle de leurs provinces assez puissante un jour et assez insensée pour chercher les moyens de subjuguer les autres!

Puisse la revolution instruire ceux qui gouvernent les hommes sur le légitime usage de leur autorité!

49. *Puissent-ils reculer (le décret)* = "May they delay (the decree)."

Puisse dans chacune d'elles ou ne jamais naître ou mourir sur-le-champ sous le glaive du bourreau, ou par le poignard d'un Brutus, le citoyen assez puissant un jour, et assez ennemi de son propre bonheur, pour former le projet de s'en rendre le maître!

Qu'ils songent que le bien général ne se fait jamais que par nécessité, et que le temps fatal pour les gouvernements est celui de la prospérité, et non celui de l'adversité.

Qu'on lise au premier paragraphe de leurs Annales: «Peuples de l'Amérique septentrionale, rappelez-vous à jamais que la puissance dont vos pères vous ont affranchis, maîtresse des mers et des terres il n'y avait qu'un moment, fut conduite sur le penchant de sa ruine[50] par l'abus de la prospérité.»

L'adversité occupe les grands talents, la prospérité les rend inutiles, et porte aux premiers emplois les ineptes, les riches corrompus, et les méchants.

Qu'ils songent que la vertu couve souvent le germe de la tyrannie.

Si le grand homme est longtemps à la tête des affaires, il y devient despote. S'il y est peu de temps, l'administration se relâche et languit sous une suite d'administrateurs communs.

Qu'ils songent que ce n'est ni par l'or, ni même par la multitude des bras, qu'un État se soutient, mais par les mœurs.

Mille hommes, qui ne craignent pas pour leur vie, sont plus redoutables que dix mille qui craignent pour leur fortune.

Que chacun d'eux ait dans sa maison au bout de son champ, à côté de son métier, à côté de sa charrue, son fusil, son épée et sa baïonnette.

Qu'ils soient tous soldats.

Qu'ils songent que, si dans les circonstances qui permettent la délibération, le conseil des vieillards est le bon, dans les instants de crise, la jeunesse est communément mieux avisée que la vieillesse.

À propos du texte

A. Quelle est la réaction de Diderot vis-à-vis de la révolution en Amérique?

B. Quels sont les conseils donnés par Diderot?

1. Ceux qui gouvernent les hommes devraient apprendre...
2. On devrait comprendre, d'après l'exemple des Américains, la nécessité de...

---

50. *Sur le penchant de sa ruine* = au bord de sa ruine.

C. Quelles sont les avertissements que Diderot donne?

1. Il faut se méfier de la prospérité, car...
2. Les dangers du «grand homme» sont...
3. Soyez tous soldats, parce que...

D. À qui Diderot semble-t-il s'adresser? Sur quel «grand homme» base-t-il ses remarques dans la ligne 32?

Réactions personnelles

E. Trouvez-vous ce discours particulièrement passionné? Pourquoi vous inspire-t-il ou ne vous inspire-t-il pas?

F. Composition. Y a-t-il un pays qui surpasse le vôtre dans un domaine particulier en ce moment (industrie, politique, réformes sociales, etc.)? Faites une lettre en vous adressant aux citoyens de ce pays étranger pour donner un message à votre propre pays. Employez *Puisse(nt)...* et *Que...* + proposition au subjonctif.

G. Expliquez et commentez une des idées suivantes.

1. Qu'ils songent que le bien général ne se fait jamais que par nécessité, et que le temps fatal pour les gouvernements est celui de la prospérité, et non celui de l'adversité.
2. L'adversité occupe les grands talents, la prospérité les rend inutiles, et porte aux premiers emplois les incptes, les riches corrompus, et les méchants.
3. Si le grand homme est longtemps à la tête des affaires, il y devient despote. S'il y est peu de temps, l'administration se relâche et languit sous une suite d'administrateurs communs.
4. Mille hommes, qui ne craignent pas pour leur vie, sont plus redoutables que dix mille qui craignent pour leur fortune.
5. Qu'ils songent que, si dans les circonstances qui permettent la délibération, le conseil des vieillards est le bon, dans les instants de crise, la jeunesse est communément mieux avisée que la vieillesse.

Mise en perspective

1. **Buts, style**. Pour définir l'intention de l'auteur, il est nécessaire de considérer à qui il ou elle s'adresse. Diderot, par exemple, parle-t-il aux Américains ou est-ce un prétexte pour haranguer les Français? Geneviève Serreau a-t-elle vraiment comme objectif de conseiller les gens tristes ou est-ce un prétexte pour bien raconter ses impressions à un public général capable d'apprécier son style? S'agit-il forcément de souvenirs ou d'expériences personnelles? Définissez et comparez les buts de «Faire ça» et de «Aux insurgents d'Amérique». Expliquez pourquoi chaque style convient ou ne convient pas à l'objectif de chaque texte.

HOROSCOPE

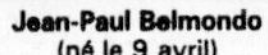

Jean-Paul Belmondo
(né le 9 avril)

Nicoletta
(née le 11 avril)

LES CHANCES DE LA SEMAINE

SAMEDI. — Voici une entreprise qui pourrait changer votre vie **(Balance, Bélier, Sagittaire).** Pesez d'abord le pour et le contre — puis foncez **(Taureau, Gémeaux).**
DIMANCHE. — Ne vous associez pas à une entreprise dangereuse **(Balance, Verseau, Scorpion).** Evitez de prendre une mesure réellement impopulaire **(Poissons, Capricorne).**
LUNDI. — Vous allez vous retrouver dans le bon peloton **(Cancer, Gémeaux, Capricorne).** Une opposition familiale ? Que vous importe en vérité ? **(Lion, Sagittaire).**
MARDI. — Vous trouverez vraisemblablement l'apport recherché **(Bélier, Sagittaire, Verseau).**
MERCREDI. — Vous réussirez à surmonter la plupart des contraintes **(Scorpion, Bélier, Vierge).**
JEUDI. — Puisque vous semblez satisfait de votre mode de vie... **(Taureau, Bélier, Gémeaux)** montrez que vous savez aussi faire preuve de réalisme **(Scorpion, Lion).**
VENDREDI. — Des complications certes — mais aussi des joies réelles **(Balance, Vierge, Poissons).** Comme les perspectives deviennent soudain favorables ! **(Sagittaire, Cancer).**

DECOUVREZ VOTRE PERSONNALITE ET VOTRE DESTIN DES 12 PROCHAINS MOIS

OFFRE PERSONNELLE TELE-POCHE

Une passionnante découverte qui peut orienter toute votre vie...
Envoyez-moi vite... (je coche la case choisie) :
MON HOROSCOPE PERSONNEL COMPLET*
caractère, prévisions 12 mois
(environ 20 pages détaillées) au prix tout à fait exceptionnel de **65 F.**
☐ Seulement MES PREVISIONS 12 mois* **50 F.**
☐ Seulement l'étude de MON CARACTERE **45 F.**
Etudes réalisées par ordinateur sur les données de l'Astrologie Traditionnelle.

TP

IDENTITE

☐ M. ☐ Mme ☐ Melle ....
....
Prénom ....
Adresse ....
....
Code postal ☐☐☐☐☐
Ville ....
Bureau distributeur (ou Pays) ....

2. **Horoscope particulier**. Imaginez que la narratrice de «Faire ça» consulte son horoscope. Que pourrait-elle y chercher? Qu'est-ce qu'elle y trouverait?

3. **Horoscope révolutionnaire**. Si Diderot avait composé l'horoscope pour un(e) jeune Américain(e) de 1780, qu'est-ce qu'il aurait dit? Combinez la pensée et le style de Diderot avec le style horoscopique pour prédire cet avenir.

Exprimer l'hypothèse

Chercher l'explication ou la solution d'un problème nous conduit à faire appel aux fonctions supérieures de notre intelligence et de notre imagination. Ce processus consiste surtout à faire des hypothèses, à supposer, pour trouver sinon la vérité absolue, du moins une explication vraisemblable.

Ces hypothèses peuvent être facilement vérifiables (*«Si j'ouvre cette porte, je trouverai la cuisine»*) ou rester à l'état de conjecture (*«Il se peut qu'il y ait eu un autre univers avant la création de celui-ci»*)

Une attitude scientifique n'exclut pourtant pas l'imagination. De nombreux savants, en essayant de formuler des hypothèses factuelles et scientifiques, ont eu une illumination ou une inspiration inattendue.

—Mais si c'est la silhouette d'une robe en dentelle, pourquoi est-ce qu'il y a deux trous au milieu? C'est pour les bras? Moi, j'imagine que c'est peut-être le masque tragique d'un acteur.

—Ça se peut. Si c'était un masque, les trous seraient pour les yeux... et le haut, alors? C'est possible que ça couvre le front... Non, franchement, ce doit être un derrick dans un gisement pétrolifère.

—D'accord, mais en admettant que ce soit un derrick, il faudrait éventuellement que le pétrole monte par les deux trous?

—Non, je soupçonne que c'est sans doute une vue microscopique de cristaux de neige.

—À moins que ce ne soit deux toiles d'araignée.

—Et si c'était l'infrastructure d'un fuselage d'avion?

Structures

Indiquer la possibilité

1. Peut-être

- Il est toujours correct de mettre l'adverbe **peut-être** après le verbe.

  Lee Harvey Oswald *n'a* **peut-être** *pas tué* John F. Kennedy.
  C'est **peut-être** un bonheur, disais-je ensuite, que nous trouvions de la consolation dans les faiblesses d'autrui. (Montesquieu)

- Avec les constructions suivantes, il est également correct de mettre cet adverbe au début de la phrase.

  a. Peut-être + inversion

  Peut-être Lee Harvey Oswald *n'a-t-il pas tué* John Kennedy.
  Peut-être *a-t-elle* un rendez-vous avec quelque jeune officier... (Baudelaire)

  b. Dans la langue courante on emploie **peut-être que** + ordre déclaratif normal

  Peut-être que *vous avez* des questions.
  Peut-être que *Lee Harvey Oswald n'a pas tué* John Kennedy.
  Peut-être qu'*il y aura* un meilleur candidat aux élections.

2. Le verbe **pouvoir** + infinitif indique souvent la possibilité.

Canalisez vos impulsions, elles **peuvent** *être* utiles. (Waldner)
À tout moment quelque humain **peut** *surgir* qui dit vous connaître... (Serreau)
... l'antimatière, nouvelle forme d'énergie nucléaire, **pourrait** *servir* à réaliser des armes extrêmement puissantes à énergie dirigée. (de Rosnay)
Vous **pouvez** *avoir* déjà *vu* cette photo de la tour Eiffel.

3. Les expressions synonymes **il se peut que...** et **il est possible que...** sont suivies d'une proposition au subjonctif.

Il se peut que l'URSS *établisse* un jour de bons rapports avec les USA.
Il est possible que ce monsieur *n'ait pas compris* votre question.

Remarquez: Les expressions **il est possible de** + infinitif, **la possibilité de** + infinitif ou nom et **la possibilité que** + subjonctif indiquent également la possibilité.

> **Il est possible** maintenant **de** *produire* l'antimatière et de la retenir pendant un bref délai, mais pas encore de la stocker. (de Rosnay)
> **La possibilité de** *ne pas savoir* l'espagnol tout en vivant en Californie m'est incompréhensible.
> On étudie... **la possibilité d'***une prédisposition* de la mère aux infections virales... (Tremblay)
> Je crois à **la possibilité qu'***il y ait* des êtres intelligents sur d'autres planètes.

A. Langage des animaux? Variez la forme des affirmations hypothétiques suivantes en plaçant **peut-être** à l'intérieur de la phrase.

▷ Peut-être avez-vous un animal.
Vous avez peut-être un animal.

1. Peut-être certains animaux ont-ils leur propre langage.
2. Peut-être avez-vous déjà écouté le cri des dauphins.
3. Peut-être y a-t-il un aquarium près d'ici.
4. Peut-être découvrira-t-on demain le secret de la communication des animaux les plus intelligents.
5. Peut-être les philosophes ont-ils raison: l'homme est le seul animal qui «parle».

B. Diagnostic. Quand Marcel se réveille, il a mal à l'estomac et ne peut pas se lever. En commençant par *peut-être que...* , complétez chaque phrase.

▷ Il est peut-être...
Peut-être qu'il est malade.

1. Il a peut-être mangé des...
2. Il a peut-être besoin de...
3. Sa condition lui cause peut-être...
4. Sa mère lui préparera peut-être...
5. Demain il ira peut-être...

C. Jury. Le jury délibère avant de prononcer un jugement sur l'accusé d'un meurtre. Formulez les pensées de quelques membres du jury en employant le verbe *pouvoir.*

▷ Il a peut-être tué sa femme au moment où il prétend avoir été chez sa mère.
Il peut avoir tué sa femme au moment où il prétend avoir été chez sa mère.

1. Sa mère a peut-être menti pour le protéger.
2. Si nous le trouvons innocent, il tuera peut-être quelqu'un d'autre!

3. Le trouver coupable quand il est innocent sera peut-être une des plus grandes injustices de l'histoire!
4. Il a l'air si doux, les autres prisonniers lui feront peut-être du mal.
5. Nous déciderons peut-être qu'il est innocent.

D. Qui sait? Employez les expressions *il se peut que...* ou *il est possible que...* pour répondre aux questions suivantes.

▷ Qui a découvert l'Amérique?
Il se peut que ce soient les Vikings. Mais il est possible aussi que ce soit Christophe Colomb.

1. Où serez-vous dans dix ans?
2. Y a-t-il des êtres vivants en dehors de la Terre?
3. Pourquoi est-ce que tant d'enfants ont peur de la nuit?
4. Pourquoi les terroristes kidnappent-ils des gens?
5. Pourquoi partirait-on en safari?
6. Qui a vraiment écrit les pièces de Shakespeare?

E. Surprise! Vous voulez surprendre votre père avec une «boum» le jour de son cinquantième anniversaire. En faisant vos projets, quelles possibilités faut-il considérer? Finissez les phrases suivantes.

1. Je dois tenir compte de la possibilité que mon père...
2. Je compte sur la possibilité de...
3. Il est possible que les invités...
4. Je ne sais pas s'il sera possible de...
5. Mais il y a toujours la possibilité que...

: Indiquer que c'est probable

1. Les adverbes **probablement** et **sûrement** signifient que c'est probable.

> ... j'avais **sûrement** passé la nuit à terminer mon dernier article... (Victor)
> On réglera **probablement** l'addition à la fin du repas.

2. Sans doute signifie *probablement.*[1]

- La place de l'adverbe après le verbe est toujours correcte quand il modifie le verbe.

> Elle réussira **sans doute**, la bonne Dorothée... (Baudelaire)

- **Sans doute** précède l'adjectif ou le participe passé qu'il modifie.

> Le garçon **sans doute** préoccupé n'a pas cherché plus loin. (Michaux)

1. Attention: *Sans **aucun** doute* = assurément, certainement.

- Dans un style soigné on emploie **sans doute** (en début de phrase) + inversion.

  Sans doute explorerons-nous un jour d'autres planètes.

- **Sans doute que** se place en tête de phrase sans inversion.

  Sans doute que Daniel a oublié notre rendez-vous.

3. Le verbe **devoir** (au présent ou au passé) + infinitif peut signifier *probablement.* (Pour d'autres usages de **devoir**, voir Leçon 10, page 362.)

   Vos plantes sont tellement jolies! Vous **devez** leur parler très gentiment tous les jours. (= Vous leur parlez probablement très gentiment tous les jours.)
   Comme tu as maigri! Tu **as dû** faire un régime. (= Tu as probablement fait un régime.)
   Bob était de mauvaise humeur. Il **devait** avoir faim. (= Il avait probablement faim.)
   Elle **dut** avoir grand-peur. (Maupassant) (= Elle eut probablement grand-peur.)

4. L'emploi du futur (ou du futur antérieur) peut signifier *probablement.*

   - Dans la langue familière, surtout avec les verbes **être** et **avoir**, le futur simple peut indiquer une probabilité présente.

     Le facteur vient de déposer une grosse enveloppe. Ce **sera** pour François. (= C'est probablement pour François.)

   - Le futur antérieur peut très correctement exprimer la probabilité d'une action passée.

     «Tiens, pensa-t-il, les fourmis **l'auront mangée**... » (Michaux) (= les fourmis l'ont probablement mangée.)

5. Expressions impersonnelles avec **probable** (ou **improbable**) + proposition subordonnée.

   - On peut indiquer la *probabilité* par l'expression suivante:

     Il est probable que... + indicatif

     Il est probable qu'une récession économique *se produira* l'année prochaine.

   - On peut indiquer l'*improbabilité* par les expressions suivantes:

     Il n'est pas probable que...
     Il est peu probable que...
     Il est improbable que...
     } + subjonctif

     Il n'est pas probable qu'elle *finisse* avant minuit.
     Il est peu probable que le premier ministre *vienne* ce soir.
     Il est improbable que Blakely le *sache*.

F. Rassurez-moi. Votre ami(e) va se faire arracher les dents de sagesse par un chirurgien dentiste. Comme il(elle) est inquiet(inquiète) vous essayez de le(la) calmer. Employez *sans doute, probablement* ou *sûrement* dans votre réponse.

▷ Le dentiste enlèvera-t-il toutes les quatre dents en même temps?
Il te le dira sans doute. ou
Il le discutera sûrement avec toi avant de commencer.

1. Me donnera-t-il une anesthésie locale?
2. Est-ce que cela me fera mal?
3. Est-ce que je pourrai manger après?
4. Y aura-t-il beaucoup de sang?
5. Est-ce que je m'évanouirai?
6. Est-ce que j'aurai de la peine à parler après?

G. Conclusions logiques. En partant des indices donnés, quelle est la déduction? Utilisez la forme appropriée du verbe *devoir* pour indiquer une probabilité.

▷ Marianne dort beaucoup.
Elle doit être fatiguée. ou
Elle doit avoir la mononucléose.

1. Sophie et Paul ont la gueule de bois.[2]
2. Woody Allen a reçu un Oscar.
3. Voilà un arc-en-ciel.
4. Stéphane a incroyablement peur des araignées.
5. Personne ne répond quand je téléphone au restaurant «Chez Jules».
6. La famille Thivel a déménagé la semaine passée.
7. Monique ne veut pas nous accompagner au concert de Michael Jackson.
8. J'ai vu des agents de police devant votre maison ce matin.

H. Qu'est-ce qui lui est arrivé? Pour chacun des personnages suivants qu'on ne trouve plus souvent dans les média, imaginez ce qui lui est arrivé. Employez le futur antérieur pour exprimer votre hypothèse.

▷ Bjorn Borg
On ne le voit plus; il se sera fatigué de jouer professionnellement au tennis.

1. Mark Hamill
2. Mary Lou Retton
3. Sally Ride
4. Jacques Cousteau
5. Geraldine Ferraro
6. Amy Carter
7. Sonny Bono
8. Bianca Jagger

2. *Gueule* (f.) *de bois* (argot) = état, le lendemain, de quelqu'un qui a trop bu d'alcool la veille.

I. **Où est-elle?** Votre camarade de chambre, Sylvie, n'est pas rentrée hier soir. Vous vous inquiétez. Téléphonez à la police pour exprimer vos soucis en finissant les phrases suivantes.

1. Il est peu probable que...
2. Il n'est pas probable que...
3. Elle a sûrement...
4. Il est probable que...
5. Il est improbable que...
6. Sans doute...

: Indiquer l'éventualité

1. Le sens de certains verbes exprime l'idée d'une chose seulement possible, d'une conjecture provisoire ou d'une explication plausible. Ces verbes n'ont pas besoin d'adverbe ou d'un contexte élaboré pour indiquer qu'il s'agit d'une hypothèse. Quand une proposition subordonnée en dépend, elle est quelquefois au subjonctif. Il n'y a pas de règle absolu. Voici les plus fréquents.

- **Admettre** peut entraîner l'indicatif ou le subjonctif.

  Sophie **admet que** l'argument de fond *soit* mal fondé.
  Le patron veut bien **admettre que** l'inflation *diminuera* le pouvoir d'achat des employés.

  Remarquez: On peut utiliser **admettre** avec un nom ou un pronom.

  J'**admets** *votre position.* (Je *l'***admets.**)

- **Se douter**

  a. Se douter peut prendre **de** + nom ou pronom indéfini.

  Je **me doute** *de quelque chose.* = Je pense qu'il y a quelque chose.
  Je **me doute** *de son incompétence.* = Je pense qu'il est incompétent.
  Nous **ne nous serions jamais doutés** *du talent* de Chantal. = Nous pensions qu'elle n'avait pas de talent.

  b. Se douter peut s'employer avec une proposition à l'indicatif ou au conditionnel.

  Je **me doute** bien **que** vous *allez travailler* dur. = Je sais que vous travaillez dur.
  On **ne se doutait pas que** l'examen *serait* si difficile. = On est surpris que l'examen soit très difficile.
  Elle **ne se doutait pas qu'**il *était* déjà minut. = Elle ne croyait pas qu'il fût déjà minuit.

Elle ne se doutait pas qu'il était déjà minuit.

- Comme ses synonymes approximatifs **concevoir** et **envisager**, **imaginer** est suivi de l'indicatif si l'éventualité est certaine et du subjonctif si l'éventualité reste incertaine. On peut le faire suivre aussi d'un nom ou d'un pronom.

  J'ai **imaginé** *leur conversation* et j'ai ri.
  J'**imagine que** le progrès technologique ne *fera* que s'accélerer.
  Mme Letessier **n'imagine pas** qu'on *aille* démolir cet immeuble.

- **S'imaginer** et **se figurer** peuvent prendre un nom, un adjectif, un infinitif ou une proposition à l'indicatif.

  Le vieux Cornélius **s'imaginait** *un génie.*
  Georges **s'imagine** *beau,* mais il est vraiment tout à fait ordinaire.
  Ce pauvre idiot **se figure** *pouvoir* réussir.
  Je **m'imagine qu'**il le *fera* sans hésiter.

- **Soupçonner** prend un complément d'objet direct (souvent avec **de** + infinitif) ou bien une proposition subordonnée à l'indicatif.

  Je *le* **soupçonnais** fort *de n'avoir* même *pas ouvert* le livre en question. (Victor)
  Ariane **soupçonne que** Thierry *va* la quitter.

  Remarquez: Le verbe **suspecter**, qui est plus fort, s'emploie surtout dans un cas criminel. On peut l'employer comme **soupçonner** ou bien avec un objet direct (et **de** + nom).

  On **suspecte que** Monsieur Savin *est* le coupable.
  On *le* **suspecte de** *fraude.*

- **Supposer** prend un complément d'objet direct modifié ou une proposition subordonnée.

  Il **suppose** *le problème résolu.*
  Je **suppose que** vous m'*avez compris.*

- Pour suggérer que l'on considère une hypothèse, on peut employer l'impératif (la forme **nous** est la plus commune) de beaucoup de ces verbes: **admettons que... , imaginons que... , imaginez-vous que... , figurez-vous que... , suppose que... ,** etc., comme aussi les expressions familières **mettons que...** et **disons que...** .

  Tous ces verbes, à l'impératif, peuvent exprimer des degrés différents de conjecture. S'il est probable que la situation se produira (ou s'est déjà produite), on emploie l'indicatif. Autrement on emploie le subjonctif.

  Mettons que Jean *veut* le faire, qui va le contrarier?
  Disons que je *reviendrai* vers 11 heures.
  Supposez qu'on *saura* dans un an stocker l'antimatière.
  Supposons qu'on *identifiera* le gène qui cause l'autisme.
  Admettons que cette théorie *soit* vraie.
  Imagine que nous n'*ayons* plus de guerres, comment serait la vie?
  Supposez que la troisième guerre mondiale *fasse* périr l'humanité entière.
  Mettons qu'il y *ait* une vie après celle-ci.

  Remarquez: À l'impératif, **s'imaginer** et **se figurer** expriment une connotation plus proche du sens d'**imaginer**.

  Imaginez-vous que je vais hériter d'un Cézanne! (= Représentez-vous l'idée que...)
  Figurez-vous qu'on va construire un tunnel sous la Manche. (Représentez-vous l'idée que...)

J. Boule de cristal. Répondez aux questions suivantes en employant les verbes *se douter, imaginer, soupçonner* et *supposer.*

▷ Comment devait être la vie au dixième siècle?
J'imagine que les gens avaient des difficultés, qu'ils n'avaient pas beaucoup de confort, qu'ils vivaient sous le système féodal...

1. Pourquoi Jacqueline Kennedy a-t-elle épousé Aristotle Onassis?
2. Que mangerez-vous ce soir?
3. Qu'est-ce que Tarzan a probablement dit quand il a vu les éléphants?
4. Pourquoi Harpo Marx ne parlait-il pas?
5. Quand un enfant pense à sa naissance, quelles suppositions fait-il (d'où vient-il selon lui)?
6. Pourquoi Marie Curie voulait-elle découvrir l'origine de la radioactivité?

K. D'accord, mais... Voici des idées et des opinions tenues pour vraies par certaines personnes. Formulez des suppositions à propos de chaque idée, puis continuez la phrase sous forme de question. Commencez chaque phrase par *disons que, supposons que* ou *mettons que.*

▷ Un enfant croit qu'il n'y a pas de Père Noël.
Mettons qu'il n'y ait pas de Père Noël. Alors qui te donne des cadeaux le jour de Noël?

1. On pense que les hommes sont supérieurs aux femmes.
2. Il paraît que Marilyn Monroe ne s'est pas suicidée.
3. Beaucoup de gens pensent que les Américains veulent dominer le monde.
4. Il y a des gens qui pensent que ce sont les Russes qui veulent dominer le monde.
5. Certaines gens pensent que l'an 2000 sera la fin du monde.

2. L'éventualité exprimée avec **si**

La construction avec **si** permet à tous les verbes d'exprimer une hypothèse.

- **Si** + présent

  Pour exprimer une condition susceptible de se réaliser à l'avenir, on introduit l'hypothèse par **si** + présent. La conséquence probable s'exprime au futur.

  Si un jour **j'ai** assez d'argent, j'**achèterai** une première édition de *Madame Bovary*.
  Nous **irons** à la plage **s'il fait** beau.
  Les problèmes familiaux **se régleront** mieux **si vous faites** preuve de flexibilité. (Waldner)

  Remarquez: Dans la langue parlée, pour accentuer la conséquence immédiate, on peut employer le présent (au lieu du futur) dans la proposition principale.

  Si on le découvre, sa carrière **est** finie.
  Si je ne vous entends pas, je **cogne**.[3] (Michaux)

3. *Cogner* = frapper; dans ce cas, «Je vous frapperai».

Remarquez: L'impératif peut aussi s'employer dans la proposition qui indique la conséquence.

> **Si vous voyez** vos amis, **parlez** de ce qui les intéresse. (Waldner)
> Vieille, **si tu as** une fille, **sache** que je ne reçois pas dans la journée. (Sembène)

- **Si** + imparfait
Pour exprimer l'idée d'une condition hypothétique moins susceptible de se réaliser dans l'immédiat, on emploie **si** + imparfait. On indique la conséquence au conditionnel présent.

> **Si j'avais** assez d'argent, j'**achèterais** une première édition de *Madame Bovary.*
> Nous **irions** à la plage **s'il faisait** beau.
> **Si tu en parlais** au député Rosselin, il **pourrait** me donner un excellent conseil? (Maupassant)
> **Si vous vouliez** essayer d'arranger cette affaire, vous **seriez** bien gentil. (Michaux)

- **Si** + plus-que-parfait
Quand on fait une supposition à propos d'une situation hypothétique passée, on emploie **si** + plus-que-parfait pour exprimer l'hypothèse et le passé du conditionnel pour en exprimer la conséquence (voir Leçon 5, *Indiquer la chronologie,* pages 173-174, pour la formation de ces temps). Il est impossible que l'hypothèse devienne une réalité puisque le point de référence est passé.

> **Si j'avais eu** assez d'argent, j'**aurais acheté** une premère édition de *Madame Bovary.*
> Nous **serions allés** à la plage **s'il avait fait** beau.
> **Si j'avais su,** j'**aurais** volontiers **choisi** une autre viande ou simplement un œuf... (Michaux)
> ... les hommes et les femmes **n'auraient jamais pu** travailler en tapisserie **s'ils n'avaient pas eu** des aiguilles et des doigts pour les enfiler. (Voltaire)

- La conjecture—la proposition introduite par **si**—peut être simplement implicite.

> Personne **n'aurait pu** désigner par des mots l'infinie diversité des blancs, des bleus, des roses et des mauves. (Yourcenar)
> Avec mes ennemis, **j'aurais** besoin de griffes et de dents. (Séfrioui)
> Ce que je **voudrais** être: Moi, comme les gens que j'admire me **voudraient.** (Proust)
> Il me semble qu'à la fin je lui **crierais**: «Eh, tue-toi, mauvais gamin!» (Colette)

- Quand il y a plus d'une proposition hypothétique, on remplace **si** par **que** dans la deuxième. Dans ce cas, **que** entraîne le subjonctif.

si +	{ présent / imparfait }	+ **et que** + subjonctif présent
si +	plus-que-parfait	+ **et que** + subjonctif passé

Si vous n'aimez pas le vin **et que** vous *ne buviez jamais* d'alcool, vous vivrez plus longtemps.
Je vous *accompagnerais* s'il n'y avait personne dans la rue **et que** vous *ayez* peur.
Si j'avais été libre **et que** tu *aies voulu* aller au concert, je t'aurais emmenée.

L. Que feriez-vous? Répondez aux questions suivantes en choisissant la meilleure réaction. Employez le verbe de votre choix au temps qui s'impose.

1. Que feriez-vous si on vous arrêtait pour un crime dont vous n'étiez pas coupable? (protester/téléphoner à votre avocat/appeler votre pasteur, prêtre ou rabbin/vous défendre)
2. Si vous aviez été passager(-ère) à bord du Titanic, qu'est-ce que vous auriez fait pour survivre? (trouver un bateau de sauvetage/attendre qu'on vienne à la rescousse/nager)
3. Que feriez-vous en cas d'incendie dans votre maison, appartement ou résidence? (vous allonger sur le plancher/chercher la sortie/sauter par la fenêtre/aller chercher votre manteau de fourrure/aller chercher vos cassettes ou vos disques)
4. Comment réagiriez-vous si je vous félicitais? (pleurer/sourire/me gifler)

M. Contingences.[4] Combinez les deux conditions en une seule, puis finissez la phrase pour en indiquer la conséquence.

▷ Si le cours est fini...
Si tu veux venir avec moi...
Si le cours est fini et que tu veuilles venir avec moi, nous partirons ensemble.

1. S'il avait plu...
   Si je n'avais pas eu de parapluie...
2. Si j'avais un accident de voiture...
   Si quelqu'un était blessé...
3. Si on oublie de payer ses impôts...
   Si le IRS le découvre...
4. Si ces chaussures en solde[5] coûtaient trente-cinq dollars...
   Si je n'avais que quinze dollars...
5. Si je te téléphonais...
   Si ton répondeur répondait...

3. Conjectures exprimées avec des conjonctions autres que **si**

- On emploie souvent le conditionnel après **au cas où, dans le cas où, dans l'éventualité où**, etc. pour exprimer une possibilité ou une condition hypothétique.

Au cas où vous ne comprendriez pas, demandez-moi.
Dans l'éventualité où il ne viendrait pas, je suis prêt à le remplacer.

4. *Contingences* (f. pl.) = événements imprévisibles.
5. *En solde* = en vente à un prix réduit.

- Les conjonctions suivantes sont toutes suivies d'une proposition au subjonctif.

à supposer que = en supposant que = en admettant que
pourvu que = à condition que
à moins que (souvent avec un **ne** pléonastique)

À supposer que l'avion soit à l'heure, nous devrons tout de même attendre à cause de la douane.
Je te dirai mon secret **pourvu que** tu ne le dises à personne.
Vous serez un peu désorientés. Peut-être parce que votre partenaire ne pourra pas vous consacrer assez de temps (**à moins que** l'hypothèse inverse, moins fréquente, ne se produise). (Waldner)

Remarquez: Si le sujet des propositions principale et subordonnée est le même, on emploie **à condition de** ou **à moins de** + infinitif

Nous survivrons **à condition que** nos ressources naturelles soient renouvelées.
Mais: Nous survivrons **à condition de** *renouveler* nos ressources naturelles.
Nous irons manger dans ce restaurant **à moins qu'**il (ne) soit trop cher.
Mais: Nous irons manger dans ce restaurant **à moins d'***être* fauchés.[6]

- La conséquence dépend quelquefois d'une de deux hypothèses proposées.
  a. Si le choix est entre deux propositions complètes, chaque proposition hypothétique est introduite par **soit que...** ou la première est introduite par **soit que...** (ou simplement **que...**) et la deuxième par **ou que...** . Les verbes des propositions subordonnées sont au subjonctif.

Soit qu'il ne m'*ait* pas *écouté,* **soit qu'**il n'*ait* pas *compris,* Jules est parti en claquant la porte.
Tony ne m'adresse plus la parole, **soit qu'**il me *déteste,* **ou qu'**il *attende* que je lui parle le premier.
Que nous le *voulions* **ou que** nous ne le *voulions* pas, ce budget sera adopté par le conseil municipal.

  b. Si l'alternative est entre deux éléments dans une même proposition, on emploie **que... ou...** avec le verbe toujours au subjonctif.

Qu'elles *soient* belles **ou** laides, Don Juan aimait toutes les femmes.
C'est toujours passionnant de montrer aux Américains une image de la France, **qu'**il *s'agisse* de la France prestigieuse, de la France profonde et tranquille **ou** de la France en mouvement. (Rousseau)

---

6. *Être fauché* = ne pas avoir d'argent.

c. Si le choix entre deux possibilités n'incorpore pas le verbe, on peut employer **soit** (comme synonyme de **ou**) devant chaque élément.

... aux États-Unis, tout homme surpris à fouiller dans le sac d'une femme serait immédiatement soupçonné d'être **soit** un pickpocket naturellement, **soit** un voyeur... (Victor)

... ces insolents se jetèrent étourdiment sur les premières femmes ou filles qu'ils trouvèrent, **soit** cabaretières, **soit** présidentes. (Voltaire)

N. Assurances. Vous devez souscrire à une police d'assurances personnelles, santé et automobile. Vous voudriez savoir ce qui se passerait dans certaines circonstances. Pour chaque condition, formulez une question qui convient avec *au cas où*.

▷ Si un automobiliste non-assuré me rentrait dedans, comment...
Au cas où un automobiliste non-assuré me rentrait dedans, comment est-ce que je réclamerais l'indemnité?

1. Si j'avais besoin d'une opération, est-ce que la compagnie...
2. Si j'étais blessé(e) dans un accident de voiture, qui...
3. Si un cambrioleur volait tous mes appareils électroniques, que...
4. S'il y avait le feu chez moi, comment...
5. S'il y avait un tremblement de terre ou une inondation, est-ce que...

O. Concert. Finissez les phrases suivantes.

1. Le concert aura lieu dans le parc, à supposer que...
2. On peut acheter des billets à condition de...
3. Pierre refuse d'y aller, soit que... soit que...
4. Nous devons arriver cinq heures à l'avance, que... ou...
5. Tu pourrais emmener trois personnes dans ta voiture à moins de...
6. Moi, j'irai avec Denise à moins que...
7. Nous allons bien nous amuser que... ou...

: Autres moyens d'exprimer l'hypothèse

1. L'emploi du conditionnel indique aussi le caractère incertain d'une hypothèse.

Maurice dit que Louisette ne viendra pas. Elle **serait** malade.

L'hormone humaine, disponible au marché noir, **serait** déjà utilisée par certains athlètes pour renforcer leur masse musculaire. (de Rosnay)

Cette portion du cerveau... **renfermerait**... une quantité insuffisante de neurones... (Tremblay)

Remarquez: Quand on rapporte une affirmation ou une idée d'une autre personne, l'emploi du conditionnel indique qu'on n'accepte pas nécessairement comme un fait ou une vérité ce que l'autre a dit. L'emploi du présent, par contre, implique qu'on transmet l'affirmation de l'autre sans la contester.

Selon lui, plusieurs pistes **tendraient** à démontrer des origines multiples à l'autisme. (Tremblay)

Selon les études de Mme Bauman, le cervelet ne **serait** d'ailleurs pas le seul touché, chez les autistiques, la région limbique du cerveau **contiendrait** des cellules plus petites et plus rapprochées que la normale. (Tremblay)

Elle croit par ailleurs que c'est bien avant la naissance que le cerveau d'un autistique **subirait** des modifications. (Tremblay)

Mais: Selon les rechercheurs les plus importants, d'autres causes **peuvent** conduire à cette situation.

2. Pour exprimer l'existence hypothétique d'une chose ou d'une personne dont on a besoin ou qu'on cherche, on emploie un pronom relatif (**qui, que, où, dont,** préposition + **lequel**) + subjonctif

J'ai besoin de quelqu'un **qui puisse** me conduire à l'aéroport dans une heure. (Je ne sais pas si une telle personne existe.)

Mme Lamvel-Kornov cherche une secrétaire **qui sache** le russe. (Son existence n'est que probable.)

Remarquez: Quand l'existence de la chose ou de la personne n'est pas hypothétique mais certaine, on emploie le pronom relatif avec l'indicatif.

C'est Jacques **qui peut** me conduire à l'aéroport dans une heure. (Il me l'a déjà promis.)

Où est la secrétaire **qui sait** le russe? Je la cherche. (Elle travaille dans notre bureau depuis quinze jours.)

P. Reportage radiophonique. Le 31 avril 1988, dans un débat sur l'abolition des cigarettes, les personnes suivantes ont fait des remarques sur l'effet des cigarettes.

1. M. Gordon Bleu, chef et restaurateur: «On ne peut guère savourer la bonne cuisine dans une atmosphère imprégnée de fumée de cigarettes.»
2. M. Maurice Philippe, président d'une compagnie de tabac: «Les cigarettes ne font aucun mal à personne.»
3. Le Chirurgien général: «Les cigarettes causent le cancer.»
4. Mme Dupont, veuve: «Mon mari est mort du cancer des poumons après avoir fumé deux paquets par jour pendant trente-huit ans.»
5. M. O. Bourgeois, propriétaire d'une plantation de tabac en Virginie: «Ce n'est qu'une conspiration des communistes pour nuire à notre système économique capitaliste.»

Faites le reportage de ces remarques pour la station de radio de votre université en employant le conditionnel ou l'indicatif pour montrer celles que vous considérez comme incertaines et celles que vous croyez sûres.

▷ *Selon M. Gordon Bleu, chef et restaurateur, on ne peut guère savourer la bonne cuisine dans une atmosphère imprégnée de fumée de cigarettes.* ou
Selon M. Gordon Bleu, chef et restaurateur, on ne pourrait guère savourer la bonne cuisine dans une atmosphère imprégnée de fumée de cigarettes.

Q. Le Corbusier et moi. Vous parlez avec l'architecte de la maison que vous voulez faire construire. Si vous mentionnez une situation ou une personne hypothétiques finissez la phrase avec le subjonctif, mais s'il s'agit d'une situation ou d'une personne qui existent réellement, employez l'indicatif.

▷ Je voudrais trouver un site qui...
Je voudrais trouver un site qui soit tranquille et qui ait une vue panoramique sur des collines.

▷ Je connais un endroit qui...
Je connais un endroit qui est presque parfait mais qui est situé un peu trop près de l'autoroute.

1. J'ai passé mon enfance dans une maison où...
2. Y a-t-il des maisons qui... ?
3. Que pensez-vous des fenêtres qui... ?
4. Avez-vous déjà utilisé ces nouveaux matériaux dont... ?
5. Je voudrais un système de chauffage qui...
6. J'adore les cuisines européennes où...
7. Pourriez-vous dessiner une maison qui... ?
8. Je voudrais trois chambres où...

À VOUS DE JOUER

1. Quelques énigmes. Employez les expressions et les formules de la leçon pour parler des phénomènes suivants ou d'autres phénomènes de votre choix. Essayez de les expliquer en formulant des hypothèses.

▷ Jimmy Hoffa a disparu.
Je suppose qu'il a été assassiné. ou
S'il avait été assassiné, on aurait retrouvé son corps. ou
À supposer qu'il ait été assassiné, on aurait retrouvé son corps.

L'Atlantide est un continent perdu.
Des gens ont observé des OVNI (objets volants non-identifiés).
Rimbaud n'a plus écrit de poésie après l'âge de dix-neuf ans.

On n'a jamais trouvé qui était Jack l'Éventreur.[7]
L'aviatrice Amelia Earhart a disparu.
Qui a kidnappé le fils de Charles Lindbergh?
Un magicien coupe en deux la boîte qui contient une femme.

2. **Les effets de votre environnement.** Commentez les nombreux effets de chacune des conditions suivantes sur votre vie.

▷ si vous n'aviez pas de réfrigérateur
D'abord, je serais obligé(e) d'acheter de la glace tous les jours...

si toute votre famille (parents, grands-parents, frères, sœurs) habitait dans le même appartement que vous
si vous aviez des robots pour vous servir
s'il faisait toujours aussi froid chez vous qu'au pôle Sud
si vous aviez un petit perroquet qui vous accompagnait toujours partout perché sur votre épaule
si nous pouvions stocker l'antimatière
si on avait à sa disposition une hormone qui faisait grandir

3. **Qu'est-ce qui s'est passé?** Devinez comment les situations suivantes se sont produites et proposez des moyens possibles de les résoudre.

7. *Jack l'Éventreur* = célèbre criminel à Londres des années 1888-89 qui a commis plusieurs meurtres.

4. **Curriculum vitæ.**[8] Vous êtes en train de rédiger votre curriculum vitæ. Vous téléphonez à un(e) ami(e) pour lui demander des conseils à propos de ce que vous devez dire ou ne pas dire. Que pourrait-on supposer, par exemple, si vous n'indiquez pas votre date de naissance? si vous ne mentionnez pas votre emploi ou votre école entre juin 1986 et mai 1988? etc.

5. **Débat.** Présentez vos arguments pour ou contre un problème suggéré soit par la classe soit par le professeur.

Compositions écrites

1. **Énigmes.** Parlez d'un phénomène inexplicable ou mystérieux. Essayez des hypothèses diverses. (Par exemple: perception extra-sensorielle, le triangle des Bermudes, souvenirs d'une vie antérieure, impressions des gens qui resuscitent après être morts pendant quelques secondes, «Bigfoot», l'abominable homme des neiges, le monstre de Loch Ness, etc.)

   ▷ *Admettons que ce phénomène soit réel. Mais si c'était un être vivant...*
   (Si un tel monstre... à moins que... etc.)

2. **Un visage vous parle.** Imaginez qu'en faisant la queue à la caisse du supermarché, dans une banque, au cinéma, ou dans un autre endroit, vous regardez quelqu'un que vous ne connaissez pas mais qui vous semble intéressant. Formulez des hypothèses sur le passé, le présent et l'avenir de cette personne. Voudriez-vous faire la connaissance de cette personne? Comment pourriez-vous faire sa connaissance?

3. **Spéculation.** Vous avez une idée ou une invention qui pourraient vous aider à lancer une affaire lucrative. Vous avez besoin de fonds et vous écrivez une lettre pour intéresser des investisseurs à votre affaire et pour leur demander de l'argent. Expliquez les possibilités prometteuses de cette affaire (ou de votre invention, de votre découverte, etc.).

---

8. *Curriculum vitæ* = résumé de l'éducation et des activités professionnelles.

Lectures

Les hypothèses dans les lectures que nous vous proposons sont de deux espèces: d'abord de l'absurde comique de l'existence de tous les jours et ensuite de la promesse théorique et pratique de la recherche scientifique. Dans un premier texte vous retrouverez un personnage fictif, déjà rencontré dans la Leçon 5. Puis on quitte cette fantaisie littéraire pour passer à une sorte de science-fiction réelle. Dans les deux derniers textes, il s'agit de visions précises et futures fondées sur des hypothèses de physique nucléaire et de biotechnologie.

La vulgarisation scientifique et technologique[9] occupe une place importante dans le journalisme contemporain de beaucoup de pays francophones. Puisqu'une partie considérable du grand public s'y intéresse, les journaux quotidiens et les revues hebdomadaires répondent à ce désir de leurs lecteurs d'être bien informés, même sur les choses les plus abstraites et les plus complexes. Voici le rôle du vulgarisateur, le plus souvent un journaliste professionnel avec une formation scientifique.

Nos deux articles, pris dans des journaux français et canadiens, représentent donc un mélange de prose «scientifique» et de prose «journalistique». La prose scientifique raconte dans un style peu orné et relativement simple l'histoire des expériences antérieures, explique les hypothèses et les expériences actuelles et en arrive à une conclusion, généralement provisoire, selon la méthode empirique. Le journalisme alors s'empare de[10] ces conclusions, les rend aussi compréhensibles que possible et souligne—quelquefois avec une petite dose de sensationalisme—le progrès qui résultera peut-être de ces hypothèses et de cette recherche.

---

9. *Vulgarisation* (f.) *scientifique et technologique* = le fait de rendre la science et la technologie facilement accessibles à un lecteur non spécialiste.
10. *S'emparer de* = prendre possession de.

Plume au restaurant
Henri Michaux

Plume, le seul personnage jamais créé par son auteur, Henri Michaux (voir page 193), revient ici révéler un autre aspect de son caractère. Vous l'avez déjà vu comme «homme paisible»; maintenant vous allez le voir comme «homme troublé». Ses accusateurs surgissent, un par un, pour l'accabler d'un sentiment de culpabilité. Mais que disent-ils? De quoi est-il coupable? Croit-il vraiment à son innocence? Et, finalement, une fois de plus, est-il drôle? Est-il tragique?

Avant de lire «Plume au restaurant»

Préparation du vocabulaire

A. Les mots suivants sont utiles pour la compréhension de «Plume au restaurant».

1. **Faire défaut** = manquer. (J'étais prêt à demander tout autre chose si les côtelettes *faisaient défaut.*)
   —Qu'est-ce qui *fait défaut* à la carte de Burger King?
   —À votre avis, qu'est-ce qui *fait défaut* au système d'éducation américaine?
   —À votre avis, qu'est-ce qui *fait défaut* à l'administration présidentielle actuelle?
2. **Volontiers** = avec plaisir. (—Me rendras-tu un service?—*Volontiers.*) À chacune des demandes suivantes, répondez avec une excuse ou en disant «*Volontiers*».
   —Ma sœur vient me voir et ne connaît pas beaucoup de gens ici. Voulez-vous dîner chez nous jeudi et faire sa connaissance?
   —J'ai oublié mon portefeuille. Est-ce que tu me prêterais dix dollars jusqu'à demain?
   —Voulez-vous bien m'aider à rédiger une lettre de demande d'emploi?
3. **Tendre** = présenter (dans la main). (Il lui *tend* un billet de cent francs.)
   —Quand *tendez-vous* votre permis de conduire à quelqu'un?
   —Pour payer au restaurant, que *tendez-vous* au garçon: un billet ou une carte de crédit?
   —Quand vous donnez à manger à un chien qu'est-ce que vous lui *tendez?*

4. **La manche** = partie du vêtement qui couvre le bras. (Il voit tout à coup *la manche* d'un uniforme; c'est un agent de police.)
   —Portez-vous aujourd'hui un vêtement à *manches* longues ou courtes?
   —Quand vous retroussez-vous les *manches?*[11]
   —Quand porte-t-on des vêtements sans *manches?*

Préparation du style

B. Le style indirect libre est une variation sur le discours indirect. On peut rapporter ce que quelqu'un a dit mais, pour des raisons stylistiques, supprimer les indications que c'est un discours rapporté. Les changements de temps et de pronoms sont les mêmes qu'au discours indirect (voir Leçon 4, page 135).

style direct	J'ai demandé à Jean une explication. Il a dit: «Je ne t'ai pas bien vu. Autrement je t'aurais salué.»
style indirect	J'ai demandé à Jean une explication. Il a dit qu'il ne m'avait pas bien vu et qu'autrement il m'aurait salué.
style indirect libre	J'ai demandé à Jean une explication. Il ne m'avait pas bien vu. Autrement il m'aurait salué.

Le passage à la page 424, lignes 42 à 54, est au style indirect libre. Indiquez les mots que Plume a probablement prononcés d'après ce passage.

▷ Plume s'excusa aussitôt.
—Il avait pris un rendez-vous avec un ami. Il l'avait vainement cherché toute la matinée.
«J'avais pris un rendez-vous avec un ami. Je l'ai vainement cherché toute la matinée.»

Pour mieux lire

C. Connaissez-vous déjà le personnage de Plume?

1. Racontez l'histoire d'«Un Homme paisible». (voir page 196)
2. Rappelez les caractéristiques de ce personnage.

D. Lisez les deux premiers paragraphes de ce texte, lignes 1–4.

1. Connaissant Plume, croyez-vous que cet état de choses s'améliorera ou empirera?
2. D'après ce début, quels développements seront possibles dans cette histoire?

---

11. *Se retrousser les manches* = plier les manches vers le haut.

Plume au restaurant

Plume déjeunait au restaurant, quand le maître d'hôtel s'approcha, le regarda sévèrement et lui dit d'une voix basse et mystérieuse: «Ce que vous avez là dans votre assiette ne figure *pas* sur la carte.»

Plume s'excusa aussitôt.

—Voilà, dit-il, étant pressé, je n'ai pas pris la peine de consulter la carte. J'ai demandé à tout hasard[12] une côtelette, pensant que peut-être il y en avait, ou que sinon on en trouverait aisément dans le voisinage, mais prêt à demander tout autre chose si les côtelettes faisaient défaut. Le garçon, sans se montrer particulièrement étonné, s'éloigna et me l'apporta peu après et voilà...

Naturellement, je la paierai le prix qu'il faudra. C'est un beau morceau, je ne le nie pas. Je le paierai son prix sans hésiter. Si j'avais su, j'aurais volontiers choisi une autre viande ou simplement un œuf, de toute façon maintenant je n'ai plus très faim. Je vais vous régler immédiatement.

Cependant, le maître d'hôtel ne bouge pas. Plume se trouve atrocement gêné. Après quelque temps relevant les yeux... hum! c'est maintenant le chef de l'établissement qui se trouve devant lui.

Plume s'excusa aussitôt.

—J'ignorais, dit-il, que les côtelettes ne figuraient pas sur la carte. Je ne l'ai pas regardée, parce que j'ai la vue fort basse, et que je n'avais pas mon pince-nez sur moi, et puis, lire me fait toujours un mal atroce. J'ai demandé la première chose qui m'est venue à l'esprit, et plutôt pour amorcer[13] d'autres propositions que par goût personnel. Le garçon sans doute préoccupé n'a pas cherché plus loin, il m'a apporté ça, et moi-même d'ailleurs tout à fait distrait je me suis mis à manger, enfin... je vais vous payer à vous-même puisque vous êtes là.

Cependant, le chef de l'établissement ne bouge pas. Plume se sent de plus en plus gêné. Comme il lui tend un billet, il voit tout à coup la manche d'un uniforme; c'était un agent de police qui était devant lui.

Plume s'excusa aussitôt.

—Voilà, il était entré là pour se reposer un peu. Tout à coup on lui crie à brûle-pourpoint: «Et pour Monsieur? Ce sera... ?» —«Oh... un bock»[14] dit-il. «Et après... ?» cria le garçon fâché; alors plutôt pour s'en débarrasser que pour autre chose: «Eh bien, une côtelette!»

Il n'y songeait déjà plus, quand on la lui apporta dans une assiette; alors, ma foi, comme c'était là devant lui...

—Écoutez, si vous vouliez essayer d'arranger cette affaire, vous seriez bien gentil. Voici pour vous.

---

12. *À tout hasard* = sans réfléchir.
13. *Amorcer* = commencer, mettre en train.
14. *Bock* (m.) = verre de bière.

Et il lui tend un billet de cent francs. Ayant entendu des pas s'éloigner, il se croyait déjà libre. Mais c'est maintenant le commissaire de police qui se trouve devant lui.

Plume s'excusa aussitôt.

—Il avait pris un rendez-vous avec un ami. Il l'avait vainement cherché toute la matinée. Alors comme il savait que son ami en revenant du bureau passait par cette rue, il était entré ici, avait pris une table près de la fenêtre et comme d'autre part l'attente pouvait être longue et qu'il ne voulait pas avoir l'air de reculer devant la dépense, il avait commandé une côtelette; pour avoir quelque chose devant lui. Pas un instant il ne songeait à consommer. Mais l'ayant devant lui, machinalement, sans se rendre compte le moins du monde de ce qu'il faisait, il s'était mis à manger.

Il faut savoir que pour rien au monde il n'irait au restaurant. Il ne déjeune que chez lui. C'est un principe. Il s'agit ici d'une pure distraction, comme il peut en arriver à tout homme énervé, une inconscience passagère; rien d'autre.

Mais le commissaire, ayant appelé au téléphone le chef de la sûreté: «Allons, dit-il à Plume en lui tendant l'appareil. Expliquez-vous une bonne fois. C'est votre seule chance de salut.» Et un agent le poussant brutalement lui dit: «Il s'agira maintenant de marcher droit, hein?» Et comme les pompiers faisaient leur entrée dans le restaurant, le chef de l'établissement lui dit: «Voyez quelle perte pour mon établissement. Une vraie catastrophe!» Et il montrait la salle que tous les consommateurs avaient quittée en hâte.

Ceux de la Secrète lui disaient: «Ça va chauffer,[15] nous vous prévenons. Il vaudra mieux confesser toute la vérité. Ce n'est pas notre première affaire, croyez-le. Quand ça commence à prendre cette tournure, c'est que c'est grave.»

Cependant, un grand rustre d'agent[16] par-dessus son épaule lui disait: «Écoutez, je n'y peux rien. C'est l'ordre. Si vous ne parlez pas dans l'appareil, je cogne. C'est entendu? Avouez! Vous êtes prévenu. Si je ne vous entends pas, je cogne.»

À propos du texte

A. Quelle est l'action principale de ce récit?

B. Précisez ce qui se passe entre Plume et chacun des personnages suivants:

1. le garçon
2. le maître d'hôtel

15. *Chauffer* = devenir une affaire intense et grave.
16. *Un grand rustre d'agent* = un grand agent de police grossier et brutal.

3. le chef de l'établissement
4. l'agent de police
5. le commissaire de police
6. le chef de la sûreté

Appréciation littéraire

C. Qu'est-ce qui est répété dans ce texte?

D. Quel est exactement l'effet du style indirect libre (en particulier, lignes 43–54: «Il avait pris... » jusqu'à «rien d'autre»)?

E. Remarquez l'importance croissante des personnages jusqu'à la fin. Comment les réactions de Plume changent-elles au cours de cette progression?

F. Résumez les différents moyens (avec un exemple de chacun) utilisés par l'auteur pour indiquer l'angoisse de Plume.

Réactions personnelles

G. Pourquoi Plume réagit-il ainsi? Avez-vous jamais eu l'impression qu'on vous traitait de cette manière? Vos réactions étaient-elles comme celles de Plume? Qu'est-ce que Plume aurait pu ou aurait dû faire?

H. Imaginez la scène entre Plume et son analyste le lendemain de la scène au restaurant. Que dirait Plume? Et l'analyste?

Technologies pour demain

Joël de Rosnay *avec Claire de Narbonne-Fontanieu*

Ce titre désigne une rubrique qui paraît régulièrement dans les numéros de *L'Expansion*, revue mensuelle du monde des affaires en France (voir page 332). L'article «Latins et Anglo-Saxons», pris aussi dans *L'Expansion*, correspond manifestement à son objectif principal: informer les lecteurs sur les problèmes économiques, industriels et commerciaux. Mais comme dans les grandes revues d'affaires anglo-saxonnes, *L'Expansion* tient aussi à éclairer tout domaine susceptible d'affecter l'activité économique, dont notamment la technologie. Remarquez bien l'organisation de l'article—chaque sujet divisé en exposé succinct et conclusion indiquée «Impact».

Avant de lire «Technologies pour demain»

Préparation du vocabulaire

A. Une ressemblance entre deux mots peut faciliter la compréhension. Les noms de la liste de gauche ont tous un rapport de dérivation avec les mots à droite.

un bœuf	**un ingénieur**
un chercheur	**la recherche**
un chiffre	**bovin**
la chirurgie	**chirurgical**
la colle	**dentaire**
le coût	**insoupçonné**
la croissance	**chiffrer**
une dent	**coller**
le génie	**coûter**
une lutte	**croître**
un piège	**lutter**
la rétention	**piéger**
un soupçon	**retenir**

1. Trouvez le mot dans la colonne de droite qui a une parenté avec un terme de la colonne de gauche. Puis formulez (avec un peu d'imagination) une brève définition des deux mots.
2. Connaissez-vous d'autres mots de ces mêmes familles?

B. Un écrivain est souvent très imaginatif quand il invente un titre. Il est possible de ne pas comprendre son sens avant de lire le texte même. En matière scientifique et technologique, par contre, le titre fournit d'emblée le contexte essentiel. Voici des mots qui sont peut-être nouveaux pour vous. Ils se trouvent dans la partie du texte dont le titre est indiqué. Considérez bien le titre de la section pour déduire le sens du mot, et choisissez le sens correct parmi les possibilités proposées.

Antimatière: une énergie pour demain?

1. Dans ce contexte **un noyau** est (a) la partie au centre d'un fruit (b) la partie centrale d'un atome (c) un naufragé
2. **Une fusée** est (a) une fête (b) un sofa japonais (c) un projectile portant le combustible nécessaire à sa propulsion

Une hormone en croissance

3. **Le nanisme** est (a) une anomalie physique où on ne grandit pas normalement (b) une religion (c) une philosophie anarchique

La radio intelligente

4. Dans ce contexte, **les ondes** sont (a) des mouvements vibratoires de l'air qui produisent le son (b) des esprits surnaturels (c) un mot poétique pour désigner l'ondulation de l'eau
5. **Un émetteur** (a) imite les gens sans parler (b) transmet des signaux (c) met les gens bagarreurs à la porte des bistros
6. Dans ce contexte, **un écran** est (a) un panneau qui cache ce qui est derrière (b) les poils d'un cheval (c) un tableau sur lequel on projette une image
7. Dans ce contexte, **une puce** est (a) un petit insecte qui saute (b) un petit élément électronique employé dans les ordinateurs (c) l'action de bousculer
8. **Un minitel** est (a) une petite conversation (b) un petit ordinateur qui fonctionne sur le réseau téléphonique (c) un soldat de la Révolution américaine

Les colles de la nature

9. Dans ce contexte, **une moule** est (a) un mollusque qui s'attache aux rochers (b) un imbécile (c) le bruit que fait une vache
10. **Une greffe de peau** est (a) une marque sur la peau (b) un doigt (c) une manière de transférer un morceau de sa peau sur une autre partie du corps

Préparation du style

C. Rappel: Dans les journaux, on emploie souvent un style télégraphique avec des phrases elliptiques, incomplètes. Les phrases suivantes (en italique) sont elliptiques. Proposez pour chacune d'elles une phrase équivalente de style plus complet.

▷ La HCB pourrait mettre en péril les petits agriculteurs (*plus de lait avec moins de vaches*).
La HCB pourrait mettre en péril les petits agriculteurs parce qu'il y aurait plus de lait avec moins de vaches.

1. *Impact:* Il est triple. *Strictement scientifique d'abord. Militaire aussi,* puisque l'antimatière pourrait servir à réaliser des armes extrêmement puissantes à énergie dirigée. *Industriel enfin:* mise au point de de carburants de propulsion pour fusées...
2. Le signal numérique est porté sur une bande inaudible. *Plus besoin de* chercher les boutons du poste en conduisant: la radio «sait» sur quelle station elle se trouve...
3. *Prix à payer:* 10 à 15% de plus, mais les études montrent que le public est prêt.
4. *Différence importante:* le système français passe par satellite, pas le système anglais.

Pour mieux lire

D. Lisez les deux premières phrases de chacune des quatre parties de cet article. En lisant, imaginez dans quels secteurs de la vie on profiterait de ce développement technologique (militaire, loisirs, médecine, sport, économie, etc.).

Technologies pour demain

Antimatière: une énergie pour demain?

L'antimatière a longtemps fait partie de l'arsenal des scénaristes de science-fiction. La réalité rejoint aujourd'hui le rêve, car un pas a été franchi l'été dernier, par des chercheurs du Cern,[17] dans la domestication de l'antimatière. Il est possible maintenant de produire l'antimatière et de la

La réalité rejoint aujourd'hui le rêve.

17. *Cern* = Centre européen de recherches nucléaires.

retenir pendant un bref délai, mais pas encore de la stocker. Certaines applications militaires ou industrielles peuvent découler de ces travaux, poursuivis dans plusieurs laboratoires internationaux. Le principe est le suivant: quand, dans un accélérateur de particules, on propulse des protons (particules élémentaires du noyau des atomes) à très grande vitesse sur une cible, le choc transforme une partie de l'énergie en matière, sous forme de particules et d'antiparticules, dont des antiprotons. Pour les capturer, il est alors nécessaire de les concentrer, puis de les ralentir pour pouvoir en quelque sorte les piéger.

Afin de réaliser cette succession d'expériences, il faut non seulement disposer d'un ensemble d'équipements particulièrement sophistiqués, mais surtout d'une quantité énorme d'énergie. Le coût du milligramme a été chiffré à 133 millions de dollars par les Américains. Quand on sait que 1 milligramme d'antiproton correspond à l'équivalent de 44 tonnes de TNT, on comprend, outre l'intérêt des physiciens fondamentaux pour ces expériences, celui des militaires, évidemment, mais aussi celui des industriels: pour atteindre de très grandes vitesses, une fusée ne serait plus obligée de transporter une masse considérable de combustible.

Impact: Il est triple. Strictement scientifique d'abord: la brève capture de l'antimatière réalisée en juillet 1986 est une première—à suivre—dans l'histoire de la physique. Militaire aussi, puisque l'antimatière, nouvelle forme d'énergie nucléaire, pourrait servir à réaliser des armes extrêmement puissantes à énergie dirigée. Un rapport de la Rand Corporation pour l'US Air Force en indiquait d'ailleurs, dès 1985, différentes applications possibles. Industriel enfin: mise au point de carburants de propulsion pour fusées, capables de générer de l'énergie pour plates-formes en orbite. Encore faut-il savoir produire l'antimatière en quantité suffisante—problèmes de coût et difficultés techniques—et surtout la stocker, puis la transporter.

Une hormone en croissance

L'hormone de croissance humaine et bovine représente un important développement international des biotechnologies, mais qui pose des problèmes économiques, politiques et éthiques. Traditionnellement obtenue par extraction et purification à partir de l'hypophyse, l'hormone de croissance, préparée aujourd'hui par les techniques du génie génétique, intéresse les grands de l'industrie pharmaceutique et agro-alimentaire. L'hormone de croissance humaine (HCH), d'abord utilisée pour traiter le nanisme hypophysaire, pourrait trouver d'autres applications (résorption de fractures, lutte contre l'obésité, ralentissement des processus du vieillissement). L'hormone bovine (HCB), elle, suscite espoirs et inquiétudes. On constate par exemple une augmentation de 20% en moyenne de la production laitière des vaches traitées par ce moyen. De formidables perspectives de marché, donc, mais des risques politiques et économiques, au moment où la CEE[18] va réduire de 9,5% sur vingt-quatre mois sa production laitière. L'hormone humaine, disponible au marché noir, serait déjà utilisée par certains athlètes pour renforcer leur masse musculaire.

Impact: De nombreuses questions restent encore en suspens (notamment en ce qui concerne le mode d'administration de l'hormone bovine), mais les industriels dépensent 10 millions de dollars par an en recherche et développement. Monsanto prévoit une commercialisation en 1990. La HCB pourrait mettre en péril les petits agriculteurs (plus de lait avec moins de vaches), modifier l'équilibre du marché de la viande (moins de vaches laitières, plus de viande), susciter des réactions de la part des consommateurs (effets sur l'homme, scandales des traitements aux hormones). L'hormone humaine pose des problèmes éthiques, compte tenu de ses applications prévisibles: accroissement de la taille pour raisons de convenance, régimes amaigrissants ou lutte contre le vieillissement. Aucun résultat sérieux ne permet encore de conforter de telles propriétés ou d'en évaluer les effets à long terme.

La radio intelligente

L'équipement automobile connaît, lui aussi, sa révolution technologique. L'autoradio de papa va progressivement laisser la place à une nouvelle génération, ouvrant des possibilités et des marchés jusqu'alors insoupçonnés. Développée surtout par les Britanniques, c'est la *smart radio* (radio intelligente), ou RDS (Radio Data Systems), fer de lance de la BBC pour la conquête des marchés internationaux. Le principe est simple: transmettre par les ondes à un microprocesseur placé dans l'autoradio des signaux codés capables de déclencher à distance des fonctions précises. Le signal numérique est porté sur une bande inaudible de 57 kilohertz à raison de 1 200 éléments d'information par seconde. Plus besoin de chercher les boutons du poste en conduisant: la radio «sait» sur quelle station elle se trouve, suit l'émetteur le plus puissant au cours d'un itinéraire, passe automatiquement des flashes d'information sur le trafic ou les accidents, met en route ou arrête une cassette. Un écran peut aussi afficher du texte (date, temps, titre d'un disque, etc.). Prix à payer: 10 à 15% de plus, mais les études montrent que le public est prêt.

Impact: La RDS représente une réelle innovation européenne et une chance d'établir, dès l'origine, des standards internationaux. La BBC a pris contact avec des entreprises japonaises pour mettre la RDS sur une puce. Philips et Sony travaillent à leur propre système. La France (par

18. *CEE* (f.) = Communauté économique européenne (= le marché commun).

Tandis que ma smart Radio diffusait une mélodie flottante et numérique (e) les Mégabovidés (a.b.c...) gonflés à l'Hormone HCB paissaient avec une quiétude monstrueuse. Je contemplais à l'Horizon le Mariage Fou de la Matière et de l'Antimatière (f)

l'intermédiaire de TDF[19]), l'Allemagne fédérale, l'Italie, la Suède, les Pays-Bas, l'Autriche testent ou développent des RDS. En France, un système de radiovision (le DBR) permettant d'afficher sur un minitel des caractères et des graphiques transmis par radio a été développé par Portenseigne sous l'impulsion d'un inventeur, Dimitri Baranoff-Rossiné. Ces innovations ouvrent des marchés pour la publicité, les loisirs, la sécurité. Différence importante: le DBR passe par satellite, pas la RDS.

Les colles de la nature

Aucune colle ne parvient à égaler la résistance qu'oppose une simple moule quand on veut la séparer de son support, sec ou humide. Car son pied sécrète une protéine qu'un chercheur américain, le Dr J. Herbert Waite, a réussi à isoler. Un chercheur français, Jean-Pierre Pujol (de l'université de Caen), avait dès 1976 consacré sa thèse à ce sujet—sans parvenir à intéresser le milieu scientifique aux applications éventuelles de ses travaux. Aujourd'hui, la composition complexe de la substance adhésive produite par la moule est suffisamment connue pour qu'une société américaine—BioPolymers—se soit créée il y a deux ans, avec l'appui scientifique de Herbert Waite, afin d'en exploiter les développements.

Prochaine étape: la production des composants biologiques par génie génétique, et de nouveaux marchés médicaux et industriels en perspective.

Impact: C'est dans ses applications médicales et chirurgicales que cette colle biologique paraît d'abord prometteuse, en particulier pour les opérations relatives à l'œil—cataracte, déchirements de la rétine, lésions de la cornée. Les dommages éventuellement causés aux tissus par le laser pourraient être supprimés (deux millions de patients subissent chaque année une intervention de ce genre aux États-Unis). Une autre application de la colle biologique est étudiée pour les opérations dentaires et pour les greffes de peau, car ses effets sont à la fois très rapides et extrêmement efficaces. Tous les développements sont en cours d'expérimentation sur l'animal, mais pourraient bientôt (entre un et cinq ans) être appliqués à l'homme. Enfin, à plus long terme, sous réserve d'améliorer les processus de production—il a fallu trois ans d'études et 20 000 moules pour en extraire 3 milligrammes, des utilisations sont également envisagées dans l'industrie: le textile, l'automobile et l'aéronautique; ou encore la navigation (réparations de bateaux sans mise hors d'eau).

dans *L'Expansion,*
20 février–5 mars 1987

19. *TDF* = Télédiffusion de France.

À propos du texte

A. Répondez.

1. Savez-vous ce que c'est que l'antimatière? Comment supposez-vous qu'on la produit?
2. Imaginez qu'on puisse produire de l'antimatière en quantité suffisante, à quoi cela servirait-il?
3. Quelles possibilités positives l'hormone de croissance donne-t-elle? quelles inquiétudes?
4. Quelles sortes d'informations seraient données par «la radio intelligente» (que les Britanniques et d'autres entreprises internationales sont en train de développer)?
5. Quel intérêt y a-t-il à étudier la protéine sécrétée par les moules?
6. Quelles applications médicales et chirurgicales y aurait-il? Quelles industries en profiteraient?

B. À quel développement technologique les personnes suivantes réagiraient-elles? Précisez pourquoi et comment elles réagiraient.

1. un homme(une femme) d'affaires qui passe beaucoup de son temps dans sa voiture
2. un(e) astronaute de l'avenir
3. un éleveur(une éleveuse)[20] de Normandie
4. un nain et sa femme enceinte
5. un(e) dentiste
6. le(la) propriétaire d'un grand ranch du Wyoming
7. une vieille personne souffrant de la cataracte
8. un général en chef des armées de son pays

Appréciation du dessin

C. Regardez le dessin qui accompagne l'article.

1. Identifiez les différentes technologies décrites dans l'article (antimatière, hormone de croissance, radio intelligente).
2. Dans chaque cas, jugez si c'est une bonne illustration de la technologie. Auriez-vous une autre idée pour l'illustrer? Précisez.

Appréciation culturelle

D. Ces nouvelles technologies sont-elles surtout françaises ou viennent-elles d'autres pays? Précisez lesquelles. Comment les rédacteurs[21] de ces articles technologiques font-ils appel à la fierté nationale des Français? À votre avis, réussissent-ils dans leurs efforts?

---

20. *Éleveur* (m.), *éleveuse* (f.) = personne qui s'occupe du soin et du développement des animaux de ferme (chevaux, vaches, etc.).
21. *Rédacteur* (m.) = professionnel chargé d'écrire des articles (souvent selon des formules prescrites).

Réactions personnelles

E. Lesquelles de ces technologies pourraient influencer le plus *votre* vie?

F. L'impact de ces technologies pose quelquefois des dilemmes pratiques ou moraux. Choisissez une des technologies décrites dans cet article (ou une autre technologie moderne) et discutez-en les implications pratiques et morales.

G. Vous intéressez-vous à la technologie? Savez-vous sur quels projets on travaille à votre université? Écrivez aux rédacteurs de «Technologies pour demain» et recommandez-leur de mettre cette technologie dans un prochain numéro. Dans votre lettre, détaillez le développement technologique et quel pourrait en être l'impact.

Le Casse-tête de l'autisme
Odile Tremblay

La recherche scientifique est d'un intérêt croissant au Canada. Parmi les différents périodiques publiés par les Presses de l'Université de Québec, *Québec Science*, revue mensuelle importante, est celui qui a le plus grand tirage.[22] Il se destine au grand public, aux professionnels, aux professeurs.

L'autisme, comme la plupart des troubles psychomoteurs, fait l'objet de recherches remarquables. Passant d'hypothèse en hypothèse, les chercheurs semblent près enfin de découvrir la cause de cette maladie, désignée ainsi depuis 1927, du grec *autos* ou «soi-même», parce que ses victimes, détachées de la réalité extérieure, ont une vie intérieure intense.

Avant de lire «Le Casse-tête de l'autisme»

Préparation du vocabulaire

A. Les mots suivants sont tous utiles pour la compréhension de cet article. Les connaissez-vous?

Noms		*Verbes*
un alliage	**le taux**	**améliorer**
un casse-tête	**le tiers**	**avouer**
le cervelet		**demeurer**
le cerveau		**empirer**
un défi		**rapprocher**
des jumeaux		**renfermer**
une piste		**subir**

22. *Tirage* (m.) = quantité d'exemplaires imprimés.

1. Quel nom indique 1/3 ou 33%?
2. Lequel indique deux frères identiques?
3. Lequel veut dire *un travail long et difficile* comme un puzzle?
4. Quel verbe signifie *rendre meilleur? devenir pire? rendre plus proche?*
5. Quel mot signifie *un mélange de métaux et d'autres substances?*
6. Quel mot veut dire *une route primitive?*
7. Lequel est une partie du cerveau?
8. Quel mot s'emploie pour indiquer un pourcentage, une fréquence numérique?
9. Quel verbe veut dire *rester?*
10. Quels mots viennent du domaine de la biochimie?

B. Remplacez les mots en italique par un des termes suivants.

alors que	**de même que**	**par ailleurs**
bref	**lors de**	**quant à**

1. La Société québécoise de l'autisme réunissait les spécialistes internationaux de la question *à l'occasion d'*un congrès...
2. Le mal entraîne un cortège de manifestations pathologiques: impossibilité d'établir une véritable relation avec autrui, attachement maniaque à des habitudes, troubles de langage, retard mental, mouvements répétitifs, etc.; *en somme,* une série de handicaps sévères.
3. Sur 23 couples de jumeaux identiques, 22 sont tous les deux autistiques, *tandis que* cette incidence est de 25% chez les non-identiques.
4. Le professeur Ritvo *aussi bien qu'*une équipe bostonienne a examiné le cerveau d'autistiques morts.
5. Mme Bauman croit que la région limbique du cerveau est affectée. Elle croit *d'autre part* que c'est bien avant la naissance que le cerveau subit des modifications.

Pour mieux lire

C. Lisez le premier paragraphe. Puis indiquez quel est sans doute le but de cet article.

présenter l'histoire des traitements de l'autisme?
raconter la vie de Léo Kanner?
proposer des causes possibles de l'autisme?
montrer le rapport entre l'autisme et la deuxième guerre mondiale?
proposer des traitements?
présenter les dernières recherches?
raconter la vie d'un enfant autistique?

Le Casse-tête de l'autisme

Un mal à peu près incurable qui frappe quatre fois plus de garçons que de filles et dont les causes demeurent jusqu'à ce jour fort mystérieuses: l'autisme. Heureusement, ce mal est rare. Il n'atteint qu'environ 5 personnes sur 10 000, ce qui, au Québec, représente quand même près de 3 000 individus handicapés pour la vie. De cette population, on ne connaissait rien avant 1943—année où Léo Kanner a dûment[23] identifié le syndrome—et, jusqu'à tout récemment, on nageait toujours en pleine obscurité quant à ses origines et ses effets.

Au cours des dernières années, des équipes de chercheurs ont pu obtenir certains résultats leur permettant de jeter quelque lumière sur cette étrange maladie. Afin de faire le point[24] sur ces découvertes récentes, la Société québécoise de l'autisme réunissait à Montréal, en novembre dernier, les spécialistes internationaux de la question, lors d'un congrès dont le thème était: «L'autisme: un défi à relever.»

Mais quels sont les symptômes de l'autisme? Le mal, qui se manifeste dès le plus jeune âge, entraîne à sa suite un cortège de manifestations pathologiques: impossibilité d'établir une véritable relation avec autrui, attachement maniaque à des habitudes, troubles de langage, retard mental, mouvements répétitifs, apathie ou hyper-activité, réactions anormales aux sons, parfois violence qui peut aller jusqu'à l'automutilation, etc.; bref, une série de handicaps sévères qui ne disparaîtront jamais complètement.

Le professeur Edward R. Ritvo, de l'Université de Californie, dirige une des équipes de recherche les plus actives dans le domaine. Selon lui, plusieurs pistes tendraient à démontrer des origines multiples à l'autisme. Présentement, il étudie, dans l'État de l'Utah, 40 couples de jumeaux dont l'un des deux au moins présente des symptômes de la maladie. Or, il s'avère que[25] sur les 23 couples de jumeaux identiques, 22 sont tous les deux autistiques alors que cette incidence est de 25% chez les non-identiques. D'autres familles présentent également des cas d'autisme multiple. «Tout porte à croire à l'origine génétique de la maladie dans ces cas,» déclare le professeur Ritvo. «Mais selon nous, d'autres causes peuvent conduire à l'autisme. On étudie, entre autres, la possibilité d'une prédisposition de la mère aux infections virales, infections qui pourraient toucher le fœtus très tôt au cours de la gestation. Pour l'instant, nous n'en sommes pas à l'étape des conclusions dans nos recherches.»

Le professeur Ritvo, de même qu'une équipe bostonienne dirigée par la neurologiste Margaret Bauman, a examiné le cerveau d'autistiques

23. *Dûment* (adv.) = en due forme.
24. *Faire le point* = déterminer où en sont exactement les choses.
25. *Il s'avère que* (construction impersonnelle) = on trouve confirmé que.

morts. Au cours de ces deux recherches, on a décelé des anomalies dans le cervelet. Cette portion du cerveau, qui contrôle la coordination des muscles et la régulation de l'arrivée des sensations, renfermerait chez les personnes atteintes du syndrome une quantité insuffisante de neurones appelés cellules de Purkinje. Selon les études de Mme Bauman, le cervelet ne serait d'ailleurs pas le seul touché, chez les autistiques, la région limbique du cerveau contiendrait des cellules plus petites et plus rapprochées que la normale. Elle croit par ailleurs que c'est bien avant la naissance que le cerveau d'un autistique subirait des modifications.

Mais existe-t-il des thérapies chimiques capables d'améliorer l'état général des autistiques? Comme l'explique Catherine Barthélémy, psychiatre à l'hôpital Bretonneau de Tours, en France: «Plusieurs tentatives ont été effectuées dans ce sens, mais leurs résultats sont mitigés.» Mme Barthélémy et son équipe ont testé différentes substances chimiques sur des groupes d'enfants autistiques. «On a découvert que le taux d'acide homovanique présent dans les urines était plus élevé chez les autistiques que chez les enfants normaux, déclare-t-elle. On s'est aperçu que la quantité de cet acide diminuait chez les enfants à qui on offrait un traitement à base d'acide folique, mais on notait une amélioration clinique chez seulement 8 des 18 enfants traités.» Même scénario avec une autre substance, la fenfluramine cette fois, destinée à diminuer le taux élevé dans le sang d'un neurotransmetteur: la sérotonine. Seulement le tiers des sujets ont vu leur état s'améliorer. Cette équipe a obtenu, semble-t-il, un meilleur résultat en donnant aux enfants un alliage de vitamine B6 et de magnésium. Pourtant, là encore, tous les enfants ne réagissaient pas positivement et même certains autistiques particulièrement instables ont vu leur état empirer avec ce traitement. «On ne s'explique pas pourquoi les résultats obtenus sont si contradictoires», avoue la chercheuse. Une chose est certaine, l'autisme demeure encore aujourd'hui un casse-tête dont les scientifiques n'ont pas trouvé tous les morceaux.

dans *Québec Science*,
mars 1987

À propos du texte

A. Identifiez les idées essentielles de chaque paragraphe de cet article. Puis, pour chacun d'eux, inventez un titre approprié.

B. Répondez aux questions suivantes en employant un des termes proposés. Justifiez votre réponse d'après l'article.

1. Si un petit garçon manifeste des mouvements répétitifs et des réactions anormales aux sons, est-il autistique? (peut-être/il se peut que)

2. Si deux frères étaient jumeaux identiques et que l'un soit autistique, l'autre le serait-il aussi? (il se peut que/il est probable que)
3. À votre avis, quelles sont les origines de l'autisme? (il serait/soit que... soit que...)
4. Quelle est l'implication des études sur les cerveaux d'autistiques morts? (devoir/peut-être)
5. Pourrait-on contrôler l'autisme? (si/sans doute)

Réactions personnelles

C. Que pensez-vous du problème de l'autisme? Vous semble-t-il important? négligé? L'intérêt qu'on y prête, vous semble-t-il disproportionné à l'effort qu'on fait dans la recherche d'autres maladies graves (le cancer, les maladies cardiovasculaires, le SIDA)? Expliquez votre point de vue.

D. Connaissez-vous une autre maladie mentale ou biologique? Écrivez un rapport sur cette maladie en détaillant ses caractéristiques et en précisant quelques théories sur la cause et le traitement (par exemple: l'anorexie, la boulimie, le SIDA, le nanisme, la paralysie cérébrale).

E. Pendant longtemps des enfants autistiques ont été malheureusement considérés comme des demeurés.[26] Connaissez-vous des cas de malades ou de maladies qu'on croyait dus à un désordre psychologique (comme l'épilepsie, la schizophrénie ou même la dépression nerveuse) mais dont l'origine, selon la recherche actuelle, se trouverait dans un déséquilibre chimique ou génétique? Est-ce que tous les problèmes psychologiques ne sont finalement que des problèmes chimiques? Justifiez votre opinion.

Mise en perspective

1. **Plume et la technologie.** Imaginez la réaction de Plume devant une des technologies détaillées dans *L'Expansion.*

2. **L'autisme et *L'Expansion.*** Rédigez l'essentiel du casse-tête de l'autisme dans une forme que pourraient utiliser les rédacteurs de *L'Expansion.*

3. **Science fiction.** Écrivez une histoire basée sur une des «technologies pour demain» ou sur les recherches décrites dans «Le Casse-tête de l'autisme».

---

26. *Demeuré(e)* (m. ou f.) = une personne intellectuellement retardée.

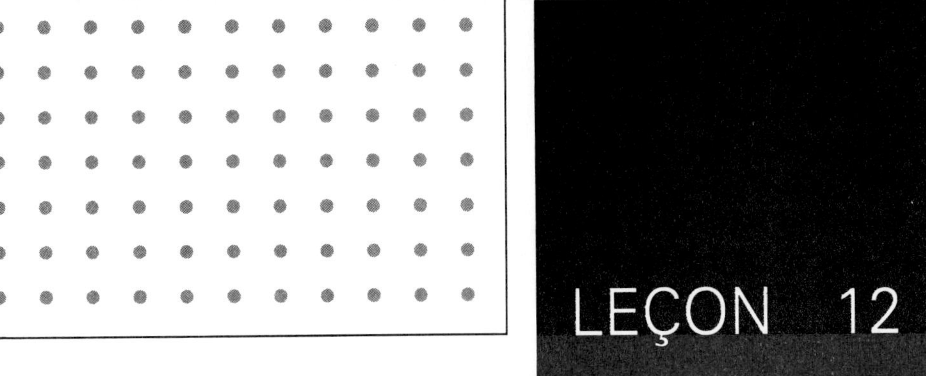

Exprimer la cause et l'effet

On exprime une hypothèse dans le but d'établir le rapport entre cause et effet. Et on se demande quel est ce rapport pour satisfaire la curiosité, qui s'avère tantôt une des facultés directrices de l'intelligence (*«Quelle est la force capable de faire consolider une immense étoile en un trou noir?»*), tantôt un appétit peu intellectuel pour le fait divers (*«Pourquoi Madame Dupont n'a-t-elle pas donné à manger à son chat?»*).

Mais ce sont encore des questions. En effet, nous avons commencé par des questions (Leçon 1: *Interroger*). Toutes les fonctions de la communication sont finalement reliées entre elles par un réseau psycholinguistique complexe avec différentes entrées possibles dans le système. Si vous avez fait le tour du cercle en allant de la question à la réponse, vous n'avez pourtant pas fini. Considérer l'effet par rapport à sa cause vous fera peut-être comparer... ou généraliser... ou contredire... ou...

FOLIE'S. EST-CE BIEN RAISONNABLE?

LE LIEGEOIS DE DANONE.

—Tu sais, je t'admire. Moi, je n'y comprends rien à la mécani que...

—Idiot! Est-ce que tu as fait faire la révision[1] quand il fallait?... Pourtant les bougies[2] sont en bon état.

—Un peu de calme, mon petit pigeon... tu ne veux pas goûter ça un peu? C'est délicieux.

—Crétin! C'est pas ta crème qui fera marcher la bagnole![3] Vu ton expertise, on se demande comment tu arriveras à circuler là-dedans. Quand est-ce que tu as fait faire la vidange[4] la dernière fois?

—Je n'en sais rien. Du moment qu'elle[5] se met en marche quand je tourne le contact,[6] je ne m'occupe pas du reste.

—Est-ce que tu as fait le plein?[7] Le carburateur me paraît bien réglé mais il n'y a pas d'essence.

—Tiens? En fait... non. J'ai dû oublier de prendre de l'essence.

—Monstre! Voilà pourquoi! Tu ne sais même pas qu'il faut mettre de l'essence pour qu'une auto roule! Saleté! Ma robe est couverte de graisse et nous voilà à 20 kms de nulle part!

—Quel dommage! ...Tu es sûre que tu ne veux pas goûter ça...?

---

1. *Révision* (f.) = vérification (régulière) du fonctionnement d'un véhicule et son entretien.
2. *Bougies* (f.) = "sparkplugs."
3. *Bagnole* (m.) (argot) = voiture.
4. *Vidange* (m.) = action de faire écouler l'huile d'une automobile.
5. *Elle* = l'auto.
6. *Contact* (m.) = "ignition."
7. *Faire le plein* = remplir le réservoir d'essence.

Structures

: Exprimer la cause

1. Prépositions et locutions prépositives[8] qui annoncent la cause
Les prépositions et les locutions suivantes prennent un nom ou un pronom qui représentent la cause.

grâce à (connotation positive)
en raison de; par
à cause de = par la faute de (connotation négative)
compte tenu de = étant donné = vu
à force de
faute de = par manque de = à défaut de

Et c'est la laitière qui, **grâce à** son savoir-faire, a pu retrouver le bon goût de la crème fraîche d'autrefois.
En raison de ses droits de diplomate, la police ne peut pas l'arrêter.
Le lion essaie de dévorer le dompteur plutôt **par** désir de faire un peu d'ordre que **par** gourmandise.
À cause d'un budget restreint, nos services seront réduits cette saison.
Étant donné ces circonstances extraordinaires, nous devrons prendre une décision le plus vite possible.
Vu leur réaction, je pense qu'ils ne voteront pas pour Duval.
Qui dira combien d'accords ont échoué **faute d'**une bonne compréhension de ces détails essentiels? (Rodgers)

Attention: **Par** ne peut s'employer comme préposition causale que lorsqu'il complémente le verbe (et ainsi le sujet) de la proposition principale.

Par sa beauté extraordinaire, Cléopâtre a déterminé le cours de l'histoire.

---

8. *Locution prépositive* (f.) = groupe de mots qui fonctionne comme préposition.

Remarquez: Quand **par** introduit un nom abstrait sans adjectif, ce nom n'est pas précédé d'un article.

> **Par pudeur**, Stéphanie n'a rien dit à sa sœur.
> Il ne la put achever **par** pénurie d'idées. (Maupassant)

Remarquez: **À force de** et **faute de** peuvent être suivis d'un infinitif.

> **À force d'**avoir crié, il a une laryngite et il ne peut plus parler.
> **Faute de** savoir décoder leur comportement, on s'expose à de grandes déceptions. (Rodgers)

2. Introduire la cause avec une conjonction
Pour exprimer la cause dans une proposition subordonnée, on l'introduit par une conjonction causale. Le verbe est à l'indicatif dans la proposition causale qui peut précéder ou suivre la proposition qui indique l'effet.

- La conjonction causale la plus fréquente est **parce que**.

> **Parce qu'**elle voulait être ingénieur, elle a beaucoup travaillé ses maths.
> Je ne t'en veux pas d'avoir agi ainsi: **parce que** tu es homme, et **parce que** la femme est toujours femme, et **que**[9] la nature le veut ainsi. (Sembène)
> Je ne l'ai pas regardée, **parce que** j'ai la vue fort basse, et **que**[9] je n'avais pas mon pince-nez sur moi... (Michaux)

- Une proposition causale introduite par **car** (= **parce que**) suit toujours la proposition qui exprime l'effet et s'emploie surtout dans un style soigné.

> Le lion est pris d'inquiétude, **car** il n'a encore jamais vu de dompteur.
> Elle dut avoir grand'peur, **car** il l'entendit sauter du lit et parler seule comme dans un rêve. (Maupassant)

- D'autres conjonctions et locutions conjonctives qui introduisent la cause peuvent précéder ou suivre l'effet dans la phrase.

puisque = comme
étant donné que = vu que
dès l'instant où = du moment que

> **Puisque** les villes grandissent vite, les transports communs deviennent indispensables.
> Et **comme** en ce temps-là, je pouvais encore me traîner, j'y allais... (Arland)
> **Vu que** Roger n'a pas pu venir, nous serons obligés de remettre à plus tard la date de la réunion.

---

9. Quand il y a plusieurs causes, on peut utiliser **que** pour éviter la répétition de la conjonction. Voir Leçon 5, *Indiquer la chronologie*, page 171.

Dès l'instant où vous n'avez pas d'argent, vous ne pouvez pas jouer.
La demande de Caroline est justifiée **du moment qu'**elle la présente en bonne et due forme.

3. Exprimer la cause avec un participe
Un participe présent (ou un participe passé composé[10]) peut exprimer la cause de l'action de la proposition principale.

...ne **sachant** que faire, il épousa une jolie fille... (Maupassant)
Les maîtres voulurent crier «au voleur»; mais l'idée de «voleur» **étant sortie** de leur cerveau, le mot ne put arriver sur leur langue. (Voltaire)
Mais l'**ayant** devant lui... il s'était mis à manger. (Michaux)
Ayant entendu des pas s'éloigner, il se croyait déjà libre. (Michaux)

4. Exprimer la cause avec un adjectif
- Un adjectif détaché,[11] peut renfermer toute une explication de cause.

Curieux, le lion regarde les hommes. (= Le lion regarde les hommes parce qu'il est curieux.)
Déçue, je suis partie. (= Je suis partie parce que j'étais déçue.)

- **Dû (dus, due, dues)** + **à** + nom indique la cause.

Ces orages sont **dus à** des cyclones violents.
Sa mauvaise humeur est **due à** des soucis personnels.

5. Formules diverses qui résument la cause
- Les expressions suivantes représentent ou résument la cause qui a *déjà* été exprimée. La proposition introduite par ces expressions exprime une conséquence de cette cause.

Pour cette raison...
C'est pour cette raison que...
Voilà pourquoi...
C'est la raison pour laquelle... (Ce sont les raisons pour lesquelles... C'est une des raisons pour lesquelles... , etc.)

Laurence avait hérité d'une grande fortune.
Pour cette raison elle a pu acheter un château.
C'est pour cette raison qu'elle a pu...
C'est la raison pour laquelle elle a pu...
Malades comme infirmes devaient être présents, sous peine de confiscation des biens. **Voilà pourquoi** tout le peuple était là. (Sembène)

10. *Participe passé composé* = participe présent de l'auxiliaire + participe passé: *ayant parlé, étant sorti*, etc. Cette structure est plus utilisée en français que son équivalent en anglais.
11. *Adjectif détaché* = adjectif seul, «en apposition», qui explique (la cause) plus qu'il ne donne une simple description.

- On peut employer **La raison pour laquelle** (etc.) + effet + **est que** + cause.

  La raison pour laquelle elle a pu acheter un château **est qu'**elle avait hérité d'une grande fortune.
  Une des raisons pour lesquelles Laurence a acheté un château **est qu'**elle avait hérité d'une grande fortune. (Il y avait aussi d'autres raisons.)

Remarquez: Parce que cette construction résulte en une phrase assez longue, on résume souvent toute la première partie par le pronom démonstratif **ce.**

La raison pour laquelle elle a pu acheter un château, **c**'est qu'elle avait hérité...

Dans la langue parlée on supprime entièrement **La raison pour laquelle**. Alors la structure devient simplement effet + **c'est que** + cause

Elle a pu acheter un château. **C'est qu'**elle avait hérité d'une grande fortune.
Quand ça commence à prendre cette tournure, **c'est que** c'est grave. (Michaux)
«Si les Américains nous semblent hyperefficaces, poursuit M. Lemoussu, **c'est qu'**ils ne font pas, comme nous, intervenir le passionnel.» (Rodgers)

A. SOFRES.[12] Un magazine fait un sondage pour préparer sa liste annuelle de personnalités célèbres. Répondez aux questions du sondage en expliquant vos opinions et en commençant vos réponses par la préposition donnée.

▷ Quel personnage politique admirez-vous? (Vu...)
Vu son influence bénéfique sur la politique du gouvernement, j'admire mon sénateur.

1. À votre avis, quel personnage devrait recevoir le Prix Nobel de la paix? (Grâce à...)
2. Qui est le meilleur écrivain de notre époque, selon vous? (Par...)
3. Quel personnage mérite le plus votre pitié? (À cause de...)
4. Qui reçoit trop de publicité non-méritée? (Étant donné...)
5. Quel jeune personnage a un brillant avenir devant lui? (Compte tenu de...)

B. Préparation pour l'avenir. Insistez sur la raison de vos actions. Formez une seule phrase en employant une des locutions prépositives

12. Société Française d'Enquêtes par Sondages.

de la leçon et les mots entre parenthèses. Variez les prépositions autant que possible.

▷ L'avenir sera difficile. Je dois donc bien me préparer. (les difficultés)
Vu les difficultés de l'avenir, je dois bien me préparer. ou
En raison des difficultés de l'avenir, je dois bien me préparer.

1. Le logement futur coûtera cher. J'achèterai une maison aussitôt que possible. (le prix exhorbitant)
2. On risque des crises cardiaques si on ne fait pas attention. Pour cette raison je fais attention à mon cholestérol. (le risque)
3. Le coût de la vie augmentera. Je fais des économies maintenant. (l'augmentation)
4. On ne sait jamais ce qui peut se passer. J'ai pris une bonne assurance. (l'incertitude)
5. La campagne contre le tabac nous a bien informés. Je ne fume plus et je fais de l'exercice régulièrement. (la campagne contre le tabac)

C. Discours en l'honneur de... Un de vos professeurs va être honoré dans une cérémonie. On vous demande de faire un discours en son honneur. Votre ami(e) veut bien vous aider à préparer votre discours et vous suggère des débuts de phrases que vous pouvez employer. Finissez les phrases suivantes pour préparer votre discours. (Décidez à l'avance si vous voulez essayer de faire rire votre public ou si vous voulez être seulement sérieux/sérieuse.)

▷ On se rappellera notre cher professeur pendant très longtemps, puisque...
On se rappellera notre cher professeur pendant très longtemps, puisqu'il a donné les examens les plus drôles.

1. Ce professeur mérite l'honneur qu'on lui accorde aujourd'hui, car...
2. Je dirai à mes enfants et à mes petits-enfants de considérer tout ce qu'a réalisé ce grand homme (cette grande femme), puisque...
3. Il(elle) recevra certainement un de ces jours le Prix Nobel, étant donné que...
4. Si je n'avais eu aucun autre bon professeur pendant toutes mes études, j'aurais été entièrement satisfait(e) de mon programme, parce que...
5. Si je réussis, je devrai une grande partie de cette réussite future à notre cher professeur, vu que...
6. Je sais que mon appréciation de sa carrière gênera sa modestie, comme...

D. L'Enfant. Racontez cette histoire en employant le participe présent ou le participe passé composé pour refaire les phrases suivantes.

▷ Cet homme avait des moustaches très longues. Il ressemblait donc à un phoque.[13]
Ayant des moustaches très longues, cet homme ressemblait à un phoque.

1. Cet homme souffrait gravement et était sur le point de mourir.
2. Comme il était très fort, il ne mourait pas.
3. Sa femme se fatiguait tellement à soigner le malade qu'elle a décidé de l'empoisonner en lui administrant une dose excessive de médicaments.
4. Elle ne se sentait pas assez forte pour le tuer, alors elle a trouvé une ruse.
5. Comme le médecin croyait que le mari refusait de prendre ses médicaments, il les a donnés lui-même au malade.
6. Puisque tout le monde voyait que l'homme était près de mourir, on a fait des préparatifs.
7. Comme elle n'avait jamais réussi à avoir d'enfants avec son mari, la femme a commencé à rêver qu'elle tenait dans ses bras un bébé.
8. Le mari a vu le rêve de sa femme, et il a compris qu'il avait raté sa vie.
9. Le bébé de la vision a vu le mari et a eu peur.
10. Le mari a compris qu'il n'avait plus de place dans la vie de sa femme et de son bébé rêvé, alors il a succombé à la mort.

E. J'ai lu... Vous souvenez-vous des lectures de *Traits d'union?* Refaites les phrases suivantes en employant un participe présent, un participe passé composé ou un adjectif pour indiquer la cause. Puis finissez la phrase en exprimant la conséquence.

▷ Le vieux journaliste ne faisait plus attention aux dépêches sur les chroniques des guerres en Chine. («Au Sud de Pékin»)
Ne faisant plus attention aux dépêches sur les chroniques des guerres en Chine, le vieux journaliste s'est trompé de noms et de direction en rédigeant son article.

1. Le naufragé ne savait pas que Manoel aimait Maria. («Fiesta»)
2. Les muses n'aimaient pas l'attitude des hommes envers Mnémosyne, la déesse de la mémoire. («Aventure de la mémoire»)
3. Monsieur Sacrement voulait surtout être décoré. («Décoré!»)
4. La mère était indignée par les atrocités du roi. («La Mère»)
5. Le jeune dromadaire en avait assez. («Le Dromadaire mécontent»)
6. Les journalistes sont émerveillés de voir la Joconde. («La Joconde»)
7. L'homme à la cervelle d'or a épousé une femme dépensière. («La Légende de l'homme à la cervelle d'or»)

13. *Un phoque* = mammifère indigène du nord du Canada qui vit en haute mer et dont la fourrure est très estimée; "seal."

: Exprimer en une seule phrase le rapport cause-effet

1. On exprime en une seule phrase le rapport entre la cause et l'effet en allant simplement du sujet (cause) à l'objet (effet) par l'intermédiaire des verbes suivants.

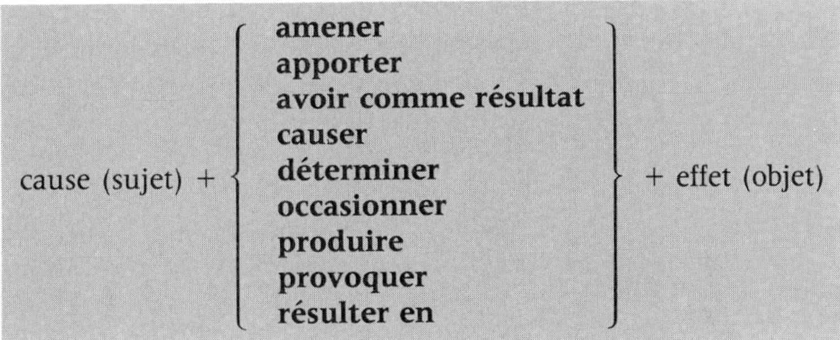
cause (sujet) + { **amener** / **apporter** / **avoir comme résultat** / **causer** / **déterminer** / **occasionner** / **produire** / **provoquer** / **résulter en** } + effet (objet)

Les théories de Tchleskabov **ont amené** du désordre dans l'investigation.
La technologie **a**-t-elle vraiment **apporté** une amélioration de la vie?
Leurs efforts **ont eu comme résultat** une entente cordiale.
Le krach de 1929 **a causé** une crise économique mondiale.
Son attitude dogmatique **a provoqué** une dispute terrible.

Remarquez: **Résulter de** fonctionne à l'inverse de **résulter en**; c'est-à-dire que *l'effet* est le sujet et *la cause* est l'objet.

Leurs efforts **ont résulté en** une entente cordiale.
Mais: Une entente cordiale **a résulté de** leurs efforts.

Remarquez: On emploie **avoir comme résultat que** pour exprimer la conséquence dans une proposition subordonnée.

Leurs efforts **ont eu comme résultat que** les deux adversaires ont fini par s'entendre.

2. Faire causatif (**faire** + infinitif)

- Le sujet de la phrase peut causer une action accomplie par un autre sujet appelé *l'agent.* Dans ce cas, **faire** (dit *faire causatif)* est le premier verbe. Le sujet de la phrase est la cause, et le deuxième verbe, à l'infinitif, indique la véritable action ou l'effet.

Je **fais construire** une maison. (Je ne construis pas une maison. Je suis la cause du fait que d'autres personnes la construisent.)
«...quel puissant motif **fait** donc **aller** ainsi la paresseuse Dorothée... ?» (Baudelaire) (Ce n'est pas le puissant motif qui va. Le motif est la cause du fait que Dorothée va.)

Remarquez: Le **faire** causatif s'emploie à n'importe quel temps.

L'éditeur **a fait raccourcir** le manuscrit aux auteurs.
Je te **ferai écouter** ce disque super.
Un certain instinct me **fit approcher** de cette dernière. (Montesquieu)

- Pour indiquer *l'agent* (la personne ou la chose qui effectue l'action), on emploie un objet direct, qui peut être un nom ou un pronom. Si c'est un pronom objet, il précède le verbe **faire**.

La reine fait venir **le premier ministre**.
La reine **le** fait venir. (Le premier ministre, l'agent, vient.)

La directrice fait écrire **sa secrétaire**.
La directrice **la** fait écrire. (Sa secrétaire, l'agent, écrit.)

- Pour indiquer *l'objet* (la personne ou la chose sur laquelle agit le verbe), on emploie également un objet direct, qui peut être un nom ou un pronom. Si c'est un pronom objet, il précède le verbe **faire**.

La directrice fait écrire **la longue lettre**.
La directrice **la** fait écrire. (La directrice est la cause du fait qu'on écrit la lettre, l'objet de l'action.)

Le chef des gangsters fait tuer **le banquier**.
Le chef des gangsters **le** fait tuer. (Le chef est la cause du fait qu'on tue le banquier, l'objet de l'action.)

Remarquez: Le participe passé du verbe **faire** ne s'accorde pas avec le pronom objet précédent.

La directrice **l'**a **fait** écrire.
Les impôts sont exhorbitants. Le gouvernement **les** a **fait** payer quand-même.

- Pour indiquer dans la même phrase et *l'agent* de l'action et *l'objet* de l'action, **à** ou **par** précède l'agent, ou on le représente par un pronom objet indirect.

La directrice a fait écrire **la lettre par (à) sa secrétaire**.
La directrice **lui** a fait écrire **la lettre**.
La directrice **la lui** a fait écrire.

Le bon médecin fit prendre **la potion au malade**. (Ferron)
Il **lui** fit prendre **la potion**.
Il **la lui** fit prendre.

3. On emploie **rendre** + adjectif pour indiquer un changement de qualité. Le sujet est la cause; l'adjectif est l'effet.

Les bouffonneries du clown **ont rendu** tout le monde *heureux*.
«Ah! ah! ah! Il me **rend** *folle!*» (Arland)

F. Science et histoire. Indiquez le rapport entre les deux phénomènes donnés. Employez un des verbes suivants: *amener, apporter, avoir comme résultat, causer, déterminer, occasionner, produire, provoquer, résulter en, résulter de.*

▷ Les cigarettes... le cancer.
Les cigarettes causent le cancer.

1. L'assassinat de l'archiduc Ferdinand... la Première Guerre mondiale
2. Le testament de Howard Hughes... des disputes innombrables (et quelques films aussi)
3. Les forces de l'attraction entre la lune et la Terre... les marées[14]
4. Les efforts de Martin Luther King... des réformes du droit civil
5. Le passage de la lune devant le soleil... une éclipse
6. Le dioxide de carbone... la combustion du carbone et de l'oxygène

G. Citations hypothétiques. Employez la construction *faire* + infinitif pour résumer les situations suivantes. Puis, en utilisant la liste donnée, identifiez quels personnages de vos lectures diraient ces choses: *la vieille femme, le méchant roi, l'homme à la cervelle d'or, la femme de l'homme à la cervelle d'or, le dromadaire mécontent, Plume, une des dames dans le train, le fils d'une des dames dans le train, M. Sacrement, Rica, la narratrice de «Faire ça».*

▷ Ma femme a demandé qu'on fasse un nouveau pardessus pour moi, et on l'a fait.
Ma femme a fait faire un nouveau pardessus pour moi. C'est Monsieur Sacrement qui dirait cela. («Décoré!»)

1. Je souris au bébé et il pleure!
2. L'agent de police me dit de parler au téléphone et je le fais.
3. La vic cst si triste que je pleure.
4. Tout le monde veut que je fasse des compliments sur sa jeunesse, alors je le fais.
5. Je dis à mes sujets de me donner leur femme et ils me la donnent.
6. Je demande à mon mari de dépenser son or et il le fait.
7. J'exige que mes parents accèdent à tous mes désirs et ils le font (de crainte que je ne me tue).

H. Pourriez-vous être astronaute? Pour voir comment vous vous habitueriez à l'espace, on vous demande vos réactions à l'environnement. Répondez en phrases complètes avec le verbe *rendre* + adjectif, et les mots proposés comme sujet de la phrase. (Réponse alternative: *«Cela ne m'affecte pas.»*)

▷ Quand vous êtes isolé(e)? (L'isolement)
L'isolement me rend très calme. ou
Cela ne m'affecte pas.

1. Quand il fait très chaud? (La chaleur...)
2. Quand il n'y a aucun bruit? (Le silence...)
3. Quand l'espace est limité? (Les limitations de l'espace...)
4. Quand il faut aller très vite? (La vitesse...)

14. *Marées* (f. pl.) = mouvements alternatifs de la mer.

5. Quand les mouvements tournoyants créent un certain vertige? (Le vertige...)
6. Quand vous devez prendre des décisions cruciales brusquement? (Les décisions brusques...)
7. Quand vous prenez des risques? (Les risques...)
8. Quand vous devez suivre des directives? (Suivre des directives...)

I. «Ce n'est pas ma faute.» Vous avez oublié de payer votre loyer. Présentez vos excuses à votre propriétaire en expliquant les circonstances atténuantes. Employez le *faire causatif* ou *rendre* dans vos phrases.

▷ C'est à cause de mes examens que j'ai oublié que c'était le premier du mois.
Mes examens m'ont fait manquer la date.

▷ Étant donné le départ inattendu de mon(ma) camarade de chambre, le loyer est trop cher pour moi ce mois-ci.
Le départ inattendu de mon(ma) camarade de chambre a rendu le loyer trop cher ce mois-ci.

1. Le retard de mon chèque est dû à la grève postale.
2. À cause de la maladie de mon chien, j'ai oublié tout ce que je devais faire.
3. Vu la mauvaise condition du chauffage, je suis peu disposé(e) à payer le loyer.
4. Mon oubli est dû aux vacances.
5. À cause d'une erreur de la banque, j'ai été obligé(e) de retarder l'envoi du chèque.
6. *Inventez une autre excuse vous-même.*

Laquelle de ces excuses vous semble juste? Si vous étiez le propriétaire que feriez-vous dans chaque cas?

: Exprimer le but

1. Les prépositions suivantes s'emploient pour préciser le but d'une action.

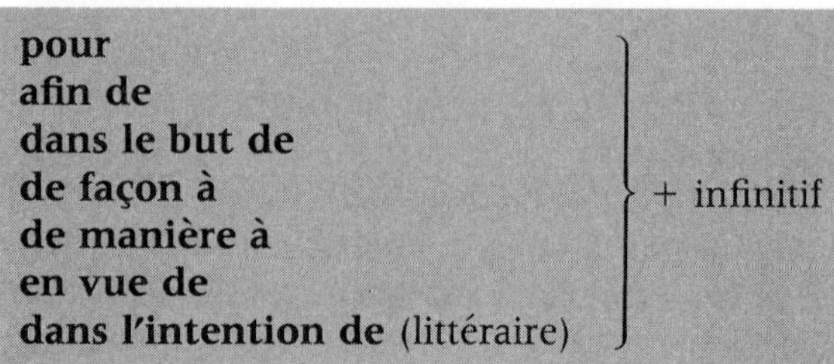

pour
afin de
dans le but de
de façon à
de manière à
en vue de
dans l'intention de (littéraire)
} + infinitif

Ceux-ci chantaient ses louanges, ceux-là dansaient **pour** le divertir. (Sembène)
Afin de réaliser cette succession d'expériences, il faut... une quantité énorme d'énergie. (de Rosnay)
En vue de faire un terrain de foot, la municipalité a acheté le jardin de Monsieur Lage.
Il s'est mis à lire le dictionnaire **dans l'intention d'**apprendre tous les mots par cœur.

Remarquez: **En vue de** et **pour** peuvent aussi prendre un nom.

Voyons, voyons, c'est **pour** votre bien. (Ferron)
En vue de sa retraite, elle va acheter une maison en Provence.

2. Pour que (afin que, de façon que, de manière que, de sorte que[15]**)** + proposition au subjonctif annoncent le but.

Danton est mort **pour que** la démocratie *vive.*
Son père l'a réveillé tôt, **de sorte que** Patrick *parte* à l'heure.
Les hommes avaient blasphémé la mémoire; les muses leur ôtèrent ce don des dieux **afin qu**'ils *apprissent* une bonne fois ce qu'on est sans son secours. (Voltaire)
Je vous écris maintenant **de manière que** vous *puissiez* répondre à temps.

Remarquez: **De manière à ce que** et **de façon à ce que** sont des variantes toujours suivies du subjonctif.

Samuel a jeté la clé **de manière à ce qu**'ils ne *puissent* jamais ouvrir la porte.

J. Pouvez-vous justifier vos habitudes? Regardez la liste et choisissez les activités que vous faites régulièrement. Justifiez-les en employant *pour, pour que, afin de, afin que, dans le but de, de manière que* ou *de sorte que* pour expliquer pourquoi vous faites ces choses-là.

▷ lire le journal
Je lis le journal afin de savoir ce qui se passe.

aller chez le coiffeur
pleurer
visiter un musée
écrire dans votre journal intime
téléphoner à vos parents
sortir avec des amis
manger
écrire des lettres à l'éditeur du journal

---

15. Voir section 2, page 452, pour **de façon que** et **de sorte que** lorsqu'ils indiquent le résultat.

: Exprimer l'effet

1. Certains adverbes marquent la conséquence d'une cause déjà exprimée.

   - **Alors**[16], **ainsi** et **par conséquent** commencent souvent la phrase mais peuvent aussi se situer après le verbe.

     Il n'a pas de ticket... **alors** le contrôleur le jette dehors... (Prévert)
     Vous avez trop mangé. **Par conséquent**, vous vous sentez mal.
     ...les Anglo-Saxons... ne sont pas formalistes comme les Latins... Nous avons **ainsi** l'impression qu'ils créent tout de suite une relation privilégiée. (Rodgers)

     Remarquez: Quand **ainsi** commence une proposition, le sujet et le verbe sont souvent inversés.

     Le sculpteur cherchait la perfection. **Ainsi** *a-t-il mis* dix ans à faire sa statue.

   - **Aussi**, comme indication du résultat, est utilisé seulement au début d'une proposition. Dans ce cas, il entraîne généralement l'inversion du sujet et du verbe.

     La France n'a pas assez de ressources d'énergie naturelles. **Aussi** *a-t-elle développé* son industrie nucléaire pour produire 70 pour cent de son électricité.

2. Conjonctions

   - La conjonction **donc** peut marquer la conséquence.

     Je pense, **donc** je suis. (Descartes)
     Les vacances sont finies. Elle s'en va **donc** demain.

   - Les conjonctions **de (telle) sorte que** et **de (telle) façon que** + proposition à l'indicatif annoncent l'effet. La proposition subordonnée, indiquant le résultat, doit suivre la proposition principale indiquant la cause.

     Georges a bâclé son devoir **de telle sorte que** le professeur n'y *a* rien *compris*.
     La conférence a duré trop longtemps **de sorte que** tout le monde *s'est endormi*.
     ...tous les cerveaux s'appesantirent, **de façon que** le lendemain matin tout le monde *se réveilla* sans avoir le moindre souvenir du passé. (Voltaire)

     Rappel: Suivis d'une proposition au *subjonctif*, **de sorte que** et **de façon que** indiquent le but désiré et non pas le véritable résultat (Voir page 451).

---

16. Voir page 166 pour **alors** comme adverbe de temps.

3. Les expressions suivantes annoncent la conclusion logique. L'emploi du pronom **en** suppose la référence à la cause mentionnée précédemment.

(en) conclure que
(en) déduire (que)
il s'ensuit que

Vous portez une perruque. J'**en conclus que** vous êtes chauve.
De cette expérience, je **déduis que** notre hypothèse est confirmée.
Le sol de ce terrain était rouge. Le géologue **en a déduit qu'**il contenait de l'oxyde de fer.

Remarquez: **Il s'ensuit que** est une expression impersonnelle. Le sujet apparent **il** est donc le seul possible.

Le banquier et le promoteur s'accordent sur l'entreprise. **Il s'ensuit qu'**on construira le bâtiment.
Les deux pays ont signé un accord sur une réduction de douane. **Il s'ensuit que** la douane sera réduite.

K. Pour faire bonne impression. Vous recevez des invités et vous voulez faire bonne impression. Finissez les phrases suivantes en précisant vos préparatifs. Employez un adverbe ou une conjonction de conséquence (*alors, ainsi, par conséquent, aussi, donc*).

▷ Je veux contenter tout le monde...
Je veux contenter tout le monde, alors je préparerai un buffet.

1. Je sais que quelques-uns des invités sont végétariens...
2. Mais d'autres adorent le poulet...
3. Tout le monde aime le chocolat...
4. Mais nous sommes aussi tous conscients de notre ligne[17]...
5. Je n'ai pas assez de jolies assiettes chez moi...

L. Travail de détective. Voici des situations mystérieuses. Tirez-en les conséquences en employant une des expressions qui indiquent un effet logique.

▷ Vous rentrez à la maison et vous ne voyez pas votre perroquet. Sa cage est ouverte et votre chat a des plumes dans ses moustaches.
J'en déduis que mon chat a dévoré mon pauvre perroquet.

1. Quand vous rentrez après vos cours, vous trouvez votre chambre en désordre.
2. Tous ceux qui ont mangé des champignons dans ce restaurant hier soir sont tombés malades. Ceux qui n'ont pas mangé de champignons vont encore très bien.

17. *Ligne* (f.) = silhouette du corps.

3. Le petit garçon a du chocolat sur sa chemise et sur ses mains.
4. Personne n'a répondu quand nous avons téléphoné chez les Tremblay.
5. Marguerite a horreur des insectes. Un cafard est un insecte.
6. Vous recevez une douzaine de roses, sans carte.

À VOUS DE JOUER

1. **Conflit de projets.** *Rôles à jouer—deux ou trois personnes.* Un(e) étudiant(e) a envie de passer les grandes vacances (= les vacances d'été) en Europe mais ses parents voudraient qu'il(elle) travaille tout l'été pour gagner son argent de poche. Chacun essaie de persuader l'autre de son point de vue en justifiant le sien. La classe décidera qui était le(la) plus convaincant(e).

2. **Pièce justificative.** *Roles à jouer—deux personnes.* Vos parents pensent que vous dépensez trop d'argent. Regardez votre carnet de chèques (réel ou fictif) avec votre père ou votre mère et expliquez le montant de tous vos chèques. Précisez pourquoi il a fallu faire ces dépenses (en variant les structures que vous employez).

CRÉDIT AGRICOLE
BPF 82 F
CAISSE RÉGIONALE DE CRÉDIT AGRICOLE MUTUEL DE L'ILE-DE-FRANCE
26, Quai de la Rapée - 75561 Paris Cedex 12
Payez contre ce chèque NON ENDOSSABLE, SAUF au profit d'une banque, d'une caisse d'épargne ou d'un établissement assimilé.
Quatre-vingt deux francs
Somme en toutes lettres
A Librairie Gilbert
PARIS LE 15 Février 19 88
N° DE COMPTE 19779071001 SERIE 062
MME CHELET CLAUDE
178, RUE ST. MARTIN
75003 PARIS
PAYABLE 16 BL SEBASTOPOL
75004 PARIS
TEL: 42.78.03.54
PARIS 39
Claude Chelet
N° 0098 - 12-86
COMPENSABLE A
CHÈQUE N°
9071380 0000082063924 219779071001

3. **Eugène!** Examinez le dessin. Racontez l'histoire d'Eugène en insistant sur l'aspect cause et effet de votre anecdote. Vocabulaire utile:
un tire-bouchon = instrument pour ouvrir une bouteille de vin
un matelas = la partie d'un lit sur laquelle on dort
un tiroir = compartiment ouvrant d'un bureau, d'un meuble, etc.
un casier à vin = sorte d'étagère où on garde des bouteilles de vin

EUGÈNE !

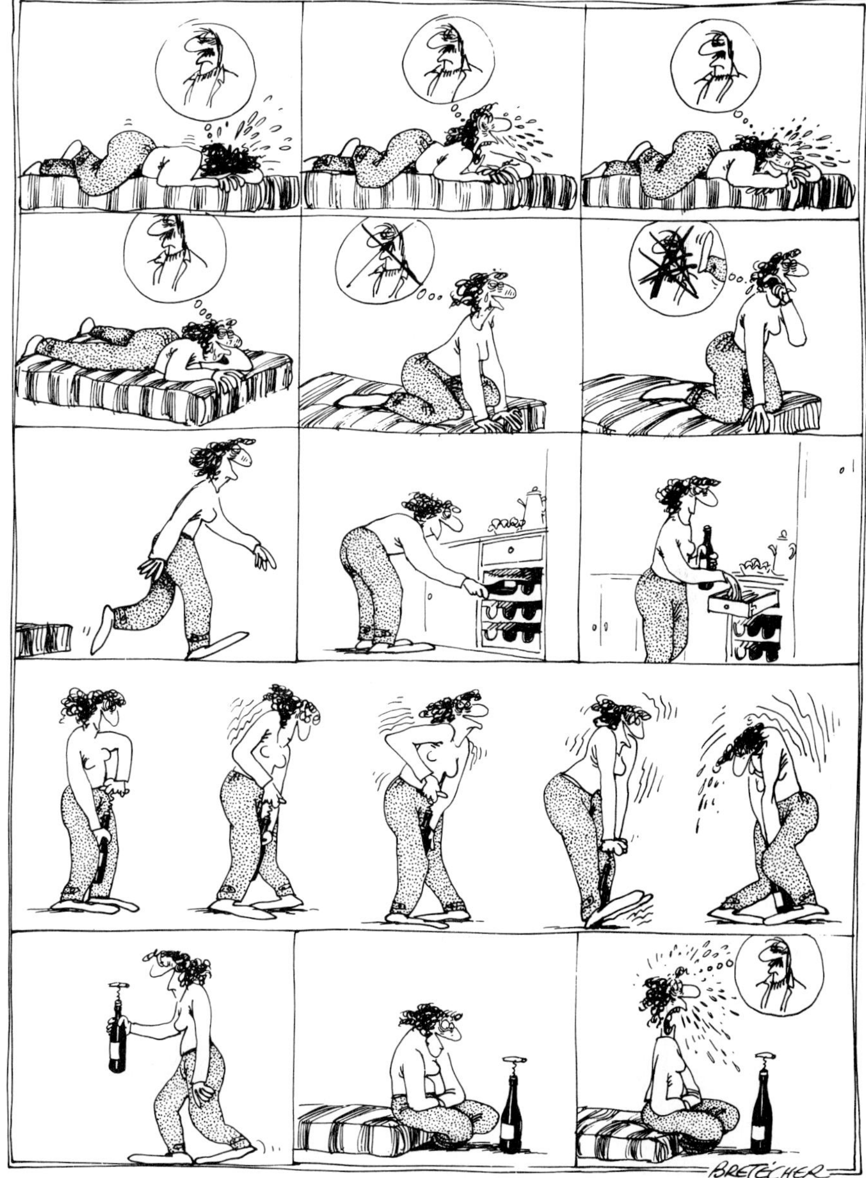

4. Machine de Rube Goldberg. Précisez le fonctionnement de la machine dessinée ici.

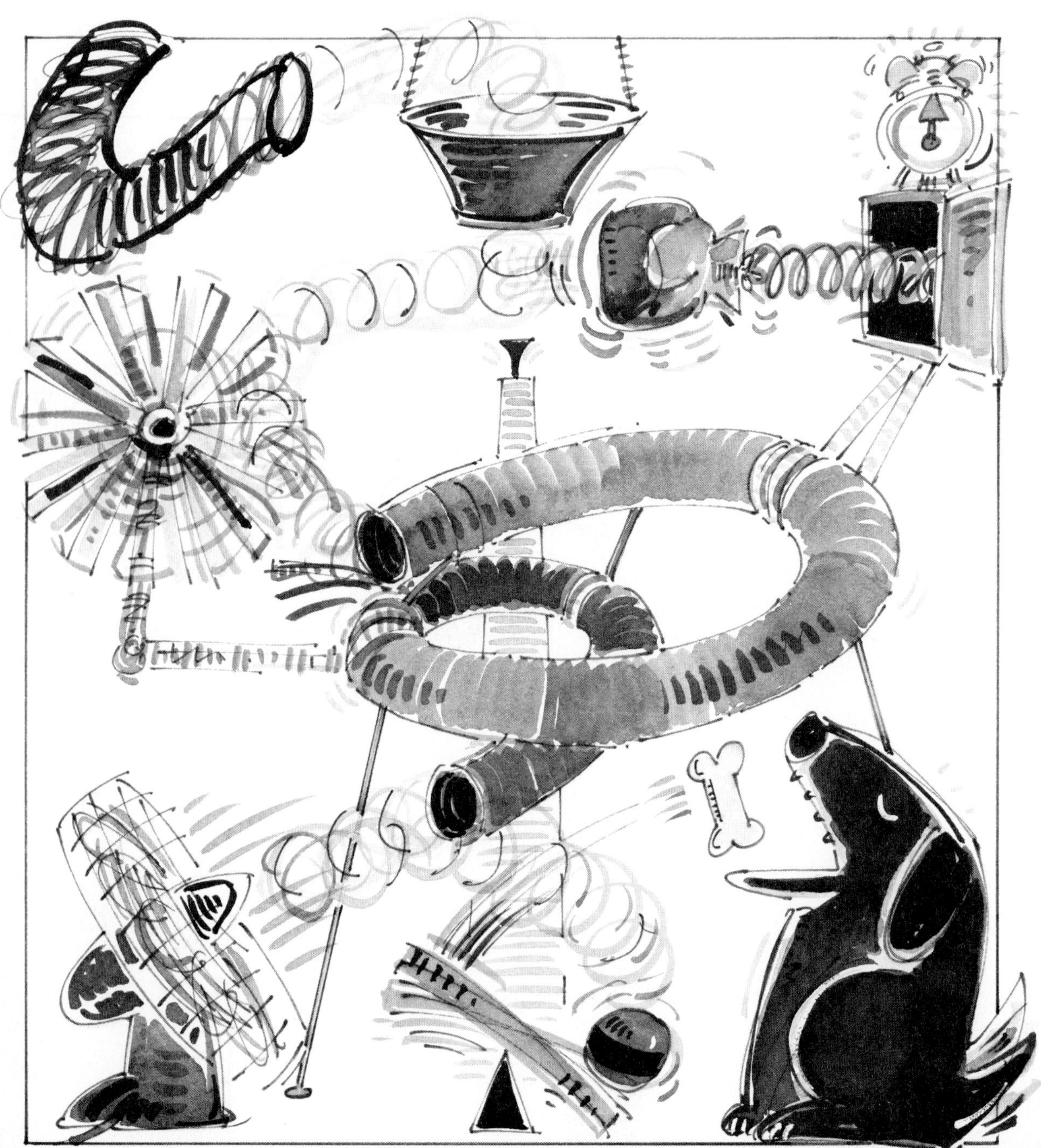

5. **Analyse.** Une personne raconte un rêve. Les autres doivent expliquer la cause de l'apparence de certains détails pour arriver à une interprétation globale du rêve.

Compositions écrites

1. **Fléaux.**[18] Employez toutes les structures de la leçon pour parler d'un problème actuel (l'économie, la diminution de l'ozone dans l'air atmosphérique, la menace de la guerre nucléaire, la sécheresse en Afrique et la famine dans le tiers monde, le SIDA, le sexisme dans la publicité, les mères qui travaillent, l'effet de la télé, de la vidéo ou du Rock sur les jeunes, etc.). Quelles en sont les causes? Les effets? Les solutions possibles?
2. **Déduction élémentaire.** *Discours de Sherlock Holmes (ou dialogue entre Holmes et Watson).* Holmes arrive dans un endroit et il donne des précisions étonnantes. En même temps, en utilisant les structures de la leçon, il explique comment il est arrivé à ces conclusions.
3. **Traditions.** Décrivez une cérémonie religieuse, culturelle, politique ou familiale: le dîner de Thanksgiving, la célébration de Noël, le «Seder» de la pâque juive, le baptême, les anniversaires dans votre famille, l'ouverture annuelle d'un festival/d'une foire, une fête du 4 juillet, etc. Expliquez-en le symbolisme ou l'origine de tous les aspects.
4. **Indemnité.** Rédigez un rapport à votre assureur d'auto pour expliquer pourquoi un accident subi récemment n'était pas votre faute et pourquoi la compagnie d'assurances doit vous rembourser pour réparer les dégâts.

18. *Fléau* (m.) = calamité qui affecte tout un peuple.

Lectures

À qui la faute? Est-ce celle de l'Anglais qui apparaît par hasard parmi les spectateurs du «Jeune Lion en cage»? De la mère, de son fils ou de la bru[19] dans «Imprécation»? De la femme ou du mari dans «L'Enfant»? Dans ces trois lectures, des aberrations—de comportement ou de jugement—semblent provenir d'une cause obscure (ou dans le cas du jeune lion d'une cause fabriquée pour des raisons obscures).

À qui la faute? L'imprécation de la mère ne laisse pas de doute en ce qui la concerne, mais son monologue amer révélera un passé assez chargé pour permettre au lecteur d'autres hypothèses. À l'égard du couple de «L'Enfant», chacun a dû tenir l'autre comme responsable sans qu'ils sachent jamais la véritable explication. Leur histoire laisse aussi apercevoir une trame[20] psychologique qui détermine leur manque de lucidité et de compréhension.

Qu'est-ce qui fait que les misérables ne se disent ni ne cherchent vraiment la cause de leur malheur? Si les effets psychologiques de leur manque de lucidité sont terribles, les causes psychologiques le sont-elles moins? À qui la faute?

Jeune Lion en cage

Jacques Prévert

Comme dans «Le Dromadaire mécontent» (voir page 191), Jacques Prévert crée ici une petite fable avec un grand tumulte dont la cause est la révolte d'un animal plein de bon sens. Il réagit contre l'incohérence de la bêtise humaine, ce qui nous amuse. Nous rions aussi devant la stupidité de la

19. *Bru* (f.) = belle-fille.
20. *Trame* (f.) = structure, intrigue.

foule déchaînée s'agitant de façon saccadée[21] et violente, pareille aux figurants[22] comiques dans un vieux film muet. Mais tout en riant, il faut se demander s'il faut en rire.

Avant de lire «Jeune Lion en cage»

Préparation du vocabulaire

A. Le vocabulaire de Prévert n'est pas difficile. Vous allez comprendre selon le contexte les quelques mots que vous ne savez peut-être pas. Définissez les mots en italique selon le contexte.

1. Le dompteur a une chaise dans la main, il tape avec la chaise contre les *barreaux* de la cage, sur la tête du lion, un peu partout, un pied de la chaise casse, l'homme jette la chaise et, sortant de sa poche un gros revolver, il se met à *tirer en l'air.*
   Les *barreaux* sont...
   Tirer en l'air est l'acte de...
2. Le lion est pris d'une légitime *inquiétude,* car il n'a encore jamais vu de dompteur.
   L'*inquiétude* est le sentiment de...
3. Les visiteurs sont assis... ils semblent attendre quelque chose... un contrôleur vient voir s'ils ont bien pris leurs tickets... il y a une dispute, un petit monsieur s'est placé au premier *rang*...
   Un *rang* est...
4. Voilà un fou, un *énergumène* qui entre ici sans frapper, qui brise les meubles et qui tire sur mes invités, ce n'est pas comme il faut.
   Un *énergumène* est quelqu'un qui...

Préparation du style

B. Vous connaissez déjà Prévert. D'après ce que vous savez sur son style, quelle phrase parmi les phrases suivantes n'est probablement pas tirée du «Jeune Lion en cage»?

1. Et il attendait aussi.
2. Alors tous les autres se retournent contre lui et crient: «Qu'est-ce que vous dites?... C'est de votre faute tout ce qui arrive, sale étranger, est-ce que vous avez seulement payé votre place?»...
3. Et trop heureuse tu aurais dû être que, restée veuve avec un petit, je me sois saignée aux quatre membres pour te donner un homme, fille de rien, et un nom honorable.

---

21. *Saccadé* = irrégulier, brusque.
22. *Figurant* (m.) = personnage dont le rôle est secondaire et généralement sans parole dans des scènes de réunion, de foule, etc.

4. «Ça fait bien dix minutes qu'ils sont là, pensa-t-il, et personne ne m'a fait de mal, c'est exceptionnel, ils me rendent visite en toute simplicité, je voudrais bien faire quelque chose pour eux.»

Quelles sont les caractéristiques des phrases et du style de Prévert qui vous ont amené(e) à cette conclusion?

Pour mieux lire

C. Dans cette histoire comme dans celle du dromadaire mécontent, le personnage principal est un jeune animal, et comme tous les jeunes, il comprend les choses à sa façon et non pas à la façon des adultes. Notez le rapport entre cause et effet que le lion attribue à ce qu'il observe et puis le rapport entre cette confusion et ce dont l'auteur se moque.

Jeune Lion en cage

Captif, un jeune lion grandissait et plus il grandissait, plus les barreaux de sa cage grossissaient, du moins c'est le jeune lion qui le croyait... En réalité, on le changeait de cage pendant son sommeil.

Quelquefois, des hommes venaient et lui jetaient de la poussière dans les yeux, d'autres lui donnaient des coups de canne sur la tête et il pensait: «Ils sont méchants et bêtes, mais ils pourraient l'être davantage; ils ont tué mon père, ils ont tué ma mère, ils ont tué mes frères, un jour sûrement ils me tueront, qu'est-ce qu'ils attendent?»

Et il attendait aussi.

Et il ne se passait rien.

Un beau jour: du nouveau... Les garçons de la ménagerie placent des bancs devant la cage, des visiteurs entrent et s'installent.

Curieux, le lion les regarde.

Les visiteurs sont assis... ils semblent attendre quelque chose... un contrôleur vient voir s'ils ont bien pris leurs tickets... il y a une dispute, un petit monsieur s'est placé au premier rang... il n'a pas de ticket... alors le contrôleur le jette dehors à coups de pied dans le ventre... tous les autres applaudissent.

Le lion trouve que c'est très amusant et croit que les hommes sont devenus plus gentils et qu'ils viennent simplement voir, comme ça, en passant:

«Ça fait bien dix minutes qu'ils sont là, pense-t-il, et personne ne m'a fait de mal, c'est exceptionnel, ils me rendent visite en toute simplicité, je voudrais bien faire quelque chose pour eux... »

Mais la porte de la cage s'ouvre brusquement et un homme apparaît en hurlant:

«Allez Sultan, saute Sultan!»

Et le lion est pris d'une légitime inquiétude, car il n'a encore jamais vu de dompteur.

Le dompteur a une chaise dans la main, il tape avec la chaise contre les barreaux de la cage, sur la tête du lion, un peu partout, un pied de la chaise casse, l'homme jette la chaise et, sortant de sa poche un gros revolver, il se met à tirer en l'air.

«Quoi? dit le lion, qu'est-ce que c'est que ça, pour une fois que je reçois du monde, voilà un fou, un énergumène qui entre ici sans frapper, qui brise les meubles et qui tire sur mes invités, ce n'est pas comme il faut.» Et sautant sur le dompteur, il entreprend de le dévorer, plutôt par désir de faire un peu d'ordre que par pure gourmandise...

Quelques-uns des spectateurs s'évanouissent, la plupart se sauvent, le reste se précipite vers la cage et tire le dompteur par les pieds, on ne sait pas trop pourquoi; mais l'affolement c'est l'affolement, n'est-ce pas?

Le lion n'y comprend rien, ses invités le frappent à coups de parapluie, c'est un horrible vacarme.

... mais l'affolement c'est l'affolement, n'est-ce pas?

Seul, un Anglais reste assis dans son coin et répète: «Je l'avais prévu, ça devait arriver, il y a dix ans que je l'avais prédit... »

Alors, tous les autres se retournent contre lui et crient:

«Qu'est-ce que vous dites?... C'est de votre faute tout ce qui arrive, sale étranger, est-ce que vous avez seulement payé votre place?», etc.

Et voilà l'Anglais qui reçoit, lui aussi, des coups de parapluie...

«Mauvaise journée pour lui aussi!» pense le lion.

À propos du texte

A. Racontez brièvement cette histoire.

B. Indiquez ce qui cause les phénomènes suivants: (1) selon le lion, et (2) selon vous.

1. Les barreaux de la cage du lion sont plus grands.
2. Devant la cage du lion on installe des bancs sur lesquels s'asseoient des gens.
3. Le dompteur tire son revolver.
4. Le lion essaie de dévorer le dompteur.
5. On frappe le lion à coups de parapluie.
6. On frappe l'Anglais à coups de parapluie.

Appréciation littéraire

C. Comptez les conjonctions de subordination dans «Jeune Lion en cage». Que peut-on en conclure d'après le nombre total? Signalez des phrases où le rapport entre cause et effet aurait pu être plus net ou plus logique si l'auteur avait choisi une construction plus complexe. Pourquoi Prévert, selon vous, a-t-il choisi un style de coordination plutôt qu'un style de subordination? Ce style convient-il au «personnage» principal? Pourquoi?

D. Quels aspects de ce texte vous rappellent «Le Dromadaire mécontent» (événements, «personnages», genre, style, morale, etc.)? En quoi les deux textes sont-ils différents l'un de l'autre?

E. Dans les deux textes de Prévert, expliquez la solidarité très prompte de la foule agitée qui s'oppose à celui qui paraît différent d'elle. Y a-t-il d'autres textes que vous avez lus où on voit un phénomène pareil?

Réactions personnelles

F. Quel animal serait susceptible de représenter votre critique de la société? Écrivez une fable où un trait de caractère de cet animal s'oppose à un aspect douteux du comportement social humain.

Imprécation
Marcel Arland

Marcel Arland (1899–), critique français, grand prix de littérature de l'Académie française, romancier et auteur de nouvelles, s'apparente à Maupassant (voir page 228) par une certaine disposition d'esprit qui le porte à mettre en relief les mauvais tours du destin, et à Marguerite Yourcenar (voir page 239) qui sait si bien évoquer et provoquer des sentiments profonds par la peinture d'un geste, d'un objet, d'une allure particulière ou même une petite phrase banale. Les nouvelles de Marcel Arland se rapprochent parfois du poème en prose.

Si «Imprécation» tient du poème, cette impression dérive de sa force psychologique soutenue par une structure toute simple: une vieille femme se souvient de sa vie. Ses sentiments terrifiants se révèlent non seulement par les malédictions qu'elle lance contre celle qu'elle tient responsable de ses malheurs, mais surtout par les détails choisis pour nous faire sentir son amertume.[23]

Il faut d'abord comprendre que cette femme d'origine modeste, d'un petit village isolé des Ardennes[24] au climat rude et désolant, est imbue de[25] ses racines. Quand elle va vivre à Lyon, une grande ville bourgeoise, elle passera ses dimanches dans un «bel appartement sur le Rhône» et n'oubliera ni sa formation religieuse, ni ses «terres abandonnées». Dans ses imprécations, elle alterne ses condamnations avec des bouts de prière («Au nom de Dieu le Père.. au nom du Fils...»), de sorte que son histoire résonne comme une litanie.

En «écoutant» cette litanie intense, remarquez comment la vieille femme parle d'elle-même à la troisième personne («et la vieille... on la mettait dans un coin») ou bien, tout en apostrophant sa bru («Et ce n'est pas seulement parce que tu as tout fait...»), elle la décrit aussi à la troisième personne («Ah! Cette pauvre petite femme...»). L'auteur, d'ailleurs, ne se sert guère de signes de ponctuation pour distinguer entre ses propres indications, plutôt elliptiques, et les souvenirs de la narratrice principale. Le «poème» de celle-ci, c'est son autoportrait sans ornement. Il y a seulement son mépris et sa rancune révélés par son tutoiement rétrospectif de la bru qui lui disait «vous», par son emploi du pronom neutre «ça» pour parler d'«elle» et par les souvenirs de son fils, «un homme si bien», petit fonctionnaire qui n'avait en fait pas grand-chose à dire.

---

23. *Amertume* (f.) = douleur pleine de ressentiment.
24. *Les Ardennes* = région de l'est de la France et du sud de la Belgique.
25. *Imbu de* = profondément pénétré de.

Avant de lire «Imprécation»

Préparation du vocabulaire

A. Le titre de cette histoire, «Imprécation», signifie «souhait de malheur contre quelqu'un». Donnez quelques exemples de raisons suffisantes pour avoir envie de proférer des imprécations.

B. En notant les mots entre parenthèses de la même famille, essayez d'indiquer la signification des mots en italique.

1. Et ce n'est pas seulement parce que tu as tout fait pour qu'il *se détourne* de moi et m'oublie. (tourner)
   Se détourner veut dire...
2. Et trop heureuse tu aurais dû être que, restée veuve avec un petit, *je me sois saignée* aux quatre membres pour te donner un homme, fille de rien, et un nom honorable. (le sang)
   Se saigner veut dire...
3. Mais j'avais encore mon fils, à ses heures, quand il passait le soir, en sortant de son bureau de la Préfecture, et qu'il m'apportait des oranges, des pommes, des gâteaux, des *gâteries*... (gâter[26])
   Des gâteries veut dire...
4. L'opération, le mieux (que tu disais!), la rechute, la chose dans les sangs, la tête qui *se brouille,* la nuit qui monte, c'était comme s'il te faisait offense... (le brouillard)
   Se brouiller veut dire...
5. ...il pleurait, le moins possible, mais un peu, faisait: «Ah!», et, un peu plus tard encore: «Ah!», te rappelles-tu, monstre! que toi, dans le salon voisin, tu t'es mise à taper du pied, en le *singeant,* en criant: «Ah! ah! ah! il me rend folle!» (un singe)
   Singer veut dire...
6. Mais tu n'as pas voulu qu'il repose parmi les siens, ceux de notre sang et de notre terre. Tu l'as jeté en prison dans un caveau de la ville où personne, jamais, n'ira le voir... Je te *maudis.* (une malédiction)
   Maudire veut dire...

C. Choisissez le mot qui semble correspondre à la définition donnée.

1. coussinet où l'on fiche des aiguilles et des épingles: (a) aiguille à tricoter (b) peloton d'épingles (c) fanfreluche
2. petit groupe de maisons, village: (a) hameau (b) préfecture (c) cité

---

26. Attention! *Gâter* a deux sens: (1) mettre en mauvais état, et (2) traîter démesurément une personne de faveurs, de gentillesses.

3. chercher dans l'obscurité: (a) arracher (b) se détourner de (c) tâtonner
4. prendre avec effort, avec violence: (a) arracher (b) éventrer (c) dompter
5. le derrière d'une personne: (a) le ventre (b) le sourcil (c) les fesses
6. traiter avec dérision: (a) louer (b) bafouer (c) tricoter
7. ornement léger de peu de valeur: (a) caveau (b) quiche (c) fanfreluche
8. quelqu'un qui parle: (a) haut-parleur (b) professeur (c) causeur

Préparation culturelle

D. Vous trouverez dans «Imprécation» une douzaine de termes d'injure assez violents et vulgaires, dont plusieurs dérivés du monde animal pour signifier l'aspect inhumain et laid (*chienne, guenon, museau*), dont plusieurs plus ou moins synonymes de *prostituée* avec des nuances différentes de vulgarité ou d'obscénité (*chienne, fille de rien, garce, gaupe, gueuse, roulure*) et dont plusieurs qui signifient la monstruosité, la saleté ou celle qui est salie d'excréments (*monstre, saleté, merdeuse*). Il faut bien reconnaître ces mots, mais leur emploi n'est pas à recommander!

1. D'autres termes d'injure en français sont-ils moins vulgaires et moins forts que leur équivalent apparent en anglais? En connaissez-vous? Par exemple?

2. Pourquoi ces injures viennent-elles de ces domaines lexiquaux particuliers (animal, anatomie, fonctions du corps, prostitution)? De quel domaine viennent les pires injures en anglais? Les plus banales? Savez-vous si ce sont les mêmes en Angleterre et au Canada qu'aux États-Unis?

Pour mieux lire

E. Pour avoir une idée de comment est fait ce texte, lisez le premier paragraphe.

1. Précisez le moment où la vieille commence à parler.
2. À qui parle-t-elle?
3. Quelle est son attitude?
4. Quels aspects du premier paragraphe excitent votre curiosité?

Continuez à lire pour voir si vous trouverez en effet la réponse à vos questions.

Imprécation

Au mur, près de la vieille, un peloton d'épingles, rouge, en forme de cœur. Et c'est le soir sur le hameau, ce qui veut dire que les yeux, qui n'y voient qu'à peine en plein jour, ne sont plus qu'ombre. Mais les mains tâtonnent, et celle qui tient l'aiguille, la longue aiguille à tricoter, si elle tremble, a reconnu le cœur de velours. Attends, garce; et juste au milieu tu l'auras, où ça se gonfle, comme se gonflent tes seins qui n'ont jamais eu d'enfant, et ton museau, et ton ventre, et tes fesses, qui m'ont arraché mon fils.

Au nom de Dieu le Père, qui est juste...

Ce n'est pas seulement, guenon, parce que tu m'as pris mon Paul et que tu es devenue sa femme épousée. On sait bien que les enfants ne peuvent pas rester toujours près de leur mère, et que, l'âge venu, il leur faut une femme pour le lit, et une «dame»!, à cause de leur situation. Je l'ai accepté.

Et ce n'est pas seulement parce que tu as tout fait pour qu'il se détourne de moi et m'oublie. Je l'ai prévu dès les premiers jours, quand je me suis trouvée loin de nos Ardennes, à Lyon, dans cette chambre qui lui avait suffi jusqu'alors, où je suis venue pour son mariage, où je suis restée deux ans parce que j'avais peur de la suite. Il t'avait fallu un bel appartement sur le Rhône! Mais il me disait: «Tu déjeunes dimanche avec nous. —Je ne vous dérangerai pas? —Mais non. C'est entendu.» Et, comme en ce temps-là, je pouvais encore me traîner, j'y allais donc, dans votre bel appartement. Et toi: «Tiens! c'est vous!», avec ta farine et tes fanfreluches. C'était la mère de Paul, museau! Et trop heureuse tu aurais dû être que,[27] restée veuve avec un petit, je me sois saignée aux quatre membres pour te donner un homme, fille de rien, et un nom honorable. Et ça prenait des mines, ça ne disait mot, ça avait de ces vapeurs en voyant manger la vieille. Et la vieille, après le déjeuner, on la mettait dans un coin. C'étaient mes dimanches. Et puis il n'y a plus eu qu'un dimanche par mois. Et plus du tout. Mais j'avais encore mon fils, à ses heures, quand il passait le soir, en sortant de son bureau de la Préfecture, et qu'il m'apportait des oranges, des pommes, des gâteaux, des gâteries. Il s'asseyait dans le fauteuil, au demi-jour; je lui parlais des choses du pays, des gens qu'il avait connus, de nos terres abandonnées, de nos tombes; je sais bien que je lui en avais parlé cent fois, mais il m'écoutait toujours, sans bouger, à ne dire que: «Bon... , bon», parce qu'il n'a jamais été grand causeur; mais il était là. «Tu vas bien, Paul? —Ça va. —Et ta femme? —Mais oui. —Tu n'es pas malheureux, mon enfant? —Mais non.» Et la nuit venue, avec bientôt le moment de partir, je me taisais, nous restions encore là; et chaque fois, avant de me quitter, il m'embrassait. «À demain, maman. —À demain, mon enfant.» Mais

27. *Et trop heureuse tu aurais dû être que...* = Et tu aurais dû être trop heureuse que... je me sois saignée...

saleté! jusqu'à ces visites, tu en étais jalouse; si bien qu'il est venu moins souvent; il ne s'asseyait plus; il regardait la porte, il parlait d'un dîner, d'une réception; je disais: «Oui, ne te fais pas attendre.» Peu à peu, des semaines ont passé sans que j'aie seulement à le dire. —Et même cela, je l'aurais accepté, si tu l'avais rendu heureux.

Au nom du Fils, sur sa croix...

Tu as été sa croix, roulure. De cœur, tu n'en as pas plus qu'une crotte. Et rouler, tu l'as fait partout. Une chienne en chaleur. Et mon garçon, un homme si bien, un homme respecté d'un chacun, tu l'as trompé, bafoué, tais-toi, baisse les yeux, on me l'a dit, il l'a su, il te l'a pardonné, l'innocent, et toi, le lendemain, le ventre ailleurs; un plein seau d'eau entre les cuisses, gaupe, voilà ce que je t'aurais foutu, moi.

Au nom de la Vierge, qui a vu mourir son fils...

Le mien est mort. En as-tu eu pitié pendant ces longs jours? L'opération, le mieux (que tu disais!), la rechute, la chose dans les sangs, la tête qui se brouille, la nuit qui monte, c'était comme s'il te faisait offense, merdeuse! Ah! cette pauvre petite femme, qu'est-ce qu'elle va devenir? Pensez donc! Rien que la vue d'un malade, elle ne peut la supporter, ça la trouble, ça la chavire. Et les soins, les odeurs, elle n'en peut plus. Elle n'a pas de chance, elle est trop malheureuse. Laissez-la: il faut qu'elle sorte; rien qu'un peu d'air. —À propos, a-t-il fait son testament?

Et à propos, te rappelles-tu, quand j'ai appris qu'il était malade, et que moi, qui ne tiens pas debout, on m'a transportée près de mon enfant, te rappelles-tu, quand j'étais près de lui dans sa chambre, et que cet homme que je n'avais jamais vu pleurer, il pleurait, le moins possible, mais un peu, faisait: «Ah!», et, un peu plus tard encore: «Ah!», te rappelles-tu, monstre! que toi, dans le salon voisin, tu t'es mise à taper du pied, en le singeant, en criant: «Ah! ah! ah! il me rend folle!»

J'aurais pu croire que la mesure était comble; c'est que je ne te connaissais pas encore à ta valeur, chienne! Écoute un peu, à présent que je te tiens là, au bout de l'aiguille. Écoute ce que je ne te pardonnerai jamais, ni dans ce monde ni dans l'autre. Il ne t'a pas suffi de me l'arracher vivant; mort, tu me l'as volé pour toujours. C'était atroce de songer qu'il allait mourir avant moi, qui ai quatre-vingt-deux ans; mais il me restait la consolation de le rejoindre dans quelques jours et d'être étendue près de lui. Nous avions nos tombes, toutes nos tombes dans le cimetière du village; il les a vues s'ouvrir et se fermer depuis son enfance; c'étaient les nôtres. Il y avait place pour nous tous. Mais tu n'as pas voulu qu'il repose parmi les siens, ceux de notre sang et de notre terre. Tu l'as jeté en prison dans un caveau de la ville, où personne, jamais, n'ira le voir. Un inconnu. Et moi, je dormirai seule, sans mon enfant—sans mon enfant, gueuse! Je te maudis.

Que ce peloton soit ton cœur de garce; l'aiguille, pour que tu crèves, je te l'enfonce, et je crache sur ta boue, au nom des nôtres, au nom de la terre où je vais descendre, au nom de tous les saints du Paradis—et tu me verras devant toi, gueuse! le jour de la Résurrection.

À propos du texte

A. Caractérisez la mère. Quel est son état d'âme? Que fait la mère en faisant ses imprécations?

B. Précisez toutes les raisons pour lesquelles la mère fait ces imprécations contre sa belle-fille. Les mots suivants pourront vous guider: *enfants, épouser, détourner, tromper, maladies, singer, tombe/caveau*

C. On pourrait interpréter une imprécation comme un appel au destin ou à Dieu qu'il accomplisse la malédiction souhaitée. Cependant avez-vous l'impression que la vieille narratrice est disposée à attendre que Dieu fasse sa volonté? Pourquoi ou pourquoi pas? Justifiez votre réponse.

Appréciation littéraire

D. D'où vient la force de ce discours?

Réactions personnelles

E. À votre avis est-ce que cette mère méritait un peu ce qui lui est arrivée? Comment a-t-elle contribué à sa situation? Quels sont vos sentiments vis-à-vis d'elle?

F. Quelles réactions peut-on avoir devant la mort d'un fils, d'une fille, d'un parent, d'un époux? Cherche-t-on à blâmer quelqu'un?

G. Imaginez la réaction de la belle-fille devant cette imprécation. Quel discours, quelle tirade pourrait-elle faire?

L'Enfant

Jacques Ferron

La culture et la littérature du Québec représentent l'exemple par excellence d'une tradition francophone à la fois diverse et originale. L'histoire de la littérature canadienne écrite en français est voluminuese. Aujourd'hui les œuvres de beaucoup d'écrivains canadiens sont publiées à Paris aussi bien qu'à Montréal ou à Québec. Elles sont reçues dans l'Hexagone[28] avec sympathie[29] et intérêt, ce qui aide à assurer leur succès sur le vieux continent.

La sympathie que les Français ressentent à l'égard des Québécois s'est exprimée ouvertement et politiquement dans les années soixante lors de la visite du général de Gaulle au Québec quand il a lancé son célèbre appel, «Vive le Québec libre!» Depuis, la situation a changé. Le séparatisme québécois, mouvement qui semblait sur le point de bouleverser la structure de la fédération canadienne, s'est estompé[30] et n'existe qu'en veilleuse[31] pour le moment. Les réclamations des «séparatistes» ont trouvé une réponse au moins partielle à l'intérieur du cadre politique actuel ou dans les innovations constitutionnelles très récentes permettant finalement une quasi-autonomie à la Belle Province[32] sans qu'il y ait une séparation du reste du Canada.

Parmi les intellectuels canadiens concernés par l'évolution du Canada moderne, l'écrivain Jacques Ferron (1921–) s'est engagé dans la cause de l'indépendance québécoise. Après des études de médecine à l'Université de Laval, il exerce sa profession de médecin dans le milieu ouvrier de Montréal et dans la Gaspésie[33] où il découvre la tradition du conteur oral. Auteur de pièces de théâtre, de romans et de nouvelles, Ferron traite souvent des problèmes de la société québécoise, qui sont aussi les problèmes d'autres sociétés. Il méprise l'élitisme bourgeois, dénonce la corruption politique et religieuse, satirise les conventions de l'amour, du mariage et de la mode. Il expose les effets néfastes de la vie économique et industrielle et pose en surplus la question du rôle du médecin dans la société.

«L'Enfant» est tiré d'un recueil comportant trois séries de contes: *Contes du pays incertain* (publiés antérieurement), *Contes anglais et autres* et *Contes inédits*. «L'Enfant» évoque la condition d'un couple humble. Le sens de leur vie conjugale se réduit à la vision hallucinante de ces quelques pages à l'atmosphère surréelle et dans les ultimes illusions d'un père et de son «enfant».

Avant de lire «L'Enfant»

Préparation du vocabulaire

A. Essayez de comprendre les mots en italique en notant les mots plus familiers entre parenthèses de la même famille.

---

28. *Hexagone* (m.) = la France (par référence à sa forme géographique).
29. *Sympathie* (f.) = affinité de sentiments (Attention! ≠ pitié).
30. *S'estomper* = devenir moins clair.
31. *En veilleuse* = en activité réduite.
32. *La Belle Province* = La province de Québec.
33. *La Gaspésie* = péninsule du nord-est du Québec, à l'embouchure du fleuve Saint-Laurent.

1. Cependant il n'était pas pressé de mourir. Sa femme le *veillait* depuis une semaine; elle était à bout de patience. Encore s'il avait décliné régulièrement, mais non: il avait des hauts, des bas, il *finassait* avec la mort, il n'était pas un *moribond* sérieux. (la veille) (finesse) (mourir)
   Veiller veut dire...
   Finasser veut dire...
   Moribond veut dire...
2. ...il aperçut sa femme, l'enfant et le cierge: sa femme heureuse, l'enfant qui le regardait avec *effroi* et le cierge à demi consumé. (effrayé)
   Effroi veut dire...

B. Trouvez dans la colonne *B* la définition ou le synonyme du mot de la colonne *A*.

A	*B*
s'assoupir	femme dont le mari est mort
un cierge	fatigue
couver	se tenir sur les œufs pour les faire éclore, comme un poulet
un curé	témoigner son mécontentement par un bruit sourd; gronder
grogner	s'endormir
la lassitude	longue chandelle en usage dans les rites religieux
un phoque	prêtre
une veuve	mammifère marin dont la fourrure est très estimée

C. L'expression *donner un coup de* + nom de l'instrument ou de la partie du corps (sans article) signifie *frapper ...* . Ainsi *donner un coup de poing* signifie *frapper avec son poing.*

1. Comment indique-t-on un choc fait par: le pied? le coude? un couteau? des ciseaux? une épée?
2. Les expressions suivantes ont un sens métaphorique. Essayez d'imaginer lequel: un coup de main; un coup de bec; un coup d'œil

Pour mieux lire

D. Vous avez vu combien la lecture peut être facilitée si on parcourt brièvement un texte une première fois avant de le relire en profondeur.

1. Parcourez ce texte en essayant de voir quel est le moment où le mari meurt.
2. En relisant, cherchez à définir ce qui cause la mort du mari.

L'Enfant

Un mari était à l'agonie;[34] il avait la barbe longue; il ressemblait à un phoque. Cependant il n'était pas pressé de mourir. Sa femme le veillait depuis une semaine; elle était à bout de patience. Encore s'il avait décliné régulièrement, mais non: il avait des hauts, des bas, il finassait avec la mort, il n'était pas un moribond sérieux. Le plus souvent il se tenait sous l'eau, inconscient, cachant son jeu.[35] Lorsqu'il remontait, ouvrant soudain l'œil à la surface, c'était pour prendre sa femme en défaut;[36] elle n'avait pas le temps de se ressaisir; il l'apercevait dans toute sa lassitude, au moment d'espérer qu'il restât au fond. Elle mettait alors la main devant son visage: «Ah!» faisait-elle.

Ce n'était pas suffisant; elle lui demandait encore de ses nouvelles: Comment se sentait-il? Avait-il bien dormi? Lui pour toute réponse grognait—il n'était guère obligeant—grognait, puis replongeait. Elle résolut, tant qu'à n'avoir qu'un phoque pour mari, d'être veuve.

Le médecin avait laissé des remèdes, qu'on pouvait ne pas donner. Elle les flaira et jugea plus prudent de les continuer; seulement elle força un peu la dose. Une fois qu'elle avait décidément exagéré, la main lui tremblait: «Prends, chéri», dit-elle; le mari détourna la tête, elle n'insista pas. Mais lorsque le médecin passa: «Ah, docteur, je n'en puis plus: mon mari a perdu confiance.» Le bon médecin fit prendre la potion au malade: «Voyons, voyons, c'est pour votre bien.»

—Merci, docteur, dit la femme.

C'était une bonne femme, bonne épouse aussi longtemps que l'époux avait semblé bon homme. Ensemble ils avaient bâti une maison, fait des économies et couvé bien à leur aise le désir d'avoir des enfants. Ils n'en avaient pas eu, à qui la faute? Elle s'en accusa; ce sont toujours des innocents qui ont des aveux.[37] Grâce à quoi elle avait pu supporter durant dix ans et plus les coups de bec d'un coq inutile.

La potion fut efficace; il fallut appeler le curé qui extrémisa[38] le moribond. La cérémonie achevée, le curé alluma un cierge et s'en alla. La femme resta seule avec son mari; elle s'assoupit et rêva qu'elle tenait un enfant dans ses bras. Pendant qu'elle dormait ainsi, le pauvre homme remonta, il avait la vie dure, une bulle d'air creva[39] à la surface de l'eau, il aperçut sa femme, l'enfant et le cierge: sa femme heureuse, l'enfant qui le regardait avec effroi et le cierge à demi consumé. Il ne sut que penser. Qui était-il? Un phoque, un coq mouillé? Il n'était sûrement plus le mari. Alors il eut la force de se soulever, d'éteindre le cierge, et de mourir.

---

34. *À l'agonie* = dans les moments immédiatement avant la mort.
35. *Cacher son jeu* = dissimuler, cacher son but ou son action.
36. *En défaut* = en erreur.
37. *Aveu* (m.) = action de reconnaître ce qui est pénible à révéler.
38. *Extrémiser* = donner l'extrême-onction, sacrement qu'on administre dans le culte catholique aux malades en danger de mourir, par l'application des saintes huiles.
39. *Crever* = s'ouvrir en éclatant.

À propos du texte

A. Résumez en une phrase chaque paragraphe de cette histoire.

B. Finissez les phrases suivantes.

1. La femme s'impatiente parce que...
2. Le mari sait quelle est l'attitude de sa femme puisque...
3. Comme elle n'a qu'un «phoque» pour mari, la femme décide...
4. Le médecin a laissé des médicaments pour que...
5. La dose que la femme donne peut rendre...
6. Le mari refuse la potion parce que...
7. La femme fait donner la potion...
8. Ils n'ont pas d'enfant à cause de...
9. Pendant que sa femme rêve, la condition de l'homme résulte en...
10. Il a la force de se soulever, d'éteindre le cierge et de mourir, car...

C. Qu'est-ce qui cause la mort du mari?

Appréciation littéraire

D. Que représentent...

1. le phoque?
2. l'eau?
3. le coq?

Commentez l'emploi de ces métaphores, les images qu'elles évoquent et les notions qu'elles représentent.

E. Pourquoi le titre «L'Enfant»? Quels autres titres Ferron aurait-il pu employer?

F. Considérez l'ordre des éléments choisi par Ferron pour raconter cette histoire. Qu'est-ce qui aurait changé s'il avait mis le cinquième paragraphe (lignes 23 à 28) ailleurs?

Réactions personnelles

G. Que pensez-vous de cette femme? Précisez.

H. Cette femme est-elle coupable de la mort de son mari? Justifiez votre réponse.

I. Quelle est votre attitude vis-à-vis de l'euthanasie? Est-ce qu'il s'agit d'euthanasie dans ce texte?

Mise en perspective

1. **La mort.** Précisez l'attitude du personnage principal envers la mort dans chacun de ces trois textes.

2. **Le crime.** Dans ces trois textes on assiste à certaines actions qui pourraient être considérées comme des crimes. Quelles sont ces actions? Qui les considère comme des crimes? Y a-t-il d'autres points de vue présentés à l'égard de ces actions? Lesquels?

3. **Le vocabulaire animal.** Étudiez l'emploi du vocabulaire relatif à l'animal dans chacun de ces textes. Quel est cet emploi de termes qui appartiennent au domaine des animaux? Dans quel but l'auteur se sert-il de ces termes? Est-ce un emploi original? approprié? réussi?

4. **La famille manquée.** Montrez comment dans chaque histoire un—ou plus d'un—membre de la famille a disparu ou n'a jamais existé. «La famille incomplète» est-ce un fil psychologique assez profond pour expliquer le malheur dans chaque cas? Justifiez votre réponse. Connaissez-vous d'autres histoires où la disparition d'un membre de la famille a résulté—ou n'a pas résulté—en malheur?

Appendices

Appendice A

Les pronoms personnels

PRONOMS SUJETS	
je	nous
tu	vous
il/elle/on	ils/elles

PRONOMS OBJETS DIRECTS	
me	nous
te	vous
le/la	les

PRONOMS OBJETS INDIRECTS	
me	nous
te	vous
lui	leur

PRONOMS DISJOINTS	
moi	nous
toi	vous
lui/elle/soi	eux/elles

PRONOMS ADVERBIAUX
en
y

- Pour remplacer le *sujet* de la phrase, on emploie un pronom sujet. Le pronom sujet peut représenter une personne ou une chose.

  Voici *la cousine de Marie-Laure.* **Elle** est très jolie.
  —Où sont *les documents?* **—Ils** ne sont pas sur mon bureau.

- Pour remplacer l'*objet direct* de la phrase, on emploie un pronom objet direct. L'objet direct peut être une personne ou une chose. Il n'est pas précédé d'une préposition.

  Elle a *deux fils;* je **les** rencontre souvent au marché.
  Il a *une voiture neuve;* tu peux **la** voir devant la maison.

- Pour remplacer la préposition **à** + une personne, on emploie un pronom objet indirect. Le pronom objet indirect représente toujours une personne en français.

Il répond *à sa mère;* il **lui** répond.
Je téléphone *à mes sœurs;* je **leur** téléphone.

Attention: Avec une quinzaine de verbes et d'expressions verbales, on n'emploie pas de pronom objet indirect. **À** + personne est remplacé par **à** + pronom disjoint après le verbe. Parmi ces verbes:

aller à	**se fier à**	**réfléchir à**
arriver à	**s'habituer à**	**renoncer à**
avoir affaire à	**s'intéresser à**	**songer à**
courir à	**penser à**	**tenir à**
être à	**prendre garde à**	**venir à**
faire attention à	**recourir à**	

Sa mère est à Chicago; il ne pense jamais **à elle.**
Je m'intéresse beaucoup à ces nouveaux étudiants. Tu t'intéresses **à eux** aussi?
Voilà des gendarmes. Faites attention **à eux.**
Elle est venue **à moi.**

Attention: Quand un verbe prend **me, te, nous, vous** ou **se** comme objet direct, on n'emploie pas le pronom objet indirect. **À** + personne est indiqué après le verbe par **à** + pronom disjoint.

Je me suis adressée **à eux.**
Il devrait se présenter **à moi.**

- Pour remplacer **à** + une chose, on emploie le pronom adverbial **y.**

Il répond *à la question du professeur;* il **y** répond.
Il obéit toujours *à la loi;* il **y** obéit.
Nous allons *au cinéma* jeudi; nous **y** allons jeudi.

- Pour remplacer une préposition de lieu (**à, dans, devant,** etc.) + un nom indiquant le lieu, on emploie **y.**

Elle se trouve *devant l'église;* elle s'**y** trouve.
On ne met pas l'auto *dans le garage.* On ne l'**y** met jamais.

- Pour remplacer la préposition **de** + une personne, on emploie **de** + pronom disjoint.

Vous parlez *de Marie-Thérèse?* Vous parlez **d'elle?**
Je me souviens *de la petite Élisabeth et de son frère René.* Je me souviens bien **d'eux!**

- Pour remplacer la préposition **de** + une chose, on emploie le pronom adverbial **en.**

Solange a besoin *de l'ordinateur* maintenant. Toi, tu **en** as aussi besoin?

- Pour remplacer une personne après toutes les prépositions excepté **à,** on emploie la préposition + un pronom disjoint.

J'ai *deux sœurs* mais je ne corresponds plus jamais **avec elles.**
Où est mon frère? Il est *derrière Françoise;* il est **derrière elle.**

Appendice B

Les temps littéraires

Il existe en français des structures réservées à la langue écrite: deux temps de l'indicatif—le passé simple et le passé antérieur—et deux temps du subjonctif—l'imparfait du subjonctif et le plus-que-parfait du subjonctif. Leur emploi donne à un récit un caractère assez formel ou officiel. On les voit surtout dans la littérature, les journaux, les récits historiques ou les discours formels ou solennels.

Ces formes s'emploient de moins en moins aujourd'hui, et en général on ne les voit plus qu'à la troisième personne (surtout les deux temps du subjonctif), mais il est quand même important de savoir les reconnaître pour comprendre le français écrit.

1. Le passé simple Dans la langue écrite, on emploie le passé simple au lieu du passé composé pour la narration des événements au passé. (L'imparfait sert pour les descriptions dans un contexte littéraire, comme dans la langue parlée.)

> Lorsqu'il **vint** au monde, les médecins pensaient que cet enfant ne vivrait pas... (Daudet)
>
> Il **arriva** au fond, jusqu'au vieux journaliste, et **se planta** devant lui. (Grenier)

La formation du passé simple est expliquée à la page 27 de Leçon 1, *Interroger*.

2. Le passé antérieur Il est souvent nécessaire d'exprimer une action du pré-passé—une action qui s'est déroulée avant une autre action déjà au passé. Dans la langue écrite on emploie le passé antérieur pour indiquer ce qui se passe immédiatement avant une autre action, souvent précédé de *dès que* ou *aussitôt que*. Le plus-que-parfait s'emploie également en français littéraire pour indiquer une antériorité non-immédiate.

> Dès que le président **eut parlé** avec l'ambassadeur, les négociations commencèrent.
>
> À peine **fut**-il **arrivé** que le village changea de son opinion.

> La Nonsobre l'embrassa dès qu'elle **fut née...** lorsqu'un Anglais **se fut mis** à prouver, et même longuement, qu'il n'y avait point d'idées innées... elle condamna ses propres sentiments parce qu'ils *étaient devenus* ceux d'un Anglais. (Voltaire)

Le passé antérieur est formé avec le passé simple de l'auxiliaire + le participe passé du verbe.

parler (auxiliaire = **avoir**)		**partir** (auxiliaire = **être**)	
j'	eus parlé	je	fus venu(e)
tu	eus parlé	tu	fus venu(e)
il/elle/on	eut parlé	il/elle/on	fut venu(e)
nous	eûmes parlé	nous	fûmes venu(e)s
vous	eûtes parlé	vous	fûtes venu(e)(s)
ils/elles	eurent parlé	ils/elles	furent venu(e)s

3. L'Imparfait du subjonctif L'emploi de l'imparfait du subjonctif est encore plus limité dans la langue moderne que celui du passé simple ou du passé antérieur.

L'imparfait du subjonctif est l'équivalent littéraire du présent du subjonctif dans une proposition subordonnée quand le verbe de la proposition principale est à un temps passé ou au conditionnel. Il indique alors une action qui se déroule *en même temps* ou *après* l'action de la proposition principale.

> Vinard traversa toute la salle,... et chacun était heureux qu'il ne **s'arrêtât** pas près du sien. (Grenier)
>
> Il voulait qu'on **établît** dans les quartiers pauvres des espèces de théâtres gratuits pour les petits enfants. (Maupassant)

La formation de l'imparfait du subjonctif est expliquée à la page 230 de Leçon 6, *Exprimer ses sentiments.*

4. Le Plus-que-parfait du subjonctif Comme l'imparfait du subjonctif, le plus-que-parfait du subjonctif s'emploie dans une proposition subordonnée quand le verbe principal est à un temps passé ou au conditionnel. Il est l'équivalent du passé du subjonctif et indique une action qui se déroule *avant* l'action de la proposition principale.

> Il était content qu'elle **fût** déjà **passée** par l'église.
>
> Ses contemporains ne pensaient pas qu'il **eût** jamais **étudié** à l'université.

Dans la langue écrite le plus-que-parfait du subjonctif s'emploie aussi quelquefois dans une proposition principale pour remplacer le plus-que-parfait de l'indicatif ou le conditionnel passé. Cet emploi caractérise un style très soigné.

> S'il **eût su** la vérité, il en **fût mort.** (= S'il avait su la vérité, il en *serait mort.*)
>
> Il **eût été** sage d'en parler aux ministres. (= Il *aurait été* sage d'en parler aux ministres.)

Le plus-que-parfait du subjonctif est formé avec l'imparfait du subjonctif de l'auxiliaire (**avoir** ou **être,** selon le cas) + le participe passé du verbe.

parler (auxiliaire = **avoir**)		**venir** (auxiliaire = **être**)	
que j'	eusse parlé	que je	fusse venu(e)
que tu	eusses parlé	que tu	fusses venu(e)
qu'il/elle/on	eût parlé	qu'il/elle/on	fût venu(e)
que nous	eussions parlé	que nous	fussions venu(e)s
que vous	eussiez parlé	que vous	fussiez venu(e)(s)
qu'il/elles	eussent parlé	qu'ils/elles	fussent venu(e)s

Appendice C

Verbes + prépositions

Verbes + infinitif (sans préposition)

adorer
aimer[1]
aimer mieux
aller
avoir beau
compter
croire
désirer
détester
devoir
écouter
entendre
espérer
faire
falloir
se figurer
s'imaginer
laisser
oser
ouïr
penser
pouvoir
préférer
prétendre
regarder
savoir
sembler
sentir
souhaiter[2]
valoir mieux
venir[3]
voir
vouloir

1. *aimer à + infinitif* est aussi correct au contexte littéraire.
2. *souhaiter de + infinitif* est également correct.
3. *venir + infinitif* = arriver pour; *venir de + infinitif* indique une très légère antériorité.

Verbe + de + infinitif

accepter de
accuser de
s'agir de
cesser de
choisir de
commander de
commencer de[4]
se contenter de
conseiller de
continuer de[5]
craindre de
décider de
défendre de
demander de
se dépêcher de
désespérer de (*litt.*)
dire de
s'efforcer de[6]
empêcher de
s'ennuyer de[7]
enrager de
entreprendre de
s'épouvanter de
essayer de
s'étonner de
éviter de
(s')excuser de
se fâcher de
feindre de
(se) féliciter de
se flatter de
finir de
se hâter de
s'indigner de
s'inquiéter de
inspirer de
interdire de
manquer de[8]
menacer de
mériter de
négliger de
obtenir de
s'occuper de[9]
offrir de
ordonner de
oublier de
pardonner de
permettre de
persuader de
se plaindre de
se presser de
prier de
promettre de
proposer de
refuser de
regretter de
se réjouir de
remercier de
se reprocher de
rire de
risquer de
rougir de
se soucier de
souffrir de
souhaiter de[10]
soupçonner de
se souvenir de
suggérer de
tâcher de
tenter de
se vanter de
venir de[11]
s'en vouloir de

---

4. *commencer à + infinitif* est plus commun au style parlé.
5. *continuer à + infinitif* est plus commun au style parlé.
6. *s'efforcer à + infinitif* est également correct.
7. *s'ennuyer à + infinitif* est également correct.
8. *manquer de + infinitif* = courir le risque de; *manquer à + infinitif* = ne pas réussir à
9. *s'occuper de + infinitif* = avoir souci de; *s'occuper à + infinitif* = passer son temps à
10. *souhaiter + infinitif* est également correct.
11. voir note 3, p. 481.

Verbe + à + infinitif

aider à
aimer à (*litt.*)[12]
s'amuser à
apprendre à
s'apprêter à
arriver à
s'attendre à
autoriser à
avoir à
se borner à
chercher à
commencer à[13]
condamner à
conduire à
consentir à
consister à
continuer à[14]
se décider à
s'efforcer à[15]
s'ennuyer à[16]
(s')exciter à
s'habituer à
hésiter à
inviter à
manquer à[17]
obliger à[18]
s'occuper à[19]
parvenir à
persister à
se plaire à
prendre plaisir à
se préparer à
renoncer à
se résigner à
réussir à
suffire à
tendre à
tenir à
viser à

---

12. *aimer + infinitif* s'emploie généralement dans le style parlé.
13. *commencer de + infinitif* est également correct dans un style élégant.
14. *continuer à + infinitif* est également correct dans un style élégant.
15. *s'efforcer de + infinitif* est également correct.
16. *s'ennuyer de + infinitif* est également correct.
17. voir note 8, p. 482.
18. *obliger de + infinitif* est également correct.
19. voir note 9, p. 482.

Appendice D

Les tableaux verbaux suivants incluent tous les temps présentés et utilisés dans ce texte. Le présent de l'indicatif apparaît à toutes les personnes. La première personne du singulier et du pluriel apparaissent pour le présent du subjonctif. Les temps littéraires et les verbes impersonnels apparaissent à la troisième personne du singulier, conformes à leur emploi. Tous les autres temps apparaissent uniquement à la première personne du singulier.

Verbes réguliers

Infinitif Participes	Présent		Passé composé	Imparfait	Plus-que-parfait
parler parlant parlé	je parle tu parles il/elle/on parle	nous parlons vous parlez ils/elles parlent	j'ai parlé	je parlais	j'avais parlé
finir finissant fini	je finis tu finis il /elle/on finit	nous finissons vous finissez ils/elles finissent	j'ai fini	je finissais	j'avais fini
attendre attendant attendu	j'attends tu attends il/elle/on attend	nous attendons vous attendez ils/elles attendent	j'ai attendu	j'attendais	j'avais attendu

Impératif	Futur / Futur antérieur	Conditionnel / Conditionnel passé	Présent du subjonctif / Passé du subjonctif	Temps littéraires: Passé simple / Passé antérieur	Temps littéraires: Imparfait du subjonctif / Plus-que-parfait du subjonctif
parle parlons parlez	je parlerai	je parlerais	que je parle que nous parlions	il parla	qu'il parlât
	j'aurai parlé	j'aurais parlé	que j'aie parlé	il eut parlé	qu'il eût parlé
finis finissons finissez	je finirai	je finirais	que je finisse que nous finissions	il finit	qu'il finît
	j'aurai fini	j'aurais fini	que j'aie fini	il eut fini	qu'il eût fini
attends attendons attendez	j'attendrai	j'attendrais	que j'attende que nous attendions	il attendit	qu'il attendît
	j'aurai attendu	j'aurais attendu	que j'aie attendu	il eut attendu	qu'il eût attendu

Verbes réguliers avec changements orthographiques

Infinitif Participes	Présent		Passé composé	Imparfait	Plus-que-parfait
manger[1] mangeant mangé	je mange tu manges il/elle/on mange	nous mangeons vous mangez ils/elles mangent	j'ai mangé	je mangeais	j'avais mangé
avancer[2] avançant avancé	j'avance tu avances il/elle/on avance	nous avançons vous avancez ils/elles avancent	j'ai avancé	j'avançais	j'avais avancé
employer[3] employant employé	j'emploie tu emploies il/elle/on emploie	nous employons vous employez ils/elles emploient	j'ai employé	j'employais	j'avais employé
céder[4] cédant cédé	je cède tu cèdes il/elle/on cède	nous cédons vous cédez ils/elles cèdent	j'ai cédé	je cédais	j'avais cédé
peser[5] pesant pesé	je pèse tu pèses il/elle/on pèse	nous pesons vous pesez ils/elles pèsent	j'ai pesé	je pesais	j'avais pesé
appeler[6] appelant appelé	j'appelle tu appelles il/elle/on appelle	nous appelons vous appelez ils/elles appellent	j'ai appelé	j'appelais	j'avais appelé

1. Tous les verbes terminés par **-ger** se conjuguent comme **manger.**
2. Tous les verbes terminés par **-cer** se conjuguent comme **avancer.**
3. Tous les verbes terminés par **-yer (-ayer, -oyer, -uyer)** se conjuguent comme **employer,** sauf **envoyer** et **renvoyer** (voir le tableau des verbes irréguliers ci-dessous).
4. Tous les verbes terminés par **é + [consonne] + er (-écher, -éder, -éger, -éler, -érer, -êter)** se conjuguent comme **céder.**
5. Tous les verbes terminés par **e + [consonne] + er (-ecer, -eler, -emer, -ener, -eser, -eter, -ever)** se conjuguent comme **peser** sauf les verbes dérivés d'**appeler** ou de **jeter** (voir ci-dessous).
6. Tous les verbes dérivés d'**appeler** ou de **jeter** se conjuguent comme **appeler.**

Impératif	Futur / Futur antérieur	Conditionnel / Conditionnel passé	Présent du subjonctif / Passé du subjonctif	Temps littéraires: Passé simple / Passé antérieur	Temps littéraires: Imparfait du subjonctif / Plus-que-parfait du subjonctif
mange mangeons mangez	je mangerai	je mangerais	que je mange que nous mangions	il mangea	qu'il mangeât
	j'aurai mangé	j'aurais mangé	que j'aie mangé	il eut mangé	qu'il eût mangé
avance avançons avancez	j'avancerai	j'avancerais	que j'avance que nous avancions	il avança	qu'il avançât
	j'aurai avancé	j'aurais avancé	que j'aie avancé	il eut avancé	qu'il eût avancé
emploie employons employez	j'emploierai	j'emploierais	que j'emploie que nous employions	il employa	qu'il employât
	j'aurai employé	j'aurais employé	que j'aie employé	il eut employé	qu'il eût employé
cède cédons cédez	je céderai	je céderais	que je cède que nous cédions	il céda	qu'il cédât
	j'aurai cédé	j'aurais cédé	que j'aie cédé	il eut cédé	qu'il eût cédé
pèse pesons pesez	je pèserai	je pèserais	que je pèse que nous pesions	il pesa	qu'il pesât
	j'aurai pesé	j'aurais pesé	que j'aie pesé	il eut pesé	qu'il eût pesé
appelle appelons appelez	j'appellerai	j'appellerais	que j'appelle que nous appelions	il appela	qu'il appelât
	j'aurai appelé	j'aurais appelé	que j'aie appelé	il eut appelé	qu'il eût appelé

Verbes irréguliers

Ce tableau contient tous les verbes irréguliers qui se retrouvent dans le texte sauf ceux qui sont formés par les préfixes **com-, dé-, dés-, entre-, inter-, par-, pré-, pro- r-, re-, sou-** et **sur-** plus un verbe déjà dans le tableau. Les verbes n'apparaissent pas à la forme pronominale sauf quand c'est la seule forme utilisée dans le texte. Les verbes défectifs (ceux qui s'emploient uniquement à certains temps et à certaines personnes) sont omis ainsi que les verbes qui appartiennent au français hautement spécialisé (c'est-à-dire, dans les contextes légaux, techniques ou scientifiques).

Pour la conjugaison des verbes irréguliers en tête du tableau, consultez les verbes conjugués de la même manière aux numéros indiqués. Les verbes précédés d'un astérisque se conjuguent avec l'auxiliaire **être**. Naturellement, tout verbe dans le tableau, employé à forme pronominale, devra utiliser l'auxiliaire **être** aux temps composés.

	Infinitif Participes présent passé	Présent		Passé Composé	Imparfait	Plus-que-parfait
1	**acquérir** acquérant acquis	j'acquiers tu acquiers il/elle/on acquiert	nous acquérons vous acquérez ils/elles acquièrent	j'ai acquis	j'acquérais	j'avais acquis
2	**aller** allant allé	je vais tu vas il/elle/on va	nous allons vous allez ils/elles vont	je suis allé(e)	j'allais	j'étais allé(e)
3a	**s'asseoir** (1re conjugaison) s'asseyant assis	je m'assieds tu t'assieds il/elle/on s'assied	nous nous asseyons vous vous asseyez ils/elles s'asseyent	je me suis assis(e)	je m'asseyais	je m'étais assis(e)
3b	**s'asseoir** (2e conjugaison) s'assoyant assis	je m'assois tu t'assois il/elle/on s'assoit	nous nous assoyons vous vous assoyez ils/elles s'assoient	je me suis assis(e)	je m'assoyais	je m'étais assis(e)
4	**avoir** ayant eu	j'ai tu as il/elle/on a	nous avons vous avez ils/elles ont	j'ai eu	j'avais	j'avais eu

abattre 5
*s'abstenir 46
accourir 11[7]
accroître 14
accueillir 15
admettre 27
apercevoir 37
*apparaître 9[7]
appartenir 46
apprendre 36
atteindre 12
ceindre 12
compromettre 27
concevoir 37
conquérir 1
construire 8
contredire 18
convaincre 44
couvrir 30
cuire 8
décrire 19
déduire 8
détruire 8
*devenir 46
disparaître 9
dormir 31
élire 26
émettre 27
*s'endormir 31
*s'enfuir 25
équivaloir 45
éteindre 12
étreindre 12
feindre 12
instruire 8
joindre 12
maintenir 46
mentir 31
offrir 30
omettre 27
paraître 9
peindre 12
percevoir 37
permettre 27
plaindre 12
poursuivre 43
pressentir 31
produire 8
proscrire 19
réduire 8
reluire 8
ressentir 31
*ressortir 31
satisfaire 23
séduire 8
sentir 31
servir 31
*sortir 31
souffrir 30
sourire 39
*se souvenir 46
*se taire 32
tenir 46
traduire 8

Impératif	Futur	Conditionnel	Présent du subjonctif	Passé simple (Temps littéraires)	Imparfait du subjonctif (Temps littéraires)
	Futur antérieur	**Conditionnel passé**	**Passé du subjonctif**	**Passé antérieur**	**Plus-que-parfait du subjonctif**
acquiers acquérons acquérez	j'acquerrai	j'acquerrais	que j'acquière que nous acquérions	il acquit	qu'il acquît
	j'aurai acquis	j'aurais acquis	que j'aie acquis	il eut acquis	qu'il eût acquis
va allons allez	j'irai	j'irais	que j'aille que nous allions	il alla	qu'il allât
	je serai allé(e)	je serais allé(e)	que je sois allé(e)	il fut allé	qu'il fût allé
assieds-toi asseyons-nous asseyez-vous	je m'assiérai	je m'assiérais	que je m'asseye que nous nous asseyions	il s'assit	qu'il s'assît
	je me serai assis(e)	je me serais assis(e)	que je me sois assis(e)	il se fut assis	qu'il se fût assis
assois-toi assoyons-nous assoyez-vous	je m'assoirai	je m'assoirais	que je m'assoie que nous nous assoyions	il s'assit	qu'il s'assît
	je me serai assis(e)	je me serais assis(e)	que je me sois assis(e)	il se fut assis	qu'il se fût assis
aie ayons ayez	j'aurai	j'aurais	que j'aie que nous ayons	il eut	qu'il eût
	j'aurai eu	j'aurais eu	que j'aie eu	il eut eu	qu'il eût eu

7. **Accourir** et **apparaître** se conjuguent soit avec **avoir** soit avec **être**.

	Infinitif Participes présent passé	Présent		Passé Composé	Imparfait	Plus-que-parfait
5	**battre** battant battu	je bats tu bats il/elle/on bat	nous battons vous battez ils/elles battent	j'ai battu	je battais	j'avais battu
6	**boire** buvant bu	je bois tu bois il/elle/on boit	nous buvons vous buvez ils/elles boivent	j'ai bu	je buvais	j'avais bu
7	**conclure** concluant conclu	je conclus tu conclus il/elle/on conclut	nous concluons vous concluez ils/elles concluent	j'ai conclu	je concluais	j'avais conclu
8	**conduire** conduisant conduit[8]	je conduis tu conduis il/elle/on conduit	nous conduisons vous conduisez ils/elles conduisent	j'ai conduit	je conduisais	j'avais conduit
9	**connaître** connaissant connu	je connais tu connais il/elle/on connaît	nous connaissons vous connaissez ils/elles connaissent	j'ai connu	je connaissais	j'avais connu
10	**coudre** cousant cousu	je couds tu couds il/elle/on coud	nous cousons vous cousez ils/elles cousent	j'ai cousu	je cousais	j'avais cousu
11	**courir** courant couru	je cours tu cours il/elle/on court	nous courons vous courez ils/elles courent	j'ai couru	je courais	j'avais couru
12	**craindre** craignant craint	je crains tu crains il/elle/on craint	nous craignons vous craignez ils/elles craignent	j'ai craint	je craignais	j'avais craint
13	**croire** croyant cru	je crois tu crois il/elle/on croit	nous croyons vous croyez ils/elles croient	j'ai cru	je croyais	j'avais cru
14	**croître** croissant crû[9] (crue, crus, crues)	je croîs tu croîs il/elle/on croît	nous croissons vous croissez ils/elles croissent	j'ai crû	je croissais	j'avais crû

8. *Mais:* reluire → relui (*sans -t*)
9. *Mais:* accroître → accru (*sans accent circonflexe*)

Temps littéraires

Impératif	Futur	Conditionnel	Présent du subjonctif	Passé simple	Imparfait du subjonctif
	Futur antérieur	**Conditionnel passé**	**Passé du subjonctif**	**Passé antérieur**	**Plus-que-parfait du subjonctif**
bats battons battez	je battrai	je battrais	que je batte que nous battions	il battit	qu'il battît
	j'aurai battu	j'aurais battu	que j'aie battu	il eut battu	qu'il eût battu
bois buvons buvez	je boirai	je boirais	que je boive que nous buvions	il but	qu'il bût
	j'aurai bu	j'aurais bu	que j'aie bu	il eut bu	qu'il eût bu
conclus concluons concluez	je conclurai	je conclurais	que je conclue que nous concluions	il conclut	qu'il conclût
	j'aurai conclu	j'aurais conclu	que j'aie conclu	il eut conclu	qu'il eût conclu
conduis conduisons conduisez	je conduirai	je conduirais	que je conduise que nous conduisions	il conduisit	qu'il conduisît
	j'aurai conduit	j'aurais conduit	que j'aie conduit	il eut conduit	qu'il eût conduit
connais connaissons connaissez	je connaîtrai	je connaîtrais	que je connaisse que nous connaissions	il connut	qu'il connût
	j'aurai connu	j'aurais connu	que j'aie connu	il eut connu	qu'il eût connu
couds cousons cousez	je coudrai	je coudrais	que je couse que nous cousions	il cousit	qu'il cousît
	j'aurai cousu	j'aurais cousu	que j'aie cousu	il eut cousu	qu'il eût cousu
cours courons courez	je courrai	je courrais	que je coure que nous courions	il courut	qu'il courût
	j'aurai couru	j'aurais couru	que j'aie couru	il eut couru	qu'il eût couru
crains craignons craignez	je craindrai	je craindrais	que je craigne que nous craignions	il craignit	qu'il craignît
	j'aurai craint	j'aurais craint	que j'aie craint	il eut craint	qu'il eût craint
crois croyons croyez	je croirai	je croirais	que je croie que nous croyions	il crut	qu'il crût
	j'aurai cru	j'aurais cru	que j'aie cru	il eut cru	qu'il eût cru
croîs croissons croissez	je croîtrai	je croîtrais	que je croisse que nous croissions	il crût[10]	qu'il crût
	j'aurai crû	j'aurais crû	que j'aie crû	il eut crû	qu'il eût crû

10. *Mais:* accroître → il accrut (*sans accent circonflexe*)

	Infinitif Participes présent passé	Présent		Passé Composé	Imparfait	Plus-que-parfait
15	**cueillir** cueillant cueilli	je cueille tu cueilles il/elle/on cueille	nous cueillons vous cueillez ils/elles cueillent	j'ai cueilli	je cueillais	j'avais cueilli
16	**se dévêtir** se dévêtant dévêtu	je me dévêts tu te dévêts il/elle/on se devêt	nous nous dévêtons vous vous dévêtez ils/elles se dévêtent	je me suis dévêtu(e)	je me dévêtais	je m'étais dévêtu(e)
17	**devoir** devant dû (due, dus, dues)	je dois tu dois il/elle/on doit	nous devons vous devez ils/elles doivent	j'ai dû	je devais	j'avais dû
18	**dire** disant dit	je dis tu dis il/elle/on dit	nous disons vous dites[11] ils/elles disent	j'ai dit	je disais	j'avais dit
19	**écrire** écrivant écrit	j'écris tu écris il/elle/on écrit	nous écrivons vous écrivez ils/elles écrivent	j'ai écrit	j'écrivais	j'avais écrit
20	**émouvoir** émouvant ému	j'émeus tu émeus il/elle/on émeut	nous émouvons vous émouvez ils/elles émeuvent	j'ai ému	j'émouvais	j'avais ému
21	**envoyer** envoyant envoyé	j'envoie tu envoies il/elle/on envoie	nous envoyons vous envoyez ils/elles envoient	j'ai envoyé	j'envoyais	j'avais envoyé
22	**être** étant été	je suis tu es il/elle/on est	nous sommes vous êtes ils/elles sont	j'ai été	j'étais	j'avais été
23	**faire** faisant fait	je fais tu fais il/elle/on fait	nous faisons vous faites ils/elles font	j'ai fait	je faisais	j'avais fait
24	**falloir** fallu (*inv.*)	il faut		il a fallu	il fallait	il avait fallu

11. *Mais:* contredire, interdire, prédire → vous contredisez, vous interdisez, vous prédisez (redire → vous redites)

Temps littéraires

Impératif	Futur / Futur antérieur	Conditionnel / Conditionnel passé	Présent du subjonctif / Passé du subjonctif	Passé simple / Passé antérieur	Imparfait du subjonctif / Plus-que-parfait du subjonctif
cueille cueillons cueillez	je cueillerai	je cueillerais	que je cueille que nous cueillions	il cueillit	qu'il cueillît
	j'aurai cueilli	j'aurais cueilli	que j'aie cueilli	il eut cueilli	qu'il eût cueilli
dévêts-toi dévêtons-nous dévêtez-vous	je me dévêtirai	je me dévêtirais	que je me dévête que nous nous dévêtions	il se dévêtit	qu'il se dévêtît
	je me serai dévêtu(e)	je me serais dévêtu(e)	que je me sois dévêtu(e)	il se fut dévêtu	qu'il se fût dévêtu
dois devons devez	je devrai	je devrais	que je doive que nous devions	il dut	qu'il dût
	j'aurai dû	j'aurais dû	que j'aie dû	il eut dû	qu'il eût dû
dis disons dites	je dirai	je dirais	que je dise que nous disions	il dit	qu'il dît
	j'aurai dit	j'aurais dit	que j'aie dit	il eut dit	qu'il eût dit
écris écrivons écrivez	j'écrirai	j'écrirais	que j'écrive que nous écrivions	il écrivit	qu'il écrivît
	j'aurai écrit	j'aurais écrit	que j'aie écrit	il eut écrit	qu'il eût écrit
émeus émouvons émouvez	j'émouvrai	j'émouvrais	que j'émeuve que nous émouvions	il émut	qu'il émût
	j'aurai ému	j'aurais ému	que j'aie ému	il eut ému	qu'il eût ému
envoie envoyons envoyez	j'enverrai	j'enverrais	que j'envoie que nous envoyions	il envoya	qu'il envoyât
	j'aurai envoyé	j'aurais envoyé	que j'aie envoyé	il eut envoyé	qu'il eût envoyé
sois soyons soyez	je serai	je serais	que je sois que nous soyons	il fut	qu'il fût
	j'aurai été	j'aurais été	que j'aie été	il eut été	qu'il eût été
fais faisons faites	je ferai	je ferais	que je fasse que nous fassions	il fit	qu'il fît
	j'aurai fait	j'aurais fait	que j'aie fait	il eut fait	qu'il eût fait
—— —— ——	il faudra	il faudrait	qu'il faille	il fallut	qu'il fallût
	il aura fallu	il aurait fallu	qu'il ait fallu	il eut fallu	qu'il eût fallu

	Infinitif Participes présent passé	Présent		Passé Composé	Imparfait	Plus-que-parfait
25	**fuir** fuyant fui	je fuis tu fuis il/elle/on fuit	nous fuyons vous fuyez ils/elles fuient	j'ai fui	je fuyais	j'avais fui
26	**lire** lisant lu	je lis tu lis il/elle/on lit	nous lisons vous lisez ils/elles lisent	j'ai lu	je lisais	j'avais lu
27	**mettre** mettant mis	je mets tu mets il/elle/on met	nous mettons vous mettez ils/elles mettent	j'ai mis	je mettais	j'avais mis
28	**mourir** mourant mort	je meurs tu meurs il/elle/on meurt	nous mourons vous mourez ils/elles meurent	je suis mort(e)	je mourais	j'étais mort(e)
29	**naître** naissant né	je nais tu nais il/elle/on naît	nous naissons vous naissez ils/elles naissent	je suis né(e)	je naissais	j'étais né(e)
30	**ouvrir** ouvrant ouvert	j' ouvre tu ouvres il/elle/on ouvre	nous ouvrons vous ouvrez ils/elles ouvrent	j'ai ouvert	j'ouvrais	j'avais ouvert
31	**partir**[12] partant parti	je pars tu pars il/elle/on part	nous partons vous partez ils/elles partent	je suis parti(e)	je partais	j'étais parti(e)
32	**plaire** plaisant plu	je plais tu plais il/elle/on plaît[13]	nous plaisons vous plaisez ils/elles plaisent	j'ai plu	je plaisais	j'avais plu
33	**pleuvoir** pleuvant plu (*inv.*)	il pleut		il a plu	il pleuvait	il avait plu

12. **Servir, dormir, mentir, sentir** et **pressentir** se conjuguent avec **avoir** aux temps composés. **Sortir, ressortir** et **s'endormir** se conjuguent avec **être**.
13. *Mais:* taire → il/elle/on se tait (*sans accent circonflexe*)

Temps littéraires

Impératif	Futur / Futur antérieur	Conditionnel / Conditionnel passé	Présent du subjonctif / Passé du subjonctif	Passé simple / Passé antérieur	Imparfait du subjonctif / Plus-que-parfait du subjonctif
fuis fuyons fuyez	je fuirai	je fuirais	que je fuie que nous fuyions	il fuit	qu'il fuît
	j'aurai fui	j'aurais fui	que j'aie fui	il eut fui	qu'il eût fui
lis lisons lisez	je lirai	je lirais	que je lise que nous lisions	il lut	qu'il lût
	j'aurai lu	j'aurais lu	que j'aie lu	il eut lu	qu'il eût lu
mets mettons mettez	je mettrai	je mettrais	que je mette que nous mettions	il mit	qu'il mît
	j'aurai mis	j'aurais mis	que j'aie mis	il eut mis	qu'il eût mis
meurs mourons mourez	je mourrai	je mourrais	que je meure que nous mourions	il mourut	qu'il mourût
	je serai mort(e)	je serais mort(e)	que je sois mort(e)	il fut mort	qu'il fût mort
nais naissons naissez	je naîtrai	je naîtrais	que je naisse que nous naissions	il naquit	qu'il naquît
	je serai né(e)	je serais né(e)	que je sois né(e)	il fut né	qu'il fût né
ouvre ouvrons ouvrez	j'ouvrirai	j'ouvrirais	que j'ouvre que nous ouvrions	il ouvrit	qu'il ouvrît
	j'aurai ouvert	j'aurais ouvert	que j'aie ouvert	il eut ouvert	qu'il eût ouvert
pars partons partez	je partirai	je partirais	que je parte que nous partions	il partit	qu'il partît
	je serai parti(e)	je serais parti(e)	que je sois parti(e)	il fut parti	qu'il fût parti
plais plaisons plaisez	je plairai	je plairais	que je plaise que nous plaisions	il plut	qu'il plût
	j'aurai plu	j'aurais plu	que j'aie plu	il eut plu	qu'il eût plu
— — —	il pleuvra	il pleuvrait	qu'il pleuve	il plut	qu'il plût
	il aura plu	il aurait plu	qu'il ait plu	il eut plu	qu'il eût plu

	Infinitif Participes présent passé	Présent		Passé Composé	Imparfait	Plus-que-parfait
34	**pourvoir** pourvoyant pourvu	je pourvois tu pourvois il/elle/on pourvoit	nous pourvoyons vous pourvoyez ils/elles pourvoient	j'ai pourvu	je pourvoyais	j'avais pourvu
35	**pouvoir** pouvant pu (*inv.*)	je peux (puis)[14] tu peux il/elle/on peut	nous pouvons vous pouvez ils/elles peuvent	j'ai pu	je pouvais	j'avais pu
36	**prendre** prenant pris	je prends tu prends il/elle/on prend	nous prenons vous prenez ils/elles prennent	j'ai pris	je prenais	j'avais pris
37	**recevoir** recevant reçu	je reçois tu reçois il/elle/on reçoit	nous recevons vous recevez ils/elles reçoivent	j'ai reçu	je recevais	j'avais reçu
38	**résoudre** résolvant résolu	je résous tu résous il/elle/on résout	nous résolvons vous résolvez ils/elles résolvent	j'ai résolu	je résolvais	j'avais résolu
39	**rire** riant ri (*inv.*)	je ris tu ris il/elle/on rit	nous rions vous riez ils/elles rient	j'ai ri	je riais	j'avais ri
40	**rompre** rompant rompu	je romps tu romps il/elle/on rompt	nous rompons vous rompez ils/elles rompent	j'ai rompu	je rompais	j'avais rompu
41	**savoir** sachant su	je sais tu sais il/elle/on sait	nous savons vous savez ils/elles savent	j'ai su	je savais	j'avais su
42	**suffire** suffisant suffi (*inv.*)	je suffis tu suffis il/elle/on suffit	nous suffisons vous suffisez ils/elles suffisent	j'ai suffi	je suffisais	j'avais suffi
43	**suivre** suivant suivi	je suis tu suis il/elle/on suit	nous suivons vous suivez ils/elles suivent	j'ai suivi	je suivais	j'avais suivi

14. La forme interrogative est toujours **puis-je**.

				Temps littéraires	
Impératif	**Futur**	**Conditionnel**	**Présent du subjonctif**	**Passé simple**	**Imparfait du subjonctif**
	Futur antérieur	**Conditionnel passé**	**Passé du subjonctif**	**Passé antérieur**	**Plus-que-parfait du subjonctif**
pourvois pourvoyons pourvoyez	je pourvoirai	je pourvoirais	que je pourvoie que nous pourvoyions	il pourvut	qu'il pourvût
	j'aurai pourvu	j'aurais pourvu	que j'aie pourvu	il eut pourvu	qu'il eût pourvu
—— —— ——	je pourrai	je pourrais	que je puisse que nous puissions	il put	qu'il pût
	j'aurai pu	j'aurais pu	que j'aie pu	il eut pu	qu'il eût pu
prends prenons prenez	je prendrai	je prendrais	que je prenne que nous prenions	il prit	qu'il prît
	j'aurai pris	j'aurais pris	que j'aie pris	il eut pris	qu'il eût pris
reçois recevons recevez	je recevrai	je recevrais	que je reçoive que nous recevions	il reçut	qu'il reçût
	j'aurai reçu	j'aurais reçu	que j'aie reçu	il eut reçu	qu'il eût reçu
résous résolvons résolvez	je résoudrai	je résoudrais	que je résolve que nous résolvions	il résolut	qu'il résolût
	j'aurai résolu	j'aurais résolu	que j'aie résolu	il eut résolu	qu'il eût résolu
ris rions riez	je rirai	je rirais	que je rie que nous riions	il rit	qu'il rît
	j'aurai ri	j'aurais ri	que j'aie ri	il eut ri	qu'il eût ri
romps rompons rompez	je romprai	je romprais	que je rompe que nous rompions	il rompit	qu'il rompît
	j'aurai rompu	j'aurais rompu	que j'aie rompu	il eut rompu	qu'il eût rompu
sache sachons sachez	je saurai	je saurais	que je sache que nous sachions	il sut	qu'il sût
	j'aurai su	j'aurais su	que j'aie su	il eut su	qu'il eût su
suffis suffisons suffisez	je suffirai	je suffirais	que je suffise que nous suffisions	il suffit	qu'il suffît
	j'aurai suffi	j'aurais suffi	que j'aie suffi	il eut suffi	qu'il eût suffi
suis suivons suivez	je suivrai	je suivrais	que je suive que nous suivions	il suivit	qu'il suivît
	j'aurai suivi	j'aurais suivi	que j'aie suivi	il eut suivi	qu'il eût suivi

	Infinitif Participes présent passé	Présent		Passé Composé	Imparfait	Plus-que-parfait
44	**vaincre** vainquant vaincu	je vaincs tu vaincs il/elle/on vainc	nous vainquons vous vainquez ils/elles vainquent	j'ai vaincu	je vainquais	j'avais vaincu
45	**valoir** valant valu	je vaux tu vaux il/elle/on vaut	nous valons vous valez ils/elles valent	j'ai valu	je valais	j'avais valu
46	**venir**[15] venant venu	je viens tu viens il/elle/on vient	nous venons vous venez ils/elles viennent	je suis venu(e)	je venais	j'étais venu(e)
47	**vivre** vivant vécu	je vis tu vis il/elle/on vit	nous vivons vous vivez ils/elles vivent	j'ai vécu	je vivais	j'avais vécu
48	**voir** voyant vu	je vois tu vois il/elle/on voit	nous voyons vous voyez ils/elles voient	j'ai vu	je voyais	j'avais vu
49	**vouloir** voulant voulu	je veux tu veux il/elle/on veut	nous voulons vous voulez ils/elles veulent	j'ai voulu	je voulais	j'avais voulu

15. **Venir** et ses dérivés (sauf **convenir** et **prévenir**) se conjuguent avec **être** aux temps composés. **Tenir** et tous ses dérivés se conjuguent avec **avoir** aux temps composés.

Impératif	Futur / Futur antérieur	Conditionnel / Conditionnel passé	Présent du subjonctif / Passé du subjonctif	Temps littéraires: Passé simple / Passé antérieur	Temps littéraires: Imparfait du subjonctif / Plus-que-parfait du subjonctif
vaincs vainquons vainquez	je vaincrai	je vaincrais	que je vainque que nous vainquions	il vainquit	qu'il vainquît
	j'aurai vaincu	j'aurais vaincu	que j'aie vaincu	il eut vaincu	qu'il eût vaincu
vaux valons valez	je vaudrai	je vaudrais	que je vaille[16] que nous valions	il valut	qu'il valût
	j'aurai valu	j'aurais valu	que j'aie valu	il eut valu	qu'il eût valu
viens venons venez	je viendrai	je viendrais	que je vienne que nous venions	il vint	qu'il vînt
	je serai venu(e)	je serais venu(e)	que je sois venu(e)	il fut venu	qu'il fût venu
vis vivons vivez	je vivrai	je vivrais	que je vive que nous vivions	il vécut	qu'il vécût
	j'aurai vécu	j'aurais vécu	que j'aie vécu	il eut vécu	qu'il eût vécu
vois voyons voyez	je verrai[17]	je verrais[18]	que je voie que nous voyions	il vit	qu'il vît
	j'aurai vu	j'aurais vu	que j'aie vu	il eut vu	qu'il eût vu
veuille veuillons veuillez	je voudrai	je voudrais	que je veuille que nous voulions	il voulut	qu'il voulût
	j'aurai voulu	j'aurais voulu	que j'aie voulu	il eut voulu	qu'il eût voulu

16. *Mais:* prévaloir → que je prévale
17. *Mais:* prévoir → je prévoirai
18. *Mais:* prévoir → je prévoirais

Glossary of French Grammatical Terms

accord (*agreement*): correspondence in gender, number, or person between words (**elle est** content**e**, **ils sont** content**s**, c'est **moi qui suis** en retard). Verbs agree with their subjects (je **suis**, tu **es**), adjectives usually agree with the nouns or pronouns they modify (la table rond**e**, elle est **belle**), articles and other determiners agree with their nouns (**des** élèves, **cette** liste), and past participles agree in some cases with their subjects (nous sommes allé**s**) and with preceding direct objects (les femmes que j'ai vu**es**). *See also* **genre; nombre**

adjectif (*adjective*): a word that modifies (describes, limits, specifies) a noun or a pronoun.

- **adjectif qualificatif** (*descriptive adjective*): an adjective that normally indicates qualities (**beau**, **rond**).
- **adjectif démonstratif** (*demonstrative adjective*): an adjective that points out ("demonstrates") the noun it modifies (**ce** livre, **cet** homme, **cette** stéréo, **ces** menottes).
- **adjectif possessif** (*possessive adjective*): an adjective that indicates the possessor of the noun it modifies (**mon** stylo, **ta** bicyclette, **ses** doigts).
- **adjectif interrogatif** (*interrogative adjective*): an adjective used to ask a question about the noun it modifies (**Quelle** date? **Quels** garçons?).
- **adjectif verbal** (*verbal adjective*). *See* **participe présent**

adverbe (*adverb*): a word that modifies either a verb (parlez **doucement**), an adjective (**très** enthousiaste), or another adverb (**énormément** bien).

- **adverbe interrogatif** (*interrogative adverb*): an adverb used to ask a question about the sentence in which it appears (**Où** vas-tu? **Pourquoi** ne m'a-t-on pas répondu?).
- **adverbe de manière** (*adverb of manner*): an adverb used to tell *how* something is done (Il a joué **délicatement**; Nous prononçons **bien** le français).
- **adverbe de temps** (*adverb of time*): an adverb that tells *when* something was done (Il est arrivé **hier**; Il partira **le lendemain**).

antécédent (*antecedent*): the word or words that a pronoun represents (**La femme** *qui* est à la porte est ma sœur; **Il n'est jamais là**, *ce qui* me gêne; Puisque

Marcel m'adore, *il* m'envoie toujours des fleurs.). The antecedent precedes the pronoun that replaces it.

apposition (*apposition*): (1) a construction in which the second of two contiguous clauses or terms defines the first (Louis XIV, **roi de France**, a dit: «L'état, c'est moi.»); (2) a construction in which an adjective set off by a comma stands for a whole clause (**Terrifiée**, la petite fille a cherché sa mère).

article (*article*): a word used to signal and specify a noun as to its gender and number and whether it is general or particular.

- **article défini** (*definite article*): an article used to designate specific nouns (Je prends **le** livre qui est sur **la** table) and nouns used as general categories (**La** vie est dure).
- **article indéfini** (*indefinite article*): an article that designates an unspecified noun or nouns (Vous apporterez **des** crayons et **un** stylo).
- **article partitif** (*partitive article*): an article indicating that the noun it designates is a part of a larger whole (Je voudrais **du** gâteau).

auxiliaire (*auxiliary*). *See* **verbe auxiliaire; verbe composé**

complément (*complement*): a word or words added, usually to complete the verb, such as an adverb, an adverbial phrase, an objet, etc. (Viens **vite**; Nous allons **chez vous**; Il voit **la lune**). *See also* **objet direct; objet indirect**

conditionnel (*conditional*). *See* **mode**

conjugaison (*conjugation*): the form of a verb that reflects person, number, and tense through a combination of its stem (*radical*) and its ending (je *parl***e**, tu *parl***es**, il *parl***e**, nous *parl***ons**, vous *parl***ez**, ils *parl***ent**). *See also* **radical**

conjonction (*conjunction*): a word or expression that joins words, groups of words, or whole clauses.

- **conjonction de coordination** (*coordinating conjunction*): a conjunction that joins two identically constructed grammatical elements (Pierre **et** moi; Je l'ai vu **mais** je ne l'ai pas cru; Elle ne danse **ni** ne chante).
- **conjonction de subordination** (*subordinate conjunction*): a conjunction that introduces a dependent clause (Je ne l'aime pas **bien qu'**il soit riche; **Quand** elle pense à son enfant, elle pleure).

contraction (*contraction*): a word that is formed by fusing two other words (*de* + *le* = **du**; *à* + *lesquels* = **auxquels**).

déclaratif (*declarative*): term used to designate a clause or sentence making a statement as opposed to one asking a question (**Alice part pour Nice**). *See also* **interrogatif**

démonstratif (*démonstratif*). *See* **adjectif démonstratif**; **pronom démonstratif**

disjoint (*disjunctive*). *See* **Appendix A**

expression idiomatique (*idiomatic expression*): An expression peculiar to a given language that cannot necessarily be understood by a word-for-word translation. Idiomatic expressions may be clichés (Elle est **bête comme ses pieds**), proverbs (**tel père, tel fils**), grammatical structures (**Il y a** une maison là-bas;

Il a beau travailler; **Il fait beau**), or fixed expressions (**comme ça; du pareil au même; de plus en plus**).

expression impersonnelle (*impersonal expression*): a verbal expression whose subject can never be a person but only the impersonal subject pronoun *il* (**il** faut, **il** s'agit, **il** vaut mieux que).

genre (*gender*): term used to designate whether a noun, pronoun, or adjective is masculine or feminine. Gender is applied in French to all nouns, whether persons, things, or ideas (**le** boulanger, **le** monde, **le** féminisme; **la** boulangère, **la** terre, **la** masculinité).

***h* aspiré** (*aspirated h*): although the so-called aspirated *h* is not pronounced in modern French, all choices of modifiers to precede a word beginning with an aspirated *h* are made as if the word began with a consonant (**ce** héros, **la** honte, **je** hais). Liaison and elision never occur with a word beginning with an aspirated *h* (les/haricots verts, nous/haïssons, une/haute cuisine).

***h* muet** (*mute h*): all choices of modifiers for a word beginning with a mute *h* are made as if the word began with a vowel (**l'**homme, **cet** hôtel). Liaison and elision occur when appropriate (deux habitants, les héroïnes, une longue histoire).

impératif (*imperative*). *See* **mode**

indéfini (*indefinite*). *See* **article indéfini; pronom indéfini**

indicatif (*indicative*). *See* **mode**

infinitif (*infinitive*): the verb form showing only the general meaning of the verb without reflecting person, tense, or number (**parler, finir, descendre**).

interrogatif (*interrogative*): a word or sentence construction that asks a question (**Alice part-elle pour Nice? Où** va Alice? **Quel** train prend-elle?). *See also* **adjectif interrogatif; adverbe interrogatif; pronom interrogatif**

intransitif (*intransitive*). *See* **verbe intransitif**

invariable (*invariable*): term used to designate words that do not change in form to follow rules of agreement (les cheveux **marron**, des **porte-parole**).

inversion (*inversion*): a situation in which the normal declarative order is reversed so that the verb precedes the pronoun subject (**Parlez-vous** français? **Est-ce** vrai?) and in some cases the noun subject (Comment **va Suzanne**?).

mode (*mood*): a set of verb forms that theoretically indicate attitude toward the statement being made. The *indicative* mood generally relates facts or supplies information (Paris **est** en France); the *subjunctive* mood often indicates the emotional or subjective nature of a statement (Je doute qu'il **puisse** venir); the *imperative* mood articulates commands (**Venez** ici!); the *conditional* mood indicates the supposed result of a hypothetical situation (Si c'était mon anniversaire, j'**irais** dîner au restaurant L'Étoile).

nom (*noun*): a word designating a person, place, thing, or idea (**Marie, Marseille,** un **crayon,** la **frustration**).

nombre (*number*): term used to indicate whether a noun, pronoun, adjective, or verb is singular or plural.

objet direct or **complément d'objet direct** (*direct object*): a noun or pronoun that receives the action of a transitive verb (J'ai écrit **une lettre**). *See also* **verbe transitif**

objet indirect or **complément d'objet indirect** (*indirect object*): usually a person (or persons) toward whom or for whom an action is taken (J'ai écrit une lettre **à Julie**). A thing or idea may also be an indirect object (Il contribue **à la discussion**). The indirect object is indicated by **à**+noun. Persons may also be indicated by an indirect object pronoun (Je **lui** ai écrit une lettre) and things or ideas by **y** (Il **y** contribue).[1]

participe passé (*past participle*): form of a verb used with an auxiliary to form compound tenses (Nous avons **attendu**). It can also be used as an adjective (La mère **fatiguée** s'endort).

participe présent (*present participle*): form of a verb used to indicate simultaneity of action with the principal verb of the sentence (L'homme **fumant** une pipe attend ici depuis une heure). The present participle is often combined with **en** to form an adverb of manner (Michel est parti **en courant**). It can also function as a verbal adjective (Voilà une chaise **roulante**).

partitif (*partitive*). *See* **article partitif**

personne (*person*): Verbs and pronouns are designated as being in the singular or plural of one of three persons: *first* (**je**, **nous**), *second* (**tu**, **vous**), or *third* (**il**, **elle**, **on**, **ils**, **elles**, etc.).

phrase (*sentence*): a complete thought articulated in one or more clauses, containing at least a subject (implicit or explicit) and a verb (**Je ris.**; **C'était une bonne femme, bonne épouse aussi longtemps que l'époux avait semblé bon homme.**).

possessif (*possessive*). *See* **adjectif possessif; pronom possessif**

préposition (*preposition*): a word preceding a noun or pronoun to indicate position, direction, or time relative to another word in the sentence (Le bureau est **devant** moi; Nous allons **jusqu'à** Lyon).

pronom (*pronoun*): a word that substitutes for a noun or noun phrase.

- **pronom personnel** (*personal pronoun*): subject, object, and disjunctive pronouns. *See* **Appendix A**
- **pronom démonstratif** (*demonstrative pronoun*): a pronoun that replaces a noun and points it out (Regardez ces deux portraits. J'aime **celui-ci**, mais pas **celui-là**).
- **pronom possessif** (*possessive pronoun*): a pronoun that replaces a noun and also indicates the possessor of the noun (Cette chaussure est **la mienne**! Mais celles-là sont **les vôtres**). A possessive pronoun is always preceded by a definite article in French.

---

1. Note that French grammarians actually consider as indirect the object of a verb requiring *any* preposition (*Je me souviens* ***de Jean****; Je me souviens* ***de lui****; J'opte* ***pour la nationalité française***).

- **pronom relatif** (*relative pronoun*): a pronoun that refers ("relates") to an antecedent that precedes it. It unifies two independent clauses into a single sentence, making the one introduced by the relative pronoun into a subordinate clause (Je connais la femme **qui** est là; Voici la raison pour **laquelle** j'ai quitté l'Angleterre).
- **pronom réfléchi** (*reflexive pronoun*): a pronoun in a reflexive construction that refers to the subject and acts as either the direct or indirect object (Elle **se** promène; Elle **se** lave les mains; Ils **se** parlent).
- **pronom indéfini** (*indefinite pronoun*): a pronoun that refers to an indefinite or general person(s) or thing(s) (**on, chacun, celui, tout, quelque chose, rien, quelqu'un, personne**).
- **pronom interrogatif** (*interrogative pronoun*): a pronoun that introduces a question (**Qu'est-ce que** vous voulez? **Laquelle** de ces décisions est la meilleure?)

pronominal(-aux). *See* **verbe pronominal**

proposition (*clause*): a group of words containing a subject and a conjugated verb.

- **proposition principale** (*main clause*): a clause representing a complete thought that can stand alone (**Je vous invite** parce que je vous aime).
- **proposition subordonnée** (*dependent* or *subordinate clause*): a clause that acts as a noun, adjective, or adverb in relation to a principal clause and is introduced by a subordinating conjunction. It does not normally stand alone (Je vous invite **parce que je vous aime**).
- **proposition relative** (*relative clause*): a subordinate clause introduced by a relative pronoun (L'homme **que tu vois** est mon cousin).

radical (*verb stem, root*): the part of the verb to which endings are added to indicate person and number (je **parl**e, nous **parl**ons).

réfléchi (*reflexive*). *See* **pronom réfléchi; verbe pronominal**

relatif (*relative*). *See* **pronom relatif; proposition relative**

subjonctif (*subjunctive*). *See* **mode**

sujet (*subject*): the person or thing that performs the action or governs the state of being of the verb (**Marc** arrive; **La neige** tombe; **Nous** sommes tristes).

temps (*tense*): the particular form of a verb that indicates the time frame in which an action takes place: present, past, future, etc. (je **suis parti**, je **pars**, je **partirai**, je **serai parti**).

temps composé. *See* **verbe composé**

transitif (*transitive*). *See* **verbe transitif**

verbe (*verb*): a word indicating the action or condition of the subject (Je **pense**, donc je **suis**).

- **verbe simple** (*simple verb*): a verb consisting of only one word (il **est**, nous **allons**).
- **verbe composé** (*compound verb*): a verb consisting of an auxiliary verb, which is conjugated, and a past participle (il **a fini,** nous **serons arrivés**).

- **verbe auxiliaire** (*auxiliary verb*): a verb used in combination with a past participle to form a compound verb (elle **est** partie, vous **aurez** compris, il **s'était** réveillé). There are two auxiliary verbs in French, **avoir** and **être**.
- **verbe pronominal** (*reflexive verb*): a verb whose subject is also its direct or indirect object (Il **se regarde** dans le miroir; Elle **s'est acheté** un bifteck).
- **verbe intransitif** (*intransitive verb*): a verb that does not take a direct object (elle **part**). *See also* **objet direct**
- **verbe transitif** (*transitive verb*): a verb that takes a direct object (Je **cherche** *mon manteau*). *See also* **objet direct**

Lexique

This *Lexique* does not contain exact or close cognates, nor does it contain words or expressions generally mastered by students at the elementary level. The abbreviations used are the following:

adj. adjectif
adv. adverbe
conj. conjonction
f. nom féminin
fam. familier
hist. historique
indéf. indéfini
inv. invariable
litt. littéraire
m. nom masculin
myth. mythologique
p.p. participe passé
pl. pluriel
poét. poétique
prép. préposition
pron. pronom
vulg. vulgaire
vx. vieux

abaissé, -e lowered
abattoir *m.* slaughterhouse
abattre to strike down, to kill
abdominal *m.* sit-up
abêti, -e dulled, made stupid
abolir to abolish, do away with
abondamment *adv.* abundantly, prolifically
abonder to abound
abonné, -e: être ~ to be a subscriber
abonnement *m.* subscription
abord: au premier ~ at first glance
tout d'~ first of all
aborder to approach; to take up, tackle
aboutir to end up; to lead to
aboyer to bark
abréger to abbreviate, shorten
abroger to rescind, repeal
s'abstenir to refrain, abstain
abus *m.* abuse
accabler to overwhelm
accélérateur *m.* **de particules** particle accelerator, "atom smasher"
accentuation *f.* emphasis, stress
accentuer to emphasize, stress, accentuate
accessoire *adj.* incidental; of secondary importance
accessoire *m.* prop; accessory
accomplir to accomplish, perform
accord *m.* agreement
accorder to grant
s'~ to agree
s'accoter à to lean against
s'accouder to lean on one's elbows
accourir to come running
accrocher to hang up
accroissement *m.* growth
s'accroître to increase, grow
accueil *m.* welcome, reception
accueillir to receive, welcome
accuser de to blame for
s'acharner sur to pursue unrelentingly
achat *m.* purchase
achever to finish, complete
acquis, -e acquired
acquis *m.* asset, experience
actualité *f.* current events; current conditions or facts
actuel, -elle present, current
addition *f.* bill, check
adepte *m.* follower, adherent
adjoint, -e assistant
admettre to admit, concede; to let in; to receive; to assure, suppose
admonition *f.* cautionary advice
adresser une demande to send a request, application
s'adresser à to address, speak to
adroit, -e clever, skillful
affaire *f.* matter; business; (legal) case; *pl.* business
avoir ~ à to deal with, have business with
femme d'~s businesswoman
homme d'~s businessman
se tirer d'~ to get out of a mess
affairé, -e busy
s'affairer to fuss around, bustle about
s'affaisser to collapse; to sink down
affamé, -e ravenous, starving
affecté, -e affected (in manner)
affectif, -ve emotional
affectivité *f.* emotions, feelings
afficher to display, post
défense d'~ post no bills
affirmer to affirm, assert, maintain

s'- to assert oneself
affligeant, -e distressing
affliger to afflict, pain
affluence: heure d'- rush hour
affolement *m.* panic
affranchi *m.*, **affranchie** *f.* freed slave
affranchir to free, set free
affreux, -euse dreadful, awful, horrible
affrontement *m.* confrontation
afin de *conj.* in order to
agacer to irritate, annoy
agence *f.* **de voyages** travel agency
agir to act
il s'agit de it concerns; it's a matter of, it's about
agité, -e excited, agitated
agiter to wave, shake; to brandish
s'- to move, bustle about
agonie: à l'- at death's door
agrafeuse *f.* stapler
agréer: Je vous prie d'- l'expression de mes sentiments distingués Yours truly
agrément *m.* charm
agriculteur *m.* farmer
s'agripper to cling (to), grip; to get a hold of oneself
agro-alimentaire: industrie - food and agricultural industry
aguets: aux - on the lookout
ahuri, -e stunned, bewildered
ahurissement *m.* stupefaction
aide: à l'- de with the help of
aïeul *m.* (*pl.* **-x**) ancestor
aigreur *f.* sourness, harshness
aigu, aiguë sharp, acute
aiguille *f.* needle
ail *m.* garlic
aile *f.* wing
ailé, -e winged
ailleurs *adv.* elsewhere
d'- besides, moreover
par - in other respects; furthermore
ainsi *adv.* thus, so
- que as well as, and
air: en plein - outdoors
aise: à l'- at ease, comfortable
mal à l'- ill at ease
aisé, -e well-to-do; easy
aisément *adv.* easily
ajouter to add
alambiqué, -e convoluted, involved
alcool *m.* alcohol
aligné, -e aligned
allégé, -e made lighter
allègrement *adv.* merrily; nimbly
alléguer to cite
aller: s'en - to go away, leave
alliage *m.* alloy
allié: les -s the Allied Forces
allô! hello! (telephone)
s'allonger to stretch out
allure *f.* look, appearance
à toute - at full speed
alors *adv.* then
- que whereas
alouette *f.* lark
attendre que les -s tombent toutes rôties to wait for things to fall into one's lap
amabilité *f.* kindness
amaigrissant, -e slimming
amant *m.*, **amante** *f.* lover
amateur *m.* enthusiast, admirer, fan
ambiant, -e surrounding
ambre *m.* amber
âme *f.* soul
améliorer to improve
s'- l'oreille to improve one's ability to pick up sounds (to hear)
amener to bring
amer, amère bitter
amertume *f.* bitterness
amical, -e friendly
amitié *f.* friendship
amorcer to start, begin
amour-propre *m.* pride, self-respect
amuse-gueule *m.* (*fam.*) snack, appetizer
an *m.* year
cent sept -s (*fam.*) a very long time
le jour de l'- New Year's Day
analogue similar
ancêtre *m.* ancestor
ancien, -enne very old, ancient; former
anciennement *adv.* formerly
âne *m.* donkey
anéantir to destroy
anéantissement *m.* state of exhaustion
ange *m.* angel
Angevin m., Angevine *f.* a native of the province of Anjou
angoisse *f.* anguish
angoissé, -e anxious, distressed
animal *m.* **de charge** beast of burden
s'animer to come to life, liven up
annonce *f.* advertisement
anonymat: sous l'- anonymously
antérieur, -e earlier, previous
antériorité *f.* precedence in time (one action precedes another)
antichambre *f.* waiting room
garçons de l'- errand boys, attendants
antipathie *f.* aversion, repugnance
antipathique unpleasant, unlikeable
anxieux, -euse concerned, worried
apaisant, -e soothing
apaisé, -e calmed, relieved
apercevoir to see
s'- de to notice, realize, be aware of
aperçu *m.* summary, overview
s'apitoyer sur to feel sorry for
apostropher to address, to speak (directly to)

apparaître to appear
appareil *m.* instrument; apparatus; machine; telephone
apparemment *adv.* apparently
apparent, -e apparent; seeming, superficial
s'apparenter à to be similar, related
appartenir à to belong to
appel *m.* call
faire - à to call for, require; to appeal to
s'appesantir to grow heavier
appliquer to apply
apport *m.* contribution
apprenti *m.*, **apprentie** *f.* apprentice
s'apprêter à to prepare for, get ready for
approfondi, -e thorough, in-depth
appui *m.* support
appuyer to press; to stress
s'- to lean (on)
après: d'- according to
peu - shortly after (that)
après-demain *adv.* the day after tomorrow
après-guerre *m.* the period after World War II
Arabie Saoudite *f.* Saudi Arabia
araignée *f.* spider
arbitre *m.* referee
arbre *m.* tree
- généalogique family tree
arc-en-ciel *m.* rainbow
archevêque *m.* archbishop
Ardennes: *f. pl.* region in northeastern France
argent *m.* silver; money
argot *m.* slang
argotique slang
argumenteur *m.*, **argumenteuse** *f.* argumentative person
armé, -e armed, equipped
arracher to snatch away; to pull
arranger to suit, be convenient for; to put in order; to arrange
s'- to manage to
arrestation *f.* arrest
arrêt *m.* stop
sans - ceaselessly
arrêté, -e arrested; stopped
arrêter: - que to rule that
s'- to stop
arrière: aller en - to go backwards
en - behind
arrière-boutique *f.* room at the back of a shop
arrière-petit-fils *m.* great-grandson
arriver to happen; to arrive
ascendance *f.* ancestry
ascenseur *m.* elevator
asile *m.* place of refuge; (old people's) home
aspirateur *m.* vacuum cleaner
passer l'- to vacuum
assaillir to assault
assemblée *f.* assembly; gathering
s'asseoir to sit down
assez *adv.* enough; fairly, quite
assiette *f.* plate
assis, -e seated
assister à to attend
s'assoupir to doze off
assurance *f.* insurance
police d'- insurance policy
assuré, -e insured
assureur *m.* insurance agent
astre *m.* star
astrologue *m.* astrologer
astucieux, -euse astute, shrewd
atermoiement *m.* procrastination
Atlantide *f.* Atlantis
atroce dreadful
attaché *m.* **du cabinet** (governmental) cabinet assistant
s'attaquer à to attack
atteindre to reach; to affect
atteint, -e stricken
s'attendre à to expect
attendrir to move, touch, affect
attendrissant, -e touching, moving
attendu, -e expected
attente *f.* wait
dans l'- de hoping for
salle d'- waiting room
atténuer to tone down; to diminish, attenuate
atterrir to land
attirail *m.* paraphernalia, gear
attirer to attract
attraper to get, pick up, catch
attrayant, -e attractive
aubaine *f.* good fortune, opportunity
aube *f.* dawn
auberge *f.* inn
aucun, -e: ne... - no, not any
audace *f.* boldness
augmentation *f.* increase
augmenter to increase
auparavant *adv.* beforehand
auprès de beside, near, close to, next to; in the opinion of
Aurès *m.* mountainous area in Northeastern Algeria
aurore *f.* dawn
aussi *adv.* also, too; therefore
aussitôt *adv.* immediately, at once
- que as soon as, the moment that
autant *adv.* as much, so much
auto-analyse *f.* self-analysis
autoriser to permit
autoroute *f.* highway
autour de around
autre: d'autres others; some other
autrefois *adv.* in the past
d'- of olden days
autrement *adv.* otherwise
autrichien, -enne Austrian
autruche *f.* ostrich
autrui *pron. indéf.* others
avaler to swallow
avance: à l'- beforehand

avancé, -e protruding
s'avancer to advance
avant-garde *f.* vanguard
avant-hier *adv.* the day before yesterday
avant-veille *f.* two days before
avare miserly
avenir *m.* future
aventurier *m.*, **aventurière** *f.* adventurer
s'avérer to prove to be, turn out to be
averti, -e well-informed; warned
avertir to warn
avertissement *m.* warning
aveu *m.* confession
aveuglant, -e blinding, dazzling
aviateur *m.*, **aviatrice** *f.* pilot
avide eager
aviron *m.* oar
avis *m.* opinion
  à mon - in my opinion
avisé, -e informed; wise
avocat *m.*, **avocate** *f.* lawyer
avoir: - à to have to
  - beau (faire) (to do) in vain
  - l'air to appear (to); to look like
  - l'impression to have a feeling
avortement *m.* abortion
avouer to admit, confess
azur *m.* (*poét.*) blue sky

babines *f. pl.* lips, chops
bachelier *m.*, **bachelière** *f.* person who has passed the baccalauréat (high school-leaving exams)
bâcler to do hurriedly
badin, -e light-hearted
bafouer to ridicule
bagarre *f.* brawl
bagarreur, -euse rowdy
bagnole *f.* (*fam.*) car
baguette *f.* loaf (of French bread); stick
baigner to bathe; to permeate
  se - to bathe; to go swimming
baïonnette *f.* bayonet
baisemain *m.* kissing of hand
baiser to kiss
baisser to lower
bal *m.* (*pl.* **-s**) dance
balade *f.* walk, stroll
Balance: *f.* Libra
balayer to sweep (away)
balbutier to stammer
baleine *f.* whale
banal, -e (*m. pl.* **-als**) trite, ordinary
bande *f.* **dessinée** comic strip
bandoulière: en - slung across the shoulder
banquier *m.*, **banquière** *f.* banker
baptême *m.* baptism
barbare barbaric
barbe *f.* beard
  - à papa cotton candy
  quelle -! what a drag, nuisance, bore!
barque *f.* boat
barreau *m.* bar
barrer to cross out
barrière *f.* fence, gate
bas, basse *adj.* low
  mettre - to give birth
bas: du - lower
  là-- over there
basané, -e swarthy, dark
bassesse *f.* low, contemptible action
bassin *m.* pool
bataille *f.* battle
bateau *m.* boat
  - de sauvetage lifeboat
bâtiment *m.* building
bâtir to build
batiste: mouchoir de - fine, white, linen handkerchief
battre to beat, defeat; to flap
  se - to fight
bazar *m.* bazaar, general store
bec: le - enfariné naïvely
  coup de - peck, light kiss
béer to gape; to be wide open
bégayer to stutter, stammer
Bélier: *m.* Aries
belle-fille *f.* daughter-in-law, stepdaughter
belle-mère *f.* mother-in-law, stepmother
bénéfice *m.* benefit, advantage
bénéficier to enjoy; to benefit
bénéfique beneficial
bénévole *m./f.* volunteer
bénir to bless
berger *m.*, **bergère** *f.* shepherd, shepherdess
besogne *f.* task, work, job
  dur à la - hard worker
  mettre à la - to set to work
bestiaire *m.* bestiary; collection of fables, tales about animals
bête: chercher la petite - to split hairs
bêtise *f.* stupidity; folly
beugler to bellow
biberon *m.* baby bottle
bibliothécaire *m./f.* librarian
bien *m.*: **faire du -** to do good
  - s possessions, wealth
bien *adv.* well; very; quite
  - des many
  - meilleur far better
  - que although
bien-aimé *m.*, **bien-aimée** *f.* beloved
bien-être *m.* well-being, welfare
bien-fondé *m.* merits, validity
bientôt *adv.* soon, before long
billet *m.* ticket
blasphémateur *m.*, **blasphématrice** *f.* blasphemer
blé *m.* wheat
blême pale, wan
blesser to hurt
blessure *f.* wound, injury
bleu: - ciel *adj. inv.* sky blue
  - marine *adj. inv.* navy blue
blouson *m.* jacket
bock *m.* glass of beer
Boers: la guerre des - Boer War

bœuf *m.* ox
bohème *f.* milieu of artists
bois *m.* wood
boiserie *f.* woodwork
boisson *f.* drink
boîte *f.* box
- **à ordures** garbage can
- **de nuit** night club
- **de peinture** paint box
bombance: faire - to revel
bomber la poitrine to stick out one's chest
bond: se jeter d'un - to leap forward
bondé, -e crammed, packed
bondir to spring, leap
bonheur *m.* joy, happiness
bonhomme *m.* fellow
bonnet *m.* **carré** square cap worn by professors of the Sorbonne
bonté *f.* kindness
bord *m.* side; bank; edge
bordée *f.* watch (period of duty)
borner to limit
se - à to content oneself with; to confine oneself to
bosse *f.* hump
bottine *f.* high shoe made of fabric, half-boots
boucle *f.* curl
- **d'oreille** earring
Boucles d'or Goldilocks
boue *f.* mud
bouffarde *f.* pipe
bouffonnerie *f.* jesting, buffoonery
bouger to move
bougie *f.* candle
à la lumière des -s by candle light
bougonnant, -e grumbling
bouillir to boil
bouilloire *f.* kettle
boule *f.* ball
bouleversement *m.* upheaval, disruption
boulimie *f.* bulimia
boum *f.* party
bouquin *m.* (*fam.*) book
bourdonnement *m.* buzzing
bourdonner to buzz, hum
Bourgogne *f.* Burgundy (province of eastern France)
bourguignon, -onne of Burgundy, Burgundian
bourré, -e de filled with
bourreau *m.* executioner
bourse *f.* scholarship; stock exchange
boursoufler to puff up, bloat
bousculer to bump into
bout *m.* end; piece, bit
bouteille *f.* bottle
bouton *m.* button; knob
boutonnière *f.* buttonhole
bovin, -e bovine, of cattle
bras *m.* arm
brave: - dame good, simple woman
brèche *f.* hole
Bretagne *f.* Brittany (province in northwestern France)
brièvement *adv.* briefly
brillant, -e bright
brillant: perdre le - to lose (its) shine
briller to glitter, shine
brioche *f.* rich bread made with eggs
brise *f.* breeze
brise-lames *m. inv.* breakwater, jetty
briser to shatter, break
brochette *f.* medal, row of medals; skewer
brochure *f.* booklet
brossage *m.* brushing
brosse *m.* **à dents** toothbrush
brouillard *m.* fog
se brouiller to become confused, muddled
broyer du noir to be in the doldrums, down in the dumps
bru *f.* daughter-in-law
bruit *m.* noise
brûle-pourpoint: à - abruptly
brûler to burn
brume *f.* mist
brutaliser to knock about, bully
bruyamment *adv.* loudly
bruyant, -e loud, noisy
bucolique bucolic, rural
buisson *m.* bush
bulbeux, -euse growing from a bulb
bulle *f.* balloon; bubble
faire des -s to blow bubbles
bulletin m. scolaire report card, grades
but *m.* goal, aim

cabane *f.* hut, shack
cabaretier *m.*, **cabaretière** *f.* innkeeper
cabine *f.* **téléphonique** telephone booth
cabinet *m.* office
cacher to hide
- **son jeu** to hide one's cards, conceal one's hand
cadeau *m.* gift
cadet, -ette younger, youngest
cadre *m.* setting; manager
- **supérieur** senior executive
cafard *m.* cockroach
Cafrine *f.* Kafir woman
cahin-caha: venir - to struggle along, to muddle through
caïd *m.* moslem government employee
caillé, -e coagulated
caillou *m.* (*pl.* **-x**) pebble, stone
caisse *f.* box, case
caissier *m.*, **caissière** *f.* cashier
calcul *m.* calculation, calculus
- **différentiel** differential calculus
cale *f.* hold (space on ship for storing cargo)
calendrier *m.* calendar
calepin *m.* notebook
calice *m.* chalice; calyx (the external, protective green leaves of a flower)

calier *m.* cargo handler
calligramme *m.* picture-poem
calomnie *f.* slander
cambrioler to burglarize
cambrioleur *m.*, **cambrioleuse** *f.* burglar
caméra *f.* movie camera
camion *m.* truck
campagne *f.* country, countryside; campaign
camper un personnage to construct, portray a character
canaliser to channel
canapé *m.* sofa
canard *m.* duck
canif *m.* knife
canne *f.* cane
caparaçonné, -e decked out
capoeriste *m.* athletic performer of a highly rhythmical, violent Brazilian dance
caprice *m.* whim, caprice
car *conj.* because, for
car *m.* bus
carabine *f.* carbine, rifle
carburant *m.* fuel
carnet *m.* notebook, booklet
carré, -e square
carrefour *m.* intersection, crossroads
carrière *f.* career
carrosse *m.* carriage
carrosserie *f.* body (of a car)
carte *f.* map, menu, card
cartésianisme *m.* Cartesianism (the philosophy of Descartes)
cartésien, -enne Cartesian (relating to the philosophy of Descartes)
case *f.* hut
 - départ starting square, "go" (in board game)
caser to fit in, find room for
casier *m.* **à vin** wine rack
casse-noisettes *m. inv.* nutcracker
casser to break
casserole *f.* saucepan
casse-tête *m.* puzzle; problem
cauchemar *m.* nightmare
cause: en tout état de - in any case
causeur *m.*, **causeuse** *f.* talker, person who chats
cave *f.* cellar
caveau *m.* tomb
céder to give way, yield
ceindre to wrap around
ceinture *f.* belt
célèbre famous
céleste celestial, heavenly
celle *pron. f.* this (that) one
cellule *f.* cell
celui *pron. m.* this (that) one
Cendrillon Cinderella
censurer to censor
centaine: des -s de hundreds of
centrale *f.* **nucléaire** nuclear power plant
cependant *conj.* however
céréale *f.* grain, cereal
cerfeuil *m.* chervil (an herb)
cerise *f.* cherry
cerner to encircle, surround
certes *adv.* certainly, to be sure
cerveau *m.* brain
cervelet *m.* cerebellum
cervelle *f.* brain
cesser to cease, stop
c'est-à-dire *conj.* that is
ceux *pron. m. pl.* these, those
chacun, -e *pron.* each, every
chagrin *m.* sorrow
chaîne *f.* chain
 - d'arpenteur surveyor's chain, chain measure
 - de télé TV channel
chaleur *f.* heat
chaleureux, -euse warm, cordial
Chalval: lune de - Shawwal (the tenth lunar month of the Moslem calendar)
chameau *m.* camel
 -! beast! brute! pain in the neck!
champ *m.* field
champignon *m.* mushroom
chancelant, -e unsteady, tottering
chanceler to totter, vacillate
chandelle *f.* candle
chantage *m.* blackmail; threat
chapelet *m.* rosary beads
chapelle *f.* chapel
chaperon *m.* hood
chaque each
charabia *m.* gobbledygook, gibberish
charentaise *f.* slipper
charge: animal de - beast of burden
chargé, -e laden; filled
charogne *f.* decaying carcass
charpente *f.* framework
charrue *f.* plough
chasser to hunt; to drive away
chasseur *m.*, **chasseresse** *f.* hunter, huntress
châtié, -e refined, pure
chaudron *m.* cauldron
chauffage *m.* heat
chauffer to heat, warm
chausser une idée to adopt an idea
chausson *m.* slipper
chaussure *f.* shoe
chauve bald
chavirer to capsize, overturn; to overwhelm, shatter
chef *m.* head, boss, chief
 - de division department head
chef-d'œuvre *m.* masterpiece
chef-lieu *m.* principal town (of department)
chemin *m.* way
 - de fer railroad
chenille *f.* caterpillar
cher, chère dear; expensive
chercher la petite bête to split hairs
chercheur *m.*, **chercheuse** *f.* researcher
cheval *m.* horse

chevalet *m.* easel
chevalier *m.* knight
chevelure *f.* hair, head of hair
chevet: livre de - favorite book
cheveu *m.* (*pl.* **-x**) hair
chèvre *f.* goat
chic *adj. inv.* stylish; nice; sophisticated
chienne *f.* (*vulg.*) bitch
chiffre *m.* figure, number
chiffré, -e assessed
chimère *f.* dream, foolish fancy
chimérique imaginary
chimma *m.* (brand of) snuff
chirurgical, -e surgical
chirurgie *f.* surgery
chirurgien *m.*, **chirugienne** *f.* surgeon
choc *m.* shock; blow
choir to fall
choix *m.* choice
choquer to shock
chou *m.* (*pl.* **-x**) cabbage
chouette (*fam.*) great, nice, swell
choyé, -e pampered
chronique *f.* column (press)
chu, -e *p.p. of* **choir**
chuchotement *m.* whisper
cible *f.* target
ciboulette *f.* chive
ci-dessous *adv.* below
ci-dessus *adv.* above
ciel *m.* (*pl.* **cieux**) sky
  bleu - *adj. inv.* sky blue
cierge *m.* candle
cigale *f.* cricket
cil *m.* eyelash
cinquantaine: une - de about fifty
cire *f.* wax
cirer to polish
cirque *m.* circus
ciseaux *m. pl.* scissors; chisels
ciselé, -e chiseled; chopped
cité *f.* city, (large) town
citoyen *m.*, **citoyenne** *f.* citizen
citron *m.* lemon
civet *m.* stew
clair, -e clear, light
clair *m.* **de lune** moonlight
claque *m.* opera hat
claquer to bang; to slam
claqueret *m.* low-calorie dish
clarté *f.* brightness, clearness
classeur *m.* file folder, filing cabinet
clé, clef *f.* key
  fermer à - to lock
clin *m.* **d'œil** wink
cloche *f.* bell
clos, -e enclosed
Clos-Vougeot a wine produced in Burgundy
clôture *f.* closing, ending of letter
cocagne: mât de - greased pole to be climbed in a contest
cocher to mark, check off
cochon *m.* pig
cocktail *m.* cocktail party
cocotte *f.* saucepan
coéquipier *m.*, **coéquipière** *f.* team member
cœur *m.* heart
  - serré heart wrung with emotion
cogner to knock; to bang; to beat up
  se - à to bump into
cohue *f.* mob, crush
se coiffer to fix, do one's hair; to put on a hat
coiffeur *m.*, **coiffeuse** *f.* hairdresser
coin *m.* corner
col *m.* collar
colère *f.* anger
collaborateur *m.*, **collaboratrice** *f.* associate, assistant
collant, -e tight-fitting; sticky
colle *f.* glue
coller to stick
colline *f.* hill
colombe *f.* dove
colonne *f.* column
combattre to fight
comble *m.* peak
  la mesure était - that was the limit
combler un fossé to fill a gap
combustible *m.* fuel
comité *m.* committee
commander to order, command
comme *conj./adv.* like, as; as well as; since
  - si as if
commerce: école de - business school
commettre to commit
commissariat *m.* **de police** police station
Communard *m.* partisan of the Commune de Paris (1871)
communément *adv.* commonly, generally
compatir to sympathize
compatissant, -e compassionate
compétences *f. pl.* abilities, skills
complet: au - as a whole
complice *m.* accessory
complicité *f.* complicity
complot *m.* plot
comportement *m.* behavior
comporter to contain, imply
  se - to behave, act
composer to compose, make up; to dial
compositeur *m.*, **compositrice** *f.* composer
comprendre to understand; to include
compris: y - including; included
compromettre to compromise; to jeopardize
comptable *m./f.* accountant
compte *m.* reckoning, account
  à ce --là in that case
  - tenu de taking into account
  en fin de - ultimately
  faire les -s to do one's accounts

je n'ai pas mon - I don't have the right number; someone (something) is missing
se rendre - to realize
tenir - de to take into account
tenir les -s to keep the books
compter (sur) to count (on); to expect to
compteur *m.* meter
comptoir *m.* counter
comte *m.*, **comtesse** *f.* count (nobleman), countess
se concentrer to concentrate, focus
concevoir to imagine; to conceive; to understand
concision *f.* conciseness
concitoyen *m.*, **concitoyenne** *f.* fellow citizen
conclure to conclude
condensé *m.* digest (press)
condisciple *m.* fellow student
conduire (à) to take (somewhere), to drive; to lead (to)
se - to behave
conférence *f.* lecture
conférencier *m.*, **conférencière** *f.* lecturer
confiance *f.* confidence, trust
confier to confide; to entrust to someone's care
confondre to confuse
conformément à *adv.* in accordance with
confrère *m.* colleague, fellow
congelé *m.* frozen food
congé *m.* time off, vacation
connaissance *f.* knowledge; acquaintance
connivence *f.* connivance
connoter to suggest, imply, connote
connu: bien - well-known
conquête *f.* conquest
consacrer to devote
conscience *f.* consciousness
conscient, -e conscious, aware
conseil *m.* advice
conseiller to advise, recommend
conséquent: par - therefore
conservateur, -trice conservative
conservateur *m.*, **conservatrice** *f.* curator of a museum
considérer to consider, study
consommateur *m.*, **consommatrice** *f.* customer; consumer
consommer to consume, eat
consonne *f.* consonant
constamment *adv.* constantly
constatation *f.* observation
constater to note, establish, notice
consterné, -e dismayed
conte *m.* story, tale
- de fée fairy tale
contemporain, -e contemporary, present-day
se contenter de to be satisfied with
contenu *m.* contents
contestable questionable, disputable
conteur *m.*, **conteuse** *f.* storyteller
contingence *f.* contingency
se contorsionner to contort, twist oneself
contracter to reduce, contract
contraire: au - on the contrary
contrairement à contrary to
contrarier to annoy; to contradict
contrat *m.* contract
contre against
par - on the other hand
contredire to contradict
contrepoids *m.* counterweight
contrôler to check, control
contrôleur *m.*, **contrôleuse** *f.* ticket-collector (on a train)
convaincre to convince
convainquant, -e convincing
convenable appropriate, suitable; decent
convenance *f.* propriety; convenience, suitability
convenir to be appropriate
copain *m.*, **copine** *f.* (*fam.*) pal, friend
coq *m.* rooster
coquet, -ette stylish
coquillage *m.* shell
coquin *m.*, **coquine** *f.* rascal, rogue
corde *f.* **à sauter** jump rope
cordon *m.* cord, string
cornée *f.* cornea
corps *m.* body
corriger to correct
corrompu, -e corrupted
cortège *m.* procession; series
corvée *f.* chore, drudgery
costume *m.* business suit; costume
côte *f.* rib; edge, coast
côté *m.* side
du bon - on the bright side
côtelette *f.* chop
cou *m.* neck
sauter au - to throw one's arms around someone's neck
couchage: sac de - sleeping bag
couchant *m.* west; sunset
couche *f.* coating
couché, -e lying down
coude *m.* elbow
coudre to sew
machine à - sewing machine
coulée *f.* flow
couler to flow
coup *m.* blow, strike
- d'œil glance
- de bec peck, light kiss
- de couteau stabbing
- de main helping hand
- de pied kick
- de soleil sunburn
faire ce --là to use that strategem, approach
coupable guilty
coupable *m.* culprit, guilty party
coupe *f.* cup (sports award)

couper to cut
cour *f.* court
courant, -e current; common
courant *m.* current
  au - de aware of
courlis *m.* curlew (species of bird)
couronne *f.* crown
couronné, -e crowned
courrier *m.* mail
course *f.* race; errand
  faire des -s to go shopping
court, -e short
court-circuit *m.* short-circuit
courtoisie *f.* courtesy
coussinet *m.* pin cushion
coût *m.* cost
couteau *m.* knife
  coup de - stabbing
coûter cher to be expensive
coûteux, -euse expensive
coutume *f.* custom
couture: la haute - high fashion
couver to incubate; to brood (over)
couvert: mettre le - to set the table
couvre-lit *m.* bedspread
cracher to spit
crachoir *m.* spittoon
craindre to fear, be afraid of
crainte *f.* fear
craintif, -ve fearful
crâne *m.* skull
craquant, -e crackling
crasseux, -euse filthy
cravate *f.* tie
créer to create
crépusculaire (of) twilight
crépuscule *m.* dusk
Crésus (*myth.*) king of ancient Lydia, famous for his riches
crétin *m.*, **crétine** *f.* moron
creux, creuse hollow
crever to pierce, burst; to die (argot)
  un pneu crevé flat tire
  se - les yeux to put out one's eyes
cri: à grands -s loudly
crier to shout
crin *m.* horsehair
crise *f.* **cardiaque** heart attack
crisper to contract, clinch
critère *m.* criterion
critique *f.* (literary) criticism
croc *m.* fang, tooth
croissance *f.* growth
croissant, -e increasing
croître to grow
croix *f.* cross
crotte *f.* (*vulg.*) dung, excrement, dropping
crouler to collapse, stagger (under the weight of)
croyable believable
croyance *f.* belief
cruauté *f.* cruelty
cueillir to gather
cuiller, cuillère *f.* spoon
  - à café teaspoon
  - à soupe soup spoon; tablespoon
cuire to cook
cuisse *f.* thigh
cuisson *m.* cooking
cuivre *m.* copper
cul-blanc *m.* wheatear (species of bird)
culpabilité *f.* guilt
cultiver to cultivate
curé *m.* parish priest
curriculum vitæ *m.* cv, résumé
cyclothymique manic-depressive
cygne *m.* swan

d'abord: tout - first of all
dadaïsme *m.* Dadaism, a literary and artistic movement (1916–23)
dalmatique *f.* dalmatic, garment worn by clergymen
dame *f.* **d'honneur** lady-in-waiting
danois, -e Danish
dauphin *m.* dolphin
davantage (de) *adv.* more
déballer to unpack
débardeur *m.* longshoreman
débarquement *m.* landing
débarquer to land; to unload
débarrasser to rid
se débattre to struggle
debout *adv.* upright; standing up
  se mettre - to stand up, get up
débraillé, -e unkempt; messy
se débrouiller to manage, get along
début *m.* beginning
débuter to begin
décamper to clear out, leave
décapotable convertible
décédé, -e deceased
déceler to detect, discover
décennie *f.* decade
déception *f.* disappointment
décerné, -e awarded
décès *m.* death
déchaîné, -e unleashed
se déchaîner to break loose
décharné, -e emaciated
déchiffrer to decipher
déchirement *m.* tearing, ripping; anguish, heartbreak
déchirer to tear (to pieces)
déclencher to launch; to start, activate
déclic *m.* click
décoder to decode, interpret
déconnecté, -e disconnected
décor *m.* décor, scenery, setting
décoration *f.* (military or civil) decoration
décoré, -e decorated, awarded a medal
découler to be derived, follow (from); to flow (from)
découvert: à - exposed, in the open
découvrir to uncover; to discover
décrépitude *f.* decrepitude; decay, deterioration
décret *m.* decree, order

décrié, -e belittled, "put down"
décrocher to get, land
décroissant, -e decreasing, diminishing
déçu, -e disappointed
se déculpabiliser to banish feelings of guilt
dédaigner to disdain, scorn
dédain *m.* disdain, scorn
dedans *adv.* in it, into it, inside
toute l'affaire est là-- that is the key to the whole thing
déduire to deduct; to deduce
déesse *f.* goddess
défaillant, -e faltering, feeling faint
défaut *m.* fault
à - de for lack of
en - at fault
faire - to be unavailable
défavorable unfavorable
défectueux, -euse defective
défendre to forbid; to defend
défendu, -e prohibited
défense *f.* prohibition
défi *m.* challenge
défilé *m.* parade
défiler to parade
déformer to distort, deform
dégager to release, remove
se - de to emerge from, become apparent from
dégarni, -e bare
dégoût *m.* disgust
dégoûter to disgust; to sicken
degré *m.* degree; step
dégrisé, -e sobered
dégueulasse (*vulg.*) disgusting, repulsive
dégustation *f.* **de vin** wine-tasting
déguster to taste
delà: au - de beyond
délai *m.* delay
délibérer to deliberate
deltaplane: faire du - to go hang gliding
demande *f.* request
- d'emploi job application
demander to ask
se - to wonder
démarche *f.* step; gait
démarcheur *m.*, **démarcheuse** *f.* door-to-door salesman
démarrer to start off; to start up
d'emblée *adv.* right away, at once
déménager to move
dément *m.*, **démente** *f.* madman, madwoman
démesuré, -e oversized
démesurément *adv.* outlandishly
demeuré *m.*, **demeurée** *f.* mentally retarded person
demeurer to live; to remain
démodé, -e out-of-style
demoiselle *f.* young lady
démontrer to demonstrate, show
dénoncer to expose, denounce
dénoter to indicate, denote
dénouement *m.* outcome, conclusion
dénouer to untie, loosen
dentaire dental
dentelle *f.* lace
dentifrice *m.* toothpaste
déparer to spoil (a scene), mar
départ: au - at the beginning
dépasser to go beyond
dépecer to tear to pieces
dépêche *f.* dispatch, release, wire
dépense *f.* expense
dépenser to spend
dépensier, -ère spendthrift, extravagant
dépiter to vex greatly, frustrate greatly
déplacement *m.* travel; transfer; movement
déplacer to move, shift
se - to travel, get around
déplaire to displease
dépliant *m.* leaflet
déplorer to lament; to deplore
déployé, -e spread out
déposer to put down; to file
dépouille *f.* remains
déprimer to depress
depuis que since
députation *f.* position of deputy
député *m.* deputy, elected representative
déranger to disturb
se - to put oneself out
dériver de to derive (be derived) from
dernièrement *adv.* recently
se dérober to escape, avoid; to shy away from
se dérouler to take place
déroutant, -e disconcerting
derrick *m.* oil drilling rig, derrick
derrière *m.* bottom, behind
dès from, starting
- que as soon as
désaccord *m.* disagreement
désagrément *m.* annoyance
désaltérer to quench a thirst
descendre to take (go) downstairs
désemparé, -e bewildered, distraught
désespéré, -e desperate
désespérer to despair
désespoir *m.* despair
déshérité *m.*, **déshéritée** *f.* underprivileged person, have-not
désigner to mention; to indicate; to designate
désœuvrement *m.* idleness
désolant, -e bleak
désolé, -e distressed, extremely sorry
désordonné, -e disorderly
désormais *adv.* from then on
despote *m.* absolute ruler
despotique despotic
desscin *m.* plan, design
à - intentionally
dessin *m.* drawing

à - écossais plaid
- animé cartoon
dessiner to draw
dessous: ci-- below
dessus on top, above
ci-- above
là-- about that, on that
destinataire *m./f.* addressee
destiné, -e à intended to
destitué, -e deposed
détailler to examine; to explain in detail
se détendre to relax
détourné, -e roundabout
se détourner to turn away
détraquer to break down
détresse *f.* distress
détruire to destroy
deuil *m.* mourning
développement *m.* development; exposition
déverser to pour out
se dévêtir to undress
deviner to guess
devise *f.* slogan, motto
dévorer to devour
dévouement *m.* devotion, dedication
diable: au -! the hell with (it), damn (it)!
diabolique diabolic
différencier differentiate
différend *m.* difference of opinion, disagreement
digérer to digest
digne worthy
digue *f.* dike; barrier
diminuer to diminish, lessen
dinde *f.* turkey
dingue crazy, nuts; fabulous (*fam.*)
direction *f.* management; direction
diriger to direct, guide, supervise
discerner to discern, perceive
discours *m.* speech; discourse
discret, -ète discreet, delicate, moderated
discuter to discuss; to debate
disparition *f.* disappearance
disparu, -e vanished, missing
disponible available
disposer de to have (at one's disposal)
dissemblance *f.* difference, dissimilarity
disserter to speak, write an essay on
dissimuler to hide
dissiper to disperse
distinction *f.* honor, decoration
distinguer to distinguish
distrait, -e absent-minded, distracted
divers, -e miscellaneous, sundry; various
fait ~ news item
se divertir to amuse oneself, have a good time
divin, -e divine, heavenly
se diviser to be divided
docker *m.* longshoreman, dock worker
doigt *m.* finger
domaine *m.* field, domain
domestique *m./f.* servant
domicile: à - at home
dominer to predominate, dominate
dommage *m.* damage; pity
il est (c'est) - que it's a pity that, it's a shame that
dompter to tame
dompteur *m.*, **dompteuse** *f.* trainer, tamer
don *m.* gift
donc *adv.* therefore
dis -! hey! you don't say!
donné: étant ~ (que) given that
donnée *f.* piece of information
donner: - envie de to make someone want (to)
- sur to have a view of, to look out on
dont *pron.* whose, of whom, of which
doré, -e golden brown; gilded
la jeunesse - jet set, "beautiful people"
dos *m.* back
dossier *m.* file, dossier
douane *f.* customs
douar *m.* village (Arab word)
doubler to work a double shift (day and night); to double
douceur *f.* gentleness; sweetness
douche *f.* shower
doué, -e gifted
douer to endow
douillet, -ette soft, coddling
douleur *f.* pain
douleureux, -euse painful
doute: sans - probably
sans aucun - undoubtedly
se douter de to suspect
douteux, -euse doubtful
doux, douce gentle; sweet
douzaine *f.* dozen
dramaturge *m.* playwright
drame *m.* drama
drap *m.* sheet
drapé, -e draped
dresser to draw up, make out; to pitch, put up (a tent)
se - to sit up, jump up
drogue *f.* drug
droit *m.* right; law
droit, -e right
tout ~ straight ahead
droite: la - (political) right
drôle *m.* **de type** odd character
drôlement *adv.* (*fam.*) intensely, awfully, terribly
dromadaire *m.* dromedary
dûment *adv.* duly
dur, -e: - d'oreille hard of hearing
durée *f.* duration, length; time factor
duvet *m.* down (feathers)

ébauche *f.* outline, rough draft
ébloui, -e dazzled
éblouissant, -e dazzling

s'ébrouer to shake oneself (like a dog)
écarlate scarlet
écart *m.* divergence, discrepancy
à l'- apart
écarter to separate out, remove
échalote *f.* shallot
échancrure *f.* neckline
échange *m.* exchange
échapper to escape
échauffé, -e excited, fired up
échecs: jouer aux - to play chess
échelle *f.* ladder; scale
échouer to fail
éclabousser to spatter; to dazzle
éclaboussure *f.* splash, spatter, smear
éclair *m.* flash of lightning
- de magnésium photographic flash
éclairage *m.* lighting
éclairer to enlighten
éclat *m.* glare; brilliance
éclatant, -e dazzling, glowing
éclore to hatch
école *f.* **primaire** grammar school
économies: faire des - to save
écossais: à dessin - plaid
écouler to flow
s'- to slip away, pass quickly (time)
écran *m.* screen
écraser to crush
écriture *f.* writing
écrivain *m.* writer
écu *m.* old unit of money
écurie *f.* stable
édicter to enact, decree
édition: maison d'- publishing company
effacer to erase
effaré, -e alarmed, aghast
effectivement *adv.* in fact
effectuer to perform; to carry out, complete
efficace efficient
efficacité *f.* efficiency
effleurer to touch lightly, brush against
s'efforcer de to try to
effrayant, -e frightening
effroi *m.* fright
effroyable excrutiating
effusion *f.* emotional outburst
égal, -e equal
ça m'est - I don't care
être - à not to matter
sans - unequalled
égaler to equal
égard: à l'- de with regard to
égaré, -e bewildered
égorgement *m.* cutting of the throat
égorger to cut the throat of
élaborer to elaborate, develop
s'- to develop
élevé, -e high
élever to raise
éleveur *m.*, **éleveuse** *f.* breeder
elliptique elliptical
éloignement *m.* distance
s'éloigner to retreat, move away, withdraw
élu, -e elected
émanciper to free
embarras *m.* embarrassment, confusion; obstacle
embarrassé, -e burdened; confused, uneasy
emblée: d'- immediately
embouchure *f.* mouth of river
embouteillage *m.* traffic jam
embrasser to kiss; to embrace
embrigader to recruit
embuer to mist over; to cloud
émerveillé, -e amazed
émetteur *m.* transmitter
émettre to express, vent; to emit; to transmit
éminemment *adv.* eminently
émission *f.* television program
emménager to move in
emmener to take away; to take along
emmerder (*vulg.*) to get on someone's nerves
émouvant, -e touching, moving
émouvoir to move, stir (emotionally)
empanaché, -e decorated with plumes
s'emparer (de) to take hold of, grab
empêcher to prevent
empirer to worsen
empirisme *m.* empiricism
emplir to fill
emploi *m.* use; employment, job
s'employer to be used
empoigner to take hold of
empoisonner to poison
emporter to take away
- le morceau to win the day
l'- sur to surpass
s'- to become angry
s' - à to give way to
emprunt *m.* loan
emprunter to borrow
ému, -e moved, touched
enceinte pregnant
encercler to surround; to encircle
encor (*poét.*) still, yet
encore still; again, once more; yet
ne... pas - not yet
encre *f.* ink
encrier *m.* inkwell
s'endormir to fall asleep
énergumène *m.* fanatic, ranter
énerver to irritate, annoy
s'- to get irritated
enfance *f.* childhood
enfanter to give birth; to conceive a child
enfariné: le bec - naively
enfermer to confine, lock up
enfiler to thread
enfin *adv.* finally; at last
enfler to swell
enfoncer to plunge, sink (into)
s'enfuir to run away
enfumé, -e filled with smoke
engagé, -e committed; hired

engager to hire, engage
s'- to commit oneself, become involved
engendrer to create
engloutir to swallow up
engueuler (*argot*) to bawl out, to yell at
enivrer to intoxicate, make drunk
enjoindre to command absolutely
enlever to remove
ennui *m.* boredom; trouble, worry
quel -! how annoying!
ennuyer to irritate; to bore
s'- to be bored
énoncer to state
s'- to be expressed
enquête *f.* inquiry
enquêter to investigate
enragé, -e incensed
enrager (de) to be furious (with)
enregistrer to record
s'enrichir to grow rich
enseigne *f.* sign, signboard
ensuite *adv.* then, next
s'ensuivre to follow
entamer to start, dip into
entasser to amass
entendement *m.* understanding
s'entendre to get along
entendu: bien - of course, understood
c'est -! it's agreed!
entente *f.* understanding, agreement
enterrement *m.* burial
entêté, -e stubborn
enthousiasmé, -e enthusiastic, excited
enthousiaste enthusiastic
entier, -ère entire
entourage *m.* surroundings; associates
entourer to surround; to wrap
s'entraider to help each other
entraîner to cause, lead to; to involve
entraver to hinder
entreprendre to undertake
entrepreneur *m.*, **entrepreneuse** *f.* contractor; entrepreneur
entreprise *f.* business
s'entretenir to converse, talk
entretenu, -e held
entretien *m.* discussion, conversation; upkeep
entrevue *f.* (job) interview
envahir to invade
envers *adv.* toward
envi: à l'- trying to outdo each other
envie *f.* longing, desire
donner - de to make someone want to
environ *adv.* about, approximately
envisager to consider, contemplate; to view
envoi *m.* sending
s'envoler to fly away
épais, -sse thick; clumsy
épaissi, -e thickened
épanouissement *m.* blooming, blossoming
épargner to spare; to save
épatant, -e (*fam.*) great, wonderful
épaule *f.* shoulder
épave *f.* wreckage
épée *f.* sword
éperdu, -e frantic
éphémère ephemeral, transitory
épicier *m.*, **épicière** *f.* grocer
épinards *m. pl.* spinach
épingle *f.* pin
épistolaire epistolary, in the form of letters
épithète *f.* epithet, brief characterization
éplucher to peel; to dissect; to go over with a fine-tooth comb
épluchure *f.* peeling
époque *f.* (period of) time, epoch
épouser to marry; to correspond to
épouvantable dreadful, terrible
épouvante *f.* terror
épouvanté, -e terrified
s'épouvanter de to be appalled, be terrified
époux *m.*, **épouse** *f.* spouse
épreuve: mettre à l'- to test
éprouver to feel
épuiser to exhaust
s'- to become exhausted; to run out
équilibre *m.* balance
équilibré, -e well-balanced
équipe *f.* team, crew
équivaloir à to be equivalent to
errer to wander
érudit, -e scholarly
érudit *m.* scholar
érudition *f.* scholarship
escargot *m.* snail
esclavage *m.* slavery
escompter to reckon with
escroc *m.* crook
espace *m.* space
espèce *f.* kind, type; species
- humaine human race
espiègle mischievous
espion *m.*, **espionne** *f.* spy
espoir *m.* hope
esprit *m.* mind; spirit
large d'- broad-minded
esquisse *f.* outline, sketch
essence *f.* essence; gasoline
réservoir d'- gas tank
essor *m.* rapid development, expansion
essoufflé, -e out of breath
essuyer to wipe
est *m.* east
s'estomper to grow dim; to blur
estrade *f.* platform
établir to establish
s'- to get settled

étagère *f.* shelf
étamine *f.* cheesecloth
étancher to quench
étape *f.* stage, step
état *m.* state
  en tout - de cause in any case
  le tiers - (*hist.*) the third estate (commoners)
éteindre to turn off, put out
  s'- to go out; to dim
étendre to spread; to expand
  s'- to lie down, stretch out
étendue *f.* extent, scope
étincelant, -e gleaming, sparkling
étoffe *f.* material, fabric
étoffé, -e substantial
étoile *f.* star
étonnement *m.* surprise
s'étonner to be surprised, astonished
étourdiment *adv.* thoughtlessly, recklessly
étranger *m.*, **étrangère** *f.* foreigner
être *m.* being
étreindre to grasp
étroit, -e narrow
s'évader to escape
évalué, -e evaluated, judged
s'évanouir to faint
éveillé, -e awake; aroused
événement *m.* event
éventail *m.* fan
éventer to fan
éventrer to disembowel, rip open
éventreur: Jack l'- Jack the Ripper
évêque *m.* bishop
éviter to avoid
évoquer to evoke
examen *m.* examination; test
exaspérant, -e exasperating
excepté (que) except (that)
excitant, -e (sensually) stimulating
excitation *f.* excitement, exhilaration
excité, -e excited, heated, aroused
exciter à to incite to, urge to
excuses *f. pl.* apologies
exemplaire *m.* copy
exempt, -e de free from
exercé, -e skilled, expert
exercer to practice
exhortation *f.* rousing speech
exiger to demand, require
exilé *m.*, **exilée** *f.* exiled person
expédier to send, ship
expérience *f.* experiment; experience
explication *f.* explanation
expliciter to make clear
exprès *adv.* on purpose
exprimer to express
exquis, -e delightful (of a person)
externe exterior
extorquer to extort
extra *adj. inv.* (*fam.*) first rate, super
extraire to extract
extrémiser to administer the last rites
extroverti, -e extroverted

fabrication: de - française made in France
  - en série mass production
fabrique *f.* factory
façade *f.* façade, front
face: bien en - straight in the face
se fâcher to become angry
fâcheux, -euse annoying
fâché, -e angry
façon *f.* way, manner
  de - à so as to, so that
  de toute - in any case
facteur *m.*, **factrice** *f.* (*rare*) mail carrier
faiblement *adv.* faintly, dimly
faiblesse *f.* weakness
fainéant *m.*, **fainéante** *f.* idler, loafer
faire: cela fait (dix ans) que ... for (ten years)
  se - to make oneself, to become
  ne t'en fais pas don't worry
fait *m.* fact
  au - by the way
  - divers news item
familier, -ère familiar; informed
fana *adj. inv.* (*fam.*) crazy about
fanfreluche *f.* trimming; trinket
fantaisiste fanciful
fantastique fantastic
fantôme *m.* ghost
farce *f.* (practical) joke, prank
fard *m.* make-up (cosmetic)
farine *f.* flour
farouche unsociable, sullen
faubourg *m.* suburb
fauché, -e (*fam.*) flat broke
faute: - de for lack of
  par la - de because of
fébrilement *adv.* feverishly
fée *f.* fairy
feindre to pretend
féliciter to congratulate
femelle *f.* female
féministe *f.* **avant la lettre** feminist before her time
féodal, -e feudal
fer *m.* iron
  - de lance spearhead
ferme firm
fermement firmly
fermer à clé to lock
fermeture *f.* closing (time)
fesse *f.* buttock
festin *m.* feast, celebration
fête: faire - à quelqu'un to give someone a warm welcome
fêter to celebrate
feu *adj. inv.*: **- ma sœur** my late sister
feu *m.* fire

cuire à - doux to cook at low heat
mettre le - à to set fire to
feuille *f.* form; sheet; leaf
fiançailles *f. pl.* engagement
ficelle *f.* string
fiche *f.* (printed) form
ficher to do (*fam.*); to stick in
se - de (*fam.*) to be indifferent to; to make fun of
fictif, -ve fictional
fidèle faithful
fiel *m.* venom
se fier à to trust, rely on
fier, fière proud
fierté *f.* pride
fifre *m.* fife
figé, -e stiff, set
figurant *m.*, **figurante** *f.* (movie) extra
figure *f.* face
figurer to represent, appear
se - to imagine, fancy
fil *m.* thread
donner du - à retordre to make life difficult
filet *m.* net
fille *f.* **de rien** good-for-nothing woman
fin: arriver à ses -s to achieve one's ends
en - de compte ultimately; in the last analysis
fin, -e sharp, astute; fine, delicate, subtle
finasser to use trickery
finement *adv.* skillfully, subtly
finesse *f.* delicacy, fineness
fixement *adv.* fixedly
fixer to settle on; to fix
flairer to smell, sniff
flash *m.* (*pl.* **flashes**) flash from a camera
se flatter de to claim to; to flatter oneself to
flatteur, -euse flattering
fléau *m.* calamity
fléchir to bend, sag
fleuve *m.* river
flopée (*fam.*): **une (des) -(s)** loads, masses
floraison *f.* blossoming
flot *m.* stream; flood
flottement *m.* wavering, hesitation
flotter to float
flou, -e vague
foi: ma - indeed
foie *m.* liver
foire *f.* fair
fois: à la - at the same time; both
maintes - many times
mille - a lot
foncé, -e dark
foncièrement *adv.* fundamentally, basically
fonctionnaire *m.* civil servant
fond *m.* back, bottom, end; background
fonds *m.* fund
à - perdus in vain, without effect
fondement *m.* foundation, base
fonder to found
fondre to melt (away), disappear
fontaine *f.* fountain
foot: terrain de - soccer field
for *m.* **intérieur** conscience; deep down inside
force *adj. inv.* (*litt.*) many
force *f.*: **à - de** by dint of, by sheer
forcément *adv.* necessarily
forêt *f.* forest
formaliste *m./f.* stickler for formalities
formellement *adv.* strictly
formidable (*fam.*) terrific
formulaire *m.* (printed) form
formule *f.* formula, set expression
formuler to formulate, express
fort, -e loud, strong
fort *adv.* greatly, very
fossé *m.* gap
fou (fol), folle insane, crazy; incredible
foudre *f.* lightening
fouetter to whip, beat
fouiller to dig through, explore
fouillis *m.* jumble
foule *f.* crowd; vast quantity
four *m.* oven
fourchette *f.* fork
fourmi *f.* ant
fournir to provide
fournisseur *m.* supplier
fourrière *f.* pound (for animals), garage (for towed cars)
fourrure *f.* fur
foutre (*vulg.*) to do; to shove (at)
se - not to give a damn
foutu *p.p. of* **foutre**
foyer *m.* home
fraîcheur *f.* freshness
frais, fraîche fresh; cool
mettre au - to put in a cool place
frais *m. pl.* expenses
franc, franche frank
franchement *adv.* frankly
franchir to step over, cross
franchise *f.* frankness
frapper to strike; to knock
se frayer un chemin to plow one's way through
fredaine *f.* prank, escapade
frein *m.* brake
freinage *m.* braking
freiner to restrain
frêle fragile
frémissant, -e trembling
fréquentation *f.* frequenting, living (in)
fréquenter to associate with; to frequent, visit
fresque *f.* fresco
frite *f.* French fry
frivole frivolous
froissé, -e offended, hurt
fromage *m.* **blanc** soft, creamy cheese

front *m.* forehead
frontière *f.* boundary, border
frotter to rub
fuir to flee, run away
fuite *f.* flight, escape; leak
fumée *f.* smoke
fumier *m.* manure
funambule *m./f.* tight-rope walker
funérailles *f. pl.* funeral
fureur *f.* fury
fusée *f.* rocket
fusil *m.* gun
fusillé, -e shot

gager to wager
gages *m. pl.* wages
  prêteur *m.* **sur** - pawnbroker
gagner to earn; to win
  - **du temps** to save time
gai, -e happy, cheerful
galanterie *f.* love affair; gallantry, chivalry
galette *f.* kind of cake
galon *m.* (hat) band
gamin *m.*, **gamine** *f.* kid
gangrener to decay; to develop gangrene
gant *m.* glove
garce *f.* prostitute, tart, bitch
garçonnet *m.* small boy
garder to keep
  - **en tête** to remember
gare *f.* (train) station
garnir to line; to fill; to garnish
gaspiller to waste
gâteau *m.* cake
  petit - cookie
gâter to spoil; to pamper
gâteries *f. pl.* treats, goodies
gâteux, -euse doddering, senile
gauche left
gaupe *f.* slut, trollop
gazon *m.* lawn
gazouiller to babble, chirp
géant *m.*, **géante** *f.* giant
Gémeaux *m. pl.* Gemini
gémir to groan, moan
gencives *f. pl.* gums
gendarme *m.* policeman
gène *m.* gene
gêne *f.* discomfort
gêné, -e embarrassed
gêner to hinder; to irritate
  se - to put oneself out
génial, -e exceptional; brilliant
génie *m.* genie; genius; engineering; spirit
  - **génétique** genetic engineering
genou *m.* (*pl.* **-x**) knee; *pl.* lap
genre *m.* kind, sort; (literary) genre
  tableau de - scenes of family and popular life; pictures of anecdotal stories
gentillesse *f.* kindness
géomètre *m.* mathematician
gérant *m.*, **gérante** *f.* manager
gérer to manage
germe *m.* seed
gésir to lie
gestation *f.* pregnancy
geste *m.* gesture, movement
gesticuler to gesticulate
gestion *f.* management
gifle *f.* slap
gifler to slap
gigot *m.* leg of lamb
gingembre *m.* ginger
gisait, gisaient *imperfect of* **gésir**
gisement *m.* **pétrolifère** oil-field
gîte *m.* lodging, shelter
glaive *m.* sword, blade
gland *m.* tassel
glapissement *m.* yapping
se glisser dans to creep into, steal into
gloire *f.* glory; fame
glousser to chuckle
godasse *f.* (*argot*) shoe, boot
gomme *f.* eraser
gommé, -e erased
gonfler to swell
gorge *f.* throat
gorgée *f.* gulp, mouthful
gosse *m./f.* youngster, kid
gourd, -e numb, stiff
gourmandise *f.* greediness, gluttony
goût *m.* taste
goûter to appreciate; to taste
gouttelette *f.* drop
grâce: faites-moi la - de be so kind as to
  - **à** thanks to
  jour d'action de - Thanksgiving Day
gracieux, -euse graceful; gracious
graisse *f.* fat
grand-chose: pas - not much, nothing much
grand-croix *f.* Grand Cross (of the Legion of Honor)
grandir to grow
grand'peur: avoir - to be very frightened
gras, grasse fat, plump; greasy
grattage *m.* scraping
gratte-ciel *m. inv.* skyscraper
gratter to scratch
gratuit, -e free
gravé, -e imprinted, engraved
gravité *f.* seriousness
greffe *f.* **de peau** skin graft
grêle slender
grenier *m.* attic
grève *f.* (labor) strike
griffe *f.* claw
grimace *f.* grimace, funny face
  faire des -s to make faces
grimper to climb, creep
griot *m.* West African poet-musician, oral historian
gris, -e gray
grisé, -e intoxicated
grogner to grumble
gronder to growl, grumble
grossier, -ère coarse, rude
grossièreté *f.* crude language
grossir to put on weight; to exaggerate, magnify

grotte *f.* grotto, cave
grouillot *m.* messenger (boy)
grumeleux, -euse lumpy; gritty
guenon *f.* (she-)monkey; hag
guère: ne... - hardly, scarcely
guérir to heal, cure
guérison *f.* recovery
gueule *f.* mouth (of an animal); human mouth (*vulg.*)
 - de bois hangover
gueuse *f.* sow; wench
guichet *m.* window, counter

habile skillful, clever
habileté *f.* cleverness, skillfulness
habiller to dress
habits *m. pl.* clothing
habitude *f.* habit, custom
 comme d'- as usual
 d'- usually
s'habituer à to get used to, accustomed to
habitué, -e accustomed to
hacher to break up, disrupt; to chop, mince
haie *f.* hedge
haine *f.* hatred
haineux, -euse hateful
haïr to hate
hallucinant, -e hallucinating, haunting
halte *f.* stop, break
hamac *m.* hammock
hameau *m.* hamlet
hanche *f.* hip
harangue *f.* bombastic and ranting speech or writing
haranguer to lecture, harangue
harceler to harass
hasard *m.* risk; chance, fate
 à tout - just in case, by chance
hâte: en - hastily
se hâter to hasten
hausser les épaules to shrug one's shoulders
haut, -e tall
haut: du - from the top of
 en - at the top
hauteur: à la - de la poste up (the hill) by the post office
haut-parleur *m.* loudspeaker
hebdomadaire weekly
hébété, -e dazed, bewildered
hébreu *adj. m.* (*f.* **hébraïque**) Hebrew
hein? eh?
hélas! alas!
héler to hail
herbe *f.* grass
hériter to inherit
héros *m.*, **héroïne** *f.* hero
heure: de bonne - early
 - d'affluence rush hour
 - de pointe rush hour
 tout à l'- in a little while; a little while ago
heurté, -e jolting
hibou *m.* owl
hirondelle *f.* swallow
hisser to hoist
historiette *f.* little story, anecdote
hochement *m.* nod, shake
hocher la tête to shake one's head
homme *m.* **de main** right-hand man
honnêteté *f.* honesty
honte *f.* shame
 avoir - to be ashamed of
 faire - à to make someone ashamed
honteux, -euse shameful, disgraceful; ashamed
horaire *m.* schedule
horloge *f.* clock
horreur: avoir - de to detest
 faire - à to horrify
hors *adv.* **de** outside of
hospitalier, -ère hospitable
hôte *m.*, **hôtesse** *f.* host, hostess
houle *f.* swell (of water)
houppelande *f.* (loose-fitting) greatcoat, heavy overcoat
huile *f.* oil
huissier *m.* usher, attendant
huître *f.* oyster
humain, -e *adj.* human
 être - human being
humain *m.* human being
humeur *f.* mood, temperament
humide damp
humilié, -e humiliated
hurler to roar, yell; to howl
hydratant, -e moisturizing
hydropisie *f.* dropsy, edema (disease causing swelling)
hyper- (*préfixe*) extremely, excessively
hyperefficace overly efficient
hypergastrique with a severely upset stomach (*word invented by Queneau*)
hypo- (*préfixe*) hypo- (*opposite of* **hyper-**)
hypophysaire relating to the pituitary gland
hypophyse *f.* pituitary gland
hypotendu, -e with low blood pressure

ici: d'- juin between now and June
idée *f.* **fixe** obsession
identique identical
ignoble vile
ignorer to be unaware of
île *f.* island
illuminé, -e lit up, illuminated
illustre famous, illustrious
imbu, -e de steeped in
imbuvable undrinkable
immeuble *m.* building
impatiemment *adv.* impatiently
implanté, -e established
impliquer to imply
importer to matter
 n'importe comment any (old) way, no matter how
 n'importe où anywhere
 n'importe quand any time

n'importe quel just any
imposant, -e impressive, awesome
s'imposer to command attention
impôt *m.* tax
imprécation *f.* curse
imprégnant, -e permeating
imprégné, -e permeated, instilled with
impressionnant, -e impressive
impressionner to impress
imprévisible unpredictable
imprimer to print; imprint
improviste: à l'- unexpectedly
impudique shameless
impuissant, -e powerless
impulsion *f.* impetus
inassorti, -e ill-matched
inattendu, -e unexpected
incantatoire magical
incendie *m.* fire
incendier to burn, set on fire
incertitude *f.* uncertainty
incessamment *adv.* incessantly
incitation *f.* exhortation
inconnu, -e unknown
inconscience *f.* thoughtlessness
inconscient *m.* subconscious
inconsolable disconsolate
incorporer to mix, blend
incroyable unbelievable
inculte uncultivated
indécis, -e undefined, vague
indéfinissable indefinable
indemnité *f.* damages
indication *f.* indication; information
indice *m.* sign, clue
indifféremment *adv.* indifferently
indigène native; local
indigné, -e indignant
s'indigner de to be annoyed at, get indignant about
indomptable indomitable, unmanageable
inédit, -e unpublished
inépuisable inexhaustible
infailliblement *adv.* inevitably
infatigable tireless
infecter to inflict; to poison (by)
inférieur, -e lower
infini, -e infinite
infirme *m./f.* invalid, disabled
infirmier *m.*, **infirmière** *f.* nurse
infliger to inflict
information *f.* piece of news
informatique *f.* computer science
informe formless
infuser to brew, steep
ingrat, -e ungrateful
inguérissable incurable
injonction *f.* command
injure *f.* insult
inlassablement *adv.* tirelessly
inné, -e innate
innombrable innumerable, countless
inondation *f.* flood
inoubliable unforgettable
inquiet, -ète worried
s'inquiéter de to worry about
inquiétude *f.* anxiety
insensé, -e insane; senseless, rash
s'insérer to filter into, invade
insolemment *adv.* insolently, arrogantly
insolite unusual, strange
insoumis, -e unsubdued
insoupçonné, -e unsuspected
installation *f.* moving in (to residence)
s'installer to move in
instantané: photo -e snapshot
instantanément *adv.* instantly
instruire to look into; to inform; to teach
instruit, -e knowledgeable, educated
insuffisant, -e insufficient, inadequate
insupportable unbearable, insufferable
insurgé *m.*, **insurgée** *f.* rebel
insurgents *m. pl.* (*hist.*) (American) insurgents, rebels
s'insurger to revolt, rebel
intarissable inexhaustible
interdiction *f.* ban
interdire to forbid, prohibit
interlocuteur *m.*, **interlocutrice** *f.* person speaking with someone
interminable never-ending
interpellation *f.* questioning (by police)
interpeller to challenge, accost
interposé, -e interspersed
interrogateur *m.*, **interrogatrice** *f.* questioner
interrogatoire *m.* interrogation, cross-examination
interrogé *m.*, **interrogée** *f.* person being questioned
interroger to question, ask
intervalle *m.* length of time
  dans l'- in the meantime
intervenir to intervene; to be involved
intime intimate; private
intitulé, -e entitled
introuvable undiscoverable
intrus *m.*, **intruse** *f.* intruder
inventaire *m.* inventory
inventeur *m.*, **inventrice** *f.* inventor
invraisemblable improbable, incredible
irradier to radiate; to shine
irrémédiable irreversable
isolé, -e isolated
isolement *m.* isolation, solitude
issu, -e de issuing, stemming from
ivre drunk
  - de joie wild with joy
ivresse *f.* drunkenness
ivrogne *m.* drunkard

jadis *adv.* in times past, formerly
jaillir to gush forth, burst forth

jalonner to mark off; to stand out
jalousie *f.* jealousy
jaloux, -ouse jealous
jamais *adv.* ever
 à - forever
 ne... - never
jambe *f.* leg
jardinet *m.* small garden
jaunâtre yellowish
jaune clair *adj. inv.* light yellow
jet *m.* gush
jetée *f.* jetty
jeter to throw, cast
 - un coup d'œil to glance
jeu: en - in play
 - de mots play on words
jeunesse: la - dorée the jet set, "beautiful people"
job *m.* job, position
Joconde: la - Mona Lisa
joie *f.* joy
joindre to enclose, attach; to join
jolie: faire la - to play the coquette
joliment *adv.* attractively, nicely
joncher to litter
joue *f.* cheek
jouet *m.* toy
jour: ce --là that day
 - d'action de grâce Thanksgiving Day
 - de l'an New Year's Day
 sous son meilleur - at one's best
journal *m.* **télévisé** evening news
joyeux, -euse joyous
juge *m.* judge
jumeau *m.*, **jumelle** *f.* (*m. pl.* **-x**) twin
jupe *f.* skirt
jurer to swear
jusque (jusqu'): - à up to
 - à ce que until
 - en until
 - ici up to now
juste *adj.* just, fair
juste *adv.* just, exactly
justement *adv.* as a matter of fact; precisely, just
justificatif, -ve supporting, justifying

képi *m.* (soldier's or policeman's) cap
Koweït *m.* Kuwait
krach *m.* (stock market) crash

là: --bas over there
 --dessus about it, on it
 toute l'affaire est --dedans that's the key to the whole thing
lac *m.* lake
lâche *adj.* cowardly
lâche *m./f.* coward
lâcher to let go
 - prise to let go; to give up
laid, -e ugly
laideur *f.* ugliness
laine *f.* wool
laisser to allow, let; to leave behind
 - indifférent to leave unmoved
laitier *m.*, **laitière** *f.* milkman, dairywoman
lambeau *m.* shred
lamentablement *adv.* miserably
lance: fer de - spearhead
se lancer to launch into
languir to become weak, languish
lanterne *f.* **magique** magic lantern (19th-century projector)
lapin *m.* rabbit
large wide
 de long en - back and forth
 - d'esprit broad-minded
larme *f.* tear
laryngite *f.* laryngitis
las, lasse tired, weary
lassitude *f.* fatigue
lauréat *m.*, **lauréate** *f.* (prize) winner
laver to wash
 - la vaisselle to wash the dishes
 - le linge to wash clothes
lécher to lick
lecteur *m.*, **lectrice** *f.* reader
lecture *f.* reading
léger, -ère light
légèreté *f.* lightness
légitime legitimate
légume *m.* vegetable
lendemain *m.* the next day
lent, -e slow
lentement *adv.* slowly
levant, -e *adj.* rising
levant *m.* east
lever *m.* **du soleil** sunrise
lèvre *f.* lip
libéré, -e released
se libérer to free oneself
libertin, -e libertine
lié, -e linked, connected
lien *m.* bond
se lier to make friends
lieu *m.* place
 au - de instead of
 il n'y a pas - de there is no cause to
lieue *f.* league (3 statute miles)
lièvre *m.* hare
lifting *m.* face-lift
ligne *f.* line; waistline, figure
limbique limbic (region of the brain)
limpidité *f.* clarity
linge *m.* linen, underwear, clothes
 laver le - to wash clothes
 pince à - clothespin
lingot *m.* ingot, mass of metal
Lion *m.* Leo (zodiac sign)
litote *f.* understatement
livre *m.* **de chevet** favorite book
livrer to deliver; to give up to
 - aux soins de to leave to the care of

location *f.* renting, rental
en - for rent; on loan
logement *m.* lodging, housing
loi *f.* law
loin *adv.* far
au - in the distance, far off
lointain, -e remote, distant
long: de - en large back and forth
le - de throughout
longtemps *adv.* a long time
lors: dès - from that time on
- de at the time of
lorsque *conj.* when
louange *f.* praise
louer to rent; to praise
loup *m.* wolf
lourd, -e heavy
loyer *m.* rent
lueur *f.* gleam, glimmer
à la - des bougies by candlelight
luisant, -e shining, glowing
lumière *f.* light
Siècle des -s Age of Enlightenment (the 18th century)
lumineux, -euse luminous, radiant
lune *f.* moon
clair de - moonlight
- de Chalval Shawwal (the tenth lunar month of the Moslem calendar)
lustre *m.* chandelier
lutte *f.* struggle
lutter to fight, wrestle
luxe *m.* luxury, wealth
lycéen *m.*, **lycéenne** *f.* (high school) student

machinalement *adv.* automatically, without thinking
madeleine *f.* small, shell-shaped cake
Maghrébin *m.*, **Maghrébine** *f.* inhabitant of the Maghreb in North Africa
magnésium *m.* magnesium
éclair de - photographic flash
magnétoscope *m.* videocassette recorder (VCR)
maillot *m.* **de bain** bathing suit
maintenir to maintain
maintien *m.* bearing; posture; grip, restricting hold
maire *m.* mayor
maison *f.* house; company
maisonnette *f.* cottage
maître *m.* master; chief
- chanteur blackmailer
maîtrise *f.* mastery
maîtriser to master, control
majeur, -e of age; major, main
majuscule *f.* capital (letter)
maladie *f.* illness
maladroitement *adv.* awkwardly
malaise *m.* discomfort
malchance *f.* bad luck
malédiction *f.* curse
malentendu *m.* misunderstanding
malgré in spite of
malheur: par - as ill luck would have it
quel -! what a shame!
malheureux, -euse unhappy
malin, maligne *adj.* mischievous; shrewd
malsain, -e unhealthy
mammifère *m.* mammal
manageur *m.* manager
manche *f.* sleeve
la Manche English Channel
manger dans la main to eat out of someone's hand
manie *f.* mania, obsession
manière: de - à so that
manifestement *adv.* patently, obviously
manque *m.* lack
par - de for lack of, want of
manquer à to be missed by (someone)
- de to lack (something)
mansarde *f.* attic, garret
maquillage *m.* makeup
se maquiller to put on makeup
marbre *m.* marble
marchand *m.*, **marchande** *f.* shopkeeper, dealer
marchandage *m.* bargaining
marchander to haggle, bargain
marche: en - running (motor)
marché *m.* bargain, deal; market
par-dessus le - into the bargain, on top of all that
marcher to walk; to work (machine)
marée *f.* tide
marge *f.* **de manœuvre** room to maneuver
mariage *m.* marriage, wedding
marieur *m.*, **marieuse** *f.* matchmaker
marin, -e *adj.* marine, sea-related
marin *m.* sailor
marine *f.* navy
bleu - navy blue
marmite *f.* pot
- de fer cast iron pot
marquer to highlight
marteau *m.* hammer
martingale *f.* system for gambling
mât *m.* **de cocagne** greased pole (climbed in a contest)
matelas *m.* mattress
matériel *m.* **ferroviaire** railroad equipment
matière *f.* (academic) subject; material, substance; contents
- grasse fat
matinée *f.* morning
maudire to curse
maudit, -e damned
mec *m.* (*fam.*) guy
méchanceté *f.* unkindness; wickedness
méchant, -e bad, naughty, wicked

mécontent, -e unhappy, annoyed
mécontentement *m.* dissatisfaction, annoyance
mécontenter to displease, annoy
médaille *f.* medal
médicament *m.* medicine
méditer to meditate
méfiance *f.* mistrust, suspicion
se méfier de to distrust
mégarde: par - inadvertently
meilleur: du - de son âme with all his heart
mélange *m.* mixture
mélanger to mix
mêler to mix
  se - de to get involved with
melon *m.* bowler, derby (hat)
membre: se saigner aux quatre -s to bleed oneself dry, sacrifice oneself
même same; very
  de - que just as
  quand - nevertheless, still
  tout de - all the same, even so
mémoire *f.* memory
mémoire *m.* paper, report
menace *f.* threat
menacer to threaten
ménage *m.* housework; married couple
ménager, -e relating to housework
ménagère *f.* housewife
ménagerie *f.* zoo
mendiant *m.*, **mendiante** *f.* beggar
mener to lead
  - la conversation to carry on conversation
menotte *f.* handcuff
mensonge *m.* lie
mensuel, -elle monthly
menteur *m.*, **menteuse** *f.* liar
menthe *f.* mint
mentir to lie
mépris *m.* contempt
mépriser to disdain
mer *f.* sea
  fruits de - seafood
merdeuse! *f.* (*vulg.*) dirty bitch! filthy slut!
mère: belle-- mother-in-law
mériter to merit, deserve
merveille *f.* marvel, wonder
  au pays des -s in wonderland
merveilleusement *adv.* wonderfully
merveilleux, -euse wonderful, marvelous
mésange *f.* titmouse (type of bird)
messe *f.* mass (religious ceremony)
mesure: à - in proportion; successively
  à - que as
  la - était comble that was the limit
mesurer to measure
métier *m.* occupation, trade; loom, spinning wheel
métrage: court - short (film) subject
metteur *m.*, **metteuse** *f.* **en scène** movie director
mettre: - bas to give birth
  - en scène to present (characters in literature); to direct (a movie)
  se - à to begin
  se - à l'œuvre to get down to work
  se - à table to sit down to eat
  se - d'accord to come to an agreement
  se - en colère to become angry
  se - par terre to get on the floor
meuble *m.* piece of furniture
meurtre *m.* murder
meute *f.* pack
micro-onde *f.* microwave
Midi *m.* the South of France
mieux: je ne demande pas - I'll be glad to
mignon, -onne cute, sweet; dainty
milieu *m.* middle; environment
  - entre compromise between
millénaire *m.* thousand years
milliardaire *m./f.* billionaire
millier: des -s thousands
mince slender
minceur, -euse slenderizing, low-calorie
mine *f.* appearance
  faire des -s to make faces
  prendre des -s to put on airs
ministère *m.* Ministry
minitel *m.* minitel, computer display terminal tied to phone lines
minutie *f.* minute detail
mire: point de - focal point
miroiter to reflect
mise *f.* dress, attire
mise: - en scène production
  - au point adjustment
misère *f.* misery; poverty
mitan: à la - (*vx.*) in the middle
mitigé, -e inconclusive
mitraille *f.* volley (of gunshots)
moche (*fam.*) ugly
mode *m.* **d'emploi** directions for use
moelle *f.* marrow
mœurs *f. pl.* customs
moindre least, slightest
moine *m.* monk
moins: au - at least
  de - en - less and less
  du - at least, anyway
moisson *f.* harvest
moitié *f.* half
mollement *adv.* indolently, lazily
mollesse *f.* indolence, laziness
moment *m.* time, moment
momentanément *adv.* momentarily

mondain, -e worldly, of society
monde: du - a lot of people; some guests, company
mondial, -e world(-wide)
montant *m.* sum, total
montre *f.* watch
se moquer de to make fun of; not to care
moquerie *f.* mockery
moqueur, -euse mocking
moral, -e moral
moralisateur, -trice moralizing
moraliste moralistic
morceau *m.* selection; piece, bit
emporter le - to win the day
mordant, -e sharp, scathing
mordoré, -e bronze-colored
mordre to bite
moribond *m.*, **moribonde** *f.* dying person
morose sullen, morose, gloomy
morosité *f.* sullenness
mort *f.* death
mort *m.*, **morte** *f.* dead person
mou (mol), molle soft; indolent
mouche *f.* fly
mouchoir *m.* handkerchief
mouillé, -e wet, damp
moule *f.* mussel
mouler to mold; to cling to (as fabric)
moulin *m.* windmill
- à poivre pepper mill
moulu, -e ground
moustique *m.* mosquito
moutarde *f.* mustard
mouton *m.* mutton
moyen *m.* means, way
au - de by means of
Moyen-Orient *m.* Middle East
moyennant in return for
moyenne: en - on the average
muet, muette mute, silent
mulot *m.* field mouse
muni, -e de provided with
mur *m.* wall
mûr, -e ripe; mature
muraille *f.* (high) wall
muscat *m.* muscatel (a white wine)
muse *f.* (*myth.*) Muse
museau *m.* muzzle
musulman, -e Moslem
mutin, -e saucy, unruly
myope near-sighted

nadir *m.* lowest point
nain *m.*, **naine** *f.* dwarf
naissance *f.* birth
naître to be born
nana *f.* (*argot*) chick (girl)
nanisme *m.* dwarfism
natal, -e native
natation *f.* swimming
natte *f.* mat
nature *f.* **morte** still life
naufragé *m.*, **naufragée** *f.* castaway, shipwrecked person
navette *f.* shuttle
néanmoins *adv.* nevertheless
néant *m.* nothingness, void
néfaste harmful, disastrous
négliger to neglect
négritude *f.* state of being black
nerf *m.* nerve
net, nette clear
nettoyage *m.* cleaning
neuf, neuve (brand-) new
quoi de -? what's new?
névralgie *f.* headache; neuralgia
nicher to build a nest, nestle; to lodge
nid *m.* nest
nier to deny
n'importe no matter
niveau *m.* level
noces *f. pl.* marriage
voyage de - honeymoon
nœud *m.* knot
- papillon bow tie
noix *f.* walnut
nom *m.* **de plume** pen name
non plus *adv.* either, neither
notamment *adv.* notably, in particular
notation *f.* note
noter to notice; to grade
nourrir to nurture, nourish
nourriture *f.* food
nouveau: de - again
nouvelle *f.* short story; news
noyau *m.* nucleus
se noyer to drown
nu, -e bare, nude
nuage *m.* cloud
nuire to harm
numérique numerical
numéro *m.* number; issue (press)
numéroté, -e numbered

objectif *m.* camera lens; objective
obligé *m.*, **obligée** *f.* person under obligation
obscurité *f.* darkness
obsédant, -e obsessive; haunting
obséder to obsess
observateur *m.*, **observatrice** *f.* observer
observé *m.*, **observée** *f.* person being observed
obstiné, -e obstinate
occasion: d'- secondhand
occasionner to cause
occidental, -e Western
occitan, -e of, from Occitanie (ancient term for Southern France)
s'occuper de to look after
octogénaire *m./f.* eighty-year-old person
odorat *m.* (sense of) smell
œil: clin d'- wink
coup d'- glance
d'un sale - with a dirty look
œuvre *f.* work (of art, literature, etc.); undertaking, task
se mettre à l'- to get down to work
se remettre à l'- to get back to work
officier *m.* officer
oignon *m.* onion

oiseau *m.* bird
oisif, -ve idler
olivier *m.* olive tree
plant d'- olive branch
ombre *f.* shadow
ombrelle *f.* parasol
omettre to omit
onctueux, -euse smooth
onde *f.* (sound) waves
ondulation *f.* wave; movement, undulation
ongle *m.* fingernail
opérer to operate; to carry out, implement
se faire - to have an operation
s'- to take effect
opiniâtre obstinate, stubborn
opportunément *adv.* at the opportune time
opportunité *f.* favorable occasion
s'opposer à to be opposed to; to contrast with
opprimant, -e oppressive
optique *f.* perspective
or *m.* gold
or *conj.* now; however
orage *m.* storm
ordinateur *m.* computer
ordonnateur, -trice: paroles ordonnatrices orders
ordonner to order, command
ordures *f. pl.* rubbish, trash
boîte à - trash can
orée *f.* edge
oreille *f.* ear
orgueil *m.* pride
orgueilleux, -euse proud
orienté, -e oriented
orné, -e adorned, decorated
orphelin *m.*, **orpheline** *f.* orphan
orphéon *m.* choir
orthographe *f.* spelling
os *m.* bone
oser to dare
osseux, -euse bony
ôter to take off, away

ou... ou either. . . or
où: n'importe - anywhere
oubli *m.* forgetting, omission
ouest *m.* west
ouïr (*vx.*) to hear
- dire to hear it said
ours *m.* bear
outil *m.* tool
outragé, -e violated
outre *f.* goatskin (to hold water)
outre *prép.* besides, in addition to
en - moreover
--Atlantique across the Atlantic, overseas
--Manche across the English Channel (Great Britain)
ouverture *f.* opening
ouvrage *m.* work
ouvrier *m.*, **ouvrière** *f.* worker

paillasson *m.* doormat
pain *m.* **d'épices** gingerbread-like cake
paisible peaceful, quiet
paître to graze
paix *f.* peace
palefrenier *m.*, **palefrenière** *f.* stableman, groom
paletot *m.* jacket
pâleur *f.* paleness
pâlir to turn pale; to grow dim
palpiter to beat
panache *m.* flamboyance, flair
panier *m.* basket
panne *f.* breakdown
panneau *m.* panel
pans: à - with a (shirt) tail
pantoufle *f.* slipper
paon *m.* peacock
paparazzi *m. pl.* reporter-photographers
paperasse *f.* useless paper(s)
paperasserie *f.* paperwork
papillon: nœud - bow-tie
paquet *m.* package
par trop (difficile) far too (difficult)

parade: de - ceremonial
paraître to seem
faire - to publish
parallèlement *adv.* at the same time; in the same way
paralysie *f.* **cérébrale** cerebral palsy
parapluie *m.* umbrella
parcelle *f.* particle, small fragment
par-ci par-là now and then; here and there
parcourir to go over, cover; to skim, glance over
parcours *m.* distance; (obstacle) course
par-dessus: - le marché into the bargain; on top of all that
pardessus *m.* overcoat
pareil, -eille similar
sans - unequalled
parent *m.*, **parente** *f.* relative; parent
parenté *f.* relationship
parenthèse *f.* parenthesis
parer to attribute; to adorn
paresseux, -euse lazy
parfois *adv.* sometimes, every so often
pari *m.* bet, wager
se parjurer to commit perjury
parmi among
parodier to parody
paroi *f.* inner surface; wall
parole *f.* word; remark; speech (faculty of)
-s ordonnatrices orders
prendre la - to speak
parquet *m.* (wooden or parquet) floor
part: à - (que) except (that)
d'autre - moreover
d'une -... d'autre - on the one hand . . . on the other hand
ne... nulle - nowhere
quelque - *adv.* somewhere
partager to share; to divide
partenaire *m./f.* partner

parti *m.* (political) party, side
particule *f.* particle
partie *f.* part; game
la plus grande - de most of
partiel, -elle partial
partir: à - de based on
partisan *m.*, **partisane** *f.* partisan, supporter
partition *f.* musical score; division
partout *adv.* everywhere
paru, -e published; appeared
parure *f.* finery
parution *f.* appearance, publication
parvenir (à) to achieve; to succeed (in life)
pas *m.* step
pas *adv.* **du tout** not at all
passage *m.* passage, passing
passager *m.*, **passagère** *f.* passenger
passant *m.*, **passante** *f.* passerby
passe-temps *m. inv.* pastime
passer: - l'aspirateur to vacuum
se - to take place
passionnant, -e fascinating, exciting
passionnel *m.* emotion, passionate instinct, intense feeling
passionné, -e impassioned, ardent
pasteur *m.* protestant minister
pathétique *m.* pathos, the pathetic
pâtisserie *f.* pastry
pâtre *m.* (*litt.*) shepherd
patricien, -enne patrician, aristocratic
patrie *f.* native land, nation
patron *m.*, **patronne** *f.* boss
patronner to patronize, sponsor
patte *f.* paw
paupière *f.* eyelid
pavillon *m.* villa, house
paysage *m.* landscape
PDG *m.* **(Président-Directeur-Général)** CEO (chief executive officer)
peau *f.* skin
pêche *f.* fishing
pêcher to catch fish; to go fishing
pêcheur *m.*, **pêcheuse** *f.* fisherman, fisher
pédant, -e pedantic
peigner to comb
peindre to paint
peine *f.* trouble; suffering, sorrow
à - scarcely
- de mort death penalty
prendre la - to take the trouble
peiner to hurt
peint, -e painted
peintre *m.* painter
peinture *f.* picture; painting
boîte de - paint box
péjoratif, -ve derogatory, pejorative
peloton *m.* **d'épingles** pin cushion
pelouse *f.* lawn
tondre la - to cut the grass
penchant *m.* propensity, inclination, tendency
sur le - de sa ruine on the brink of ruin
pencher: - sur les reins to bend over
se - au dehors to lean out
se - en avant to lean forward
pendant *adv.* during; for
pendeloque *f.* dangling earring
pénible painful
pennage *m.* plumage
penser: cela me fait - à that makes me think of, reminds me of
pensée *f.* thought
pénurie *f.* shortage, lack
percer to pierce
percevoir to perceive
perdre to lose
se - to be lost; to disappear
perfide perfidious, treacherous
périr to perish
permis *m.* **de conduire** driver's license
perron *m.* flight of steps
perroquet *m.* parrot
perruque *f.* wig
persan, -e Persian
Perse *f.* Persia
persil *m.* parsley
personnage *m.* character; person
personne: ne ... - no one
perspicacité *f.* insight, shrewdness
perte *f.* loss
perturbateur, -trice bothersome
PES *f.* **(perception extra-sensorielle)** ESP (extrasensory perception)
peser to weigh
pester to curse
pétiller to sparkle
pétrole *m.* oil, petroleum
pétrolifère: gisement - oil field
peu *adv.* little, not very
à - près approximately, almost
- à - little by little
- de few
peur: avoir grand'peur to be very frightened
faire - à to frighten
peureusement *adv.* fearfully
peureux, -euse fearful
phénomène *m.* phenomenon
phoque *m.* seal
photographe *m./f.* photographer
piastre *f.* piaster (unit of money)
pic: tomber à - to happen at the right moment
picon *m.* name of a beverage
pièce *f.* room; play; piece
piécette *f.* small coin

pied-noir *m.* Algerian of European descent
piège *m.* trap
piéger to trap
pierre *f.* **d'achoppement** stumbling block
pin *m.* pine tree
pince *f.* clip
- à linge clothespin
pinceau *m.* paintbrush
pince-fesse *m.* pinch (to someone's bottom)
pincer to pinch
piquant, -e titillating; spicy
pique-nique *m.* picnic
piqûre *f.* bite, sting (of insect), prick
pire worse, worst
pis *adv.* worse, worst
piscine *f.* swimming pool
piste *f.* lead, clue
piteux, -euse pitiful
pitié *f.* pity
pitoyable pitiful
place *f.* space; seat; square
marcher sur - to mark time
tenir de la - to take up space
se placer to be placed
placette *f.* small square
plafond *m.* ceiling
plaindre to pity
se - to complain
plaine *f.* plain
plainte *f.* complaint
plaire to please
plaisant, -e amusing
plaisanterie *f.* joke
plaisir *m.* pleasure
que c'était un - delightfully
plan *m.* plane; plan; map
plancher *m.* floor
plant *m.* **d'olivier** olive branch
se planter to plant oneself, position oneself
plat, -e flat
à - flat
plat *m.* dish
- de résistance main course
plate-bande *f.* border, flower bed
plein, -e full
en -e nuit in the middle of the night
- de (*fam.*) a lot of
plein: faire le - to fill up (with gas)
pléonastique superfluous, meaningless
pleur *m.* (*litt.*) tear
pleurer to cry, weep
- sur to lament; to feel sorry for
pleurnichard, -e snivelling
pli *m.* crease
plier to fold; to bend
se - to abide by
plombé, -e murky
plombier *m.* plumber
plongé, -e engrossed
se plonger to immerse oneself
plume *f.* feather
plupart: la - de most of
plus: en - in addition
ne... - no more, no longer
Pluton *m.* Pluto (planet)
plutôt *adv.* rather
pluvieux, -euse rainy
pneu *m.* (*pl.* **-s**) tire
- crevé flat tire
poche *f.* pocket
poêle *f.* frying pan
poésie *f.* poetry
poétique *f.* poetics
poids *m.* weight
poignard *m.* dagger
poignée *f.* handle
poignet *m.* wrist
poil *m.* hair
point *adv.*: **ne ... -** not at all
point *m.* place, point
faire le - to take stock of; to sum up
mettre au - to perfect
mise au - adjustment
- de mire focal point
- de vente store, sales outlet
pointe: sur la - des pieds on tiptoe
pointu, -e pointed
poire *f.* pear
poisson *m.* fish
les Poissons Pisces
poitrine *f.* chest
poivre *m.* pepper
police *f.* **d'assurances** insurance policy
policier *m.* policer officer; detective
politesse *f.* politeness
politique *f.* politics, policy
pompier *m.* fireman
pompier, -ère pompous
mot - common expression, cliché
pompon *m.* pompom, ornamental tuft
port *m.* port; bearing, carriage
à bon - to, at a satisfactory solution
portefeuille *m.* billfold, wallet
porter to bring, carry; to wear
- sur to concern, deal with
porteur *m.*, **porteuse** *f.* (pall)bearer
posséder to possess, have
poste *f.* post office; mail
poste *m.* post, position, job; radio
pot *m.* dish, recipe; pot
prendre un - to have a drink
- à eau pitcher
potage *m.* soup
poteau: ...au - down with. . . !
potion *f.* concoction
poubelle *f.* trash can
poudre *f.* powder
poudreux, -euse dusty
- de soleil drenched in sunlight
poule *f.* hen
poulie *f.* pulley
poulpe *m.* octopus
poumon *m.* lung
poupée *f.* doll
pour que *conj.* so that
pourparlers *m. pl.* talks, negotiations
poursuivre to pursue; to continue

- **en justice** to sue, prosecute
pourtant *adv.* however, nevertheless
pourvoir: - à to provide for
- **un emploi** to fill a vacancy
pousser to push
- **un cri** to cry out
poussière *f.* dust
pouvoir *m.* power
pouvoir: il se peut que it could be that
pratique *adj.* practical
pratique *f.* practice, custom
pratiqué, -e practiced, made
précédemment *adv.* previously
précéder to precede
préciosité *f.* (*litt.*) preciocity
se précipiter to rush
précis, -e specific, clear
préciser to specify, be specific
précision *f.* points of information; precision
précoce early; precocious
précosité *f.* precocity, precociousness
prédire to predict, foretell
prédominer to predominate
premier, -ère first; primary
prendre:
- **en remorque** to take in tow
- **un pot** to have a drink
s'en - à to attack, blame
s'y - to go about things, manage
prénom *m.* first name
se préoccuper to be concerned, preoccupied
préparatifs *m.pl.* preparations
près: à peu - approximately, almost
présomptif *m.* heir apparent
presque *adv.* almost
pressentir to sense, have a foreboding
pressé, -e rushed, hurried
prêt, -e ready
prêt *m.* loan
prétendre to claim, assert
prétention *f.* pretension; claim
prêter to lend; to accord
se - à to lend oneself to
prêteur *m.*, **prêteuse** *f.* **sur gages** pawnbroker
prêtre *m.* priest
preuve *f.* proof
prévaloir to prevail
prévenir to guard against; to warn
prévisible predictable
prévoir to foresee, envision
prévu, -e planned
prier to request, beg; to pray
je vous prie de please, kindly
prière *f.* prayer
- **de** please
primaire primary
primauté *f.* primacy, preeminence
principe *m.* principle
priori: a - deductive, based on assumption rather than known facts
pris, -e en photo photographed
prise: lâcher - to let go
priser du tabac to take snuff
privé, -e private
prix: à tout - at all costs
procédé *m.* procedure
prochain, -e next
proche near, close
se procurer to procure, obtain
prodigieux, -euse enormous
prodiguer to squander
producteur *m.*, **productrice** *f.* producer
se produire to happen, take place
produit, -e produced
proférer to utter
profondément *adv.* deeply
profondeur *f.* depth
progéniture *f.* offspring
proie *f.* prey
en - à tormented by
projectile *m.* missile, projectile
se promener to take a walk
promoteur *m.*, **promotrice** *f.* property developer
promu, -e promoted
prophétie *f.* prophecy
propice favorable, propitious
propos: à ce - concerning that matter
à - incidentally
à - de concerning
propre clean; one's own
propriété *f.* property
propulser to propel
propulsion *f.* propelling force, propulsion
proscrire to banish, ban; to condemn
protecteur, -trice protective
protéger to protect
provenir to come from, be due to
provisions *f. pl.* food
provisoire temporary
provocateur, -trice provocative
provoquer to provoke, prompt, arouse
puant, -e foul-smelling
publication *f.* publishing
publicitaire (of) advertising
publicité *f.* advertisement
publier to publish
puce *f.* flea; microchip
pudeur *f.* modesty
puis *adv.* then
puisque *conj.* since, because
puissance *f.* power
puissant, -e strong, powerful
pull *m.* pullover, sweater
punir to punish
punition *f.* punishment
purin *m.* liquid manure
putain *f.* whore

quadrille *m.* square dance of French origin
quai *m.* wharf; train platform; river bank
qualité *f.* virtue, good point; quality

quand même *adv.* nevertheless; still
quant à *adv.* as for
quartier *m.* neighborhood
quasi *adv.* almost
quatrain *m.* quatrain, four-line stanza
quelconque ordinary; some. . . or other
quelque part *adv.* somewhere
quête *f.* search
quêter to solicit, search
queue *f.* tail; line
faire la - to stand in line
quinquagénaire *m./f.* fifty-year-old person
quinzaine *f.* about fifteen
dans la - within the next two weeks
quoique *conj.* even though, although
quotidien, -enne daily

rabaisser to belittle
rabattre to pull down
rabbin *m.* rabbi
raccompagner to accompany (back, home)
raccourcir to shorten
raccrocher to hang up
racheter to redeem, buy back
racine *f.* root
raclure *f.* scraping
radieux, -euse dazzling, radiant
raffinement *m.* refinement
rafle *f.* police roundup, raid
ragoût *m.* stew
raison *f.* reason
avoir - to be right
en - de because of
raisonnable reasonable
raisonner to reason
ralentir to slow down
râleur *m.*, **râleuse** *f.* complainer, grouser
rallumer to relight
ramasser to pick up
rame *f.* oar
ramener to bring back
ramer to row
rancune *f.* resentment
rang *m.* row; shelf; rank
ranger to put away, tidy up
ranimer to revive
rappel *m.* reminder
rappeler to remind; to recall
se - to remember
rapport *m.* relationship; report
par - à in relation to
rapporter to report, relate; to bring back
rapprocher to bring together; to compare
se - to approach
rassasié, -e sated, satisfied fully
rassembler to gather together, collect
rassurant, -e reassuring
rassurer to reassure
ratatiné, -e shrivelled
rater to miss; to fail
rattacher to join
ravi, -e delighted
ravissant, -e beautiful, ravishing
rayé, -e striped
rayon *m.* department; counter
rayonner to shine (forth)
réagir to react
réalisateur *m.*, **réalisatrice** *f.* (film) director, film-maker
se réaliser to come true, be achieved, be carried out
réaliste realistic
rebelle rebellious
rebondissement *m.* repercussion; new development
recette *f.* recipe
recevoir to receive; to see (a person); to entertain, be at home (to visitors)
recherche *f.* search; research
recherché, -e sought after
rechigner to balk
rechute *f.* relapse
récipient *m.* container
récit *m.* story; narrative
réclamer to demand, require; to claim
récolte *f.* harvest
récolter to harvest, gather, reap
récompense *f.* reward
récompenser to reward
reconnaissable recognizable
reconnaissance *f.* recognition; gratitude
reconnaître to recognize
recours *m.* recourse
avoir - à to use; to have recourse to
recouvrir to cover (again)
recrue *f.* recruit, replacement
recueil *m.* collection
reculer to step back, move back
récupérer to get back, recover
rédacteur *m.*, **rédactrice** *f.* (press) editor, writer
- en chef editor-in-chief
rédaction *f.* writing; editing
salle de - (newspaper) office
redevable indebted
rédiger to write up; to write, compose
redingote *f.* frock coat
redire to restate
redondance *f.* redundancy
redoutable dangerous
réduire to shorten; to reduce
réel, réelle real
se référer à to refer to
reflet *m.* reflection
refouler to drive back
se réfugier to take refuge
refus *m.* refusal
se régaler to feast, eat well
regard *m.* (sense of) sight; look
régime *m.* diet; regime
règle *f.* rule
en - in good order
règlement *m.* regulation
régler to adjust; to pay (check); to tune (carburator)
se - to be settled
réglisse *f.* licorice
règne *m.* reign
régner to reign

regretter to be sorry, regret
rein: pencher sur les -s to bend over
reine *f.* queen
rejeter to throw back
rejeton *m.* offspring
rejoindre to join; to meet again
réjoui, -e joyous
se réjouir to be glad, be thrilled
se relâcher to become slack
relation *f.* relationship; connection; acquaintance
relever to raise again; to pick out
- de to depend upon; to come under; to be answerable to
relier to unite, join (again)
reluire to gleam, shine
remarquable remarkable; noticeable
rembourré, -e stuffed (for furniture)
rembourser to reimburse
remerciement *m.* thanks, acknowledgement
remercier to thank
remettre to hand in; to postpone; to put again
remontée *f.* ascent
remonter to go up
remontrances: faire des - to reprimand
remords *m.* remorse
remorque: prendre en - to take in tow
remplacer to replace
remplir to fill in, out
remporter to win (a victory); to take away
remuer to move, shift position
renard *m.* fox
rencontrer to meet; to find
se rendormir to go back to sleep
rendre to make; to give back
se - to go, head for
se - compte to realize
renfermer to contain, hold; to shut (up)
renforcer to reinforce, strengthen
renforçateur, -trice reinforcing
renommée *f.* fame
renoncer à to abandon, give up (all thought of)
renouer to take up again; to rejoin
renouveler to renew; to repeat
renseignement *m.* information
renseigner to inform
se - (sur) to find out (about)
rentrée *f.* start of the new school year
rentrer to re-enter; to return (home)
- dedans to crash into, collide with
renverser to reverse, invert
répandre to spread; to shed
répandu, -e widespread
réparation *f.* repair
réparer to repair
repartir to set out again
répartition *f.* division
repérer to find, pick out
replonger to plunge back
répondeur *m.* (telephone) answering machine
reportage *m.* report; reporting
reporter-photographe *m.* reporter-photographer
reposer to rest
- sur to rest on, be supported by
repousser to push away
reprendre to resume, continue; to pick up
reproche *m.* reproach
se reprocher de to blame oneself for
réputé, -e famous
requérir to require
requiert *present of* requérir
rescousse: à la - to the rescue, aid
réseau *m.* network, system
réservoir *m.* **d'essence** gas tank
résidence *f.* residence; dormitory
résistance: plat de - main course
résonner to resound, reverberate
résorption *f.* dissolution
résoudre to resolve
respirer to breathe
se ressaisir to pull oneself together
ressembler à to resemble
ressentiment *m.* resentment
ressentir to feel, experience
ressortir to go out again
faire - to bring out, make (something) stand out
se ressouvenir to remember (again)
ressusciter to come back to life
restes *m. pl.* leftovers, food-scraps
restreint, -e limited
résultat *m.* result
résumé *m.* synopsis; résumé
résumer to summarize, sum up
se rétablir to be restored
retard *m.* delay
être en - to be late, delayed
retardement *m.* delay
retarder to delay
retenir to retain, remember
se - to restrain oneself
rétention *f.* retention
rétine *f.* retina
retirer to take away
se - to withdraw
retordre: donner du fil à - to make life difficult
retour *m.* return
être de - to be back
retraite *f.* retirement
se retrousser (les manches) to roll up (one's sleeves)
réunion *f.* meeting; gathering
se réunir to meet
réussi, -e effective, well-done, successful
réussite *f.* success

revanche: en - on the other hand
rêvasser to daydream
rêve *m.* dream
révélateur, -trice revealing
révéler to reveal
se - to prove to be
revendeur *m.*, **revendeuse** *f.* second-hand dealer
revendre: avoir de l'énergie à - to have energy to spare
rêver to dream
revernir to revarnish
révision *f.* (auto) servicing; review; revision
révolté *m.*, **révoltée** *f.* rebel
revue *f.* magazine, journal
rhume *m.* cold
ride *f.* wrinkle
ridé, -e wrinkled
ridiculiser to ridicule
rien: ne... - nothing
rieur, rieuse laughing, cheerful
rigueur *f.* strictness, severity
de - required
rime *f.* rhyme
rire to laugh
rire *m.* laughter, laugh
risette *f.* little smile
faire des -s to smile in a child-like manner
risible laughable; ridiculous, silly
rive *f.* (river) bank, shore
rixe *f.* brawl
riz *m.* rice
rocher *m.* rock
roi *m.* king
roman *m.* novel
romancier *m.*, **romancière** *f.* novelist
romanesque: œuvre - (work of) fiction
rompre to break
rond, -e round
ronger to gnaw
rosée *f.* dew
rôti *m.* roast
rôtir to roast
roue *f.* wheel
faire la - to fan, spread its tail (peacock)
rouge foncé *adj. inv.* dark red
rougeole *f.* measles
rougir to blush
rouler to roll; to go, run (car)
roulure *f.* (*argot*) slut, trollop
rouspéteux, -euse grouchy
route *f.* road, route
mettre en - to start
routinier, -ère routine
rouvrir to reopen
roux, rousse auburn; red-headed
royaume *m.* kingdom, realm
ruban *m.* ribbon; band
rubrique *f.* heading
rude harsh
rumeur *f.* rumor; rumbling
ruse *f.* ruse, trick
rustre *m.* boor, lout

sable *m.* sand
sablé *m.* type of shortbread
sac *m.* **de couchage** sleeping bag
saccadé, -e abrupt, jerky
saccagé, -e wrecked, torn apart
sacré, -e sacred
sage wise
sagesse *f.* wisdom
Sagittaire *m.* Sagittarius
saigner to bleed
se - aux quatre membres to bleed oneself dry, sacrifice oneself
saillant, -e protruding; outstanding
saillir to protrude, jut out
sain, -e healthy; sound
saint, -e saintly, holy
saisir to understand; to seize
saisissant, -e striking
saladier *m.* salad bowl
salaud *m.* (*fam.*) jerk, dirty rat; bastard
sale dirty; nasty
d'un - œil with a dirty look
salé, -e salted
saleté *f.* squalor; dirt
-! *f.* (*fam.*) swine! slut!
salle *f.* room
- d'attente waiting room
- de rédaction (newspaper) office
saluer to greet; to salute
salut *m.* salute, greeting; salvation
sanction *f.* punishment; approval
sanctionner to sanction, approve; to punish
sang *m.* blood
sanglant, -e blood-red; bloody
sangloter to sob
sans: - doute probably
- égal unequalled
- pareil unequalled
santé *f.* health
sauf, sauve *adj.* safe, unhurt
sauf *prép.* except
saumon *m.* salmon
sauter to jump
- au cou to throw one's arms around someone's neck
sauteur, -euse jumping
sautiller to jump about
sauvage wild
sauvetage *m.* rescue
bateau de - lifeboat
savant, -e scholarly, learned
savant *m.* scholar; scientist
savourer to enjoy, savor
savoureux, -euse tasty
scélérat, -e evil, infamous
scélérat *m.*, **scélérate** *f.* (*litt.*) scoundrel
scénario *m.* screenplay
scénariste *m./f.* scriptwriter
scène: mise en - production
scintillant, -e sparkling
scolaire school (-related)
bulletin - report card, grades
Scorpion *m.* Scorpio
scruter to scrutinize
seau *m.* bucket
sec, sèche dry

Sécession: la guerre de - the American Civil War
sécher to dry
sécheresse *f.* dryness; drought
second, -e second; secondary
seconder to assist
secouer to shake
secours *m.* help
secousse *f.* jolt, shock
Secrète *f.* secret police
section: chef de - departmental head
séduction *f.* charm, appealing attribute
séduire to charm; to seduce
seigneur! *m.* lord!
sein *m.* breast
séjour *m.* stay, sojourn
sel *m.* salt
selon according to
- que depending on whether
semblable similar
semblant: faire - to pretend
sembler to seem
semer to sow; to scatter
sensas (sensationnel) *adj. inv.* (*argot*) terrific, sensational
sensibilité *f.* sensitivity, feeling
sensible sensitive
senteur *f.* scent
sentier *m.* path
sentir to feel; to smell
se - to feel
septentrional, -e northern
serein, -e serene
série: fabrication en - mass production
sérotonine *f.* serotonin (chemical in blood)
serpent *m.* snake
serré, -e crowded; tightly fitted
cœur - heart wrung with emotion
serrer la main to shake hands
serrure *f.* lock
serveur *m.*, **serveuse** *f.* waiter, waitress
Services *m. pl.* **Culturels** Cultural Services
serviette *f.* napkin; towel
servilement *adv.* slavishly, blindly
servir: - à to be used for
se - de to use
serviteur *m.* servant
seuil *m.* doorway; threshold
sève *f.* sap
sexagénaire *m./f.* sixty-year-old person
si *conj.* if
comme~ as if
si *adv.* yes (answer to a negative question); so
SIDA *m.* **(Syndrome d'Immunisation Déficiente Acquis)** AIDS
sidéré, -e thunderstruck, dumbfounded
Siècle *m.* **des lumières** Age of Enlightenment (18th century)
siège *m.* seat
signalement *m.* (official) description
significatif, -ve significant
signification *f.* meaning
signifier to mean
sillon *m.* furrow
similitude *f.* similarity
singe *m.* monkey
singer to ape, imitate
sinon *conj.* if not, otherwise
siroter to sip
sitôt *adv.* so soon; immediately
se situer to be located
SMIC (Salaire Minimum Interprofessionnel de Croissance) national minimum wage
SNCF (Société Nationale des Chemins de Fer Français) French National Railroads
sobre sober
socialisant, -e with socialist leanings
société *f.* company, firm; society
soie *f.* silk
soigné, -e polished, elegant
soigner to look after, take (good) care of
soigneusement *adv.* carefully
soin *m.* care
livré aux -s de left in the care of
soit... soit either . . . or
sol *m.* soil
soldat *m.*, **soldate** *f.* soldier
solde: en - on sale
soleil: coup de - sunburn
solennel, -elle solemn
sombre dark
sombrer to sink
somme toute after all
sommeil *m.* sleep
sommet *m.* summit, top
son *m.* sound
sondage *m.* opinion poll, survey
songe *m.* dream
songer to dream, think
sonner to ring
sort *m.* fate, lot
sortie *f.* outing; exit
sortir: s'en - de to cope with, solve
sot, sotte stupid, silly
sottise *f.* foolishness, stupidity
sou *m.* (*vx.*) small coin
soubresaut *m.* jolt; jarring
souci *m.* worry
se soucier de to worry about
soucieux, -euse concerned; worried
soudain, -e abrupt
souffler to blow
souffrance *f.* suffering
souffrir to suffer
souhait *m.* wish
souhaitable desirable
souhaiter to wish
soulager to relieve, soothe
soulever to lift up, raise
soulier *m.* shoe
souligner to emphasize; to underline
soumettre to submit; to subject
soupçon *m.* suspicion

soupçonner to suspect
soupçonneux, -euse suspicious
soupente *f.* garret, loft
souple flexible; supple
source *f.* spring (water); source
sourcil *m.* eyebrow
sourd, -e deaf; muffled
sourire to smile
sourire *m.* smile
blanc - innocent smile
souris *f.* mouse
souscrire to subscribe
sous-entendu, -e understood, implied
soustraire to shield, protect; to subtract
se - to escape, shirk
soutenir to support; to hold
soutien *m.* support
souvenir *m.* memory, recollection
spatial, -e space
spécialité *f.* specialty; major subject
spectacle *m.* show
spiritueux, -euse containing alcohol
stage *m.* program of study
stationner to park
statut *m.* status
stocker to stock
striure *f.* streaking
strophe *f.* stanza
stupéfaction *f.* amazement
stupéfait, -e stunned
subalterne subordinate
subir to suffer; to undergo, sustain
subitement *adv.* suddenly
subjuguer to subjugate
submerger to flood
subordonné, -e subordinate
succéder à to succeed to (a throne, etc.)
successivement *adv.* in succession
succulent, -e delicious
suffire to suffice
suffisant, -e sufficient
suite *f.* continuation; series; attendants
ainsi de - and so forth
par la - subsequently
suivant, -e following
suivi, -e coherent, continuous
suivre to follow
faire - to forward (a letter)
- un cours to take a course
super *adj. inv.* (*argot*) super, great
superficie *f.* (surface) area
superflu, -e superfluous, useless
supplication *f.* plea, entreaty
supplier to beg
supporter to endure, put up with
supposer to suppose, imagine
supprimer to do away with, suppress
sûr, e: bien - que non! of course not!
soyez - rest assured
surcharger to overload
surchauffé, -e overheated
surcroît: de - moreover
surdéterminé, -e overly well-defined
sûreté *f.* steadiness
la Sûreté detective force (national)
surface: faire - to surface
surgir to appear suddenly, spring up
sur-le-champ *adv.* at once; on the spot
surlendemain *m.* two days later
se surmener to overwork oneself
surpeuplé, -e overcrowded, overpopulated
surprendre to surprise
surréel, -elle surreal
sursaut: être réveillé en - to be awakened with a start
surtout *adv.* especially, mostly
survivant *m.*, **survivante** *f.* survivor
susceptible de capable of, likely to
susciter to arouse; to create
sus-désigné, -e indicated above
suspect, -e suspicious
suspecter to suspect
suspens: en - in abeyance, shelved
sympa (sympathique) *adj. inv.* (*argot*) nice, friendly, congenial
sympathie *f.* liking, friendliness
avec - favorably
syndic *m.* (*vx.*) municipal magistrate
syndicat *m.* union

tableau *m.* painting
sur tous les -x on all fronts
- de genre realistic scene of family or popular life; picture of an anecdotal story
tache *f.* spot
taché, -e stained
tâche *f.* work, task
tâcher (de) to try (to)
taciturne silent, closemouthed
taie *f.* **d'oreiller** pillow case
taille *f.* figure; waist; size; height
se taire to keep quiet
talon *m.* heel
tamiser to filter
tandis que *conj.* while
tant *adv.* as much (many), so much (many)
en - que as, in as much as
tantôt: -... -... sometimes . . . sometimes. . .
tapis *m.* carpet
tapisserie *f.* tapestry; tapestry-making
taquiner to tease
tardif, -ve belated
tare *f.* defect, flaw
tarif *m.* rate, price
tarte *f.* pie; tart
tartine *f.* slice of bread (with butter, jam)

tas: un (des) - de (*fam.*) loads of, lots of
tasse *f.* cup
- à café coffee cup
- de café cup of coffee
tasser to pack down
se tâter le pouls to feel one's pulse
tâtonner to grope (in the dark)
tâtons: avancer à - to feel one's way along
Taureau *m.* Taurus
taux *m.* rate
teint *m.* complexion, color
teinte *f.* shade, color
tel, telle such; such a
- que such as
télévisé: journal - evening news
tellement *adv.* so, really
- de so much, so many
témoigner to demonstrate; to give evidence
témoin *m.* witness
tempétueux, -euse stormy, turbulent
temporalité *f.* quality or state of relating to time
temporel, -elle temporal
temps: au - de in the days of, at the time of
de - en - from time to time
en même - at the same time
- forts important moments
ténacité *f.* persistence
tendance *f.* tendency
tendre to offer; to stretch
- à to tend to
tendre *adj.* tender
tendresse *f.* tenderness
tendu, -e tense; taut
- de hung with
ténèbres *f. pl.* darkness; gloom
tenir to hold; to persevere
- à to value, be fond of; to insist
- à ce que to be anxious to, that; to insist
- de to take after; to derive from
- de la place to take up room, space
se - to behave, conduct oneself; to remain
s'en - à to limit oneself to
tentation *f.* temptation
tenter to try, attempt
tenu, -e pour regarded as, considered
tenue *f.* firmness
tercet *m.* three-line stanza
terme: à moyen - medium range
mettre un - à to put an end to
terminaison *f.* ending
se terminer to end
terne dull
ternir to tarnish; to dull
terrain *m.* plot of land
- de foot soccer field
terrassé, -e overcome
terre *f.* earth, ground
par - on the floor; on the ground
- à - down-to-earth, realistic
tremblement de - earthquake
terrible dreadful; terrific
tête: en - de at the head of
tenir - à to defy
têtu, -e stubborn
théière *f.* teapot
tiède tepid, lukewarm
tiens! well!
tiers *m.* third, one-third
le - état (*hist.*) the third estate
tige *f.* stem
timbre-poste *m.* stamp
tirage *m.* circulation
tire-bouchon *m.* corkscrew
tirer to pull; to shoot
- en l'air to fire shots in the air
- une leçon to learn a lesson
se - d'affaire to get out of a mess
tiret *m.* dash; blank
tiroir *m.* drawer
tissu *m.* material, fabric
titre *m.* title; heading; qualification
tituber to stagger
toile *f.* painting; canvas
- d'araignée spider web
toilette *f.* getting dressed, (washing, makeup, hair, etc.)
tombe *f.* tomb, grave
tomber à pic to happen at the right moment
ton *m.* tone; tonality
- interrogatif interrogative intonation
tonalité *f.* tone
tondre la pelouse to mow the lawn
tonique zesty, fortifying
tonne (*fam.*)**: des -s de** loads of
tonnerre *m.* thunder
tordu, -e twisted
torpeur *f.* torpor, sluggishness
torse *m.* torso
tortue *f.* turtle
touche à sa fin nearing its end
touché, -e touched
toujours *adv.* always; still
tour *f.* tower
tour *m.* turn
à son - in his turn; by turns
faire le - du cercle to go full circle
- à - in turn
tourbillon *m.* whirling, swirling
tourmenté, -e turbulent
tournant: au - around the corner
tourner to turn
- un film to film, shoot a film
tournoyant, -e spinning
tournure *f.* turn of phrase; turn (of events)
tout, -e (*m. pl.* **tous**) all, every
à - prix at all costs

tous les (deux) ans (mois, etc.) every (two) years (months, etc.)
tous les deux both
- ce qui (que) all that
tout *adv.*: **pas du -** not at all
- à coup suddenly
- à fait entirely
- à l'heure a little while ago, in a little while
- d'abord first of all, in the first place
- de suite immediately
- droit straight ahead
toutefois *adv.* however, nevertheless
tracé *m.* course
suivre le - de to follow, watch the course of
traduction *f.* translation
traduire to translate
se - to manifest itself
trahir to betray
trahison *f.* betrayal; treason
train: du - dont il menait sa vie from his style of living
traîner to drag (around); to be dragging
trait *m.* **d'union** hyphen; intermediary, link
traité *m.* treaty
traitement *m.* salary; treatment
traiter to deal with, treat
traiteur *m.* caterer
trajectoire *f.* path
trajet *m.* trip
trame *f.* (story) framework; web (of life)
trancher to cut (off); to stand out, contrast (with)
tranquille calm
transitoire transitory, not lasting
transpirer to perspire
transports *m. pl.* **en commun** public transportation
travail *m.* (*pl.* **-aux**) work
travailleur, -euse hardworking
travers: à - through
traverser to cross
trébucher to stumble
tremblement *m.* **de terre** earthquake
tremper to dunk; to soak
trente-six fois umpteen times (expression)
trésor *m.* treasure; wealth
tresse *f.* braid
tressé, -e braided
tribu *f.* tribe, family
tribunal *m.* tribunal, court
tricoter to knit
se trimbaler to shuffle along
trimer (*argot*) to slave away
tristesse *f.* sadness
tromper to deceive
se - to be mistaken, be wrong
trompeur, -euse deceptive; deceitful
trop *adv.* too, too much
- de too much, too many
trottoir *m.* sidewalk
trou *m.* hole
trouer to pierce
se trouver to find oneself
truffe *f.* truffle
truite *f.* trout
tuer to kill
tumba *m.* (type of) drum
tutoiement *m.* use of "tu"
type *m.* fellow
tyran *m.*, **tyranne** *f.* (*rare*) tyrant

ultérieurement *adv.* later
unique: un fils (une fille) - an only child
unité *f.* **de valeur** (university) course credit
urgence: d'- immediately
en cas d'- in case of emergency
usage *m.* usage; use
usine *f.* factory
usité, -e common, in common use
vacarme *m.* racket, disturbance
vacation *f.* period of work
vache *f.* cow
vachement *adv.* (*fam.*) tremendously
vagabonder to roam
vain, -e futile, useless
vaincre to conquer, triumph over
vainement *adv.* in vain
vaisselle *f.* dish
faire la - to wash the dishes
laver la - to wash the dishes
valable valid
valeur *f.* value; import, full meaning
valoir to be worth (a lot); to bring about, cause
il vaut mieux it is better
vanne *f.* floodgate
vanter to praise
se - de to boast about; to pride oneself on
vapeur *f.* vapor, steam
avoir des -s to be hysterical, on the verge of fainting
vaut *present of* **valoir**
va-vite: à la - in a rush, hurry
veau *m.* calf
veille *f.* day before
veiller (à) to be watchful, vigilant; to look after, sit up with
veilleuse: en - in abeyance, shelved
velours *m.* velvet
vénéré, -e revered
venger to avenge
venir: en - aux mains to come to blows, fight
vent *m.* wind
vente *f.* sale
ventre *m.* belly, abdomen
venu: nouveau -, nouvelle -e newcomer
verdâtre greenish
verdir to grow green
verdure *f.* greenery, foliage
vergogne *f.* shame

vérifier to check, verify
véritable real, true
vérité *f.* truth
dire ses -s à quelqu'un to tell someone brutally a few plain truths
vernir to varnish
vernissage *m.* **d'une exposition** preview of an art show
verre *m.* **à dents** glass used when brushing teeth
verrerie *f.* glassware
verrouiller to lock up
vers *prép.* toward, around
vers *m.* line of poetry
Verseau *m.* Aquarius
verser to pour
- en pluie to sprinkle
vertige *m.* vertigo, dizziness
vessies *f. pl.* **de couleur** paint tubes
veste *f.* jacket
vestibule *m.* entrance hall
veuf *m.*, **veuve** *f.* widower, widow
veuillez (*from* **vouloir**) please
viatique *m.* provisions
vibratoire vibrating
victuailles *f. pl.* provisions
vidange *f.* oil change; emptying
vide empty
- de devoid of
vide *m.* emptiness
vider to empty
vieillard *m.* old man
vieillesse *f.* old age
Vierge *f.* Virgo
vif, vive alive
vigneron *m.*, **vigneronne** *f.* wine grower
vigoureusement *adv.* vigorously
vigueur *f.* vigor, strength
vindicatif, -ve vindictive
violacé, -e purplish
virtuel, -elle virtual
vis-à-vis *m.* face-to-face (dancing position)
vis-à-vis de *prép.* with respect to
visage *m.* face
viscéral, -e in the innermost depths
viser to aim; to take a look at
vison *m.* mink
vitesse *f.* speed
à toute - at full speed
vitre *f.* window pane; window
vitrine *f.* shop window
vivant *m.* living being
vocifération *f.* outcry, bellowing
vœu *m.* (*pl.* **-x**) wish
voie *f.* way; road; track
être en bonne - to be going well
- ferrée railway (line)
-s détournées devious, roundabout means
voilà... que . . . for (a length of time)
voile *m.* veil
voire *adv.* indeed
voisin, -e neighboring; adjacent
voisin *m.*, **voisine** *f.* neighbor
voisinage *m.* vicinity
voix *f.* voice
vol *m.* theft; flight
volée: à toute - with full force
voler to steal, rob; to fly
voleur *m.*, **voleuse** *f.* thief
volontaire *adj.* volunteer
volontariat *m.* voluntary (military) service
volonté *f.* will
volontiers *adv.* gladly, willingly
volupté *f.* voluptuousness, sensual pleasure
voué, -e à dedicated to
vouloir: en - à to have a grudge against
se - to attempt to be
voyage *m.* journey, trip
- de noces honeymoon
agence de -s travel agency
voyelle *f.* vowel
voyons! come now! for heaven's sake!
vraisemblable credible, probable
vu in view of
vue: en - de in order to
vulgarisateur *m.*, **vulgarisatrice** *f.* popularizer
vulgarisation *f.* popularization

wagon *m.* coach (of a train)

xénophobie *f.* fear and hatred of foreigners

zébré, -e striped, streaked
zèle *m.* zeal, enthusiasm

Index

Permissions and credits

The authors and editors wish to thank the following persons and publishers for permission to include the works or excerpts mentioned.

"Notations," "Interrogatoire," and "Inattendu" from *Exercices de style*, by Raymond Queneau; © Editions Gallimard.

"Vive la France: 99 raisons de se réjouir d'être français," by P. Pompon Bailhache, from *Marie Claire*, no. 366, fév. 1983; © Marie Claire.

"Au sud de Pékin" from *La salle de rédaction*, by Roger Grenier; © Editions Gallimard.

"Chaïba" and "La Mère" from *Voltaïques*, by Ousmane Sembène; © Présence Africaine, Paris, 1962.

"Fiesta," by Boris Vian from *Boris Vian*, by Jean Clouzet; used by permission of Ursula Vian Kubler.

"Comment ils nous font la cour," by Barbara Victor, adapted by Anne-Elisabeth Moutet, from *Elle*, fév. 1987; © Elle.

"Le dromadaire mécontent" and "Jeune lion en cage" from *Histoires*, by Jacques Prévert; © Editions Gallimard.

"Un homme paisible" and "Plume au restaurant" from "Un certain Plume" in *L'espace du dedans*, by Henri Michaux; © Editions Gallimard.

"La grotte" from *Le chapelet d'ambre*, by Ahmed Séfrioui; ©Editions du Seuil.

"La tristesse de Cornélius Berg" from *Nouvelles orientales*, by Marguerite Yourcenar; © Editions Gallimard.

"Le serpent," "Le lion," "La puce," and "Le paon" from *Le Bestiaire*, by Guillaume Apollinaire; © Editions Gallimard.

"La radio" from *Pièces*, by Francis Ponge; © Editions Gallimard.

"Latins et Anglo-Saxons," by Irène Rodgers, from *L'Expansion*, no. 277, 24 jan.–6 fev. 1986; © L'Expansion.

"Horoscope," by Francesco Waldner, from *Elle*, no. 2090; © Elle.

"Faire ça" from *Ricercare*, by Geneviève Serreau; © Les Lettres Nouvelles.

"Technologies pour demain," by Joël de Rosnay with the collaboration of Claire de Narbonne-Fontanieu, from *L'Expansion,* no. 303, 20 fév.–5 mar. 1987; © L'Expansion.

"Le Casse-tête de l'autisme," by Odile Tremblay, from *Québec Science,* vol. 23, mars 1987; © Québec Science.

"Imprécation" from *Attendez l'aube,* by Marcel Arland; © Editions Gallimard.

"L'Enfant" from *Jacques Ferron, Contes édition intégrale,* 1968; Editions Hurtubise HMH, Montréal, (1985).

Photographs and realia

p. 2: Pierre Balmain; p. 17: *La Presse;* p. 34: The Bettman Archive; p. 42: © Stuart Cohen; p. 43: Colgate-Palmolive; p. 44: *Chatelaine, L'Express,* Banque Sofinco; p. 51: Chanel; p. 52: Monopoly® game equipment used with permission from Parker Bros.; p. 61: Fido; p. 70: Carole Frohlich, James Andanson/SYGMA, French Embassy Press & Information Division; p. 71: William Karel/SYGMA, © Stuart Cohen, Louis Henri/Rapho-Guillumette, French Government Tourist Office, © Peter Menzel; p. 72: © Stuart Cohen, SYGMA, French Government Tourist Office, Pierre Vauthey/SYGMA; p. 73: French Government Tourist Office, © Stuart Cohen, Rancinan/SYGMA; p. 82: Carel; p. 83: Fanny Deschamps, *Louison ou l'heure exquise,* Éditions Albin Michel; p. 88: Cantel; p. 108: *Le Nouvel Observateur;* p. 114: *Le Monde;* p. 126: Ministère des Postes et Télécommunications; p. 127: Pitney Bowes Inc., Stamford, CT; p. 145: © Stuart Cohen; p. 164: *La Presse;* p. 186: *Dance at Bougival,* 1883. Pierre-Auguste Renoir. French, 1841–1919. Oil on canvas. 181.8 × 98.1 cm (71 5/8 × 38 5/8 in.). Picture Fund. 37.375. Courtesy, Museum of Fine Arts, Boston; p. 187: © Claire Brétecher 1979, *"Frustrés 4."* Courtesy, Diffusion Fleuve Noir; pp. 193, 202: Henri Michaux; p. 204: Académie; p. 223: Anne Baron; p. 233: Michel Boutefeu; p. 240: Pierre Vauthey/SYGMA; p. 248: Sanogyl; p. 250: Omega; p. 251: F. Pinet; p. 273: The Bettman Archive; p. 278: Monique Ranou; p. 296: Laboratoires Terumo France S.A.; p. 301: Marburg/Art Resource, NY; p. 304–305: © ARS New York/SPADEM 1988; p. 312: Minelli; p. 315: Miele; p. 316: Banque Sofinco; p. 335: Artist: Yan Nascimbène/*L'Expansion;* p. 354: Le Creuset; p. 357: CAST; p. 359: Clothilde; p. 360: Peter Menzel; p. 363: Peter Menzel; p. 373: Photographer: Odile B./Scoop; p. 402: Jean-Claude Lejeune/Stock, Boston; p. 409: Champagne Lanson; p. 431: Artist: MAJA/*L'Expansion;* p. 440: Gervais Danone; p. 454: © Crédit Agricole; p. 455: © Claire Brétecher 1979, *"Frustrés 4."* Courtesy, Diffusion Fleuve Noir.